彩繪騎馬俑(채회기마용)
陝西省 咸陽市 출토.

彩繪持盾俑(채회지순용)
陝西省 咸陽市 출토.

彩繪女俑(채회여용)
陝西省 西安市 출토.

彩繪指揮俑(채회지휘용)
陝西省 咸陽市 출토.

綠釉陶壺(녹유도호)
높이 47cm. 山東省 출토.

三人倒立雜技俑罐(3인 도립 잡기용관)
높이 24cm, 河南省 洛陽市 출토.

『明文 中國正史 大系』

原文 譯註

後漢書(七)

(南朝)宋 范　曄 著

唐 李　賢 註

陶硯 陳起煥 譯註

明文堂

[차례]

원문 역주
후한서 (七)

52 崔駰列傳
〔최인열전〕

❶ 崔駰

原文

崔駰字亭伯, 涿郡安平人也. 高祖父朝, 昭帝時爲幽州從事, 諫刺史無與燕刺王通. 及刺王敗, 擢爲侍御史. 生子舒, 歷四郡太守, 所在有能名. 舒小子篆, 王莽時爲郡文學, 以明經徵詣公車. 太保甄豐擧爲步兵校尉, 篆辭曰, "吾聞伐國不問仁人, 戰陳不訪儒士. 此擧奚爲至哉?" 遂投劾歸.

| 註釋 | ○崔駰 － 駰은 말 이름 인. 흰털이 섞인 거무스레한 말. ○涿郡 安平 － 涿郡 치소는 涿縣(탁현). 今 河北省 직할 涿州市(北京市 서남부와 연접). 安平은 현명. 今 河北省 남부 衡水市 安平縣. ○燕刺王 － 刺은 어그러질 날. 刺(찌를 자)가 아님. 劉旦, 武帝의 아들 上官桀 등과 모반을 획책하

다가 자살하였다. ㅇ崔篆(최전) - 篆은 전서 전. 글자체의 하나. 小篆은 李斯(이사)가 만들었다고 한다. ㅇ伐國不問仁人 - 魯君이 柳下惠에게 물었다. "내가 齊를 정벌하려는데 어떻겠습니까?" 유하혜는 '불가하다' 고 대답하고 걱정스레 자문하였다. '내가 알기로 伐國은 仁人에게 不問한다 하였으니 이런 말을 어찌 나에게 물어보는가?' ㅇ戰陳不訪儒士 - 戰陳은 戰陣. 「衛靈公問陳於孔子. 孔子對曰, "俎豆之事則嘗聞之, 軍旅之事未之學也."」《論語 衛靈公》.

[國譯]

崔駰(최인)의 자는 亭伯(정백)으로 涿郡 安平縣 사람이다. 고조부인 崔朝(최조)는 昭帝 때 爲幽자사부의 從事였는데 刺史에게 燕 刺王(날왕, 劉旦)과 교제하지 말라고 간언했다. 燕 날왕이 패망하자 최조는 발탁되어 侍御史가 되었다. 최인은 아들 崔舒(최서)를 낳았는데, 최서는 4개 郡의 태수를 역임했고 임지에서 유능하다는 명성이 있었다. 최서의 막내아들 崔篆(최전)은 王莽 시절에 郡文學이었는데, 경학에 밝아 公車令의 부름을 받았다. (왕망의) 太保 甄豐(견풍)이 천거하여 步兵校尉에 임용되자 최전이 사양하며 말했다.

"내가 알기로, 伐國에 관한 일을 仁人한테 묻지 않고, 戰陳(戰陣) 때문에 儒士를 찾지 않는다 하였는데, 어째서 일이 이렇게 되었겠는가?"

그리고서는 자책하며 귀향하였다.

原文

莽嫌諸不附己者, 多以法中傷之. 時篆兄發以佞巧幸於莽, 位至大司空. 母師氏能通經學,百家之言, 莽寵以殊禮, 賜號義成夫人, 金印紫綬, 文軒丹轂, 顯於新世.

後以篆爲建新大尹, 篆不得已, 乃歎曰, "吾生無妄之世, 值澆,羿之君, 上有老母, 下有兄弟, 安得獨潔己而危所生哉?" 乃遂單車到官, 稱疾不視事, 三年不行縣. 門下掾倪敞諫, 篆乃彊起班春. 所至之縣, 獄犴塡滿. 篆垂涕曰, "嗟乎! 刑罰不中, 乃陷人於穽. 此皆何罪, 而至於是!" 遂平理, 所出二千餘人. 掾吏叩頭諫曰, "朝廷初政, 州牧峻刻. 宥過申枉, 誠仁者之心, 然獨爲君子, 將有悔乎!"

篆曰, "邾文公不以一人易其身, 君子謂之知命. 如殺一大尹贖二千人, 蓋所願也." 遂稱疾去.

| 註釋 | ○文軒丹轂 - 채색에 바퀴에 붉은 칠을 한 수레. 軒은 추녀 헌. 수레, 집. 轂은 바퀴 곡. ○建新大尹 - 왕망은 千乘郡을 建新이라 개명했고 太守는 大尹이라 개칭하였다. ○無妄之世 - 〈無妄〉은 《易》의 괘 이름, 天(☰)雷(☳)无妄. 无妄(무망)은 無妄. 자연에 순응하는 뜻. 私心이 없음. 여기서는 無望(예기치 못함)의 뜻. ○值澆,羿之君 - 値는 만나다. 당하다. 값. 澆는 물댈 요. 경박하다. 羿는 사람 이름 예. 夏 왕조 때 神弓. 둘 다 不德한 君主. ○三年不行縣 - 郡國에서는 관할 縣을 순시하며 농상을 권장하고 궁핍한 백성을 구제하였다. ○班春 - 春令을 班布하다. ○獄犴塡滿 - 獄犴은 옥. 犴은 옥 안(鄕亭之獄曰犴), 들개 안. ○初政 - 왕망의 卽位. ○邾文公 - 邾(나라 이름 주)는 춘추시대 소국 이름. 魯의 남쪽, 지금의 山東省 서남부 濟寧市 관할 鄒城市(추성시), 滕州市(등주시) 일대.

[國譯]

　　王莽(왕망)은 자기편이 아닌 사람을 혐오하였고 늘 법을 이용하여
중상하였다. 그때 최전의 형인 崔發(최발)은 아부로 왕망의 총애를
받아 大司空까지 승진하였다. 최전의 모친 師氏(사씨)는 經學과 百
家의 저술에 능통하여 왕망은 특별한 예를 갖춰 우대하면서 義成夫
人이라는 작호와 金印紫綬와 文軒丹轂(문헌단곡)의 수레를 하사하여
新王朝 시대에 매우 유명하였다.

　　뒷날 왕망은 최전을 建新大尹에 임명하였는데 최전은 피할 수가
없어 탄식하며 말했다.

　　"나는 뜻밖의 난세에 澆(요)와 羿(예) 같은 부덕한 군주를 만났는
데 위로는 노모가, 아래로는 형제가 있으니, 어찌 나 홀로 깨끗한 행
실을 지키며 고고하게 살 수 있겠는가?"

　　그리고서는 혼자서 부임하였고, 그 뒤로 병을 핑계로 업무를 처
리하지 않았으며 현을 순시하지도 않았다. 門下掾인 倪敞(예창)이
諫하여 최전은 억지로 일어나 春令을 반포하였다. 최전이 가는 현마
다 옥은 죄수로 가득 차 있었다. 최전은 눈물을 흘리며 말했다.

　　"아! 형벌이 바르지 못하여 백성을 함정에 빠트렸도다. 이 모두가
누구의 죄이며 어찌 이렇게 되었는가!"

　　그리고서는 공평히 처리하여 옥에서 2천여 명을 풀어주었다. 그
러자 掾吏(연리)들이 머리를 조아리며 간했다.

　　"朝廷(新朝)이 이제 막 집정하면서 州 자사가 매우 엄격 각박합니
다. 잘못을 용서하고 억울한 사정을 풀어주는 것이 정말로 仁者의
마음이지만 그러나 홀로 君子가 되려 한다면 후회하게 될 것입니
다!"

이에 최전이 말했다.

"邾(주) 文公은 한 사람 때문에 자신의 결정을 바꾸지 않았으며 君子란 天命을 아는 사람일 것이다. 나 한 사람이 죽어 2천 명을 풀어줄 수 있다면 이는 내가 원하는 것이다."

그리고서는 병을 핑계로 사직하였다.

*〈慰志〉- 崔篆(최전)

| 原文 |

建武初, 朝廷多薦言之者, 幽州刺史又擧篆賢良. 篆自以宗門受莽僞寵, 慙愧漢朝, 遂辭歸不仕. 客居滎陽, 閉門潛思, 著《周易林》六十四篇, 用決吉凶, 多所佔驗. 臨終作賦以自悼, 名曰〈慰志〉. 其辭曰,

「嘉昔人之遘辰兮, 美伊,傅之遇時. 應規矩之淑質兮, 過班,倕而裁之. 協準矱之貞度兮, 同斷金之玄策. 何天衢於盛世兮, 超千載而垂績. 豈修德之極致兮, 將天祚之攸適?」

| 註釋 | ㅇ滎陽 – 滎陽(형양)은 옛 漢 고조와 項羽의 격전지. 교통과 군사의 요지. 今 河南省 중부 鄭州市 관할 滎陽市. ㅇ〈慰志〉 – 자신의 펼 수 없는 志意를 위로한다는 뜻. ㅇ嘉昔人之遘辰兮 – 遘는 만날 구(遇也). 辰은 때. ㅇ美伊,傅之遇時 – 伊尹(이윤)은 殷 湯王을, 傅說(부열)은 高宗을 만나 뜻을 이루었다. ㅇ過班,倕而裁之 – 班은 魯人 公輸班(공수반). 倕(무거울

수)는 舜 재위 시 共工의 관리. 두 사람 다 뛰어난 기술자였다. ○ 應規矩之
淑質兮 − 規矩(규구)는 그림쇠 법도, 본보기. 規는 원을 그리는 그림쇠. 矩
는 곱자 구. 직각 자. 4각형을 그릴 때 사용. 淑質은 아름다운 바탕. ○ 協
準矱之貞度兮 − 準은 먹줄(繩也). 矱은 자 확(尺也). 貞은 正也. ‘二人同心,
其利斷金.’ 玄策은 妙策(묘책). ○ 何天衢~ − 天衢(천구)는 하늘로 통하는
길. 京師의 거리. 수도.

[國譯]

　建武 초에 朝廷에서는 인재를 천거하는 사람이 많았는데 幽州刺
史가 또 최전을 賢良으로 천거하였다. 최전은 문중이 왕망의 총애를
받은 것이 漢朝에 부끄러워 사양하며 출사하지 않았다. 최전은 河南
滎陽縣(형양현)에 이사와 살면서 폐문하고 사색하였으며,《周易林》
64편을 저술하여 이를 가지고 吉凶을 판단하였는데 점괘가 많이 맞
았다. 최전은 임종 전에 부를 지어 자신의 이루지 못한 뜻을 위로 하
였는데 〈慰志〉라 이름 지었다. 그 글은 아래와 같다.

〈慰志〉

「昔人은 시운을 타고 났나니, 伊尹과 傅說(부열)은 때를 만났다
법도에 따른 훌륭한 자질에 公輸班과 倕(추)처럼 裁斷을 한다.
먹줄(準)과 자(矱, 尺)로 재단하고 合心(斷金)의 玄策에 따른다.
盛世에 京師에서 천년을 뛰어넘은 공을 어찌 이루었는가?
極致의 修德으로 하늘이 내린 복을 어디에 두었는가?」

「愍餘生之不造兮, 丁漢氏之中微. 氛霓鬱以橫厲兮, 羲和忽以潛暉. 六柄制於家門兮, 王綱㳿以陵遲. 黎,共奮以跋扈兮, 羿,涅狂以恣睢. 睹嫚臧而乘釁兮, 竊神器之萬機. 思輔弼以媮存兮, 亦號咷以誚呰. 嗟三事之我負兮, 乃迫余以天威. 豈無熊僚之微介兮? 悼我生之殲夷. 庶明哲之末風兮, 懼〈大雅〉之所譏. 遂翕翼以委命兮, 受符守乎艮維. 恨遭閉而不隱兮, 違石門之高蹤. 揚蛾眉於復關兮, 犯孔戒之冶容. 懿氓蚩之悟悔兮, 慕白駒之所從. 乃稱疾而屢復兮, 歷三祀而見許. 悠輕舉以遠遁兮, 托峻岠以幽處. 崢潛思於至賾兮, 騁《六經》之奧府. 皇再命而紹恤兮, 乃云眷乎建武. 運欃槍以電埽兮, 清六合之土宇. 聖德滂以橫被兮, 黎庶愷以鼓舞. 辟四門以博延兮, 彼幽牧之我舉. 分畫定而計決兮, 豈云賁乎鄙者, 遂懸車以縶馬兮, 絕時俗之進取. 歎暮春之成服兮, 闔衡門以埽軌. 聊優遊以永日兮, 守性命以盡齒. 貴啓體之歸全兮, 庶不忝乎先子.」

| 註釋 | ○愍餘生之不造兮 − 不造는 不成. ○丁漢氏~ − 丁은 당하다 (當也). ○氛霓鬱以橫厲兮, 羲和忽以潛暉 − 氛霓(분예)는 나쁜 기운. 氛은 기운 분. 요상한 기운(祲也). 霓는 무지개 예. 해무리(日傍之氣). 橫厲(횡려)는 나쁜 기운이 침해하다. 羲和는 해(태양). 潛暉(잠휘)는 빛이 가려지다. 왕망의 찬탈을 의미. ○六柄制於家門兮 − 六柄은 生, 殺, 貧, 賤, 富, 貴를 내려줄 수 있는 권한. 이는 天子의 권력이다. ○王綱㳿以陵遲 − 㳿는 무

너질 최(摧落也), 깊을 최. ○黎,共奮以跋扈兮 - 黎는 小皞氏(소호씨) 때의 제후. 九黎. 共은 共工(공공). 顓頊(전욱)과 함께 천하의 패권을 다투며 세상을 멋대로 어지럽혔다. 화가 나서 不周山을 이마로 들이받자 하늘을 떠받치는 기둥이 부러졌고 땅이 갈라졌다고 한다. 跋扈(발호)는 날뛰다. ○羿, 浞狂以恣睢 - 羿(예)는 弓士의 이름. 浞(젖을 착)은 羿를 물리치고 탈위한 사람. 恣睢(자휴)는 멋대로 굴다. ○睹嫚藏而乘釁兮 - 睹는 볼 도. 嫚藏(만장)은 느슨하게 보관하다. 그런 것을 보고 도둑질할 마음을 먹다. 釁은 틈흔(隙也). ○竊神器之萬機 - 神器는 帝王之位. ○思輔弼以媮存兮 - 媮는 훔칠 투(偸也). 구차하게. 박대할 유. 輔弼은 왕망이 平帝와 孺子 嬰(영)을 보필하는 척 하면서 제위를 찬탈하다. ○亦號咷以謼呑 - 號咷(호도)는 울며 호소하다(哀呼也). 王莽은 孺子 嬰을 안고 눈물을 흘리고(流涕歔欷) 탄식하며(謼呑) 漢을 안정시켜야 한다고 하였다. 지상 최대의 사기극이었다. ○嗟三事之我負兮 - 三事는 三公. 負는 太保 甄豐(견풍)의 천거. ○豈無熊僚之微介兮 - 熊僚(웅료)는 熊(웅)나라의 相인 宜僚(의료). 介는 耿介(경개), 변하지 않는 굳은 지조. ○悼我生之殲夷 - 我生은 모친. 殲은 죽일 섬(滅也). 夷는 평평할 이. 상처를 입히다(傷也). 母老에게 화가 닥칠까 두렵다는 뜻. ○受符守乎艮維 - 艮은 東北方. 최전이 千乘太守로 나간 일. ○恨遭閉而不隱兮 - 천지가 닫혀 현인이 은거도 못함을 한탄하다. ○違石門之高蹤 - 石門은 子路가 잠을 잤던 곳. 「子路宿於石門. ~ 是知其不可而爲之者歟?」《論語 憲問》. ○揚蛾眉於復關兮 - 揚蛾眉는 눈썹을 그리다. 復關은 君子가 가까이 하는 곳을 상징. 《詩經》에 나오는 말. ○犯孔戒之冶容 - 冶容은 얼굴 화장을 하다. 冶容誨淫. 공자가 지은 《易 繫辭》의 말. ○懿呡蚩之悟悔兮 - 《詩 衛風 呡》 '呡之蚩蚩, 抱布貿絲.' 呡은 백성 맹. 蚩는 어리석을 치. 무지한 모양. 蚩蚩는 어리석은 모양, 또는 敦厚(돈후)한 모양. ○慕白駒之所從 - 白駒는 皎皎白駒. 흰 망아지. 賢人을 비유한 말. ○悠輕擧以遠遁兮 - 悠는 생각하다. 遁은 숨을 둔. ○托峻岹以幽處 - 峻

岏(준위)는 높은 산. ○ 竫潛思於至賾兮 – 竫潛(정잠)은 편안히 숨다. 賾은 깊숙할 색. ○ 皇再命而紹恤兮 – 皇은 天也. 紹는 잇다(繼也). 恤은 걱정하다(憂也). ○ 運欃槍以電埽兮 – 欃槍(참창)은 혜성의 이름(彗也). 전쟁이 일어날 징조. ○ 淸六合之土宇 – 육합은 天地와 사방. ○ 豈云賁乎鄙耇 – 賁는 꾸밀 비(飾也). 鄙耇(비구)는 시골 노인. 耇는 늙은이 얼굴에 기미낄 구. 노인. ○ 闓衡門以埽軌 – 衡은 橫也. 橫木으로 출입문을 만들다. 軌는 자취. 수레 바큇자국. 속세와의 왕래. ○ 守性命以盡齒 – 齒는 나이. 盡齒는 늙어 죽다. ○ 貴啓體之歸全兮 – 부모한테 받은 신체를 온전하게 지켜 그대로 돌아가다. 신체를 훼손하지 않는 것이 효도이다. ○ 庶不忝乎先子 – 忝은 더럽힐 첨. 욕되게 하다(辱也). 先子는 先人也.

[國譯]

「안타깝다. 未成의 餘生과 쇠퇴한 漢朝의 국운이여.

邪氣가 성하여 해를 가로지르니, 해가 갑자기 빛을 잃었다.

여섯 권력은 一家가 쥐고 皇家 기강은 무너져 문드러졌다.

九黎(구려)와 共工이 발호하고 羿(예)와 浞(착)도 미쳐 날뛰었다.

왕권이 쇠약한 틈을 이용하여 萬機를 다루는 제위를 차지하였다.

(왕망은) 漢을 보필한다며 구차하게 속였고 울면서 탄식하였다.

三公의 천거를 탄식하나니 천자의 권위라며 나를 핍박하였다.

어찌 熊僚(웅료)의 지조가 없으랴? 모친이 다칠까 두렵도다.

明哲保身하여 바람을 아니 타도, 〈大雅〉의 비판이 두렵도다.

뜻을 접고 조정의 명을 받아 동북방에 태수로 나갔도다.

무도한 세상에 은거도 못하고 石門의 高節과 다름이 서럽다.

復關에서 눈썹을 그리니, 冶容(야용)의 가르침을 여겼다.

순수 돈후한 백성을 보고 뉘우치며 현인을 사모하여 따르리라.

병이 깊다고 여러 번 말을 해서 3년이 지나 허락을 받았다.

가뿐히 떠나 멀리 숨으려 높은 산 깊숙한 곳에 은거하였다.

편안히 은거하여 아주 깊숙한 곳, 《六經》의 奧義(오의)를 탐구한다.

하늘이 재차 돌아보아 建武(光武帝)에 다시 천명을 내렸다.

혜성이 나타나자 번개를 쓸어버려 六合의 우주가 깨끗했다.

聖德이 浩大하여 모두를 덮어주니 백성이 기뻐 춤을 추도다.

사방 문호를 열고 널리 초빙하니 유주자사가 나를 천거했다.

雄略 대책을 획정하니 시골 노인이 무엇을 더 보태리오?

이에 수레와 말을 몰아 속세에 나아가 얻기를 단절하리라

늦봄 봄옷을 새로 지으면 사립문을 닫고 속세와 단절하리라.

그냥 놀면서 긴긴 날을 보내고 본성을 따라 살다 죽으리라.

육신을 지켜 온전히 죽고 혹 先人에 욕되지 않기를 바라노라.」

原文

篆生毅, 以疾隱身不仕. 毅生駰, 年十三能通《詩》,《易》,
《春秋》, 博學有偉才, 盡通古今訓詁百家之言, 善屬文. 少
游太學, 與班固, 傅毅同時齊名. 常以典籍爲業, 未遑仕進之
事. 時人或譏其太玄靜, 將以後名失實. 駰擬楊雄〈解嘲〉,
作達旨以答焉. 其辭曰,

| 註釋 | ○訓詁(훈고) ─ 중국 전통 語文學(小學)의 한 갈래. 고대 경전
詞義의 해석과 語法, 修辭 등을 연구하는 학문. 경전 글자의 뜻을 해석하
는 것을 訓, 현재의 언어로 고대 언어를 해석하고 註를 달아 이해를 돕는

것을 詁라고 한다. ○傅毅(부의, ?-90) - 明帝 永平 연간의 학자, 문학가, 〈舞賦〉, 〈七激〉 등의 작품이 현존. ○楊雄(양웅, 前 53-18년) - 字 子雲, 말이 어눌해서 문학에 침잠했다. 〈蜀都賦〉 등 賦의 작가로 명성을 날렸지만, 양웅은 賦를 '雕蟲篆刻'과 같은 일이라고 '壯夫不爲'라 하였다. 《法言》,《太玄》을 저술. 양웅의 〈解嘲〉는 '조롱을 해명한다'는 뜻. 자신의 깊은 뜻을 피력함. 역자의 졸역《漢書》참고.《漢書》87권, 〈揚雄傳(上, 下)〉에 입전.

[國譯]

崔篆(최전)은 崔毅(최의)를 낳았는데, 최의는 병이 있어 은거하며 출사하지 않았다. 최의가 崔駰(최인)을 낳았다.

최인은 13살에 《詩》,《易》,《春秋》에 두루 통했는데 박학하고 재주가 뛰어났으며 古今의 訓詁(훈고)와 百家 사상에 두루 통했고 글을 잘 지었다. 젊어 太學에서 공부하였는데 班固(반고)와 傅毅(부의)와 거의 같은 시기에 이름이 났다. 늘 典籍을 공부하느라 出仕하여 일할 겨를이 없었다. 그때 최인이 너무 깊이 생각하고 平靜하기에 명성과 실질을 다 잃을지 모른다고 지적하는 사람이 있었다. 이에 최인은 楊雄(양웅)의 〈解嘲〉를 본떠 〈達旨〉라는 글을 지어 대답하였다. 그 글은 아래와 같다.

*〈達旨〉- 崔駰(최인)

▌原文

「或說己曰, "《易》稱'備物致用', '可觀而有所合', 故能

扶陽以出, 順陰而入. 春發其華, 秋收其實, 有始有極, 爰登
其質. 今子韜櫝《六經》, 服膺道術, 歷世而游, 高談有日, 俯
鉤深於重淵, 仰探遠乎九乾, 窮至賾於幽微, 測潛隱之無源.
然下不步卿相之廷, 上不登王公之門, 進不黨以贊己, 退不
黷於庸人. 獨師友道德, 合符曩眞, 抱景特立, 與士不群. 蓋
高樹靡陰, 獨木不林, 隨時之宜, 道貴從凡. 於時太上運天
德以君世, 憲王僚而布官, 臨雍泮以恢儒, 疏軒冕以崇賢, 率
惇德以厲忠孝, 揚茂化以砥仁義, 選利器於良材, 求鎮鋣於
明智. 不以此時攀台階, 窺紫闥, 據高軒, 望朱闕, 夫欲千里
而咫尺未發, 蒙竊惑焉. 故英人乘斯時也, 猶逸禽之赴深林,
蚩蚋之趣大沛. 胡爲嘿嘿而久沈滯也?」

| 註釋 | ○備物致用 ─《易 繫辭傳》의 글. ○可觀而有所合 ─《易 序卦
傳》의 글. ○韜櫝《六經》─ 韜는 감출 도. 상자나 궤에 보관하다(匣也). 櫝
은 함 독. 나무로 만든 큰 궤(匱也). 「子貢曰, "有美玉於斯, 韜匱而藏諸? 求
善賈而沽諸?"」《論語 子罕》. ○仰探遠乎九乾 ─ 九乾은 九重天. ○退不黷
於庸人 ─ 黷은 더럽힐 독. 업신여기다. ○臨雍泮以恢儒 ─ 雍泮은 天子의
辟雍(벽옹)과 諸侯의 泮宮(반궁). 교육기관. 立學하여 垂敎하다. ○疏軒冕
以崇賢 ─ 軒冕은 초헌과 면류관. 높은 관직. ○揚茂化以砥仁義 ─ 砥는 숫
돌 지. 갈다. 연마하다(礪也). ○鎮鋣(막야) ─ 干將(간장)이라는 吳人이 명
검 두 자루를 만들었는데 干將(간장, 자신의 이름)과 莫邪(막야. 鎮鋣, 아내의 이
름)라고 하였다. ○窺紫闥 ─ 窺는 엿볼 규. 紫闥(자달)은 자줏빛으로 칠한
궁궐. ○故英人~ ─ 그 지모가 萬人보다 뛰어난 자를 英, 千人보다 뛰어난
사람을 俊이라 한다. ○沛 ─ 水와 草가 서로 섞여 있는 곳. 늪. ○嘿嘿 ─

고요히 말이 없는 모양. 嘿은 고요할 묵.

[國譯]

〈達旨〉

「或者가 나에게 말하였다. 《易》에 '물건을 준비했다가 사용한다.' 고 하였고, 또 '可觀한 것이 있은 뒤에 합치한다.' 고 하였으며, 또 만물은 陽氣에 힘입어 나오고 陰氣에 순응하여 들어간다고 하였습니다. 봄에는 꽃이 피고 가을에는 열매를 맺으며 시작이 있으면 극점이 있어 그 본질에 이르게 됩니다. 지금 그대는 《六經》에 정통하고 도술도 갖추었으며 세상사를 경영하고 겪어보았으며, 날마다 高談을 나누고, 몸을 굽혀 깊은 연못에 잠겨도 보았고, 멀리 하늘 끝을 우러러 탐색도 하고, 오묘한 진리를 끝까지 탐구하며, 그 알 수 없는 근원에 깊이 침잠하였습니다. 그런데도 당신은 아직 卿相의 집에 출입하지 않고, 위로는 王公의 저택에 들르지도 않으며, 진출하여도 무리를 지어 자신을 칭송하게 만들지도 않고, 물러서도 보통 사람을 무시하지도 않습니다. 당신은 홀로 여전히 도덕만을 師友로 삼고 옛 진실에 부합하면서 그림자와 같이 우뚝 서서 사인들과 함께 하지도 않습니다. 대체로 너무 큰 나무는 그늘이 없고 홀로 선 나무는 숲이 될 수 없는 것처럼 사람은 時宜(시의)에 따라야 하며 道는 平凡을 귀히 여깁니다. 지금 太上(明帝)께서는 天德을 운용하시어 세상을 다스리고 先王(三王)을 본받아 관료를 거느리시며 辟雍(벽옹)과 泮宮(반궁)에 임하시어 유생을 회유하시고 높은 관직으로 현인을 우대하시며, 惇德(돈덕)으로 忠孝之士를 격려하시고 큰 교화를 베풀어 인의를 고취하시며, 우량한 인재를 천거케 하여 利器를 선택하며, 明智

의 士人중에서 鎭鋣(막야)의 보검을 구하고 계십니다. 이런 때를 이용하여 三公府에 들어가 높은 자리를 엿보거나 높고 큰 집을 근거로 붉은 대문을 바라보아야 하는데, 천하를 갖고자 하면서 한 발짝도 나아가지 않으니 이상하게 생각 않을 수가 없습니다. 옛날의 영웅이라면 이런 시기를 이용하였으니, 이는 마치 달아난 짐승이 숲으로 들어가고, 등애나 파리 같은 벌레가 늪지에 모여드는 것과 같은데 당신은 어찌하여 묵묵히 오랫동안 여기에 침체하고 있습니까?」

「答曰, "有是言乎? 子苟欲勉我以世路, 不知其跌而失吾之度也. 古者陰陽始分, 天地初制, 皇綱云緖, 帝紀乃設, 傳序歷數, 三代興滅. 昔大庭尙矣, 赫胥罔識. 淳樸散離, 人物錯乖. 高辛攸降, 厥趣各違. 道無常稽, 與時張弛. 失仁爲非, 得義爲是. 君子通變, 各審所履. 故士或掩目而淵潛, 或盬耳而山棲. 或草耕而僅飽, 或木茹而長饑. 或重聘而不來, 或屢黜而不去. 或冒詢以干進, 或望色而斯擧. 或以役夫發夢於王公, 或以漁父見兆於元龜. 若夫紛繞塞路, 凶虐播流, 人有昏墊之厄, 主有疇咨之憂, 條垂蓲蔓, 上下相求. 於是乎賢人授手, 援世之災, 跋涉赴俗, 急斯時也. 昔堯含戚而皐陶謨, 高祖歎而子房慮. 禍不散而曹,絳奮, 結不解而陳平權. 及其策合道從, 克亂弭衝, 乃將鏤玄珪, 冊顯功, 銘昆吾之冶, 勒景,襄之鐘. 與其有事, 則褰裳濡足, 冠掛不顧. 人溺不拯, 則非仁也. 當其無事, 則躡纓整襟, 規矩其步. 德讓不修, 則非忠也. 是以險則救俗, 平則守禮, 舉以公心, 不私其體.」」

| 註釋 | ○皇綱云緒 – 皇綱은 천자가 천하를 다스리는 대 원칙. 云緒는 열다. 시작하다. ○大庭, 赫胥 – 古帝王의 칭호. 尙은 遠也. 罔은 없을 망. ○高辛氏 – 帝嚳(제곡). 五帝의 한 사람. ○失仁爲非, 得義爲是 – 「故失道而後德, 失德而後仁, 失仁而後義, 失義而後禮.」《老子道德經》38장. ○或盥耳而山棲 – 盥은 대야 관. 씻다(洗也). 許由(허유, 字 武仲)가 沛의 물가에 살 때 堯가 듣고서는 천하를 양보하였다. 허유는 더러운 말을 들었다고 물에 가서 귀를 씻었다(洗耳). 그의 벗인 巢父(소보)는 송아지에게 물을 먹이다가 "어찌 내 송아지 입을 더럽히겠는가!" 하고서는 상류로 끌고 갔다. 《莊子》에 나오는 이야기이다. ○草耕而僅飽 – 伯成子高(백성자고)는 堯舜(요순) 시절의 제후였으나 夏禹 시대에는 농사를 지으며 살았다고 한다. ○木茹而長饑 – 茹는 먹을 여. 鮑焦(포초)란 사람은 나무껍질로 옷을 만들어 입고 나무 열매를 먹고 살았다고 한다. ○重聘而不來 – 楚의 狂人 接輿(접여)는 농사를 짓고 살았는데, 楚王이 그가 현인임을 알고 많은 예물과 수레를 보내 초빙하였으나 접여는 웃으며 거절하고 사자가 떠난 뒤에 어디론가 사라졌다. ○或屢黜而不去 – 黜은 물리칠 출. 내쫓기다. 「柳下惠爲士師, 三黜. 人曰, "子未可以去乎?" 曰, "直道而事人, 焉往而不三黜? 枉道而事人, 何必去父母之邦?"《論語 微子》. ○冒詢以干進 – 詢는 꾸짖을 후. 욕을 당하다(辱也). 伊尹은 치욕을 무릅쓰고 솥을 지고 가서 요리사로 湯王을 만났다. ○望色而斯舉 – 안색을 살펴 천거하다. 해석이 분분한 구절이다. 「色斯舉矣, 翔而後集.」《論語 鄕黨》. ○或以役夫發夢於王公 – 傅說(부열)은 役夫였는데, 殷 高宗의 꿈에 나타나 등용되었다. 王公은 皇, 王,

后, 辟(諸侯), 公, 侯, 君을 지칭. ○以漁父見兆於元龜 – 呂尙이 文王을 만날 때 漁父였다. 《史記》에는 文王이 사냥을 나가기 전에 거북점을 쳤고 渭水에서 낚시하는 呂尙을 만났다. ○紛纗塞路 – 纗은 盛하고 많을 농(盛多也). ○人有昏墊之厄 – 昏墊(혼점)은 水害를 당하여 고생하다. 세상이 어지러워진데다가 수해까지 겹치다. 墊은 빠질 점. ○條垂蘦蔓 – 蘦는 등나무 덩굴 류(藤也). ○援世之災 –「天下溺則援之以道, 嫂溺則援之以手.」《孟子, 離婁》上. ○高祖歎而子房慮 – 謨는 謀也. 堯가 홍수를 만나 걱정할 때 皐陶(고요)와 禹(우)가 방책을 건의하였다. 高祖가 項羽에 대패하여 역경에 처했을 때 張良은 英布, 韓信 등에게 땅을 나눠주라고 건의하였다. ○結不解而陳平權 – 高祖가 匈奴를 공격하다가 白登에서 7일간 포위되었을 때 陳平의 奇計로 탈출할 수 있었다. ○將鏤玄珪 – 鏤는 새길 루. 珪는 홀 규(玉也). 圭의 古字. ○昆吾(곤오) – 나라 이름. ○褰裳濡足 – 褰裳은 옷을 걷어 올리다. 물을 건너다. 褰은 옷을 추켜올릴 건. ○躡纓整襟 –躡은 밟을 엽(렵). 纓은 갓끈 영. 整襟(정금)은 옷을 반듯하게 입다. 용모와 태도를 바로 하다.

[國譯]

「이에 (내가, 崔駰이) 대답하였다.

"이런 말도 있지 않습니까? 당신께서 내가 세속의 길을 걷게 하고 싶겠지만, 그것이 나를 넘어지게 하고 내 준칙을 잃게 한다는 사실을 모르고 있습니다. 옛날 陰陽이 처음 나뉘고 天地가 처음 안정되었으며, 三皇의 大綱(대강)이 처음 수립되고 五帝의 紀綱이 마련된 이후, 여러 대를 거치면서 三代가 흥하고 망했습니다. 옛날 大庭(대정)은 까마득하고, 赫胥(혁서) 시절의 일은 알 수도 없습니다. 淳樸(순박)은 이미 없어졌고, 인물들은 서로 크게 달랐습니다. 高辛氏[고신씨. 帝嚳(제곡)〕 이후, 그 취지는 서로 틀렸습니다. 그 治道가 일정한 법도가 없이 수시로 변하여 상고할 수가 없습니다. 仁을 잃으면 잘 못되었고 義를 실천하면 그것이 옳은 것이었습니다. 君子는 권력에 따라 변했고, 각자 자신이 가야 할 길을 살폈습니다. 그래서 士人은 아예 눈을 가리거나 강물에 투신하였습니다. 어떤 자는〔許由(허유)〕 귀를 씻고 산속에서 살았습니다. 어떤 사람은〔伯成子高(백성자고)〕 농사를 지어 겨우 배를 채웠고, 어떤 사람은 나무 열매를 따먹으며 오랫동안 굶주렸습니다. 또 어떤 사람은〔接輿(접여)〕 많은 예물로 초빙하여도 벼슬길에 나오지 않았으며, 또 어떤 사람은〔柳下惠(유하혜)〕 여러 번 내쫓기고도 떠나가지 않았습니다. 혹자는 치욕을 참으면서 관직을 얻으려 했고 또 다른 이는 안색을 살펴가며 모여들었습니다. 어떤 사람은 役夫로 王公의 꿈에 나타났기에 등용되었으며, 또는 漁父로 큰 거북점에 의거 등용되었습니다. 수많은 분란으로 길이 막혔고, 흉악한 일이 많을 때 백성들은 혼란에, 水害의 재난을 당하면 군주는 흉년을 걱정하는데, 나뭇가지에 매달린 덩굴처럼 상하가 함께 도와주어야 합니다. 이러한 때에 賢人을 팔을 뻗어 세상의 재난을 구원하여야 하며, 세속에 달려가 시대의 위급을 구원하여야 합니다. 예전에 堯가 걱정에 빠졌을 때 皐陶(고요)는 지모를 내었고, 高祖가 탄식할 때 張子房(장량)은 걱정을 해결해 주었습니다. 나라의 재앙이 끝나지 않을 때 曹參과 絳侯 周勃(주발)이 분발하였고, 포위된 위기에서 陳平은 기이한 계책을 썼습니다. 그런 방략이 채택되어 혼란을 극복하고 안정되자 金玉의 인수를 찼으며 공적은 기록되고 책봉되었으니, 昆吾(곤오)의 寶鼎(보정)에 공적을 기록하였고, 景(경)과 襄(양)의 鐘에도 기록하였습니다. 나라에 일이 있으면 옷을 걷어 올리고 물을 건너가고, 冠을 걸어놓고 달려가야 합니다. 사람이 물에 빠졌는데 건져내지 않는다면 인자한 것이 아닙니다. 전쟁이 없다면야 관을 반듯하게 쓰고 옷을 잘 입고 법도에 맞춰 당당하게 걸을 수 있습니다. 덕행과 예의를 실천하지 않으면 忠誠이 아닙니다. 때문에 위난에 처한 세속을 구원하고 태평하면 예의를 준수하며 행실에 바른 마음을 가져야 하나니, 私心으로 개인을 돌볼 수 없습니다.”」

原文

「“今聖上之育斯人也, 樸以皇質, 雕以唐文. 六合怡怡, 比屋爲仁. 壹天下之衆異, 齊品類之萬殊. 參差同量, 坏冶一陶. 群生得理, 庶績其凝. 家家有以樂和, 人人有以自優. 威械藏而俎豆布, 六典陳而九刑厝. 濟茲兆庶, 出於平易之路. 雖有力牧之略, 尙父之屬, 伊, 皇不論, 奚事范, 蔡? 夫廣廈成而茂木暢, 遠求存而良馬縶, 陰事終而水宿臧, 場功畢而大火入. 方斯之際, 處士山積, 學者川流, 衣裳被宇, 冠蓋雲浮. 譬猶衡陽之林, 岱陰之麓, 伐尋抱不爲之稀, 蓺拱把不爲之數. 悠悠罔極, 亦各有得. 彼采其華, 我收其實. 舍之則臧, 己所學也. 故進動以道, 則不辭執珪而秉柱國, 復靜以理, 則甘糟糠而安藜藿.”」

| 註釋 | ○雕以唐文 –「子曰, “大哉堯之爲君也! 巍巍乎! ~ 煥乎其有文

章!」《論語 泰伯》. 그래서 唐文이라고 하였다. ○坯冶一陶 - 坯는 아직 굽지 않은 기와 배. 그릇을 굽는 가마(窯)에서 아직 구워지지 않은 토기(土器之未燒者). ○庶績其凝 - 凝은 엉길 응(成也). ○威械藏而俎豆布 - 械는 기계나 갑옷, 병기. ○六典陳而九刑厝 - 厝(둘 조)는 마련했지만 사용하지 않다(置之不用也).《周禮》의 六典은 나라를 다스리는 기본 법전.「一日 理典, 二曰 教典, 三曰 禮典, 四曰 政典, 五曰 刑典, 六曰 事典.」○雖有力牧之略 - 力牧(역목)은 黃帝의 신하. ○伊,皐不論, 奚事范,蔡 - 伊尹(이윤), 皐繇(고요, 皐陶), 范睢(범수), 蔡澤(채택). ○廣廈成而茂木暢 - 廣廈(광하)는 넓고 큰 집. 더 이상 목재를 구하지 않기에 나무들이 무성하게 자란다는 뜻. ○良馬縶 - 縶은 맬 집. 말을 매어놓다(不資良馬之力也). ○陰事終而水宿藏 - 立冬 이후의 盛德은 水에 있고, 陰氣를 써야 할 일이기에 陰事라 하였다. 水宿은 북방의 7宿, 斗, 牛, 女, 虛, 危, 室, 壁宿을 말한다. ○場功畢而大火入 - 추수가 끝나고 大火星(心宿)이 들어오다. ○悠悠罔極, 亦各有得 - 悠悠(유유)는 많은 모양(衆多也). 罔極(망극)은 끝이 없다(無窮也). 亦各有得은 모두 다 성취하였다고 생각하다. ○舍之則藏 - 등용되면 뜻을 실천하지만 아니면 그냥 감춰 두겠다.「子謂顏淵曰, "用之則行, 舍之則藏, 唯我與爾有是夫!"《論語 述而》. ○甘糟糠而安藜藿 - 糟糠(조강)은 술지게미와 쌀 겨. 糟糠之妻의 그 糟糠임. 藜藿(여곽)은 명아주 잎사귀와 콩잎. 貧者의 음식.

[國譯]

　「"지금 聖上께서는 신하를 교도하시면서 그 바탕이 순박하시면서 唐堯와 같은 문채도 있으십니다. 지금 六合 모두가 기뻐 융합하고 집집마다 仁을 실천하고 있습니다. 온 천하 많은 백성이 한마음이고, 만물이 서로 품성이 다르지만 하나가 되었습니다. 서로 다르지만 하나가 되어 마치 한 가마(窯)에서 구워진 것 같습니다. 모든 생명이 제자리를 찾았고, 모든 공업이 다 이루어졌습니다. 집집마다 모두 화락하고 사람마다 모두 자신을 갖고 있습니다. 무력이나 힘은 자취를 감추었고, 예의가 행해지고 나라의 법이 갖춰졌지만 형벌을 하나도 쓰질 않습니다. 만민을 구제하여 평탄한 길을 걷는 것 같습니다. 비록 力牧(역목)의 지략과 尙父(呂尙)의 위엄이 있고 伊尹(이윤), 皐繇(고요, 皐陶)는 말할 것도 없고, 范睢(범수)나 蔡澤(채택) 같은 인재라도 무슨 할 일이 있겠습니까? 큰 집을 다 지었으니 나무는 더욱 무성하고, 먼 변방도 평온하니 良馬도 매어놓았습니다. 겨울 정벌도 없기에 북방의 星宿(성수)도 보이질 않습니다. 추수가 끝나면 大火星(心宿)이 들어오게 됩니다. 이때에 벼슬하지 않는 處士는 산과 같고 學者는 흘러가는 냇물이며, 벼슬하는 사람들은 집안을 채우고 冠과 수레는 구름처럼 몰려다닙니다. 마치 衡山 남쪽의 수풀이나 岱山(泰山) 북쪽의 기슭에서 큰 나무들이 빽빽하고, 심지 않았어도 두 팔로 껴안을 만큼 큰 나무들은 이루 다 셀 수도 없습니다. 많고 많아 무궁하며 각자 다 자기 얻을 것을 얻었습니다. 여러 사람이 그 꽃을 따려 한다면 나는 그 열매를 거둘 것입니다. 버려진다면 은거하는 것은 이미 다 배웠습니다. 그래서 앞으로 나아가는 것도 道이고, 관직에 들어가 국정을 운영하거나 다시 사리에 맞춰 조용히 지내면서 糟糠(조강)도 맛있게 먹고, 콩잎을 먹어도 평안할 수 있는 것입니다.”」

「"夫君子非不欲仕也. 恥誇毗以求擧, 非不欲室也, 惡登牆而摟處. 叫呼衒鬻, 縣旌自表, 非隨和之寶也. 暴智耀世, 因以干祿, 非仲尼之道也. 游不倫黨, 苟以徇己, 汗血競時, 利合而友. 子笑我之沉滯, 吾亦病子屑屑而不已也. 先人有則而我弗虧, 行有枉徑而我弗隨. 臧否在予, 唯世所議. 固將因天質之自然, 誦上哲之高訓, 詠太平之淸風, 行天下之至順. 懼吾躬之穢德, 勤百畝之不耘. 縶余馬以安行, 俟性命之所存. 昔孔子起威於夾谷, 晏嬰發勇於崔杼. 曹劌擧節於柯盟, 卞嚴克捷於彊禦. 范蠡錯勢於會稽, 五員樹功於柏擧. 魯連辯言以退燕, 包胥單辭而存楚. 唐且華顚以悟秦, 甘羅童牙而報趙. 原衰見廉於壺飧, 宣孟收德於束脯. 吳札結信於丘木, 展季效貞於門女. 顔回明仁於度轂, 程嬰顯義於趙武. 僕誠不能編德於數者, 竊慕古人之所序."」

| 註釋 | ○恥誇毗以求擧 - 誇毗는 아첨꾼이 過恭으로 진퇴를 잘하는 것. 誇는 지나칠 과. 毗는 도울 비, 분명할 비. ○惡登牆而摟處 - 옆집 담을 넘어가 처녀를 유혹하여 아내로 삼는 것을 증오하다. 摟는 끌어 모으다. 유인하다. ○隨和(수화) - 隨侯(수후)와 和氏의 보물. ○苟以徇己 - 倫은 또래. 무리. 徇은 따라하다(營也). ○汗血競時, 利合而友 - 汗血(한혈)은 힘써 노력하다. 競時는 시류를 따라가다. 利合而友는 도의로 사귀지 않고 이익 때문에 사귀는 것. ○屑屑而不已也 - 屑屑은 區區하다. 屑은 달갑게 여길 설. ○行有枉徑而我弗隨 - 枉은 굽을 왕(曲也). 徑은 지름길

경. 道也. ○曹劌擧節於柯盟 - 曹劌(조괴)는 曹沫(조말). 조말은 장군으로 魯 莊公(장공)을 섬겼는데 齊와 싸워 3전3패하였다. 그러자 장공은 땅을 베어주고 齊와 강화하였지만 그래도 조말을 신임하였다. 제 환공과 노 장왕이 柯(가)란 곳에서 회담할 때 조말은 비수로 齊 桓公을 협박하여 빼앗긴 땅을 돌려받았다. ○卞嚴克捷於彊禦 - 卞嚴(卞莊子)은 모친을 모시고 살면서 전쟁에 나가 3번이나 패하고 돌아오자 친우들도 비난하고 國君도 모욕을 주었다. 모친이 죽고 3년 상을 마친 변장자는 출전을 자청했고 용감히 싸웠다. 변장자는 이전의 삼패는 모친이 살아계셨기 때문이라고 하였다. 변장자는 용감히 싸우다 전사하였다. ○范蠡錯勢於會稽 - (越의) 范蠡(범려)는 句踐(구천)을 도와 會稽(회계)에서 吳와 싸워 역전승을 거두었다. ○五員樹功於柏擧 - 五員은 伍子胥(오자서), 名 員(원), 오자서의 부친이 楚에서 처형되었다. 나중에 오자서는 吳王 闔閭(합려)의 장군이 되어 군사를 거느리고 楚를 원정하여 柏擧(백거)에서 싸워 초를 크게 이겼다. ○魯連辯言以退燕 - 燕將의 침입하여 齊의 聊城(요성)을 차지하고 굳게 방어하여 齊에서는 아무 대책도 없었다. 齊人 魯仲連(노중련)은 글을 지어 燕의 장수에게 보내자 연의 장수는 글을 받아보고 3일을 통곡하다가 자살했다고 한다. ○包胥單辭而存楚 - 楚 昭王은 吳에 패전한 뒤 隨(수)란 곳으로 피난하였다. 申包胥(신포서)는 秦에 군사 지원을 요청하러 갔지만 秦에서는 군사를 출동시키지 않았다. 신포서는 秦 王庭에서 7일간 통곡하였다. 이에 진에서는 군사를 내어 吳를 격파하였고 楚王은 본래 땅을 수복하였다. ○唐且華顚以悟秦 - 唐且(당차)는 魏人인 唐雎(당휴). 華顚(화전)은 白首. 당시 90세였다고 한다. 齊와 楚가 魏를 위협하자 秦에 가서 파병을 요청하였고 秦은 군사를 내어 魏를 지원하였다. ○甘羅童牙而報趙 - 甘羅(감라)는 楚 甘茂(감무)의 손자. 童牙는 어린 나이, 幼小年. 당시 12살이었다. 秦을 위해 趙에 사신으로 갔는데 趙 襄王(양왕)이 교외에 나와 영접했다. ○原衰見廉於壺飱 - 趙衰(조쇠)는 原의 大夫라서 原衰(원쇠)라 기록. 壺飱(호손)

은 단지에 담은 밥. 물에 만 밥. ㅇ宣孟收德於束脯 - 趙의 宣孟(선맹)은 굶주린 사람을 거두고 脯(말린 고기 포)를 베풀어 살렸다. ㅇ吳札結信於丘木 - 吳公子 季札(계찰)은 사신으로 가면서 徐(서) 나라를 지나갔는데 徐君이 계찰의 칼을 부러워하였으나 말을 하지는 않았다. 계찰은 그 뜻을 알고 큰 나라에 사신으로 가기에 칼을 내 주지 않았다. 사신의 임무를 마치고 다시 徐에 왔는데 그 徐君은 이미 죽고 없었다. 계찰은 그 무덤에 가서 칼을 무덤의 나무에 걸어주고 돌아왔다. ㅇ展季效貞於門女 - 展季는 魯의 柳下惠. ㅇ程嬰顯義於趙武 - 趙武(조무)는 춘추시대 晉의 正卿. 趙武(조무)가 난관을 당했을 때 程嬰(정영)은 지혜를 발휘하여 조무를 구원하였다.

[國譯]

「"君子가 出仕를 아니 하려는 것은 아닙니다. 다만 지나친 아부에 의한 출세를 부끄럽게 생각하고, 아내를 원하지 않는 것이 아니라 옆집 담 위에 올라가 유인하여 아내로 삼는 것을 증오할 뿐입니다. 소리치면서 팔거나 깃발에 써 붙이고 파는 물건이라면 隨和(수화)의 보물은 아닙니다. 세간에 지혜를 뽐내면서 벼슬을 구하는 것은 孔子의 도가 아닙니다. 같은 무리가 될 수 없는 사람과 어울리며, 구차하게 어울려서 목적을 추구하거나 시류를 애써 따라가며 이득 때문에 벗과 사귀지 않습니다. 당신이 나를 보고 막혀있다고 비웃지만 나 역시 그대가 구구히 얻으려 애쓰는 것을 안쓰럽게 여길 뿐입니다. 先人이 법으로 여겼던 것을 나도 어기지 않으며 행실이 바르지 않았다면 나는 그 길을 따르지 않을 것입니다. 내 행실의 선악은 세상이 다 알 것입니다. 실로 타고난 천성의 자질로 先哲의 훌륭한 교훈을 외우고 태평성대의 청아한 풍류를 읊으며 천하의 순리를 따라 실천할 것입니다. 다만 나의 덕행이 많이 부족하고 百畝(백무)의 땅 농사도 제대로 짓지 못할까 걱정입니다. 나의 말을 타고 천천히 다니며 내 性命이 안주할 곳 어딘가를 기다립니다. 옛날 공자는 魯와 齊의 夾谷(협곡) 회담에서 위엄을 세웠고, 晏嬰(안영)은 崔杼(최저)의 협박에도 굴하지 않았습니다. 曹劌〔조귀, 曹沫(조말)〕는 (魯와 齊의) 柯(가)에서의 會盟에서 節操를 보여주었고, 卞嚴(변엄, 卞莊子)은 강한 적과 싸워 이겼습니다. (越의) 范蠡(범려)는 句踐(구천)을 도와 會稽(회계)에서 吳와 싸워 역전승을 거두었으며, 五員〔伍子胥(오자서)〕는 柏擧(백거)의 전투에서 대승을 거두었습니다. (齊의) 魯仲連(노중련)은 말을 잘하여 글로 燕(연)을 물리쳤고, (楚의) 申包胥(신포서)는 말 한마디로 楚을 살렸습니다. (魏의) 唐且(당차, 唐雎)는 90세 白首로 秦王을 설득하였고, 甘羅(감라)는 12살 어린 나이에 趙에 사신으로 나갔습니다. (晉의 속국) 原(원)의 趙衰(조쇠)는 단지에 담은 밥을 먹으면서도 청렴하였으며 趙의 宣孟(선맹)은 굶주린 사람을 거두어 脯(말린 고기 포)를 먹여 살렸습니다. 吳의 공자 季札(계찰)은 (徐君의) 무덤 나무에 칼을 걸어 신의를 지켰고, (魯의) 展季(전계, 柳下惠)는 대문 앞에 찾아온 여인이 있어도 지조를 지켰습니다. 顔回(안회)는 權貴 앞에서도 仁義를 명확히 보여주었으며, 程嬰(정영)은 趙武의 일에 의리를 지켰습니다. 저는(僕) 앞에서 말한 여러 사람과 같은 덕을 베풀지는 못하겠지만 그래도 옛사람의 才德을 흠모하며 살아갈 것입니다."」

元和中, 肅宗始修古禮, 巡狩方岳. 駰上〈四巡頌〉以稱漢德, 辭甚典美, 文多故不載. 帝雅好文章, 自見駰頌後, 常嗟歎之, 謂侍中竇憲曰, "卿寧知崔駰乎?" 對曰, "班固數爲臣說之, 然未見也." 帝曰, "公愛班固而忽崔駰, 此葉公之好龍也. 試請見之." 駰由此候憲. 憲屣履迎門, 笑謂駰曰, "亭伯, 吾受詔交公, 公何得薄哉?" 遂揖入爲上客.

居無幾何, 帝幸憲第, 時駰適在憲所, 帝聞而欲召見之. 憲諫, 以爲不宜與白衣會. 帝悟曰, "吾能令駰朝夕在傍, 何必於此!" 適欲官之, 會帝崩.

| 註釋 | ○元和 - 章帝의 연호. 서기 84 - 86년. ○此葉公之好龍也 - 葉公(섭공) 子高는 龍을 좋아하였다. 天龍이 이를 알고 땅에 내려와 창으로 머리를 들어 밀었다. 섭공이 보고서는 그만 놀라 혼백이 다 달아날 뻔했다. 이는 용과 비슷한 것을 좋아하는 것이지 진짜 용을 좋아한 것이 아니라고 하였다.

[國譯]

元和 연간에, 肅宗(章帝)는 古禮의 전통에 따라 사방을 순수하였다. 崔駰(최인)은 〈四巡頌〉을 지어 漢德을 칭송하였는데, 문사가 전아하고 아름다웠는데 문장이 길어 수록하지는 않았다. 장제는 평소에 문장을 좋아하여 최인의 〈사순송〉을 읽은 뒤로 늘 감탄하며 侍中인 竇憲(두헌)에게 물었다 "경은 전부터 최인을 알고 있었는가?" 두헌은 "班固(반고)가 자주 최인을 말해서 알고 있지만 아직 만나보지는 않았습니다."라고 말했다. 이에 장제가 말했다. "公이 반고를 알면서 최인을 소홀히 했다면 이는 葉公(섭공)이 용을 좋아하는 것

과 같으니, 한번 불러 만나보시라." 최인은 이 때문에 두헌을 찾아
갔다. 두헌은 신발을 제대로 신지도 못하고 달려 나와 대문에서 맞
이하면서 웃으며 최인에게 말했다. "亭伯(최인의 字)! 내가 명을 받
아 공과 교제하려 한다고 나를 박대하지는 않겠지요?" 그리고는 인
사를 마친 뒤 들어가 상객으로 대우했다.

 얼마 후에 장제가 두헌의 저택에 행차하였는데 마침 최인도 거기
에 있었다. 장제가 알고 불러 만나려 했다. 그러나 두헌은 벼슬이 없
는 白衣의 백성을 만나는 것은 옳지 않다고 하였다. 장제가 깨닫고
말했다. "나는 최인은 조석으로 내 곁에 둘 수도 있는데 꼭 지금 만
나야겠나!" 그러면서 최인에게 관직을 하사하려 했으나 마침 章帝
가 붕어하였다.

原文

 竇太后臨朝, 憲以重戚出內詔命. 駰獻書誡之曰,

 「駰聞交淺而言深者, 愚也. 在賤而望貴者, 惑也. 未信而
納忠者, 謗也. 三者皆所不宜, 而或蹈之者, 思效其區區, 憤
盈而不能已也. 竊見足下體淳淑之姿, 躬高明之量, 意美志
厲, 有上賢之風. 駰幸得充下館, 序後陳, 是以竭其拳拳, 敢
進一言.

 傳曰, '生而富者驕, 生而貴者傲.' 生富貴而能不驕傲者,
未之有也. 今寵祿初隆, 百僚觀行. 當堯舜之盛世, 處光華
之顯時, 豈可不庶幾夙夜, 以永衆譽, 弘申伯之美, 致周邵之

事乎? 語曰, '不患無位, 患所以立.」

　昔馮野王以外戚居位, 稱爲賢臣, 近陰衛尉克己復禮, 終受多福. 鄭氏之宗, 非不尊也, 陽平之族, 非不盛也. 重侯累將, 建天樞, 執斗柄. 其所以獲譏於時, 垂愆於後者, 何也? 蓋在滿而不挹, 位有餘而仁不足也. 漢興以後, 迄於哀,平, 外家二十, 保族全身, 四人而已. 《書》曰, '鑒於有殷' 可不愼哉!」

| 註釋 | ○足下 − 貴下의 뜻. 대등한 관계나 높은 사람에게도 경칭으로 사용할 수 있었다. ○竭其拳拳 − 拳拳(권권)은 충실하고 부지런한 모양. 정성을 다하는 모양. ○弘申伯之美, 致周邵之事乎 − 申伯(신백)은 周 宣王의 외숙. 周公과 邵公은 모두 周室을 보좌하였다. ○不患無位, 患所以立 − 子曰, "不患無位, 患所以立. 不患莫己知, 求爲可知也."《論語 里仁》. ○馮野王(풍야왕) − 여동생이 元帝의 昭儀였고 풍야왕은 左馮翊이 되었다. 御史大夫의 자리가 결원이었을 때 풍야왕은 후보 1순위였다. ○陰(음) 衛尉 − 光武帝 光烈陰皇后의 同母弟인 陰興(음흥). ○鄭氏之宗 − 史丹(사단)은 武帝 衛太子의 史良娣(양제, 宣帝의 祖母)의 일족. 사단은 成帝 때 右將軍으로 (東海郡) 鄭(담)을 식읍으로 받았기에 鄭氏라 하였다. ○陽平之族 − 元帝의 王皇后(王政君)의 친정 오빠인 陽平侯 王鳳(왕봉) 일족은 제후 9명에 大司馬 5명이 배출되어 전한 말 원제 이후 왕망까지 국정을 농단하고 요직을 독점하였다. ○外家二十者 − 高祖 呂后의 呂産, 呂祿은 모반으로 주살되었고, 惠帝의 張皇后는 폐족이 되었으며, 文帝의 母親 薄(박)太后의 동생 薄昭는 피살되었다. 孝文帝 竇(두)皇后의 사촌 형제나 그 아들은 주살 당했고 景帝 薄(박)皇后와 武帝 陳皇后는 폐족이 되었으며, 衛皇后는 자살하였고 昭帝의 上官(상관)황후 일가는 멸족되었으며, 宣帝 祖母인 史良娣는 巫

蠱(무고)의 화를 당해 죽었고, 宣帝의 모친 王夫人 동생의 아들인 王商은 하옥되어 죽었고 宣帝의 霍(곽)황후 일가는 파멸되었다. 元帝 王皇后의 조카인 王莽은 漢을 찬탈하였고, 成帝 許皇后는 사약을 받고 죽었으며 趙皇后(趙飛燕)은 폐위되자 자살하였다. 哀帝의 祖母인 傅(부)太后 일가는 남쪽 合浦郡에 강제 이주되었고 平帝의 모친 衛姬 일가는 주살되었고, 昭帝의 趙太后는 근심 걱정으로 죽었다. 일족이 살아남은 4가문은 哀帝의 生母인 丁姬(정희), 景帝의 王皇后, 宣帝의 許皇后와 王皇后의 일족뿐이었다.

[國譯]

寶(두) 태후가 臨朝하면서, 寶憲은 貴戚의 신분으로 詔命 출납을 담당하였다. 이에 최인은 깨우치려는 뜻의 글을 두헌에게 보냈다.

「제가 듣기로, 사귄 지 얼마 되지도 않는데 심오한 말을 한다면 우매한 것입니다. 비천한 자리에서 고귀를 바란다면 미혹입니다. 믿음도 없는데 충간을 한다면 비방입니다. 이 세 가지는 모두 옳지 않은데도 간혹 이런 짓을 하는 것은 혹시 인정을 받을까 기대하거나 분에 넘쳐 그만두지 못하기 때문입니다. 제가 볼 때 足下께서는 행실이 高雅하시고 고명한 대지를 품고 의지가 아름답고 강인하시며 현자를 존중하는 풍모를 갖고 계십니다. 저는 다행히도 아랫자리에서 일하면서 맨 끝줄에 겨우 서있습니다만 저의 간절한 마음을 다하여 감히 한 말씀을 드리고자 합니다.

傳에는 '부자로 태어난 자는 교만하고, 귀인으로 태어난 자는 오만하다.' 고 하였습니다. 부귀를 갖고 태어난 자로 교만하거나 오만하지 않은 자가 없었습니다. 지금 족하께서는 총애 속에 지위도 높아 모든 신료들이 족하의 행실을 관망하고 있습니다. 지금은 堯舜과 같은 盛世이고 광명한 시대이나 그래도 밤낮으로 애써서 영광을 지속하기 위하여 (周의) 申伯(신백)이나 邵公(소공)과 같이 헌신하지 않을 수 있겠습니까? 선현의 말씀에 '지위가 없다고 걱정하지 말고 立身하여 仁義의 실천을 걱정하라.'고 하였습니다.

옛날에 馮野王(풍야왕)은 외척으로 높은 자리에 있었고 賢臣이라는 칭송이 있었고, 최근 陰(음) 衛尉(위위)는 克己復禮하여 끝까지 복을 누렸습니다. 郯氏(담씨) 일족은 높은 지위였고 陽平侯(양평후, 王鳳)의 일족은 크게 번창하였습니다. 여러 명의 제후와 장군이 나와 국정의 요직을 독점하였습니다. 그러나 그때에 비난을 받고 허물이 컸던 이유는 무엇이겠습니까? 그것은 아마 가득 찼으나 덜어낼 줄을 몰랐고 지위는 높고 넘쳐나도 仁義가 부족했기 때문입니다. 漢興 이래로 哀帝와 平帝에 이르기까지 外家(황후의 친정)이 20가문이었는데 일족을 다 보전할 수 있던 것은 4가문뿐이었습니다. 그래서 《書經》에서도 '殷나라를 거울로 삼으라'고 하였으니 신중하지 않을 수 없습니다!」

原文

「竇氏之興, 肇自孝文. 二君以淳淑守道, 成名先日. 安豐以佐命著德, 顯自中興. 內以忠誠自固, 外以法度自守, 卒享祚國, 垂祉於今. 夫謙德之光, 《周易》所美, 滿溢之位, 道家所戒. 故君子福大而愈懼, 爵隆而益恭. 遠察近覽, 俯仰有則, 銘諸几杖, 矜矜業業, 無殆無荒. 如此, 則百福是荷, 慶流無窮矣.」

| 註釋 | ○肇自孝文 − 肇는 시작할 조. 치다. 竇嬰(두영)의 字는 王孫으로 孝文 竇皇后 사촌 오빠의 아들이었다. ○二君以淳淑守道 − 竇太后의 남동생 長君(장군)과 少君(소군)은 退讓을 아는 君子로 부귀해졌다고 교만하지 않았다. ○安豐以佐命著德 − 竇融은 安豐侯에 봉해졌다. 23권, 〈竇融列傳〉에 立傳. ○滿溢之位, 道家所戒 −「富貴而驕, 自遺其咎. 功成而身退, 天之道也.」《老子道德經》9장. ○矜矜業業, 無殆無荒 − 矜矜(긍긍)은 조심하고 자중하는 모양. 業業은 두려워하는 모양. 높고 큰 모양. 業은 클 업, 위태로울 업. 殆는 위태할 태. 게으르다. 荒은 거칠 황. 거짓.

[國譯]

「竇氏(두씨)의 융성은 孝文帝 때부터 시작했습니다. 竇황후의 동생 2명은 돈후 현숙하여 당시에 이름이 있었습니다. 安豐侯 竇融(두융)은 광무제를 도운 佐命(좌명) 공신으로 덕행이 두드러졌고 中興 이후 알려졌습니다. 안으로는 忠誠으로 기반을 다졌고, 밖으로는 스스로 法度를 지켰기에 복을 받아 책봉되었고 은택이 후손에게 지금까지 이어지고 있습니다. 겸양의 미덕에 따른 영광은《周易》에서도 칭송하며 가득 차서 넘치는 것은 道家에서도 금기시합니다. 그래서 군자는 福이 클수록 더욱 두려워하고 작위가 융성할수록 더욱 공경하게 됩니다. 원근을 두루 관찰하고, 위아래를 살펴 본받으며, 几杖(궤장)에 써놓고 여러 盤杆(반우)에도 새겨둡니다. 조심하고 자중하며 두려워하고 게으르지도 않으며 거짓이 없었습니다. 그러해야 온갖 복을 다 받아 후손까지 끝없이 이어질 것입니다.」

及憲爲車騎將軍, 辟駰爲掾. 憲府貴重, 掾屬三十人, 皆故刺史, 二千石, 唯駰以處士年少, 擢在其閒. 憲擅權驕恣, 駰數諫之.

及出擊匈奴, 道路愈多不法, 駰爲主簿, 前後奏記數十, 指切長短. 憲不能容, 稍疏之, 因察駰高第, 出爲長岑長.

駰自以遠去, 不得意, 遂不之官而歸. 永元四年, 卒於家. 所著詩, 賦, 銘, 頌, 書, 記, 表, 〈七依〉, 〈婚禮結言〉, 〈達旨〉, 〈酒警〉合二十一篇. 中子瑗.

| 註釋 | ○長岑(장잠) - 樂浪郡의 縣名. 今 北韓 黃海南道 長淵. 遼東郡도 벽지였는데 거기서 더 동쪽 끝 낙랑군은 벽지 중의 벽지였다.

[國譯]

두헌이 車騎將軍이 되자 최인을 불러 掾吏(연리)로 삼았다. 두서의 관부는 고귀하고 권한이 막강하였는데 연리 30인이 모두 자사나 태수를 역임한 사람이었는데 최인은 벼슬이 없었고 나이도 어렸지만 발탁되었다. 두헌은 권력을 마음대로 행사하며 교만 방자하였는데 최인은 여러 번 이에 대하여 간언하였다.

두헌이 흉노를 원정하면서 출정 중에도 불법이 많았는데, 최인은 主簿(주부)로 전후 수십 번이나 건의하며 그 장단점을 통렬하게 지적하였다. 두헌은 받아들일 수 없었고 점차 멀리하였는데 최인의 근무성과가 좋았다 하여 (樂浪郡) 長岑(장잠) 縣長에 임명되었다.

최인은 임지가 너무 멀었고 자신의 뜻을 펼 수도 없어 부임하지 않고 귀향하였다. (和帝) 永元 4년(서기 92)에 집에서 죽었다. 그가 저술한 詩, 賦, 銘, 頌, 書, 記, 表, 〈七依(칠의)〉와 〈婚禮結言〉, 〈達旨〉 와 〈酒警〉 등이 모두 21편이었다. 최인의 작은아들이 崔瑗(최원)이 다.

❷ 崔瑗

原文

瑗字子玉, 早孤, 銳志好學, 盡能傳其父業. 年十八, 至京師, 從侍中賈逵質正大義, 逵善待之, 瑗因留遊學, 遂明天官, 歷數,《京房易傳》, 六日七分. 諸儒宗之. 與扶風馬融, 南陽張衡特相友好. 初, 瑗兄章爲州人所殺, 瑗手刃報仇, 因亡命. 會赦, 歸家. 家貧, 兄弟同居數十年, 鄕邑化之.

年四十餘, 始爲郡吏. 以事繫東郡發干獄. 獄掾善爲禮, 瑗聞考訊時, 輒問以禮說. 其專心好學, 雖顚沛必於是. 後事釋歸家, 爲度遼將軍鄧遵所辟. 居無何, 遵被誅, 瑗免歸.

| 註釋 | ○崔瑗(최원, 77 - 142) - 초서를 잘 쓴 명필이며 經學者. ○賈逵 (가규) - 36권, 〈鄭范陳賈張列傳〉立傳. ○《京氏易傳》 - 前漢 京房이 전승한《易》. ○六日七分 - 易의 괘를 이용한 점술의 한 분야. 孟喜가 처음 주창한 이후 京房, 揚雄, 谷永 등이 계승 발전시켰다. ○扶風 馬融(마융, 79 -

166) - 右扶風人 伏波將軍 馬援(마원)의 侄孫, 馬嚴의 아들. 經學家.《周易》,
《尙書》,《毛詩》,《論語》,《老子》,《淮南子》,《離騷》,《列女傳》 등을 주석. 鄭
玄, 盧植(노식)은 마융의 門生. 60권,〈馬融列傳〉에 立傳. ○南陽 張衡(장
형, 78 - 139) - 天文學者, 數學者, 科學家이며 發明家, 그리고 文學者로 太
史令, 侍中, 尙書 역임. 그의 일생과 성취는 정말 특별하여 水力으로 움직
이는 渾天儀(혼천의)를 발명했으며, 地動儀(지진계)와 指南車(羅針盤)을 만
들었으며,〈二京賦〉로 文名을 떨친 '漢賦四大家' 의 한 사람이다. 59권,〈張
衡列傳〉에 立傳. ○東郡發干 - 發干은 縣名. 今 山東省 聊城市(요성시) 관
할 冠縣(관현). 冀(河北省), 魯(山東省), 豫(河南省) 3省의 접경.

[國譯]

崔瑗(최원)의 字는 子玉(자옥)으로 일찍 부친을 여의었지만 뜻을
세워 호학하여 부친의 학문을 모두 계승할 수 있었다. 나이 18세에
京師에 가서 侍中인 賈逵(가규)를 스승으로 경전의 大義를 물었고
가규는 최원을 잘 대우했는데 이후 최원은 경사에 머물며 遊學하여
마침내 天官書와 歷數, 그리고《京房易傳》과 六日七分의 占術에 두
루 통하였다. 많은 유생이 최원을 스승으로 삼아 배웠다. 최원은 右
扶風의 馬融(마융), 南陽郡의 張衡(장형) 등과 특별히 친했다. 그전에
최원의 형인 崔章(최장)이 州人에게 살해되었는데 최원은 칼로 원수
를 갚았고 그 때문에 도망하였다. 마침 사면을 받아 귀가하였다. 집
안이 가난하여 형제가 수십 년 한 집에 살았는데 향읍 사람들이 이
를 본받았다.

최원은 나이 40세에 처음으로 郡吏가 되었다. 업무상 과오로 東
郡 發干縣(발간현)의 옥에 갇혔다. 獄掾이 착해서 최원을 잘 대우하
였는데 최원이 조사를 받을 때 틈틈이 禮에 관하여 최원에게 물었

다. 최원은 이처럼 한결같이 호학하여 어떤 경우라도 반드시 예를 지켰다. 뒷날 풀려나 귀가했고, 度遼將軍 鄧遵(등준)의 부름을 받았다. 얼마 뒤에 등준이 처형되자 최원은 사직하고 귀향했다.

原文

後復辟車騎將軍閻顯府. 時閻太后稱制, 顯入參政事. 先是安帝廢太子爲濟陰王, 而以北鄕侯爲嗣. 瑗以侯立不以正, 知顯將敗, 欲說令廢立, 而顯日沈醉, 不能得見. 乃謂長史陳禪曰,

"中常侍江京, 陳達等, 得以嬖寵惑蠱先帝, 遂使廢黜正統, 扶立疏孽. 少帝卽位, 發病廟中, 周勃之徵, 於斯復見. 今欲與長史君共求見, 說將軍白太后, 收京等, 廢少帝, 引立濟陰王, 必上當天心, 下合人望. 伊, 霍之功, 不下席而立, 則將軍兄弟傳祚於無窮. 若拒違天意, 久曠神器, 則將以無罪並辜元惡. 此所謂禍福之會, 分功之時."

禪猶豫未敢從. 會北鄕侯薨, 孫程立濟陰王, 是爲順帝. 閻顯兄弟悉伏誅, 瑗坐被斥. 門生蘇祗具知瑗謀, 欲上書言狀, 瑗聞而遽止之. 時陳禪爲司隸校尉, 召瑗謂曰, "第聽祗上書, 禪請爲之證." 瑗曰, "此譬猶兒妾屛語耳, 願使君勿復出口."

遂辭歸, 不復應州郡命.

| 註釋 | ○閻顯(염현) - 安帝(재위 107 - 125) 安思閻皇后(황후 재임 115 - 125)의 동생. (延光) 4년 봄, 安帝가 병이 나서 葉縣(섭현)에서 붕어하자 閻顯(염현)은 車騎將軍儀同三司(거기장군의동삼사)가 되어 권력을 장악했다. 本 10권, 〈皇后紀〉(下), 安思閻皇后紀 참고. ○廢太子爲濟陰王 - 안제의 태자였던 劉保를 폐하여 제음왕에 봉하다. ○陳禪(진선) - 51권, 〈李陳龐陳橋列傳〉에 立傳. ○廢黜正統, 扶立疏孽 - 廢黜(폐출)은 폐하여 내쫓다. 疏孽은 庶子. 孽은 첩의 자식 얼. ○周勃之徵, 於斯復見 - 呂后가 惠帝 後宮의 아들을 少帝로 옹립하였지만 周勃(주발) 등이 폐위시켰다. ○將以無罪並辜元惡 - 辜는 허물 고. 元은 大也. ○北鄉侯薨 - 少帝(北鄉侯)는 재위 8개월에 죽었다. 서기 125년. ○第聽祗上書 - 第는 일단(但也).

[國譯]

뒷날 다시 車騎將軍 閻顯(염현)의 官府의 부름을 받았다. 그 무렵 閻(염)태후가 稱制(칭제)하면서 염현은 조정에 들어가 政事에 관여하였다. 이보다 앞서 安帝는 太子를 폐하여 濟陰王(제음왕)에 봉했고 北鄉侯〔劉懿(유의)〕를 후사로 정했었다. 崔瑗(최원)은 북향후가 제위에 오르는 것은 옳지 않다고 생각하였고, 염씨도 패망할 것이라 짐작하고 태자 아닌 다른 사람 옹립은 옳지 않다는 것을 설득하려 했으나 염현이 날마다 술에 취해서 만날 수가 없었다. 이에 長史 陳禪(진선)에게 말했다.

"中常侍인 江京(강경)과 陳達(진달) 등이 아부로 총애를 받으며 先帝를 현혹케 했고 결국 정통을 폐출하고 支孫인 서자를 옹립했습니다. (惠帝의 아들) 少帝가 즉위하고 재위 중 병이 들자 周勃(주발)이 징계한 일을 지금 다시 보게 되었습니다. 지금 長史인 당신이 염장군과 함께 태후에게 아뢰어 강경 등을 잡아가두며 少帝를 폐하고 濟

陰王을 옹립하는 것이 위로는 天心에 합당하고, 아래로는 人望에 부합하는 길입니다. (周) 伊尹(이윤)과 (前漢) 霍光(곽광)의 공적은 아래로 내리지 않고 옹립한 것이니 장군 형제는 무궁한 복을 받을 것입니다. 만약 하늘 뜻을 거역하여 神器(帝位)를 오랫동안 비우게 한다면, 무죄가 아니라 큰 죄악을 저지르는 것입니다. 지금이야말로 禍와 福을 가를 때이며 功을 세울 때입니다."

그러나 진선은 猶豫(유예)하며 과감히 따르지 않았다. 마침 北鄕侯가 죽자 (환관) 孫程(손정) 등이 濟陰王을 옹립하니, 이가 順帝(순제)이다. 염현 형제는 모두 주살되었고 최원도 이와 연관이 있다 하여 배척당했다. 이에 門生인 蘇祗(소지)는 최원의 의도를 모두 알고 있었기에 사실을 상서하려 하였지만 최원이 알고 급히 만류하였다. 이때 진선은 司隷校尉였는데 최원을 불러 말했다. "일단 소지의 상서를 허락하면 내가 그것을 입증하겠습니다." 그러나 최원은 "이 일은 어린아이나 부녀자가 그냥 은밀히 말한 것과 같으니 使君께서도 다시 말하지 마십시오." 그리고서는 귀향하였고 다시는 州郡의 부름에 응하지 않았다.

原文

久之, 大將軍梁商初開莫府, 復首辟瑗. 自以再爲貴戚吏, 不遇被斥, 遂以疾固辭. 歲中擧茂才, 遷汲令. 在事數言便宜, 爲人開稻田數百頃. 視事七年, 百姓歌之.

漢安初, 大司農胡廣, 少府竇章共薦瑗宿德大儒, 從政有

多, 不宜久在下位, 由此遷濟北相. 時李固爲太山太守, 美
瑗文雅, 奉書禮致殷勤. 歲餘, 光祿大夫杜喬爲八使, 徇行
郡國, 以臧罪奏瑗, 徵詣廷尉. 瑗上書自訟, 得理出.

會病卒, 年六十六. 臨終, 顧命子寔曰,

"夫人稟天地之氣以生, 及其終也, 歸精於天, 還骨於地.
何地不可臧形骸, 勿歸鄉里. 其賵贈之物, 羊豕之奠, 一不
得受."

寔奉遺令, 遂留葬洛陽.

| 註釋 | ○大將軍梁商初開莫府 - 梁商(양상)의 딸 瑩(영)이 桓帝의 梁皇
后. 梁商이 죽은 뒤 아들 梁冀(양기)가 대장군이 되었고, 質帝를 독살하고
(서기 146년) 桓帝를 옹립했다. 34권, 〈梁統列傳〉에 입전. 莫府는 幕府. 大
將軍의 집무처. ○汲縣 - 今 河南省 북부 新鄉市 관할 衛輝市(縣級). ○濟
北國 - 治所는 盧縣, 今 山東省 濟南市 長清區. 泰山郡을 분리. ○李固 -
63권, 〈李杜列傳〉立傳. ○八使 - 侍中 周擧(주거)와 杜喬(두교) 등 8명을
특별히 지방에 파견하여 風俗을 순찰하며 태수의 부정을 규찰, 탄핵케 하
였는데 당시 백성이 이들을 '八駿(8준)이라 부르며 칭송했다.' 61권, 〈左周
黃列傳〉의 〈周擧傳〉 참고.

[國譯]

얼마 후, 大將軍 梁商(양상) 幕府(막부)를 열고 먼저 최원을 초빙하
였다. 다시 貴戚의 속리로 배척을 당할 수 없다는 생각으로 병을 핑
계로 고사하였다. 일 년 뒤에 茂才로 천거되어 河內郡 汲縣의 현령
이 되었다. 재직 중에 국가에 도움이 되는 일을 여러 번 건의하였으

며 벼농사 경지 수백 頃(경)을 개간하였다. 재직 7년에, 백성은 선정을 칭송하였다.

(順帝) 漢安 初(서기 142), 大司農 胡廣(호광), 少府인 竇章(두장)이 함께 최원을 宿德大儒로 천거하였는데 오래 근속하였는데도 하위 직에 둘 수 없다 하여 濟北國 相으로 천거하였다. 이때 李固는 太山郡 太守였는데 최원의 文雅를 칭송하며 서신을 보내 은근히 예를 갖춰 대우하였다. 1년 뒤에 光祿大夫인 杜喬(두교)가 八使가 되어 郡國을 순행하면서 뇌물 죄로 최원을 상주하여 廷尉部에 불려갔다. 최원은 자신을 변호하는 글을 올렸고, 인정되어 풀려났다. 그리고 최원은 병사하였는데 나이 66세였다. 임종에 아들 崔寔(최식)에게 말했다.

"사람은 천지의 기운을 받아 태어났으며, 죽음은 영혼이 하늘로 육신은 땅으로 돌아가는 것이다. 그러니 어느 땅이라도 내 육신을 맡길 수 있으니 고향으로 운구하지 말라. 여러 賻儀(부의)나 양과 돼지 등 제물도 일체 받지 말라."

최식은 유언에 따라 洛陽에 장례를 치렀다.

原文

瑗高於文辭, 尤善爲書,記,箴,銘, 所著賦,碑,銘,箴,頌,〈七蘇〉,〈南陽文學官志〉,〈歎辭〉,〈移社文〉,〈悔祈〉,〈草書勢〉, 七言, 凡五十七篇. 其〈南陽文學官志〉稱於後世, 諸能爲文者皆自以弗及. 瑗愛士, 好賓客, 盛修餚膳, 單極滋味, 不問餘産. 居常蔬食菜羹而已. 家無擔石儲, 當世淸之.

┃ 註釋 ┃ ○〈七蘇〉－前漢 枚乘(매승 ?－前 140)의 대표작 〈七發〉과 같은
賦라는 주석 있음. 早佚하여 內容 未詳. ○七言－七言詩. 漢代 민간 가요
의 형식으로 창작됨. 현존하는 것으로는 曹丕(조비)의 〈燕歌行〉이 최초의
순수 칠언시로 알려졌다.

[國譯]

　崔瑗(최원)은 文辭에 뛰어났는데 특히 여러 經書, 記, 箴(잠), 銘(명)
이 우수하였으며, 그가 저술한 賦, 碑, 銘, 箴, 頌 외에 〈七蘇〉,〈南陽
文學官志〉,〈歎辭〉,〈移社文〉,〈悔祈〉,〈草書勢〉와 七言(詩) 등 모
두 57편이 있다. 그중에서도 〈南陽文學官志〉는 후세에 칭송을 들었
는데 문장을 잘 짓는 사람들 모두가 따라가지 못한다고 생각하였다.
　최원은 학자와 빈객을 좋아하였으며 좋은 안주에 최고의 식사를
대접하면서 남은 재산을 생각하지 않았다. 그러나 평소에는 늘 채소
와 나물국뿐이었다. 집안에 남은 재산이 없었는데 당시에 청렴하다
는 칭송을 들었다.

❸ 崔寔

┃原文

　寔字子眞, 一名台, 字符始. 少沈靜, 好典籍. 父卒, 隱居
墓側. 服竟, 三公並辟, 皆不就. 桓帝初, 詔公卿郡國擧至孝

獨行之士. 寔以郡舉, 徵詣公車, 病不對策, 除爲郎. 明於政體, 吏才有餘, 論當世便事數十條, 名曰〈政論〉. 指切時要, 言辯而確, 世稱之. 仲長統曰, "凡爲人主, 宜寫一通, 置之坐側." 其辭曰

| 註釋 | ○崔寔(최식, 103 ?-170년) - 그의 《四民月令》은 漢代 농업경제 연구에 중요한 저서. ○〈政論〉 - 최식의 저서 《四民月令》에 수록되었다. 구체적 내용은 節儉을 숭상하고 사치를 금할 것과 탐관오리의 착취를 비판하며 지방관의 임기 보장과 관리의 대우를 개선하여 청렴을 권장하며 변방에 대한 徙民(사민) 정책을 펴서 국토의 균형 발전을 강조하였다.

[國譯]

崔寔(최식)의 字는 子眞(자진), 一名 台(태)로 字는 符始(부시)이다 젊어 침착하고 여러 典籍을 좋아하였다. 부친이 죽자 묘지 곁에서 隱居하였다. 3년 상을 마치자 三公府에서 초빙하였으나 모두 응하지 않았다. 桓帝(환제) 초에, 公卿과 郡國에서 至孝하거나 獨行하는 선비를 천거하라 명령했다. 최식은 郡의 천거를 받아 公車에 나갔으나 병으로 대책에 응시하지 못했기에 낭관을 제수 받았다. 최식은 행정업무에 밝고 관리로서 능력이 우수하였으며 당시 국정에 도움이 되는 업무 수십 조항을 건의하였는데, 이를 〈政論〉이라 하였다. 〈政論〉은 그 주장이 정확하여 세인의 칭송을 받았다. 仲長統(중장통)은 "모든 군주가 이를 필사하여 자리 곁에 두고 보아야 할 글"이라고 말했다. 그 글은 아래와 같다.

*〈政論〉- 崔寔(최식)

原文

「自堯舜之帝, 湯武之王, 皆賴明哲之佐, 博物之臣. 故皐陶陳謨而唐虞以興, 伊,箕作訓而殷周用隆. 及繼體之君, 欲立中興之功者, 曷嘗不賴賢哲之謀乎!

凡天下所以不理者, 常由人主承平日久, 俗漸敝而不悟, 政寖衰而不改, 習亂安危, 怢不自覩. 或荒耽嗜欲, 不恤萬機, 或耳蔽箴誨, 厭僞忽眞. 或猶豫歧路, 莫適所從, 或見信之佐, 括囊守祿. 或疏遠之臣, 言以賤廢. 是以王綱縱弛於上, 智士鬱伊於下. 悲夫!」

| **註釋** | ○皐陶(고요) – 舜임금의 신하. 獄官을 역임. 최초로 감옥과 법률을 만든 사람. 중국 司法의 鼻祖. ○伊,箕作訓 – 伊尹은 〈伊訓〉을 箕子(기자)는 〈洪範〉을 남겼다. ○曷嘗不賴~ – 曷은 어찌 갈(何와 같음). 어찌하여, 어느 때에. ○怢不自覩 – 怢은 잊을 돌(忽忘也). 분별없다. 覩는 볼 도. ○厭僞忽眞 – 불법이나 거짓에 완전히 빠져 진실을 외면하다. ○括囊守祿 – 括은 묶을 괄(結也). 주머니 끈을 조여 매듯 입을 다물고 녹봉만 받아 챙기다. 囊은 주머니 낭. ○鬱伊(울이) – 막혀서 펴지 못하다(不申之貌).

[國譯]

「堯와 舜이 제위에 오르고, (殷)湯과 (周)武王의 즉위는 모두 명철하고 박식한 신하와 보좌가 있었기 때문이다. 그래서 皐陶(고요)의 방책 건의에 堯舜이 흥기하였고, 伊尹(이윤)과 箕子(기자)의 교훈으로 殷과 周가 융성하였다. 그 뒤를 이은 군주나 중흥의 공업을 이루려는 군주가 어찌 현철한 신하의 도움을 받지 않을 수 있겠는가!

대체로 천하가 잘 다스려지지 않는 것은 주군이 오랫동안 태평세대에 젖어 세상이 점차 나빠지는데도 깨닫지 못하고 정사가 쇠퇴하여도 개혁하지 못했기 때문이며, 혼란과 위기에 익숙하여 이를 잊고 보지 못하기 때문이다. 아니면 嗜欲(기욕)에 흠뻑 젖어 국정을 챙기지 않거나, 또 아니면 귀를 막고 훈계를 따르지 않거나 거짓에 빠져 진실을 소홀히 하기 때문이다. 그렇지 않으면 岐路(기로)에서 머뭇거리며 갈 길을 가지 못하거나 신임하는 신하는 입을 주머니처럼 묶어 매고 녹봉만 챙기기 때문이다. 또 소원한 신하의 건의는 관직이 낮다고 받아들이지 않기 때문이다. 이런 이유로 위에서는 왕도의 기강이 풀어지고 아래에서는 智士가 꽉 막혀 있게 된다. 그저 비통할 뿐이다!」

原文

「自漢興以來, 三百五十餘歲矣. 政令垢翫, 上下怠懈, 風俗雕敝, 人庶巧僞, 百姓囂然, 咸復思中興之救矣. 且濟時拯世之術, 豈必體堯蹈舜然後乃理哉? 期於補綻決壞, 枝柱邪傾, 隨形裁割, 要措斯世於安寧之域而已. 故聖人執權, 遭時定制, 步驟之差, 各有云設. 不彊人以不能, 背急切而慕所聞也. 蓋孔子對葉公以來遠, 哀公以臨人, 景公以節禮,

非其不同, 所急異務也. 是以受命之君, 每輒創制, 中興之
主, 亦匡時失.

　昔盤庚愍殷, 遷都易民, 周穆有闕, 甫侯正刑. 俗人拘文
牽古, 不達權制, 奇偉所聞, 簡忽所見, 烏可與論國家之大事
哉! 故言事者, 雖合聖德, 輒見掎奪. 何者? 其頑士闇於時
權, 安習所見, 不知樂成, 況可慮始, 苟云率由舊章而已. 其
達者或矜名妒能, 恥策非己, 舞筆奮辭, 以破其義, 寡不勝
衆, 遂見擯弃. 雖稷, 契復存, 猶將困焉. 斯賈生之所以排於
絳, 灌, 屈子之所以攄其幽憤者也. 夫以文帝之明, 賈生之
賢, 絳, 灌之忠, 而有此患, 況其餘哉!」

| 註釋 | ○政令垢翫 – 垢는 때 구. 티끌. 惡也. 翫은 가지고 놀 완. ○百
姓囂然 – 囂는 시끄러울 효. ○補綻決壞 – 綻은 꿰맬 탄. 決壞(결괴)는 터
지고 무너지다. ○遭時定制 – 시대 상황에 따라 법제를 마련한다는 뜻.
옛 제도나 법제만을 따르지 않는다. ○步驟之差 – 步는 걷다. 驟는 달릴
취. ○孔子對葉公以來遠 – 葉公(섭공)이 공자에게 問政하자 '가까이 있는
백성을 기쁘게 하면 먼 곳에서도 백성이 찾아온다.'고 하였다. 「葉公問政.
子曰, "近者說, 遠者來."」《論語 子路》. 공자는 哀公의 問政에는 인재 등용을
齊 景公에게는 財用의 節約이라고 상황에 따라 대답하였다. ○盤庚(반경)
– 殷王. 耿(경)에서 亳邑(박읍)으로 천도하였다. ○甫侯 – 呂侯.《尙書 周
書 呂刑》참고. ○烏可與論~ – 烏는 어찌 오, 탄식하는 소리 오, 검을 오.
○輒見掎奪 – 輒은 문득 첩. 매번. 見은 피동의 뜻. 당하다. 掎는 뒤에서 잡
아당길 기, 뽑을 기. 奪은 빼앗길 탈. ○賈誼 – 孝文帝 때 賈誼가 새로운
율령의 제정과 열후를 封國으로 보내야 한다는 건의를 올렸지만 周勃(주

발)과 灌嬰(관영)의 비방으로 밀려나야만 했다. 屈原은 楚의 三閭大夫로 배척당해 그 울분을 《離騷經》으로 토로하였다.

[國譯]

「漢이 건국되고 350여 년이다. 政令은 관습에 젖었고 상하 관리들은 게을러졌고, 풍속은 퇴폐적이고 백성들은 거짓에 익숙하고 소요 속에서도 모두가 중흥의 군주에 의한 구제를 다시 생각하고 있다. 시속과 세상을 구제하고 건지는 방책이 어찌 꼭 요순을 본받거나 따른 이후에야 다스려지겠는가? 터지거나 무너진 것을 보완하거나 기울어진 기둥을 바로 세우려 한다면 형상에 따라 재단하거나 안전조치를 취해야 한다. 그래서 聖人이 집권하면 시속에 따라 제도를 마련하며 걷거나 뛰는 차이를 각각 원인에 따라 인정한다. 할 수 없는 일을 강요하지 않고 급박한 현실을 외면하며 명성을 추구하지 않는다. 그래서 공자는 葉公(섭공)에게 먼데서도 백성이 찾아오는 정치를, 哀公에게는 인재 등용을, 景公에게는 節禮를 말했는데, 이는 본질이 다른 것이 아니라 급선무가 다르기 때문이었다. 이처럼 천명을 받은 주군은 상황에 따라 제도를 바꿔나가고 中興의 군주라면 시대의 失政을 바로잡는다.

옛날 盤庚(반경)은 殷의 쇠약을 안타깝게 여겨 천도하여 백성의 분위기를 바꾸었고, 周 穆王은 국정이 문란하자 甫侯(여후)로 하여금 형벌을 바로잡게 하였다. 俗人은 法文이나 옛 제도에 얽매여 임시변통의 이점을 모르고, 자신이 알고 있는 것만 고집하며 눈앞의 현실을 홀시하니 국가의 대사를 어찌 함께 논할 수 있겠는가! 그래서 국사를 논하는 자는 비록 聖德에 부합하더라도 매번 끌려 내리게 된다. 왜 그런가? 아마 완고한 사람은 시대에 따른 변화에 어둡고 아는 것에만 익숙하여 새로운 것을 이뤄내질 못하고, 새로운 것을 시도하지도 못하고 옛 제도만을 따르기 때문일 것이다. 당대에 높이 오른 사람은 자신의 명망 때문에 유능한 사람을 질투하고 새 방책이 자기의 뜻과 다른 것을 부끄럽게 여겨 붓을 놀려 격렬한 언사로 대의를 격파하게 되니, 소수는 다수를 이길 수 없어 결국은 포기하게 된다. 이런 상황에서는 비록 后稷(후직)이나 契(설)이 다시 살아난다 하여도 궁지에 몰릴 것이다. 이러하기에 賈誼(가의)가 絳侯(강후) 周勃(주발)이나 灌嬰(관영)에게 배척당했고, 屈子(굴원)는 자신의 울분을 글로 터트릴 수밖에 없었다. 文帝 같은 明哲과 賈生의 賢明, 강후와 관영의 충성도 이런 결점이 있었으니 하물며 그 밖의 사람이야 무얼 더 말하겠는가!」

原文

「量力度德,《春秋》之義. 今旣不能純法八代, 故宜參以霸政, 則宜重賞深罰以御之, 明著法術以檢之. 自非上德, 嚴之則理, 寬之則亂. 何以明其然也?

近孝宣皇帝明於君人之道, 審於爲政之理, 故嚴刑峻法, 破姦軌之膽, 海內淸肅, 天下密如. 薦勳祖廟, 享號中宗. 筭計見效, 優於孝文. 及元帝卽位, 多行寬政, 卒以墮損, 威權始奪, 遂爲漢室基禍之主. 政道得失, 於斯可監.

昔孔子作《春秋》, 襃齊桓, 懿晉文, 歎管仲之功. 夫豈不美文,武之道哉? 誠達權救敝之理也. 故聖人能與世推移, 而俗士苦不知變, 以爲結繩之約, 可復理亂秦之緒,〈干戚〉之舞, 足以解平城之圍.」

| 註釋 | ○八代 - 三皇과 五帝시대. ○霸政 - 齊 桓公과 晉 文公의 정치. 春秋五霸의 정치. ○天下密如 - 密은 안정되다. 精密하다. 천하에 빈틈이 없다. ○卒以墮損 - 墮損(휴손)은 망가트리다. 파괴되다. 墮는 떨어질 타. 隳(무너트릴 휴)와 同. 그래서 讀音이 휴손. ○懿晉文 - 懿는 아름다울 의. 칭찬하다. ○誠達權救敝之理也 - 誠은 참으로, 權은 正法이 아닌 임시 조치 副詞로 쓰였다. ○俗士苦不知變 - 管仲은 公子 糾(규)를 도우면서 小伯(桓公)을 쏘았지만 환공은 즉위 뒤에 관중을 등용한다. 이런 것이 바로 權變之道일 것이다. ○以爲結繩之約 - 上古에는 結繩(매듭을 매다)으로 약속했고 교화하였다. 後世의 聖人은 結繩을 書契(서계)로 바꾸었다. ○〈干戚〉之舞 - 干은 방패 간(盾也). 戚은 도끼 척. 황제의 권위를 상징하는 도끼(鉞也). ○平城之圍 - 高祖는 흉노를 원정하다가 代郡 平城에서 흉노의 선우에게 포위되었고, 7일간 고립무원의 절망에 빠졌었다. 陳平의 秘計로 위기를 벗어났다.(前 200년)

[國譯]

「능력을 따져보고 德을 헤아리는 것이《春秋》의 大義이다. 지금은 (三皇五帝) 八代의 순진한 법으로는 아무것도 할 수 없고 霸道(패도)의 정치를 참고해야 하니 賞을 크게 베풀고 엄한 형벌로 통제하며 법령을 확실하게 운영하여 불법자를 제어해야 한다. 上德으로 다스릴 수 없다면, 엄벌로는 다스릴 수 있겠지만 관용으로는 혼란뿐이다. 어찌 그리 단정할 수 있는가?

근래에 孝宣皇帝는 군왕으로서의 政道를 명확히 알고 백성을 다스리는 政務를 잘 터득하여 嚴刑峻法(엄형준법)으로 불법자의 간담을 깨트리고, 海內를 다스려서 천하가 안정되었다. 그래서 그 공적을 종묘에 고하고 中宗의 시호를 받을 수 있었다. 孝宣帝의 공적을 계산해 본다면 孝文帝보다 나을 것이다. 元帝가 즉위해서는 너그러운 정사가 많았기에 끝내 나라의 기강이 풀어졌고 (황실의) 권위도 무너졌기에 결국은 漢室의 禍를 불러온 주군이 되었다. 政道의 得失(勝敗)은 바로 여기에서 볼 수 있다.

　옛날에 공자가 《春秋》를 저술하여 齊 桓公을 높이고 晉 文公을 칭찬하였으며, 管仲(관중)의 공적에 찬탄하였다. 이것이 어찌 (周) 文王과 武王의 道만큼 훌륭하지 않겠는가? 이는 참으로 통달한 임시변통이며 폐정을 바로잡을 수 있는 도리가 아니겠는가? 그래서 聖人은 세상과 함께 추이를 같이할 수 있지만, 俗儒는 정말로 변화를 모르기에 매듭을 맨 약속으로 혼란한 秦의 질서를 다스릴 수 있으며, 〈干戚〉의 禮樂으로 (흉노에 당한 高祖의) 平城에서 포위를 해결할 수 있다고 믿는다.」

■ 原文

　「夫熊經鳥伸, 雖延歷之術, 非傷寒之理. 呼吸吐納, 雖度紀之道, 非續骨之膏. 蓋爲國之法, 有似理身, 平則致養, 疾則攻焉. 夫刑罰者, 治亂之藥石也. 德敎者, 興平之粱肉也. 夫以德敎除殘, 是以粱肉理疾也. 以刑罰理平, 是以藥石供養也. 方今承百王之敝, 値厄運之會. 自數世以來, 政多恩貸, 馭委其轡, 馬駘其銜, 四牡橫奔, 皇路險傾. 方將柑勒鞿鞅以救之, 豈暇鳴和鑾, 淸節奏哉?

昔高祖令蕭何作九章之律, 有夷三族之令, 黥,劓,斬趾,斷舌,梟首, 故謂之具五刑. 文帝雖除肉刑, 當劓者笞三百, 當斬左趾者笞五百, 當斬右趾者弃市. 右趾者旣殞其命, 笞撻者往往至死, 雖有輕刑之名, 其實殺也. 當此之時, 民皆思復肉刑. 至景帝元年, 乃下詔曰, '笞與重罪無異, 幸而不死, 不可爲人.' 乃定律, 減笞輕捶. 自是之後, 笞者得全.

以此言之, 文帝乃重刑, 非輕之也. 以嚴致平, 非以寬致平也. 必欲行若言, 當大定其本, 使人主師五帝而式三王. 蕩亡秦之俗, 遵先聖之風, 弃苟全之政, 蹈稽古之蹤, 復五等之爵, 立井田之制. 然後選稷契爲佐, 伊呂爲輔, 樂作而鳳皇儀, 擊石而百獸舞. 若不然, 則多爲累而已.」

| 註釋 | ○熊經鳥伸 － 導引法(도인법, 神仙의 맨손체조) 동작의 하나. 經은 매달리다. 흔들다. ○非傷寒之理 － 傷寒(상한)은 감기 기침 등 몸이 차가워서 생긴 병. ○呼吸吐納 － 吹呴呼吸(취구호흡, 숨을 내쉬고 들이쉬다)과 吐故納新(토고납신, 묵은 찌기를 내보내고 새 기운을 받다). ○度紀 － 延年. 생명을 연장하다. ○非續骨之膏 － 부러진 뼈를 붙게 하는 膏藥(고약)은 아니다. 膏는 살찔 고. 고약. 기름을 치다. 기름진 땅. ○治亂之藥石 － 藥은 약재. 石은 돌 침. 약재의 총칭. 치료. ○馭委其轡 － 馭는 말 부릴 어. 委는 풀어 주다. 轡는 고삐 비. ○馬駘其銜 － 駘는 둔마 태. 재갈을 벗기다(馬銜脫

也). 銜은 재갈 함. 받다. ○四牡橫奔 - 四牡는 4마리의 수말. 牡은 수컷 모. 陽. 왼쪽. 橫奔(횡분)은 멋대로 내달리다. ○皇路險傾 - 皇路는 天路. ○方將枏勒鞬輈以救之 - 枏은 재갈 물릴 감, 以木銜其口也. 勒은 굴레 륵(馬轡). 鞬은 동개 건. 활과 화살을 넣어 등에 지는 통. 묶다(束也). 輈는 끌채 주. 멍에. ○暇鳴和鸞, 淸節奏哉 - 和는 수레의 손잡이(軾)에 매단 방울. 鸞은 방울 난. 천자의 수레. 鸞은 말 재갈(鑣는 재갈 표)에 매단 방울. 말이 움직이면 방울이 흔들리며 소리가 난다. ○師五帝而式三王 - 師는 스승으로 삼다. 式은 본받다(法也). ○盪亡 - 씻어내다. 盪은 씻을 탕. ○弃苟全之政 - 겨우 명맥을 이어가는 정치를 폐기하다. ○樂作而鳳皇儀, 擊石而百獸舞 - 作樂하니 봉황이 날아와 춤을 추었고 磬(경)을 연주하니 짐승들도 모여 춤을 추었다. '簫韶九成, 鳳皇來儀, 夔曰, 於! 予擊石拊石, 百獸率舞, 庶尹允諧.'《書 虞書 益稷》.

[國譯]

「곰처럼 흔들고 새처럼 사지를 펴는 동작은(導引體操) 오래 살 수 있는 방법이지만, 병을(傷寒) 치료하는 이치는 아니다. 들이 쉬고 내쉬는 동작은(呼吸吐納) 장수할 수는 있지만, 부러진 뼈를 붙이는 고약은 아니다. 대체로 나라를 다스리는 법은 몸을 다스리는 이치와 有似(유사)하니 평상시에는 몸을 보양하고 병이 났다면 치료를 해야 한다. 형벌은 혼란을 수습하는 藥石이다. 德敎는 興平한 시대의 양식이며 육류 반찬이다. 德敎로 잔악한 자를 없앤다면 이는 좋은 음식으로 병을 다스리는 이치이다. 형벌이 합리적이고 공평하다면 이는 약재를 쓰면서 몸을 보양하는 것이다. 지금은 여러 대에 걸친 폐단이 이어졌고 액운을 만난 시대이다. 그간 여러 대에 걸쳐 관대하고 은택을 베푸는 정치가 이어져서 마부는 고삐를 놓았고, 말은 재같이 풀린 것과 같아 말을 멋대로 내달리고 皇路(天道)는 위기에 처했다. 이에 당장 재갈을 물려 단속하며 멍에를 씌워 질서를 잡아야 하는데 (이런 상태에서) 어찌 온화한 난새 방울을 울리며 청아하게 수레를 몰아가겠는가?

옛날에 高祖는 蕭何(소하)에게 명하여 九章의 법률을 제정케 하였는데 三族을 멸하는 법령과 黥(경, 묵형), 劓(의, 코를 자름), 斬趾(참지, 발목을 자름), 斷舌(단설, 혀를 자름), 梟首(효수, 목을 잘라 매달기)의 五刑을 다 포함하였다. 文帝가 肉刑(육형)을 폐지하였는데 劓刑(의형)에 해당하는 죄는 笞刑(태형) 3백대, 왼쪽 발목을 자르는 것은 태형 5백대, 오른쪽 발목을 자를 자는 弃市(기시) 하게 하였다. 오른쪽 발목을 자를 자는 사형으로 확정되었고, 笞刑을 받는 자는 往往(왕왕) 죽어 나갔으니 명분은 형벌을 가볍게 한다지만 실제로는 사형이었다. 그때에도 백성들은 차라리 육형을 원했었다. 景帝 원년(前 156)에 이르러 조서를 내렸다.

'태형과 중죄의 형벌이 차이가 없고 다행히 죽지 않을 뿐 사람 노릇을 할 수 없다.'

이에 형률에서 태형을 경감하여 작은 회초리[輕捶(경추)]로 바꿨다. 이후에 태형을 받은 자는 살아났다.

이를 본다면, 문제는 여전히 重刑을 시행했고 경감한 것이 아니었다. 엄격한 집행으로 태평을 이룬 것이지 관용으로 이룬 태평이 아니었다. 굳이 이에 대해 말한다면 응당 기본 원칙을 확립하고 군주로 하여금 五帝와 三王을 본받게 해야 한다. 秦의 폐습을 깨끗하게 씻어내고, 先聖의 유풍을 따르며, 겨우 명맥이나 이어가는 정치를 그만두고, 옛 자치를 따르며 五等 작위를 부활하고 井田制를 확립해야 한다. 그런 연후에 后稷(후직)과 契(설, 殷 왕조의 시조) 같은 신하를 골라 보좌하게 하고 伊尹(이윤)과 呂尙(여상)으로 보필케 한다면, 이는 '作樂하니 봉황이 날아와 춤을 추었고, 磬(경)을 연주하니 짐승들도 모여 춤을 추었다.' 와 같을 것이다. 만약 그러하지 못하다면 더 많은 폐단이 생겨날 뿐이다.」

其後辟太尉袁湯, 大將軍梁冀府, 並不應. 大司農羊傅, 少府何豹上書薦寔才美能高, 宜在朝廷. 召拜議郎, 遷大將軍冀司馬, 與邊韶, 延篤等著作東觀.

出爲五原太守. 五原土宜麻枲, 而俗不知織績, 民冬月無衣, 積細草而臥其中, 見吏則衣草而出. 寔至官, 斥賣儲峙, 爲作紡績, 織紝, 練縕之具以敎之, 民得以免寒苦. 是時胡虜連入雲中, 朔方, 殺略吏民, 一歲至九奔命. 寔整厲士馬, 嚴烽候, 虜不敢犯, 常爲邊最.

| 註釋 | ○東觀(동관) - 역사 편찬 기관. ○五原 - 군명. 治所는 九原縣, 今 內蒙古 包頭市(黃河 북안). ○麻枲 - 麻는 삼. 大麻. 枲는 모시풀 시. ○織紝 - 紝은 짤 임. 옷감. ○練縕 - 練는 베 소. 縕은 솜 온.

[國譯]

(崔寔은) 그 뒤에 太尉 袁湯(원탕), 梁冀(양기)의 大將軍의 초빙을

받았으나 모두 응하지 않았다. 大司農인 羊傅(양부), 少府인 何豹(하표)가 上書하여 최식은 재주와 능력이 뛰어난 인재니 응당 조정에 근무해야 한다고 천거하였다. 최식은 부름을 받아 議郞을 제수 받았다가 대장군 양기의 司馬가 되었는데, 邊韶(변소)와 延篤(연독) 등과 함께 東觀(동관)에서 근무하였다.

최식은 五原郡 太守가 되었다. 五原郡의 토지는 삼과 모시의 재배에 적합했으나 織績(방적)을 알지 못해서 백성들은 겨울에도 옷이 없이 풀을 쌓아놓고 그 속에 누워 지냈는데 관리를 만나려면 풀 옷을 입고 외출하였다. 최식은 부임한 뒤에 郡의 비축물자를 팔아 실을 만들고(紡績), 옷감을 짜며〔織紝(직임)〕, 천에 솜을 두는 도구를 사다가 가르쳐서 추위 고생을 면하게 하였다. 이 무렵 흉노들이 해마다 雲中郡과 朔方郡에 침입하여 관리와 백성을 죽이고 노략질을 했는데 일 년에 9번을 피난가야 할 정도였다. 이에 최식은 군사와 마필을 훈련시키고 烽燧(봉수)와 보초를 철저하게 운영하자, 흉노는 침략할 수가 없었으며 늘 변방 군에서 근무 실적이 제일 좋았다.

原文

以病徵, 拜議郞, 復與諸儒博士共雜定《五經》. 會梁冀誅, 寔以故吏免官, 禁錮數年.

時鮮卑數犯邊, 詔三公擧威武謀略之士, 司空黃瓊薦寔, 拜遼東太守. 行道, 母劉氏病卒, 上疏求歸葬行喪. 母有母儀淑德, 博覽書傳. 初, 寔在五原, 常訓以臨民之政, 寔之善

績, 毌有其助焉. 服竟, 召拜尙書. 寔以世方阻亂, 稱疾不視
事, 數月免歸.

　初, 寔父卒, 剽賣田宅, 起冢塋, 立碑頌. 葬訖, 資産竭盡,
因窮困, 以酤釀販鬻爲業. 時人多以此譏之, 寔終不改. 亦
取足而已, 不致盈餘. 及仕官, 歷位邊郡, 而愈貧薄. 建寧中
病卒. 家徒四壁立, 無以殯斂, 光祿勳楊賜, 太僕袁逢, 少府
段熲爲備棺槨葬具, 大鴻臚袁隗樹碑頌德. 所著碑, 論, 箋,
銘, 答, 七言, 祠, 文, 表, 記, 書凡十五篇.

| 註釋 |　○剽賣田宅 – 전택을 헐값에 팔다. 剽는 빠를 표. 깎다(削也).
○酤釀販鬻 – 酤는 하룻밤 사이 익힌 술. 술 살 고. 釀은 술을 빚다. 販鬻
(판죽)은 팔다.　○段熲(단경) – 65권, 〈皇甫張段列傳〉에 立傳.　○大鴻臚袁
隗(원외) – 원외의 처 馬氏는 84권, 〈列女傳〉에 立傳.

[國譯]

　(최식은) 병이 있어 조정의 부름으로 議郎이 되어 다시 여러 유생
이나 박사와 함께《五經》을 바로잡았다. 그 무렵 梁冀(양기)가 주살
되었는데, 최식은 양기의 옛 관리였다 하여 면직되었고 수년간 禁錮
에 묶였다.

　이때 鮮卑族(선비족)이 변경을 자부 침략하자, 조서로 三公에게 威
武와 謀略에 유능한 인재를 천거하라 명했는데 司空인 黃瓊(황경)이
최식을 천거하여 遼東 太守를 제수 받았다. 최식은 길을 떠났는데
모친 劉氏가 병으로 죽자 돌아가 장례하고 복상하겠다고 상소하였
다. 최식의 모친은 母儀에 淑德을 갖추었으며 여러 책을 두루 공부

했었다. 그전에 최식이 오원태수로 근무할 때 늘 백성을 위한 선정을 훈계하였는데 최식의 훌륭한 치적은 모친의 도움이 있었다. 복상을 마치자 부름을 받아 尙書가 되었다. 최식은 세상이 혼란한 것을 보고 병을 핑계로 업무를 담당하지 않다가 몇 달 만에 사직하고 귀향하였다.

그전에 최식의 부친이 죽었을 때, 田宅을 헐값에 팔아 무덤을 쓰고 송덕비를 세웠다. 장례를 마치자 재산이 없어 곤궁했기에 술을 빚어 팔아 생활하였다. 당시 많은 사람들이 이를 비난하였지만 최식은 끝까지 바꾸지 않았다. 최식은 받을 만큼만 받았고 큰돈을 벌지 않았다. 출사하면서 변방 태수를 역임하자 더 가난해졌다. (靈帝) 建寧 연간에 병으로 죽었다. 집안에는 사방의 벽뿐이어서 염을 할 돈도 없어 光祿勳 楊賜(양사), 太僕인 袁逢(원봉), 少府인 段熲(단경)이 관곽과 장례물품을 준비해주었고, 大鴻臚 袁隗(원외)는 최식의 송덕비를 세워주었다. 최식이 저술한 碑文, 論, 箴(잠), 銘(명), 答, 七言, 祠, 文, 表, 記, 書 등은 모두 15편이 있다.

寔從兄烈, 有重名於北州, 歷位郡守,九卿. 靈帝時, 開鴻都門榜賣官爵, 公卿州郡下至黃綬各有差. 其富者則先入錢, 貧者到官而後倍輸, 或因常侍,阿保別自通達.

是時段熲,樊陵,張溫等雖有功勤名譽, 然皆先輸貨財而後登公位. 烈時因傳母入錢五百萬, 得爲司徒. 及拜日, 天子臨軒, 百僚畢會. 帝顧謂親幸者曰, "悔不小靳, 可至千萬." 程夫人於傍應曰, "崔公冀州名士, 豈肯買官? 賴我得是, 反不知姝邪!" 烈於是聲譽衰減. 久之不自安, 從容問其子鈞曰, "吾居三公, 於議者何如?" 鈞曰, "大人少有英稱, 歷位卿守, 論者不謂不當爲三公. 而今登其位, 天下失望." 烈曰, "何爲然也?" 鈞曰, "論者嫌其銅臭." 烈怒, 擧杖擊之. 鈞時爲虎賁中郎將, 服武弁, 戴鶡尾, 狼狽而走. 烈罵曰, "死卒, 父楇而走, 孝乎?" 鈞曰, "舜之事父, 小杖則受, 大杖則走, 非不孝也." 烈慙而止. 烈後拜太尉.

鈞少交結英豪, 有名稱, 爲西河太守. 獻帝初, 鈞與袁紹俱起兵山東, 董卓以是收烈付郿獄, 錮之, 銀鐺鐵鎖. 卓旣誅, 拜烈城門校尉. 及李傕入長安, 爲亂兵所殺. 烈有文才, 所著詩, 書, 敎, 頌等凡四篇.

| 註釋 | ○北州 — 幽州刺史部와 幷州刺史部의 관할 지역. ○鴻都門 — 鴻都宮은 본래 後漢 宮中 藏書 시설. 州郡에서 천거되었거나 三公의 추천으로 입학한 鴻都宮 內 學堂의 門生이 1천여 명이 있었다. 영제 때 매관은 光和 원년(서기 178)에 공식적으로 시작하였는데 질록 2천석 관직은 2천만 전, 4백석 관직은 4백만 전에 매관하였는데 西苑에 큰 창고를 짓고 돈을 쌓아두었다고 한다. ○阿保 — (황제의) 傅母. ○悔不小靳 — 靳은 아낄 근. 많이 애석하다. 실제보다 비싸게 부르는 값. 인색하다. ○反不知姝邪 — 姝는 예쁠 주. 美也. 일이 잘 된 줄을 모를 것이라는 뜻. ○父楇而走 — 楇는 채찍 과. 때리다. ○西河 — 郡名. 治所는 平定縣, 今 內蒙古 鄂爾多斯

市 동쪽의 准格爾旗 서남. 後漢 중엽 이후는 幷州刺史部 소속에 治所는 離石縣. 今 山西省 중서부 呂梁市 離石區. ㅇ董卓(동탁) - 72권,〈董卓列傳〉에 立傳. ㅇ銀鐺(낭당) - 쇠사슬(鎖也). ㅇ李傕(이각) - 이각은 동탁의 부장. 동탁이 피살된 뒤, 謀士 賈詡(가후, 147 - 223)의 방책에 따라 동료 郭汜(곽사), 張濟(장제) 등과 합작, 長安에 진출하여 獻帝를 협박하여 4년간 정치를 독단했다. 이각 일당은 내분으로 약해진 뒤에 조조에게 패망했다. 가후는 曹操의 참모로 활약했다.

[國譯]

崔寔(최식)의 사촌 형 崔烈(최열)은 北州 일대에서 유명하였는데 태수와 九卿을 두루 역임하였다. 靈帝 때, 鴻都門을 열고 榜을 붙이고 관작을 팔았는데 公卿과 州郡 이하 黃綬(황수)의 관직에 이르기까지 각각 차등을 두었다. 富者는 먼저 입금하였고, 貧者는 부임한 뒤에 2배로 갚았으며, 혹 常侍나 阿保(아보)를 통하는 길도 있었다.

이때 段潁(단경), 樊陵(번릉), 張溫(장온) 등은 공로도 많았고 명성이 있어도 먼저 돈을 입금한 뒤에 삼공의 지위에 올랐다. 최열은 傅母(阿保)를 통해 5백 萬錢을 입금하고 司徒가 되었다. 사도에 임명되는 날, 영제가 자리하고 모든 관료와 상면하였다. 영제가 가까운 측근을 둘러보며 말했다. "조금 더 많이 부르지 않은 것이 후회가 되나니, 천만 전은 받을 수 있는데." 그러자 곁에 있던 程夫人이 대구하였다. "崔公은 冀州의 名士이신데 어찌 매관을 하겠습니까? 저를 통해 얻은 자리인데 안 그러면 일이 잘 된 줄을 모를 것입니다."

최열의 명성은 이때부터 나빠졌다. 얼마 뒤 마음이 편치 않아 조용히 아들 崔鈞(최균)에게 물었다. "내가 三公의 반열에 오른 것을 어떻게든 말하더냐?"

그러자 최균이 말했다. "아버님께서는 젊으셨을 때 영명한 칭송을 들었지만 경과 태수를 역임하신 뒤로 삼공에 오를 능력은 되지 않는다고 말하지 않는 사람이 없었습니다. 지금 그 자리에 오르셨기에 온 천하가 실망하고 있습니다." 그러나 최열이 물었다. "왜 그러하냐?" 최균이 대답하였다. "말하는 사람들은 돈 냄새를 싫어합니다." 최열은 화가 나서 지팡이로 아들을 때렸다. 최균은 그때 虎賁中郎將이었는데 무관의 옷을 입은 채로 머리에는 鶡尾(갈미)의 관을 쓰고 허둥지둥 도망쳤다. 그러자 최열이 욕을 퍼부었다. "뒈질 졸병같으니, 아비가 때린다고 도망가는 것이 효도냐?

그러자 최균이 말했다. "舜(순)도 부친을 모시면서 작은 매는 맞았지만 큰 매는 도망쳤다고 하였으니 불효가 아닙니다."

최열은 부끄러워 그만두었다. 최열은 뒷날 태위를 역임하였다.

최균은 젊어 영웅호걸들과 두루 교제하여 명성을 누렸고 西河 太守를 역임했다. 獻帝 초에 최균과 袁紹(원소)는 함께 山東에서 기병했는데, 董卓(동탁)은 최열을 잡아 (右扶風의) 郿縣(미현)의 옥에 가두고 쇠사슬로 묶어놓았다. 동탁이 죽은 뒤, 최열은 성문교위가 되었다. 나중에 李傕(이각)이 장안에 입성할 때 난병들에게 피살되었다. 최열은 文才가 있어 그가 지은 詩, 書, 敎 頌 등 모두 4편이 있다.

原文

論曰, 崔氏世有美才, 兼以沈淪典籍, 遂爲儒家文林. 駰, 瑗雖先盡心於貴戚, 而能終之以居正, 則其歸旨異夫進趣者乎! 李固, 高絜之士也, 與瑗隣郡, 奉贄以結好. 由此知杜喬之劾, 殆其過矣. 寔之〈政論〉, 言當世理亂, 雖鼂錯之徒不能過也.

| 註釋 | ○奉贄以結好 – 士人이 相見禮를 할 때 겨울철에는 雉(꿩)을, 여름에는 腒(거, 鳥類를 고기를 말린 포)를 예물로 갖고 가 교제하였다. ○杜喬之劾 – 光祿大夫인 杜喬(두교)는 八使의 한 사람으로 최원을 고발하였다.

[國譯]

　范曄(범엽)의 史論 : 崔氏는 대대로 뛰어난 재능을 타고났고 학문에 전념하였기에 마침내 儒家의 文林이 되었다. 崔駰(최인)과 崔瑗(최원)은 처음에 貴戚을 섬기었지만 끝내 정도를 지켰으니 이후의 의지는 출세를 지향한 사람들과는 같지 않았다!

　李固(이고)는 고결한 士人이었고, 최원과는 이웃 郡에 재직하여 예물을 증정하며 교제하였다. 이를 통해 본다면 杜喬(두교)의 탄핵은 거의 지나쳤다고 할 수 있다. 崔寔(최식)의 〈政論〉은 당대의 혼란 수습 방책을 제시한 것으로 (前漢의) 鼂錯(조조, 朝錯) 같은 사람도 이보다 더 우수하지는 못할 것이다.

| 原文

　贊曰, 崔爲文宗, 世禪雕龍. 建新恥潔, 摧志求容. 永矣長岑, 於遼之陰. 不有直道, 曷取泥沈. 瑗不言祿, 亦離冤辱.

<u>子眞</u>持論, 感起昏俗.

|**註釋**| ○文宗 – 세상의 崇仰을 받는 문장의 大家. ○世禪雕龍 – 禪은 대를 이어 傳授하다. 雕龍(조룡)은 문장을 아름답게 다듬다. 雕는 새길 조. ○建新 – 왕망은 千乘郡을 建新이라 개명했다. 崔篆(최전)은 천승군의 태수를 역임했다. ○長岑(장잠) – 竇憲은 崔駰을 점차 멀리하였는데 최인의 근무 성과가 좋았기에 (樂浪郡) 長岑(장잠) 縣長에 임명되었다. 최인은 임지가 너무 멀었고 자신의 뜻을 펼 수도 없어 부임하지 않고 귀향하였다. ○曷取泥沈 – 曷은 어찌 갈. 泥沈(이침)은 초야에 묻히다. 은거하다.

[國譯]

贊曰,

崔氏는 文章 大家로, 대대로 文辭를 전승하였다.

崔篆(최전)은 깨끗한 몸가짐에 출세를 버리고 관용을 택했다.

崔駰(최인)은 遼東의 북쪽(樂浪) 長岑(장잠) 縣長으로 밀렸다.

直道가 없다면 어찌 은거를 택할 수 있겠는가?

崔瑗(최원)은 지위를 아니 탐해 영욕에서 자유로웠다.

子眞(崔寔)의 〈政論〉은 고루한 세속을 개선하려 했다.

53 周黃徐姜申屠列傳
〔주,황,서,강,신도열전〕

| 原文 |

《易》曰, '君子之道, 或出或處, 或默或語.' 孔子稱 '蘧伯玉邦有道則仕, 邦無道則可卷而懷也.' 然用舍之端, 君子之所以存其誠也. 故其行也, 則濡足蒙垢, 出身以效時. 及其止也, 則窮棲茹菽, 臧寶以迷國.

| 註釋 | ○《易》曰 – 《易 繫辭傳 上》의 구절. 賢哲의 행적은 그 취향에 따라 다르다는 뜻. ○孔子稱 –「子曰, "直哉史魚! 邦有道, 如矢, 邦無道, 如矢. 君子哉蘧伯玉! 邦有道, 則仕, 邦無道, 則可卷而懷之."」《論語 衛靈公》. 蘧伯玉(거백옥)은 衛의 大夫. 蘧(풀 이름 거)가 姓, 名은 瑗(원). 卷而懷는 정사에 참여하지 않아 다른 사람의 뜻을 거스르지 않는다는 뜻. ○君子之所以存其誠也 – 誠은 진실, 성실. 등용이 된다면 최선을 다한다는 뜻. ○濡足蒙垢 – 濡는 젖을 유. 적시다. 蒙는 입을 몽. 덮어쓰다. 垢는 때 구. ○窮

窮茹菽 − 窮棲는 가난하게 살다. 茹는 먹을 여. 菽는 콩 숙. 콩잎은 貧者의
음식. ○臧寶以迷國 −「陽貨欲見孔子, 孔子不見, ~ 謂孔子曰, "來! 予與爾
言." 曰, "懷其寶而迷其邦, 可謂仁乎?"《論語 陽貨》. 보옥을 품고 나라를
찾아 헤매다. 능력이 있으니 出仕해야 한다는 뜻.

[國譯]

　《易 繫辭》에서는 '君子의 道는 때로는 出仕하거나 은거하고 때로
는 말을 하거나 침묵한다.'고 하였다. 孔子는 '蘧伯玉(거백옥)은 나
라가 잘 다스려지면 출사하고 나라가 無道하면 정사에 관여 않고 養
性한다.'고 하였다. 이러하듯 등용과 은거의 상황에 따라 군자는 늘
정성을 다한다. 군자의 행실은 물에 발을 담갔다면(出仕) 이미 더럽
혀진 것이지만 최선을 다한다. 그러나 출사하지 않는다면 가난하게
살면서 寶玉을 품고 등용되기를 기다린다.

原文

　太原閔仲叔者, 世稱節士, 雖周黨之潔淸, 自以弗及也. 黨
見其含菽飮水, 遺以生蒜, 受而不食. 建武中, 應司徒侯霸之
辟, 旣至, 霸不及政事, 徒勞苦而已. 仲叔恨曰, "始蒙嘉命,
且喜且懼, 今見明公, 喜懼皆去. 以仲叔爲不足問邪, 不當辟
也. 辟而不問, 是失人也." 遂辭出, 投劾而去. 復以博士徵,
不至. 客居安邑. 老病家貧, 不能得肉, 日買猪肝一片, 屠者
或不肯與, 安邑令聞, 勑吏常給焉. 仲叔怪而問之, 知, 乃歎
曰, "閔仲叔豈以口腹累安邑邪?" 遂去, 客沛. 以壽終.

| 註釋 | ○閔仲叔者 – 名 貢, 字 仲叔. ○周黨 – 閔仲叔과 같은 郡 사람. 83권, 〈逸民列傳〉에 立傳. ○投劾而去 – 죄를 캐묻고 심문하는 것을 劾(캐물을 핵)이라 한다. 민중숙은 자신의 능력이 부족하다며 자신을 탓하는 글을 남기고 떠나왔다는 뜻. ○安邑 – 河東郡의 현명. 今 山西省 남부 運城市 관할 夏縣.

[國譯]

太原郡의 閔仲叔(민중숙)이란 사람은 節士(절사)라고 세상에 알려졌는데, 周黨(주당)은 廉潔淸貧(염결청빈)했다지만 스스로 민중숙만 못하다고 생각했다. 주당은 민중숙이 콩잎에 맹물을 마시는 것을 보고서 달래 나물을 보내주었는데, 중숙은 받았지만 먹지는 않았다. (光武帝) 建武 연간에 (大)司徒 侯霸(후패)의 부름을 받았는데, 민중숙이 찾아가자 후패는 政事에 관해 묻지 않고 다만 오느라고 고생했다는 말만 하였다. 이에 민중숙이 한탄하며 말했다.

"明公의 부름을 받고 기쁘면서도 두려웠는데, 지금 공을 뵙고 나니 기쁨과 두려움이 모두 없어졌습니다. 이 민중숙이 정사를 묻기에 부족하다면 불러서는 안 됩니다. 불러놓고도 묻지 않는다면 이는 사람을 잃은 것입니다."

그리고서는 물러나와 자신이 부족하다는 글을 남긴 뒤 떠나왔다. 다시 博士로 부름을 받았지만 부임하지 않았다. 민중숙은 객지인 安邑에 살았다. 老病에 家貧하여 고기를 살 수도 없어 매일 돼지 간 한 조각을 사 먹었다. 도축하는 사람이 가끔 팔지 않을 때도 있었는데, 이를 안읍 현령이 알고 관리를 보내 늘 공급하게 하였다. 민중숙이 이상하다 생각했다가 이를 알고서는 탄식하였다.

"나 민중숙이 먹는 것 때문에 어찌 현령을 번거롭게 하겠는가?"

그러고서는 떠나가 沛郡(패군)에 客居하였다. 천수를 누리고 죽었다.

原文

仲叔同郡荀恁, 字君大, 少亦修清節. 資財千萬, 父越卒, 悉散與九族. 隱居山澤, 以求厥志. 王莽末, 匈奴寇其本縣廣武, 聞恁名節, 相約不入荀氏閭. 光武徵, 以病不至. 永平初, 東平王蒼爲驃騎將軍, 開東合延賢俊, 辟而應焉. 及後朝會, 顯宗戲之曰, "先帝徵君不至, 驃騎辟君而來, 何也?" 對曰, "先帝秉德以惠下, 故臣可得不來. 驃騎執法以檢下, 故臣不敢不至." 後月餘, 罷歸, 卒於家.

| 註釋 | ㅇ荀恁 – 荀은 풀 이름 순. 성씨. 恁은 생각할 임. ㅇ廣武 – (後漢) 雁門郡의 현명. 今 山西省 북부 忻州市 관할 代縣. ㅇ驃騎執法以檢下 – 檢은 살피다. 감찰하다(察也).

[國譯]

閔仲叔과 같은 郡 사람인 荀恁(순임)의 字는 君大(군대)인데, 젊어서부터 청렴한 지조가 있었다. 재산이 천 만 전이나 되는 집안이었는데 부친 荀越(순월)이 죽자 재산을 모두 九族에 분배했다. 산림에 은거하면서 자신의 신념을 지켰다. 왕망 말기에 匈奴가 그의 본향

廣武縣을 침략했지만, 순임의 名節을 듣고서는 서로 약조하여 荀氏 마을을 침략하지 않았다. 光武帝가 초빙하였으나 병으로 응하지 않았다. (明帝) 永平 초년에, 東平王 劉蒼(유창)이 驃騎將軍으로 東合門을 열어놓고 賢人俊才를 영입하면서 순임을 초빙하자 순임이 응했다. 조회 후에 명제가 장난삼아 순임에게 말했다.

"先帝께서 당신을 불렀으나 응하지 않고, 표기장군 초빙에는 응하였는데 왜 그러한가?"

그러자 순임이 말했다.

"先帝께서는 은덕을 아랫사람에게 베푸셨기에 응하지 않아도 괜찮았습니다. 그러나 표기장군은 법으로 아랫사람을 단속하니 오지 않을 수 없었습니다."

그 한 달 뒤에 사직하고 귀향했으며 집에서 죽었다.

原文

桓帝時, 安陽人魏桓, 字仲英, 亦數被徵. 其鄕人勸之行. 桓曰, "夫干祿求進, 所以行其志也. 今後宮千數, 其可損乎? 廏馬萬匹, 其可減乎? 左右悉權豪, 其可去乎?" 皆對曰, "不可." 桓乃慨然歎曰, "使桓生行死歸, 於諸子何有哉!" 遂隱身不出.

若二三子, 可謂識去就之槪, 候時而處. 夫然, 豈其枯槁苟而已哉? 蓋詭時審己, 以成其道焉. 余故列其風流, 區而載之.

| **註釋** | ○桓帝時 – 桓은 픗말 환. 빛나다. 諡法에 '克敵服遠曰 桓.' 재위 146 – 167년, 延熹(연희) 2년(159)에 환관의 힘을 빌려 외척 梁氏 일당을 제거. 환관의 부패에 따른 太學生의 개혁 요구에 桓帝가 태학생을 배척한 소위 '黨錮之禍'를 야기. 死後 묘호가 '威宗(위종)'이었지만 獻帝 初平 원년에 '功德이 없다' 하여 章帝 이후 황제의 묘호를 삭제하였다. ○去就 之概 – 概는 節操(절조). ○詭時審己 – 詭는 속일 궤. 詭時는 위기. 정상의 道가 통하지 않는 시대. ○列其風流 – 청렴결백의 풍류도 사람마다 다르다는 뜻.

[國譯]

桓帝(환제) 재위 시, (汝南郡) 安陽國 사람 魏桓(위환)의 字는 仲英(중영)인데 여러 번 조정의 부름을 받았다. 그 마을 사람들이 부름에 응하라고 권유하였다. 이에 위환이 말했다.

"관직을 받고 부름에 응한다면, 이는 본인의 지향을 실천하겠다는 뜻이다. 지금 후궁이 천여 명인데 그들을 줄일 수 있겠는가? 마구간의 마필이 1만여 마리인데 감축할 수 있겠는가? 황제 측근에 모두 權貴인데 그들을 제거할 수 있겠는가?"

그러자 모두 "불가할 것입니다." 라고 말했다. 위환은 이에 크게 탄식하며 말했다.

"이 위환이 살아 들어가서 죽어 나온다면 여러분에게 무슨 이득이 있겠습니까?"

그리고서는 은거하였다.

위의 몇 사람은 거취의 큰 뜻을 알았기에 때를 보아 처신하였다. 그렇다지만 어찌 사람이 그냥 죽어가야만 하겠는가? 위기에 처해서는 자신을 살펴 자신의 道를 실천하는 것이다. 그래서 나는(范曄 자신) 시대 풍조에 따라 이를 구분하여 수록하였다.

❶ 周燮

原文

周燮字彦祖, 汝南安城人, 決曹掾燕之後也. 燮生而欽頤折頞, 醜狀駭人. 其母欲弃之, 其父不聽, 曰, "吾聞賢聖多有異貌. 興我宗者, 乃此兒也." 於是養之.

始在髫齔, 而知廉讓, 十歲就學, 能通《詩》,《論》, 及長, 專精《禮》,《易》. 不讀非聖之書, 不修賀問之好. 有先人草廬結於罔畔, 下有陂田, 常肆勤以自給. 非身所耕漁, 則不食也. 鄉黨宗族希得見者.

| 註釋 | ○汝南安城 – 安城은 후국명. 치소는 今 河南省 중서부 平頂山 市 서북의 汝州市. ○決曹掾燕之後也 – 決曹掾은 죄수 판결 담당 관리. 掾(도울 연)은 掾吏. 한 부서의 실무 책임자. 周燕(주연)은 81권,〈獨行列傳〉의 〈周嘉傳〉 참고. ○欽頤折頞 – 欽頤(흠이)는 굽은 턱. 심한 주걱턱(?). 欽은 굽을 흠, 공경할 흠. 頤는 턱 이. 折頞(절알)은 삐뚤어진 콧잔등. 頞은 콧마루 알(鼻莖也). ○賢聖多有異貌 – 伏羲(복희)는 牛首였다. 女媧(여와)는 뱀의 몸뚱이였다. 皐繇(고요)는 새 주둥이와 같았고, 孔子는 牛脣(우순)이었다. ○始在髫齔 – 髫는 다박머리 초. 齔는 어린아이 머리 타.

周爕(주섭)의 字는 彦祖(언조)인데 汝南郡 安城國 사람이다. 決曹掾(결조연)이었던 周燕(주연)의 후손이다. 주섭은 출생할 때부터 심한 주걱턱에 삐뚤어진 콧잔등이라서 그 못생긴 얼굴은 사람을 놀라게 했다. 모친이 아이를 버리려 하자 아버지가 반대하면서 말했다.

"내가 알기로, 성현 중에는 이상한 얼굴을 한 사람이 많았소. 이 아이가 우리 집안을 흥성케 할 것이요."

그리고는 그냥 길렀다. 주섭은 어려서 머리를 묶을 때부터 염치와 사양할 줄을 알았고 10살에 글을 배우면서 《詩》와 《論語》에 능통하였으며, 장성해서는 《禮記》와 《易經》을 전공하였다. 성인의 책이 아니면 읽지 않았고 사람들과 인사나 왕래를 좋아하지도 않았다. 선친이 산마루 아래에 초가를 지었고 그 아래 전답이 있었는데 주섭은 늘 부지런히 일하며 자급자족하였다. 자신이 직접 짓거나 잡지 않은 것은 먹지 않았다. 鄕黨 사람이나 친척도 그를 만나는 사람이 별로 없었다.

原文

舉孝廉, 賢良方正, 特徵, 皆以疾辭, 延光二年, 安帝以玄纁羔幣聘爕, 及南陽馮良, 二郡各遣丞掾致禮. 宗族更勸之曰, "夫修德立行, 所以爲國. 自先世以來, 勳寵相承, 君獨何爲守東岡之陂乎?" 爕曰, "吾旣不能隱處巢穴, 追綺季之跡. 而猶顯然不遠父母之國, 斯固以滑泥揚波, 同其流矣.

夫修道者, 度其時而動. 動而不時, 焉得亨乎!" 因自載到潁
川陽城, 遣門生送敬, 遂辭疾而歸. 良亦載病到近縣, 送禮
而還. 詔書告二郡, 歲以羊酒養病.

| 註釋 |　○羔幣聘變 - 새끼 양(羔, 음은 고)은 젖을 먹을 때 꼭 무릎을 꿇
는다고 하여 예를 아는 동물이라 인식되었다.　○綺季之跡 - 綺季(綺里
季), 東園公, 夏黃公, 甪里(녹리)선생을 商山에 은거한 四皓(사호)라고 한다.
○滑泥揚波 - 滑泥(골니)는 흙탕물을 일으키다. 滑은 섞다. 휘젓다(混也).
滑은 어지러울 골. 흐리게 하다. 미끄러울 활.　○焉得亨乎 - 亨은 통하
다.(通也).　○潁川陽城 - 陽城縣은 今 河南省 登封市 동남 告成鎭.　○送
敬 - 사례하다(致謝).　○送禮 - 받은 예물을 되돌려 보내다.

[國譯]

　(周燮은) 孝廉, 賢良方正한 인재로 천거되어 특별히 부름을 받았
지만 모두 병이라 사양했었는데 (安帝) 延光 2년(서기 123)에, 安帝
는 玄纁(현훈, 검은색과 붉은색 비단)에 새끼 羊과 폐물로 주섭을 초빙
하였고, 또 南陽郡의 馮良(풍량)도 초빙하였는데, 二郡에서 각각 丞
掾(승연)을 보내 예물을 전하게 하였다. 이에 宗族이 또 주섭에게 권
유하였다.

　"修德立行은 나라를 위한 것입니다. 先世 이래로 공훈과 총애가
이어졌었는데 당신은 왜 산천에만 머물려하십니까?"

　그러자 주섭이 말했다.

　"나도 이제 오두막에서 더 이상 은거할 수 없게 되었으니 商山 四
皓(사호)의 행적을 따르고자 합니다. 그래도 부모가 계셨던 곳에서

멀지 않으니 이제 한 번 흙탕물이라도 휘저어 물결을 일으키며 함께 흘러가고자 합니다. 修道란 때를 헤아려 움직이는 것이다. 출사하더라도 때가 아니라면 어찌 형통할 수 있겠는가!"

주섭은 수레를 타고 潁川郡 陽城縣까지 와서는 門生을 보내 답례를 하게 한 뒤 병이라 사양하고 귀향하였다. 남양군의 馮良(풍량) 역시 몸이 아픈 채로 낙양 가까운 현까지 왔다가 받은 예물을 돌려보내고 귀향하였다. 조서로 2개 군에서 해마다 羊과 술을 하사하여 養病케 하였다.

原文

良字君郎. 出於孤微, 少作縣吏. 年三十, 爲尉從佐. 奉檄迎督郵, 卽路慨然, 恥在斯役, 因壞車殺馬, 毁裂衣冠, 乃遁至犍爲, 從杜撫學. 妻子求索, 蹤多斷絶. 後乃見草中有敗車死馬, 衣裳腐朽, 謂爲虎狼盜賊所害, 發喪制服. 積十許年, 乃還鄕里. 志行高整, 非禮不動, 遇妻子如君臣, 鄕黨以爲儀表. 燮, 良年皆七十餘終.

| 註釋 | ○從佐 - 隨從者. ○斯役 - 斯 는 천하다(賤也). ○犍爲(건위) - 郡名. 治所는 武陽縣, 今 四川省 중앙부 眉山市 彭山區.

[國譯]

(南陽郡) 馮良(풍량)의 字는 君郎(군랑)이다. 부친을 여의고 미천하였는데 젊어 縣吏가 되었다. 30세에 縣尉의 從佐가 되었다. 격문

을 받고 (郡의) 督郵(독우)를 영접하러 가다가 길에서 분개하여 賤役
의 치욕에 수레를 부수고 말을 죽인 뒤, 의관을 찢어버리고 犍爲郡
(건위군)으로 도망가서 杜撫(두무)란 사람에게 배웠다. 妻子가 풍량
을 찾았으나 종적이 없었다. 뒤에 풀밭에서 부서진 수레와 죽은 말,
부패한 의관을 보고서 사나운 도적에게 살해되었다고 생각하여 發
喪하고 상을 마쳤다. 10여 년이 지나 고향에 돌아왔다. 志行이 고아
하고 반듯하였으며 禮가 아니면 나서지 않았고 처자를 대할 때도 군
신처럼 예를 다하였기에 鄕黨의 모범이 되었다. 주섭과 풍량은 모두
70여 세에 죽었다.

❷ 黃憲

原文

  黃憲字叔度, 汝南愼陽人也. 世貧賤, 父爲牛醫. 潁川, 荀
淑至愼陽, 遇憲於逆旅, 時年十四, 淑竦然異之, 揖與語, 移
日不能去. 謂憲曰, "子, 吾之師表也." 旣而前至袁閬所, 未
及勞問, 逆曰, "子國有顔子, 寧識之乎?" 閬曰, "見吾叔度
邪?"

  是時, 同郡戴良才高倨傲, 而見憲未嘗不正容, 及歸, 惘然
若有失也. 其母問曰, "汝復從牛醫兒來邪?" 對曰, "良不見
叔度, 不自以爲不及. 旣覩其人, 則瞻之在前, 忽焉在後, 固
難得而測矣." 同郡陳蕃, 周擧常相謂曰, "時月之閒不見黃

生, 則鄙吝之萌復存乎心." 及蕃爲三公, 臨朝歎曰, "叔度
若在, 吾不敢先佩印綬矣."

太守王龔在郡, 禮進賢達, 多所降致, 卒不能屈憲. 郭林
宗少游汝南, 先過袁閬, 不宿而退, 進往從憲, 累日方還. 或
以問林宗. 林宗曰, "奉高之器, 譬諸汎濫, 雖淸而易挹. 叔
度汪汪若千頃陂, 澄之不淸, 淆之不濁, 不可量也."

憲初擧孝廉, 又辟公府, 友人勸其仕, 憲亦不拒之, 暫到京
師而還, 竟無所就. 年四十八終, 天下號曰 '徵君.'

| 註釋 | ○汝南愼陽 – 愼陽은 현 이름. 愼水의 南쪽. ○逆旅(역려) – 客
舍. 逆은 迎의 뜻. 「夫天地者는 萬物之逆旅이고, 光陰者는 百代之過客이
라. 而浮生若夢이로다.」李白의 〈春夜宴桃李園序〉. ○袁閬(원랑) – 汝南
袁氏는 후한의 名門世族이었다. ○顏子(안자) – 顏回. ○瞻之在前, 忽焉
在後 – 顏回가 孔子를 흠모하며 한 말.「顏淵喟然歎曰, "仰之彌高, 鑽之彌
堅. 瞻之在前, 忽焉在後.~"」《論語 子罕》. ○鄙吝之萌 – 吝은 탐할 인
(린)(貪也). ○陳蕃(진번) – 66권, 〈陳王列傳〉에 立傳. ○王龔(왕공) – 56
권, 〈張王種陳列傳〉에 立傳. ○譬諸汎濫 – 汎濫(궤람)은 샘물이 솟아 넘치
다. 汎는 샘(泉) 궤. 濫는 넘칠 남(람). ○淆之不濁 – 淆는 흐리게 할 효(混
也). 뒤섞다.

[國譯]

黃憲(황헌)의 字는 叔度(숙도)인데, 汝南郡 愼陽縣 사람이다. 대대
로 빈천하였는데 부친은 牛醫(獸醫)였다. 潁川郡의 荀淑(순숙)이 愼
陽에 들렸다가 황헌을 객사에서 만났는데, 그때 황헌은 14살이었지

만 순숙은 크게 놀라 감탄하며 예를 갖춰 인사한 뒤 이야기를 하느라 날이 저물어도 떠나질 못했다. 그리고서는 황헌에게 말했다. "당신은 저의 師表입니다." 얼마 뒤 袁閬(원랑)을 찾아가서는 인사를 마치기도 전에 원랑에게 물었다. "그대 나라에 顔子(안자)가 살고 있는데 알고 있습니까? 그러자 원랑이 말했다. "우리의 叔度를 만났습니까?"

이때 여남군의 戴良(대량)은 재주가 뛰어나고 거만하였는데 황헌을 보고서는 표정을 바로하지 않을 수 없었으며 돌아와서는 망연히 무엇인가를 잃은 듯하였다. 그 모친이 물었다. "너는 또 牛醫의 아들을 만났느냐?" 이에 대량이 말했다.

"제가 叔度(黃憲)을 보기 전에는 내가 그 사람만 못하다고 생각하지 못했습니다. 그 사람을 만나보면 앞에 있다고 생각하면 홀연 뒤에 있으니 정말 알 수도 헤아릴 수도 없습니다."

여남군의 陳蕃(진번)과 周擧(주거)는 늘 서로 말했다. "한동안 黃生을 만나지 못하면 마음에 비루하고 탐욕의 싹이 자라는 것 같다." 진번이 삼공의 자리에 오른 뒤 조정에서 탄식하였다. "만약 叔度(黃憲)가 있었다면 내가 이 인수를 먼저 찰 수 없었을 것이다."

太守인 王龔(왕공)이 여남군에 재직하면서 賢才를 예를 갖춰 모셨고 많은 사람을 초치하였지만 끝내 황헌을 굽히게 할 수는 없었다. 郭林宗(곽림종)이란 사람이 젊어 汝南을 유람하면서 먼저 袁閬(원랑)의 집에 들렀지만 숙박하지 않고 나와서 황헌을 찾아가 여러 날을 지내고 돌아왔다. 어떤 사람이 곽림종에게 묻자, 곽림종이 말했다.

"奉高(袁閬의 字)의 그릇은 넘치는 샘물과 같아서 맑으면서도 쉽게 떠서 마실 수 있습니다. 그러나 叔度는 넓고 넓은 만경창파와 같아서 맑게 한다고 맑아지지 않고 흐리게 해도 혼탁하지 않아 헤아릴 수가 없습니다."

　황헌은 처음에 孝廉으로 천거되었고 또 삼공부에서도 초빙을 하자 友人들이 출사를 권했고, 황헌 역시 거부하지 않고서 잠시 경사에 들렀다가 還鄕하고서는 끝내 관직에 나가지 않았다. 나이 48세에 죽었는데 세상 사람들은 '徵君(징군)'이라고 불렀다.

　論曰, 黃憲言論風旨, 無所傳聞, 然士君子見之者, 靡不服深遠, 去疵吝. 將以道周性全, 無德而稱乎? 余曾祖穆侯以爲憲隤然其處順, 淵乎其似道, 淺深莫臻其分, 淸濁未議其方. 若及門於孔氏, 其殆庶乎! 故嘗著論云.

|註釋| ○去疵吝 – 疵는 흠 자. 玼(옥티 자, 옥빛 깨끗할 체)와 通. ○道周性全 – 道가 두루 갖춰졌고 본성이 한결같다. 덕을 베풀지 않아도 칭송을 듣다. 그만큼 그의 덕행이 커서 무어라 일컫지 못한다는 뜻. ○余曾祖穆侯 –《晉書》에 '范汪(범왕)의 字는 玄平(현평)으로 安北將軍인데, 시호는 穆侯(목후)이다. 汪이 寧을 낳고, 寧이 泰를 낳았으며, 泰가 曄(범엽)을 낳았다.' ○隤然其處順 –《易 繫辭傳》의 구절, '坤隤然示人簡矣.' 隤는 유순할 궤(柔順貌). 무너질 퇴. ○淵乎其似道 –「老子曰, '道沖, 而用之, 或不盈, 淵乎, 似萬物之宗.'」《老子道德經》4장. 淵深하여 不可知하다는 뜻. ○若及門於孔氏, 其殆庶乎 –《易 繫辭》「顔氏子, 其殆庶幾乎!」殆는 거의(近也).

　范曄(범엽)의 史論 : 黃憲(황헌)의 언론과 풍채나 旨義(지의)에 대한
기록은 없지만 황헌을 만나본 文士나 군자가 그의 심원한 뜻에 감복
하여 자신의 인색함을 버리지 않은 자가 없었다. 그가 덕을 두루 갖
추었고 본성이 全一하기에 덕을 베풀지 않아도 칭송을 받는 것 아니
겠는가? 나의(范曄) 曾祖인 穆侯(목후, 范汪)는 황헌이 유순하면서도
순응하였다고 말했는데, 그의 道가 깊어 헤아릴 수가 없고 그 思量
의 深淺(심천)을 구별할 수 없으며 그 처세의 淸濁을 평할 수 없다는
뜻일 것이다. 만약 황헌이 공자의 문하에 있었다면 거의 仁에 가까
웠지 않았겠는가! 그래서 나의 論을 적었다.

❸ 徐穉

　徐穉字孺子, 豫章南昌人也. 家貧, 常自耕稼, 非其力不
食. 恭儉義讓, 所居服其德. 屢辟公府, 不起. 時陳蕃爲太
守, 以禮請署功曹, 穉不免之, 旣謁而退. 蕃在郡不接賓客,
唯穉來特設一榻, 去則縣之. 後擧有道, 家拜太原太守, 皆
不就.

　延熹二年, 尙書令陳蕃, 僕射胡廣等上疏薦穉等曰,

　「臣聞善人天地之紀, 政之所由也. 《詩》云, ‘思皇多士, 生
此王國.’ 天挺俊乂, 爲陛下出, 當輔弼明時, 左右大業者也.

伏見處士豫章徐稺,彭城姜肱,汝南袁閎,京兆韋著,潁川李
曇, 德行純備, 著於人聽. 若使擢登三事, 協亮天工, 必能翼
宣盛美, 增光日明矣.」

桓帝乃以安車玄纁, 備禮徵之, 並不至. 帝因問蕃曰,
"徐稺,袁閎,韋著誰爲先後?"

蕃對曰, "閎出生公族, 聞道漸訓. 著長於三輔禮義之俗,
所謂不扶自直, 不鏤自雕. 至於稺者, 爰自江南卑薄之域,
而角立傑出, 宜當爲先."

| 註釋 | ○徐稺(서치) - 稺는 어린 벼 치. ○豫章 - 군명. 治所는 南昌
縣, 今 江西省 북부 南昌市 (江西省의 省都). ○《詩》云 - 《詩 大雅 文王》.
○思皇多士, 生此王國 - 思는 願也. 皇은 天也. 하늘이 많은 賢人을 이 땅
에 출생케 해달라는 뜻. ○天挺俊乂 - 挺은 특출하다. 빼어날 정. 俊乂(준
예)는 준걸. 乂는 어질 예. 베다. ○左右大業者也 - 左右는 돕다(助也).
○袁閎 - 45권, 〈袁張韓周列傳〉에 立傳. ○韋著 - 26권, 〈伏侯宋蔡馮趙
牟韋列傳〉의 〈韋彪傳〉 참고. ○三事 - 三公의 직무. ○不扶自直 - 蓬生
麻中, 不扶自直(쑥이 삼밭에서 자라면 저절로 곧게 자란다). ○角立傑出
- 뿔처럼 우뚝하다.

[國譯]

徐稺(서치)의 字 孺子(유자)로 豫章郡 南昌縣 사람이다. 家貧하여
직접 농사를 지었으며 자신이 공을 들이지 않았으면 먹지 않았다.
恭儉하며 義讓하니 거처하는 곳의 모두가 그의 덕을 따랐다. 여러
차례 삼공부의 부름을 받았지만 나서지 않았다. 그때 陳蕃(진번)이

예장군 太守였는데, 예를 갖춰 초빙하며 功曹에 임명하자 서치는 어쩔 수 없이 가서 알현한 뒤에 물러나왔다. 진번은 郡에 재직하며 빈객을 따로 접대하지 않았지만 서치가 찾아오면 특별한 좌석을 마련한 뒤에 서취가 돌아가면 의자를 치워놓았다. 서치는 뒷날 有道한 士人이라고 천거를 받아 집에 있으면서 太原太守를 제수 받았지만 부임하지 않았다.

(桓帝) 延熹(연희) 2년(서기 159)에, 尙書令 陳蕃(진번), 僕射(복야) 胡廣(호광) 등이 상소하여 서치 등을 천거하였다.

「臣이 알기로, 善人은 天地의 큰 기강이며 정사의 기본입니다. 《詩》에 '皇天께서 이 땅에 많은 현인이 태어나게 해 주십시오.' 라고 하였습니다. 황천이 뛰어난 준걸을 폐하를 위해 보내주신 것이니 응당 폐하의 聖明한 시대를 보필하고 대업을 도울 자입니다. 臣이 볼 때 處士인 豫章郡의 徐穉(서치), 彭城(팽성)의 姜肱(강굉), 汝南의 袁閎(원굉), 京兆(경조)의 韋著(위저), 穎川(연천)의 李曇(이담) 등은 德行을 겸비하여 많은 사람들이 칭송하고 있습니다. 만약 이들을 발탁하여 三事(三公)의 부서에 근무케 하여 天工을 보필케 한다면 틀림없이 능력을 발휘하고 큰 몫을 할 것이며 일월의 광명을 보탤 것입니다.」

桓帝는 이에 安車와 검붉은 비단을 하사하고 예를 갖춰 초빙하였으나 아무도 조정에 나오지 않았다. 이에 환제가 진번에게 물었다.

"徐穉(서치), 袁閎(원굉), 韋著(위저)는 누가 앞서고, 누가 뒤떨어지는가?"

진번이 대답했다. "원굉은 三公 집안 출신으로 政道를 듣고 배운 지가 오래되었습니다. 위저는 三輔 지역 禮儀之風에서 자랐으니, 누가 도와주지 않아도 저절로 곧으며 스스로 자신의 일을 알아서 할

수 있습니다. 서치는 강남의 척박한 지역에서 성장하였지만 우뚝한
뿔처럼 걸출하니 의당 가장 앞설 것입니다."

原文

稺嘗爲太尉黃瓊所辟, 不就. 及瓊卒歸葬, 稺乃負糧徒步
到江夏赴之, 設雞酒薄祭, 哭畢而去, 不告姓名. 時會者四
方名士郭林宗等數十人, 聞之, 疑其稺也, 乃選能言語生茅
容輕騎追之. 及於塗, 容爲設飯, 共言稼穡之事. 臨訣去, 謂
容曰, "爲我謝郭林宗, 大樹將顚, 非一繩所維, 何爲棲棲不
遑寧處?"

及林宗有母憂, 稺往弔之, 置生芻一束於廬前而去. 衆怪,
不知其故. 林宗曰, "此必南州高士徐孺子也. 《詩》不云乎,
'生芻一束, 其人如玉.' 吾無德以堪之."

靈帝初, 欲蒲輪聘稺, 會卒, 時年七十二.

子胤字季登, 篤行孝悌, 亦隱居不仕. 太守華歆禮請相見,
固病不詣. 漢末寇賊從橫, 皆敬胤禮行, 轉相約勑, 不犯其
閭. 建安中卒.

李曇字雲, 少孤, 繼母嚴酷, 曇事之愈謹, 爲鄕里所稱法.
養親行道, 終身不仕.

註釋 ㅇ黃瓊(황경) − 61권, 〈左周黃列傳〉에 立傳. ㅇ何爲棲棲不遑寧
處 − 棲棲(서서)는 안달하는 모양, 마음이 안정되지 않은 모양. 遑 허둥거릴

황. 서두르다. ○《詩》不云乎 −《詩 小雅 白駒》. ○華歆(화흠, 157−232) −獻
帝가 제위를 曹操에게 禪讓하는 과정에서 중요 역할을 했고 魏의 司徒, 太
尉를 역임했다.《삼국연의》에서는 권세에 추종하는 악인으로 묘사되었다.

[國譯]

徐穉(서치)는 일찍이 太尉 黃瓊(황경)의 부름을 받았으나 부임하
지 않았다. 황경이 죽어 고향에서 장례할 때 서치는 양식을 짊어지
고 걸어서 江夏郡 묘지에 가서 닭과 술을 제물로 제사를 올리고 곡
을 한 뒤 떠나면서 성명을 말하지 않았다. 그 무렵 사방의 명사 郭林
宗(곽림종) 등 수십 명이 모였었는데, 이를 듣고서는 서치일 것이라
짐작하고 언변이 능한 서생 茅容(모용)을 시켜 빠른 말을 타고 쫓아
가게 하였다. 도중에 서치를 따라가서 모용은 준비한 음식을 나누며
농사일을 함께 이야기하였다. 헤어지면서 서치가 모용에게 말했다.

"나를 대신해서 郭林宗에게 감사 인사 좀 전해주시오. 큰 나무가
넘어가려는데 새끼 줄 하나로는 붙들어 맬 수 없으니 허둥대지 말고
서둘러 평안한 곳을 왜 찾지 않는가?"

나중에 곽림종의 모친상에 서치는 조문을 했는데 꼴(芻, 건초) 한
묶음을 묘소 오두막에 두고 갔다. 여러 사람이 그 연고를 알지 못했
다. 이에 곽림종이 말했다.

"이는 틀림없이 南州의 高士인 徐孺子(서유자, 서치)이다.《詩》에
도 있지 않은가? '한 묶음의 꼴이지만 그 사람은 玉과 같다.' 나는
그를 따라갈 수가 없다."

靈帝 초에, 安車를 보내 서치를 초빙하였으나 그때 서치가 죽었
고 나이는 72세였다.

아들 徐胤(서윤)의 字는 季登(계등)인데, 篤行에 孝悌하였으나 은거하며 출사하지 않았다. 豫章太守 華歆(화흠)이 예를 갖춰 초빙하였지만 병이 심하다며 만나지 않았다. 漢末에 도적떼가 횡행하였는데 모두가 서윤에게 예의를 지키면서 서로 약조하여 그 마을을 침범하지 않았다. 서윤은 建安 연간에 죽었다.

李曇(이담)의 字는 雲(운)인데, 어려서 모친을 여의었는데 계모가 엄격하고 사나웠으나 이담은 더욱 공손하게 모셨고 마을에서는 이담을 칭송하며 본받았다. 부모를 봉양하고 도를 수양하며 종신토록 출사하지 않았다.

❹ 姜肱

▌原文

姜肱字伯淮, 彭城廣戚人也. 家世名族. 肱與二弟仲海,季江, 俱以孝行著聞. 其友愛天至, 常共臥起. 及各娶妻, 兄弟相戀, 不能別寢, 以係嗣當立, 乃遞往就室.

肱博通《五經》, 兼明星緯, 士之遠來就學者三千餘人. 諸公爭加辟命, 皆不就. 二弟名聲相次, 亦不應徵聘, 時人慕之. 肱嘗與季江謁郡, 夜於道遇盜, 欲殺之. 肱兄弟更相爭死, 賊遂兩釋焉, 但掠奪衣資而已. 既至郡中, 見肱無衣服, 怪問其故, 肱托以它辭, 終不言盜. 盜聞而感悔, 後乃就精廬, 求見徵君. 肱與相見, 皆叩頭謝罪, 而還所略物. 肱不受,勞以酒食而遣之.

| 註釋 |　○姜肱－肱은 팔뚝 굉.　○彭城廣戚－彭城國의 치소는 彭城
縣, 今 江蘇省 북부 徐州市. 前漢 楚國. 廣戚縣은 今 江蘇省 북단 徐州市 沛
縣 동쪽.

[國譯]

　　姜肱(강굉)의 字는 伯淮(백회)로 彭城國 廣戚縣 사람이다. 집안은
대대로 名族이었다. 강굉과 두 동생 仲海(중해)와 季江(계강) 모두 효
행으로 널리 알려졌다. 그 우애도 아주 돈독하여 늘 함께 기거하였
고 각각 아내를 얻은 뒤에도 형제가 서로 그리며 헤어져 잘 수가 없
으나 후사를 잇기 위해 교대로 각자의 내실에서 잤다.

　　강굉은 《五經》에 박통하였으며 아울러 천문에도 밝아 멀리서 배
우러 찾아오는 士人이 3천여 명이나 되었다. 여러 公府에서 다투어
관직에 초빙하였지만 모두 부임하지 않았다. 두 동생의 명성도 그
못지않았지만 부름에 불응하여 당시 사람들이 흠모하였다. 강굉과
동생이 郡에 일이 있어 가다가 밤에 도적떼를 만났는데 형제를 죽이
려 하였다. 강굉 형제가 서로 죽겠다고 다투자 도적은 형제를 풀어
주면서 옷과 노자만 빼앗았다. 형제가 郡에 왔지만 강굉의 옷이 없
는 것을 보고 이상히 여겨 사연을 물었지만 강굉은 다른 핑계를 대
었고 끝내 도적을 말하지 않았다. 도적이 소문을 듣고 감격하고 후
회하면서 나중에 강굉의 精廬(정려, 精舍)로 찾아와 뵙기를 청했다.
강굉이 만나보자 도적들은 모두 고개를 숙이고 사죄하며 빼앗았던
물건을 돌려주었다. 강굉은 받지 않고 술과 음식을 대접해 보냈다.

後與徐穉俱徵, 不至. 桓帝乃下彭城使畫工圖其形狀. 肱
臥於幽闇, 以被韜面, 言患眩疾, 不欲出風. 工竟不得見之.

中常侍曹節等專執朝事, 新誅太傅陳蕃, 大將軍竇武, 欲
借寵賢德, 以釋衆望, 乃白徵肱爲太守. 肱得詔, 乃私告其
友曰, "吾以虛獲實, 遂藉聲價. 明明在上, 猶當固其本志,
況今政在閹豎, 夫何爲哉!"

乃隱身遯命, 遠浮海濱. 再以玄纁聘, 不就. 卽拜太中大
夫, 詔書至門, 肱使家人對云 "久病就醫." 遂羸服閒行, 竄
伏靑州界中, 賣卜給食. 召命得斷, 家亦不知其處, 歷年乃
還. 年七十七, 熹平二年終於家. 弟子陳留劉操追慕肱德,
共刊石頌之.

| 註釋 | ○以被韜面 - 韜는 감출 도(藏也). ○中常侍曹節 - 靈帝, 建寧
(건영) 원년(서기 168)에 矯詔(교조)를 이용하여 太傅인 陳蕃(진번), 大將軍
인 竇武(두무) 등을 주살하고 일족을 모두 죽였다. 78권, 〈宦者列傳〉에 입
전. ○竄伏靑州界中 - 竄伏(찬복)은 도망가 숨다. 靑州刺史部 치소는 齊國
臨淄縣, 今 山東省 중부 淄博市 臨淄區(임치구). 齊南國, 平原郡, 樂安國,
北海國, 東萊郡, 齊國 등을 관할.

[國譯]

뒷날 강굉은 徐穉(서치)와 함께 조정의 부름을 받았지만 응하지
않았다. 桓帝는 바로 彭城國에서 畫工을 보내 그 형상을 그려 보내

라고 명했다. 이에 강굉은 일부러 어두운 곳에 누워 얼굴을 가리고 어지럼증이 있어 바람을 쐴 수 없다고 하였다. 화공은 끝내 초상을 그리지 못했다.

中常侍인 (환관) 曹節(조절) 등은 조정의 권력을 잡고 太傅 陳蕃 (진번), 大將軍 竇武(두무) 등을 죽인 뒤여서 현인과 도덕지사를 등용하여 대중의 신망을 얻겠다는 생각으로 황제에게 아뢰어 강굉을 太守로 초빙케 하였다. 강굉은 영제의 조서를 받고서 그의 우인에게 은밀히 말했다.

"나는 헛 명성으로 실제 관직을 받았으니, 이는 내 聲價를 이용하려는 뜻이요. 聖明하신 천자가 계시다면 응당 내 뜻을 확실하게 실천해 보겠지만 지금은 政令이 환관의 손에서 나오니 무엇을 할 수 있겠는가!"

그리고서는 隱身하여 명을 받지 않고 멀리 바닷가 지역으로 피신하였다. 조정에서는 다시 검은색과 붉은 비단을 예물로 보내며 불렀지만 응하지 않았다. 이에 조정에서는 바로 太中大夫를 제수하였는데 詔書가 도착하자 강굉은 집안사람을 보내 "오랜 병 때문에 치료를 받으러 갔다."고 아뢰게 하였다.

강굉은 간편한 옷을 입고 샛길로 靑州 지역에 은신하며 점을 쳐서 먹고 살았다. 집에서도 어디에 있는지를 몰랐으며 몇 년 뒤에 돌아왔다. 나이 77세인 熹平 2년(서기 173)에 집에서 죽었다. 弟子인 陳留郡 사람 劉操(유조)는 강굉의 덕을 추모하여 여럿이 함께 비석을 세워 칭송하였다.

❺ 申屠蟠

原文

申屠蟠字子龍, 陳留外黃人也. 九歲喪父, 哀毀. 服除, 不進酒肉十餘年. 每忌日, 輒三日不食.

同郡緱氏女玉爲父報讎, 殺夫氏之黨, 吏執玉以告外黃令梁配, 配欲論殺玉. 蟠時年十五, 爲諸生, 進諫曰, "玉之節義, 足以感無恥之孫, 激忍辱之子. 不遭明時, 尙當表旌廬墓, 況在淸聽, 而不加哀矜!"

配善其言, 乃爲讞得減死論. 鄕人稱美之.

家貧, 傭爲漆工. 郭林宗見而奇之. 同郡蔡邕深重蟠, 及被州辟, 乃辭讓之曰, "申屠蟠稟氣玄妙, 性敏心通, 喪親盡禮, 幾於毀滅. 至行美義, 人所鮮能. 安貧樂潛, 味道守眞, 不爲燥濕輕重, 不爲窮達易節. 方之於邕, 以齒則長, 以德則賢."

| 註釋 | ○申屠蟠 – 申屠(신도)는 복성. 蟠은 서릴 반. 몸을 감아 웅크리다. ○外黃 – 陳留郡의 현명. 今 河南省 開封市 蘭考縣 동남. ○緱 – 姓也. 칼자루 감을 구. ○讞 – 평의할 언(얼). 죄를 논의하다. ○燥濕輕重 – 燥濕과 寒暑에 따라 지조를 바꾸지 않다.

[國譯]

申屠蟠(신도반)의 字는 子龍(자룡)으로, 陳留郡 外黃縣 사람이다.

9세에 부친을 여의고 너무 슬퍼하여 몸이 상할 정도였다. 복상을 마치고도 10여 년간 술과 고기를 먹지 않았다. 매년 기일이 되면 3일간 음식을 먹지 않았다.

同郡의 緱氏(구씨) 딸 玉(옥)은 부친 원수를 갚아 남편 성씨의 친족을 죽였는데 관리가 玉을 체포하여 外黃縣令 梁配(양배)에게 넘겼고 현령은 玉을 사형으로 판결하였다. 신도반은 그때 15세로 유생이었는데 현령을 찾아가 건의하였다.

"緱玉(구옥)의 節義는 치욕을 모르는 후손에게 감동을 주고 치욕을 참으려 하는 아들을 격분시키기에 충분합니다. 태평시대가 아니더라도 오히려 묘 오두막에 정려를 내려 표창해야 하거늘, 하물며 지금처럼 청명한 정사가 행해지는 때에 사형을 내릴 수 없습니다!"

현령 양배는 신도반의 건의에 따라 사형에서 감형을 판결하였고 향리에서 칭송하였다.

집이 가난하여 옻(漆, 칠)을 제조하는 일꾼으로 일했다. 郭林宗(곽림종)이 신도반을 보고 특별하게 생각하였다. 陳留郡의 蔡邕(채옹)은 신도반을 매우 중히 여겼는데 刺史(자사)의 부름을 받자 이를 사양하며 말했다.

"申屠蟠의 稟氣(품기)는 玄妙(현묘)하고 천성이 민첩하며 마음이 트였고 親喪에 지극한 애통으로 몸이 상할 정도였습니다. 그의 高行과 美德을 따라갈 만한 사람은 별로 없습니다. 또 安貧 속에 기꺼이 은거하면서 道德과 眞性을 지켜나가며 燥濕(조습)과 輕重(경중)이나 窮達(궁달)에 따라 지조를 바꾸지 않습니다. 저에 비하여 나이로도 연장이며 덕행도 신도반이 더 훌륭합니다."

後郡召爲主簿, 不行. 遂隱居精學, 博貫《五經》, 兼明圖
緯. 始與濟陰王子居同在太學, 子居臨歿, 以身托蟠, 蟠乃
躬推輦車, 送喪歸鄉里. 遇司隷從事於河鞏之間, 從事義之,
爲封傳護送, 蟠不肯受, 投傳於地而去. 事畢還學.

太尉黃瓊辟, 不就. 及瓊卒, 歸葬江夏, 四方名豪會帳下
者六七千人, 互相談論, 莫有及蟠者. 唯南郡一生與相酬對,
旣別, 執蟠手曰, "君非聘則徵, 如是相見於上京矣."

蟠勃然作色曰, "始吾以子爲可與言也, 何意乃相拘教樂
貴之徒邪?" 因振手而去, 不復與言. 再擧有道, 不就.

| 註釋 | ○司隷從事 - 사예교위의 從事(隨行員), 정원 12인, 질록 1백
석. ○河鞏 - 黃河의 鞏縣(공현), 河南郡 鞏縣(공현), 今 河南省 直轄 鞏義
市, 洛陽市와 鄭州市의 중간 지점. 황하의 남안. ○會帳下者 - 帳下는 葬
地. ○拘教樂貴 - 禮敎에 얽매이고 부귀를 즐기다. 樂貴의 樂는 즐길 요.

[國譯]

　뒤에 郡에서 主簿(주부)로 임명하였으나 부임하지 않았다. 신도반
은 은거하며 학문에 정진하여 《五經》에 박통하였으며 겸해서 讖緯
說(참위설)에도 밝았다. 처음에 濟陰郡의 王子居와 太學에서 같이 수
학하였는데, 왕자거는 죽으면서 자신을 신도반에게 부탁하였고 신
도반은 직접 시신을 작은 수레에 실어 끌고 향리로 출발하였다. 도
중에 어떤 司隷從事를 黃河 남안 鞏縣(공현) 근처에서 만났는데 從事

는 신도반을 의롭게 생각하여 封한 傳(符牒)을 내주어 (사람을 시켜) 호송케 해주었으나 신도반은 받지 않고 부첩을 버리고서 자신이 수레를 끌고 갔다. 장례를 마치고 太學으로 돌아왔다.

太尉인 黃瓊(황경)이 불렀으나 응하지 않았다. 황경이 죽어 江夏郡에 歸葬하였는데 사방의 名人과 호걸 6천여 명이 장지에 모여 서로 담론을 나누었는데 신도반을 능가하는 사람이 아무도 없었다. 다만 南郡의 한 유생이 신도반의 상대가 되었었는데, 헤어질 때 신도반의 손을 잡고 말했다.

"君께서 관직을 구하지 않아도 부름을 받을 것이니 그렇게 되면 상경하여 다시 만날 것입니다."

이에 신도반은 갑자기 얼굴을 붉히며 말했다.

"처음에 당신이 함께 담론할만한 사람이라 생각하였는데 결국은 禮敎에 속박되어 부귀나 즐기려는 그런 사람이 아닌가?"

그리고는 손을 뿌리치고 떠나 다시는 말하지 않았다. 도덕을 갖춘 인재라고 두 번 천거를 받았지만 부임하지 않았다.

原文

先是京師游士汝南范滂等非訐朝政, 自公卿以下皆折節下之. 太學生爭慕其風, 以爲文學將興, 處士復用. 蟠獨歎曰, "昔戰國之世, 處士橫議, 列國之王, 至爲擁篲先驅, 卒有坑儒燒書之禍, 今之謂矣."

乃絶迹於梁,碭之閒, 因樹爲屋, 自同傭人. 居二年, 滂等

果罹黨錮, 或死或刑者數百人, 蟠確然免於疑論. 後蟠友人
陳郡馮雍坐事繫獄, 豫州牧黃琬欲殺之. 或勸蟠救雍, 蟠不
肯行, 曰, "黃子琰爲吾故邪, 未必合罪. 如不用吾言, 雖往
何益!"琬聞之, 遂免雍罪.

| 註釋 | ○游士 – 遊學하는 士人. ○非訐朝政 – 조정의 정사를 비판하
다. 訐은 들추어낼 알. 비방하다. 是非를 橫議하다. ○處士橫議 – 處士는
관직에 오르지 못한 사람. 橫議는 제멋대로 논의하다. ○至爲擁篲先驅 –
擁篲(옹수)는 빗자루를 들다. 청소하다. 자신을 낮춰 현자를 맞이할 준비를
하다. 篲는 빗자루 수. (帚 빗자루 추). 음양가 鄒衍(추연)이 燕으로 찾아가
자, 昭王(소왕)은 빗자루를 들고 앞장섰고 弟子의 자리에 앉아 추연의 강론
을 들었다. ○乃絶迹於梁,碭之間 – 梁國의 碭縣(탕현), 今 安徽省 최북단
宿州市 관할 碭山縣.

[國譯]

　　이보다 앞서 京師의 游士인 汝南郡 출신 范滂(범방) 등은 조정의
정사를 비방하며 公卿 이하 모두를 절조를 버린 사람이라고 깎아내
렸다. 太學生들은 그런 논쟁의 풍조를 흠모하면서 앞으로 文學이 흥
륭하고 處士를 다시 등용할 것이라 생각하였다. 그렇지만 신도반은
홀로 탄식하였다.

　　"옛날 戰國시대에도 處士의 橫議에 列國의 王조차 빗자루를 들고
앞장서며 현사를 우대하였지만, 결국 坑儒(갱유)와 서적을 태우는 燒
書(소서, 焚書)의 화가 일어났습니다. 바로 지금과 같았습니다."

　　그리고서는 梁國의 碭縣(탕현)에 자취를 감추고 나무를 지붕으로

삼고 소작인처럼 살았다. 2년이 지나자 범방 등은 黨錮(당고)의 화를 당하여 사형당하거나 형벌을 받은 자가 수백 명이었지만, 신도반은 여러 疑獄에서 완전히 벗어날 수 있었다. 뒷날 신도반의 友人인 陳郡의 馮雍(풍옹)이 사안에 연좌되어 옥에 갇혔는데 豫州牧(豫州刺史)인 黃琬(황완)은 풍옹을 죽일 생각이었다. 어떤 사람이 신도반에게 풍옹을 구해달라고 하였지만 신도반은 나서려 하지 않으면서 말했다.

"黃子琰(黃琬)이 내 말을 듣고 봐줄 수 있다면 확실한 죄를 짓지 않은 것이다. 만약 내 말을 받아들이지 않으면 죄를 지은 것이니 내가 간들 무슨 도움이 되겠는가!"

황안은 이를 전해 듣고 풍옹의 죄를 사면하였다.

原文

大將軍何進連徵不詣, 進必欲致之, 使蟠同郡黃忠書勸曰,

「前莫府初開, 至如先生, 特加殊禮, 優而不名, 申以手筆, 設几杖之坐. 經過二載, 而先生抗志彌高, 所尙益固. 竊論先生高節有餘, 於時則未也. 今潁川荀爽載病在道, 北海鄭玄北面受署. 彼豈樂羈牽哉, 知時不可逸豫也. 昔人之隱, 遭時則放聲滅多, 巢棲茹薇. 其不遇也, 則裸身大笑, 被髮狂歌. 今先生處平壞, 遊人閒, 吟典籍, 襲衣裳, 事異昔人, 而欲遠蹈其多, 不亦難乎! 孔氏可師, 何必首陽.」

蟠不答.

| 註釋 | ○何進(하진, ?-189) - 南陽 宛縣 출신, 본래 가축을 잡는 屠戶(도호) 출신, 이복 여동생이 입궁하여 靈帝의 황후가 되었다. 大將軍으로 錄尙書事 겸임. 환관 세력을 꺾겠다고 董卓(동탁)을 불러들인 장본인. 十常侍에게 피살. 69권, 〈竇何列傳〉에 입전. ○潁川 荀爽(순상) - 62권, 〈荀韓鐘陳列傳〉에 立傳. ○鄭玄(정현, 서기 127-200년) - 字는 康成(강성)으로 北海郡 高密縣 사람. 35권, 〈張曹鄭列傳〉에 입전. ○巢棲茹薇 - 巢棲는 巢父(소보). 茹薇(여미)는 고사리를 먹다. 伯夷와 叔齊. ○被髮狂歌 - 箕子(기자)는 머리를 풀어헤치고 미친 척하였고 楚의 狂人 接輿(접여)는 노래를 부르며 공자 앞을 지나갔다. ○先生處平壤 - 平壤은 들판. 땅. 壤은 地也. ○首陽 - 伯夷와 叔齊가 숨은 산.

[國譯]

大將軍 何進(하진)이 연이어 불렀지만 신도반이 응하지 않자, 하진은 기어코 데려오려고 신도반과 같은 군 출신인 黃忠(황충)을 시켜 출사를 권하는 서신을 보냈다.

「전에 (대장군 何進의) 幕府를 신설하고서 先生에 대해서는 특별한 예를 갖춰 우대하면서 尊名을 부르지도 않고 직접 붓을 들었으며, 几杖(궤장)과 案席도 준비했었습니다. 그 뒤 2년이 지났지만 先生의 큰 뜻은 더욱 높아졌고 崇仰은 더욱 견고해졌습니다. 삼가 논하자면 先生의 高節은 有餘하지만 세월은 그렇지 않습니다. 이번에 潁川郡의 荀爽(순상)은 수레를 타고 오다가 길에서 병이 났으며 北海郡 鄭玄(정현)은 北面하여 관직을 받았습니다. 그분들이 어찌 굴레에 매어 다니기를 좋아하지 않았지만 시일을 더 이상 미룰 수 없음을 알고 있었기 때문입니다. 옛사람의 은거는 때를 만나면 명성을 버리고 자취를 감추니 巢父(소보)는 산속에 숨었고 고사리를 꺾어먹

은 사람도 있습니다. 시대를 만나지 못했다면 웃통을 벗고 크게 웃
거나 미친 척을 하거나 노래하며 공자 앞을 지나간 接輿(접여)도 있
었습니다. 지금 선생께서는 속세를 유람하며 전적을 외우고 의상도
입으면서 옛사람의 은거와 많이 다르면서도 옛일을 그대로 따르려
하니 이 또한 어렵지 않겠습니까! 기왕 공자를 스승으로 모시고자
하면서 어찌 首陽山을 꼭 찾아가려 하십니까?」

신도반은 답신을 보내지 않았다.

原文

中平五年, 復與爽,玄及潁川韓融,陳紀等十四人並博士
徵, 不至. 明年, 董卓廢立, 蟠及爽,融,紀等復俱公車徵, 唯
蟠不到. 衆人咸勸之, 蟠笑而不應.

居無幾, 爽等爲卓所脅迫, 西都長安, 京師擾亂. 及大駕
西遷, 公卿多遇兵饑, 室家流散, 融等僅以身脫. 唯蟠處亂
末, 終全高志. 年七十四, 終於家.

| 註釋 | ○韓融(한융) ─ 字는 符長, 韓韶(한소)의 아들, 62권, 〈荀韓鐘陳
列傳〉 중 〈韓韶傳〉 참고.

[國譯]

(靈帝) 中平 5년(서기 188), 다시 荀爽(순상)과 鄭玄(정현) 및 潁川
郡 韓融(한융), 陳紀(진기) 등 14명을 모두 박사로 초빙하였지만 신도

반은 응하지 않았다. 다음 해 董卓(동탁)은 황제를 폐하고(弘農王) 옹립(獻帝)하였는데 신도반 및 순상, 마융, 진기 등을 모두 公車로 불렀지만 신도반만은 응하지 않았다. 여러 사람이 신도반에게 출사를 권유하였지만 신도반은 웃기만 할 뿐 불응했다.

얼마 안 있어 순상 등은 동탁에게 협박을 당해 西都 長安으로 옮겨갔고 京師는 소요에 난리였다. 황제가 서쪽으로 옮겨가면서 공경 대부분이 亂兵과 기아를 겪었으며, 가족은 流浪하고 離散하였는데 한융 등은 겨우 탈출할 수 있었다. 오직 신도반만은 난세의 끝에서 一身과 고상한 의지를 지킬 수 있었다. 신도반은 74세에 집에서 죽었다.

原文

贊曰, 琛寶可懷, 貞期難對. 道苟違運, 理用同廢. 與其逅棲, 豈若蒙穢? 淒淒碩人, 陵阿窮退. 韜伏明姿, 甘是堙曖.

| 註釋 | ○琛寶可懷 - 琛寶(침보)는 보물. 琛은 보배 침. 道德을 비유한 말. ○貞期難對 - 貞期는 명철한 군주가 재위하는 태평세월(明時). 對는 짝(偶也). ○豈若蒙穢 - 蒙穢(몽예)는 오물을 덮어쓰다. 後漢末의 난세에 出仕하기. ○淒淒碩人 - 淒淒(처처)는 凄凄. 쓸쓸한 모양. 눈물 흐르는 모양, 굶주리고 병든 모양(饑病貌也). 碩人(석인)은 賢者. ○陵阿窮退 - 陵은 산에 오르다. 阿(언덕 아)는 曲陵. 산등성이. ○甘是堙曖 - 堙曖(인애)는 침침한 곳에 묻혀 안 보이다. 은거하다. 堙은 막을 인. 묻다. 빠지다. 曖는 가릴 애. 가려지다.

[國譯]

贊曰,

가슴에 품은 도덕은 태평시대에도 그 짝이 없었다.

도덕에 시운이 안 따르니 哲理도 같이 묻힌다.

궁벽한 은거가 난세에 출사만 못하겠는가?

쓸쓸한 賢者는 구릉 넘어 외진 곳에 물러난다.

명철한 모습 숨기고 기꺼이 산림에 은거하리라.

54 楊震列傳
〔양진열전〕

❶ 楊震

▮原文

楊震字伯起, 弘農華陰人也. 八世祖喜, 高祖時有功, 封
赤泉侯. 高祖敞, 昭帝時爲丞相, 封安平侯. 父寶, 習《歐陽
尚書》. 哀,平之世, 隱居敎授. 居攝二年, 與兩龔,蔣詡俱徵,
遂遁逃, 不知所處. 光武高其節. 建武中, 公車特徵, 老病不
到, 卒於家.

▮註釋▮ ○弘農華陰 - 弘農郡 治所는 弘農縣, 今 河南省 서쪽 三門峽市
관할 靈寶市. 華陰縣은 西嶽인 華山의 북쪽, 今 陝西省 동부, 渭河 하류, 今
陝西省 渭南市 관할 華陰市. ○《歐陽尚書》 - 전한 武帝 때 伏生(복생)의 제
자인 歐陽生이 전수한 《尙書》. ○兩龔,蔣詡 - 兩龔은 龔勝(공승, 字 君賓)과

龔舍(공사, 字, 君倩), 蔣詡(장후, 字 符卿).

[國譯]

楊震(양진, 서기54~124년)의 字는 伯起(백기)이고, 弘農郡 華陰縣 사람이다. 八世祖 楊喜(양희)는 高祖 때 공을 세워 赤泉侯에 봉해졌다. 高祖인 楊敞(양창)은 昭帝 때 승상으로 安平侯였다. 부친 楊寶(양보)는 《歐陽尙書》를 전공하였다. 哀帝와 平帝 연간에, 은거하여 문도를 교육하였다. (孺子, 王莽) 居攝(거섭) 2년, 兩龔(양공) 및 蔣詡(장후) 등과 함께 부름을 받았지만 숨어버려서 어디에 있는 지도 몰랐다. 광무제도 그 지조를 높이 평가하였다. (光武帝) 建武 연간에, 公車令이 특별히 초빙하였지만 老病으로 응하지 못하고 집에서 죽었다.

原文

震少好學, 受《歐陽尙書》於太常桓郁, 明經博覽, 無不窮究. 諸儒爲之語曰, '關西孔子楊伯起.' 常客居於湖, 不答州郡禮命數十年, 衆人謂之晩暮, 而震志愈篤. 後有冠雀銜三鱣魚, 飛集講堂前, 都講取魚進曰, "蛇鱣者, 卿大夫服之象也. 數三者, 法三台也. 先生自此升矣." 年五十, 乃始仕州郡.

| 註釋 | ○湖 – 弘農郡 湖縣, 今 河南省 三門峽市 관할 靈寶市 서북, 黃河 남안. ○後有冠雀銜三鱣魚 – 冠雀은 鸛雀(관작), 황새 계통의 물새. 銜은 입에 물다. 三은 3마리. 鱣魚(전어, 鱓魚), 우리말로 '두렁허리' 라는 사전

적 뜻이 있다. 주석에는 뱀과 비슷하다(鱓似蛇)고 하였다. 민물장어 계통의 물고기. 미꾸라지보다 크다.

[國譯]

楊震(양진)은 젊어 好學하였는데《歐陽尙書》를 太常인 桓郁(환우)에게 배웠으며 여러 경전을 두루 읽었고 연구하지 않은 경서가 없었다. 많은 유생들이 양진을 '關西의 孔子인 楊伯起'라고 일컬었다. 양진은 늘 (弘農郡) 湖縣에 객거하였는데 州郡에서 예를 갖춰 수십 년간에 걸친 초빙에도 응하지 않았는데, 많은 사람들이 너무 늦었다고 말했지만 양진은 뜻을 더욱 돈독히 하였다. 뒷날 황새가 입에 3마리의 鱓魚(전어)를 물고 강당 앞에 날아왔는데, 都講(도강, 門徒 중 우두머리)이 전어를 갖고 들어와 양진에게 말했다.

"뱀과 같은 전어(蛇鱓)는 卿大夫의 복장에 있는 무늬입니다. 3마리란 삼공을 의미합니다, 사부님께서는 오늘부터 승진하실 것입니다."

그때 양진은 나이 50이었는데 처음으로 州郡에 출사하였다.

原文

大將軍鄧騭聞其賢而辟之, 擧茂才, 四遷荊州刺史,東萊太守. 當之郡, 道經昌邑, 故所擧荊州茂才王密爲昌邑令, 謁見, 至夜懷金十斤以遺震. 震曰,

"故人知君, 君不知故人, 何也?" 密曰, "暮夜無知者." 震曰, "天知, 神知, 我知, 子知. 何謂無知!" 密愧而出. 後轉涿

郡太守. 性公廉, 不受私謁. 子孫常蔬食步行, 故舊長者或
欲令爲開産業, 震不肯, 曰, "使後世稱爲淸白吏子孫, 以此
遺之, 不亦厚乎!"

| 註釋 | ○鄧騭(등즐) – 騭은 오를 즐, 수말 즐. 말의 수컷. 和帝 鄧(등)황
후의 친오빠. 16권, 〈鄧寇列傳〉에 입전. ○東萊太守 – 東萊郡 治所는 黃
縣, 今 山東省 烟臺市 관할 龍口市. ○昌邑 – 山陽郡의 治所인 昌邑縣, 今
山東省 서남부 菏澤市 관할의 巨野縣.

[國譯]

大將軍 鄧騭(등즐)이 양진의 현명함을 알고 초빙하여 茂才(무재)로
천거하였고, 양진은 4번 승진하여 荊州(형주)자사를 지내고 東萊(동
래)태수가 되었다. 동래군에 부임하면서 중간에 昌邑을 지나는데 전
에 형주자사 시절에 양진이 茂才로 천거했던 王密(왕밀)이 昌邑 현
령으로 찾아와 인사를 올리고 밤에 갖고 온 황금 10근을 양진에게
주었다.

이에 양진이 말했다. "옛사람이 그대를 아는데, 그대는 옛사람을
모른다면 왜 그런가?" 그러자 왕밀이 말했다. "어두운 밤이라 아는
사람들이 없습니다."

이에 양진이 말했다. "하늘이 알고, 귀신이 알고, 나도 알고 그대
도 알면서(四知) 왜 아는 사람이 없다고 하는가?"

왕밀은 부끄러워하면서 물러났다.

양진은 뒷날 涿郡(탁군)태수로 전직하였다. 천성이 공평 청렴하여
사적인 만남이 없었다. 자손들은 늘 채소를 먹고 걸어 다녔는데 옛

어른들도 양진에게 기본 자산은 장만해야 한다고 말했지만 양진은 그럴 생각이 없기에 "후세 사람으로 하여금 청백리의 자손이라는 칭송을 물려준다면 그것이 더 좋지 않겠습니까!" 라고 말했다.

原文

元初四年, 徵入爲太僕, 遷太常. 先是博士選擧多不以實, 震擧薦明經名士陳留楊倫等, 顯傳學業, 諸儒稱之.

永寧元年, 代劉愷爲司徒. 明年, 鄧太后崩, 內寵始橫. 安帝乳母王聖, 因保養之勤, 緣恩放恣. 聖子女伯榮出入宮掖, 傳通姦賂. 震上疏曰,

「臣聞政以得賢爲本, 理以去穢爲務. 是以唐虞俊乂在官, 四凶流放, 天下咸服, 以致雍熙. 方今九德未事, 嬖倖充庭. 阿母王聖出自賤微, 得遭千載, 奉養聖躬, 雖有推燥居濕之勤, 前後賞惠, 過報勞苦, 而無厭之心, 不知紀極, 外交屬托, 擾亂天下, 損辱清朝, 塵點日月. 《書》誡牝雞牡鳴, 《詩》刺哲婦喪國. 昔鄭嚴公從母氏之欲, 恣驕弟之情, 幾至危國, 然後加討, 《春秋》貶之, 以爲失敎. 夫女子小人, 近之喜, 遠之怨, 實爲難養. 《易》曰, ‘無攸遂, 在中饋.’ 言婦人不得與於政事也. 宜速出阿母, 令居外舍, 斷絶伯榮, 莫使往來, 令恩德兩隆, 上下俱美. 惟陛下絶婉變之私, 割不忍之心, 留神萬機, 誡愼拜爵, 減省獻御, 損節徵發. 令野無〈鶴鳴〉之歎,

朝無〈小明〉之悔, 〈大東〉不興於今, 勞止不怨於下. 擬蹤往
古, 比德哲王, 豈不休哉!」

奏御, 帝以示阿母等, 內幸皆懷忿恚. 而伯榮驕淫尤甚,
與故朝陽侯劉護從兄瓌交通, 瓌遂以爲妻, 得襲護爵, 位至
侍中. 震深疾之, 復詣闕上疏曰,

「臣聞高祖與群臣約, 非功臣不得封, 故經制父死子繼, 兄
亡弟及, 以防簒也. 伏見詔書封故朝陽侯劉護再從兄瓌襲護
爵爲侯. 護同産弟威, 今猶見在. 臣聞天子專封封有功, 諸
侯專爵爵有德. 今瓌無佗功行, 但以配阿母女, 一時之間,
旣位侍中, 又至封侯, 不稽舊制, 不合經義, 行人誼嘩, 百姓
不安. 陛下宜覽鏡旣往, 順帝之則.」

書奏不省.

| 註釋 | ○陳留 – 郡名. 治所는 陳留縣, 今 河南省 동부의 開封市. ○四
凶流放 – 四凶은 共工(공공), 驩兜(환두), 三苗(삼묘), 鯀(곤). 流放은 내쫓다.
○雍熙 – 화락하다. 雍은 화합할 옹(和也). 熙는 넓혀지다, 넓히다. ○九
德 –「寬而栗, 柔而立, 願而恭, 亂(治)而敬, 擾而毅, 直而溫, 簡而廉, 剛而
塞, 彊而誼.」번역 생략,《尙書 虞書 皐陶謨》참고. ○推燥居濕 – 마른자리
에 아이를 눕히고 자신은 습한 자리에 눕다. ○牝雞牡鳴 – 牝은 암컷 빈
(雌也). 牡는 수컷 모(雄也). ○哲婦喪國 –《詩 大雅 瞻卬》, ‘哲夫成城, 哲
婦傾城.’ 지혜로운 남자는 城을 만드나 똑똑하다는 여인은 성을 기울게 한
다. ○鄭嚴公 – 嚴公은 莊公. 明帝의 이름 莊을 피휘하여 嚴으로 고쳐 표
기. ○女子小人 – ‘唯女子與小人爲難養, 近之則不遜, 遠之則怨.’《論語 陽
貨》. ○無攸遂～ – 風(☴)火(☲) 家人,〈家人 卦〉六二의 爻辭. 無攸遂는

여인이 제 뜻대로 할 수 있는 것이 없다.   ○婉孌之私 - 젊고 예쁜 여인에
대한 감정. 婉은 예쁠 완. 젊은 여인의 모양. 孌은 아름다울 연.   ○〈鶴鳴〉
-《詩 小雅》의 편명. 현자가 은거하나 백성들은 다 알고 있다는 내용의
시.   ○朝無〈小明〉之悔 - 朝는 조정. 〈小明〉은《詩 小雅》의 편명. 周 幽王
(유왕) 때 정사가 어지러워 나라가 혼란에 빠졌다는 내용의 시.   ○〈大東〉
不興於今 - 〈大東〉은《詩 小雅》의 편명. 부세가 많고도 무거운 혼란을 풍
자한 시.

[國譯]

　(安帝) 元初 4년(서기 117), 조정에 불려 들어가 太僕이 되었다가
太常으로 승진하였다. 이에 앞서 博士로 선임된 자 중에는 부실한
자가 많았는데 양진이 천거한 陳留郡 楊倫(양륜, 字 仲桓) 등 명사는
경학에 밝고 학문에 전념하여 여러 유생의 칭송을 들었다. (安帝)
永寧 원년(서기 120) 양진은 劉愷(유개)의 후임으로 司徒가 되었다.
다음 해 鄧(등) 태후가 붕어하자 총애를 받는 궁인들이 횡행하기 시
작하였다. 安帝의 乳母인 王聖(왕성)은 안제를 양육한 은덕이 있다
하여 방자하였다. 왕성의 딸인 伯榮(백영)은 궁궐에 出入하면서 간
사한 일을 벌이고 뇌물을 받았다. 이에 양진이 상소하였다.

　「臣이 알기로, 정치는 인재 영입을 기본으로 하고 부정을 제거하
는데 힘써야 합니다. 그래서 요순시대에 걸출한 인재를 등용하며 四
凶을 내쫓자 천하가 순종하여 번영을 이루었습니다. 지금 九德이 갖
춰지지 않았는데 아첨하는 소인들이 궁정을 채웠습니다. 阿母 王聖
(왕성)은 미천한 출신이나 천재일우의 기회에 어린 황제를 봉양하면
서 비록 여러 가지 수고가 있었다지만 그동안 여러 가지로 상을 내
려 고생보다 더 많은 보상을 해 주었는데도 끝없는 욕심 때문에 법

의 기강도 모르고 환관과 결탁하여 천하를 혼란에 빠트리고 청렴한 조정을 욕되게 하며 날마다 오염시키고 있습니다. 《書》에는 암탉이 수탉처럼 울었다는 변괴를 훈계하였으며, 《詩》에서는 똑똑한 여인이 나라를 망친 것을 풍자하였습니다. 옛날 鄭나라의 嚴公(莊公)은 모친의 욕망을 따르고 교만한 동생에 대한 온정에 이끌려 거의 망할 지경에 이르렀다가 나중에야 토벌한 것을 《春秋》에서 폄하하며 失敎하였다고 하였습니다. 대체로 여자와 소인은 가까이 하면 좋아하지만 멀리하면 원망하기에 실로 거두기가 쉽지 않습니다. 《易》에서는 '(女人을) 멋대로 둘 수 없으니 집에서 밥을 하게 한다.'고 하였으니, 이는 婦人이 정사에 관여할 수 없다는 뜻입니다. 그러니 의당 빨리 阿母(保姆)를 출궁시켜 외부에 거처하게 하고 그 딸 伯榮(백영)도 궁중 출입을 막는다면 그들에게는 은덕이 두루 융성하며 상하 모두가 기뻐할 것입니다. 바라옵나니, 폐하께서는 사사로운 총애의 감정을 끊고 차마 그러하지 못하겠다는 심정을 버리시어 국가대사에만 마음을 쓰시고 작위 하사에 신중하시며 하사를 줄이시고 여러 지출과 발을 줄이셔야 합니다. 그리하여 在野에서는 〈鶴鳴〉의 탄식이 없고, 조정에서는 〈小明〉의 후회가 없으며, 〈大東〉과 같은 풍자가 나와서는 안 되며 백성이 힘들여 일하는 만큼 원망이 없어야 합니다. 옛 자취를 따르하며 聖王의 덕에 비춰보는 것이 어찌 아름답지 않겠습니까!」

　상주가 올라간 뒤에 안제는 이를 阿母(아모) 등에게 보여주었는데 궁내에서 총애를 받는 사람 모두가 양진에게 악한 감정을 품었다. 백영의 교만과 음사는 더욱 심해지면서 옛 朝陽侯 劉護(유호)의 재종형 劉瓌(유영)과 왕래하다가 마침내 유영의 아내가 되었으며 옛

유호의 작위를 유영이 물려받았고 侍中까지 승진하였다. 양진은 유영을 심하게 미워하면서 다시 궁궐에 들어가 상소를 올렸다.

「臣이 듣기로, 高祖께서는 여러 신하와 약속하기를 공신이 아니면 작위를 받을 수 없다고 하였기에 나라의 규칙으로 부친이 죽으면 아들이 계승하고 형이 죽었으면 동생이 계승키로 하며 찬탈을 막았습니다. 제가 볼 때 조서를 내려 옛 朝陽侯 劉護(유호)의 再從兄 劉瓌(유괴)가 유호의 작위를 계승하여 侯에 봉해졌습니다. 劉護의 同母弟 劉威(유위)는 지금 살아있습니다. 臣이 알기로, 天子가 專封할 수 있어 有功者를 봉할 수 있으며, 제후는 작위를 내릴 수 있으니 유덕자에게 작위를 나눠줄 수 있습니다. 지금 유괴는 아무런 공을 세운 것도 없고 단지 폐하 阿母 딸의 남편이라 하여 한순간에 시중이 되었고 또 제후에 봉해졌는데, 이는 舊制에서도 찾아볼 수 없으며 대의에도 맞지 않아 행이이 이를 비난하며 백성들은 불안해하고 있습니다. 폐하께서는 지난 일을 거울에 비춰보시고 황제의 법칙을 따라야 합니다.」

상서가 올라갔지만 安帝는 읽지도 않았다.

原文

延光二年, 代劉愷爲太尉. 帝舅大鴻臚耿寶薦中常侍李閏兄於震, 震不從. 寶乃自往候震曰, "李常侍國家所重, 欲令公辟其兄, 寶唯傳上意耳." 震曰, "如朝廷欲令三府辟召, 故宜有尙書勅." 遂拒不許, 寶大恨而去. 皇后兄執金吾閻顯亦薦所親厚於震, 震又不從. 司空劉授聞之, 卽辟此二人, 旬日中皆見拔擢. 由是震益見怨.

| 註釋 | ㅇ傳上意耳 – 자신의 본심이 아니라 폐하의 뜻이 그러하다는 말.

[國譯]

(安帝) 延光 2년(서기 123), 劉愷(유개)의 후임으로 太尉가 되었다. 안제의 외숙인 大鴻臚 耿寶(경보)가 中常侍 李閏(이윤)의 兄을 양진에게 천거하였지만 양진은 따르지 않았다. 경보는 직접 양진을 찾아와 인사를 올리며 말했다.

"李常侍는 나라에서 중히 여기는 사람이라서 公께서 그 형을 천거해 주시길 바라며 저는 다만 황제의 뜻만 전하는 것입니다."

이에 양진이 말했다. "만약 朝廷에서 三公府가 그 사람 徵召하기를 원한다면 의당 尙書를 통해서 칙명이 있을 것입니다."

그러면서 끝내 거절하고 불허하자, 경보는 크게 원망하며 돌아갔다. 皇后의 오빠인 執金吾 閻顯(염현)도 가까운 사람을 양진에게 천거하였지만 양진은 이번에도 거절하였다. 그러자 司空인 劉授(유수)가 듣고서는 즉시 두 사람을 불러다가 열흘 안에 모두 발탁하였다. 이 때문에 양진은 더욱 원한을 샀다.

原文

時詔遣使者大爲阿母修第, 中常侍樊豐及侍中周廣,謝惲

等更相扇動, 傾搖朝廷. 震復上疏曰,

「臣聞古者九年耕必有三年之儲, 故堯遭洪水, 人無菜色. 臣伏念方今灾害發起, 彌彌滋甚, 百姓空虛, 不能自瞻. 重以螟蝗, 羌虜鈔掠, 三邊震擾, 戰鬭之役至今未息, 兵甲軍糧不能復給. 大司農帑藏匱乏, 殆非社稷安寧之時.

伏見詔書爲阿母興起津城門內第舍, 合兩爲一, 連里竟街, 雕修繕飾, 窮極巧伎. 今盛夏土王, 而攻山採石, 其大匠左校別部將作合數十處, 轉相迫促, 爲費巨億. 周廣, 謝惲兄弟, 與國無肺腑枝葉之屬, 依倚近幸姦佞之人, 與樊豐, 王永等分威共權, 屬托州郡, 傾動大臣. 宰司辟召, 承望旨意, 招來海內貪污之人, 受其貨賂, 至有臧錮棄世之徒復得顯用. 白黑溷淆, 淸濁同源, 天下讙嘩, 咸曰財貨上流, 爲朝結譏.

臣聞師言, '上之所取, 財盡則怨, 力盡則叛.' 怨叛之人, 不可復使, 故曰, '百姓不足, 君誰與足?' 惟陛下度之.」

豐, 惲等見震連切諫不從, 無所顧忌, 遂詐作詔書, 調發司農錢穀, 大匠見徒材木, 各起家舍, 園池, 廬觀, 役費無數.

| 註釋 | ○人無菜色 – 백성이 풀뿌리만 먹어서 생기는 굶주린 안색이 없다. ○彌彌 – 점점(稍稍也). ○大司農帑藏匱乏 – 大司農는 국가 재정을 운영하는 책임자(九卿) 帑藏(탕장)은 창고. 匱乏(궤핍)은 궁핍하다. 缺乏(결핍). ○津城門 – 洛陽의 남면 서편 성문. ○連里竟街 – 2개의 坊을 합쳐 하나의 저택을 짓다. 里는 坊(방). ○盛夏土王 – 土王은 土旺. 土의 기운이 왕성하다. 王은 旺과 通. ○大匠左校 – 大匠은 將作大匠, 궁궐, 능묘

등 건축 담당, 질록 二千石. 장작대장의 속관으로 左, 右校令은 秩 6百石. ㅇ白黑溷淆 — 溷淆(혼효)는 혼탁하다. 어지럽다. 溷은 어지러울 혼, 흐릴 혼. 뒷간. 淆는 뒤섞일 효. ㅇ百姓不足, 君誰與足 — 哀公問於有若曰, ~ 對曰, "百姓足, 君孰與不足? 百姓不足, 君孰與足?"《論語 顔淵》. 有若(유약)이 魯 哀公에게 한 말.

[國譯]

그때 조서로 使者를 보내 阿母(아모)를 위한 대 저택을 지으라 하였고 中常侍인 樊豐(번풍)과 侍中 周廣(주광), 謝惲(사운) 등이 이를 선동하자 조정이 크게 소란하였다. 이에 양진은 다시 상소하였다.

「臣이 알기로, 옛날에 九年을 경작하면 틀림없이 3년 치 양식을 비축할 수 있다 하였기에 堯帝 때 큰 홍수를 당하고서도 백성들은 굶주린 기색이 없었습니다. 신이 생각하건대, 지금은 여러 재해가 점점 더 심하겼고 백성 살림은 바닥나서 자급할 길이 없습니다. 거기다가 황충의 폐해가 겹치고, 羌族(강족)의 침입으로 삼변 국경이 소란하여 지금까지도 전투가 그치질 않고 있으며 군수물자와 군량을 더 이상 공급할 수도 없습니다. 大司農의 국고도 텅 비었으니 거의 사직이 위태로운 시기입니다.

지금 조서를 내려 阿母를 위하여 津城門(진성문) 안쪽에 저택을 신축하는데 2개의 坊과 거리를 하나로 합쳐 으리으리하게 꾸미고 온갖 기교와 사치를 다한다고 들었습니다. 지금 한여름이라 土氣가 왕성할 때인데 將作大匠의 左校가 별도로 인부를 거느리고 수십 처에서 산을 뚫고 돌을 캐내면서 서로 독촉을 하며 그 비용이 수억이라고 하였습니다. 周廣(주광)과 謝惲(사운)의 형제는 황실과 아무런 인척 관계도 없으며, 다만 총애를 받는 간사한 무리와 가까운 사람으로 樊豐(번풍), 王永(왕영) 등과 권력을 나눠 갖고서 주군과 결탁하여 대신들을 휘두르고 있습니다. 또 인재 초빙을 주관하는 부서에서도 폐하의 눈치를 보아가면서 천하의 탐욕한 자들을 불러 모으고 그런 자들의 뇌물을 받으면서 죄인이나 금고 또는 사형에 처할 악인들까지 다시 높이 등용하고 있습니다. 흑백이 한데 섞이고 청탁이 한 군데서 흘러나오기에 온 천하가 이를 두고 소란스러우며 모두가 재물과 돈이 아래서 위로 흘러 들어간다 하면서 조정을 비난하고 있습니다.

臣이 사부한테 듣기로 '위에서 긁어모으기 때문에 백성의 재물이 바닥나면 원망하고 백성의 힘이 다 빠지면 반란을 일으킨다.'고 하였습니다. 원망하고 반기를 품은 백성은 다시 어쩔 수 없으며, 그러기에 '백성이 부족한데 군주가 누구와 함께 넉넉하겠는가?'라고 하였으니, 폐하께서는 이를 헤아려야 합니다.」

번풍과 사운 등은 양진이 연이어 간절한 상소를 올려도 황제가 듣지 않는 것을 보고, 아무 거리낌도 없이 나중에는 조서를 위조하여 대사농의 전곡과 장작대장의 재목을 멋대로 징발하여 각자 자신의 저택을 짓고 園池와 정자 등을 조성하는데 무수한 비용을 썼다.

原文

震因地震, 復上疏曰,

「臣蒙恩備台輔, 不能奉宣政化, 調和陰陽, 去年十二月四日, 京師地動. 臣聞師言, '地者陰精, 當安靜承陽.' 而今動搖者, 陰道盛也. 其日戊辰, 三者皆土, 位在中宮, 此中臣近官盛於持權用事之象也.

　臣伏惟陛下以邊境未寧, 躬自菲薄, 宮殿垣屋傾倚, 枝柱而已. 無所興造, 欲令遠近咸知政化之清流, <u>商邑</u>之翼翼也. 而親近幸臣, 未崇斷金, 驕溢踰法, 多請徒士, 盛修第舍, 賣弄威福. 道路讙嘩, 衆所聞見. 地動之變, 近在城郭, 殆爲此發. 又冬無宿雪, 春節未雨, 百僚燋心, 而繕修不止, 誠致旱之徵也.

　《書》曰, '僭恒陽若, 臣無作威作福玉食.' 唯陛下奮乾剛之德, 棄驕奢之臣, 以掩訐言之口, 奉承皇天之戒, 無令威福久移於下.」

| 註釋 |　〇三者皆土, 位在中宮 ─ 戊辰은 干支가 土에 해당하고 地動까지 합하여 三者라 하였다. 〇宮殿垣屋傾倚 ─ 垣屋은 담. 담장의 지붕. 倚는 기울다. 〇商邑之翼翼 ─ 商邑은 商의 도읍. 翼翼은 정돈된 모양, 성대한 모양. '商邑翼翼, 四方之極'《詩 商頌 殷武》 〇未崇斷金 ─ 同心으로 斷金을 생각하지 않다. 아첨하는 신하의 마음은 主上과 한마음이 될 수 없다. 〇《書》曰 ─《尙書 周書 洪範》. 〇僭恒陽若, 臣無作威作福玉食 ─ 참람한 것은 겉으로 順하나니 신하는 위세를 부릴 수 없고 복을 내릴 수 없으며 진기한 음식(玉食)을 받을 수 없다. 〇唯陛下奮乾剛之德 ─ 乾剛之德은 剛健하고 中正한 乾卦의 德.「大哉乾乎! 剛健中正, 純粹精也.」《易 文言傳 乾卦》.

[國譯]

    楊震(양진)은 지진이 일어나자 다시 상소하였다.

    「臣은 폐하의 은택을 받아 삼공의 지위에 교화를 널리 펴거나 음양의 조화를 이루지도 못했기에 작년 12월 4일에 지진이 경사에서 일어났습니다. 臣이 들은 스승의 말에 '地者는 陰의 精氣이기에 응당 安靜하여 陽을 받들어야 한다.' 고 하였습니다. 지금 음이 동요하는 것은 陰道가 번성하기 때문입니다. 그리고 그날은 戊辰日이라서 干支(간지)가 모두 음이고, 여기에 地動의 陰까지 三者가 모두 土이고 그 지위는 中宮이니, 이는 中臣과 近官이 권력을 쥐고 행사하는 형상입니다.

    臣이 삼가 생각하건대, 폐하께서는 변경이 불안하기 때문에 스스로 박덕하다 여기시어 궁전의 담이 무너지고 기둥이 기울어졌다고 생각하고 계십니다. 교화를 널리 펴지 않으시면서 원근 백성으로 하여금 밝은 교화가 이루어져야 商邑처럼 정돈되기를 원하십니다. 지금 폐하 측근의 행신은 폐하와 같은 마음이 아니고 교만이 넘치고 법을 어겨가면서 무리들을 끌어 모으며 집을 크게 짓고 권력의 위세를 부리고 있습니다. 길 가는 백성들이 이를 비난하는 것은 모두가 다 알고 있습니다. 지진의 변괴가 도성에서 일어난 것은 거의 이때문일 것입니다. 또 지난 겨울에 눈이 내리지 않고 봄철인데도 비가 내리지 않아 모든 신하가 노심초사하고 있지만 저택 신축을 멈추지 않으니 참으로 旱害(한해)를 불러올 징조입니다.

    이러하기에 《尙書》에서는 '참람한 것은 겉으로 順하나니 신하는 위세를 부릴 수 없고, 복을 내릴 수 없으며, 진기한 음식(玉食)을 받을 수 없다.' 고 하였으니, 폐하께서는 中正의 바른 덕을 굳게 지켜서 교만 방자한 신하를 쫓아버리시고 요언을 퍼트리는 자의 입을 막고 하늘의 큰 훈계를 받아서 위세와 권한을 아랫사람에게 넘기지 마십시오.」

震前後所上, 轉有切至, 帝旣不平之, 而樊豐等皆側目憤怨, 俱以其名儒, 未敢加害. 尋有河閒男子趙騰詣闕上書, 指陳得失. 帝發怒, 遂收考詔獄, 結以罔上不道. 震復上疏救之曰,

「臣聞堯舜之世, 諫鼓謗木, 立之於朝. 殷周哲王, 小人怨詈, 則還自敬德. 所以達聰明, 開不諱, 博採負薪, 盡極下情也. 今趙騰所坐激訐謗語爲罪, 與手刃犯法有差. 乞爲虧除, 全騰之命, 以誘芻蕘輿人之言.」

帝不省, 騰竟伏屍都市.

| 註釋 | ○河閒男子趙騰 — 河閒은 국명. 治所는 樂成縣, 今 河北省 남동부의 滄州市 獻縣(헌현). 男子는 관직이 없는 평민. ○小人怨詈 — 怨은 원성. 억울함. 詈은 꾸짖을 리. 빗대어 욕하다. ○所坐激訐謗語爲罪 — 激訐謗語는 격렬하게 공격하고 비평한 죄에 걸리다. 訐은 들추어낼 알. 폭로하다. 謗은 비방할 방. ○以誘芻蕘輿人之言 — 芻蕘(추요)는 꼴을 베고 땔나무를 하다. 서민. 芻는 꼴 추. 蕘 땔나무 요. 輿는 衆人.

[國譯]

楊震(양진)이 그간 상소한 글은 점차 간절하고 격한 내용이라서 安帝도 이를 못마땅하게 여겼고 樊豐(번풍) 등은 모두 양진을 흘겨보며 악감을 품었지만 양진이 名儒라서 위해를 가하지 못했다. 얼마 뒤에 河間國의 趙騰(조등)이란 사람이 궁궐에 와서 상소를 올려 정치의 득실을 논했다. 안제가 크게 화를 내며 조등을 잡아 詔獄에 가두고 罔上不道(망상부도)죄로 평결하였다. 이에 양진은 조등을 구하려고 상소를 올렸다.

「臣이 알기로, 堯와 舜의 시대에는 잘못을 충간하는 북(鼓)과 정사를 비방하는 글을 적을 수 있는 나무를 궁궐 앞에 설치했었습니다. 殷과 周의 훌륭한 왕들은 백성의 원망을 들으면 곧 자신의 덕행 수양에 힘썼습니다. 그러했기에 더욱 총명할 수 있었고 거리낌 없이 말을 하게 하였으며 나무꾼한테도 의견을 물어 백성의 뜻을 알려고 하였습니다. 지금 趙騰(조등)이 격렬하게 정사를 비방하였다는 죄에 걸렸지만 이는 칼로 사람을 죽인 것과는 다른 죄입니다. 사형에서 감형하여 조등의 생명을 살려 주시길 희망하며 이로써 많은 백성이 하고픈 말을 할 수 있게 만들어야 합니다.」

安帝는 읽지 않았고, 조등은 끝내 거리에서 처형되었다.

原文

會三年春, 東巡岱宗, 樊豐等因乘輿在外, 競修第宅. 震部掾高舒召大匠令史考校之, 得豐等所詐下詔書, 具奏, 須行還上之. 豐等聞, 惶怖, 會太史言星變逆行, 遂共譖震云,

"自趙騰死後, 深用怨懟. 且鄧氏故吏, 有恚恨之心."

及車駕行還, 便時太學, 夜遣使者策收震太尉印綬, 於是柴門絶賓客. 豐等復惡之, 乃請大將軍耿寶奏震大臣不服罪, 懷恚望, 有詔遣歸本郡. 震行至城西几陽亭, 乃慷慨謂其諸子門人曰,

"死者士之常分. 吾蒙恩居上司, 疾姦臣狡猾而不能誅, 惡嬖女傾亂而不能禁, 何面目復見日月! 身死之日, 以雜木爲棺, 布單被裁足蓋形, 勿歸冢次, 勿設祭祠."

因飮酖而卒, 時年七十餘. 弘農太守移良承樊豐等旨, 遣吏於陝縣留停震喪, 露棺道側, 謫震諸子代郵行書, 道路皆爲隕涕.

| 註釋 | ○令史 – 史는 府吏. ○深用怨懟 – 懟는 원망할 대(怨怒也). ○鄧氏故吏 – 양진은 처음에 鄧騭(등즐)의 초빙으로 관직에 들어섰다. ○恚恨之心 – 恚는 성낼 에. ○便時太學 – 太學에서 吉日을 택해 입학케 하려고 諸生을 대기시키던 기간. ○慷慨(강개) – 悲歎. ○移良 – 移가 성씨. ○代郵行書 – 郵는 글을 보내 행정구역 내에 멈추게 하다.

[國譯]

그 (延光) 3년(서기 124) 봄에, (安帝는) 동쪽으로 岱宗(대종, 泰山)을 巡狩(순수)하였는데, 樊豐(번풍) 등은 황제가 지방에 순행하는 틈을 타 경쟁적으로 저택을 수리하였다. 양진 太尉府의 掾吏인 高舒(고소)는 장작대장의 令史를 불러 조사하여 번풍 등이 조서를 날조한 사실을 밝혀내고 이를 모두 상주하려고 행차가 순수를 마치고 상경하기를 기다렸다. 번풍 등은 이를 알고 크게 두려워했는데 마침太史令이 星宿(성수)가 궤도를 바꿔 역행하고 있다는 말을 하자 양진을 함께 참소하였다.

"趙騰(조등)이 처형된 뒤로 (양진은) 심히 원망하고 있으며, 거기다가 鄧氏의 故吏로 분노를 품고 있습니다."

황제의 車駕가 돌아왔을 때는 太學의 입학을 기다릴 시기였는데, 황제는 밤에 사자를 보내 양진의 太尉 인수를 회수하고 양진의 집 대문을 막고 빈객의 출입도 막았다. 번풍 등은 다시 양진을 모함하면서 大將軍 耿寶(경보)로 하여금 양진을 大臣으로서 不服罪를 지었으며 늘 원한을 품고 있다고 상주하게 하자 안제는 조서를 내려 본군으로 돌아가게 하였다. 양진은 길을 떠나 낙양성 서쪽의 几陽亭(궤양정)이란 곳에 도착해서는 크게 비탄에 젖어 여러 아들과 門人에게 말했다.

"죽음은 士人에게 늘 감당해야 할 일이다. 나는 은택을 입어 높은 자리까지 올랐지만 姦臣의 狡猾(교활)을 미워하였지만 주살하지 못했고, 총애를 받는 여인들이 나라를 기울게 하는 것을 증오하였지만 못하게 할 수도 없었으니 무슨 면목으로 다시 日月의 광명을 다시 보겠는가! 내가 죽으면 잡목으로 관을 만들고 홑이불로 몸뚱이만 감싸되 무덤을 쓰지도 제사도 지내지 말라."

그리고서는 酖毒(짐독)을 마시고 죽으니 나이 70여 세였다. 弘農太守인 移良(이량)은 번풍의 지시에 따라 관리를 보내 陝縣(섭현)에서 양진의 시신을 멈추게 하여 관을 길가에 그대로 놓아두게 하였고 벌책으로 양진의 아들과 조카에게 문서를 보내 머물게 하였는데 길

가는 사람들이 모두 눈물을 흘렸다.

原文

歲餘, 順帝卽位, 樊豐, 周廣等誅死, 震門生虞放, 陳翼詣闕
追訟震事. 朝廷咸稱其忠, 乃下詔除二子爲郎, 贈錢百萬,
以禮改葬於華陰潼亭, 遠近畢至. 先葬十餘日, 有大鳥高丈
餘, 集震喪前, 俯仰悲鳴, 淚下沾地, 葬畢, 乃飛去. 郡以狀
上. 時連有灾異, 帝感震之枉, 乃下詔策曰,

「故太尉震, 正直是與, 俾匡時政, 而靑蠅點素, 同茲在藩.
上天降威, 灾眚屢作, 爾卜爾筮, 惟震之故. 朕之不德, 用彰
厥咎, 山崩棟折, 我其危哉! 今使太守丞以中牢具祠, 魂而
有靈, 儻其歆享.」

於是時人立石鳥象於其墓所. 震之被譖也, 高舒亦得罪,
以減死論. 及震事顯, 舒拜侍御史, 至荊州刺史.

|註釋| ○有大鳥高丈餘 - 그 크기나 새가 눈물을 흘려 땅을 적셨다는
등 합리적 기록으로 인정하기는 어렵다. ○靑蠅點素 - 靑蠅(청승)은 파리.
佞人(영인)이 선악을 혼란케 하는 것을 비유했다. ○山崩棟折 - 孔子는 죽
기 전에 '泰山其頹乎! 梁木其壞乎!'라고 노래했다. 태산의 붕괴 기둥의 부
러짐은 위인의 죽음.

[國譯]

　1년이 지나 順帝가 즉위하고 樊豐(번풍)과 周廣(주광) 등이 주살되자 양진 문생인 虞放(우방)과 陳翼(진익) 등은 궁궐에 나아가 양진의 억울함을 상소하였다. 조정에서는 양진의 충성을 모두 칭송하였고, 조서를 내려 양진의 두 아들에게 낭관을 제수하였으며, 금전 1백만을 하사하여 예를 갖춰 華陰縣의 潼亭(동정)에 改葬케 하자 원근에서 많은 사람이 다 모였다. 장례 10여 일 전부터 키가 1丈이나 되는 큰 새가 양진의 관 앞에 모여 고개를 끄덕이며 슬피 울고 눈물을 흘려 땅을 적시었는데 장례를 마치자 날아갔다. 弘農郡에서는 이를 보고하였다. 그 시기에 災異가 계속되자 順帝는 양진의 억울함 때문이라 생각하여 조서를 내렸다.

　「전임 太尉 양진은 업무에 정직하였고 시정의 폐단을 바로잡으려 하였으나 파리가 흰 비단을 더럽히듯 악인이 세력을 얻었었다. 하늘이 위엄을 보이시어 재해를 연이어 내리시니, 이를 점쳐보니 양진의 억울함 때문이로다. 짐이 부덕하여 허물이 더 뚜렷하며 산이 무너지고 기둥이 부러지니 짐이 크게 위태하도다. 지금 弘農 太守와 丞은 中牢(중뢰)를 갖춰 제사를 지내면 아마 혼령이라도 흠향할 것이다.」

　이에 그때 사람들이 묘소 앞에 돌로 새의 형상을 만들었다. 양진이 참소를 당할 때 (太尉府의) 高舒(고서)도 함께 형벌에 처해졌는데 사형에서 1등을 감한다는 판결을 받았다. 양진의 행적을 顯彰(현창)하면서 고서는 侍御史를 제수 받았고 荊州刺史를 역임하였다.

震五子. 長子牧, 富波相.

牧孫奇, 靈帝時爲侍中, 帝嘗從容問奇曰, "朕何如桓帝?"
對曰, "陛下之於桓帝, 亦猶虞舜比德唐堯." 帝不悅曰, "卿
彊項, 眞楊震子孫, 死後必復致大鳥矣." 出爲汝南太守.

帝崩後, 復入爲侍中衛尉, 從獻帝西遷, 有功勤. 及李催
脅帝歸其營, 奇與黃門侍郎鐘繇誘催部曲將宋曄, 楊昂令反
催, 催由此孤弱, 帝乃得東. 後徙都許, 追封奇子亮爲陽成
亭侯.

震少子奉, 奉子敷, 篤志博聞, 議者以爲能世其家. 敷早
卒, 子衆, 亦傳先業, 以謁者僕射從獻帝入關, 累遷御史中
丞. 及帝東還, 夜走度河, 衆率諸官屬步從至太陽, 拜侍中.

建安二年, 追前功封蓩亭侯. 震中子秉.

| 註釋 | ○富波 – 前漢 汝南郡의 현명. 後漢에서는 侯國, 今 安徽省 서
북부 阜陽市 관할 阜南縣(부남현). ○彊項(강항) – 기개를 굽히지 않음(不低
屈也). ○太陽 – 河東郡의 현명. 大陽縣의 착오로 추정, 今 山西省 남부 運
城市 관할 平陸縣.

[國譯]

楊震(양진)은 아들이 다섯이었다. 長子 楊牧(양목)은 富波國(부파
국)의 相이었다. 양목의 손자인 楊奇(양기)는 靈帝 때 侍中이었는데
영제가 양기에게 조용히 물었다. "朕은 桓帝에 비해 어떠한가?" 양

기가 대답했다. "폐하께서 桓帝에 비한다면 마치 虞舜이 덕을 唐堯에 비하는 것과 같습니다." 영제는 기분 나빠하면서 말했다.

"卿이 뜻을 굽히지 않는 것이 정말 양진 자손 같으니 죽은 다음에 틀림없이 큰 새가 날아올 것이다."

양기는 지방관으로 나가 汝南太守가 되었다. 영제가 붕어한 뒤 다시 조정에 들어와 侍中과 衛尉가 되었는데 獻帝(헌제)가 장안으로 옮겨갈 때 공을 세웠다. 李催(이각)이 헌제를 협박하여 그 군영으로 데려갔을 때 양기는 黃門侍郎인 鐘繇(종요)와 함께 이각의 部曲將인 宋曄(송엽)과 楊昂(양앙)을 유인하여 이각에 반기를 들게 하였는데 이 때문에 이각은 세력이 약해졌고 헌제는 동쪽으로 탈출할 수 있었다. 뒷날 헌제는 許縣(허현)으로 천도한 뒤에 양기의 아들 楊亮(양량)을 陽成亭侯에 추봉하였다.

양진의 少子가 楊奉(양봉)이고, 양봉의 아들 楊敷(양부)는 뜻을 돈독히 하고 널리 배웠는데 논자들은 양부가 家學을 계승할 것이라 생각하였지만 양부는 일찍 죽었고, 양부의 아들 楊衆(양중)이 그 선조의 학업을 계승하였고 謁者僕射로 獻帝를 따라 관중으로 들어갔다가 어사중승으로 승진하였다. 헌제가 동쪽으로 돌아올 때 양중은 밤에 탈출하여 황하를 건너 여러 관속을 데리고 도보로 헌제를 따라 (河東郡) 太(大)陽縣에 왔으며 시중이 되었다. 建安 2년(서기 197), 앞서 세운 공적으로 蒡亭侯(모정후)에 봉해졌다. 양진의 中子가 楊秉(양병)이다.

❷ 楊秉

秉字叔節, 少傳父業, 兼明《京氏易》, 博通書傳, 常隱居教授. 年四十餘, 乃應司空辟, 拜待御史, 頻出爲豫, 荊, 徐, 兗四州刺史, 遷任城相. 自爲刺史, 二千石, 計日受奉, 餘祿不入私門. 故吏繼錢百萬遺之, 閉門不受. 以廉潔稱.

桓帝卽位, 以明《尚書》徵入勸講, 拜太中大夫, 左中郎將, 遷侍中, 尚書. 帝時微行, 私過幸河南尹梁胤府舍. 是日大風拔樹, 晝昏, 秉因上疏諫曰,

「臣聞瑞由德至, 灾應事生. 傳曰, '禍福無門, 唯人所召.' 天不言語, 以灾異譴告, 是以孔子迅雷風烈必有變動.《詩》云, '敬天之威, 不敢驅馳.' 王者至尊, 出入有常, 警蹕而行, 靜室而止, 自非郊廟之事, 則鑾旗不駕. 故《詩》稱 '自郊徂宮',《易》曰 '王假有廟, 致孝享也'. 諸侯如臣之家,《春秋》尙列其誡, 況以先王法服而私出盤遊! 降亂尊卑, 等威無序, 侍衛守空宮, 緩璽委女妾, 設有非常之變, 任章之謀, 上負先帝, 下悔靡及.

臣奕世受恩, 得備納言, 又以薄學, 充在講勤, 特蒙哀識, 見照日月, 恩重命輕, 義使士死, 敢憚摧折, 略陳其愚.」

帝不納. 秉以病乞退, 出爲右扶風. 太尉黃瓊惜其去朝廷, 上秉勸講帷幄, 不宜外遷, 留拜光祿大夫. 是時大將軍梁冀

用權, 秉稱病. 六年, 冀誅後, 乃拜太僕, 遷太常.

| 註釋 | ○任城 - 國名. 治所는 任城縣, 今 山東省 서남부 濟寧市. ○勸
講 - 侍講. ○梁胤(양윤) - 梁冀의 아들. ○迅雷風烈必有變動 - 「見齊衰
者, 雖狎, 必變. ~迅雷風烈必變.」《論語 鄕黨》. ○敬天之威~ - 《詩 大雅
板》, 「敬天之怒, 無敢戲豫, 敬天之渝, 無敢馳驅.」 문장이 약간 차이가 있
다. ○警蹕而行 - 蹕은 길 치울 필(止行人也). 靜室은 먼저 사람을 보내
거처를 깨끗하게 정돈하다. ○自郊徂宮 - 《詩 大雅 雲漢》. ○《易》曰 - 澤
(☱)地(☷)萃, 〈萃卦(췌괘)〉의 象辭(단사). 王假有廟의 假은 이를 격(至也).
○法服 - 天子의 正服. 日, 月, 星辰, 山, 龍, 華蟲, 藻, 火, 粉, 米, 黼(보), 黻
(불)의 12가지 무늬가 있는 정장. ○任章之謀 - 전한에 代郡太守 任宣(임
선)이 역모를 꾸미다가 처형되었는데 그 아들 任章이 밤에 종묘에 들어가
천자를 시해하려고 기다렸던 사건이 있었다. ○奕世受恩 - 奕은 클 혁.
겹치다(重也). ○納言 - 尙書. 황제의 명령 출납을 담당. ○冀誅後 - 양기
는 桓帝 延熹(연희) 2년(서기 159)에 자살하였다.

[國譯]

楊秉(양병)의 字는 叔節(숙절)인데 젊어 부친의 학문을 전수받았으
며 아울러 《京氏易》에도 밝았고 여러 경서에 두루 통달하였는데 늘
은거하며 문도를 교육하였다. 나이 40여 세에 司空府의 부름의 응
하여 待御史를 제수 받았고 豫州, 荊州, 徐州, 兗州(연주)의 자사로
자주 나갔다가 任城國 相이 되었다. 刺史 때부터 2천석 관리로 재임
중에 날짜를 계산하여 봉급을 받았고 봉록 외의 재물을 사사로이 받
지 않았다. 이전의 관리가 인계한 돈 1백만 전을 보내왔지만 폐문하
고 받지 않았다. 염치와 결백으로 칭송을 들었다. 桓帝가 즉위한 뒤

《尙書》에 밝아 궁궐에 불려가 侍講하였고 太中大夫와 左中郎將에 임명되었다가 侍中과 尙書로 승진하였다.

환제는 때때로 微服으로 궁을 나서 은밀하게 河南尹인 梁胤(양윤)의 저택에 들리곤 하였다. 어느 날인가 大風에 나무가 뽑히는 큰 바람이 불고 낮에도 컴컴했는데 양병이 상소하여 간언하였다.

「臣이 알기로, 祥瑞(상서)는 德을 따라오고, 災異(재이)는 人事에 따라 생긴다고 하였습니다. 《左傳》에도 '禍福은 無門하지만 사람이 불러들인다.'고 하였으며, 하늘이 말이 없는 대신 재이로 인간을 꾸짖기에 孔子도 번개치고 큰 바람이 부는 날은 몸가짐을 달리 하였습니다. 《詩》에서도 '하늘의 노여움을 받들고 감히 멋대로 행동하지 말지어다.'라고 하였습니다. 王者는 至尊하기에 出入에 일정한 법도가 있어 警蹕(경필)을 한 다음에 행차하고 거처를 정돈한 뒤에 머물렀으며 郊廟之事가 아니라면 鸞旗(난기)가 나가지 않았습니다. 그래서 《詩》에서도 '郊祭를 지내고 궁으로 돌아온다.'고 하였으며, 《易》에서도 '왕이 종묘에 가서 효심으로 제사한다.'고 하였습니다. 諸侯가 신하의 집에 가는 것도 《春秋》에서는 금지하였는데, 하물며 先王 천자의 法服(正服)으로 놀러 나갈 수 있겠습니까! 만약 함부로 尊卑(존비)를 어지럽히거나 위엄을 구분하지 않으며, 侍衛가 空宮을 지키고, 紱璽(불새, 인끈과 국새)를 女妾에게 맡겨놓는다면 만약 非常之變이 있어 任章(임장)과 같은 역모라도 발생한다면 위로는 先帝의 뜻을 저버리고 아래로는 후회막급일 것입니다.

臣은 여러 대에 걸쳐 은택을 있었고 納言(尙書)의 중책을 맡고 있으며, 薄學이지만 시강을 담당하는 특별한 은총과 日月과 같은 은혜를 받았으니 막중한 은혜에 비해 小臣의 목숨은 가볍지만 대의에 의

거 죽어야 한다면 아무 주저 없이 몸을 버릴 수 있기에 저의 愚忠을 말씀드렸습니다.」

桓帝가 받아들이지 않자 양병은 병을 핑계로 사직하려 하자 右扶風으로 내보냈다. 太尉 黃瓊(황경)은 양병이 조정을 떠나 지방관으로 나가는 것을 애석하게 양병이 궁궐에서 시강을 담당한 학자인데 지방관으로 내보내는 것을 옳지 않다고 상주하여 光祿大夫를 제수 받아 조정에 머물게 하였다. 이때는 大將軍 梁冀(양기)가 권력을 장악했는데 양병은 병으로 면직했다. 6년 뒤 양기가 주살된 뒤 양병은 太僕을 제수 받았고 이어 太常으로 승진하였다.

原文

延熹三年, 白馬令李雲以諫受罪, 秉爭之不能得, 坐免官, 歸田里. 其年冬, 復徵拜河南尹. 先是中常侍單超弟匡爲濟陰太守, 以臧罪爲刺史第五種所劾, 窘急, 乃賂客任方刺兗州從事衞羽. 事已見〈種傳〉. 及捕得方, 囚繫洛陽, 匡慮秉當窮竟其事, 密令方等得突獄亡走. 尙書召秉詰責, 秉對曰, 《春秋》不誅黎比而魯多盜, 方等無狀, 釁由單匡. 刺執法之吏, 害奉公之臣, 復令逃竄, 寬縱罪身, 元惡大憝, 終爲國害. 乞檻車徵匡考核其事, 則姦慝蹤緒, 必可立得."

而秉竟坐輸作左校, 以久旱赦出.

| 註釋 | ○白馬令 – 白馬는 東郡의 현명. 今 河南省 동북 安陽市 관할

滑縣(활현). 李雲은 효렴으로 천거, 白馬縣令으로 있으면서 中常侍 單超(선초) 등 5인의 비리를 상서했으나 환제의 노여움을 받아 옥중에서 죽었다. ○中常侍單超 − 單은 성씨 선. 환제 때 梁冀 등 梁氏 일족 축출에 공을 세움. 환관으로 車騎將軍이 되었다. 78권, 〈宦者列傳〉에 입전. ○刺史 第五種 − 第五는 복성. ○事已見〈種傳〉 − 41권, 〈第五鍾離宋寒列傳〉 참고. ○不誅黎比而魯多盜 −《左傳》에 黎比(여비)는 莒國(거국)의 군주. 다른 근거가 있는지 미상. ○元惡大憝 − 元惡은 首惡. 憝는 원망할 대. 악인.

[國譯]

桓帝 延熹 3년(서기 160), 白馬 縣令 李雲(이운)이 충간으로 형을 받자 楊秉(양병)은 이를 간쟁하였으나 뜻을 이루지 못했고, 또 연좌되어 향리로 돌아갔다. 그 해 겨울, 다시 부름을 받아 河南尹에 제수되었다. 이보다 앞서 中常侍 單超(선초)의 동생 單匡(선광)은 濟陰太守였는데, 뇌물을 받은 죄로 刺史 第五種(제오종)의 탄핵을 받자 다급하여 자객 任方(임방)을 고용하여 연주자사의 從事인 衛羽(위우)를 척살케 하였다. 이는 〈第五種傳〉에 수록했다. 임방이 체포되어 洛陽의 옥에 갇혔는데, 선광은 이 사건을 결국 양병이 담당할 것이라 생각하여 몰래 임방 등을 탈옥케 하였다. 尙書가 양병을 소환하여 이를 따지자 양병이 말했다.

"《春秋》에도 黎比(여비)를 죽이지 않자 魯에 도적이 많다고 하였으니 임방 등의 악행은 그 단초가 선광에 있습니다. 법을 집행하는 관리를 찔러 죽인 것은 공무를 수행하는 관리를 해친 것이고, 거기다가 탈옥까지 자행하였으니 죄수를 관용하고 首惡을 용서하면 나라에 해악을 끼칠 뿐입니다. 檻車로 선광을 잡아와서 그 사실을 조사한다면 악인을 숨겨 준 단서를 틀림없이 알아낼 수 있을 것입니다."

그러나 양병은 결국 장작대장의 속관인 좌교령에 보내져 노역형
에 처했는데 날이 오래 가물자 사면령으로 풀려났다.

■原文

會日食, 太山太守皇甫規等訟秉忠正, 不宜久抑不用. 有
詔公車徵秉及處士韋著, 二人各稱疾不至. 有司並劾秉,著
大不敬, 請下所屬正其罪. 尙書令周景與尙書邊韶議奏,

「秉儒學侍講, 常在謙虛, 著隱居行義, 以退讓爲節. 俱徵
不至, 誠違側席之望, 然透迤退食, 足抑苟進之風. 夫明王
之世, 必有不召之臣, 聖朝弘養, 宜用優游之禮. 可告在所
屬, 喩以朝庭恩意. 如遂不至, 詳議其罰.」

於是重徵, 乃到, 拜太常.

| 註釋 | ○違側席之望 – 걱정하며 기다리는 사람의 기대에 어긋나다.
側席은 몸을 비스듬히 앉다. 불안해하며 기다리다. ○透迤退食 – 透迤(위
이)는 구불구불 가는 모양, 물러서서 自得하는 모양. 退食은 식사의 반찬을
줄이다. ○抑苟進之風 – 抑은 억제하다. 苟進之風은 구차하게, 곧 능력도
안 되며 출세하려는 풍조. ○必有不召之臣 – 堯 시대의 許由(허유), 禹王
시대의 伯成子高(백성자고), 湯王 시대의 務光(무광) 등은 왕의 부름에 끝까
지 응하지 않았다.

[國譯]

마침 日食이 일어나자 太山 太守인 皇甫規(황보규) 等이 양병의

忠正을 변호하여 오랫동안 등용하지 않는 것은 옳지 못하다고 하였다. 조서를 내려 公車令이 양병과 처사인 韋著(위저) 2인을 徵召(징소)하였으나 두 사람 모두 병을 핑계로 응하지 않았다. 담당 관리가 양병과 위저를 불경죄로 탄핵하면서 담당 부서에서 죄를 논의해야 한다고 상주하였다. 이에 尙書令인 周景(주경)과 尙書인 邊韶(변소)가 함께 상주하였다.

「양병은 유학자로 侍講이었고 늘 겸허하였으며, 위저는 은거하며 대의를 따르면서 퇴양으로 지조를 삼고 있는 사람입니다. 두 사람이 부름에 응하지 않아 기다리는 사람의 기대에 어긋났지만 뒤로 물러나며 겸양한 것이니, 이는 오히려 능력도 없으면서 출세나 하려는 풍조를 억제할 수 있을 것입니다. 대체로 明王의 시대에도 부르지 못한 신하는 있었으니 聖朝에서 널리 은의를 베풀며 특별한 예를 갖추어 불러야 할 것입니다. 그들이 살고 있는 郡에 지시하여 조정의 은의를 일러 주어야 합니다. 만약 그래도 오지 않는다면 그때 징벌을 논의해야 합니다.」

이에 다시 징소하자 조정에 나왔고 양병에게 太常을 제수하였다.

원文

五年冬, 代劉矩爲太尉. 是時宦官方熾, 任人及子弟爲官, 佈滿天下, 競爲貪淫, 朝野嗟怨. 秉與司空周景上言,

「內外吏職, 多非其人, 自頃所徵, 皆特拜不試, 致盜竊縱恣, 怨訟紛錯. 舊典, 中臣子弟不得居位秉勢, 而今枝葉賓

客布列職署, 或年少庸人, 典據守宰, 上下忿患, 四方愁毒.
可遵用舊章, 退貪殘, 塞灾謗. 請下司隷校尉,中二千石,二
千石,城門五營校尉,北軍中候, 各實核所部, 應當斥罷, 自以
狀言, 三府廉察有遺漏, 續上.」

帝從之. 於是秉條奏牧守以下匈奴中郎將燕瑗,青州刺史
羊亮,遼東太守孫誼等五十餘人, 或死或免, 天下莫不肅然.

時郡國計吏多留拜爲郎, 秉上言三署見郎七百餘人, 帑臧
空虛, 浮食者衆, 而不良守相, 欲因國爲池, 澆濯釁穢. 宜絶
橫拜, 以塞覬覦之端. 自此終桓帝世, 計吏無復留拜者.

|註釋| ○任人 – 任은 保任하다. 二千石 이상 관리의 자제는 부친의 관
직을 보증으로 郎官에 임용될 수 있었다. 이를 任子라 하였다. 일종의 蔭
敍(음서) 제도이다. ○三署郎 – 三署의 낭관. 三署는 光祿勳의 속관 중 五
官中郎將(中郎三將의 우두머리, 질록 比二千石, 황제의 고급 시종관),
左中郎將(궁전 숙위, 질록 比二千石), 右中郎將(중전 전문 숙위, 황제 호위,
질록 比二千石)을 말함. 郡國에서 孝廉으로 추천된 자는 처음에 이 三署의
낭관에 補任, 낭관은 中郎, 議郎, 侍郎, 郎中으로 구분. 無定員. ○澆濯釁
穢 – 澆濯(요탁)은 물로 씻어내다. 釁穢(흔예)는 더러움. 불법행위. ○覬覦
之端 – 아랫사람으로서 바랄 수 없는 것을 탐내다. 覬는 바랄 기. 覦는 넘
겨다 볼 유. ○計吏 – 上計吏. 각 郡國에서는 1년에 한 번씩 재정, 물가 등
치적을 통계로 작성하여 司徒府에 보고하고 심사를 받았다. 郡國의 재정
등 치적을 보고하러 장안에 보내는 관리를 上計吏라 하였다.

[國譯]

　(延熹) 5년 겨울, 梁秉은 劉矩(유구)의 후임으로 太尉가 되었다. 이때 환관의 세력이 가장 드세어 환관의 보증과 그 자제로 관리가 되어 온 천하에 두루 넘쳤고 경쟁적으로 탐욕을 부려 朝野에 탄식과 원망이 가득했다. 양병과 司空인 周景(주경)이 상주하였다.

　「內外의 吏職에 비 적임자가 많은 것은 인재 徵召(징소)가 잘못되고 시험도 없이 특별히 제수했기 때문이며 관리의 도적질과 방종으로 원망과 소송이 계속 발생하고 있습니다. 옛 법에는 中臣(환관)의 子弟는 고위직에 임용될 수 없었는데, 지금은 먼 친척이나 빈객까지도 관직을 받고 혹은 어린아이나 평범한 사람조차 지방관이 되니 상하가 모두 원망하며 사방에서 폐해를 당하고 있습니다. 옛 제도를 준용하여 탐욕잔악한 자를 퇴출시켜 재해와 원망을 막아야 합니다. 司隸校尉나 中二千石(卿), 二千石(태수), 城門五營校尉나 北軍中候 등에 지시하여 관할 부서를 실질적으로 모두 조사하여 배척 퇴출시킬 자들을 보고하게 하고 삼공부에서는 빠트린 자가 있는지 조사하여 계속 보고해야 합니다.」

　황제가 이를 받아들였다. 이에 양병은 자사나 태수 이하 匈奴中郎將인 燕瑗(연원), 潦州刺史 羊亮(양량), 遼東太守 孫誼(손의) 등 50여 명을 조목별로 보고하여 사형에 처하거나 면직시키자 온 천하에 두려워하지 않는 자가 없었다.

　이때, 郡國에서 上計吏로 왔다가 낙양에 머물면서 낭관으로 임용된 자가 많았는데, 양병은 三署(삼서)에서 낭관으로 임용된 자가 7백여 명이나 되어 국고를 축내며 먹고 노는 자들이 많으며, 不良한 태수나 國相은 郡國을 마치 불법행위를 씻어내는 연못처럼 생각하다가 상주하였다. 이에 멋대로 관직 수여를 금하여 함부로 윗자리를 넘겨다 보다 단초를 막아야 한다고 하였다. 이후로 환제 재위 기간에는 上計吏로 낙양에 머물며 임용을 기대하는 자가 없었다.

原文

七年, 南巡園陵, 特詔秉從. 南陽太守張彪與帝微時有舊恩, 以車駕當至, 因傍發調, 多以入私. 秉聞之, 下書責讓荊州刺史, 以狀副言公府. 及行至南陽, 左右並通姦利, 詔書多所除拜. 秉復上疏諫曰,

「臣聞先王建國, 順天制官. 太微積星, 名爲郎位, 入奉宿衛, 出牧百姓. 皐陶誡虞, 在於官人. 頃者道路拜除, 恩加豎隷, 爵以貨成, 化由此敗, 所以俗夫巷議, 白駒遠逝, 穆穆清朝, 遠近莫觀. 宜割不忍之恩, 以斷求欲之路.」

於是詔除乃止.

| 註釋 | ○南陽郡 – 荊州刺史의 관할이었다. ○順天制官 – 하늘에 日月과 北斗, 五星, 28宿이 있고 그 존비가 다르기에 明王은 이를 따라 建國設都했다는 설명. ○皐陶誡虞, 在於官人 – 皐陶(고요)는 虞(舜)의 신하 이름. 獄官을 역임. 최초로 감옥과 법률을 만든 사람. 중국 司法의 鼻祖. ○白駒遠逝 – 賢者는 白駒(백구, 흰 망아지)를 타고 멀리 떠나 버린다.

　(延熹) 7년(서기 164), (桓帝) 남쪽 先祖의 園陵을 순행하는데 특별히 조서를 내려 양병에게 황제를 수행케 하였다. 南陽太守 張彪(장표)와 환제는 등극 전에 舊恩이 있어 황제 일행이 도착하기 전부터 주변에서 많은 물자를 징발하면서 상당량을 사적으로 챙겼다. 양병이 이런 소식을 듣고 공문을 荊州刺史에 내려 실상을 조사하여 삼공부로 보고하게 하였다. 환제가 남양군에 도착하자 측근들은 이미 여러 불법행위로 이득을 챙겼으며, 조서로 많은 관직을 직접 수여하였다. 이에 양병이 상소하여 간쟁하였다.

　「臣이 알기로, 先王이 建國하면서 하늘을 본떠 관직을 마련하였습니다. 太微星을 따르는 여러 성좌를 郎官의 자리라고 하는데 입조해서는 宿衛를 담당하고 출행해서는 백성을 보호합니다. 皐陶(고요)가 虞舜에게 말한 요점도 知人과 관직의 수여였습니다. 요즈음 길에서도 관직을 수여하고 皇恩이 소인까지 내려가고 재물에 따라 관작이 만들어지니, 이렇게 되면 교화는 실패하고 俗夫의 이런저런 의논이 횡행하고 (賢者는) 白駒를 타고 멀리 떠나게 되기에 화락 청명한 조정에는 가까이 오는 사람이 없을 것입니다. 차마 어쩔 수 없어 내리는 은정을 응당 잘라버려 욕망을 채우려는 길을 막아버려야 합니다.」

　이에 황제의 (私的인) 직접 除授가 없어졌다.

　時中常侍侯覽弟參爲益州刺史, 累有臧罪, 暴虐一州. 明

年, 秉劾奏參, 檻車徵詣廷尉. 參惶恐, 道自殺. 秉因奏覽及中常侍具瑗曰,

「臣案國舊典, 宦豎之官, 本在給使省闥, 司昏守夜, 而今猥受過寵, 執政操權. 其阿諛取容者, 則因公襃舉, 以報私惠. 有忤逆於心者, 必求事中傷, 肆其凶忿. 居法王公, 富擬國家, 飲食極餚饍, 僕妾盈紈素, 雖季氏專魯, 穰侯擅秦, 何以尙茲! 案中常侍侯覽弟參, 貪殘元惡, 自取禍滅, 覽顧知釁重, 必有自疑之意, 臣愚以爲不宜復見親近. 昔懿公刑邴歜之父, 奪閻職之妻, 而使二人參乘, 卒有竹中之難, 《春秋》書之, 以爲至戒. 蓋鄭詹來而國亂, 四佞放而衆服. 以此觀之, 容可近乎? 覽宜急屏斥, 投畀豺虎. 若斯之人, 非恩所宥, 請免官送歸本郡.」

書奏, 尙書召對秉掾屬曰, "公府外職, 而奏劾近官, 經典漢制有故事乎?" 秉使對曰, "《春秋》趙鞅以晉陽之甲, 逐君側之惡. 傳曰, '除君之惡, 唯力是視.' 鄧通懈慢, 申屠嘉召通詰責, 文帝從而請之. 漢世故事, 三公之職無所不統."

尙書不能詰. 帝不得已, 竟免覽官, 而削瑗國. 每朝廷有得失, 輒盡忠規諫, 多見納用.

| 註釋 | ○侯覽(후람) － 78권, 〈宦者列傳〉에 입전. ○季氏(계씨) － 魯卿, 대대로 魯政을 전담하였다.「孔子曰, '季氏富於周公'」《論語 先進》. ○穰侯(양후) － 魏冉(위염). 秦 昭王母 宣太后의 동생. 秦의 相國으로 왕실보다도 사치하고 부유했다. ○卒有竹中之難 － 齊 懿公(의공)이 公子일 때 邴歜

(병촉)의 부친과 땅을 놓고 분쟁하였으나 이기지 못했다. 의공이 즉위해서는 병촉 부친의 관을 파내 시신의 발꿈치를 잘라버리고 병축을 노비로 만들었다. 의공은 閻職(염직)의 아내를 취하고 염직을 驂乘(참승)으로 일하게 하였다. 여름에 의공이 申池에 놀러나갔다. 병촉이 염직을 때리자, 염직이 화를 내자 병촉이 말했다. '남이 네 아내를 뺏어가도 말을 못하더니 내가 너를 한 대 때렸다고 화를 내느냐?' 그러자 염직이 말했다. "죽은 아버지 발꿈치가 없어져도 아무 소리 못하는 자는 어떻고?" 이에 병촉과 염직은 의공을 죽이기로 모의하여 대나무 밭에서 죽여 버리고 도주하였다. ○四佞放而衆服 — 鄭詹(정첨)이 齊(제)에서 魯에 도망 나왔는데 그가 아첨꾼이었기에 기록하였다. 뒷날 魯 莊公이 齊의 淫女를 받아들였고 결국 뒷날 쫓겨났다. 四佞(사영)은 四凶(사흉). ○投畀豺虎 — 畀는 줄 비(與也). ○公府外職 — 여기서 外職은 外朝. 국무총리 이하 행정부의 조직과 대통령 비서실장 산하의 조직은 서로 다른 역할을 수행한다. 그때도 내외조의 개념이 있었다. ○趙鞅以晉陽之甲~ — 趙鞅(조앙)은 晉陽(진양)의 군사를 동원하여 荀寅(순인)과 士吉射(사길사)의 무리를 축축하였다. 곧 주군 측근의 악인 제거는 문제가 되지 않는다는 뜻. ○鄧通慢慢 —《漢書》93권, 〈佞幸傳〉에 立傳.

[國譯]

그때 中常侍 侯覽(후람)의 동생 侯參(후참)은 益州刺史였는데 여러 번 뇌물을 받고 착복의 죄를 범했고 익주에서 횡포한 짓을 자행하였다. 다음 해 양병이 후참을 탄핵 상주하여 함거에 태워 정위에게 불려가게 되었다. 후참은 두려워 도중에 자살하였다. 양병은 이에 후람과 중상시 具瑗(구원)을 탄핵하였다.

「臣이 나라의 법전을 볼 때 宦豎(환수, 환관)의 관직은 본래 궁궐의

문에서 필요한 일을 담당하고 밤에 경비하는 일이었습니다만 지금은 지나친 총애를 받으면서 정권을 장악하고 있습니다. 환관에게 아부하고 영합한 자가 공적 포상과 천거를 받게 되면 그 사적 은혜를 보답하게 됩니다. 환관의 뜻을 거스른 자를 틀림없이 모략하고 분노를 당합니다. 환관 중제후가 된 자는 나라만큼 부유하여 가장 좋은 음식을 먹고 그 노비나 처첩은 비단을 휘감고 있으니 비록 季氏(계씨)가 魯의 정치를 마음대로 하고 穰侯(양후)가 秦을 휘두르더라도 어찌 이보다 더 심했겠습니까! 中常侍 侯覽(후람)의 동생 侯參(후참)은 탐욕에 잔혹하며 악의 우두머리로 스스로 재앙을 불러 자멸하였고, 후람도 후참의 죄가 중한 것을 알고 그 허물이 자기에게 미칠 것을 알고 있을 것이니 臣의 우견으로는 후람을 가까이 둘 수 없다고 생각합니다. 옛날에 (齊의) 懿公(의공)이 邴歜(병촉)의 죽은 아비에게 형벌을 가하고 閻職(염직)의 처를 빼앗고도 두 사람을 참승으로 일하게 하다가 결국 대나무 밭에서 살해당했는데 《春秋》에 이를 기록한 것은 꼭 경계해야 할 일이기 때문이었습니다. 또 鄭詹(정첨)이 들어와서 나라가 혼란하였지만 아첨꾼 4명을 방축하자 백성이 복종하였습니다. 이를 본다면, 후람과 같은 자를 가까이 둘 수 있겠습니까? 후람을 빨리 물리치고 호랑이에게 먹이로 던져주어야 합니다. 이런 자는 은총으로 용서할 것이 아니니 관직을 박탈하고 본군으로 돌려보내기를 주청합니다.」

성서가 보고되자 尙書가 양병의 掾吏를 불러 물었다. "三公府는 外職(外朝)인데, 황제 측근을 상주하여 탄핵하는 것이 漢의 법제에 전례가 있는가?"

이에 양병이 속관을 시켜 말했다.

"《春秋》에도 趙鞅(조앙)이 晉陽(진양)의 군사를 동원하여 주군 측근의 악인을 제거했습니다. 《左傳》에서도 '君의 惡을 제거하는 것은 전력을 다해야 한다.' 고 하였습니다. (文帝 때) 鄧通(등통)이 황제의 총애를 믿고 버릇없이 굴었기에 승상 申屠嘉(신도가)가 불러다 크게 힐책하였는데 文帝도 이를 인정하며 용서를 요청하였습니다. 漢世의 전례에 三公의 직분은 관여 못하는 것이 없습니다."

환제는 부득이 후람을 면직시켰고 具瑗(구원)의 封國도 삭감하였다. 조정에서 정사의 득실에 관하여 논의할 때마다 양병은 충성을 다하여 법도에 맞게 간쟁을 하였다. 많은 건의가 그대로 채택되었다.

原文

秉性不飮酒, 又早喪夫人, 遂不復娶, 所在以淳白稱. 嘗從容言曰, "我有三不惑, 酒, 色, 財也." 八年薨, 時年七十四, 賜塋陪陵. 子賜.

| 註釋 | ㅇ不復娶 – 娶는 장가들 취. ㅇ陪陵 – 황제를 모시는 陪臣(배신)의 무덤.

[國譯]

楊秉(양병)은 천성이 술을 마시지 않았고 일찍 부인과 사별하였지만 아내를 다시 맞이하지 않았으며 임지에서는 깨끗한 인품으로 칭송을 받았다.

전에 양병이 조용히 말했다. "나는 酒, 色, 財의 3 不惑이 있다."

桓帝 (延熹) 8년(서기 165)에 죽었는데, 그때 74세였고 陪陵의 무덤을 하사하였다. 그 아들이 楊賜(양사)이다.

❸ 楊賜

原文

賜字伯獻. 少傳家學, 篤志博聞. 常退居隱約, 教授門徒, 不答州郡禮命. 後辟大將軍梁冀府, 非其好也. 出除陳倉令, 因病不行. 公車徵不至, 連辭三公之命. 後以司空高第, 再遷侍中, 越騎校尉. 建寧初, 靈帝當受學, 詔太傅, 三公選通《尙書》桓君章句宿有重名者, 三公擧賜, 乃侍講於華光殿中. 遷少府, 光祿勳.

| 註釋 | ○陳倉 - 右扶風의 縣名. 今 陝西省 서부의 寶鷄市 陳倉區. 渭水 북안. 당시 關中과 漢中을 연결하는 요충지. ○光祿勳 - 궁궐 警備 담당, 출입자 단속을 담당하는 郞中令(낭중령)을 武帝 太初 원년에 光祿勳(광록훈)으로 개칭했다. 질록은 中二千石. 屬官으로 大夫, 郞, 謁者를 두었다. 大夫는 정사에 대한 의론을 담당하는데 太中大夫, 中散大夫, 諫議大夫가 있는데 정원이 없고 많을 때는 수십 명이나 되었다.

[國譯]

楊賜(양사)의 字는 伯獻(백헌)이다. 젊어 家學을 전수받고 돈독한

의지로 널리 배웠다. 늘 은거하며 문도를 교수하면서 주군의 부름에
응하지 않았다. 뒷날 梁冀(양기) 大將軍府의 부름을 받았지만 그가
원하는 바가 아니었다. 지방 (右扶風) 陳倉 縣令을 제수 받았지만
병으로 부임하지 못했다. 공거령의 부름에도 응하지 않았고 三公이
불러도 계속 사양하였다. 뒷날 司空府에서 우수한 근무 성적으로 두
번 승진하여 市中이 되었고 越騎校尉을 역임하였다. (靈帝) 建寧 初
에 영제가 受學해야 하기에 조서로 太傅와 三公이 《尙書》桓君(환군)
章句에 능통하고 명성이 높은 자를 선발 천거케 하였는데 삼공부에
서는 양사를 천거하여 華光殿(광화전)에서 侍講하였다. 양사는 승진
하여 少府와 光祿勳을 역임하였다.

原文

　熹平元年, 靑蛇見御坐, 帝以問賜, 賜上封事曰,

　「臣聞和氣致祥, 乖氣致灾, 休徵則五福應, 咎徵則六極
至. 夫善不妄來, 灾不空發. 王者心有所惟, 意有所想, 雖未
形顏色, 而五星以之推移, 陰陽爲其變度. 以此而觀, 天之
與人, 豈不符哉?《尙書》曰, ‘天齊乎人, 假我一日.’ 是其明
徵也. 夫皇極不建, 則有蛇龍之孽.《詩》云, ‘惟虺惟蛇, 女
子之祥.’ 故《春秋》兩蛇鬪於鄭門, 昭公殆以女敗. 康王一
朝晏起, 〈關雎〉見幾而作. 夫女謁行則讒夫昌, 讒夫昌則苞
苴通, 故殷湯以之自戒, 終濟亢旱之灾. 惟陛下思乾剛之道,
別內外之宜, 崇帝乙之制, 受元吉之祉, 抑皇甫之權, 割艶妻

之愛, 則蛇變可消, 禎祥立應. <u>殷戊</u>,<u>宋景</u>, 其事甚明.」

| 註釋 | ○靑蛇見御坐 - 靑蛇는 검은 뱀. 靑은 형용사로 '검다'의 의미로 쓰일 때가 많다. 靑衣는 평민의 일상복인 검은색의 옷, 靑布는 검은 천, 靑狐(청호)는 검은 여우이다. ○休徵則五福應 - 休는 美也. 徵은 驗也. 五福은 一曰 壽, 二曰 富, 三曰 康寧, 四曰 逌好德(유호덕), 逌는 攸(유)의 古字, (攸는 修의 뜻), 五曰 考終命. ○咎徵 - 咎는 허물 구(惡也). ○六極 - 一曰 凶短折(橫死), 二曰 疾, 三曰 憂, 四曰 貧, 五曰 惡, 六曰 弱.《尙書 周書 洪範》. ○《尙書》曰, '天齊乎人, 假我一日.' -《尙書 周書 呂刑》. 我는 君. 假는 빌리다. ○皇極不建 - 皇은 大也. 極은 中也. 建은 立也. 孼(얼)은 灾也. ○《詩》云, '惟虺惟蛇 -《詩 小雅 斯干》. 虺는 살무사 훼. 蛇는 뱀 사. 이는 穴居하기 때문에 대표적인 陰類이며 女子之祥이라 하였다. ○崇帝乙之制, 受元吉之祉 -《易 泰卦》六五 爻辭 '帝乙歸妹, 以祉元吉' 帝乙歸妹는 주군이 賢臣에게 정사를 일임한다는 의미로 해석한다. ○抑皇甫之權, 割艶妻之愛 - 襃妻는 周 幽王의 왕비인 襃姒(포사). 皇甫는 황후 포사의 일당. ○殷戊,宋景 - 殷王 太戊(태무) 때 뽕나무와 곡식이 朝廷에서 싹이 트고 자라자 태무가 덕을 수양하자 없어졌다고 한다. 宋 景公 때 熒惑星(형혹성)이 心星을 침범하자 경공이 수덕하여 변괴가 소멸되었다.

[國譯]

(靈帝) 熹平 원년(서기 172), 검은 뱀이 어좌에 나타나자, 영제가 이를 楊賜(양사)에게 묻자 양사는 封事를 올렸다.

「臣이 알기로, 和氣는 祥瑞를 불러오지만 乖氣(괴기, 나쁜 기운)은 재해를 불러오며, 좋은 징험은 五福으로 상응하며, 악한 일을 하면 六極으로 나타납니다. 좋은 일을 그냥 오는 것이 아니고, 재앙은 까닭 없이 나타나는 것이 아닙니다. 王者는 마음으로 思惟(사유)하고 뜻으로 생각해야 하는데 안색으로 나타나지는 않지만, 이 때문에 五星이 운행이 달라질 수 있다고 말할 수 있습니다. 《尙書》에서는 '하늘이 만약 인간에게 할 일이 있다면 주군을 하루 빌린다.' 하였으니, 이것이 명백한 증거입니다. 대체로 皇權이 정당하지 않으면 蛇龍(陰類)의 재앙이 나타납니다. 그래서 《詩》에서는 '살무사나 뱀은 女子의 조짐이라.'고 하였습니다. 그래서 《春秋》에서는 뱀 두 마리가 鄭나라의 남쪽 성문에서 싸우자, 昭公(소공)은 여인에게 죽을 뻔하였습니다. 康王(강왕)이 어느 날 아침 늦게 일어났고, 〈關雎〉의 시는 이를 보고 느껴서 만들어졌다고 했습니다. 여색이 성행하면 나쁜 말을 하는 사람이 많고, 나쁜 말이 성행하면 뇌물이 통하게 되는데, 殷의 湯王은 이를 스스로 조심하였기에 끝내 7년 大旱의 재앙을 이길 수 있었습니다. 바라옵나니, 폐하께서는 天道의 강한 기강을 늘 염두에 두시고 내외를 적당히 구별하시며, (殷王) 帝乙의 (賢臣에게 일임하는) 제도를 숭상하시어 大吉의 복을 받으시고, 皇甫(황보)와 같은 寵臣의 권한을 억제하며, 艶妻〔襃姒(포사)〕에게 주는 애정을 분할하여 조정한다면 뱀이 나타나는 변괴는 사라질 것이며 좋은 길조의 상서가 내릴 것입니다. 그러면 殷(은)의 太戊(태무)와 宋 景公이 修德하여 변괴를 소멸시킨 일을 명백히 알 수 있을 것입니다.」

原文

　二年, 代唐珍爲司空, 以灾異免. 復拜光祿大夫, 秩中二千石. 五年, 代袁隗爲司徒. 是時朝廷爵授, 多不以次, 而帝

好微行, 游幸外苑. 賜復上疏曰,

「臣聞天生蒸民, 不能自理, 故立君長使司牧之, 是以唐虞兢兢業業, 周文日昃不暇, 明愼庶官, 俊乂在職, 三載考績, 以觀厥成. 而今所序用無佗德, 有形勢者, 旬日累遷, 守眞之徒, 歷載不轉, 勞逸無別, 善惡同流, 〈北山〉之詩, 所爲訓作. 又聞數微行出幸苑囿, 觀鷹犬之勢, 極盤遊之荒, 政事日墮, 大化陵遲.

陛下不顧二祖之勤止, 追慕五宗之美蹤. 而欲以望太平, 是由曲表而欲直景, 卻行而求及前人也. 宜絶慢惰之戲, 念官人之重, 割用板之恩, 愼貫魚之次, 無令醜女有四殆之歎, 遐邇有憤怨之聲. 臣受恩偏特, 忝任師傅, 不敢自同凡臣, 括囊避咎. 謹自手書密上.」

| 註釋 | ○秩中二千石 - 광록대부의 질록은 比이천석이다. 九卿의 질록인 中이천석은 전직을 고려한 특별대우이다. ○蒸民 - 蒸은 무리, 많다(衆也). 찔 증. ○立君長使司牧之 - 司는 주관하다(主也). 牧은 기르다(養也). 牧民官. ○兢兢業業 - 兢兢(긍긍)은 조심하는 모양(戒愼). 業業은 두려워하는 모양(危懼). 《尙書 虞書 皐陶謨》에 '兢兢業業, 一日二日萬機'라 하였다." ○日昃不暇 - 昃은 기울 측. 文王은 아침부터 해가 기울 때까지 식사를 할 겨를이 없었다. ○〈北山〉-《詩 小雅》. 일은 남보다 많이 하면서 부모를 봉양하지 못할 정도로 대우를 받는데 대한 불평을 토로한 내용. ○極盤遊之荒 - 盤은 즐기다. 좋아하다. ○五宗之美蹤 - 五宗은 文帝 太宗, 武帝 世宗, 宣帝 中宗, 明帝 顯宗, 章帝 肅宗을 지칭. ○欲直景 - 그림자가 반듯하다. 景(그림자 영)은 影. ○卻行 - 뒷걸음질하다. 卻은 물러날

각. 물리치다. ○板 – 詔書也. ○愼貫魚之次 – 貫魚는 후궁이나 궁녀를
거느리는데 차별이 없음. 魚는 陰이며 여인을 상징. ○醜女有四殆之歎 –
劉向(유향)의《列女傳》에 나오는 齊 宣王의 正后인 齊 無鹽邑의 鐘離春(종
리춘)은 아주 뚱뚱하고 못생겼는데 齊나라에 4가지 위태로운 일을 정확하
게 진단하였다. ○邇邇有憤怨之聲 – 遐邇는 원근. 遐는 멀 하. 邇는 가까
울 이. ○括囊避咎 – 주머니를 묶어 매듯 입을 다물어 화를 피하다. 括은
묶을 괄. 囊은 주머니 낭.

[國譯]

(靈帝 熹平) 2년, 唐珍(당진)의 후임으로 司空이 되었지만 災異(재
이)로 면직되었다. 다시 光祿大夫가 되었는데 질록은 中二千石이었
다. 5년, 袁隗(원외)의 후임으로 司徒가 되었다. 이때 조정에서 작위
수여는 순차에 따르지 않았고 또 영제가 微行을 좋아하고 궁 밖 苑
囿(원유) 행차를 좋아하였기에 楊賜(양사)는 다시 상소하였다.

「臣이 알기로, 하늘이 백성을 낳았으나 백성이 스스로 다스릴 수
없기에 君長을 세워 백성을 보호하게 하였습니다. 이에 唐虞(堯舜)
은 조심조심 두려워하였고, 周 文王은 해가 기울도록 쉴 틈이 없었기
에 여러 관리는 명철 신중하였고 俊才가 재직하였으며 3년 치 실적
을 보아 그 성취를 평가하였습니다. 그러나 지금 임용되는 자들은
특별한 덕행도 없으며 권세가 있는 자는 열흘 만에도 승진을 하지만
정직한 자는 몇 년이 지나도 승진하지 못하니 부지런한 자와 편안한
자가 구별도 없고 선악이 한꺼번에 묻혀 가기에《詩 小雅》의〈北山〉
의 詩는 이를 훈계하려고 지어졌습니다. 또 臣이 알기로, 빈번한 微
行(미행)과 苑囿에 행차하여 사냥을 즐기고 유락의 끝없는 환락을 즐
기시니 정사는 날로 타락하고 교화가 이루어지지 않고 있습니다.

폐하께서는 二祖(高祖와 光武帝)의 고생을 돌아보지 않으시며 五宗 황제의 훌륭하신 치적을 追慕하지도 않으십니다. 그러시면서 태평을 바라시는 것은 구부러진 형체의 그림자가 반듯하기를 바라는 것과 같으며, 뒷걸음질을 치면서 앞서간 사람을 따라가려는 것과 같습니다. 의당 사냥 같은 놀이를 끊으시고 관직 수여가 중요한 일이라는 것을 염두에 두셔야 하며 조서를 내려 은택을 베푸는 일도 줄여야 하고 궁인에 대한 차별도 없어야만 醜女(鐘離春)의 4가지 위태한 상황에 대한 탄식도 없을 것이며, 원근에서 들려오는 원한의 통곡소리도 없을 것입니다. 臣은 신임을 많이 받았으며, 또 폐하의 사부로서 부끄럽지만 다른 신하와 마찬가지로 휩쓸리거나 주머니를 묶어 그 안에서 화를 피하지 못하겠습니다. 삼가 글을 지어 밀봉하여 올립니다.」

原文

後坐辟黨人免. 復拜光祿大夫. 光和元年, 有虹蜺晝降於嘉德殿前, 帝惡之, 引賜及議郞蔡邕等入金商門崇德署, 使中常待曹節, 王甫問以祥異禍福所在. 賜仰天而歎, 謂節等曰, "吾每讀〈張禹傳〉, 未嘗不憤恚歎息, 旣不能竭忠盡情, 極言其要, 而反留意少子, 乞還女壻. 朱游欲得尙方斬馬劒以理之, 固其宜也. 吾以微薄之學, 充先師之末, 累世見寵, 無以報國. 猥當大問, 死而後已." 乃書對曰,

「臣聞之經傳, 或得神以昌, 或得神以亡. 國家休明, 則鑒

其德, 邪辟昏亂, 則視其禍. 今殿前之氣, 應爲虹蜺, 皆妖邪所生, 不正之象, 詩人所謂蝀蝃者也. 於〈中孚經〉曰, '蜺之比, 無德以色親.' 方今內多嬖倖, 外任小臣, 上下並怨, 誼嘩盈路, 是以災異屢見, 前後丁寧.

今復投蜺, 可謂孰矣. 案《春秋讖》曰, '天投蜺, 天下怨, 海內亂.' 加四百之期, 亦復垂及. 昔虹貫牛山, 管仲諫桓公無近妃宮.《易》曰, '天垂象, 見吉凶, 聖人則之.' 今妾媵嬖人閹尹之徒, 共專國朝, 欺罔日月. 又鴻都門下, 招會群小, 造作賦說, 以蟲篆小技見寵於時, 如驩兜, 共工更相薦說, 旬月之閒, 並各拔擢, 樂松處常伯, 任芝居納言. 郤儉, 梁鵠俱以便辟之性, 佞辯之心, 各受豐爵不次之寵. 而令搢紳之徒委伏田畝, 口誦堯舜之言, 身蹈絶俗之行, 棄捐溝壑, 不見逮及. 冠履倒易, 陵谷代處, 從小人之邪意, 順無知之私慾, 不念〈板〉, 〈蕩〉之作, 虺蜴之誡. 殆哉之危, 莫過於今. 幸賴皇天垂象譴告.〈周書〉曰, '天子見怪則修德, 諸侯見怪則修政, 卿大夫見怪則修職, 士庶人見怪則修身.'

惟陛下愼經典之誡, 圖變復之道, 斥遠佞巧之臣, 速徵鶴鳴之士, 內親張仲, 外任山甫, 斷絶尺一, 抑止盤遊, 留思庶政, 無敢怠遑. 冀上天還威, 衆變可弭. 老臣過受師傅之任, 數蒙寵異之恩, 豈敢愛惜垂沒之年, 而不盡其慺慺之心哉!」

書奏, 甚忤曹節等. 蔡邕坐直對抵罪, 徙朔方. 賜以師傅之恩, 故得免咎.

| **註釋** | ○虹蜺(홍예) - 무지개. 쌍무지개일 경우 색이 진한 것이 수컷으로 虹(무지개 홍)이고, 흐릿한 무지개가 암컷으로 蜺(무지개 예)라고 한다. ○蔡邕(채옹 서기 133 - 192년) - 後漢 말년의 명사. 유명한 才女 蔡琰(채염, 文姬)의 부친. 60권. 〈馬融蔡邕列傳〉(下)에 입전. ○〈張禹傳〉 - 成帝의 사부, 성제 때 승상 역임. 《漢書》81권, 〈匡張孔馬傳〉에 입전. 여기서는 그가 죽기 전에 사위를 長安 가까이 전근시켜 달라는 것과 어린 막내아들들의 관직을 부탁하고 죽은 것을 비난하였다. ○朱游欲得尙~ - 游(유)는 朱雲의 字. 張禹가 황제의 스승으로 존중을 받을 때 주운은 상서하여 황제의 알현을 요청하였다. 성제를 알현하며 "尙方에서 만든 斬馬劍을 한 자루 얻어서 아부하는 신하 한 사람의 목을 베고 싶습니다."라고 말했다. 성제가 누구냐고 묻자, 주운은 "安昌侯 張禹입니다."라고 대답했다. 尙方은 少府의 속관으로 궁중에서 필요한 여러 가지 도구나 생활용구를 제조하는 工房. 斬馬劍을 예리하여 말의 머리를 벨 수 있는 칼. ○所謂蝃蝀者也 - 蝃蝀(체동)은 무지개. 蝃는 무지개 체. 蝀은 무지개 동. 이는 邪氣가 陽氣를 타고 오른 것으로 人君이 淫佚(음일)하기 때문이라고 하였다. ○〈中孚經〉 -《易經》緯書의 편명. ○前後丁寧 - 丁寧은 되풀이 하여 알리다. 정중하다. ○可謂孰矣 - 정도가 심한 것이라 할 수 있다. 孰은 成也. ○加四百之期 - 漢은 4백 년에 끝날 것이라는 참언이 後漢 말에 크게 성행하였다. ○昔虹貫牛山, ~ - 白虹이 牛山에 걸쳐 섰는데 管仲은 환공에게 后妃의 궁을 가까이하지 말라고 하면서 혹 주군이 실권할 수 있을지도 모른다고 경고하였다. 이에 齊侯는 黨人을 축출하고 현인을 등용하며 정사를 개혁하였다고 한다. 여기서 山은 君位이고 무지개는 陰氣이니, 무지개가 산을 관통하는 것은 주군이 妻黨에게 현혹된 것이라고 해석하였다. ○滕妾,嬖人,閹尹 - 滕妾(잉첩)은 시녀. 嬖人(폐인)은 임금의 총애를 받는 여인. 閹尹(엄윤)은 환관. ○鴻都門 - 鴻都宮은 본래 後漢 宮中 藏書 시설. 州郡에서 천거되었거나 三公의 추천으로 입학한 鴻都宮 내 學堂의 門生이 1천여 명이 있었

다. ○樂松(악송) − 인명. 靈帝는 문학을 좋아하여 악송 등 32명을 鴻都文學으로 선발하였으며, 이들 화상을 그리고 거기에 讚을 지어 문학을 장려하였다. ○便辟之性 − 남의 비위를 잘 맞추는 성질. ○佞辯之心 − 구변으로 아첨하다. 佞은 말 재주 있을 영. ○搢紳之徒 − 搢紳(진신)은 높은 관리. 朝服의 大帶에 笏(홀)을 꽂다. ○不念〈板〉,〈蕩〉之作, 虺蜴之誠 −〈板〉,〈蕩〉은 《詩 大雅》의 편명. 虺蜴(훼척)은 도마뱀. 虺는 도마뱀 훼. 蜴(척)은 도마뱀 척. 도마뱀은 사람을 보면 도망간다. ○殆哉之危 − 위태로움. 앞서 말한 못생긴 종리춘이 한 말. ○鶴鳴之士 − 심산에 은거하는 선비. 학이 심산에서 울어도 그 소리가 멀리까지 들린다. 鶴鳴은 《詩 小雅》의 편명. ○內親張仲, 外任山甫 − 張仲과 仲山甫. 周 宣王의 賢臣也. ○斷絶尺一 − 尺一은 一尺. 조서. 1척의 목간에 쓴 조서. ○懇懇 − 懇懇는 정성을 다하는 모양(勤勤也). 懇 정성스런 루.

[國譯]

　(楊賜는) 뒷날 同黨의 사람을 초빙하여 면직되었다. 다시 光祿大夫에 임명되었다. (靈帝) 光和 원년(서기 178), 무지개가 낮에 嘉德殿(가덕전) 앞에 생겼는데 영제는 이를 아주 싫어하여 양사와 議郎 蔡邕(채옹) 등을 (太極殿 西門) 金商門의 崇德署로 부른 뒤 中常待 曹節(조절), 王甫(왕보)를 시켜 화복과 관련이 있는 징조인가를 묻게 하였다. 이에 양사는 하늘을 보며 탄식한 뒤 조절 등에게 말했다.

　"나는 《漢書》〈張禹傳〉을 읽을 때마다 울분 속에 탄식하지 않은 적이 없으니 충성을 다하여 (황제에게) 간언을 올리지 못할지언정 막내아들을 부탁하고 사위를 가까운 곳으로 전근시켜달라고 하였소. 朱游(朱雲)이 尙方의 斬馬劍(참마검)으로 목을 자르고 싶다는 말은 맞는 말이었소. 나는 미미한 학문으로 공자의 뒤를 따르면서, 여러 대에 걸쳐 은총을 입었지만 보국을 못하고 있었소. 폐하의 하문이 두려우나 충성으로 답변하여 죽어야만 끝날 수 있을 것이요."

그리고서는 답변을 올렸다.

「臣이 경전에서 배우기로는 神의 도움으로 번창하거나 망할 수도 있다고 하였습니다. 國家가 번성하면 그 덕을 본받고 사악으로 혼란하면 그 재앙이 나타난다고 하였습니다. 지금 嘉德殿(가덕전) 앞의 기운이 무지개로 감응하였으니 무지개는 요사한 기운으로 생긴 것이며 부정의 氣象이기에 옛 詩人은 이를 蝃蝀(체동)이라고 하였습니다. 《中孚經》에서는 '무지개 같은 종류는 無德하면서 여색과 친하기 때문' 이라고 하였습니다. 지금 궁에는 아부로 총애를 받는 자들이 가득하고 외직은 小臣이 다 차지하고 있어 上下 모두가 원한을 말하고, 길에는 비난의 소리가 가득 차 있어서 여러 재해와 이변이 자주 보이는 것이며 이전과 이후도 역시 그럴 것입니다.

이번에 또 무지개가 나타난 것은 아주 심하기 때문입니다. 《春秋讖》을 보면 '하늘이 무지개를 보인 것은 천하의 원성이며 海內가 혼란한 것이다.' 라고 하였습니다. 漢 4백 년에 또 거듭될 것입니다. 옛날 무지개가 牛山(우산)을 관통하자, 管仲(관중)은 桓公에게 后妃의 궁을 가까이하지 말라고 간언을 하였습니다. 《易》에서는 '하늘은 현상을 내려서 길흉을 보게 하니 성인은 이를 본받는다.' 고 하였습니다. 지금 媵妾(잉첩), 嬖人(폐인), 閹尹(엄윤), 환관의 무리들이 국정을 마음대로 휘두르며 천하를 기망하고 있습니다. 또 鴻都門(홍도문)에서는 수많은 소인들을 모아놓고 賦辭를 짓는다며 글자나 꾸며대는 잔재주를 가지고 총애를 받으려 하며, 마치 驩兜(환두)나 共工(공공) 같은 악인들이 서로를 천거하여 한 달 사이에 모두 제각각 발탁되어 樂松(악송)은 常伯(侍中)이 되었고, 任芝(임지)는 納言이 되었습니다. 郤儉(극검)과 梁鵠(양곡) 같은 자들은 비위를 잘 맞추고 달변으로 아첨하여 각각 좋은 작위를 받고 순차를 넘어 승진하였습니다. 그러나 搢紳(진신)의 무리는 논밭에 버려진 채 堯舜의 말이나 외우면서 속세에 어울리지 않는 고상한 행실을 하지만 구렁텅이에 빠진 채 등용되지 않고 있습니다. 관과 신발이 처지가 거꾸로 되었고 산마루와 골짜기가 서로 뒤바뀌었으니 小人의 邪意에 따라야 하고 無知한 자의 私慾에 순종하며, (大雅의) 〈板〉과 〈蕩〉의 시를 생각도 못하고 도마뱀처럼 도망가야만 합니다. 나라에 위기에 처했다는 말이 이보다 더 절실한 때가 없었습니다. 다행히 황천에서는 이런 현상으로 견책을 한 것입니다. 〈周書〉에서는 '天子는 괴이한 일을 당하면 修德하고, 諸侯는 괴이를 보면 修政하며, 卿大夫는 괴이한 일을 겪게 되면 자기 직분에 충실하고 士庶人은 괴이한 일을 당하면 修身한다.'고 하였습니다.

폐하께서는 經典의 훈계를 신중히 생각하시어 이런 재앙을 원래대로 회복할 수 있는 방도를 도모하시면서, 간사한 신하들을 멀리 배척하시고 숨어있는 은사를 속히 불러들여야 하며, 안으로는 張仲(장중)과 같은 신하를 가까이하시고 지방관에는 仲山甫(중산보) 같은 사람을 임명하시며 또 조서로 관직 하사를 그만두어야 하며, 苑囿에 나가는 놀이를 억제하고 庶政에 유념하시며 나태한 생활을 그만두어야 합니다. 그러면서 上天의 경고 철회를 빌면 여러 변이들도 해소될 것입니다. 老臣은 과분하게 師傅의 중임을 맡았었고 여러 번 보통 사람과 다른 특별한 은덕을 입었기에 애석해 하면서 죽는 날만 기다릴 수 없으니 어찌 정성을 다하지 않을 수 있겠습니까!」

상서가 보고되자 曹節(조절) 등은 크게 화를 내었다. 蔡邕(채옹)은 대면하여 항거한 죄에 걸려 朔方郡으로 강제 이주되었다. 楊賜는 사부의 은덕이 있다 하여 형은 면하였다.

原文

其冬, 行辟雍禮, 引賜爲三老. 復拜少府, 光祿勳, 代劉合爲司徒. 帝欲造畢圭靈琨苑, 賜復上疏諫曰,

「竊聞使者並出, 規度城南人田, 欲以爲苑. 昔先王造囿, 裁足以修三驅之禮, 薪萊芻牧, 皆悉往焉. 先帝之制, 左開鴻池, 右作上林, 不奢不約, 以合禮中. 今猥規郊城之地, 以爲苑囿, 壞沃衍, 廢田園, 驅居人, 畜禽獸, 殆非所謂 ‘若保赤子’之義. 今城外之苑已有五六, 可以逞情意, 順四節也. 宜惟夏禹卑宮, 太宗露臺之意, 以尉下民之勞.」

書奏, 帝欲止, 以問侍中任芝, 中常侍樂松. 松等曰, "昔文王之囿百里, 人以爲小, 齊宣五里, 人以爲大. 今與百姓共之, 無害於政也." 帝悅, 遂令築苑.

註釋

○引賜爲三老 – 三老는 敎化之官. 鄕, 縣, 郡과 중앙(국가)에 삼로를 두었다. 50세 이상 백성 중 덕행으로 백성 敎化의 적임자를 골라 鄕마다 三老 1인을 두었다. 국가의 관리가 아니라서 봉록은 없었지만 수시로 하사품을 받았고, 요역을 면제하는 등 크게 우대하였으며 縣令, 縣丞, 縣尉와는 分庭抗禮하였고, 황제에게 직접 상서할 수도 있었다. ○三驅之禮 –

사냥을 할 때 한 쪽을 터주고 사냥감을 몰아간다는 뜻. 三田之禮(일 년에 3차례의 田獵). 그 하나는 乾豆를 얻기 위한 사냥, 두 번째는 빈객 접대용 고기를 얻기 위한 사냥. 그리고 또 하나는 주군의 주방을 채우기 위한 사냥이라고 하였다. ○壞沃衍 − 衍沃(연옥)은 평탄 비옥한 땅. ○可以逞情意 − 逞은 즐기다(快也). 굳셀 영. ○文王百里, 齊宣五里 − 이는《孟子 梁惠王章句 下》의 문장과 약간 다르다.

[國譯]

　그해 겨울에 辟雍禮(벽옹례)를 거행하면서 楊賜(양사)를 三老로 모셨다. 양사는 다시 少府가 되었고 光祿勳을 역임했으며 劉郃(유합)의 후임으로 司徒가 되었다. 영제는 畢圭靈琨苑(필규령곤원)을 조성하려고 하자 양사가 다시 상소하여 諫했다.

　「삼가 使者를 곳곳에 보내 낙양성 남쪽 백성의 토지를 측량하여 苑林을 만든다고 들었습니다. 옛날 先王이 苑囿(원유)를 조성할 때는 三驅(三田)의 禮를 행할 수 있으면 그것으로 족했기에 나무를 하거나 가축을 먹이는 백성이 마음대로 왕래하였습니다. 先帝의 제도로 도읍 좌측(東)에 鴻池(홍지), 우측(西)에 上林을 설치하는데 너무 검소하지도 사치하지도 않아야 예에 맞습니다. 지금은 마음대로 성곽의 교외를 점유하여 苑囿를 만들며 평탄 비옥한 땅을 망가트리고, 농지를 없애고 사는 사람을 내 몰고 새나 짐승을 사육하니, 이는 '赤子를 보육하는' 대의에 맞지 않습니다. 지금 성 밖 지역에 이미 5, 6개소의 苑囿가 있으니 情意를 만족시킬 수 있고 계절에 순응할 수도 있습니다. 응당 夏禹의 낮은 궁궐과 太宗(문제)의 露臺 신축을 중지한 뜻을 살피고 백성의 노고에 대한 위로를 생각해야 합니다.」

상서가 들어가자 영제는 공사를 중지하려고 했으나 이에 대하여 侍中 任芝(임지)와 中常侍 樂松(악송)에게 물었다.

악송은 "옛날 文王의 원유는 1백 리였는데도 백성은 오히려 작다고 하였으며, 齊 선왕은 사방 5里인데도 백성은 넓다고 하였습니다. 지금 백성과 함께 이용한다면 정사에 무해할 것입니다."

영제는 기뻐하며 원유 신축을 명했다.

原文

四年, 賜以病罷. 居無何, 拜太常, 詔賜御府衣一襲, 自所服冠幘綏, 玉壺革帶, 金錯鉤佩.

五年冬, 復拜太尉. 中平元年, 黃巾賊起, 賜被召會議詣省合, 切諫忤旨, 因以寇賊免. 先是黃巾帥張角等執左道, 稱大賢, 以誑耀百姓, 天下襁負歸之. 賜時在司徒, 召掾劉陶告曰,

"張角等遭赦不悔, 而稍益滋蔓, 今若下州郡捕討, 恐更騷擾, 速成其患. 且欲切勅刺史, 二千石, 簡別流人, 各護歸本郡, 以孤弱其黨, 然後誅其渠帥, 可不勞而定, 何如?"

陶對曰, "此孫子所謂不戰而屈人之兵, 廟勝之術也." 賜遂上書言之. 會去位, 事留中. 後帝徙南宮, 閱錄故事, 得賜所上張角奏及前侍講注籍, 乃感悟, 下詔封賜臨晉侯, 邑千五百戶.

初, 賜與太尉劉寬, 司空張濟並入侍講, 自以不宜獨受封

賞, 上書願分戶邑於寬, 濟. 帝嘉歎, 復封寬及濟子, 拜賜尙書令. 數日出爲廷尉, 賜自以代非法家, 言曰, "三后成功, 惟殷於民, 皐陶不與焉, 蓋吝之也." 遂固辭, 以特進就第.

| 註釋 |　○御府衣 – 御府(어부)는 少府 소속으로 궁중에서 소요되는 의복 제작과 세탁을 담당하는 部署.　○被召會議詣省合 – 省은 宮中을 의미. 여기 省은 省閣(省閣 同). 尙書臺를 지칭.　○黃巾帥張角 – 中平 元年 (甲子) 春 2월에 鉅鹿郡(거록군)의 張角(장각)은 '黃天'이라 자칭하며, 그 무리 36방을 거느렸는데 모두 黃巾을 머리에 쓰고 같은 날에 반역하며 반란을 일으켰다. 張角(? - 184년)은 太平道의 종교지도자. 張角은 본래 낙방한 秀才였는데 入山採藥다가 南華老仙이라는 老人을 만나 동굴 안에 들어가 天書 3권을 받았고 그를 읽어 도통했다고 하였다. 장각은 '蒼天已死, 黃天當立. 歲在甲子, 天下大吉' 할 것이라 선동하였다.　○左道 – 正道가 아닌 邪道. 邪門旁道.　○廟勝 – 廟는 조정, 議政府. 孫子는 '未戰而廟勝, 得算多也. 未戰而廟不勝, 得算少也.' 라고 하였다.　○臨晉侯 – 臨晉은 左馮翊의 현명.　○三后 – 여기서는 伯夷, 禹, 后稷(후직)을 지칭. 惟殷於人은 이들이 백성을 이롭게 하여 부유하게 만들었기에 성공하였다는 말. 殷은 盛也, 번성케 하다. 皐陶(고요)는 중국 司法之祖이지만 법의 집행으로 백성을 부끄럽게 했다는 뜻. 吝(인색할 인)은 恥也.　○特進 – 官位名. 황제가 내리는 은총의 하나. 特進은 列侯나 侯王, 공덕이 혁혁하거나 공로가 큰 원로 신하에게 내려주는 官位 名. 조회 시에 三公과 奉朝請(봉조청)의 다음 자리에 선다. 이 특진보다 상위가 奉朝請이다. 제후가 봄에 입조하여 황제를 알현하는 것을 朝, 가을에는 請이라 한다. 三公이나 外戚, 皇室(劉氏)이나 제후로 朝나 請에 참여할 수 있는 사람을 奉朝請이라 한다. 官職이 아니라서 정원도 없다.

[國譯]

(靈帝 光和) 4년, 楊賜는 병으로 사직하였다. 얼마 있다가 太常이 되었는데 조서로 양사에게 御府(어부)에서 지은 옷 한 벌을 하사하였고 冠, 幘(건)과 인수, 玉壺(옥호)와 革帶, 그리고 금으로 장식한 帶鉤(대구)를 패용케 하였다.

(光和) 5년(서기 183) 겨울, 다시 太尉가 되었다. 中平 원년(서기 184), 黃巾賊(황건적)이 봉기하자, 양사는 省閣(尙書臺) 회의에 참석하여 통렬한 간쟁으로 영제의 뜻을 거스른데다가 황건적 봉기에 따른 책임으로 면직되었다. 이보다 앞서 黃巾의 우두머리 張角(장각) 등이 左道(邪道)로 백성들 사이에서 세력을 얻어 '大賢'을 자칭하며 거짓으로 백성들을 현혹케 하여 많은 백성들이 그에게 귀부했었다.

양사는 그때 司徒로 재직 중이었는데, 속관인 劉陶(유도)를 불러 말했다.

"張角(장각) 등은 조정의 사면을 받았어도 뉘우치지 않고 점점 늘어나고 세력을 뻗어가서 지금은 만약 지방 주군에서 토벌하고 잡아들이면 큰 소요가 일어나서 환란을 숙성시킬 것이다. 일단 자사나 태수에게 엄격한 지침을 내려 그 유민들을 선별하여 나라의 보호 하에 본래의 군현으로 돌려보내 그 무리의 세력을 약화시킨 뒤 그 우두머리를 잡아 죽이면 힘 안들이고 평정할 수 있을 것인데 어떻게 생각하는가?

이에 유도가 말했다. "이는 孫子(손자)가 말한 싸우지 않고 적을 굴복시키는 병법이며 廟堂(朝庭)에 앉아서 승리하는 전술입니다." 이에 양사는 이런 방책을 건의하였다. 그러나 마침 사도의 직책에서 물러나면서 이는 보류되었다. 뒷날 영제는 南宮(남궁)으로 거처를 옮겼는데 양사가 이전에 상주한 내용과 侍講을 하면서 주석한 책을 보고 크게 느껴 조서를 내려 양사에게 臨晉侯(임진후)의 작위와 식읍 1,500호를 하사하였다.

그전에 양사는 太尉 劉寬(유관), 司空인 張濟(장제)와 함께 시강을 담당했었는데 혼자서만 작위와 상을 받을 수 없다고 생각하여 식읍을 유관과 장제에게도 분할 지급해달라고 건의하였다. 영제는 감탄하면서 유관 및 장제의 아들을 봉하였고, 양사에게 상서령을 제수하였다. 며칠 뒤에 廷尉로 전직하게 되자 양사는 자신이 法家 출신이 아닌데도 후임이 되었다면서 사양하였다.

"三后(삼후)가 성공한 것은 백성을 부유하게 했기 때문이며 皐陶(고요)가 그들과 다른 것은 그런 쪽에 마음을 쓰지 않았기 때문입니다."

양사는 固辭하고 特進으로 사직하고 집에 머물렀다.

原文

二年九月, 復代張溫爲司空. 其月薨. 天子素服, 三日不臨朝, 贈東園梓器襚服, 賜錢三百萬, 布五百匹. 策曰,

「故司空臨晉侯賜, 華岳所挺, 九德純備, 三葉宰相, 輔國以忠. 朕昔初載, 授道帷幄, 遂階成勳, 以陟大猷. 師範之功, 昭於內外, 庶官之務, 勞亦勤止. 七在卿校, 殊位特進, 五登衮職, 弭難乂寧. 雖受茅土, 未答厥勳, 哲人其萎, 將誰諮度!

朕甚懼焉. 禮設殊等, 物有服章. 今使左中郎將郭儀持節追位特進, 贈司空驃騎將軍印綬.」

及葬, 又使侍御史持節送喪, 蘭臺令史十人發羽林騎輕車介士, 前後部鼓吹, 又勑驃騎將軍官屬司空法駕, 送至舊塋. 公卿已下會葬. 諡文烈侯. 及小祥, 又會焉.

子彪嗣.

| 註釋 | ○東園梓器襚服 − 東園은 少府 소속 관청. 능묘 내의 기물이나 葬具(이를 凶器라고도 한다)를 제조하는 부서. 梓器(재기)는 棺. 襚服(수복)의 壽衣. ○九德純備 − 九德은 皐陶謨(고요모)의 九德.「寬而栗, 柔而立, 願而恭, 亂(治)而敬, 擾而毅, 直而溫, 簡而廉, 剛而塞, 彊而誼.」번역 생략, 《尚書 虞書 皐陶謨》참고. ○三葉宰相 − 三葉은 三代. 葉은 代 엽. ○朕昔初載 − 載는 알 재(識也), 오를 재. ○以陟大猷 − 陟은 오를 척. 大猷는 大謀. 국가 주요 방책. ○五登袞職 − 袞職(곤직)은 삼공의 직위. 袞은 삼공 곤, 곤룡포 곤. ○弭難乂寧 − 환난을 극복하고 나라의 안녕을 지켰다. 弭는 활고자 미. 중지하다. 難은 나라의 환난. 역경. 乂는 벨 예. 다스리다. ○哲人其萎 − 孔子는 죽기 전에 지팡이를 짚고 안마당을 거니면서 혼자 읊었다. '太山其頹乎(태산이 무너지려는가?), 梁木其壞乎(대들보가 부러지려는가?), 哲人其萎乎!(哲人은 병이 들었도다!)' 萎는 시들 위. 병이 들다. 쇠약할 위. ○蘭臺令史 − 蘭臺는 궁중 圖書나 文籍을 보관하는 곳. 御使中丞의 관할. 蘭臺令史가 책임자. ○小祥 − 祥은 제사 상. 小祥은 죽은 지 1년. 大祥은 죽은 지 2년만의 제사.

[國譯]

(中平) 2년(서기 185) 9월, 다시 張溫(장온)의 후임으로 司空이 되

었다. 그 달에 죽었다. 靈帝는 素服을 하고 3일간 臨朝하지 않았으며, 東園(동원)에서 제조한 梓器(棺)과 襚服(수복, 壽衣)를 기증하고 금전 3백만, 布 5백 필을 하사하였다. 책서를 내렸다.

「故 司空 臨晉侯 楊賜(양사)는 華岳(화악)에서 출생하여 九德을 다 갖추었으며 3代가 재상을 역임하면서 충성으로 국정을 보필하였다. 예전에 짐이 처음 문자를 알았을 때 궁궐에서 짐에게 道를 傳授하였으며 이어 계속 공적을 쌓고 승진하여 국정의 큰일을 담당하였다. 師範의 공적은 내외에 빛났고 국정의 여러 업무에 고생하며 정근하였다. 卿과 교위의 7개 관직을 거치고 특진의 자리에 올랐으며, 다섯 번 삼공의 자리에 올라 환난을 극복하고 나라의 안녕을 지켰다. 비록 茅土(모토)를 수여했지만(제후에 봉하다) 그 공적을 보답하지 못했는데 哲人이 세상을 버리면 앞으로 누구에게 자문하겠는가! 짐은 심히 두렵기만 하다. 특별한 예를 갖추어야 하고 장례물품은 규정대로 지급할 지어다. 이번에 左中郎將 郭儀(곽의)에게 부절을 주어 보내 特進과 관위와 함께 司空驃騎將軍의 인수를 증여하노라.」

葬禮에 다시 侍御史에게 부절을 주어 장례를 돕게 하였고 蘭臺令史는 10명의 羽林 騎士와 輕車(戰車)와 甲士를 동원하여 장례 행렬 앞뒤에서 호위하고, 또 驃騎將軍 官屬으로 하여금 法駕를 호송하여 장지까지 모시게 하였다. 공경 이하 모두가 장례에 참여했다. 시호는 文烈侯였다. (일 년 뒤) 小祥에도 또 그렇게 모였다.

아들 楊彪(양표)가 계승했다.

❹ 楊彪

原文

彪字文先, 少傳家學. 初舉孝廉, 州舉茂才, 辟公府, 皆不
應. 熹平中, 以博習舊聞, 公車徵拜議郎, 遷侍中,京兆尹. 光
和中, 黃門令王甫使門生於郡界辜榷官財物七千餘萬, 彪發
其姦, 言之司隸. 司隸校尉陽球因此奏誅甫, 天下莫不愜心.
徵還爲侍中,五官中郎將, 遷穎川,南陽太守, 復拜侍中, 三遷
永樂少府,太僕,衛尉.

| **註釋** | ○熹平 – 靈帝 두 번째 연호. 서기 172 – 177년. ○王甫(왕보)
– 환관, 영제 때 黃門令. 曹節과 함께 陳蕃을 제거. 冠軍侯, 光和 2년 옥사.
○辜榷(고각) – 남의 장사를 방해하며 매매이익을 독차지하는 짓. 辜 허물
고. 이익을 독점하다. 榷은 도리할 각, 칠 각. 매매를 독점하다. ○永樂少
府 – 永樂은 태후가 거쳐하는 영락궁. 영락궁의 少府, 太僕 등은 직명 앞
에 永樂을 붙여 중앙관서의 소부, 태복 등과 구분하였다. 長樂宮도 동일.

[國譯]

楊彪(양표)의 字는 文先(문선)으로 젊어 家學을 전수받았다. 처음
에 孝廉으로 천거 받았고, 州에서는 茂才(무재)로, 또 삼공부의 부름
을 받았지만 모두 불응했다. (靈帝) 熹平 연간에, 舊聞을 博覽强記하
다고 공거의 부름에 응해 議郎을 제수 받았고 승진하여 侍中, 京兆
尹을 역임하였다. (영제) 光和 연간에, 黃門令 王甫(왕보)가 門生을
시켜 경조윤 관할 지역에서 관부에서 필요한 재물 7천여만 전을 농

단 전매하였는데 양표가 이런 부정을 적발하여 사예교위에 통보하였다. 司隸校尉인 陽球(양구)는 이를 근거로 상주하고 왕보를 죽이자 온 천하가 모두 통쾌하게 생각하였다. 양표는 조정에 들어와 시중과 五官中郞將을 거쳐 潁川(영천)과 南陽郡 太守를 역임하였고 다시 侍中이 되었다가 세 번 승진하여 永樂少府, 太僕, 衛尉가 되었다.

原文

中平六年, 代董卓爲司空, 其冬, 代黃琬爲司徒. 明年, 關東兵起, 董卓懼, 欲遷都以違其難. 乃大會公卿議曰,

"高祖都關中十有一世, 光武宮洛陽, 於今亦十世矣. 案〈石包讖〉, 宜徙都長安, 以應天人之意."

百官無敢言者. 彪曰,

"移都改制, 天下大事, 故盤庚五遷, 殷民胥怨. 昔關中遭王莽變亂, 宮室焚蕩, 民庶塗炭, 百不一在. 光武受命, 更都洛邑. 今天下無虞, 百姓樂安, 明公建立聖主, 光隆漢祚, 無故捐宗廟, 棄園陵, 恐百姓驚動, 必有糜沸之亂. 〈石包室讖〉, 妖邪之書, 豈可信用?"

卓曰, "關中肥饒, 故秦得倂吞六國. 且隴右材木自出, 致之甚易. 又杜陵南山下有武帝故瓦陶竈數千所, 並功營之, 可使一朝而辨. 百姓何足與議! 若有前却, 我以大兵驅之, 可令詣滄海."

彪曰, "天下動之至易, 安之甚難, 惟明公慮焉." 卓作色曰, "公欲沮國計邪?" 太尉黃琬曰, "此國之大事, 楊公之言得無可思?" 卓不答. 司空荀爽見卓意壯, 恐害彪等, 因從容言曰, "相國豈樂此邪? 山東兵起, 非一日可禁, 故當遷以圖之, 此秦,漢之勢也." 卓意小解. 爽私謂彪曰, "諸君堅爭不止, 禍必有歸, 故吾不爲也." 議罷, 卓使司隸校尉宣播以灾異奏免琬,彪等, 詣闕謝, 卽拜光祿大夫. 十餘日, 遷大鴻臚. 從入關, 轉少府,太常, 以病免. 復爲京兆尹,光祿勳, 再遷光祿大夫. 三年秋, 代淳于嘉爲司空, 以地震免. 復拜太常.

興平元年, 代朱儁爲太尉, 錄尙書洛陽事. 及李傕,郭汜之亂, 彪盡節衛主, 崎嶇危難之閒, 幾不免於害. 語在〈董卓傳〉. 及車駕還洛陽, 復守尙書令.

| 註釋 | ○中平六年 – 中平은 靈帝의 마지막 연호. 중평 6년은 서기 189년. 이 해에 영제가 붕어하고 少帝(弘農王, 劉辯)가 즉위했으나 동탁에 의해 폐위되고 동생 劉協(유협)이 9월에 즉위하니, 이가 獻帝(헌제, 재위 190–220)이다. 헌제 첫 연호는 初平, 서기 190 – 193년. ○董卓(동탁. 141 - 192년) – 涼州 隴西 臨洮人. 後漢 말 涼州 軍閥(군벌)이며 權臣, 포악한 행위로 역사상 가장 부정적 평가를 받는 인물. 72권, 〈董卓列傳〉에 입전. ○明年, 關東兵起 – 초평 원년(서기 190), 關東에서 袁紹(원소)를 중심으로 董卓 토벌군 성립. 동탁은 獻帝를 협박하여 장안으로 천도했다. ○違其難 – 違는 피하다(避也). ○盤庚五遷 – 盤庚(반경)은 殷王의 이름. 胥는 서로. 亳(박)으로 천도하자 殷 백성의 원망이 많았다. 殷은 그동안 湯王의 도읍 亳(박)에서 囂(효), 相(상), 耿(경)으로 수도를 옮겨 다녔고 반경이 다시 亳으로 천도하였

다. ○必有麋沸之亂 - 麋粥(미죽, 죽)이 沸騰(비등)하다. 麋는 된 죽 미. 沸는 끓을 비. ○杜陵(두릉) - 전한 宣帝의 능, 今 陝西省 西安市 동남.

[國譯]

中平 6년(서기 189), 董卓(동탁)의 후임으로 (楊彪는) 司空이 되었고 그 해 겨울, 黃琬(황완)의 후임으로 司徒가 되었다. 다음 해에 關東에서 (董卓을 토벌하겠다는) 군사가 봉기하자 董卓(동탁)은 두려워서 (長安으로) 천도하여 난관을 피하려고 하였다. 이에 동탁은 公卿을 모두 모이게 하여 이를 논의하며 말했다.

"高祖가 關中에 도읍하여 11대를 지냈고, 光武帝가 洛陽에 도읍하고 지금 10대가 지났습니다. 〈石包讖(석포참)〉에 의하면 응당 장안으로 천도하여 天心과 민의에 순응해야 한다고 하였습니다."

그러나 백관 중 아무도 말하는 사람이 없었다. 이에 양표가 말했다.

"移都와 改制는 천하의 大事이며, 옛 (殷의) 盤庚(반경)이 5번 째 천도하자 殷의 백성이 서로 원망하였습니다. 옛날에 關中 땅은 王莽(왕망)의 변란을 당하여 宮室이 모두 불에 타고 백성은 거의 塗炭(도탄)에 빠져 100분의 1도 남아있지 않았습니다. 光武帝가 천명을 받아 洛邑(洛陽)으로 도읍을 정했습니다. 지금 천하에 걱정이 없고 백성이 안락하게 살고 있는데 明公(동탁을 지칭)은 聖主를 옹립하고 漢의 국운을 융성케 한다면서 아무런 연고도 없이 종묘와 선조의 능원을 버린다면 백성이 놀라 동요하며 틀림없이 죽(麋)이 끓듯 혼란할 것입니다. 그리고 〈石包室讖(석포실참)〉은 요사스러운 책이니 어찌 신용할 수 있겠습니까?"

그러자 동탁이 말했다.

"關中은 비옥 풍요한 땅이었기에 秦이 六國을 병탄할 수 있었습니다. 또 隴右(농우)에서는 재목이 나오고 가져오기도 매우 쉽습니다. 또 杜陵(두릉)의 南山 아래에는 武帝 때 조성한 陶器(도기)로 만든 부엌 자리 수천 개소가 있으니 전력으로 건축하면 가히 하루에도 해결할 수 있습니다. 그리고 이런 일을 어찌 백성과 의논하겠는가! 만약 앞에 걸리는 백성이 없다면 나는 대군을 동원하여 반군을 내몰아 바다에 빠트릴 것이오."

이에 양표가 말했다. "천하를 움직이기는 쉽지만 안정시키기는 매우 어려운 것이니 명공께서는 이를 고려해야 합니다." 그러자 동탁이 얼굴을 붉히며 말했다. "公은 나라의 대계를 저지하려는가?" 이에 태위 黃琬(황완)이 말했다. "이는 국가의 대사이니 양공의 말을 생각 안 할 수 있겠습니까?" 그러자 동탁은 대답하지 않았다. 이에 司空 荀爽(순상)은 동탁의 태도가 강경한 것을 보고 양표 등이 위해를 당할까 걱정하여 조용히 말했다.

"相國(董卓)인들 이를 좋아서 하겠습니까? 山東의 반군이 일어나면 하루에 그들을 진압할 수 없을 것이라서 천도하여 도모하려는 것이니, 이는 秦과 漢의 대결도 이와 같았습니다."

그러자 동탁의 기분도 조금 풀어졌다. 이에 순상이 양표에게 말했다. "여러분들이 완강한 논쟁을 그치지 않으면 틀림없이 화를 당할 것 같기에 내가 말하지 않을 수 없었습니다."

논의를 파한 뒤에, 동탁은 司隸校尉 宣播(선파)를 시켜서 재해와 이변의 책임을 물어 황완과 양표를 면직시켜야 한다고 주청했고, 양표가 입궐하여 사죄하자 즉석에서 光祿大夫에 임명되었다. 10여 일

이 지나 양표는 大鴻臚가 되었다. 양표는 헌제를 따라 관중에 들어
갔고 少府와 太常을 역임하고 병으로 사직하였다. 다시 京兆尹과 光
祿勳을 역임했다가 광록대부가 되었다.

(獻帝 初平) 3년 가을에, 淳于嘉(순우가)의 후임으로 司空이 되었
다가 지진으로 면직되었다. 다시 太常이 되었다. 興平 원년(서기
194), 朱儁(주준)의 후임으로 太尉가 되어 尙書事를 겸임하였다. 李
催(이각)과 郭汜(곽사)의 난에 양표는 충절을 다해 헌제를 지켰고 기
구한 환난 속에서 여러 危害를 거의 면할 수 없었으니 이는 〈董卓傳〉
에 기록하였다. 헌제가 낙양으로 돌아오자 양표는 다시 尙書令을 겸
임하였다.

原文

　建安元年, 從東都許. 時天子新遷, 大會公卿, 兗州刺史
曹操上殿, 見彪色不悅, 恐於此圖之, 未得燕設, 託疾如廁,
因出還營. 彪以疾罷. 時袁術僭亂, 操托彪與術婚姻, 誣以
欲圖廢置, 奏收下獄, 劾以大逆. 將作大匠孔融聞之, 不及
朝服, 往見操曰, "楊公四世淸德, 海內所瞻. 〈周書〉父子兄
弟罪不相及, 況以袁氏歸罪楊公. 《易》稱'積善餘慶', 徒欺
人耳." 操曰, "此國家之意." 融曰, "假使成王殺邵公, 周公
可得言不知邪? 今天下纓緌搢紳所以瞻仰明公者, 以公聰
明仁智, 輔相漢朝, 擧直厝枉, 致之雍熙也. 今橫殺無辜, 則
海內觀聽, 誰不解體! 孔融魯國男子, 明日便當拂衣而去,

不復朝矣." 操不得已, 遂理出彪.

| 註釋 | ㅇ建安元年 – 서기 196년. 당시 鎭東將軍인 曹操(조조)는 스스로 司隷校尉가 되어 尙書事를 총괄하였다. 헌제는 (穎川郡) 許縣(허현)으로 천도했고, 조조의 군영에 머물렀다. 9월, 太尉 楊彪(양표)와 司空 張喜(장희)가 파직되었다. 겨울 11월, 曹操는 스스로 司空이 되었고 車騎將軍의 업무를 대행하였는데 이로써 백관을 총괄하며 보고를 받았다. ㅇ託疾如廁 – 如는 가다. 따르다. 廁는 뒷간 측. ㅇ袁術僭亂 – 袁術(원술, ? - 199), 字 公路, 後漢末, 三國 初期의 軍閥. 袁紹(원소)의 아우. 亂世에 稱帝했다가 반년을 못 견디고 피를 토하고 죽었다. 흉포하기가 董卓(동탁) 못지않았다. ㅇ孔融(공융, 153 - 208) – '建安七子'의 한 사람. 건안 13년, 조조는 50만 대군을 동원해 강남 원정에 나선다. 이때 공자의 20代孫인 태중대부 孔融은 이번 원정이 부당하다고 반대했고 결국 조조의 명을 받은 廷尉(정위)에게 끌려가 죽음을 당한다. 나이가 어린 공융의 두 아들은 바둑을 두다가 참변 소식을 듣는다. 빨리 피신하라는 말에 두 형제는 전혀 놀라지 않고 말한다. "부서지는 둥지에 알인들 온전하겠는가!(破巢之下 安有完卵)" 공융 일가는 모두 죽음을 당했다. 70권, 〈鄭孔荀列傳〉에 입전. ㅇ《易》稱 積善餘慶 –《易 文言傳》(坤卦 文言),「積善之家, 必有餘慶.」 ㅇ纓綏搢紳(영유진신) – 관리, 관을 쓰고 관대에 홀을 꽂은 사람. 纓은 갓끈 영. 綏는 갓끈 유(冠飾也). 搢은 꽂을 진(挿也). 紳은 큰 띠 신. ㅇ擧直厝枉 – 擧直措枉, 정직한 사람을 등용하고 나쁜 사람을 버리다. ㅇ誰不解體 – 누가 떠나지 않겠나! 다시는 공경하지 않을 것이다.

[國譯]

建安 원년(서기 196), (헌제는) 동쪽으로 나아가 許縣에 도읍하였다. 그때 天子는 새로 이동한 뒤라 공경을 모두 모여 잔치를 하였는

데, 兗州刺史(연주자사)인 曹操(조조)가 大殿에 올라와 양표의 안색이 좋지 않은 것을 보고 여기에서 잡힐까 걱정이 되어 잔치가 시작되기 전에 몸이 안 좋아 변소에 간다는 핑계로 빠져나와 자신의 군영으로 돌아왔다. 양표는 질병으로 사직하였다.

이때 袁術(원술)은 漢에 반기를 들었는데, 조조는 양표와 원술이 혼인을 맺은 것을 핑계로 삼아, 양표가 황제를 폐립하려 한다고 무고하면서 양표를 체포하여 가두길 주청하면서 대역무도하다고 탄핵하였다.

將作大匠이던 孔融(공융)이 전해 듣고 朝服도 입지 못한 채 달려가 조조를 만나 말했다.

"楊公은 四世에 걸쳐 淸德으로 천하 사람이 다 우러러 보고 있습니다. 《尙書 周書 康誥》에 父子兄弟간에도 죄가 서로 연좌되지 않는다고 하였는데 하물며 袁氏(원씨)의 죄를 楊公에 돌릴 수 있습니까? 《易 文言傳》의 '積善한 가문에 필히 경사가 많다.'고 하였는데, 한낱 사람을 속인 것이 됩니다."

조조는 "이는 나라의 뜻입니다."라고 말했다. 이에 공융이 말했다.

"가령 (周) 成王이 邵公(소공)을 죽였다면 周公이 몰랐다고 말할 수 있겠습니까? 지금 천하의 관리들이 모두 명공을 우러러보는 것은 공이 聰明한 仁智로 漢朝를 보필할 것이며 정직한 사람을 쓰고 나쁜 사람을 버려서 화합을 이룰 것이라 기대하고 있습니다. 지금 무과한 사람을 함부로 죽인다면 온 천하 사람이 보고 들을 것인데 공에게서 떠나지 않을 사람이 누구겠습니까! 이 孔融(공융)은 魯國의 男子로 내일 바로 옷깃을 날리며 떠나갈 것이며 다시는 입조하지 않을 것입니다."

조조는 어쩔 수 없이 양표를 석방하였다.

原文

四年, 復拜太常, 十年免. 十一年, 諸以恩澤爲侯者皆奪封. 彪見漢祚將終, 遂稱脚攣不復行, 積十年. 後子脩爲曹操所殺, 操見彪問曰, "公何瘦之甚?" 對曰, "愧無日磾先見之明, 猶懷老牛舐犢之愛." 操爲之改容.

| 註釋 | ○爲侯者皆奪封 – 楊彪의 부친 楊賜가 靈帝의 師傅로 받은 臨晉侯 작위. ○日磾先見之明 – 武帝 때 金日磾(김일제)는 귀화한 匈奴族으로 武帝의 절대적 신임을 받았다. 김일제의 어린 두 아들은 무제의 弄兒(농아)로 뽑혀 늙은 무제의 귀여움을 받았다. 김일제의 큰 아들이 어느 정도 컸는데 전각에서 宮人과 장난치는 것을 보고서는 김일제는 음란을 걱정하여 큰아들을 직접 죽여 버렸다. ○老牛舐犢之愛 – 舐은 (혀로) 핥을 지. 犢는 송아지 독. 老牛는 어미 소. 중국어에서 老는 호칭 接頭辭이다. 老大는 늙은이가 아닌 형제 서열에서 맏이란 뜻이고, 老二는 둘째이며 老兄弟는 형제 중 막내란 애칭이다. 20대 새파랗게 젊은 교사도 老師이다. 老虎는 호랑이, 老鼠는 늙은 쥐가 아닌 쥐, 老鴉는 까마귀이다.

[國譯]

(建安) 4년, (양표는) 다시 太常이 되었다가 10년에 면직되었다. 11년, 황제의 恩澤을 받아 제후가 된 자들의 封號를 모두 削奪(삭탈)

하였다. 양표는 漢의 국운이 곧 끝날 것을 예견하면서 다리 마비(脚攣)로 잘 걷지 못하는 것이 10년이 되었다고 하였다.

뒤에 아들 楊脩(양수)가 조조에게 피살되었는데 나중에 조조가 양표를 보고 물었다. "公은 어찌 이리 수척해졌습니까?"

이에 양표가 말했다.

"金日磾(김일제)와 같은 先見之明이 없어 부끄럽지만, 어미 소가 송아지를 핥아주는 사랑은 아직 남았습니다."

이에 조조는 얼굴빛을 바꾸었다.

❺ 楊脩

▌原文

脩字德祖, 好學, 有俊才, 爲丞相曹操主簿, 用事曹氏. 及操自平漢中, 欲因討劉備而不得進, 欲守之又難爲功, 護軍不知進止何依. 操於是出敎, 唯曰 '雞肋'而已. 外曹莫能曉, 修獨曰, "夫雞肋, 食之則無所得, 弃之則如可惜, 公歸計決矣." 乃令外白稍嚴, 操於此回師. 脩之幾決, 多有此類. 脩又嘗出行, 籌操有問外事, 乃逆爲答記, 勑守舍兒, "若有令出, 依次通之." 旣而果然. 如是者三, 操怪其速, 使廉之, 知狀, 於此忌脩. 且以袁術之甥, 慮爲後患, 遂因事殺之. 脩所著賦,頌,碑,贊,詩,哀辭,表,記,書凡十五篇.

| 註釋 | ○楊脩(양수) - 양수는 건안 연간에 효렴으로 천거되어 郎中이 되었다가 계속되는 전투에 군수 창고를 관리하는 主簿가 되었다. 양수는 두뇌가 우수하여 조조의 아들 曹丕(조비) 형제와 두루 친했다. 脩는 포 수. 육포. 닦을 수(治也), 익힐 수(習也). 修와 같은 뜻으로 쓰일 때도 있지만 같은 字는 아님. ○漢中(한중) - 郡名. 지금의 陝西省 동남부 지역으로 湖北省 서북부와 연접. 치소는 南鄭縣, 今 陝西省 서남부 漢中市. ○遂因事殺之 - 조조의 아들 曹植은 천재 시인이었다. 양수가 臨淄侯 曹植과 술을 마시고 함께 수레를 타고 사마문을 나서면서 남을 비방했다는 보고를 들은 조조가 대노하면서 양수를 잡아 처형하니 당시 45세였다고 한다.

[國譯]

楊脩(양수)의 字는 德祖(덕조)인데 好學하였고 俊才라서 丞相 曹操의 主簿(주부)로 일했다. 조조가 漢中(한중)을 차지하고 이어 劉備(유비)를 토벌하려 했지만 진격할 수도 없었고 방어하기도 어려워 護軍도 진공이나 방어를 어찌해야 할지 몰랐다. 이때 조조가 명령을 내면서 '鷄肋(계륵)'이라고만 말했다. 일선 軍吏가 무슨 뜻인지 아는 사람이 없었지만 양수가 혼자 말했다. "雞肋(계륵)이란 먹자니 먹을 것이 없고 버리자니 아까운 것이니 曹公은 철수할 계획을 세웠다." 그리고서는 일선 군리에게 경계를 완화하라고 말했고 조조는 예상대로 회군하였다. 양수의 몇 가지 판단이 대개 이런 식이었다.

한 번은 양수가 외출하면서 조조가 업무에 관해 질문할 것을 예상하고 미리 보고를 써놓고 집을 지키는 아이에게 "만약 명령이 내려오면 이 순서대로 보고하라."고 지시하였다. 얼마 후 과연 그대로였다. 이런 일이 2, 3회 이어지자 조조는 보고가 빠른 것을 이상히 생각해 조사시켜서 실정을 알았고 이후로 양수를 꺼려하였다. 거기에 양수가 袁術(원술)의 생질이기에 후환을 염려하여 구실을 찾아 죽여 버렸다. 양수가 지은 賦, 頌, 碑, 贊, 詩, 哀辭, 表, 記, 書 등은 모두 15편이었다.

原文

及魏文帝受禪, 欲以彪爲太尉, 先遣使示旨. 彪辭曰, "彪備漢三公, 遭世傾亂, 不能有所補益. 耄年被病, 豈可讚惟新之朝?" 遂固辭. 乃授光祿大夫, 賜几杖衣袍, 因朝會引見, 令彪著布單衣,鹿皮冠, 杖而入, 待以賓客之禮. 年八十四, 黃初六年卒於家.

自震至彪, 四世太尉, 德業相繼, 與袁氏俱爲東京名族云.

| 註釋 | ○魏文帝受禪 – 魏文帝는 曹操의 아들 曹丕(조비, 187 – 226, 재위 220 – 226). 魏王 曹操는 220년에 죽었고, 曹丕에 의해 武帝로 추존. 受禪은 禪讓(선양)을 받다. ○耄年(모년) – 80세나 90세. 늙은이 모. ○黃初六年 – 黃初는 曹魏의 魏文帝 曹丕(조비)의 연호. 서기 220 – 226년. ○與袁氏俱爲 東京名族云 – 낙양의 楊氏와 袁氏는 여러 대에 宰相을 역임한 漢의 名族 이었다. 그러나 袁氏 일족은 車馬와 衣服이 극히 화려하고 사치에 참람하였지만 가풍을 지켜 세상의 존경을 받기로는 원씨가 양씨만 못했다.

[國譯]

魏 文帝가 선양을 받은 뒤 楊彪(양표)를 太尉에 임명하고자 먼저 사자를 보내 의중을 알렸다. 이에 양표가 사양하면서 말했다.

"나 양표는 漢의 三公을 역임하였지만 혼란한 시대에 아무 도움이 되지 못합니다. 80이 넘은 늙은이가 병까지 않고 있으니 새 조정에 무슨 도움이 되겠는가?" 양표는 끝내 고사하였다. 양표에게 光祿大夫의 직함을 내리고 안석과 지팡이와 옷을 하사하였는데 조회에 나가 황제를 만날 때도 양표는 무명옷에 사슴가죽 관을 쓰고 지팡이를 짚었는데 손님의 예로 대우하였다. 나이 84세인 黃初 6년(225년)에 집에서 죽었다.

楊震(양진)에서 楊彪(양표)까지 4대에 걸쳐 太尉를 역임하였고 德業이 대를 이었으니 袁氏(원씨)와 함께 東京의 名族이었다.

原文

論曰, 孔子稱 '危而不持, 顚而不扶, 則將焉用彼相矣.' 誠以負荷之寄, 不可以虛冒, 崇高之位, 憂重責深也. 延,光之閒, 震爲上相, 抗直方以臨權枉, 先公道而後身名, 可謂懷王臣之節, 識所任之體矣. 遂累葉載德, 繼踵宰相. 信哉, '積善之家, 必有餘慶.' 先世韋,平, 方之蔑矣.

| 註釋 | ○孔子稱 '危而不持 ~'-《論語 季氏》. ○先世韋,平 - 전한의 韋賢(위현)과 韋玄成(위현성) 부자가 재상에 올라 당시에 '遺子黃金滿籯, 不如一經'이라는 속언이 나왔다. 平當은 哀帝 때 어사대부와 승상을 역임하였고 아들 平晏(평안)은 왕망의 심복으로 平帝 元始 5년(서기 5년)에 大司徒가 되었다.

  范曄(범엽)의 史論 : 孔子는 '위태로울 때 잡아주지 못하고 넘어갈 때 받쳐주지도 못한 그런 신하를 어디에 쓰겠는가?' 라고 하였다. 정말로 중임을 맡겨야 한다면 빈 말로 부탁할 수 없으며, 숭고한 지위에 올랐다면 무거운 책임을 걱정해야 한다.

  (桓帝) 延熹와 (靈帝) 光和 연간에 楊震(양진)은 上相으로 정직으로 잘못된 정치를 바로잡고자 했으며, 公道를 먼저 생각하고 일신의 영예는 뒤로 했으니 가히 王臣의 節操를 가졌으며 재상의 직무를 잘 알고 있었다고 말할 수 있다. 결국 여러 대에 걸쳐 덕업을 쌓아 재상의 직위에 이어 올랐다. '積善한 가문에 틀림없이 경사가 넘친다.' 는 말은 믿을 수 있다. 先世(前漢)의 韋賢(위현)과 平當(평당)은 이에 비교가 안 될 것이다.

原文

  贊曰, 楊氏載德, 仍世柱國. 震畏四知, 秉去三惑. 賜亦無諱, 彪誠匪忒. 脩雖才子, 渝我淳則.

| 註釋 | ○震畏四知 – 楊震曰, "天知, 神知, 我知, 子知. 何謂無知!" ○秉去三惑 – "我有三不惑, 酒, 色, 財也." ○彪誠匪忒 – 匪忒은 사악한 마음이 없다. 匪은 아닐 비(非, 不), 대나무 상자 비. 忒은 변할 특. 어긋나다. ○渝我淳則 – 순후한 도덕심은 아니었다. 渝는 달라질 투. 淳則은 순수한 도덕.

[國譯]

　　贊曰,

　　楊氏는 덕을 쌓아 대를 이어 나라의 기둥이었다.

　　楊震은 四知를 두려워했고 楊秉은 三惑(삼혹)을 버렸다.

　　楊賜는 거리낌이 없었으며 楊彪는 나쁜 마음이 없었다.

　　楊脩가 비록 才子였지만 자신이 바른 도덕을 변질시켰다.

55 章帝八王傳
〔장제팔왕전〕

原文

孝章皇帝八子, 宋貴人生淸河孝王慶, 梁貴人生和帝, 申貴人生濟北惠王壽,河閒孝王開, 四王不載母氏.

註釋 | ○孝章皇帝 – 明帝 劉莊(유장)의 五子, 재위 서기 75 - 88년, 묘호는 肅宗, 시호는 孝章皇帝. 享年 31세.

國譯

孝章皇帝는 8명 아들을 두었는데, 宋貴人은 淸河孝王 劉慶(유경)을, 梁貴人은 和帝를, 申貴人은 濟北惠王 劉壽와 河閒孝王 劉開를 낳았고, 四王은 생모를 기록하지 않았다.

❶ 千乘貞王 劉伉

|原文|

千乘貞王伉, 建初四年封. 和帝卽位, 以伉長兄, 甚見尊
禮. 立十五年薨.

子寵嗣, 一名伏胡. 永元七年, 改國名樂安. 立二十八年
薨, 是爲夷王. 父子薨於京師, 皆葬洛陽.

子鴻嗣. 安帝崩, 始就國. 鴻生質帝, 質帝立, 梁太后下詔,
以樂安國土卑濕, 租委鮮薄, 改封鴻勃海王. 立二十六年薨,
是爲孝王. 無子, 太后立桓帝弟蠡吾侯悝爲勃海王, 奉鴻祀.
延熹八年, 悝謀爲不道, 有司請廢之. 帝不忍, 乃貶爲癭陶
王, 食一縣.

|註釋| ○千乘貞王伉 - 千乘國은 和帝 때 樂安國, 治所는 臨濟縣, 今
山東省 淄博市 관할 高靑縣. 前漢의 千乘郡. ○質帝 - 諱(휘)는 纘(찬)으로
肅宗(章帝)의 玄孫, 증조부는 千乘 貞王 伉(항)이고, 조부는 樂安 夷王(이왕)
寵(총)이며, 부친은 勃海(발해) 孝王 鴻(홍)이고, 모친은 陳夫人이다. 沖帝(충
제)가 병이 나서 붕어하자, 서기 145년에 황제로 즉위하니 나이는 8세였
다. 서기 146년, 대장군 梁冀(양기)가 비밀리에 짐독으로 시해하였다. ○蠡
吾侯悝 - 蠡는 좀먹을 려(여). 悝는 근심할 리(이).

[國譯]

千乘國 貞王 劉伉(유항)은 (章帝) 建初 四年(서기 79)에 봉해졌다.
和帝가 卽位하고 유항이 長兄이기에 각별한 예로 받들었다. 재위

15년(永元 5년, 서기 93년)에 죽었다.

아들 劉寵(유총)이 뒤를 이었는데 一名 伏胡(복호)였다. (和帝) 永元 7년에 國名을 樂安으로 바꾸었다. 책립 28년에 죽었는데, 이가 夷王(이왕)이다. 부자가 京師에서 죽어 모두 洛陽에 장례했다.

아들 劉鴻(유홍)이 계승했다. 安帝가 붕어한 뒤에 처음으로 낙안국에 부임하였다. 유홍은 質帝(질제)를 낳았는데, 質帝가 즉위하자, 梁太后가 조서를 내려 樂安國의 지대가 낮고 습하며 조기도 적고 박하다 하여 유홍을 勃海王으로 옮겨 봉했다.

유홍은 재위 26년에 죽으니, 이가 (발해) 孝王이다. 효왕의 아들이 없어 梁태후는 桓帝의 동생 蠡吾侯(여오후) 劉悝(유리)를 발해왕에 봉해 유홍의 제사를 받들게 했다. (桓帝) 延熹(연가) 8년에 유리가 不道한 모의를 하여 有司가 폐위할 것을 주청했다. 환제는 차마 그럴 수가 없어 유리를 慶陶王(영도왕)으로 폄하하며 1개 현만 식읍으로 주었다.

原文

悝後因中常侍王甫求復國, 許謝錢五千萬. 帝臨崩, 遺詔復爲勃海王. 悝知非甫功, 不肯還謝錢. 甫怒, 陰求其過. 初, 迎立靈帝, 道路流言悝恨不得立, 欲鈔徵書. 而中常侍鄭颯, 中黃門董騰並任俠通剽輕, 數與悝交通. 王甫司察, 以爲有姦, 密告司隷校尉段熲. 熹平元年, 遂收颯送北寺獄. 使尙書令廉忠誣奏颯等謀迎立悝, 大逆不道. 遂詔冀州刺史

收悝考實, 又遣大鴻臚持節與宗正, 廷尉之勃海, 迫責悝. 悝
自殺. 妃妾十一人, 子女七十人, 伎女二十四人, 皆死獄中.
傅, 相以下, 以輔導王不忠, 悉伏誅. 悝立二十五年國除. 衆
庶莫不憐之.

| 註釋 | ○北寺獄(黃門北寺獄) - 黃門署에 속한 獄. 和帝 때 처음 설치.
將相大臣의 죄를 조사하기 위한 옥. 漢代에는 옥이 병설된 관청이 많았다.
少府에 속한 若盧獄(약로옥)도 같은 경우이다.

[國譯]

 (발해왕) 劉悝(유리)는 뒤에 中常侍인 (宦官) 王甫(왕보)에게 발해
국을 회복해주면 謝錢 5천만을 주기로 하였다. (환제가) 붕어하면서
유조로 발해왕을 원래로 복구케 하였다. 유리는 이것이 왕보의 힘이
아닌 것을 알고 사례전을 주지 않았다. 왕보는 화가 나서 비밀리에
유리의 허물을 조사하였다. 그전에 영제가 영입될 때, 유리가 옹립
되지 않아 한을 품고 영제 옹립의 조서를 탈취할 것이라는 소문이
길에 돌았다. 中常侍인 鄭颯(정삽)과 中黃門 董騰(동등)은 협객 기질
에 용맹하여 여러 번 유리와 왕래하였다. 왕보는 이런 것을 눈치 채
고 불법행위가 있으리라 생각하여 비밀리에 이를 司隷校尉인 段熲
(단경)에게 통보하였다. (靈帝) 熹平 원년(서기 172), 마침내 정삽을
체포하여 北寺의 옥에 가두었다. 그리고 尙書令 廉忠(염충)을 시켜
정삽 등이 유리를 옹립하려는 不道한 모의를 하였다고 무고하였다.
마침내 冀州刺史에게 유리를 잡아 조사하라고 지시하면서 동시에
大鴻臚(대홍려)와 宗正, 그리고 廷尉에게 부절을 주어 발해국에 가서

유리를 문책하라고 지시하였다. 이에 유리는 자살하였다.

발해왕의 妃妾 11명, 자녀 70명, 기녀 24명은 모두 옥사하였다. 발해왕의 태부와 상 이하 여러 관원은 왕을 불충하게 보필했다 하여 모두 처형하였다. 발해왕 유리가 책립된 지 25년에 나라를 없앴다. 이를 안타깝게 생각하지 않는 사람이 없었다.

❷ 平春悼王 劉全

原文

平春悼王全, 以建初四年封. 其年薨, 葬於京師. 無子, 國除.

| 註釋 | ○平春 − 江夏郡의 縣名.

[國譯]

平春 悼王 劉全(유전)은 (숙종) 建初 4년에 책봉되었다. 그해에 죽어 경사에 장례했다. 無子하여 나라를 없앴다.

❸ 淸河孝王 劉慶

原文

淸河孝王慶, 母宋貴人. 貴人, 宋昌八世孫, 扶風平陵人也. 父楊, 以恭孝稱於鄕閭, 不應州郡之命. 楊姑卽明德馬后之外祖母也. 馬后聞楊二女皆有才色, 迎而訓之. 永平末, 選入太子宮, 甚有寵. 肅宗卽位, 並爲貴人. 建初三年, 大貴人生慶, 明年立爲皇太子, 徵楊爲議郎, 褒賜甚渥. 貴人長於人事, 供奉長樂宮, 身執饋饌, 太后憐之. 太后崩後, 竇皇后寵盛, 以貴人姊妹並幸, 慶爲太子, 心內惡之. 與母比陽主謀陷宋氏. 外令兄弟求其纖過, 內使御者偵伺得失. 後於掖庭門邀遮得貴人書, 云 '病思生菟, 令家求之', 因誣言欲作蠱道祝詛, 以菟爲厭勝之術, 日夜毀譖, 貴人母子遂漸見疏.

| 註釋 | ○淸河孝王慶 – 淸河國 治所는 甘陵縣, 今 山東省 직할 臨淸市(河北省과 접경) 동북. 前漢 淸河郡. 劉慶은 뒷날 安帝의 생부 ○宋昌(송창) – 文帝가 代王으로 있을 때 文帝를 모신 공적으로 壯武侯에 봉해졌다. ○明德馬皇后(서기 30? – 79년) – 名 不詳, 漢 明帝 劉莊의 皇后, 伏波將軍 馬援(마원)의 딸. 無子, 章帝의 養母, 아주 모범적인 황후였다. ○貴人 – 皇后 다음 지위, 金印紫綬. ○比陽主 – (光武帝의 황태자였다가 강등된) 東海王 劉彊(유강)의 딸. ○內使御者偵伺得失 – 偵은 정탐할 정(候也). 캐묻다. ○生菟 – 菟는 새삼 토. 한해살이 덩굴 기생식물. 토끼(兔). ○巫蠱 – 蠱는 독 고, 벌레 고. 惡氣. 巫蠱(무고)는 邪術로 남에게 위해를 가하는 행위. 그런 행위가 효과가 있다고 믿었다.

[國譯]

淸河 孝王 劉慶(유경)의 生母는 宋貴人이다. 송귀인은 宋昌(송창)의 8세 손으로 右扶風 平陵縣 사람이다. 송귀인의 부친 宋楊(송양)은

향리에서 공경과 효성으로 소문이 났고 州郡의 부름에도 응하지 않았다. 송양의 고모는 (明帝)明德馬皇后의 外祖母이다. 馬황후는 송양의 두 딸이 모두 재색이 있다는 말을 듣고 데려다가 가르쳤다. (明帝) 永平 말기에 뽑혀 太子宮에 들어갔는데 총애를 많이 받았다. 肅宗(章帝)이 즉위한 뒤, 두 사람은 貴人이 되었다. (章帝) 建初 3년, 大 貴人이 劉慶을 출산했고, 明年에 皇太子로 책립되자, 宋楊을 議郎으로 삼았는데 포상과 하사품이 아주 많았다. 송귀인은 다른 사람의 환심을 사는데 익숙했고 長樂宮(馬태후)을 받들며 직접 음식을 챙겨 봉양하여 태후도 안쓰러워하였다. 마태후가 붕어한 뒤 (章帝) 竇(두)皇后의 총애가 많았지만 송귀인의 자매도 아울러 총애를 받았는데, (송귀인 소생) 유경이 태자이기에 (두황후는) 내심으로 미워하였다. 두황후는 (친정) 모친 比陽公主와 함께 貴人 宋氏를 모함하였다. 두황후는 밖으로는 형제로 하여금 송귀인의 작은 잘못이라도 조사하게 하였으며, 안으로는 아랫사람들을 시켜 잘잘못을 감시하게 하였다. 뒷날 액정문을 단속하며 宋貴人의 서신을 압수하였는데 서신에는 '病에 새삼(菟)이 좋다는데 집에서 구해보십시오.' 라고 쓰여 있어 이를 가지고 巫蠱(무고)로 저주를 하려 한다면서 새삼 풀은 남을 꺾어 묶는 방법이라면서 밤낮으로 참소를 하자 귀인 모자는 점차 소원해졌다.

原文

慶出居承祿觀, 數月, 竇后諷掖庭令誣奏前事, 請加驗實. 七年, 帝遂廢太子慶而立皇太子肇. 肇, 梁貴人子也. 乃下

詔曰,

「皇太子有失惑無常之性, 爰自孩乳, 至今益章, 恐襲其母凶惡之風, 不可以奉宗廟, 爲天下主. 大義滅親, 況降退乎! 今廢慶爲淸河王. 皇子肇保育皇后, 承訓懷袵, 導達善性, 將成其器. 蓋庶子慈母, 尙有終身之恩, 豈若嫡后事正義明哉! 今以肇爲皇太子.」

遂出貴人姊妹置丙舍, 使小黃門蔡倫考實之, 皆承諷旨傅致其事, 乃載送暴室. 二貴人同時飮藥自殺. 帝猶傷之, 勅掖庭令葬於樊濯聚. 於是免楊歸本郡. 郡縣因事復捕繫, 楊友人前懷令山陽張峻,左馮翊沛國劉均等奔走解釋, 得以免罪. 楊失志憔悴, 卒於家. 慶時雖幼, 而知避嫌畏禍, 言不敢及宋氏, 帝更憐之, 勅皇后令衣服與太子齊等. 太子特親愛慶, 入則共室, 出則同輿. 及太子卽位, 是爲和帝, 待慶尤渥, 諸王莫得爲比, 常共議私事.

| **註釋** | ○大義滅親 – 국가대사에 私的인 親愛를 생각해서는 안 된다는 뜻. ○庶子慈母, 尙有終身之恩 – 庶子의 경우 키워준 분을 친모와 같이 평생 받들어 모신다는 뜻. ○皇子肇 – 肇는 꾀할 조, 시작할 조. ○丙舍(병사) – 漢代의 3등급 궁궐 건물. 건물을 甲乙丙丁의 등급으로 구분하였다. ○蔡倫(채륜, 63 – 121) – 환관, 和帝 元興 원년(105)에 제지 기술에 관해 황제에 보고. 환관으로서 크게 출세했고 安帝 때 龍亭侯에 봉해졌다. 78권, 〈宦者列傳〉에 立傳. ○暴室 – 병든 궁인이나 죄를 지은 황후나 귀인을 가둬두는 곳. 掖庭令(액정령) 아래 暴室丞(폭실승)을 두어 관리했다. ○傅

致其事 – 傅는 스승 부, 펼 부. 억지로 꿰맞추다. ○待慶尤渥 – 尤渥(우악)
은 특별히 우대하다. 尤는 더욱 우. 허물, 과도하다. 의좋게 지내다. 渥은
두터울 악. 마음 씀씀이 살뜰하다. 은혜. 은혜를 입다.

[國譯]

　(太子) 劉慶(유경)이 承祿觀(승록관)에 나가 거처하기 몇 달에, 竇
(두)황후는 掖庭令에게 암시하여 예전 일을 꾸며 다시 조사해야 한
다고 상주에게 시켰다. (章帝 建初) 7년(서기 82), 결국 태자 유경을
폐위하고 皇太子 肇(조)를 책립하였다. 劉肇(유조)는 梁(양)貴人의 아
들이다. 이에 조서를 내렸다.

　「皇太子는 정신이 혼란에 빠져 평상심이 없는데 젖먹이 때부터
시작하여 지금까지 더욱 뚜렷해졌는데 이는 아마 그 모친의 흉악한
심성 때문일 것이니 이 때문에 종묘를 받들 수 없고 천하의 주군이
될 수 없다. 大義로 사사로운 親愛를 없애야 하거늘 하물며 물리치
는 일이야 더 그럴 것이로다! 지금 황자 慶(경)을 폐하여 淸河王으로
봉한다. 皇子 肇(조)는 황후가 보육하면서 어려서부터 가르침을 받
아 착한 심성을 키워 장차 큰 그릇이 될 것이로다. 庶子에게 양육해
준 慈母는 평생을 받들어 모실 은택을 입은 것이거늘 만약 正室 황
후가 바르고 옳게 양육했다면 더 말할 것이 있겠는가! 이제 肇(조)를
皇太子에 책립한다.」

　결국 宋 귀인 자매는 3등급 건물 丙舍(병사)에 거처하게 되었고,
小黃門인 蔡倫(채륜)을 시켜 조사 심문케 하였는데, 채륜은 암시를
받고 사실을 억지로 꿰맞추어 결국 暴室(폭실)에 가두었다. 두 貴人
은 함께 독약을 마시고 자살하였다. 장제는 이에 마음 아파하면서

掖庭令에게 명하여 (洛陽城 북쪽) 樊濯聚(번탁취)란 곳에 묻게 하였다.

이전에 宋楊(송양)을 면직시켜 본군으로 돌려보냈다. 군현에서는 이 사건 때문에 송양을 잡아 가두자 송양의 友人인 전 懷縣(회현) 현령이던 山陽郡 사람 張峻(장준), 左馮翊이었던 沛國 사람 劉均(유균) 등이 부지런히 억울함을 풀어주어 면죄되었다. 송양은 뜻을 잃고 초췌하여 집에서 죽었다.

유경은 비록 어렸지만 혐의와 화를 피하는 방법을 알아 모친 宋氏를 입에 올리지도 않았으며, 章帝는 더욱 가엾게 여겨 황후에게 유경의 의복을 태자와 동등하게 하라고 명하였다. 태자는 특별히 유경을 친애하여 안에서는 한 방에서 지냈고 외출 때는 수레를 같이 탔다.

태가가 즉위하니 이가 和帝인데, 유경을 아주 특별하게 대우하여 다른 왕에 비할 바가 아니었고 私事를 늘 함께 상의하였다.

原文

後慶以長, 別居丙舍. 永元四年, 帝移幸北宮章德殿, 講於白虎觀, 慶得入省宿止. 帝將誅竇氏, 欲得〈外戚傳〉, 懼左右不敢使, 乃令慶私從千乘王求, 夜獨內之. 又令慶傳語中常侍鄭衆求索故事. 及大將軍竇憲誅, 慶出居邸, 賜奴婢三百人, 輿馬, 錢帛, 帷帳, 珍寶, 玩好充仞其第, 又賜中傅以下至左右錢帛各有差.

| 註釋 | ○中常侍 鄭衆 - 78권, 〈宦者列傳〉에 立傳. ○求索故事 - 文帝가 외숙인 薄昭(박소)를 제거하고, 武帝가 竇嬰(두영)을 제거한 옛날 사건. ○中傅(중부) - 宦者.

[國譯]

뒷날 劉慶이 장성하자 丙舍(병사)에 별거하게 하였다. (和帝) 永元 4년, 화제는 北宮 章德殿에 옮겨 거처하면서 白虎觀(백호관)에서 경전을 강독하였는데 유경은 입궁하여 함께 유숙하였다. 화제는 竇氏(두씨) 일족을 주살하고자,《漢書》〈外戚傳〉을 읽어보려고 하였으나 좌우 측근이 알게 될 것을 걱정하여 유경에게 千乘王을 시켜 구하게 하였고 밤에 이를 바치게 하였다. 또 유경을 시켜 中常侍 鄭衆(정중)으로 하여금 옛 사건을 조사하게 하였다. 大將軍 竇憲(두헌)을 주살한 뒤에 유경은 궁궐을 떠나 생활하였는데 화제는 奴婢 3백 명과 수레와 마필, 錢帛, 帷帳, 珍寶, 玩好物(완호물) 등으로 그 저택을 채워주었으며 또 中傅(중부) 이하 측근들에게도 금전과 비단을 차등을 두어 나눠주었다.

原文

慶多被病, 或時不安, 帝朝夕問訊, 進膳藥, 所以垂意甚備. 慶小心恭孝, 自以廢黜, 尤畏事愼法. 每朝謁陵廟, 常夜分嚴裝, 衣冠待明, 約勅官屬, 不得與諸王車騎競驅. 常以貴人葬禮有闕, 每竊感恨, 至四節伏臘, 輒祭於私室. 竇氏誅後, 始使乳母於城北遙祠. 及竇太后崩, 慶求上冢致哀,

帝許之, 詔太官四時給祭具. 慶垂涕曰, "生雖不獲供養, 終
得奉祭祀, 私願足矣."

欲求作祠堂, 恐有自同恭懷梁后之嫌, 遂不敢言. 常泣向
左右, 以爲沒齒之恨. 後上言外祖母王年老, 遭憂病, 下土
無醫藥, 願乞詣洛陽療疾. 於是詔宋氏悉歸京師, 除慶舅衍,
俊,蓋,暹等皆爲郎.

| 註釋 | ○恭懷梁后 – 和帝 生母 梁貴人. ○太官 – 황제의 식사 담당.
太官令. ○沒齒之恨 – 죽을 때까지도 恨이 되다. 沒은 다하다(終也). 齒는
年也.

[國譯]

劉慶(유경)은 병치레가 많았고 가끔 불안정했기에 和帝는 조석으
로 안부를 묻고 약을 공급해주며 세심하게 걱정을 하였다. 유경도
조심하며 공경하였고 폐출되었기에 국법을 두려워하며 신중하였
다. 조회나 종묘를 배알할 때는 늘 한밤에 모든 준비를 다하고 의관
을 착용한 채 날이 밝기를 기다렸으며 관속을 미리 단속하여 다른
왕의 수레와 경쟁하지 못하게 하였다. 모친 宋貴人의 장례를 제대로
못 치렀기에 늘 혼자 슬퍼했으며 사계절의 時祭나 복날 또는 臘祭
(납제) 때는 방에서 몰래 제사를 지냈다.

竇氏(두씨) 일족이 주살되자, 그때서야 乳母를 낙양 성 밖에 보내
멀리 떨어진 묘를 향해 제사를 지내게 하였다. 두태후가 붕어하자
유경은 무덤에 가서 제사를 지내겠다고 허락을 구하자, 화제는 허락
하면서 太官에게 四時에 맞춰 제수용품을 공급케 하였다. 이에 유경

이 눈물을 흘리며 말했다.

"생전에 봉양을 못했지만 지금이라도 제사를 지낼 수 있으니 소원을 이뤘습니다."

祠堂을 짓고 싶었지만 (和帝의 생모) 恭懷梁后가 싫어할 것 같아 끝내 말을 꺼내지 못하였다. 유경은 늘 측근을 보며 눈물을 흘렸고 죽을 때까지도 회한으로 생각하였다. 뒷날 外祖 母氏(왕씨)가 늙고 죽을병에 걸리자 지방에서 의약을 제대로 쓸 수 없다 하여 낙양에 데려다가 치료케 하겠다고 주청하였다. 이에 조서로 宋氏 일족을 모두 京師에 돌아오게 했으며, 유경의 외숙인 宋衍(송연), 俊(준), 蓋(개), 暹(섬) 등을 모두 낭관에 임용하였다.

原文

十五年, 有司以日食陰盛, 奏遣諸王侯就國. 詔曰,

「甲子之異, 責由一人. 諸王幼稚, 早離顧復, 弱冠相育, 常有〈蓼莪〉, 〈凱風〉之哀. 選懦之恩, 知非國典, 且復須留.」

至冬, 從祠章陵, 詔假諸王羽林騎各四十人. 後中傅衛欣私爲臧盜千餘萬, 詔使案理之, 並責慶不擧之狀.

慶曰, "欣以師傅之尊, 選自聖朝, 臣愚唯知言從事聽, 不甚有所懲察." 帝嘉其對, 悉以欣臧財賜慶. 及帝崩, 慶號泣前殿, 嘔血數升, 因以發病.

| 註釋 | ○早離顧復, 弱冠相育 -《詩 小雅 蓼莪(요아)》의 구절. '父兮生
我, 母兮鞠我, 顧我復我, 出入腹我.' ○〈蓼莪〉, 〈凱風〉 -〈蓼莪(요아)〉 詩
에서는 「蓼蓼者莪, 匪莪伊蒿. 哀哀父母, 生我劬勞」라 하여 부모의 은혜를
노래하였다.《詩經 邶風(패풍), 凱風(개풍)》 詩에서는 「凱風自南, 吹彼棘心.
棘心夭夭, 母氏劬勞」라 하여 凱風(南風)으로 어머니 은혜를 생각하는 효
자의 심경을 노래했다. ○選懦之恩 - 選懦(선연)은 마음이 약해 떠나보내
지 못함. 떨어지지 못함. ○章陵 - 皇考 南頓君(남돈군)의 陵. 광무제는 조
부와 부친의 묘를 昌陵이라 했다가 다시 章陵으로 개명하였고 春陵縣(용릉
현)도 장릉현으로 개명했다. ○帝崩 - 和帝는 서기 105년. 나이 27세에 죽
었다.

[國譯]

  (和帝 永元) 15년(서기 103), 담당 관리가 일식은 음기가 성한 것
이니 여러 제후왕을 봉국으로 보내야 한다고 주청하였다. 이에 조서
를 내렸다.

  「甲子日의 이변은 한 사람에게 책임이 있다. 여러 왕은 나이가 어
리며 어려서부터 부모 품을 떠나 약관에 서로를 키워주면서 늘 〈蓼
莪(요아)〉와 〈凱風(개풍)〉의 설움이 있었다. 마음이 약해 보내지 못
하는 심정이 국법에 어긋난 줄 알지만 일단은 남겨두고자 한다.」

  겨울이 되자 (諸王은) 황제를 따라 (南陽郡의) 章陵에 가서 제사
를 지냈는데 조서로 여러 제후왕에게 羽林 騎士 각 40명을 하사하
였다. 뒷날 中傅인 衛欣(위흔)이 몰래 국고 1천여만 전을 착복하자
조서로 이를 조사 평결하게 하였는데, 유경에게 이를 적발하지 못한
책임을 물어야 한다고 주청하였다. 이에 유경이 말했다.

  "위흔은 사부와 같이 존중해야 하며 聖朝(皇帝)가 선임해 보내주

었기에 臣의 어리석은 생각에 그 말을 그대로 따랐을 뿐 꼼꼼하게
살필 생각을 하지 못했습니다."

화제는 유경의 답변이 옳다 하면서 위흔이 착복한 재물을 모두
유경에게 하사하였다. 화제가 붕어하자 유경은 대전에 나아가 통곡
하며 피를 많이 토했고 이 때문에 병이 났다.

原文

明年, 諸王就國, 鄧太后特聽淸河王置中尉, 內史, 賜什物
皆取乘輿上御, 以宋衍等並爲淸河中大夫. 慶到國, 下令,

「寡人生於深宮, 長於朝廷, 仰恃明主, 垂拱受成. 旣以薄
佑, 早離顧復, 屬遭大憂, 悲懷感傷. 蒙恩大國, 職惟藩輔,
新去京師, 憂心熒熒, 夙夜屛營, 未知所立. 蓋聞智不獨理,
必須明賢. 今官屬並居爵任, 失得是均, 庶望上遵策戒, 下
免悔咎. 其懃督非枉, 明察典禁, 無令孤獲怠慢之罪焉.」

| 註釋 | ○鄧太后 – 和熹鄧皇后諱綏 – 和帝의 2번째 황후 鄧綏(등수),
황후로 재위 102 – 105년, 和帝 다음에 젖먹이인 殤帝(상제)가 즉위하고 다
음 해 죽자 章帝의 손자이며 淸河孝王 慶(경, 장제의 최초 황태자)의 아들인
劉祜(유호, 당시 13세)를 和帝의 후사로 삼아 즉위시키니, 이가 安帝이다. 安
帝 즉위 후, 鄧太后는 16년간 정사를 직접 처리하였다. 121년 붕어. ○中
大夫 – 秩 6백석, 無 정원, 왕의 여러 가지 대외업무를 담당. ○熒熒(경경)
– 외롭고 의지할 데 없는 모양(孤特也). ○屛營(병영) – 방황하다(仿徨也).

明年에 여러 왕은 봉국에 부임하였는데 鄧太后는 특별히 淸河王에게 中尉와 內史의 설치를 허용하고 하사하는 여러 가지 기물과 수레 등은 和帝가 쓰던 물건에서 골라가게 하였고, 宋衍(송연, 청하왕의 외숙) 등을 淸河國 中大夫에 임명하였다. 청하왕 유경은 부임하여 명령을 내렸다.

「寡人(과인)은 深宮에서 태어났고, 朝廷에서 생활하면서 明主에 의지하며 그냥 팔짱을 끼고 있으면서 두터운 은혜를 입었다. 이미 복이 없어서 황제(章帝)께서 돌아가셨고 근래에 다시 큰 우환(和帝의 붕어)을 당하여 몹시 슬프기만 하다. 皇恩을 입어 번왕의 직분을 받아 경사를 막 떠나왔지만 걱정과 외로움에 아침저녁으로 두려워 어찌할 바를 모르겠다. 과인이 알기로, 지혜가 모자라면 홀로 다스릴 수 없기에 현명한 자의 도움을 받아야 할 것이다. 지금 관속은 모두 지위와 임무가 있고 그 득실도 거의 같을 것이니 위로는 정책과 계율을 따라주고 아래로는 회한과 허물이 없기를 바라노라. 모든 관원은 (백성의) 억울한 일을 잘 살펴 감독하며 국법을 잘 준수하여 짐으로 하여금 국정에 태만했다는 허물을 받지 않도록 하라.」

鄧太后以殤帝襁抱, 遠慮不虞, 留慶長子佑與嫡母耿姬居淸河邸. 至秋, 帝崩, 立佑爲嗣, 是爲安帝. 太后使中黃門送耿姬歸國.

帝所生母左姬, 字小娥, 小娥姉字大娥, 犍爲人也. 初, 伯父聖坐妖言伏誅, 家屬沒官, 二娥數歲入掖庭, 及長, 並有才色. 小娥善史書, 喜辭賦. 和帝賜諸王宮人, 因入淸河第. 慶初聞其美, 賞傅母以求之. 及後幸愛極盛, 姬妾莫比. 姉妹皆卒, 葬於京師.

| 註釋 | ○殤帝襁抱 – 孝殤皇帝(105 – 106년 8월, 재위 8개월), 和帝에게 많은 아들이 태어났으나 대부분 요절하였다. 和帝는 환관과 외척이 皇子를 해친다고 생각하여 민간에 보내 양육케 하였다. 元興 元年 12월(陰)에 화제가 붕어하자 鄧皇后는 민간에서 양육 중인 劉隆(유륭, 출생 후 겨우 100일)을 궁으로 데려와 즉위시켰다. 殤帝(상제, 短折不成曰 殤. 殤은 일찍 죽을 상)는 중국 역사상 가장 어린 황제에, 가장 단명한 황제로 기록되었다. 襁은 포대기 강. ○犍爲郡 – 治所 武陽縣, 今 四川省 중앙부 眉山市 彭山區.

[國譯]

鄧太后는 殤帝(상제)가 포대기에 쌓여 있기에 예측 못할 사태를 염려하여 (청하왕) 유경의 長子 劉佑(유우)와 嫡母 耿姬(경희)를 淸河王의 私邸(사저)에 남아있게 하였다. 가을에 상제가 붕어하자 유우를 후사로 옹립하니, 이가 安帝이다. 太后는 中黃門을 시켜 耿姬(경희)를 청하국으로 돌려보냈다.

안제의 생모인 左姬(좌희)의 字는 小娥(소아)이고, 소아 언니의 字는 大娥(대아)로 犍爲郡 사람이다. 그전에 좌희의 백부 左聖(좌성)의 妖言(요언)을 퍼트려 처형되었고 그 가속은 관노비가 되었는데 소아와 대아는 몇 년 뒤 액정에 들어왔는데 장성하여 才色이 있었다. 小

娥는 史書에 능했고 辭賦를 좋아하였다. 和帝가 궁인들을 여러 왕들에 하사할 때 청하왕의 사저에 들어왔다. 유경이 처음에 그 미색을 전해 듣고 傅母에게 상을 주어 데려오게 하였다. 뒷날 소아와 대아에 대한 총애가 많아 다른 희첩은 비교가 되지 않았다. 그 뒤 자매가 죽어 京師에 묻혔다.

||原文|

慶立凡二十五年, 乃歸國. 其年病篤, 謂宋衍等曰, "淸河埤薄, 欲乞骸骨於貴人冢傍下棺而已. 朝廷大恩, 猶當應有祠室, 庶母子並食, 魂靈有所依庇, 死復何恨?"

乃上書太后曰,

「臣國土下濕, 願乞骸骨, 下從貴人於樊濯, 雖歿且不朽矣. 及今口目尙能言視, 冒昧干請. 命在呼吸, 願蒙哀憐.」

遂薨, 年二十九. 遣司空持節與宗正奉弔祭. 又使長樂謁者僕射, 中謁者二人副護喪事, 賜龍旗九旒, 虎賁百人, 儀比東海恭王. 太后使掖庭丞送左姬喪, 與王合葬廣丘.

| 註釋 | ○埤薄 – 지대가 낮고 척박하다. 埤는 낮을 비. 薄은 엷을 박. 척박하다.

[國譯]

(淸河王) 劉慶(유경)은 책립 25년에 귀국했었다. 그해에 병이 위

독하자 유경은 宋衍(송연) 등에게 말했다. "淸河는 지대가 낮고 척박하니 骸骨(해골)이 貴人(母親) 무덤 아래 묻히길 바랄 뿐이요. 조정의 大恩이 있다면 사당을 세워 모자가 함께 제사를 받고 영혼이라도 서로 의지할 수 있다면 죽어 무슨 한이 있겠소?"

그리고서는 태후에게 상서하였다.

「臣의 國土는 下濕(하습)하니 죽어 해골이나마 樊濯(번탁)의 (宋) 貴人 무덤 아래 묻히길 원하며, 그렇게 되면 죽어도 여한이 없을 것입니다. 지금 눈과 입으로 보고 말할 수 있어 죽음을 무릅쓰고 간청하옵니다. 목숨이 조석에 달렸으니 불쌍히 여겨 거둬주십시오.」

그리고 죽으니 나이 29세였다. 조정에서는 司空과 宗正에게 부절을 주어 보내 조문하고 葬祭를 돕게 하였다. 또 長樂宮 謁者僕射와 中謁者 二人을 보내 喪事를 감독케 하였으며, 九旒(규류)의 龍旗를 하사하고 虎賁 용사 1백인을 동원케 하였으니 의식은 東海 恭王과 같았다. 또 등태후는 掖庭丞을 보내 左姬(安帝의 생모)를 운구하여 廣丘(광구)에 청하왕과 합장케 하였다.

原文

子愍王虎威嗣. 永初元年, 太后封宋衍爲盛鄕侯, 分淸河爲二國, 封慶少子常保爲廣川王, 子女十一人皆爲鄕公主, 食邑奉. 明年, 常保薨, 無子, 國除.

虎威立三年薨, 亦無子. 鄧太后復立樂安王寵子延平爲淸河王, 是爲恭王.

| 註釋 | ○廣川 - 信都郡(信都國). 治所는 信都縣, 今 河北省 衡水市 관할 冀州市. ○劉寵 - 千乘王 劉伉(유항)의 아들.

[國譯]

아들 愍王(민왕) 劉虎威(유호위)가 계승하였다. (安帝) 永初 원년 (서기 107), 鄧太后는 宋衍(송연)을 盛鄕侯에 봉했고, 淸河國을 둘로 나눠 劉慶(유경)의 작은아들 劉常保(유상보)를 廣川王에 봉했으며, 딸 11인은 모두 鄕公主로 삼아 식읍을 받게 하였다. 다음 해 유상보가 죽고 無子하여 나라를 없앴다.

유호위는 재위 3년에 죽었는데 역시 아들이 없었다. 鄧太后는 이에 樂安王 劉寵의 아들 劉延平(유연평)을 淸河王에 봉하니, 이가 恭王(공왕)이다.

原文

太后崩, 有司上言, "淸河孝王至德淳懿, 載育明聖, 承天奉祚, 爲郊廟主. 漢興, 高皇帝尊父爲太上皇, 宣帝號父爲皇考, 序昭穆, 置園邑. 大宗之義, 舊章不忘. 宜上尊號曰孝德皇, 皇妣左氏曰孝德后, 孝德皇母宋貴人追諡曰敬隱后."

乃告祠高廟, 使司徒持節與大鴻臚奉策書璽綬之淸河, 追上尊號. 又遣中常侍奉太牢祠典, 護禮儀侍中劉珍等及宗室列侯皆往會事. 尊陵曰甘陵, 廟曰昭廟, 置令,丞, 設兵車周衛, 比章陵. 復以廣川益淸河國. 尊耿姬爲甘陵大貴人. 又

封女弟侍男爲涅陽長公主, 別得爲舞陰長公主, 久長爲濮陽
長公主, 直得爲平氏長公主. 餘七主並早卒, 故不及進爵.
追贈敬隱后女弟小貴人印綬, 追封諡宋楊爲當陽穆侯. 楊四
子皆爲列侯, 食邑各五千戶.

宋氏爲卿,校,侍中,大夫,謁者,郎吏十餘人. 孝德后異母弟
次及達生二人, 諸子九人, 皆爲淸河國郎中. 耿貴人者, 牟
平侯舒之孫也. 貴人兄寶, 襲封牟平侯. 帝以寶嫡舅, 寵遇
甚渥, 位至大將軍, 事已見〈耿舒傳〉.

| 註釋 | ○宣帝號父爲皇考 – 宣帝 父는 劉進(유진), 武帝의 손자, 무제
때는 史皇孫(사황손, 史는 생모의 성씨)이라 불렸는데 戾太子 사건에 휘말려
위해를 당했다. 宣帝 즉위 후에 皇考로 추존하고 立廟했다. ○大宗之義 –
후사를 계승하는 원칙. ○長公主 – 본래 황후 소생의 공주 중 연장자를 지
칭하였으나 황제의 자매 모두를 長公主라 통칭하며 맏이인 경우 大長公主
라 칭했다. ○〈耿舒傳〉 – 19권,〈耿弇列傳〉에 附傳. 耿弇(경엄)은 타고난
장수였고 그 아버지와 아들 6형제 모두가 광무제의 충직한 신하였다. 경엄
의 후손 牟平侯(모평후) 耿舒(경서)가 죽고, 아들 耿襲(경습)이 뒤를 이었다.
경습은 顯宗(明帝)의 딸 隆慮公主(융려공주)와 결혼하였다. 경습이 죽고, 아
들 耿寶(경보)가 뒤를 이었다. 경보가 안제의 큰 외숙이라 하여 대우를 받
았다.

[國譯]
鄧太后가 붕어한 뒤 有司가 安帝에게 건의했다.
"淸河孝王은 훌륭하고 아름다운 덕행으로 聖明하신 폐하를 낳고

기르시어 교사와 종묘의 주인이 되게 하셨습니다. 漢이 건국된 뒤에 高皇帝께서는 부친은 太上皇으로 높이셨으며, 宣帝께서는 (작고하신 선친을) 皇考라고 호칭하여 昭穆(소목)에 모셨고 (능묘를 관리하는) 園邑을 설치하였습니다. 후사를 계승하는 大義에서 옛 제도를 따르지 않을 수 없습니다. 尊號을 올려 孝德皇이라 칭하고, 皇妣인 左氏(좌씨)를 孝德后, 孝德皇母인 宋貴人에게도 追謚를 敬隱后라고 올려야 옳을 것입니다."

이에 이를 高祖 묘당에 제사하며 이를 告하였으며, 司徒를 보내 부절을 가지고 大鴻臚와 함께 策書와 璽綬(새수)를 받들고 청하국에 가서 尊號를 올리게 하였다. 또 中常侍를 보내 太牢(태뢰)를 써서 제사를 올리고 侍中 劉珍(유진) 등이 의례를 주관하였으며 宗室 列侯들도 모두 참여하였다. 청하왕의 능을 甘陵(감릉)이라 하였고 묘당은 昭廟(소묘)라 하였으며, 관리하는 令과 丞(승)을 두고 兵車를 배치하여 주변을 지키게 하였는데 章陵(장릉)의 전례를 따랐다. 다시 廣川國을 淸河國에 합쳤다. (청하왕 유경의 嫡室) 耿姬(경희)를 甘陵大貴人이라 하였다. 또 女弟 侍男(시남)을 涅陽(열양)長公主, 別得(별득)을 舞陰(무음)長公主, 久長(구장)을 濮陽(복양)長公主, 直得(직득)을 平氏(평씨)長公主에 봉했다. 나머지 공주 7명은 일찍 죽어 작위를 받지 못했다. 敬隱后(청하왕 유경의 생모 宋貴人)의 女弟에게 小貴人의 印綬를 추증하였고 宋楊(송양, 유경의 외조부)의 追封 諡號(시호)를 當陽 穆侯(목후)라 하였다. 또 송양의 四子를 모두 列侯에 봉하였고 食邑은 각 5천 호로 정했다. 宋氏로 卿과 校尉, 侍中, 大夫, 謁者, 郎吏에 오른 자가 10여 명이었다. 孝德后(안제의 생모 左氏)의 異母弟인 左次(좌차)와 左達生(좌달생) 2인과 그 조카들 9명은 모두 淸河國의 郎中이 되었다.

耿貴人(경귀인)이란 사람은 牟平侯(모평후) 耿舒(경서)의 손자이다. 貴人의 오빠인 耿寶(경보)는 모평후의 작위를 계승하였다. 안제는 경보가 (父) 嫡室의 외숙이라 하여 총애와 대우가 아주 대단하였고 그 지위가 大將軍에 이르렀는데, 이는 〈耿舒傳〉에 기록했다.

原文

(延平) 立三十五年薨, 子蒜嗣. 沖帝崩, 徵蒜詣京師, 將議爲嗣. 會大將軍梁冀與梁太后立質帝, 罷歸國.

蒜爲人嚴重, 動止有度, 朝臣太尉李固等莫不歸心焉. 初, 中常侍曹騰謁蒜, 蒜不爲禮, 宦者由此惡之. 及帝崩, 公卿皆正議立蒜, 而曹騰說梁冀不聽, 遂立桓帝. 語在〈李固傳〉. 蒜由此得罪.

建和元年, 甘陵人劉文與南郡妖賊劉鮪交通, 訛言淸河王當統天子, 欲共立蒜. 事發覺, 文等遂劫淸河相謝暠, 將至王宮司馬門, 曰, "當立王爲天子, 暠爲公." 暠不聽, 罵之, 文因刺殺暠. 於是捕文,鮪誅之. 有司因劾奏蒜, 坐貶爵爲尉氏侯, 徙桂陽, 自殺. 立三年, 國絶.

梁冀惡淸河名, 明年, 乃改爲甘陵. 梁太后立安平孝王子經侯理爲甘陵王, 奉孝德皇祀, 是爲威王. 理立二十五年薨, 子貞王定嗣. 定立四年薨, 子獻王忠嗣. 黃巾賊起, 忠爲國

人所執, 旣而釋之. 靈帝以親親故, 詔復忠國. 忠立十三年
薨, 嗣子爲黃巾所害, 建安十一年, 以無後, 國除.

| 註釋 | ○延平 – 樂安王 劉寵의 아들 劉延平(유연평). 淸河 恭王(공왕).
○蒜(산) – 人名. 蒜은 달래 산. 나물 종류, 마늘처럼 매운 맛이 있다. ○沖
帝 – 孝沖皇帝(효충황제)의 諱(휘) 炳(병), 順帝의 아들. 모친은 虞(우)貴人이
다. 建康 원년(서기 144) 8월 2세에 황제로 즉위. 순제 梁皇后가 皇太后로
臨朝하여 聽政하였다. 永憙(영가) 원년(145년), 봄 정월. 3세에 죽었다. ○質
帝(질제) – 孝質皇帝(효질황제, 재위 145 – 146년, 16개월)의 諱(휘)는 纘(찬)으로
肅宗(章帝)의 玄孫이다. 증조부는 千乘 貞王 伉(항)이고, 조부는 樂安 夷王
(이왕) 寵(총)이며, 부친은 勃海(발해) 孝王 鴻(홍)이고 모친은 陳夫人이다. 梁
冀(양기)가 독살. ○桓帝(환제) – 章帝의 증손, 河間王 劉開의 손자. ○〈李
固傳〉 – 63권, 〈李杜列傳〉.

[國譯]

(淸河 恭王) 劉延平은 재위 35년에 죽고 아들 劉蒜(유산)이 계승했
다. 沖帝(충제)가 붕어하자 유산을 경사로 불러 의논하여 후사로 삼
으려 했다. 그때 大將軍 梁冀(양기)와 梁太后(順帝의 황후)가 質帝(질
제)를 옹립하자 유산은 그대로 귀국했다.

劉蒜(유산)은 爲人이 엄격하고 중후하며 행실에 절도가 있어 朝臣
太尉 李固(이고) 등 모두 마음이 그에게 기울었다. 그전에 中常侍
曹騰(조등)이 유산을 알현했는데 유산이 답례를 하지 않았다 하여
환관들은 유산을 미워하였다. 질제가 붕어하자 공경들은 모두 유산
을 옹립하기로 정식 의논을 하였지만 조등 등이 양기에게 허락해서
는 안 된다고 설득하여 결국 桓帝(환제)를 옹립하였다. 이는 〈李固傳〉

에 기록했다. 유산은 이 때문에 결국은 得罪하게 된다.

(桓帝) 建和 원년(서기 147), (淸河國) 甘陵縣 사람 劉文(유문)과 南郡의 妖賊(요적)인 劉鮪(유유)는 서로 왕래하면서 淸河王이 당연히 天子가 된다는 訛言(와언)을 퍼트리면서 함께 유산을 옹립하려고 했다. 이런 일이 발각되자 유문 등은 마침내 淸河國 相인 謝暠(사호)를 협박하려고 함께 왕궁의 司馬門에 와서 말했다. "응당 청하왕을 천자로 옹립해야 하고 사호는 삼공이 되어야 합니다." 그러나 사호가 따르지 않고 욕을 하자, 유문은 사호를 칼로 찔러 죽였다. 이에 유문과 유유를 잡아 주살하였다. 담당자가 이 때문에 유산을 탄핵 상주하자, 유산은 尉氏侯(위씨후)로 작위를 강등시키고 桂陽郡으로 강제 이주시키자 자살하였다. 재위 3년에 나라가 단절되었다.

梁冀는 淸河라는 國名을 싫어하여 다음 해에 甘陵國이라 개명하였다. 梁太后가 安平國 孝王의 아들인 經侯(경후) 劉理(유리)를 甘陵王으로 삼아 孝德皇(劉慶)의 제사를 받들게 하니, 이가 威王(위왕)이다. 유리가 재위 25년에 죽자, 아들 貞王 劉定(유정)이 계승하였다. 유정이 재위 4년에 죽자, 아들 獻王(헌왕) 劉忠(유충)이 계승하였다. 黃巾賊이 봉기하자, 유충은 그 백성에게 잡혔다가 얼마 뒤 풀려났다. 靈帝는 親親의 뜻으로 조서를 내려 유충을 復國시켰다. 유충이 재위 13년에 죽었는데, 후사 아들이 황건적에게 살해되었기에 建安 11년 이후로는 후사가 없어 나라가 없어졌다.

❹ 濟北惠王 劉壽

原文

濟北惠王壽, 母申貴人, 潁川人也, 世吏二千石. 貴人年十三, 入掖庭. 壽以永元二年封, 分太山郡爲國. 和帝遵肅宗故事, 兄弟皆留京師, 恩寵篤密. 有司請遣諸王歸藩, 不忍許之, 及帝崩, 乃就國. 永初元年, 鄧太后封壽舅申轉爲新亭侯. 壽立三十一年薨. 自永初已後, 戎狄叛亂, 國用不足, 始封王薨, 減賻錢爲千萬, 布萬匹, 嗣王薨, 五百萬, 布五千匹. 時唯壽最尊親, 特賻錢三千萬, 布三萬匹.

子節王登嗣. 永寧元年, 封登弟五人爲鄉侯, 皆別食太山邑. 登立十五年薨, 子哀王多嗣. 多立三年薨, 無子. 永和四年, 立戰鄉侯安國爲濟北王, 是爲釐王.

| 註釋 | ○濟北 – 濟北國 治所는 盧縣(노현). 今 山東省 濟南市 長淸區. 泰山郡을 분리. ○釐王 – 釐는 氂(다스릴 리)의 俗字.

[國譯]

濟北 惠王 劉壽(유수)의 生母는 申(신)貴人으로 潁川郡(영천군) 사람인데 대대로 2천석 관리를 지냈다. 신귀인은 13살에 掖庭(액정)에 들어갔다. 유수는 (和帝) 永元 2년(서기 90)에 봉해졌는데, 太山郡을 나눠 侯國으로 하였다. 和帝는 肅宗(章帝)의 전례를 따라 형제들을 모두 京師에 머물게 하였는데 은총이 돈독하고 주밀했다. 담당

관리가 제후 왕을 藩國에 보내야 한다고 주청하였지만 화제는 허락하지 않았는데 화제가 붕어하자 곧 번국에 취임케 하였다. (順帝) 永初 원년(서기 107), 鄧太后는 유수의 외숙 申轉(신전)을 新亭侯에 봉했다. 유수는 재위 31년에 죽었다. 永初 이후로 戎狄(융적)의 반란으로 國用이 부족하여 최초로 봉을 받은 왕이 죽으면 賻儀(부의) 금전을 1천만, 포 1만 필로 감액하였고, 계승한 왕이 죽었을 경우 금전은 5백만, 포 5천 필로 정했었다. 그때 유수만은 가장 어른인 친족이라 하여 특별히 부의전을 3천만, 포는 3만 필을 하사하였다.

아들 節王 劉登(유등)이 계승했다. (安帝) 永寧 원년(서기 120), 유등의 아우 5명을 鄕侯에 봉했는데, 모두 太山邑을 식읍으로 주었다. 유등은 재위 15년에 죽었고 아들 哀王 劉多(유다)가 계승하였다. 유다는 재위 3년에 죽었는데 아들이 없었다. (順帝) 永和 4년(서기 139), 戰鄕侯 劉安國을 濟北王으로 봉하니, 이가 釐王(이왕)이다.

◾ 原文

安國立七年薨, 子孝王次嗣. 本初元年, 封次弟猛爲亭侯. 次九歲喪父, 至孝. 建和元年, 梁太后下詔曰,

「濟北王次以幼年守藩, 躬履孝道, 父沒哀慟, 焦毁過禮, 草廬土席, 衰杖在身, 頭不枇沐, 體生瘡腫. 諒闇已來二十八月, 自諸國有憂, 未之聞也, 朝廷甚嘉焉.《書》不云乎, '用德章厥善.'《詩》云, '孝子不匱, 永錫爾類.' 今增次封五千戶, 廣其土宇, 以慰孝子惻隱之勞.」

次立十七年薨, 子鸞嗣. 鸞薨, 子政嗣. 政薨, 無子, 建安
十一年, 國除.

| 註釋 | ○諒闇已來二十八月 – 諒闇(양암)은 居喪하다. 왕이 상중에 거
처하는 방. 諒은 믿을 량, 흉할 량. 闇은 닫힌 문 암. ○《書》不云乎 –《尙書
商書 盤庚 上》의 구절. ○《詩》云 –《詩 大雅 旣聚》의 구절. ○孝子不匱,
永錫爾類 – 匱는 다하다(竭也). 類는 선행.

[國譯]

(濟北王) 劉安國이 재위 7년에 죽자, 아들 孝王 劉次(유차)가 계승
했다. (質帝) 本初 원년(서기 146), 유차의 아우 劉猛(유맹)을 亭侯에
봉했다. 유차는 9살에 부친을 여의고 효행을 다했다. (桓帝) 建和 원
년(서기 147), 梁太后가 조서를 내렸다.

「濟北王 劉次는 어린 나이의 藩王(번왕)으로 몸소 효도를 실천하
였으니 부친상을 당하여 애통하며 초췌한데도 禮를 지켜 초가집 맨
땅에 거처하면서 쇠약하여 지팡이에 의지하며 머리를 감지도 못하
여 몸에 부스럼이 생겼다. 居喪하기 28개월이니 여러 封國에서 喪
을 당하여 이런 경우가 없었기에 조정에서는 심히 가상히 생각하고
있다.《書》에서도 '德으로서 선행을 빛나게 한다.' 고 하지 않았는
가? 또《詩》에서도 '孝子의 행실이 끝이 없으니 너의 선행을 표창하
여 천하를 이끌도다.' 라고 하였다. 이에 유차에게 식읍 5천 호를 증
액하고 그 영토를 넓혀주어 효자의 측은한 고생을 위로하노라.」

유차는 재위 17년에 죽었고 아들 劉鸞(유란)이 계승하였다. 유란
이 죽자 아들 劉政(유정)이 계승하였다. 유정이 죽자 아들이 없어 建

安 11년에 나라를 없앴다.

❺ 河間孝王 劉開

河間孝王開, 以永元二年封, 分樂成,勃海,涿郡爲國. 延平元年就國. 開奉遵法度, 吏人敬之. 永寧元年, 鄧太后封開子翼爲平原王, 奉懷王勝祀, 子德爲安平王, 奉樂成王黨祀.

開立四十二年薨, 子惠王政嗣. 政憸佷, 不奉法憲. 順帝以侍御史吳郡沈景有彊能稱, 故擢爲河間相. 景到國謁王, 王不正服, 箕踞殿上. 侍郎贊拜, 景峙不爲禮. 問王所在, 虎賁曰, "是非王邪?" 景曰, "王不服, 常人何別! 今相謁王, 豈謁無禮者邪!" 王慙而更服, 景然後拜. 出住宮門外, 請王傅責之曰, "前發京師, 陛下見受詔, 以王不恭, 使檢督. 諸君空受爵祿, 而無訓導之義." 因奏治罪.

詔書讓政而詰責傅. 景因捕諸姦人上案其罪, 殺戮尤惡者數十人, 出冤獄百餘人. 政遂爲改節, 悔過自修. 陽嘉元年, 封政弟十三人皆爲亭侯. 政立十年薨, 子貞王建嗣. 建立十年薨, 子安王利嗣. 利立二十八年薨, 子陔嗣. 陔立四十一年, 魏受禪, 以爲崇德侯.

| 註釋 | ㅇ河間孝王開 - 河間國의 治所는 樂成縣, 今 河北省 남동부의 滄州市 獻縣(헌현). ㅇ懷王勝 - 和帝의 子. ㅇ樂成王黨 - 劉黨은 明帝의 子. ㅇ傲很 - 傲는 거만할 오. 很은 어그러질 한. 어기다. 괴팍하다.

[國譯]

河間國 孝王 劉開(유개)는 (和帝) 永元 2년에 책봉되었고, 樂成國, 勃海國, 涿郡(탁군)을 분할하여 나라를 만들었다. (殤帝) 延平 원년 (서기 106)에 봉국에 취임하였다. 유개는 법도를 잘 지켜 관리와 백성이 존경하였다. (安帝) 永寧 원년, 鄧(등)태후는 유개의 아들 劉翼 (유익)을 平原王으로 삼아 懷王 劉勝(유승)의 제사를 받들게 하였고, 아들 劉德(유덕)을 安平王으로 삼아 樂成王 劉黨(유당)의 제사를 받들게 하였다.

유개는 재위 42년에 죽었는데 아들 惠王 劉政(유정)이 뒤를 이었다. 유정은 오만 괴팍하였고 법도를 지키지 않았다. 順帝는 侍御史인 吳郡 출신 沈景(심경)이 강경하면서도 유능하다는 칭송을 듣자 일부러 河間國相으로 발탁하였다.

심경이 하간국에 도착하여 왕을 알현했는데 왕은 옷을 바로 입지도 않고 大殿에서 다리를 벌리고 앉아있었다. 侍郎이 배례를 도와주려 하자 심경은 서서 예를 올리지 않았다. 그리고 왕이 어디 있는가 묻자, 虎賁 군사가 "이 분이 왕이 아닙니까?"라고 말했다. 그러자 심경이 말했다. "王이 복장을 제대로 갖추지 않았으니 보통 사람과 어찌 구별하겠나! 지금 國相이 왕을 알현해야하나 어찌 무례한 자에게 절을 하겠는가!"

그러자 왕은 부끄러워하며 옷을 갈아입었고 심경은 그때서야 배례하였다. 심경은 궁문 밖에 거주하면서 왕의 사부를 불러 문책하였다.

"앞서 경사를 출발하면서 폐하를 뵙고 조서를 받았는데 하간국 왕이 不恭하니 감독하라고 하셨다. 여러분은 공연히 작록만 받으면서 왕을 바르게 보필할 뜻도 없었다."

그러면서 치죄할 것을 상주하였다.

詔書로 유정을 꾸짖고 사부를 힐책하였다. 심경은 불법을 자행하는 자를 체포하고 죄에 따라 판결을 내려 아주 나쁜 자 수십 명을 죽였고 억울하게 옥에 갇힌 1백여 명을 출옥시켰다. 유정은 이에 지조를 바꿔 뉘우치며 행실을 바로잡았다. (順帝) 陽嘉 원년(서기 132), 유정의 동생 13인을 모두 亭侯에 봉했다. 유정 재위 10년에 죽고 아들 貞王 劉建(유건)이 계승했다. 유건이 재위 10년에 죽자 아들 安王 劉利(유리)가 계승하였다. 유리는 재위 28년에 죽었고 아들 劉陔(유해)가 계승했다. 유해는 재위 41년에 魏가 漢의 선양을 받자 崇德侯가 되었다.

原文

蠡吾侯翼, 元初六年鄧太后徵濟北,河閒王諸子詣京師, 奇翼美儀容, 故以爲平原懷王後焉. 留在京師. 歲餘, 太后崩. 安帝乳母王聖與中常侍江京等譖鄧騭兄弟及翼, 云與中大夫趙王謀圖不軌, 窺覦神器, 懷大逆心. 貶爲都鄉侯, 遣歸河閒. 翼於是謝賓客, 閉門自處. 永建五年, 父開上書, 願分蠡吾縣以封翼, 順帝從之.

| 註釋 |　○平原懷王 - 平原 懷王 劉得은 아들이 없었다.　○窺覦神器 -
窺은 엿볼 규. 覦는 넘겨다 볼 유. 神器는 帝位.

[國譯]

　　蠡吾侯(여오후) 劉翼(유익)은 (安帝) 元初 6년에 鄧(등)태후가 濟北
과 河間王의 여러 아들을 모두 京師로 불렀는데, 유익의 의표와 용
모를 기특하게 여겨서 平原 懷王의 후사로 삼을 생각이었다. 유익은
京師에 머물고 있었다. 일년 남짓에 등태후가 붕어했다.

　　그러자 安帝의 유모인 王聖(왕성)은 中常侍 江京(강경) 등과 함께
鄧騭(등즐) 형제 및 유익을 참소하며 中大夫 趙王(조왕)과 불충한 모
의를 하고 천자의 자리를 엿보다 반역할 마음을 품고 있다고 모함하
였다. 이에 유익은 都鄕侯로 폄하되어 河間國으로 돌아갔다.

　　유익은 이에 모든 빈객을 사양하며 폐문하고 홀로 지냈다. (順帝)
永建 5년(서기 130), 부왕 劉開는 상서하여 蠡吾縣(여오현)을 나눠
유익을 봉하겠다고 주청하자 順帝가 허락하였다.

原文

　　翼卒, 子志嗣, 爲大將軍梁冀所立, 是爲桓帝. 梁太后詔
追尊河間孝王爲孝穆皇, 夫人趙氏曰孝穆后, 廟曰淸廟, 陵
曰樂成陵, 蠡吾先侯曰孝崇皇, 廟曰烈廟, 陵曰博陵. 皆置
令,丞, 使司徒持節奉策書,璽綬, 祠以太牢. 建和二年, 更封
帝弟都鄕侯碩爲平原王, 留博陵, 奉翼後. 尊翼夫人馬氏爲

孝崇博園貴人, 以涿郡之良鄉,故安, 河閒之蠡吾三縣爲湯
沐邑. 碩嗜酒, 多過失, 帝令馬貴人領王家事. 建安十一年,
國除.

| 註釋 | ○湯沐邑 – 본래는 周의 天子가 제후에게 하사하는 齋潔之地.
후대에는 제왕과 황후, 공주도 탕목읍을 소유했다. 이는 개인의 봉양을 목
적으로 한 사유지이다. 탕목으로 지정된 지역은 湯沐邑이라고 했다.

[國譯]

劉翼(유익)이 죽자 아들 劉志(유지)가 계승하였는데 大將軍 梁冀
(양기)에 의해 천자로 옹립되니, 이가 桓帝(환제)이다. 梁太后는 조서
를 내려 河閒孝王을 孝穆皇(효목황)으로 追尊하고 夫人 趙氏를 孝穆
后(효목후)라 하고 (하간 효왕의) 廟를 淸廟(청묘), 陵을 樂成陵(낙성
릉), 蠡吾先侯(여오선후)를 孝崇皇(효숭황), 廟를 烈廟(열묘), 陵을 博陵
(박릉)이라고 하였다. 모두 令과 丞(승)을 두었고 司徒에게 부절을 갖
고 策書와 璽綬(새수)를 바치고 太牢(태뢰)로 제사하게 하였다. (桓
帝) 建和 2년, 다시 환제의 아우인 都鄉侯 劉碩(유석)을 平原王에 봉
하여 博陵縣에 머물며 유익의 제사를 받들게 하였다. 劉翼의 夫人
馬氏(마씨)를 孝崇博園貴人(효숭박원귀인)으로 높이고 涿郡(탁군)의
良鄉(양향)과 故安(고안), 河間郡의 蠡吾(여오) 등 3개 현을 湯沐邑(탕
목읍)으로 주었다. 유석은 술을 좋아하여 실수가 많았기에 환제는
馬貴人이 王家의 업무를 주관케 하였다. (獻帝) 建安 1년에 나라가
없어졌다.

解瀆亭侯淑, 以河間孝王子封. 淑卒, 子萇嗣. 萇卒, 子宏嗣, 爲大將軍竇武所立, 是爲靈帝. 建寧元年, 竇太后詔追尊皇祖淑爲孝元皇, 夫人夏氏曰孝元后, 陵曰敦陵, 廟曰靖廟, 皇考萇爲孝仁皇, 夫人董氏爲愼園貴人, 陵曰愼陵, 廟曰奐廟. 皆置令, 丞, 使司徒持節之河間奉策書, 璽綬, 祠以太牢, 常以歲時遣中常侍持節之河間奉祠. 熹平三年, 使使拜河間安王利子康爲濟南王, 奉孝仁皇祀. 康薨, 子贇嗣, 建安十二年, 爲黃巾賊所害. 子開嗣, 立十三年, 魏受禪, 以爲崇德侯.

| 註釋 | ○大將軍 竇武 - 환제의 3번째 竇皇后의 친정아버지, 靈帝를 옹립하고 임조 청정했다. 69권, 〈竇何列傳〉에 입전. ○劉贇(유빈) - 贇은 예쁠 빈(본음 윤).

[國譯]

解瀆亭侯(해독정후) 劉淑(유숙)은 河間 孝王의 아들로 책봉되었다. 유숙이 죽자 아들 劉萇(유장)이 계승했다. 유장이 죽어 아들 劉宏(유굉)이 계승하였는데 유굉이 大將軍 竇武(두무)에 의해 옹립되니, 이가 靈帝(영제)이다. (靈帝) 建寧 원년(서기 168), 竇(두)태후가 조서를 내려 (靈帝의) 祖父 劉淑(유숙)을 孝元皇(효원황), 夫人 夏氏(하씨)를 孝元后(효원후)로 추존하였고, 陵을 敦陵(돈릉), 廟를 靖廟(정묘)라 하였고, 皇考인 劉萇(유장)을 孝仁皇(효인황), 夫人 董氏(동씨)를 愼園貴

人(신원귀인)으로 추존하고, 陵을 愼陵(신릉), 廟를 奐廟(환묘)라고 하였다. 모두 令과 丞을 두었고 司徒로 하여금 부절을 갖고 河間國에 가서 策書와 璽綬를 바치고 太牢(태뢰)로 제사를 지내게 하였고, 항상 세시에 맞춰 中常侍에게 부절을 주어 하간국에 가서 제사를 올리게 하였다. (靈帝) 熹平 3년, 사자를 보내 河間 安王 劉利(유리)의 아들 劉康(유강)을 濟南王에 책봉하여 孝仁皇의 제사를 받들게 하였다. 劉康(유강)이 죽어 아들 劉贇(유빈)이 계승하였는데 (獻帝) 建安 12년, 黃巾賊에서 피살당했다. 아들 劉開(유개)가 계승하였는데 재위 13년에 魏가 선양을 받자 崇德侯(숭덕후)가 되었다.

❻ 城陽懷王 劉淑

原文

城陽懷王淑, 以永元二年分濟陰爲國. 立五年薨, 葬於京師. 無子, 國除, 還並濟陰.

| 註釋 | ○城陽 – 치소는 莒縣(거현), 今 山東省 남부 해안의 日照市 관할 莒縣.

[國譯]

城陽 懷王 劉淑은 (和帝) 永元 2년 濟陰郡(제음군)을 나눠 설치하였다. 재위 5년에 죽어 京師에서 장례했다. 無子하여 나라가 없어졌고 본래 濟陰郡으로 돌아갔다.

❼ 廣宗殤王 劉萬歲

|原文|

廣宗殤王萬歲, 以永元五年封, 分鉅鹿爲國. 其年薨, 葬
於京師. 無子, 國除, 還並鉅鹿.

|註釋| ○鉅鹿(거록) – 郡名. 治所는 慶陶縣(영도현), 今 河北省 남부 邢
台市 寧晋縣.

[國譯]

廣宗 殤王(상왕) 劉萬歲(유만세)는 永元 5년에 책봉되었는데 鉅鹿
郡을 분할한 나라였다. 그 해에 죽어 京師에 장례했다. 無子하여 나
라를 없앴고 거록군으로 돌아갔다.

❽ 平原懷王 劉勝

|原文|

平原懷王勝, 和帝長子也. 不載母氏. 少有痼疾, 延平元
年封. 立八年薨, 葬於京師. 無子, 鄧太后立樂安夷王寵子
得爲平原王, 奉勝後, 是爲哀王. 得立六年薨, 無子, 永寧元
年, 太后又立河閒王開子都鄉侯翼爲平原王嗣. 安帝廢之,
國除.

| 註釋 | ○平原 – 郡名. 治所는 平原縣, 今 山東省 북부 德州市 관할의 平原縣.

[國譯]

平原 懷王 劉勝(유승)은 和帝의 長子이다. 모친을 기록하지 못했다. 어려서부터 고질병이 있었는데 (殤帝) 延平 元年(서기 106)에 책봉되었다. 책봉 8년에 죽어 경사에 장례했다. 無子하여 鄧太后가 樂安 夷王 劉寵의 아들 劉得(유득)을 平原王에 봉하여 劉勝의 뒤를 잇게 하니, 이가 哀王(애왕)이다. 유득은 재위 6년에 죽었는데 아들이 없어 (安帝) 永寧 元年에 등태후가 또 河間王 劉開(유개)의 아들 都鄉侯 劉翼(유익)을 平原王의 후사로 삼았다. 安帝 때 폐위되어 나라가 없어졌다.

原文

論曰, 傳稱吳子夷昧, 甚德而度, 有吳國者, 必其子孫. 章帝長者, 事從敦厚, 繼祀漢室, 咸其苗裔, 古人之言信哉!

| 註釋 | ○吳子夷昧 – 吳子는 吳나라 왕. 夷昧(이매)는 吳 君主의 名. 壽夢(수몽)의 3남. 季札(계찰)의 형. 餘昧로도 표기. 매우 어질고 덕행이 훌륭한 인물이었다.

[國譯]

范曄(범엽)의 史論 : 《春秋》傳에는 吳王 夷昧(이매)는 훌륭한 덕행

에 용의주도하여 吳國을 다스릴 자는 틀림없이 그 자손이라고 하였
다. 章帝는 長者라서 모든 일에 敦厚(돈후)하였는데 그 후손이 모두
漢室을 이어 제사를 받들었으니 옛사람의 말을 신뢰할 수 있다.

■原文

　贊曰, 章祚不已, 本枝流祉. 質惟伉孫, 安亦慶子. 河間多
福, 桓,靈承祀. 濟北無驕, 皇恩寵饒. 平原抱痼, 三王薨朝.
振振子孫, 或秀或苗.

|註釋|　○本枝流祉 - 本枝는 본줄기와 가지. 여러 후손. 祉는 하늘이
내린 복.　○振振子孫 - 振振(진진)은 인자 후덕한 모양.　○或秀或苗 - 싹
이 터도 이삭이 못 나올 수도 있고, 이삭이 나와도 결실은 맺지 못할 수도
있다. 「子曰, "苗而不秀者, 有矣夫! 秀而不實者, 有矣夫!"」《論語 子罕》.

[國譯]

　贊曰,
　章帝의 旺運은 그치지 않아 후손이 帝位에 올랐다.
　質帝는 劉伉의 후손이고, 安帝는 劉慶의 아들이다.
　河間王은 多福하여 桓帝, 靈帝가 제위에 올랐다.
　濟北王은 無驕하여 皇恩과 총애가 넘쳤다.
　平原王은 고질병이 있었고 三王은 京師에서 죽었다.
　인자 후덕한 자손에 싹이 트고 꽃도 피웠다.

56 張王种陳列傳
〔장,왕,충,진열전〕

❶ 張晧

原文

張晧字叔明, 犍爲武陽人也. 六世祖良, 高帝時爲太子少傳, 封留侯. 晧少遊學京師, 永元中, 歸仕州郡, 辟大將軍鄧騭府, 五遷尙書僕射, 職事八年, 出爲彭城相.

永寧元年, 徵拜廷尉. 晧雖非法家, 而留心刑斷, 數與尙書辯正疑獄, 多以詳當見從. 時安帝廢皇太子爲濟陰王, 晧與太常桓焉, 太僕來歷廷爭之, 不能得. 事已具〈來歷傳〉. 退而上疏曰,

「昔賊臣江充, 造構讒逆, 至令戾園興兵, 終及禍難. 後壺關三老一言, 上乃覺悟, 雖追前失, 悔之何逮! 今皇太子春

秋方始十歲, 未見保傅九德之義, 宜簡賢輔, 就成聖質.」

書奏不省.

| 註釋 | ○詳當見從 - 詳當은 詳審하여 공평 정당하다. ○〈來歷傳〉 - 來歷은 來歙(내흡)의 曾孫. 15권,〈李王鄧來列傳〉에 立傳. ○至令戾園興兵 - 전한 武帝 말기, 巫蠱(무고)의 禍는 형식상으로는 衛太子(위태자)가 군사를 동원하여 무고행위라고 덮어씌우는 江充(강충, ?-前 91)을 제거하려고 했지만, 사건은 衛太子가 군사를 일으켜 승상의 군사와 싸운 것이 되었고, 그 때문에 衛太子는 반역자로 쫓기고 결국 자살했다. 그 衛太子의 손자가 宣帝이다. 선제가 즉위한 뒤에 위태자에게 戾(려)라는 追諡를 올리고 능원을 戾園(여원)이라 하였다. ○壺關三老 - 壺關의 三老인 令狐茂(영호무)는 상소를 올려 태자 사후에 태자를 변호하였다. ○九德 -「寬而栗, 柔而立, 願而恭, 亂(治)而敬, 擾而毅, 直而溫, 簡而廉, 剛而塞, 彊而誼.」번역 생략,《尙書 虞書 皐陶謨》참고.

[國譯]

張晧(장호)의 字는 叔明(숙명)으로 犍爲郡 武陽縣 사람이다. 六世祖인 張良은 高帝 때 太子少傅로 留侯(유후)에 책봉되었다. 장호는 젊어 경사에 유학하였고, (和帝) 永元 연간에 州郡에 출사하였는데, 鄧騭(등즐)의 大將軍府의 부름을 받았고 5번 승진하여 尙書僕射가 되어 8년간 재직하다가 彭城國 相으로 나갔다.

(安帝) 永寧 원년 조정의 부름을 받아 廷尉가 되었다. 장호는 법률 전공자가 아니었지만 정성으로 형벌을 판결하였고, 尙書들과 함께 여러 번 의심스러운 판결에 대해 논의하였는데 공평한 장호의 주장이 자주 채택되었다. 그때 安帝는 皇太子를 폐위하여 濟陰王으로

봉하였는데, 장호와 太常인 桓焉(환언), 太僕인 來歷(내력)과 함께 조정에서 이를 간쟁하였으나 뜻대로 되지 않았다. 이는 〈來歷傳〉에 상세히 기록했다. 장호는 물러나 상소하였다.

「옛날에 賊臣 江充(강충)은 참역한 일을 꾸며 결국 衛태자로 하여금 興兵하게 만들었고 큰 환난을 당했습니다. 뒷날 壺關(호관)의 三老가 상소하여 무제를 깨우쳤는데 비록 앞서 잘못을 뉘우친들 어찌 하겠습니까? 지금 皇太子는 春秋 겨우 10살이니 아직 사부로부터 九德의 가르침을 못 받았으니 응당 현인을 골라 가르쳐 좋은 자질을 길러주어야 합니다.」

상서는 받아들여지지 않았다.

原文

及順帝卽位, 拜晧司空, 在事多所薦達, 天下稱其推士. 時淸河趙騰上言災變, 譏刺朝政, 章下有司, 收騰繫考, 所引黨輩八十餘人, 皆以誹謗當伏重法. 晧上疏諫曰,

「臣聞堯舜立敢諫之鼓, 三王樹誹謗之木, 《春秋》采善書惡, 聖主不罪芻蕘. 騰等雖干上犯法, 所言本欲盡忠正諫. 如當誅戮, 天下杜口, 塞諫爭之源, 非所以昭德示後也.」

帝乃悟, 減騰死罪一等, 餘皆司寇. 四年, 以陰陽不和策免. 陽嘉元年, 復爲廷尉. 其年卒官, 時年八十三. 遣使者弔祭, 賜葬地於河南縣. 子綱.

| 註釋 |　○《春秋》采善書惡 - 勸善과 懲惡(징악)의 뜻.　○聖主不罪芻蕘
- 芻蕘(추요)는 꼴을 베고 나무를 하는 무식한 백성. 무식한 백성의 죄를
묻지 않다.　○餘皆司寇 - 변방의 초소에 나가 2년간 적을 감시하는 형벌,

[國譯]

順帝는 즉위한 뒤에 張晧(장호)를 司空에 임명했고 장호는 재직
중에 인재를 많이 천거하였는데 천하가 장호를 칭송하였다. 그 무렵
淸河國의 趙騰(조등)이 재해와 이변을 들어 조정의 정치를 신랄하게
비판하였는데 담당자에게 이첩되자 조등을 체포 조사하자 이에 연
관된 무리가 80여 명이나 되었고 모두가 비방 죄에 중형으로 판결
되었다. 이에 장호는 간언을 상소하였다.

「臣이 알기로, 堯舜은 자유롭게 간언을 할 수 있는 북(鼓)을 설치
했고, 三王은 誹謗(비방)할 수 있는 나무 기둥을 세워놓았으며,《春
秋》는 선과 악을 함께 기록하였으며, 聖主는 나무꾼의 죄를 묻지 않
는다고 하였습니다. 趙騰(조등) 등이 비록 윗사람의 뜻을 범했다지
만 그래도 충성을 다하여 간쟁하려는 뜻이었습니다. 만약 조등을 죽
이게 되면 천하백성의 입을 막아 간쟁의 근원을 봉쇄하는 것으로 훌
륭한 덕을 후세에 보여주는 일이 아닙니다.」

순제는 이에 느낀 바 있어 조등의 사형을 한 등급 낮추었고 나머
지는 모두 2년간 변방에서 적을 감시하게 하였다. 장호는 재직 4년
에 음양이 조화롭지 못하다 하여 책서로 면직되었다.

(순제) 陽嘉 원년(서기 132), 다시 정위가 되었다. 그 해에 재직
중에 죽었는데 나이 83세였다. 사자를 보내 조문, 제사하게 하였으
며 河南의 현에 장지를 하사하였다.

아들이 張綱(장강)이다.

❷ 張綱

▮原文

綱字文紀. 少明經學. 雖爲公子, 而厲布衣之節. 擧孝廉
不就, 司徒辟高第爲侍御史. 時順帝委縱宦官, 有識危心.
綱常感激, 慨然歎曰, "穢惡滿朝, 不能奮身出命埽國家之
難, 雖生吾不願也." 退而上書曰,

「《詩》曰, '不愆不忘, 率由舊章.' 尋大漢初隆, 及中興之
世, 文,明二帝, 德化尤盛. 觀其理爲, 易循易見, 但恭儉守
節, 約身尙德而已. 中官常侍不過兩人, 近幸賞賜裁滿數金,
惜費重人, 故家給人足. 夷狄聞中國優富, 任信道德, 所以
姦謀自消而和氣感應. 而頃者以來, 不遵舊典, 無功小人皆
有官爵, 富之驕之而復害之, 非愛人重器, 承天順道者也.
伏願陛下少留聖思, 割損左右, 以奉天心.」

書奏不省.

| 註釋 | ○《詩》曰, '不愆不忘'∼─《詩 大雅 假樂》. 愆은 허물 건(過也).

[國譯]

張綱(장강)의 字는 文紀(문기)이다. 젊어서부터 經學에 밝았다. 비록 公家의 아들이었으나 布衣의 지조를 지켰다. 孝廉으로 천거되었지만 응하지 않았는데 司徒府에서 우수 인재로 천거하여 侍御史가 되었다. 그 무렵 順帝는 환관에게 정사를 맡겨 국정이 매우 위태로웠다. 장강은 늘 비분강개하면서 탄식하였다.

"더러운 惡이 조정에 가득하니 이 몸을 돌보지 않고 국가의 위난을 제거하지 않고 그냥 살아가는 것은 내가 바라는 바가 아니다."

이에 물러나 상서하였다.

「《詩》에는 '잘못도 실수도 없이 (成王은) 옛 법도를 따라가네' 라고 하였습니다. 大漢 초기의 융성과 中興의 시기, 文帝와 明帝 대에는 德化가 크게 융성하였습니다. 그 治國의 도리는 (우리가) 쉽게 따르고 본받을 수 있으니 오직 공경과 검소와 지조를 지키며 몸을 낮추고 덕을 숭상하는 것이었습니다. 中官 常侍는 2인에 불과하고 측근으로서 하사품이 겨우 얼마라 하지만 작은 비용을 아끼고 백성을 중시한다면 백성의 살림은 넉넉해질 것입니다. 사방의 夷狄(이적)은 中國이 여유 있고 부유하며 신의와 도덕을 지키기에 불법은 저절로 다스려지고 화기가 감응한다고 믿고 있습니다. 그러나 근자에는 옛 법도를 따르지 않고 아무런 공적도 없는 소인들이 관위와 작록을 받아 부유하고 교만하여 백성에 해악을 끼치니, 이는 백성을 사랑하는 것도 인재를 중시하는 것도 아니며 하늘을 받들고 순응하는 것도 아닙니다. 원컨대, 폐하께서는 이를 유념하시고 측근을 통제하고 天心을 받드셔야 합니다.」

상서가 올라갔으나 회답이 없었다.

原文

漢安元年, 選遣八使徇行風俗, 皆耆儒知名, 多歷顯位, 唯綱年少, 官次最微. 餘人受命之部, 而綱獨埋其車輪於洛陽都亭, 曰, "豺狼當路, 安問狐狸!" 遂奏曰,

「大將軍冀, 河南尹不疑, 蒙外戚之援, 荷國厚恩, 以銶蕘之資, 居阿衡之任, 不能敷揚五敎, 翼贊日月, 而專爲封豕長蛇, 肆其貪叨, 甘心好貨, 縱恣無底, 多樹諂諛, 以害忠良. 誠天威所不赦, 不辟所宜加也. 謹條其無君之心十五事, 斯皆臣子所切齒者也.」

書御, 京師震竦. 時冀妹爲皇后, 內寵方盛, 諸梁姻族滿朝, 帝雖知綱言直, 終不忍用.

|**註釋**| ○八使徇行風俗 – 順帝가 지방관의 부정을 감독하기 위해 특별히 파견한 사자 8인. 侍中인 杜喬(두교), 光祿大夫인 周擧(주거), 光祿大夫 대행 郭遵(곽준), 馮羨(풍선), 欒巴(난파), 張綱(장강), 周栩(주허), 劉班(유반) 등 8인을 각 州와 郡에 나눠 보내서 風俗을 순찰하며 교화를 널리 펴고 (관리의) 선악을 사실대로 조사하여 부정을 규찰, 탄핵케 하였는데 당시 백성이 이들을 '八駿(8준)'이라 부르며 칭송했다. 61권, 〈左周黃列傳〉의 〈周擧傳〉 참고. ○居阿衡之任 – 阿衡(아형)은 본래 伊尹(이윤)의 직함. 재상의 지위로 통용. 阿는 의지하다. 衡은 평안하다. ○封豕長蛇 – 산처럼 큰 돼지와 긴 구렁이. 탐욕이 끝이 없는 악인. ○肆其貪叨 – 肆는 방자할 사. 貪叨(탐도)는 욕심을 내다. 貪은 재물을 탐하다. 叨는 탐낼 도. ○書御 – 御는 들어가다(進也). 상주되다.

(順帝) 漢安 원년(서기 142), (순제는) 八使를 골라 파견하여 풍속을 순행케 하였는데 모두 名儒이며 높은 직위를 역임한 사람이었지만 張綱(장강)만은 젊은 나이에 직위도 낮았었다. 다른 사람들은 명을 받고 임지에 갔지만 장강은 낙양 성 밖에 都亭(도정)에 수레를 대 놓고 머물면서 "豺狼(시랑, 승냥이)이 길을 막고 있는데 어찌 狐狸(호리, 여우)를 찾으러 가겠는가!" 라고 말하면서 상주하였다.

「大將軍 梁冀(양기)와 河南尹인 梁不疑(양불의)는 외척 세력으로 황제의 厚恩을 받지만 나무꾼 같은 천박한 자질로 재상의 지위를 차지하였으나 五敎를 널리 선양하지도 못하고 日月(朝廷)에 도움도 되지 못합니다. 그리고도 큰 돼지나 구렁이가 되어 그 욕심에 끝이 없으며, 재물에만 마음을 쓰고 방자한 짓이 그 바닥을 모르며 아부하는 일당을 심어 놓아 충량한 사람을 해치기만 합니다. 참으로 天威(천위)로도 용서할 수 없는 사람이며, 응당 처형되어야 할 사람입니다. 삼가 양기의 無君之心한 사례 15가지를 상서하오니, 이는 모두 신하들이 切齒(절치)하며 痛恨(통한)하는 것들입니다.」

상서가 올라가자 경사가 떨며 두려워하였다. 그러나 그때 양기의 여동생이 황후이고 황후에 대한 총애가 한창 성할 때로, 양씨 일족이 조정에 가득 차 있기에 순제는 장강의 직언을 알고서도 끝내 받아들이지 못했다.

原文

時廣陵賊張嬰等衆數萬人, 殺刺史,二千石, 寇亂揚,徐閒,

積十餘年, 朝廷不能討. 冀乃諷尙書, 以綱爲廣陵太守, 因
欲以事中之. 前遣郡守, 率多求兵馬, 綱獨請單車之職. 既
到, 乃將吏卒十餘人, 逕造嬰壘, 以慰安之, 求得與長老相
見, 申示國恩. 嬰初大驚, 既見綱誠信, 乃出拜謁. 綱延置上
坐, 問所疾苦.

| 註釋 |　○廣陵 – 郡名. 治所는 廣陵縣, 今 江蘇省 서남부 揚州市.

[國譯]

　　그때 廣陵郡 일대의 도적 張嬰(장영) 등 무리 수만 명이 刺史와 二
千石(太守)를 죽이고 揚州와 徐州 일대를 노략질하기 10여 년이었
으나 조정에서는 토벌할 수가 없었다. 양기는 이에 尙書에게 암시하
여 장강을 廣陵太守로 임명하게 하여 업무적으로 모함하려고 하였
다. 앞서 파견된 태수들은 많은 兵馬를 거느리고 부임하였지만 장강
은 혼자 임지에 부임하겠다고 주청하였다. 임지에 와서는 장수와 관
리 10명 만을 거느리고 지름길로 장영의 보루를 찾아가 그들을 위
로하고 안심시키면서 그 우두머리와 만나 나라에서 베풀 수 있는 은
전을 말해주었다. 장영은 처음에 크게 놀랐지만 장강의 성심을 알고
서는 태수부에 나와 장강을 배알하였다. 장강은 장영을 맞아 상좌에
앉히고 그들의 고충을 들어주었다.

<hr>

[原文]

　　乃譬之曰, "前後二千石多肆貪暴, 故致公等懷憤相聚. 二

千石信有罪矣, 然爲之者又非義也. 今主上仁聖, 欲以文德服叛, 故遣太守, 思以爵祿相榮, 不願以刑罰相加, 今誠轉禍爲福之時也. 若聞義不服, 天子赫然震怒, 荊,楊,兗,豫大兵雲合, 豈不危乎? 若不料彊弱, 非明也. 弃善取惡, 非智也. 去順效逆, 非忠也. 身絶血嗣, 非孝也. 背正從邪, 非直也. 見義不爲, 非勇也, 六者成敗之幾, 利害所從, 公其深計之."

嬰聞, 泣下曰, "荒裔愚人, 不能自通朝廷, 不堪侵枉, 遂復相聚偸生, 若魚游釜中, 喘息須臾閒耳. 今聞明府之言, 乃嬰等更生之辰也. 旣陷不義, 實恐投兵之日, 不免孥戮."

綱約之以天地, 誓之以日月, 嬰深感悟, 乃辭還營.

明日, 將所部萬餘人與妻子面縛歸降. 綱乃單車入嬰壘, 大會, 置酒爲樂, 散遣部衆, 任從所之. 親爲卜居宅, 相田疇. 子弟欲爲吏者, 皆引召之. 人情悅服, 南州晏然. 朝廷論功當封, 梁冀遏絶, 乃止. 天子嘉美, 徵欲擢用綱, 而嬰等上書乞留, 乃許之.

| 註釋 | ○身絶血嗣 – 血嗣는 제사. 犧牲을 바치기에 血嗣라 하였다.
○卜居宅, 相田疇 – 卜은 擇里하다. 相은 살펴보다(視也). 田과 畔(두둑)을 疇(밭두둑 주)라 한다.

[國譯]

(張綱이) 이에 張嬰(장영)을 설득하였다.

"앞서 여러 태수들이 방자하고 탐욕하며 포악하였기에 여러분들은 울분을 안고 서로 모였을 것이요. 그러니 사실 태수들의 잘못이지만 그렇다고 도적이 되는 것도 옳지는 않소. 지금 主上께서는 仁愛하고 聖明하시어 文德으로 반역을 다스리려고 나를 태수로 보내 작록으로 영광을 베풀려 하시며 형벌로 처벌하지 않으시니 지금이야 말로 정말 전화위복의 시점일 것이요. 만약 이런 대의를 듣고도 따르지 않는다면 천자께서는 크게 노하시어 荊州, 揚州, 兗州(연주), 豫州의 대 병력을 구름처럼 모을 것이니 어찌 위태롭지 않겠소? 만약 强弱을 헤아리지 못한다면 이는 어리석은 것이요. 善을 버리고 惡을 택한다면 지혜롭지 못한 것이요. 순리를 거역하고 반역을 행한다면 忠이 아니요. 몸을 망치고 제사가 끊긴다면 효도가 아니요. 정도를 버리고 사도를 따른다면 정직이 아니요. 見義하고도 행하지 않는다면 勇이 아니니, 이 6가지는 成敗의 기회이면서 이익과 손해가 갈라지니 공께서 깊이 생각해 주시요."

장영은 장강의 설명을 듣고 눈물을 흘리며 말했다.

"황야의 어리석은 사람이라서 조정에 제 뜻을 전할 줄도 몰랐고 억울하게 당하기만 하다가 견딜 수 없어 여럿이 모여 도적질로 살아왔으니 우리는 솥 안에서 헤엄치는 물고기와 같고 그저 잠간 살아 숨 쉴 뿐이었습니다. 지금 태수님 말씀을 들으니 바로 우리가 다시 살아날 때인 것 같습니다. 이미 불의에 빠졌기에 관군이 들이닥치는 날에 죽음을 면치 못할 것이라 두려웠습니다."

장강은 天地를 두고 약속하였고 日月로 맹서하자 장영 등은 깊이 감동을 받고 인사한 뒤 무리의 본영으로 돌아갔다.

다음 날, 장영은 무리 1만여 명과 처자와 함께 목에 밧줄을 걸고 투항하였다. 이에 장강도 수레 하나만 타고 장영의 보루에 들어가 모두 모여 술을 마시며 즐긴 뒤에 무리를 해산시켜 가고 싶은 곳으로 가게 하였다. 장강은 그들을 위하여 마을과 전택을 주선해 주었다. 그들 子弟 중 관리가 되고자 하는 자는 모두 초빙하였다. 그들이 진심으로 悅服(열복)하자 南州 일대가 평온하였다. 朝廷에서는 論功하여 제후로 봉해야 하나 梁冀가 이를 가로막아 그만두었다. 순제는 장강을 칭찬하며 중앙으로 불러 등용코자 했지만 장영 등이 유임을 상서하여 그대로 허용하였다.

原文

綱在郡一年, 年四十六卒. 百姓老幼相攜, 詣府赴哀者不可勝數. 綱自被疾, 吏人咸爲祠祀祈福, 皆言 "千秋萬歲, 何時復見此君." 張嬰等五百餘人制服行喪, 送到犍爲, 負土成墳.

詔曰, 「故廣陵太守張綱, 大臣之苗, 剖符統務, 正身導下, 班宣德信, 降集劇賊張嬰萬人, 息干戈之役, 濟蒸庶之困, 未升顯爵, 不幸早卒. 嬰等縗杖, 若喪考妣, 朕甚愍焉!」

拜綱子續爲郎中, 賜錢百萬.

| 註釋 | ○縗杖 − 縗는 상복 이름 최. 杖은 喪杖. 喪制의 지팡이.

[國譯]

張綱(장강)은 광릉군에 재직 1년, 나이 46세에 죽었다. 백성들이 어른 아이까지 서로 부축하며 태수부에 와서 조문하는 자를 이루 다셀 수가 없었다. 장강이 병으로 눕자 관리와 백성이 정성을 들여 빌었는데 모두 "천추만세에 언제 이런 분을 다시 뵙겠습니까?"라고 말했다. 張嬰(장영) 등 5백여 명이 상복으로 운구하여 (장강의 고향) 犍爲郡(건위군)까지 가서 흙을 날라 봉분을 만들었다.

이에 조서를 내렸다.

「전임 廣陵太守 張綱(장강)은 大臣의 후손으로 부절을 갈라 임무를 수행하였으니 正身하여 백성을 이끌고 덕정을 널리 펴서 사나운 도적 張嬰(장영) 등 1만여 명을 투항케 하였으며, 군사 동원을 멈추게 하였고 백성의 곤경을 구제하였으나 높은 자리에 오르지 못하고 불행히도 일찍 죽었다. 장영 등이 상복을 입고 부모가 돌아가신 듯 슬퍼하였다니, 짐도 심히 안타까울 뿐이다!」

장강의 아들 張續(장속)에게 낭중을 제수하였고 1백만 전을 하사하였다.

❸ 王龔

原文

王龔字伯宗, 山陽高平人也. 世爲豪族. 初擧孝廉, 稍遷靑州刺史, 劾奏貪濁二千石數人, 安帝嘉之, 徵拜尙書. 建光元年, 擢爲司隸校尉, 明年遷汝南太守. 政崇溫和, 好才愛士, 引進郡人黃憲, 陳蕃等. 憲雖不屈, 蕃遂就吏. 蕃性氣

高明, 初到, 龔不卽召見之, 乃留記謝病去. 龔怒, 使除其
錄. 功曹袁閬請見, 言曰, "聞之傳曰 '人臣不見察於君, 不
敢立於朝.' 蕃旣以賢見引, 不宜退以非禮." 龔改容謝曰,
"是吾過也." 乃復厚遇待之. 由是後進知名之士莫不歸心
焉. 閬字奉高. 數辭公府之命, 不修異操, 而致名當時.

| 註釋 | ○山陽高平 - 山陽郡 治所는 昌邑縣, 今 山東省 서남부 菏澤市
관할의 巨野縣. 高平縣은 今 山東省 서남부 微山湖 동쪽 微山縣. ○青州
刺史 - 青州刺史 치소는 齊國 臨淄縣, 今 山東省 중동부 淄博市 臨淄區.
○陳蕃 - 66권,〈陳王列傳〉에 立傳.

[國譯]

王龔(왕공)의 字는 伯宗(백종)으로 山陽郡 高平縣 사람이다. 대대
로 豪族이었다. 처음에 孝廉(효렴)으로 천거되었고 점차 승진하여
青州刺史가 되었는데, 탐욕과 혼탁한 태수 여러 명을 탄핵 상주하여
安帝가 가상히 여겨 중앙에 불러 尙書를 제수하였다. (安帝) 建光
원년(서기 121), 司隷校尉로 발탁되었다가 다음 해에 汝南太守로 승
진했다.

그의 정사는 온화하였고 인재를 아꼈는데, 여남군의 黃憲(황헌)과
陳蕃(진번) 등을 초치하였다. 황헌은 지조를 버리지 않았고 진번은
관리로 부임하였다. 진번은 기질이 고명하였는데, 부임하였지만 왕
공이 즉시 불러 만나지 않자 병으로 사직하다는 글을 남기고 떠나버
렸다. 왕공이 화를 내며 진번에 관한 기록을 없애려 했다. 이에 功曹
인 袁閬(원랑)이 뵙기를 청한 뒤 말했다.

"경전에서 읽었지만 '人臣을 주군이 보살펴주지 않는다면 그 조정에 일할 수 없다.'고 하였습니다. 진번이 賢才라 하여 불러왔지만 예로 대하지 않기에 사임하였으니 禮가 아니라고 할 수는 없습니다." 이에 왕공은 낯빛을 바꿔 사과하며 "이는 나의 잘못이요"라고 말했다. 왕공은 바로 진번을 후히 대접하였다. 이후로 젊고도 유명한 사인들은 모두 왕공에게 마음이 쏠렸다.

遠閨(원랑)의 자는 奉高(봉고)이다. 여러 번 삼공부의 초청을 사양하며 특별한 언행으로 추구하지 않았기에 그 당시 이름이 알려졌다.

原文

永建元年, 徵龔爲太僕, 轉太常. 四年, 遷司空, 以地震策免. 永和元年, 拜太尉. 在位恭愼, 自非公事, 不通州郡書記. 其所辟命, 皆海內長者.

龔深疾宦官專權, 志在匡正, 乃上書極言其狀, 請加放斥. 諸黃門恐懼, 各使賓客誣奏龔罪, 順帝命龔自實. 前掾李固時爲大將軍梁商從事中郎, 乃奏記於商曰,

「今旦聞下太尉王公勑令自實, 未審其事深淺何如. 王公束修厲節, 敦樂藝文, 不求苟得, 不爲苟行, 但以堅貞之操, 違俗失衆, 橫爲讒佞所構毀, 衆人聞知, 莫不歎栗. 夫三公尊重, 承天像極, 未有詣理訴冤之義. 纖微感槪, 輒引分決, 是以舊典不有大罪, 不至重問. 王公沈靜內明, 不可加以非理. 卒有它變, 則朝廷獲害賢之名, 群臣無救護之節矣. 昔

絳侯得罪, 袁盎解其過, 魏尙獲戾, 馮唐訴其冤, 時君善之,
列在書傳. 今將軍內倚至尊, 外典國柄, 言重信著, 指撝無
違, 宜加表救, 濟王公之艱難. 語曰, '善人在患, 饑不及餐.'
斯其時也.」

商卽言之於帝, 事乃得釋. 龔在位五年, 以老病乞骸骨,
卒於家. 子暢.

| 註釋 | ○命亟自實 – 亟은 빨리. 自實은 自責하다. 實은 밝히다. 죄를
적용하다. 책임을 다하다. ○李固 – 63권, 〈李杜列傳〉 立傳. ○三公尊重,
承天像極 – 三公은 天子를 보필하니 그 형상은 하늘의 三台와 같다는 뜻.
그 업무가 일반 실무를 담당하는 것이 아니기에 廷尉의 詔獄에 불려갈 이
유가 없다는 뜻. ○不至重問 – 大臣의 獄案은 엄중한 일이기에 重問이라
하였다. 問은 조사하다. 심문하다. 成帝 때 승상 薛宣(설선)과 어사대부 翟
方進(적방진)이 죄를 지었다고 하자, 성제는 二千石 고관 5명으로 하여금
조사하라고 하였다. ○絳侯得罪 – 文帝 때 승상 絳侯(강후) 周勃(주발)이
면직되어 封國에 내려갔는데 반역한다는 밀고가 있었다. 감히 아무도 주
발을 변호하지 못했지만 오직 郎中인 袁盎(원앙)만이 강후의 무죄를 밝혔
다. ○魏尙獲戾, 馮唐訴其冤 – 馮唐(풍당)은 文帝 때 郎署長이란 낮은 직
위였지만 문제와 장수의 자질에 대하여 담론할 기회에 雲中 太守 魏尙(위
상)의 공적을 말하면서 '포로의 숫자가 6명 차이가 났다.' 파면한 것은 지
나치다고 말하였다. 이에 文帝는 위상의 직위를 회복시켰다.

[國譯]

(順帝) 永建 원년(서기 126), 왕공은 조정에 불려 들어가 太僕(태
복)이 되었다가 太常으로 전근하였다. 4년, 司空으로 승진하였다가

지진이 발생하여 책서로 면직되었다. (순제) 永和 원년(서기 136), 太尉를 제수 받았다. 재위 중 공겸 근신하였고 공무가 아니라면 州나 郡에 문서를 보내지 않았다. 그가 초빙하는 사람들은 모두 천하의 長者였다.

왕공은 환관의 전권을 아주 질시하며 이를 바로잡으려 그 실상을 알리는 極言을 상소하고 환관의 배척을 주청하였다. 이에 모든 환관이 두려워하면서 각자 빈객을 동원하여 왕공의 죄를 무고하게 시켰고 順帝는 왕공에게 빨리 자복하라고 명했다. 전에 왕공의 掾吏였던 李固(이고)는 그때 大將軍 梁商(양상)의 從事中郞이었는데 양상에게 건의서를 올렸다.

「오늘 아침에 듣기로는, 太尉 王公(王龔)에게 죄를 자복하라고 칙명을 내렸다고 들었는데 그 사안의 깊은 내용이 어떠한지는 모르겠습니다. 王公은 修身하며 지조를 지키며 학문이 넓고 해박한 분이며 구차하게 재물을 취하거나 구차한 일을 하지 않는 분이나 다만 지조를 굳게 지켜 보통 사람과 다르기에 참소하고 아첨하는 소인들이 짜놓은 모함에 걸려든 것인데, 이런 소식을 알게 된 많은 백성이 탄식하며 떨고 있습니다. 三公의 직위는 아주 높고 중하며 天像과 같아 정위에게 불려가야 할만한 이유도 없는 자리입니다. 아주 미세한 잘못에 자책하라 하지만 옛 제도에 의하면 대죄가 아니라면 엄중한 조사도 받지 않았습니다. 王公은 조용한 인품에 예지를 갖추었으니 비리를 저지를 분이 아닙니다. 갑자기 그런 변고가 있다면 朝廷은 현인을 음해하고 여러 신하는 그런 분을 지켜주려는 지조도 없다는 오명을 받을 것입니다. 옛날에 絳侯(강후)가 득죄했을 때 袁盎(원앙)이 잘못을 해결해주었고, 魏尙(위상)이 억울한 처지에 몰렸을 때 馮唐

(풍당)만이 그 원통함을 풀어주어 당시 주군께서 가상히 여겼고 그런 일은 열전에 기록되었습니다. 지금 장군께서는 황제의 신임을 받으며 국정을 주관하고 계시니 장군의 건의는 무게가 있고 신임을 받아 감히 거역할 사람이 없으니 장군께서 건의하여 王公의 어려움을 타개해 주어야 합니다. 속언에도 '善人은 환난을 당해도 끼니 걱정을 하지 않는다.'고 하였으니, 바로 지금 같은 일입니다.」

양상은 즉시 순제에게 말했고 일은 곧 해결되었다. 王龔(왕공)은 재위 5년에 노환으로 사직하였고 집에서 죽었다. 아들이 王暢(왕창)이다.

原文

論曰, 張晧, 王龔, 稱爲推士, 若其好通汲善, 明發升薦, 仁人之情也. 夫士進則世收其器, 賢用卽人獻其能. 能獻旣已厚其功, 器收亦理兼天下. 其利甚博, 而人莫之先, 豈同折枝於長者, 以不爲爲難乎? 昔柳下惠見抑於臧文, 淳于長受稱於方進. 然則立德者以幽陋好遺, 顯登者以貴塗易引. 故晨門有抱關之夫, 柱下無朱文之軫也.

| 註釋 | ㅇ以不爲爲難 – 어렵지 않다. 進賢達士는 나뭇가지를 꺾는 것처럼 쉬운 일이다. 齊 宣王이 孟子에게 不能과 不爲가 어떻게 다르냐고 물었을 때 孟子가 설명하였다. 泰山을 옆구리에 끼고 北海를 건너뛰는 것은 王이 할 수 없는 不能이기에 이런 일은 강요할 수도 없다. 그러나 어른이 나뭇가지를 꺾는 일은 어렵지 않으니 하지 않는 것(不爲)이다. 그러면

서 맹자는 "나의 부모를 모시듯 백성의 부모를 모시고, 나의 아이를 돌보듯 백성의 아이를 돌보아준다면, 천하는 손바닥을 뒤집는 것처럼 다스리기 쉬운데 백성에게 은덕을 베푸는 일을 왜 할 수 없다고 하십니까?"라고 따져 물었다. 《孟子 梁惠王章句 上》참고. ○柳下惠見抑於臧文 – 柳下惠는 姓展, 名禽(금), 柳下는 그의 식읍. 惠는 시호. 臧文仲은 魯大夫. 장문중은 柳下惠가 현명한 줄 알면서도 등용하지 않았다. 현인을 등용하지 않고 방치한 것이 바로 장문중의 허물이라고 공자가 말했다. 抑은 누를 억. ○淳于長受稱於方進 – 成帝 때, 定陵侯 淳于長(순우장)은 王太后(王政君) 언니의 아들로 이미 9卿의 반열에 있었는데 翟方進(적방진)은 승상이 되어 순우장과 교제하며 순우장을 또 천거하였다. ○晨門有抱關之夫 – 晨은 守門者, 晨夜에 里門을 開閉하는 자. 《論語 憲問》. 子路宿於石門. 晨門曰 ~ 참고. ○柱下無朱文之軫也 – 柱下는 老子. 周 宣王 때 柱下史였다. 朱文은 수레에 장식한 무늬. 軫은 수레 뒤턱나무 진(車後橫木也). 현자로 버려진 사람이나 등용되지 못한 사람이 많다는 實例.

[國譯]

范曄(범엽)의 史論 : 張晧(장호)와 王龔(왕공)은 인재 천거로 칭송을 들었는데 그들이 인재와 善者를 천거, 발굴하고 이끄는 것은 아마 仁者의 천성일 것이다. 士人의 등용은 그 재능을 천하가 이용하는 것이고, 등용된 현자는 그 능력으로 공헌하게 된다. 그 능력이 쌓여 나라 발전에 이바지하는 것이니, 그런 재능의 이용은 결국 천하를 잘 다스려지게 한다. 그 이득이 넓고 두터워야 하는데, 이를 앞서 실천하려는 사람이 없는 것은 어른이 나뭇가지를 꺾는 것과 같아 다만 하지 않을 뿐이지 어찌 어렵다고 하겠는가? 옛날에 柳下惠(유하혜)는 (魯의) 臧文仲(장문중)에게 등용되지 못했고, 淳于長(순우장)은 승상 翟方進(적방진)의 칭송과 천거를 받았다. 이를 본다면 덕을 갖춘 자는 구차하게 버려졌고, 이미 높이 오른 자 貴戚(귀척)은 또 칭송과 천거를 받았다. 그래서 마을의 문지기(晨門) 중에서도 현자가 있었고, 柱下史 같은 자리에는 붉은 장식을 한 수레를 타는 사람이 없는 것이다.

❹ 王暢

原文

暢字叔茂, 少以淸實爲稱, 無所交黨. 初擧孝廉, 辭病不就. 大將軍梁商特辟擧茂才, 四遷尙書令, 出爲齊相. 徵拜司隷校尉, 轉漁陽太守. 所在以嚴明爲稱. 坐事免官. 是時政事多歸尙書, 桓帝特詔三公, 令高選庸能. 太尉陳蕃薦暢淸方公正, 有不可犯之色, 由是復爲尙書.

| 註釋 | ○漁陽太守 – 治所는 漁陽縣, 今 北京市 동북부 密雲區. ○高選庸能 – 庸은 공적(功也), 공로, 공로가 있는 사람. 쓸 용. ○有不可犯之色 – 介冑(개주, 甲冑)를 착용한 사람은 깔볼 수 없는 위엄이 있다고 하였다.

[國譯]

王暢(왕창)의 字는 叔茂(숙무)인데 젊어 淸廉하고 質朴하다는 칭송을 들었고 특별히 교제하는 무리는 없었다. 처음에 효렴으로 천거되었지만 병으로 사양하며 응하지 않았다. 대장군 梁商(양상)이 특별히 茂才(무재)로 천거하였고 4번 승진하여 尙書令이 되었다가 齊王 (劉喜)의 相이 되었다. 조정의 부름으로 들어와 司隷校尉가 되었다 가 漁陽太守로 전근했다. 어양태수로 엄격 명철하여 칭송을 들었다. 업무상 과오로 면직되었다. 이때 정사는 이미 尙書가 장악하고 있었 는데 桓帝는 특별히 三公에게 유능한 인재를 선발하여 천거하라고 명했다. 太尉 陳蕃(진번)은 왕창을 淸廉方正公正하여 넘볼 수 없는 本色(性質)을 가진 인재로 천거하였기에 왕창은 다시 尙書가 되었 다.

|原文|

尋拜南陽太守. 前後二千石逼憚帝鄕貴戚, 多不稱職. 暢 深疾之, 下車奮厲威猛, 其豪黨有釁穢者, 莫不糾發. 會赦, 事得散. 暢追恨之, 更爲設法, 諸受臧二千萬以上不自首實 者, 盡入財物. 若其隱伏, 使吏發屋伐樹, 堙井夷竈, 豪右大 震. 功曹張敞奏記諫曰,

「五敎在寬, 著之經典. 湯去三面, 八方歸仁. 武王入殷, 先去炮烙之刑. 高祖鑒秦, 唯定三章之法. 孝文皇帝感一緹 縈, 蠲除肉刑. 卓茂, 文翁, 召父之徒, 皆疾惡嚴刻, 務崇溫厚. 仁賢之政, 流聞後世.

夫明哲之君, 網漏吞舟之魚, 然後三光明於上, 人物悅於 下. 言之若迂, 其效甚近. 發屋伐樹, 將爲嚴烈, 雖欲懲惡, 難以聞遠. 以明府上智之才, 日月之曜, 敷仁惠之政, 則海

內改觀, 實有折枝之易, 而無挾山之難.

郡爲舊都侯甸之國, 園廟出於章陵, 三后生自新野, 士女沾教化, 黔首仰風流, 自中興以來, 功臣將相, 繼世而隆. 愚以爲懇懇用刑, 不如行恩, 孳孳求姦, 未若禮賢. 舜擧皐陶, 不仁者遠, 隨會爲政, 晉盜奔秦. 虞,芮入境, 讓心自生. 化人在德, 不在用刑.」

暢深納敏諫, 更崇寬政, 愼刑簡罰, 教化遂行.

| 註釋 | ○尋拜南陽太守 - 尋은 찾을 심. 보통의. 얼마 되지 아니하여. 갑자기. 南陽郡 치소는 宛縣(완현), 今 河南省 서남부 南陽市. 南陽郡은 帝鄕이라서 뛰어난 인물을 골라서 보냈다. ○釁穢 - 釁은 죄. 허물. 피 바를 흔. 穢는 더러울 예. 악하다. 악인. ○堙井夷竈 - 堙은 막을 인. 메우다. 夷는 평평하게 할 이. 깔아뭉개다. 竈는 부엌 조. ○功曹 - 군 태수나 현령의 보좌관. 지방 현지 관원 중 최고위직. 功曹掾, 功曹吏라 통칭. 유고시 태수나 현령을 대행. ○五敎在寬 - 五敎(五常)의 근본은 寬容에 있다. ○八方歸仁 - 湯(탕)이 夏(하)의 方伯이 되어 정벌에 나섰다가 사방에 쳐진 그물을 보고서는 그 3면을 열어 도망갈 수 있게 하자 다른 제후들이 감복하여 굴복하였다고 한다. ○先去炮烙之刑 - 殷의 紂王은 구리 기둥에 기름칠을 한 뒤, 이를 숯불 위에 설치하고 죄인이 건너가게 하였다. 중간에 떨어져 불타 죽는 것을 姐己(달기)와 함께 보고 웃으면서 즐겼다. 이를 炮烙(포락)의 刑이라고 하였다. 炮는 통째로 구울 포. 烙은 불로 지질 락(낙). ○感一緹縈, 蠲除肉刑 - 緹는 붉은 비단 제. 縈은 목에 감을 영. 蠲은 제거하다. 밝을 견. 文帝 때 太倉令인 淳于公(순우공)이란 사람이 죄를 지어 형을 받아야 하였다. 그는 아들이 없이 5女만 두었는데 '아들이 없어 이 어려움에 도움이 되지 않는다.' 고 탄식하자 그 막내딸이 슬피 울며 부친을

따라 장안에 와서 '官婢가 되어 부친의 죄를 自贖(자속)하겠다.'고 상서하
였다. 이에 文帝는 그 뜻을 가엾게 여겨 肉刑을 폐지하였다. ㅇ 卓茂, 文翁,
召父 - 卓茂(탁무)는 늙은 현령이었지만 蝗蟲(황충)도 그 縣은 침범하지 않
았다. 광무제가 太傅로 초빙했던 사람이었다. 25권, 〈卓魯魏劉列傳〉에 立
傳. 文翁(문옹)은 景帝 때 蜀郡 郡守. 宣帝 때 召信臣은 南陽太守로 모두 선
정을 베풀었다. ㅇ 網漏呑舟之魚 - 高祖의 約法 三章은 '그 법망이 배를
삼킬만한 큰 고기가 빠져나갈 만하다.'고 했다. ㅇ 言之若迂 - 迂는 멀 우
(遠也). ㅇ 侯甸之國 - 도읍에서 五百里 이내의 땅을 甸服(전복)이라 한다.
전한의 장안에서는 5백 리 이내의 가까운 땅이었지만, 後漢 洛陽에서는 1
이내 侯國의 땅이기에 侯甸(후전)이라 했다. 남양군에는 光武帝 부친 南頓
君부터 4代祖의 능묘가 있고 살아온 곳이었다. ㅇ 三后生自新野 - 三后는
光烈陰皇后, 和帝陰皇后, (和帝) 和熹鄧皇后가 모두 新野縣 출신이었다.
新野는 南陽郡의 縣名. 今 河南省 서남부 南陽市 관할 新野縣. 湖北省과
접경. ㅇ 士女沾敎化 - 沾은 더할 첨. 적실 첨. 적어 배어들다(沾染). ㅇ 黔
首仰風流 - 黔首(검수)는 일반 백성. 벼슬 없는 농민. ㅇ 懇懇用刑 - 懇懇
(간간)은 간절하고 지성스러운 모양. 懇은 정성 간. 애쓰는 모양. ㅇ 孶孶求
姦 - 孶孶는 부지런히 애쓰는 모양. 孜孜(자자). 孶는 부지런할 자. ㅇ 舜擧
皐陶, 不仁者遠 - 皐陶(고요)는 舜임금의 신하. 獄官을 역임. 최초로 獄과
법률을 만든 사람. 중국 司法의 鼻祖. 「~子夏曰, "~, 湯有天下, 選於衆, 擧
伊尹, 不仁者遠矣."」《論語 顔淵》에 나오는 子夏의 말. ㅇ 隨會爲政, 晉盜
奔秦 - 晉에서 隨會(수회)에게 中軍을 거느리게 하고 또 太傅로 삼자, 晉國
의 도적들은 秦(진)으로 도주하였다. ㅇ 虞,芮入境, 讓心自生 - 文王은 西
伯으로 있으면서 교화를 잘 이루었다. 虞(우)와 芮(예) 두 사람이 서로 다투
며 周의 문왕을 찾아갔는데 국경에 들어서서 耕者가 서로 경계를 양보하
고 젊은이가 노인에게 양보하는 것을 보고 서로 부끄러워하며 서로 양보
하며 돌아갔다. 芮는 나라 이름 예, 성씨 예.

[國譯]

(王暢은) 얼마 안 있어 南陽太守를 제수 받았다. 이전의 태수들은 帝鄕의 貴戚(귀척)들 때문에 제 임무를 다하지 못했다. 王暢(왕창)은 이들 귀척을 심히 질시하여 부임하면서 바로 발분하고 권위를 내세워 불법을 저지른 强豪를 모두 규찰하고 적발하였다. 그러나 마침 사면령이 내려와 풀어주어야만 했다. 왕창은 이를 한스럽게 생각하며 다시 명령을 내려 2천만 전 이상을 부정축재하고서도 자수하지 않는 자는 그 전 재산을 몰수하겠다고 공포하였다. 만약 장물을 은닉하는 자는 관리를 시켜 집을 헐어버리고 (조상 무덤의 나무를) 벌목하고 우물을 메울 것이며 부엌도 뭉개버리겠다고 공포하자 호족들은 크게 두려워하였다. 이때 남양군의 功曹(공조)인 張敞(장창)이 이를 바로잡으려는 건의문을 올렸다.

「五敎(五常)의 근본은 寬容에 있다고 經典에도 밝혔습니다. 湯王(탕왕)이 (法網의) 3면을 열어놓자 八方의 모든 사람들이 歸仁하였습니다. 武王은 殷(은)에 들어가서 먼저 炮格(포락)의 형벌을 폐지하였습니다. 高祖께서는 秦의 멸망을 거울삼아 오직 三章之法만을 정하셨습니다. 孝文皇帝는 밧줄을 감은 죄수의 딸자식에 감동하여 肉刑을 모두 폐지하였습니다. 그리고 卓茂(탁무), 文翁(문옹), 召父(소보, 召信臣) 같은 사람들은 모두 엄격 잔혹한 형벌에 痛恨(통한)하며 온후한 정치에 힘썼습니다. 인자하고 현명한 사람의 政事는 이렇듯 후세까지 전해오고 있습니다.

명철한 주군은 그 법망이 배를 삼킬만한 큰 고래도 빠져나갈 만큼 엉성하였지만 나중에 日, 月, 星의 三光의 그 위에 비추었고 백성들은 그 아래서 기뻐하였습니다. 말로는 굉장히 멀리 있는 것 같았지만 그 효과는 매우 가까이에 있었습니다. 집을 부수고 (무덤 나무를) 베어버리는 것은 매우 엄격하고 무서울 것 같지만 악행을 징벌하기에는 아주 멀고 멀 것입니다. 明府의 上智 재능이 日月처럼 빛나지만 仁惠의 정치를 널리 시행하려 한다면, 곧 천하의 존중을 받고자 한다면, 실제로 나뭇가지를 꺾듯 쉬운 일을 택하지 아니하면 태산을 옆구리에 끼고 뛰는 것처럼 어려울 것입니다.

南陽郡은 舊都(장안)에서는 5백 리, 낙양에서 1천 리의 侯甸(후전)의 땅이며, 광무제 조상의 園廟가 章陵(장릉)에 있고, 3명의 황후가 新野縣에서 나왔기에 士女들은 이를 배워 교화되었고, 黔首(검수, 농민)들도 풍류를 우러러보아 中興 이래로 功臣과 將相이 대를 이어 융성한 곳입니다. 저의 어리석은 생각이지만 열심히 형벌을 적용하려 애쓰기보다는 은혜를 베푸는 것이 나을 것이며, 부지런히 불법을 적발하기는 현인을 예우하는 것만 못할 것입니다. 舜(순)이 皋陶(고요)를 등용하자 不仁者는 멀리 숨었으며, (晉에서) 隨會(수회)가 정치를 맡자 晉의 도적들은 秦(진)으로 도주하였습니다. 또 虞(우)와 芮(예)가 周의 땅에 들어와서는 양보의 마음이 저절로 생겨났습니다. 백성의 교화는 仁德에 있지 형벌집행에 있지 않습니다.」

王暢은 장창의 건의를 진심으로 수용하였고 너그러운 정치에 힘쓰고 형벌에 신중하자 교화가 저절로 이루어졌다.

原文

郡中豪族多以奢靡相尙, 暢常布衣皮褥, 車馬羸敗, 以矯其敝. 同郡劉表時年十七, 從暢受學.

進諫曰, "夫奢不僭上, 儉不逼下, 循道行禮, 貴處可否之間. 蘧伯玉恥獨爲君子. 府君不希孔聖之明訓, 而慕夷齊之末操, 無乃皎然自貴於世乎?"

暢曰, "昔公儀休在魯, 拔園葵, 去織婦, 孫叔敖相楚, 其子被裘刈薪. 夫以約失之鮮矣. 聞伯夷之風者, 貪夫廉, 懦夫有立志. 雖以不德, 敢慕遺烈."

後徵爲長樂衛尉. 建寧元年, 遷司空, 數月, 以水災策免. 明年, 卒於家. 子謙, 爲大將軍何進長史. 謙子粲, 以文才知名.

| 註釋 | ○車馬羸敗 ─ 羸는 여월 리(이). 敗는 낡다. 부서지다. ○劉表 ─74권, 〈袁紹劉表列傳〉에 立傳. ○奢不僭上, ~ ─ 본래《禮記》의 구절. '君子上不僭上, 下不逼下.' ○蘧伯玉(거백옥) ─ 衛의 大夫. 공자도 이 사람의 인품을 칭송하였다. 蘧(풀이름 거)가 姓, 名은 瑗(원). ○慕夷齊之末操 ─ 「子曰, "奢則不孫, 儉則固. 與其不孫也, 寧固."」《論語 述而》. 공자도 검소와 사치 중 한 편에 치우치지 않았다는 뜻, 夷齊가 餓死(아사)한 것은 末操 곧 大道는 아닐 것이라는 뜻. ○昔公儀休在魯, 拔園葵, 去織婦 ─ 魯의 相인 公儀休(공의휴)는 아내가 짜는 비단을 자르고, 나물을 심어 가꾸자 그것을 뽑아버렸다. 이는 나라의 녹을 먹으면서 小民의 이득을 빼앗는 것이라 생각했다. ○孫叔敖(손숙오) ─ 楚 莊王(前 614 - 591 재위)의 相. 孫叔敖는 죽기 전에 아들에게 "내가 죽은 뒤 왕이 좋은 땅에 너를 봉하겠지만, 좋은 땅은 받지 말라. 다만 楚와 越 사이에 寢丘(침구)라는 곳은 땅도 좋지 않고 이름도 나쁘니 그곳을 받으면 오래 보유할 수 있다."고 말했다. 또 다른 기록에 의하면, 손숙오는 죽으면서 아들에게 말했다. "내가 죽은 뒤 네가 가

난해지면 優孟(우맹)을 찾아가서 손숙오의 아들이라고 말해라." 뒷날 손숙오의 아들은 가난하여 나무 지게를 지고 우맹을 찾아갔다. 이에 우맹은 초왕에게 말해 아들을 寢丘(침구)의 땅 4백 호에 봉했다. ○以約失之鮮矣 - 《論語 里仁》. 孔子의 말. 곧 儉則無失의 뜻. ○聞伯夷之風者, ~ -《孟子 盡心章句 下》에 나오는 孟子의 말. ○王粲(왕찬) - 두뇌가 대단히 명석한 사람이었다고 한다.《三國志 魏志》에 傳이 있다.

[國譯]

　郡內의 豪族들은 사치 풍조를 크게 숭상하였지만 王暢(왕창)은 늘 무명옷에 가죽 요(皮褥)에 낡은 거마를 사용하면서 사치 풍조를 바로잡으려 했다. 남양군의 劉表(유표)는 그때 17세였는데 왕창에게 수학했다. 유표가 왕창에게 말했다.

　"사치하더라도 신분을 참월하지 않고 검소하더라도 아래에 강요하지 않으며 道를 따르고, 禮를 따르더라도 실천 여부가 소중히 여겨야 할 것입니다. 蘧伯玉(거백옥)은 홀로 君子인척 하는 것을 부끄럽게 생각하였습니다. 府君께서는 孔子의 聖明한 교훈보다는 백이와 숙제의 작은 지조를 흠모하며 세상에 명성을 얻으려는 뜻은 아닙니까?"

　이에 왕창이 말했다.

　"옛날 (魯의) 公儀休(공의휴)는 밭의 채소를 뽑고 비단을 짜던 아내를 쫓아버렸으며 (楚의) 재상 孫叔敖(손숙오) 아들은 가죽 갖옷을 입었고 나무를 해야만 했다. 대체로 검약하여 잃은 자는 많지 않다. 伯夷의 풍모를 전해 들으면 貪夫(탐부)는 청렴해지고 나약했던 자는 뜻을 강하게 가졌다. 비록 바른 덕이 아니라 하더라도 나는 그런 가르침을 본받고 싶다."

훗날 조정에 들어가 長樂 衛尉가 되었다. (靈帝) 建寧 원년(서기 168), 司空으로 승진하였지만 몇 달 뒤 수재 때문에 책서로 면직되었다. 다음 해, 집에서 죽었다. 아들 王謙(왕겸)은 大將軍 何進(하진)의 長史였다. 왕겸의 아들 王粲(왕찬)은 文才로 이름이 알려졌다.

❺ 种暠

原文

种暠字景伯, 河南洛陽人, 仲山甫之後也. 父爲定陶令, 有財三千萬. 父卒, 暠悉以賑恤宗族及邑里之貧者. 其有進趣名利, 皆不與交通. 始爲縣門下史. 時河南尹田歆外甥王諶, 名知人. 歆謂之曰, "今當擧六孝廉, 多得貴戚書命, 不宜相違, 欲自用一名士以報國家, 爾助我求之."

明日, 諶送客於大陽郭, 遙見暠, 異之. 還白歆曰, "爲尹得孝廉矣, 近洛陽門下史也." 歆笑曰, "當得山澤隱滯, 洒洛陽吏邪?" 諶曰, "山澤不必有異士, 異士不必在山澤." 歆卽召暠於庭, 辯詰職事. 暠辭對有序, 歆甚知之, 召署主簿, 遂擧孝廉, 辟太尉府, 擧高第.

| 註釋 | ○种暠 – 种는 어릴 충. 沖과 통. 성씨. 暠는 밝을 호. 皓와 同字. ○定陶 – 濟陰郡의 治所인 定陶縣, 今 山東省 서남부 菏澤市 定陶區.

种暠(충호)의 字는 景伯(경백)으로 河南 洛陽縣 사람이며 仲山甫
(중산보)의 후손이다. 부친은 (濟陰郡) 定陶 현령으로 재산이 3천만
전이었다. 부친이 죽자 충호는 모든 재산으로 宗族과 향리의 빈자들
을 다 구휼하였다. 충호는 名利나 얻으려는 사람과는 교제하지 않았
다. 처음에 縣의 門下史가 되었다. 그때 河南尹인 田歆(전흠)의 외조
카 王諶(왕심)은 사람을 볼 줄 안다고 소문이 났었다. 전흠이 왕심에
게 말했다.

"이번에 효렴으로 6인을 천거해야 하는데 귀척의 명함을 많이 받
았고 서로 체면을 봐 줘야 하지만 나는 명사를 한 사람 천거하여 나
라에 보답하려 하니, 네가 나를 좀 도와주기 바란다."

다음 날 왕심은 그들을 大陽郭(대양곽)이란 곳에 가게 하고서 멀
리서 충호를 살펴보고 특이하다고 생각하였다. 왕심은 돌아와 전흠
에게 말했다. "효렴으로 천거할 만한 사람을 찾았는데 가까운 곳 낙
양의 門下吏입니다." 이에 전흠이 웃으며 말했다. "산림에 은거하
는 자를 찾을 줄 알았는데 바로 낙양현의 관리란 말인가?"

이에 왕심이 말했다.

"산림에 꼭 특별한 인재가 은거하지도 않으며 특별한 인재는 꼭
산속에 살아야 하는 것도 아닙니다."

전흠은 즉시 충호를 청사로 불러 직무에 관하여 상세히 물었다.
충호는 조리 있게 답변하였고, 전흠은 충호를 충분히 파악한 뒤 主
簿(주부)에 임용하였다가 孝廉으로 추천하자 太尉府의 부름을 받았
으며 충호는 우수한 성적으로 천거되었다.

順帝末, 爲侍御史. 時所遣八使光祿大夫杜喬,周擧等, 多所糾奏, 而大將軍梁冀及諸宦官互爲請救, 事皆被寢遏. 暠自以職主刺擧, 志案姦違, 乃復劾諸爲八使所擧蜀郡太守劉宣等罪惡章露, 宜伏歐刀. 又奏請勅四府條擧近臣父兄及知親爲刺史,二千石尤殘穢不勝任者, 免遣案罪. 帝乃從之.

擢暠監太子於承光宮. 中常侍高梵從中單駕出迎太子, 時太傅杜喬等疑不欲從, 惶惑不知所爲. 暠乃手劒當車, 曰, "太子國之儲副, 人命所繫. 今常侍來無詔信, 何以知非姦邪? 今日有死而已." 梵辭屈, 不敢對, 馳命奏之. 詔報, 太子乃得去. 喬退而歎息, 愧暠臨事不惑. 帝亦嘉其持重, 稱善者良久.

| 註釋 | ○侍御史 – 前漢에서는 御史大夫의 속관이었으나 어사대부를 司空이라 칭하면서 少府 御使中丞의 속관이 되었다. 정원 15인, 질록 6백석. 非法행위 감찰, 公卿과 관리의 상주 내용을 살펴 잘못이 있으면 탄핵, 郊祠나 조정의 각종 행사, 의례 중 실수한 자를 지적, 적발하였다. ○八使 – 본권 〈張綱傳〉 주석 참고. ○寢遏 – 寢은 잠잘 침. 遏은 막을 알.

[國譯]

順帝 말기에 种暠(충호)는 侍御史(시어사)가 되었다. 그때 (황제가) 파견한 八使(팔사) 중 光祿大夫 杜喬(두교)와 周擧(주거) 등이 탄핵 상주한 사람이 많았는데, 大將軍 梁冀(양기)와 여러 환관들이 함께 구

제를 주청하면서 탄핵이 모두 없던 일이 되어버렸다. 그러나 충호는 스스로 자신의 직책에 의거 이를 사찰하여 징벌을 주청하였고 아울러 불법적 악행을 조사하여 다시 8使들이 고발한 蜀郡(촉군) 太守 劉宣(유선) 등의 죄를 폭로하며 법대로 처형해야 한다고 주청하였다. 또 황제의 명에 의거 四府에서 조목별로 고발한 近臣의 父兄과 친지로서 刺史나 二千石이 되어 악행이 두드러지고 직무를 제대로 수행하지 못한 자를 파면하고 법에 의거 처리해야 한다고 주청하였다. 황제는 이 건의를 수용했다.

순제는 충호를 발탁하여 承光宮에서 태자를 교육시키게 하였다. 中常侍인 高梵(고범)이 궁중에서 수레를 몰고 태자를 영접하러 왔는데 그때 太傅인 杜喬(두교) 등은 유예하면서 당혹하여 어찌할 바를 몰라 허둥대었다. 충호는 이에 칼을 뽑아 수레를 막으면서 말했다. "太子는 황제의 다음이며 백성의 목숨이 달린 문제이다. 지금 중상시가 아무런 신표도 없이 왔으니 불법이 아니라고 어찌 판단할 수 있겠는가? 오늘 죽으면 그뿐이다."

고범은 할 말이 없어 대꾸하지 못하고 돌아가 이를 보고하였다. 그제야 조서가 내려와 태자는 떠날 수가 있었다. 두교는 물러나 탄식하였고 충호가 일을 당하여 당혹하지 않은 처리한 것을 부러워하였다. 순제 역시 충호의 신중한 처리를 가상히 여기며 오랫동안 칭찬하였다.

原文

出爲益州刺史. 矞素慷慨, 好立功立事. 在職三年, 宣恩

遠夷, 開曉殊俗, 岷山雜落皆懷服漢德. 其白狼,盤木,唐菆,
邛,僰諸國, 自前刺史朱輔卒後遂絶, 曇至, 乃復擧种向化.

時永昌太守冶鑄黃金爲文蛇, 以獻梁冀, 曇糾發逮捕, 馳
傳上言, 而二府畏懦, 不敢案之, 冀由是銜怒於曇. 會巴郡人
服直聚黨數百人, 自稱'天王', 曇與太守應承討捕, 不克, 吏
人多被傷害. 冀因此陷之, 傳逮曇,承. 太尉李固上疏救曰,

「臣伏聞討捕所傷, 本非曇,承之意, 實由縣吏懼法畏罪,
迫逐深苦, 致此不詳. 比盜賊群起, 處處未絶. 曇,承以首擧
大姦, 而相隨受罪, 臣恐沮傷州縣糾發之意, 更共飾匿, 莫復
盡心.」

梁太后省奏, 乃赦曇,承罪, 免官而已.

| 註釋 |　○益州刺史 － 治所는 廣漢郡 雒縣, 今 四川省 德陽市 관할의 廣
漢市. 漢中郡, 巴郡, 廣漢郡, 蜀郡, 犍爲郡 등 중국 서부의 여러 군을 감찰.
○岷山(민산) － 甘肅省 남부에서 四川省 서북부까지 약 500km에 걸친 산
맥, 四川省쪽의 雪寶頂(5,588m)이 주봉. 長江과 黃河 水系 분수령의 하나.
○永昌 － 군명. 治所는 不韋縣, 今 雲南省 중서부 保山市. ○巴郡 － 군명.
治所는 江州縣, 今 重慶市 도심인 渝中區(투중구).

[國譯]

(충호는) 益州刺史로 발령이 났다. 충호는 평소에 강개한 성격에
일에서 성공하기를 좋아하였다. 재직 3년에 먼 지역 이민족에게도
은덕을 베풀고 풍속이 다른 그들을 깨우치려 했는데 岷山(민산) 일

대에 흩어진 여러 부족에게 漢의 은덕을 베풀었다. 그리하여 그 일대의 白狼(백랑), 盤木(반목), 唐取(당취), 邛(공), 僰(북) 등 여러 부족들이 前 자사 朱輔(주보)가 죽은 뒤로 단절되었다가 충호가 부임하자 다시 왕래하기 시작하였다.

그때 永昌 太守가 황금으로 무늬를 놓은 뱀을 만들어 梁冀(양기)에게 헌상하였는데, 충호가 이를 적발하여 체포한 뒤에 역마를 급히 보내 황제에 보고했지만 二府에서는 겁이 나서 조사도 못했으며 양기는 이 때문에 충호에게 분노하였다.

그 무렵 巴郡(파군) 사람 服直(복직)이 무리 수백 명을 모아 '天王'을 자칭하였는데, 충호와 파군태수 應承(응승)이 토벌에 나섰으나 이기지 못했고 관리와 백성이 다수 다치거나 죽었다. 양기는 이를 이용하여 충호를 모함하였고 전령을 보내 충호와 응승을 체포했다. 이에 李固(이고)가 구원하려는 상소를 올렸다.

「臣이 전에 들은 바로 반적을 토벌하며 여러 사람이 상해를 입은 것은 본래 충호와 응승의 잘못이 아니라 현리가 적이 두렵고 벌을 받을까 걱정 속에 토벌을 힘들어 했기에 이런 불상사가 일어난 것입니다. 근래 도적이 떼를 지어 곳곳에서 봉기하고 있습니다. 충호와 응승을 맨 먼저 벌을 주면 뒤이어 모두가 형을 받을 것이니, 주현에서는 도적 적발을 두려워하며 실상을 숨길 것이고 토벌에 진력하는 사람도 없을까 걱정이 됩니다.」

梁太后는 상주를 읽고 충호와 응승의 형벌을 사면하여 면직시켰다.

後涼州羌動, 以暠爲涼州刺史, 甚得百姓歡心. 被徵當遷,
吏人詣闕請留之, 太后歎曰, "未聞刺史得人心若是." 乃許
之. 暠復留一年, 遷漢陽太守, 戎夷男女迭至漢陽界, 暠與
相揖謝, 千里不得乘車. 及到郡, 化行羌胡, 禁止侵掠. 遷使
匈奴中郎將. 時遼東烏桓反叛, 復轉遼東太守, 烏桓望風率
服, 迎拜於界上. 坐事免歸.

後司隷校尉擧暠賢良方正, 不應. 徵拜議郎, 遷南郡太守,
入爲尙書. 會匈奴寇幷涼二州, 桓帝擢暠爲度遼將軍. 暠到
營所, 先宣恩信, 誘降諸胡, 其有不服, 然後加討. 羌虜先時
有生見獲質於郡縣者, 悉遣還之. 誠心懷撫, 信賞分明, 由
是羌胡, 龜茲, 莎車, 烏孫等皆來順服. 暠乃去烽燧, 除候望,
邊方晏然無警.

入爲大司農. 延熹四年, 遷司徒. 推達名臣橋玄, 皇甫規
等, 爲稱職相. 在位三年, 年六十一薨. 幷, 涼邊人咸爲發哀.
匈奴聞暠卒, 擧國傷惜. 單于每入朝賀, 望見墳墓, 輒哭泣
祭祀. 二子, 岱, 拂.

| 註釋 | ○漢陽太守 – 治所는 冀縣, 今 甘肅省 天水市 관할의 甘谷縣. (和
帝 때 天水郡을 개명) ○烽燧 – 주간에 연기를 밤에 횃불로 신호하였다.

[國譯]

뒷날 涼州 일대의 羌族이 준동하자 충호는 涼州 자사가 되었는데 백성의 환심을 크게 샀다. 당연히 부름을 받아 승진해야 하지만 관리와 백성이 궁궐에 가서 연임을 요청하자 太后가 탄식하였다.

"여태껏 자사가 이렇게 민심을 얻었다는 말을 들어본 적이 없다."

그리고서는 허락하였다. 충호는 다시 1년을 더 유임한 뒤에 漢陽太守로 승진했다. 戎人(융인) 남녀가 충호를 전송하며 漢陽郡까지 왔는데 충호는 그들과 서로 인사하고 작별하느라 천리 길에 수레를 타지 못했다. 한양군에 부임해서는 군내의 강족이나 흉노를 교화하여 침략을 중지하게 만들었다. 충호는 使匈奴中郎將이 되었다. 그때 遼東郡의 烏桓(오환)족이 반기를 들자 다시 요동태수로 전근하였고 오환족은 명성을 듣고 스스로 복종하며 경계까지 전송하였다. 충호는 업무상 과실로 면직되어 귀향하였다.

그 뒤에 司隸校尉가 충호를 賢良方正한 인재로 천거하였으나 응하지 않았다. 다시 조정의 부름을 받아 議郎에 제수되었다가 南郡太守가 되었고 조정에 들어가 尙書가 되었다. 그때 흉노족이 幷州(병주)와 凉州(양주) 일대를 침략하자, 桓帝는 충호를 발탁하여 度遼將軍에 임명했다. 충호는 본영에 부임하여 먼저 은애와 신의를 먼저 베풀고 흉노의 귀항을 권유한 뒤에 불복하는 자를 토벌하였다. 강족으로 먼저 인질로 들어와 있던 그들을 모두 돌려보냈다. 충호가 성심으로 이민족을 회유하고 신의와 상벌을 분명히 하자 강족과 흉노 龜玆(주자), 莎車(사차), 烏孫(오손) 등이 모두 찾아와 복종하였다. 충호는 이에 봉수를 폐지하고 척후병도 보내지 않았으나 변방은 평온하여 비상경계도 없었다.

(충호는) 조정에 들어와 大司農이 되었다. (桓帝) 延熹 4년(서기

161) 司徒로 승진하였다. 충호가 천거한 名臣 橋玄(교현)과 皇甫規
(황보규) 등은 재상의 직무를 잘 수행하였다. 재위 3년, 61세에 죽었
는데 幷州와 涼州 일대 변방의 백성들이 모두 슬퍼하였다. 흉노족
은 충호의 죽음을 듣고 온 나라가 슬퍼하였다. 흉노선우가 해마다
賀禮하려고 입조할 때마다 충호의 분묘를 보면서 통곡하고 제사를
지냈다. 충호의 두 아들이 种岱(충대)와 种拂(충불)이다.

❻ 种岱, 种拂

原文

岱字公祖. 好學養志. 舉孝廉, 茂才, 辟公府, 皆不就. 公
車特徵, 病卒.

初, 岱與李固子燮同徵議郎, 燮聞岱卒, 痛惜甚, 乃上書求
加禮於岱. 曰,

「臣聞仁義興則道德昌, 道德昌則政化明, 政化明而萬姓
寧. 伏見故處士种岱, 淳和達理, 耽悅《詩》《書》, 富貴不能回
其慮, 萬物不能擾其心. 稟命不永, 奄然殂殞. 若不盤桓難
進, 等輩皆已公卿矣. 昔先賢既沒, 有加贈之典, 《周禮》盛
德, 有銘誄之文, 而岱生無印綬之榮, 卒無官謚之號. 雖未
建忠效用, 而爲聖恩所拔, 遐邇具瞻, 宜有異賞.」

朝廷竟不能從.

| 註釋 | ○奄然殂殞 – 奄然은 갑자기, 문득. 奄은 문득 엄, 가릴 엄. 殂는 죽을 조. 殞은 죽을 운.   ○若不盤桓難進 – 盤桓(반환)은 머뭇거려 멀리 떠나지 못하는 모양, 뜻을 정하지 못하고 머뭇거리는 모양.   ○銘誄(명뢰) – 유공자의 공적을 기록하고(銘), 卿大夫의 喪에 諡誄(시뢰)를 하사하다. 誄는 뇌사 뢰, 祭文 뢰. 고인의 평소 공적을 찬양하는 글.

[國譯]

种岱(충대)의 字는 公祖이다. 好學하고 養志하였다. 孝廉과 茂才로 천거되었고 三公府의 부름도 받았지만 모두 응하지 않았다. 公車令이 특별히 불렀지만 병으로 죽었다. 그전에 충대와 李固(이고)의 아들 李爕(이섭)은 같이 議郎으로 부름을 받았었는데, 이섭은 충대의 죽음을 듣고 심히 애통하면서 충대에게 사후 예우를 요구하는 상서를 올렸다.

「臣이 알기로, 仁義가 흥성하면 道德이 昌盛하고, 道德이 창성하면 정교가 밝아진다고 하였습니다. 제가 볼 때 故 處士 种岱(충대)는 순박 온화하고 사리에 통달하였고,《詩》,《書》를 탐독하고 좋아하였으니 富貴도 그의 뜻을 바꿀 수 없었으며 어떤 물건도 그의 심경을 흔들지 못했습니다. 수명이 짧아 갑자기 죽었습니다. 만약 충대가 주저하지 않았다면 다른 사람처럼 이미 공경의 자리에 올랐을 것입니다. 예전에 先賢 사후에 관직을 추증하는 전례가 있고,《周禮》의 盛德으로 銘誄(명뢰)의 문장이 있으나 충대는 살아서 인수를 받은 영광은 없었습니다. 비록 나라에 충성을 다하고 공을 세우지는 못했지만 聖恩으로 발탁하려고 한 사실은 원근 모두가 보았으니 특별한 상이 있어야 한다고 생각합니다.」

朝廷에서는 끝내 수락하지 않았다.

原文

拂字穎伯. 初爲司隸從事, 拜宛令. 時南陽郡吏好因休沐,
遊戲市里, 爲百姓所患. 拂出逢之, 必下車公謁, 以愧其心,
自是莫敢出者. 政有能名, 累遷光祿大夫. 初平元年, 代荀
爽爲司空. 明年, 以地震策免, 復爲太常.

李催,郭汜之亂, 長安城潰, 百官多避兵沖. 拂揮劒而出
曰, "爲國大臣, 不能止戈除暴, 致使凶賊兵刃向宮, 去欲何
之!" 遂戰而死. 子劭.

| 註釋 | ○休沐 - 휴가일, 漢代의 관리는 5일마다 정기휴가를 받았다.
공휴일이 아님. ○荀爽(순상) - 62권, 〈荀韓鐘陳列傳〉에 立傳. ○策免 -
책서에 의한 면직. 策書는 관리를 임명, 면직하거나 작위를 수여하는 공
문. ○李催(이각) - 동탁의 부장. 동탁이 죽은 뒤, 초평 3년, 李催(이각), 郭
汜(곽사), 樊稠(번조), 張濟(장제) 등이 謀士 賈詡(가후, 147 - 223)의 방책에 따
라 長安에 진출하여 獻帝를 협박하여 4년간 정치를 독단했다. 이각 일당은
내분으로 약해진 뒤에 曹操에게 패망했다.

[國譯]

种拂(충불)의 字는 穎伯(영백)이다. 처음에 司隸從事가 되었다가
(南陽郡) 宛縣 현령이 되었다. 그때 南陽郡의 관리들은 休沐日(휴목
일)에 시가에서 遊樂을 즐겼는데 백성에게 폐단이 많았다. 충불은

외출 중에 그런 사람들을 만나면 꼭 수레에서 내려 공적으로 만나 설득하여 그들을 부끄럽게 하였다. 이후 점차 밖에서 노는 사람이 없어졌다. 정사에 유능하다는 칭송이 있어 여러 차례 승진하여 光祿大夫가 되었다.

(獻帝) 初平 원년(서기 190)에 荀爽(순상)의 후임으로 司空이 되었다. 다음 해 지진이 나자 책서로 면직되었다가 다시 太常이 되었다.

李催(이각)과 郭汜(곽사)의 난에 長安城이 함락되면서 많은 관리들이 병마를 피난하며 서로 부딪쳤다. 충불은 칼을 빼어들고 앞에 나서서 말했다. "나라를 지킬 대신이 혼란을 막고 폭도를 제압하지 못하여 흉적이 황궁으로 진입하게 하고서는 어디를 간단 말인가!"

그리고서는 반적과 싸우다가 죽었다. 아들이 种劭(충소)이다.

❼ 种劭

▌原文

劭字申甫. 少知名. 中平末, 爲諫議大夫. 大將軍何進將誅宦官, 召幷州牧董卓, 至澠池, 而進意更狐疑, 遣劭宣詔止之. 卓不受, 遂前至河南. 劭迎勞之, 因譬令還軍. 卓疑有變, 使其軍士以兵脅劭. 劭怒, 稱詔大呼叱之, 軍士皆披, 遂前質責卓. 卓辭屈, 乃還軍夕陽亭.

及進敗, 獻帝卽位, 拜劭爲侍中. 卓旣擅權, 而惡劭彊力, 遂左轉議郎, 出爲益涼二州刺史. 會父拂戰死, 竟不之職.

服終, 徵爲少府,大鴻臚, 皆辭不受. 曰, "昔我先父以身徇國, 吾爲臣子, 不能除殘復怨, 何面目朝覲明主哉!" 遂與馬騰,韓遂及左中郞劉范,諫議大夫馬宇共攻李傕,郭汜, 以報其仇. 與汜戰於長平觀下, 軍敗, 劭等皆死. 騰遂還涼州.

| 註釋 | ○何進(하진. ? - 189) - 南陽 宛縣 출신, 본래 가축을 잡는 屠戶(도호) 출신, 이복 여동생이 입궁하여 靈帝의 황후가 되었다. 大將軍으로 錄尙書事 겸임. 환관 세력을 꺾겠다고 董卓(동탁)을 불러들인 장본인. 十常侍에게 피살. 69권,〈竇何列傳〉에 입전. ○澠池(민지) - 弘農郡의 현명. 今 河南省 서북부 黃河 남안, 三門峽市 관할 澠池縣. 山西省과 접경. ○夕陽亭 - 今 河南省 澠池縣에 해당. ○馬騰, 韓遂 - 反 董卓 軍. 馬騰(마등)은 後漢 초 명장 馬援(마원)의 후손, 漢室의 충신, 蜀漢 五虎將軍의 1人인 馬超(마초)의 父親. ○長平觀 - 長平은 長安 부근 지명(阪名也, 비탈 판).

[國譯]

种劭(충소)의 字는 申甫(신보)이다. 젊어서도 이름이 났었다. 獻帝 中平 말년에 諫議大夫가 되었다. 大將軍 何進(하진)은 환관을 주살하려고 幷州牧(병주목)인 董卓(동탁)을 소환하였는데 동탁의 군사가 (弘農郡) 澠池(민지)에 들어오자, 하진은 생각을 바꿔 狐疑(호의)하며, 충소를 보내 조서로 군사를 멈추게 하였다. 동탁은 조서를 받지 않고 계속 전진하여 河南의 경계에 들어왔다. 충소는 동탁을 맞아 위로하며 회군할 것을 설득하였다. 동탁은 변고가 있는가 의심하며 군사를 시켜 충소를 위협하였다. 충소는 화를 내며 조서를 근거로 크게 동탁을 꾸짖고 군사를 양 옆으로 물리고 앞으로 나아가 동탁을 질책하였다. 동탁은 말이 꿀리면서 夕陽亭(석양정)이란 곳으로 군사를 퇴각했다.

나중에 하진이 죽고 獻帝가 즉위하자 충소는 侍中이 되었다. 동탁이 정권을 독단하면서 충소를 미워한 동탁은 충소를 益州와 涼州의 刺史에 임명하였다. 그때 부친 충불이 전사하였기에 충소는 끝내 부임하지 않았다. 복상을 마치자 충소는 부름을 받아 少府와 大鴻臚에 임명되었지만 충소는 모두 사양하며 받지 않았다. 충소가 말했다.

"옛날 나의 선친은 순국하셨는데, 나는 신하로서 잔악한 자를 제거하여 원수를 갚지 못하였으니 무슨 면목으로 조정에 나가 황제를 뵐 수 있겠는가!"

그리고서는 馬騰(마등)과 韓遂(한수), 또 左中郎 劉范(유범), 諫議大夫 馬宇(마우) 등과 함께 李催(이각)과 郭汜(곽사)를 죽여 복수하려고 했다. 충소는 곽사와 長平觀(장평관) 근처에서 싸웠지만 패전했고 충소 등은 모두 전사했다(獻帝 興平 원년). 마등은 다시 涼州로 돌아갔다.

❽ 陳球

原文

陳球字伯眞, 下邳淮浦人也. 歷世著名. 父䡅, 廣漢太守. 球少涉儒學, 善律令. 陽嘉中, 擧孝廉, 稍遷繁陽令. 時魏郡太守諷縣求納貨賄, 球不與之, 太守怒而搦督郵, 欲令逐球.

督郵不肯, 曰, "魏郡十五城, 獨繁陽有異政, 今受命逐之, 將致議於天下矣." 太守乃止.

| 註釋 | ○下邳淮浦 – 下邳國의 治所는 下邳縣, 今 江蘇省 徐州市 관할의 睢寧縣(수녕현). 淮浦(회포)는 현명. ○陳亹 – 亹는 힘쓸 미. ○繁陽 – 魏郡의 縣名. 今 河南省 북부 安陽市 관할 內黃縣. ○撾督郵 – 撾는 때릴 과. 督郵(독우)는 郡 太守의 속관, 관할 현의 업무를 감찰, 조세 납부 실적, 군사 동원 관련 직무도 감사, 太守의 耳目 역할.

[國譯]

陳球(진구)의 字는 伯眞(백진)인데, 下邳國(하비국) 淮浦縣 사람이다. 여러 대에 걸쳐 유명한 집안이었다. 부친 陳亹(진미)는 廣漢 太守였다. 진구는 젊어 유학을 두루 섭렵했고 律令에 밝았다. (順帝) 陽嘉 연간에 孝廉으로 천거되어 차츰 승진하여 (魏郡) 繁陽(번양) 縣令이 되었다. 그때 魏郡太守는 산하 현령에게 은근히 뇌물을 바치도록 사주하였지만 진구는 보내지 않았다. 태수는 화를 내며 督郵를 매질하여 진구를 축출하라고 시켰다. 督郵가 따르지 않으면서 말했다. "魏郡 15개 현 중에 유독 繁陽縣만 치적이 뚜렷한데, 이번에 태수의 명에 따라 축출한다면 천하의 비난을 받을 것입니다."

이에 태수는 그만두었다.

原文

復辟公府, 擧高第, 拜侍御史. 是時, 桂陽黠賊李硏等群

聚寇鈔, 陸梁荊部, 州郡懦弱, 不能禁, 太尉楊秉表球爲零陵
太守. 球到, 設方略, 開月閒, 賊虜消散. 而州兵朱蓋等反,
與桂陽賊胡蘭數萬人轉攻零陵. 零陵下濕, 編木爲城, 不可
守備, 郡中惶恐. 掾史白遣家避難, 球怒曰, "太守分國虎符,
受任一邦, 豈顧妻孥而沮國威重乎? 復言者斬!"

乃悉內吏人老弱, 與共城守, 弦大木爲弓, 羽矛爲矢, 引機
發之, 遠射千餘步, 多所殺傷. 賊復激流灌城, 球輒於內因
地勢決水淹賊. 相拒十餘日, 不能下. 會中郎將度尙將救兵
至, 球募士卒, 與尙共破斬朱蓋等. 賜錢五十萬, 拜子一人
爲郞. 遷魏郡太守.

| 註釋 | ○桂陽黠賊李硏 – 桂陽郡 治所는 郴縣(침현), 今 湖南省 남부 郴
州市(침주시). 黠은 약을 힐. ○零陵太守 – 零陵은 군명. 治所는 泉陵縣, 今
湖南省 서남부 永州市.

[國譯]

(陳球는) 다시 三公府의 부름을 받았고 근무실적이 좋아 侍御使
가 되었다. 이 무렵 桂陽郡의 奸賊 李硏(이연) 등이 무리를 모아 노략
질을 하였는데 荊州 자사부의 관할 지역으로 번졌지만 주군에서는
나약하여 진압하지 못하고 있었는데 太尉인 楊秉(양병)이 表文을 올
려 진구는 零陵(영릉)太守가 되었다. 진구는 부임하여 대책을 세웠
고 한 달이 지나자 도적 무리는 차츰 해산하였다. 그러나 형주의 군
졸이었던 朱蓋(주개) 등이 반기를 들고 桂陽의 도적 무리인 胡蘭(호

란) 등 수만 명과 함께 방향을 돌려 零陵(영릉) 郡을 공격하였다. 영릉 일대는 지대가 낮고 습하며 목책의 성이었기에 수비가 어려워 군의 백성이 두려움에 떨었다. 군의 掾史(연사, 掾吏)가 사람을 보내 가족을 피난시켜야 한다고 말하자 진구가 화를 내며 말했다.

"太守는 조정에서 虎符(호부)를 나눠 받고 한 지역을 책임지는데 어찌 처자식 때문에 나라의 위엄을 훼손하란 말인가? 다시 그런 말을 하면 참하겠다!"

그리고는 관리와 백성 노약자를 모두 동원하여 함께 城柵(성책)을 지켰고 큰 나무를 휘여 시위를 맨 다음에 창날(矛)에 깃을 달아 화살처럼 쏘았는데 1천여 보나 멀리 날아가는 것도 있어 적병을 많이 살상하였다. 도적이 다시 격류를 성안으로 흘려보내자, 진구는 즉시 성안의 지세를 이용하여 물을 막았다가 터트려 적을 물에 잠기게 하였다. 이렇게 10여 일을 대치하자 적은 성을 함락하지 못했다. 마침 中郎將 度尙(도상)의 구원병이 도착하자 진구도 사졸을 모아 도상과 함께 주개 등을 격파 참수하였다. 조정에서는 5만전을 하사하였고 진구의 아들 한 명을 낭관으로 임용하였다. 진구는 魏郡 태수로 승진하였다.

原文

徵拜將作大匠, 作桓帝陵園, 所省巨萬以上. 遷南陽太守, 以糾擧豪右, 爲勢家所謗, 徵詣廷尉抵罪. 會赦, 歸家.

徵拜廷尉. 熹平元年, 竇太后崩. 太后本遷南宮雲臺, 宦者積怨竇氏, 遂以衣車載後屍, 置城南市舍數日. 中常侍曹節,王甫欲用貴人禮殯,帝曰,"太后親立朕躬,統承大業.《詩》云,'無德不報,無言不酬.'豈宜以貴人終乎?"

於是發喪成禮. 及將葬,節等復欲別葬太后,而以馮貴人配祔. 詔公卿大會朝堂,令中常侍趙忠監議. 太尉李咸時病,乃扶輿而起,擣椒自隨,謂妻子曰,"若皇太后不得配食桓帝,吾不生還矣." 既議,坐者數百人,各瞻望中官,良久莫肯先言. 趙忠曰,"議當時定." 怪公卿以下各相顧望.

球曰,"皇太后以盛德良家,母臨天下,宜配先帝,是無所疑." 忠笑而言曰,"陳廷尉宜便操筆." 球即下議曰,

「皇太后自在椒房,有聰明母儀之德. 遭時不造,援立聖明,承繼宗廟,功烈至重. 先帝晏駕,因遇大獄,遷居空宮,不幸早世,家雖獲罪,事非太后. 今若別葬,誠失天下之望. 且馮貴人冢墓被發,骸骨暴露,與賊併屍,魂靈污染,且無功於國,何宜上配至尊?」

忠省球議,作色俛仰,蚩球曰,"陳廷尉建此議甚健!" 球曰,"陳,竇既冤,皇太后無故幽閉,臣常痛心,天下憤歎. 今日言之,退而受罪,宿昔之願." 公卿以下,皆從球議. 李咸始不敢先發,見球辭正,然後大言曰,"臣本謂宜爾,誠與臣意合." 會者皆爲之愧. 曹節,王甫復爭,以爲梁后家犯惡逆,別葬懿陵,武帝黜廢衛后,而以李夫人配食,今竇氏罪深,豈得合葬先帝乎?

李咸乃詣闕上疏曰,

「臣伏惟章德竇后虐害恭懷, 安思閻后家犯惡逆, 而和帝無異葬之議, 順朝無貶降之文. 至於衛后, 孝武皇帝身所廢弃, 不可以爲比. 今長樂太后尊號在身, 親嘗稱制, 坤育天下, 且援立聖明, 光隆皇祚. 太后以陛下爲子, 陛下豈得不以太后爲母? 子無黜母, 臣無貶君, 宜合葬宣陵, 一如舊制.」

帝省奏, 謂曹節等曰, "竇氏雖爲不道, 而太后有德於朕, 不宜降黜." 節等無復言, 於是議者乃定. 咸字符貞, 汝南人. 累經州郡, 以廉幹知名, 在朝淸忠, 權幸憚之.

| 註釋 | ㅇ竇太后崩 - 桓思竇皇后, 桓帝의 3번째 황후. 章帝 竇皇后 6촌 동생의 孫女. 父는 竇武. 두황후는 환제의 총애는 못 받았지만 환제가 죽는 永康 원년(167)에 解瀆亭侯 劉宏(유굉)을 옹립하니, 이가 곧 靈帝(재위 168 - 189년)이다. ㅇ宦者積怨竇氏 - 太后의 父 竇武(두무)는 陳蕃(진번) 등과 환관 주살을 시도하였지만 오히려 중상시 曹節(조절) 등이 황제의 교서를 위조하여 두무와 진번을 죽이고 태후를 별궁에 거처하게 했었다. ㅇ中常侍 曹節 - 十常侍의 한 사람. 환관, 78권, 〈宦者列傳〉에 입전. ㅇ《詩》云, '無德不報, ~' - 《詩 大雅 抑》, 無德不報는 보답이 없는 덕행은 없다. 곧 덕을 베풀면 보답이 있고, 덕을 받았으면 보답해야 한다. ㅇ馮貴人配祔 - 祔 (합장할 부)는 먼저 죽은 사람과 합장하는 것. 아내는 남편과 합장한다. ㅇ與賊倂屍, 魂靈汚染 - 段熲(단경)이 河南尹으로 있을 때 적도들이 풍귀인의 무덤을 파낸 사건에 연루되어 諫議大夫로 좌천된 일도 있었다. ㅇ蚩球 - 蚩는 비웃을 치, 어리석을 치. ㅇ別葬懿陵 - 桓帝 懿憲梁皇后의 능. 梁冀(양기)가 주살된 뒤에 懿陵(의릉)은 貴人冢으로 격하되었다. ㅇ黜廢衛后, 而以李夫人配食 - 戾太子의 생모인 衛皇后는 무고의 禍에 衛太子(戾太子)가

자결하자 위황후도 자살하였다. 이후 武帝가 붕어하자 霍光(곽광)은 무제
의 뜻에 따라 李夫人을 무제의 능에 합장하였다. ㅇ虐害恭懷 - 恭懷皇后
는 和帝의 생모 梁貴人.

(陳球는) 조정의 부름으로 將作大匠에 임명되어, 桓帝의 陵園을
지으면서 巨萬 이상의 국고를 절약하였다. 南陽太守가 되어 强豪의
잘못을 규찰하여 고발하자 권세가의 비방을 받아 정위에게 불려가
판결 받았다. 마침 사면령으로 풀려나 귀가했다.

다시 부름을 받아 廷尉가 되었다. (靈帝) 熹平 원년(서기 172), 竇
(두)태후가 붕어했다. 太后는 그간 南宮 雲臺에 거처하고 있었는데,
환관들은 두씨 일족에게 원한이 있었기에 휘장을 두른 수레에 시신
을 싣고 城 남쪽의 시장 거리에 며칠을 방치하였다. 中常侍 曹節(조
절)과 王甫(왕보)는 두태후를 貴人의 禮로 장례하려 하자 영제가 말
했다.

"太后께서는 친히 짐을 보위에 옹립하여 대업을 잇게 하셨다.
《詩》에서도 '보답이 없는 덕이 없고 응답이 없는 말은 없다.' 고 하
지 않았는가? 어찌 귀인으로 장례할 수 있는가?" 이에 發喪에 따를
禮가 결정되었다. 葬禮에 관하여 曹節(조절) 등은 다시 두태후를 (환
제와) 합장하지 않고 별장을 하고 馮(풍)貴人을 配祔(배부, 合葬)해야
한다고 주장하였다. 이에 조서로 公卿이 朝堂에 다 모여 논의하게
하면서 中常侍 趙忠으로 논의를 주관케 하였다. 그때 太尉 李咸(이
함)은 병석에 누워 있었는데 부축을 받아 일어나서 후추를 찧어(擣
椒) 뒤따르게 하고 아내에게 말했다. "만약 황태후가 환제와 함께

배향되지 않으면 나는 살아 돌아오지 않을 것이다."

논의가 시작되었고 수백 명이 참석하였는데 모두가 환관을 쳐다보며 한참동안 아무도 말을 하려는 자가 없었다. 이에 조충이 말했다. "의논은 여기서 결정되어야 합니다." 그런데도 이상하게 서로 얼굴만 바라보고 있었다. 이에 진구가 일어나 말했다.

"皇太后는 良家에서 훌륭한 품덕을 쌓았으며 국모로 천하에 임하였으니 응당 先帝(환제)와 합장되어야 하며 이는 의문의 여지가 없습니다."

그러자 조충이 웃으면서 말했다. "그렇다면 陳廷尉가 바로 붓을 들어 결정을 써 보십시오." 진구는 즉석에서 논의 내용을 적었다.

「皇太后께서는 황후(椒房)일 때부터 총명하시며 母儀(모의)의 德을 갖추셨습니다. 어려운 때를 당해서 폐하를 옹립하시어 종묘를 잇게 하셨으니 그 공덕은 지대 막중합니다. 先帝(桓帝)께서 晏駕(안가, 崩御)하시고 大獄事를 당하여 空宮에 옮겨 거처하시다가 불행히도 일찍 세상을 뜨셨는데 친가가 죄를 지었지만 이는 太后의 잘못이 아닙니다. 이번에 만약 別葬하게 된다면 이는 참으로 천하의 기대를 저버리는 것입니다. 게다가 馮(풍) 貴人은 이미 그 무덤이 파헤쳐지면서 骸骨(해골, 屍身)이 드러났었고, 또 나라에 아무런 공도 없었으니 어찌 至尊과 함께 합장될 수 있겠습니까?」

조충은 진구의 논의문을 읽어보고 얼굴색이 변하며 아래 위를 보며 탄식하다가 진구를 비웃으며 말했다. "陳廷尉의 이 건의문은 정말 잘 지었습니다!" 이에 진구가 말했다.

"진구와 두씨는 그간 원통한 일은 당했고 皇太后(竇氏)께서는 아무 잘못도 없이 유폐를 당했기에 본인은 늘 가슴이 아팠고 천하 모두가 분하게 생각하며 탄식했었습니다. 오늘 모든 것을 다 말하였으니, 이것이 죄가 된다 하여도 이는 내가 전부터 바라는 것입니다."

公卿 이하 모두가 진구의 논의에 동의하였다. 李咸(이함)은 처음에는 먼저 발언하려 하지 않았지만 진구의 바른 주장을 보고 나서 큰 소리로 말했다.

"본인도 본래 이와 같아야 한다고 생각하고 있었으니 나의 의견과 꼭 같습니다."

당일 모였던 사람들은 (그간의 침묵을) 부끄러웠다. 뒷날 曹節과 王甫(왕보)가 이를 다시 논의하며 (桓帝) 梁后의 일가가 반역을 했기에 (양황후를) 懿陵(의릉)에 別葬하였으며, 武帝는 衛后(위후)를 폐출하고 李夫人을 配食한 전례가 있다고 하면서 이번에 竇氏 일족의 죄가 중하니 어찌 先帝(환제)와 합장을 할 수 있겠는가? 라고 주장하였다.

이에 李咸(이함)이 궁궐에 나가 상소하였다.

「臣의 생각으로는, 章德竇皇后는 恭懷황후(和帝의 생모 梁貴人)를 학대하고 해쳤습니다. 安思閻后(염황후)의 친가는 반역을 범했으나 和帝 때는 별도 장례해야 한다는 말은 없었으며, 順朝(順帝)에서도 폄하 강등해야 한다는 조서도 없었습니다. (武帝의) 衛皇后는 孝武皇帝께서 자신이 직접 폐위시킨 황후이니 오늘 여기에 비교할 수 없습니다. 지금 長樂太后(桓思竇皇后)의 尊號가 그분에 올려졌고 친히 制書를 내리셨고, 천하 만백성의 母后로 재위하시면서 聖明(主上, 靈帝) 폐하를 옹립하여 황통을 잇게 하셨습니다. 太后께서는 폐하를 아들로 여기시는데, 폐하께서는 어찌 태후를 모친으로 생각하지 않을 수 있겠습니까? 아들이 모친을 폐출할 수 없으며, 신하가 주군을 폄하할 수 없으니 응당 宣陵(선릉, 孝桓皇帝陵)에 합장하고 모든 것을 옛 법식에 따라야 합니다.」

영제는 상소를 읽은 다음에 曹節 등에게 말했다.

"두씨 일족이 不道했지만 두태후께서는 짐에 은덕을 베풀었으니 강등 폄하해서는 안 된다."

조절 등은 다시 이를 말할 수 없었고 논의는 결정되었다.

李咸(이함)의 字는 符貞(부정)이고 汝南郡 사람이었다. 주군의 여러 관직을 역임하였는데 청렴과 능력으로 이름이 알려졌고 조정에서도 청렴 충성하였기에 권력을 쥔 총신들이 싫어하였다.

原文

六年, 遷球司空, 以地震免. 拜光祿大夫, 復爲廷尉, 太常. 光和元年, 遷太尉, 數月, 以日食免. 復拜光祿大夫. 明年, 爲永樂少府, 乃潛與司徒河間劉合謀誅宦官.

初, 合兄侍中儵, 與大將軍竇武同謀俱死, 故合與球相結. 事未及發, 球復以書勸合曰, "公出自宗室, 位登台鼎, 天下瞻望, 社稷鎭衛, 豈得雷同容容無違而已? 今曹節等放縱爲害, 而久在左右, 又公兄侍中受害節等, 永樂太后所親知也. 今可表徙衛尉陽球爲司隷校尉, 以次收節等誅之. 政出聖主, 天下太平, 可翹足而待也."

又尙書劉納以正直忤宦官, 出爲步兵校尉, 亦深勸於合. 合曰, "凶豎多耳目, 恐事未會, 先受其禍." 納曰, "公爲國棟樑, 傾危不持, 焉用彼相矣?"合許諾, 亦結謀陽球.

| 註釋 | ○永樂少府 — 桓帝 생모 孝崇皇后가 거처하는 궁을 永樂宮이라 하였고 태후이기에 太僕과 少府를 설치했다. ○河間 — 후국명. 治所는 樂成縣, 今 河北省 남동부의 滄州市 獻縣(헌현). ○雷同容容無違而已 — 容容은 구차하게 받아주기를 바라는 모양. 無違는 다른 사람과 어긋나지 않다. 而已(이이)는 ~뿐. ~일 따름이다. ○翹足而待也 — 翹足(고족)은 발돋움하다. 翹는 들 교, 발돋움할 교. ○焉用彼相矣 —「~ 危而不持, 顚而不扶, 則將焉用彼相矣?」《論語 季氏》.

[國譯]

(靈帝 熹平) 6년(서기 177), 陳球(진구)는 司空으로 승진했지만 지진이 발생하자 면직되었다. 光祿大夫에 임명되었다가 다시 廷尉와 太常을 역임하였다. 光和 원년(서기 178), 太尉로 승진하였지만 몇 달 만에 일식이 일어나 면직되었다. 다시 光祿大夫를 제수 받았다. 그 다음 해에 永樂 少府가 되었는데 비밀리에 司徒인 河間國 출신 劉合(유합)과 환관을 주살할 모의를 했다.

그전에 유합의 형 侍中 劉儵(유숙)은 大將軍 竇武(두무)와 함께 모의하였고 함께 죽음을 당했기에 유합은 진구와 연결할 수 있었다. 새로운 모의가 진행되기 전에 진구는 다시 유합에게 서신을 보내 말했다.

「公은 宗室 출신으로서 삼공의 지위에 올랐기에 천하 사람의 기대를 받고 있으며 사직을 지켜야 할 분이거늘, 어찌 다른 사람과 뇌동하며 다른 사람이 좋은 게 좋다며 지낼 수 있습니까? 지금 曹節

등은 방종하며 위해를 가하고 있으며 오랫동안 황제의 측근으로 있는데 공의 형님은 시중으로서 조절에게 위해를 당했고 이는 永樂太后도 친히 알고 있습니다. 지금 표문을 올려 衛尉인 陽球(양구)를 司隸校尉로 옮기게 한 뒤에 연이어 조절 등을 잡아 죽일 수 있습니다. 모든 정사가 聖主에서 나온다면 천하는 태평할 것이며 돋움발로 기다릴 수 있을 것입니다.」

또 尙書 劉納(유납)은 정직하여 환관의 미움을 사 步兵校尉로 발령이 났었는데 유납 역시 유합에게 권하였다. 이에 유합이 말했다.
"흉악한 소인들의 이목이 많으니 일이 시작되기 전에 화를 먼저 당할까 걱정이 됩니다." 이에 유납이 말했다.

"公은 나라의 棟樑(동량)이니 나라가 위기에 처했는데 붙들지 않는다면 어디에 쓰겠습니까?"

유합은 승낙했고 양구 등과 결탁하였다.

原文

球小妻, 程璜之女, 璜用事宮中, 所謂程大人也. 節等頗得聞知, 乃重賂於璜, 且脅之. 璜懼迫, 以球謀告節, 節因共白帝曰, "合等常與藩國交通, 有惡意. 數稱永樂聲勢, 受取狼籍. 步兵校尉劉納及永樂少府陳球, 衛尉陽球交通書疏, 謀議不軌."

帝大怒, 策免合, 合與球及劉納, 陽球皆下獄死. 球時年六十二. 子瑀, 吳郡太守, 瑀弟琮, 汝陰太守, 弟子珪, 沛相,珪子登, 廣陵太守, 並知名.

| **註釋** | ○受取狼籍 – 狼籍(낭자)는 여기저기 흩어져 어지러움. 함부로
거둬들이다.

[國譯]

　陳球(진구)의 小妻는 程璜(정황)의 딸이었는데, 정황은 宮中에서
일하는 이른바 程大人(정대인)이었다. 조절 등은 여러 소식을 눈치
채고 정황에게 많은 재물을 제공하면서 또 협박하였다. 정황은 겁을
먹고 진구 등의 모의를 조절에게 알려주었고, 조절은 이를 몇 사람
이 함께 영제에게 말했다.

　"劉郃(유합) 등은 늘 제후국과 빈번하게 연락을 취하면서 악의를
품고 있었습니다. 여러 번 永樂宮의 권세를 들먹이며 제멋대로 재물
을 거둬들였습니다. 步兵校尉인 劉納(유납)과 永樂少府 陳球(진구),
衛尉인 陽球(양구) 등은 서신을 주고받으며 반역을 모의하였습니
다."

　靈帝는 대노하면서 책서로 유합을 파면하였고 유합과 진구 및 劉
納, 陽球(양구) 등은 모두 하옥되었다가 처형되었다. 진구는 時年 62
세였다. 진구의 아들 陳瑀(진우)는 吳郡 태수였고, 진우의 아우 陳琮
(진종)은 汝陰(여음) 太守였으며, 다른 동생의 아들 陳珪(진규)는 沛相
이었고, 진규의 아들 陳登(진등)은 廣陵 太守로 모두 이름이 알려졌
었다.

贊曰, 安儲遭譖, 張卿有請. 龔糾便佞, 以直爲眚. 二子過
正, 埋車堙井. 种公自微, 臨官以威. 陳球專議, 桓思同歸.

│註釋│ ○安儲遭譖 – 安은 안제, 儲는 儲君, 황태자. ○張卿有請 – 張
은 張晧. 卿은 9卿, 동급의 여러 관직. 질록 中二千石. 廷尉는 9경의 한 사
람. ○以直爲眚 – 眚은 허물 재앙. 눈에 백태 낄 생. ○二子過正 – 二子는
張綱과 王暢.

[國譯]

贊曰,

安帝는 태자로 참소를 당했는데, 張晧는 태자를 변호했다.

王龔(왕공)은 아첨배를 규탄했지만 너무 곧아 刑을 받았다.

張綱과 王暢은 정의감에 수레를 묻고 우물을 막으려 했다.

种暠(충호)는 낮은데서 시작했고 엄격히 법을 집행했다.

陳球(진구)는 정론을 전개하여 桓思황후를 합장케 하였다.

57 杜欒劉李劉謝列傳
〔두,란,유,이,유,사열전〕

❶ 杜根

原文

杜根字伯堅, 潁川定陵人也. 父安, 字伯夷, 少有志節, 年
十三入太學, 號奇童. 京師貴戚慕其名, 或遺之書, 安不發,
悉壁藏之. 及後捕案貴戚賓客, 安開壁出書, 印封如故, 竟
不離其患, 時人貴之. 位至巴郡太守, 政甚有聲.

根性方實, 好絞直. 永初元年, 舉孝廉, 爲郎中. 時和熹鄧
后臨朝, 權在外戚. 根以安帝年長, 宜親政事, 乃與同時郎
上書直諫. 太后大怒, 收執根等, 令盛以縑囊, 於殿上撲殺
之. 執法者以根知名, 私語行事人使不加力, 旣而載出城外,
根得蘇. 太后使人檢視, 根遂詐死, 三日, 目中生蛆, 因得逃

竄, 爲<u>宜城</u>山中酒家保. 積十五年, 酒家知其賢, 厚敬待之.

| 註釋 | ○竟不離其患 - 竟은 다할 경. 離는 당하다. 피해를 입다(被也). ○好絞直 - 엄하고 강직하다. 絞는 엄할 교, 묶을 교, 목맬 교. ○令盛以縑囊 - 盛은 감싸다. 縑은 합사 비단 겸. 囊은 주머니 낭. 자루. ○目中生蛆 - 蛆는 구더기 저. ○宜城山中酒家保 - 宜城은 南郡의 현명. 今湖北省 북부 襄陽市 관할 宜城市. 의성은 예로부터 名酒의 산지로 알려졌다. 酒家는 술집, 保는 保人, 酒保(술집 종업원). 保는 使의 뜻.

[國譯]

杜根(두근)의 字는 伯堅(백견)인데, 穎川郡(영천군) 定陵縣 사람이다. 부친 杜安(두안)의 字는 伯夷(백이)인데 젊어서부터 지조를 지켰고 나이 13세에 太學에 입학하였는데 奇童(기동)이라 불렸다. 낙양의 貴戚(귀척)들은 두안을 기특하게 여겨 서책을 보내주는 사람도 있었는데, 두안은 뜯지도 않고 모두 벽 속에 감춰두었다. 뒷날 귀척의 빈객들을 체포할 때 두안은 벽 속에 감춰두었던 서책을 꺼내서 봉인도 뜯지 않은 것을 보여주어 끝내 환난을 당하지 않았기에 그 당시 사람들은 그 지조를 귀히 여겼다. 巴郡(파군) 태수를 역임하였는데 뛰어난 치적으로 유명하였다.

杜根(두근)의 천성은 信實하여 엄격 정직하였다. (安帝) 永初 원년(서기 107)에 孝廉으로 천거되어 郎中이 되었다. 그때 鄧太后(和熹鄧皇后)가 臨朝聽政하였고 권력은 외척이 장악하였다. 두근은 安帝가 성년이 되었으니 응당 親政을 해야 한다며 그때의 낭관과 함께 상서하여 直諫하였다. 등태후는 대노하면서 두근 등을 체포하여 겹

비단 자루에 넣어 전각에서 때려죽이게 하였다. 執法者가 두근의 명성을 알고 있어 때리는 사람에게 힘주어 때리지 말라고 하였고 성밖에 내다 버리자 두근은 소생하였다. 등태후는 사람을 보내 시신을 확인하게 하였는데, 두근은 죽은 체하였으며 3일에는 눈에 구더기가 있어 이 때문에 도망쳐 숨었고 (南郡) 宜城(의성)의 산속 마을 酒家의 일꾼이 되었다. 15년이 지나 술집에서는 두근이 현명한 것을 보고 후하게 대우하였다.

原文

及鄧氏誅, 左右皆言根等之忠. 帝謂根已死, 乃下詔佈告天下, 錄其子孫. 根方歸鄕里, 徵詣公車, 拜侍御史. 初, 平原郡吏成翊世亦諫太后歸政, 坐抵罪, 與根俱徵, 擢爲尙書郎, 並見納用. 或問根曰, "往者遇禍, 天下同義, 知故不少, 何至自苦如此?" 根曰, "周旋民間, 非絶跡之處, 邂逅發露, 禍及知親, 故不爲也."

順帝時, 稍遷濟陰太守. 去官還家, 年七十八卒.

| 註釋 |　○鄧氏誅 – 서기 121년에 등태후가 죽으며 일족은 망했다.

[國譯]

鄧氏(등씨) 일족이 망하면서 좌우에서는 두근의 충성을 언급하였다. 安帝는 두근이 이미 죽었다 생각하여 천하에 포고하여 그 자손을 등용하라는 조서를 내렸다. 두근은 그 무렵 고향에 돌아왔고 公車의 부름을 받아 侍御史가 되었다. 애초에 平原郡의 관리였던 成翊世(성익세)도 등태후가 정사를 황제에게 돌려야 한다는 상서를 했다가 형을 받았는데, 두근과 함께 부름을 받아 尙書郞이 되었고 다른 사람들도 모두 임용되었다. 어떤 사람이 두근에게 물었다.

"지난 날, 화를 당했을 때 같은 뜻을 가진 사람들이 많다는 사실을 알면서도 어찌 그렇게 고생을 하였습니까?"

그러자 두근이 말했다.

"비록 민간에 숨어 지냈지만 종적을 끊지 않고 다른 사람을 만나 발각이 되면 화가 다른 친척에게도 미칠 것이라서 살아있다고 할 수 없었습니다."

두근은 順帝 때 차차 승진하여 濟陰太守를 역임하였다. 관직을 사임한 뒤 귀향하여 78세에 죽었다.

原文

翊世字季明, 少好學, 深明道術. 延光, 中常侍樊豐,帝乳母王聖共譖皇太子, 廢爲濟陰王. 翊世連上書訟之, 又言樊豐,王聖誣罔之狀. 帝旣不從, 而豐等陷以重罪, 下獄當死, 有詔免官歸本郡. 及濟陰王立, 是爲順帝, 司空張晧辟之. 晧以翊世前訟太子之廢, 薦爲議郞. 翊世自以其功不顯, 恥於受位, 自劾歸.

三公比辟, 不應. 尙書僕射虞詡雅重之, 欲引與共參朝政,

乃上書薦之, 徵拜議郞. 後尙書令左雄,僕射郭虔復擧爲尙
書. 在朝正色, 百僚敬之.

| 註釋 | ○延光 – 安帝의 마지막 연호. 서기 122 – 124년. ○中常侍 –
환관, 황제 측근에서 시중, 고문 응대, 내궁에 출입. 無 定員, 질록 千石. 나
중에는 比二千石으로 증액. ○張晧(장호) – 留侯 張良의 후손. 56권, 〈張王
種陳列傳〉에 立傳. ○虞詡(우후) – 58권, 〈虞傅蓋臧列傳〉에 立傳.

[國譯]

成翊世(성익세)의 字는 季明(계명)으로 젊어 好學하였고 道術에도
매우 밝았다. (安帝) 延光 연간에, 中常侍 樊豐(번풍)과 安帝의 乳母
王聖(왕성) 등이 함께 皇太子를 참소하자 폐위되어 濟陰王(제음왕)이
되었다. 성익세는 연이어 황태자를 변호하고 번풍과 왕성이 誣告(무
고)한 실상을 상소하였다 그러나 안제는 받아들이지 않았고 번풍 등
은 성익세를 모함하여 중죄로 하옥하여 사형에 처하려 했지만 조서
로 면직시켜 귀향케 하였다.

곧 濟陰王이 즉위하니 이가 順帝인데, 司空인 張晧(장호)가 성익세
를 초빙하였다. 장호는 성익세가 앞서 태자의 폐위를 변호했다 하여
議郞에 천거하였다. 성익세는 자신의 그런 일은 자랑할 것이 못되
며, 관직을 받는 것이 부끄럽다하면서 스스로 자책하고 귀향하였다.

삼공부에서 연이어 불렀지만 응하지 않았다. 尙書僕射(상서복야)
인 虞詡(우후)는 평소에 성익세를 중시했는데 조정에서 함께 일해야
한다고 상서하여 천거했고, 성익세는 議郞이 되었다. 뒷날 尙書令
左雄(좌웅), 僕射(복야)인 郭虔(곽건) 등이 다시 尙書로 천거하였다.

조정에서는 늘 엄정하였기에 百僚들이 성익세를 존경하였다.

❷ 欒巴

▌原文

欒巴字叔元, 魏郡內黃人也. 好道. 順帝世, 以宦者給事
掖庭, 補黃門令, 非其好也. 性質直, 學覽經典, 雖在中官,
不與諸常侍交接. 後陽氣通暢, 白上乞退, 擢拜郞中, 四遷
桂楊太守. 以郡處南垂, 不間典訓, 爲吏人定婚姻喪紀之禮,
興立學校, 以獎進之. 雖幹吏卑末, 皆課令習讀, 程試殿最,
隨能升授. 政事明察. 視事七年, 以病乞骸骨.

| 註釋 | ○欒巴(난파, ? - 168년) - 인명. 欒은 나무 이름 난(란). 宦官이었
다가 陽氣가 통했으며 결혼하여 아들을 낳았다고 한다. ○魏郡 內黃 - 今
河南省 북부 安陽市 관할 內黃縣. 蜀郡 成都 사람이라는 기록도 있다. ○桂
陽 - 군명. 治所 郴縣(침현), 今 湖南省 남부 郴州市(침주시).

[國譯]

欒巴(난파)의 字는 叔元(숙원)으로 魏郡 內黃縣 사람이다. 道家 학
문을 좋아하였다. 順帝 때 宦者(환자)로 掖庭(액정)에서 일했고 黃門
令이 되었지만 그가 좋아하는 일은 아니었다. 천성이 질박 정직하였
고 경전을 두루 공부하였는데 비록 환관이었지만 다른 常侍들과 교
제하지 않았다. 뒷날 陽氣가 크게 발동하자 이를 알리고 퇴직하려

했는데 郎中에 발탁되었고 4차례 승진하여 桂楊太守가 되었다. 계양군이 남쪽에 치우쳤기에 예법을 알지 못하다고 생각하여 관리의 정혼이나 결혼, 喪禮에 관한 예절을 정하였으며 학교를 세워 이를 권장하였다. 비록 간부급 향리나 낮은 직위일지라도 모두 훈령을 익히게 하고, 이를 평가하여 석차를 정하고 그에 따라 승진시켰다. 그러자 政事가 밝고 깨끗하였다. 재직 7년에, 병으로 사직하였다.

| 原文 |

　荊州刺史李固薦巴治多, 徵拜議郞, 守光祿大夫, 與杜喬, 周擧等八人徇行州郡.

　巴使徐州還, 再遷豫章太守. 郡土多山川鬼怪, 小人常破賞産以祈禱. 巴素有道術, 能役鬼神, 乃悉毁壞房祀, 窮理姦巫, 於是妖異自消. 百姓始頗爲懼, 終皆安之. 遷沛相. 所在有績, 徵拜尙書. 會帝崩, 營起憲陵. 陵左右或有小人墳冢, 主者欲有所侵毁, 巴連上書苦諫.

　時梁太后臨朝, 詔詰巴曰, 「大行皇帝晏駕有日, 卜擇陵園, 務從省約, 塋域所極, 裁二十頃, 而巴虛言主者壞人冢墓. 事旣非實, 寢不報下, 巴猶固遂其愚, 復上誹謗. 苟肆狂瞽, 益不可長.」

　巴坐下獄, 抵罪, 禁錮還家.

| 註釋 | ○李固(이고) – 63권, 〈李杜列傳〉에 立傳. ○八使 – 順帝가 지

방관의 부정을 감독하기 위해 특별히 파견한 사자 8인. 侍中인 杜喬(두교), 光祿大夫인 周擧(주거), 光祿大夫 대행 郭遵(곽준), 馮羨(풍선), 欒巴(난파), 張綱(장강), 周栩(주허), 劉班(유반) 등 8인을 각 州와 郡에 나눠 보내서 교화를 널리 펴고 (관리의) 선악을 사실대로 조사하게 하였다. ○豫章太守 – 豫章은 군명. 治所는 南昌縣, 今 江西省 북부 南昌市(江西省의 省會). ○憲陵 – 順帝의 능, 今 河南省 洛陽市 서북. ○大行皇帝晏駕有日 – 大行皇帝는 죽은 황제. 大行은 돌아오지 않는다는 뜻. 죽은 뒤 시호를 올리기 전의 황제. 晏駕는 崩御(붕어)의 다른 표현, 有日은 얼마가 지났다. ○禁錮還家 – 禁錮(금고)는 벼슬길을 막아두는 형벌. 옥에 가두는 형벌이 아님.

[國譯]

荊州(형주)자사 李固(이고)는 欒巴(난파)의 치적이 훌륭하다고 천거하였고, 조정에서 징소하여 議郎를 제수하였고, 光祿大夫 대행으로 杜喬(두교), 周擧(주거) 등과 함께 각 州郡을 순행하는 八使로 뽑혔다. 난파는 徐州에 파견되었다가 돌아온 뒤에 다시 승진하여 豫章太守가 되었다. 예장군에는 산천에 귀신이 많다고 하여 어리석은 백성이 가산을 탕진하면서 기도를 올렸다. 난파는 평소에 도술로 귀신을 부릴 줄 알았기에, 곧 기도나 치성을 드리는 사당을 모두 부숴버리고 무당들을 법으로 처리하자 요사한 미신은 점차 사라졌다. 백성은 처음에 두려워하였으나 결국 모두 안정이 되었다. 난파는 沛國 相이 되었다. 재직 중 치적이 좋아 조정에 들어가 尙書가 되었다. 마침 순제가 붕어하여 憲陵을 축조하였다. 능 주위에 백성들의 분묘가 있었는데 공사 담당자가 이를 없애야 한다고 주청하자 난파는 연이어 상서하며 이를 못하게 하였다.

그때는 梁太后가 臨朝하였는데 조서를 내려 난파를 책망하였다.

「大行皇帝(先帝)께서 붕어하신 지 며칠이 지났고 능원 자리를 보아 축조하나 작고 검소하여 무덤 영역이 겨우 20頃(경)인데도 난파는 백성의 무덤을 없애서는 안 된다고 주장하고 있다. 그런 일은 사실이 아니라서 아래에서 보고도 하지 않았는데 난파는 계속 어리석은 생각으로 다시 비방을 하고 있다. 만약 그 사람 멋대로 망년된 짓을 방치하느니 단속하는 것이 더 나을 것이로다.」

난파는 이에 연좌하여 하옥되어 죄가 확정되었는데 禁錮(금고)를 받아 귀향하였다.

原文

二十餘年, 靈帝卽位, 大將軍竇武,太傅陳蕃輔政, 徵拜議郎. 蕃,武被誅, 巴以其黨, 復譎爲永昌太守. 以功自劾, 辭病不行, 上書極諫, 理陳,竇之冤. 帝怒, 下詔切責, 收付廷尉. 巴自殺. 子賀, 官至雲中太守.

| 註釋 | ○雲中太守 – 郡名, 治所는 雲中縣, 今 內蒙古 呼和浩特市(內蒙古自治區 首府) 관할 托克托縣(黃河 북안).

[國譯]

20여 년 뒤, 靈帝가 즉위하자, 대장군 竇武(두무)와 太傅(태부) 陳蕃(진번)이 정사를 보필하며 난파를 불러 의랑을 제수하였다. 진번과 두무가 주살되면서 난파는 그 黨人이라 하여 다시 永昌太守로 좌천되었다. 난파는 그간의 치적이 나쁘다고 자책하며, 身病을 이유로

부임하지 않으면서 진번과 두무를 변호하는 상소를 올렸다. 靈帝는
화가 나서 조서로 심하게 질책하며 체포하여 정위에 압송케 하였다.
이에 난파는 자살하였다. 아들 欒賀(난하)는 雲中太守를 지냈다.

❸ 劉陶

原文

劉陶字子奇, 一名偉, 潁川潁陰人, 濟北貞王勃之後. 陶
爲人居簡, 不修小節. 所與交友, 必也同志. 好尙或殊, 富貴
不求合, 情趣苟同, 貧賤不易意. 同宗劉愷, 以雅德知名, 獨
深器陶.

| 註釋 | ○潁川潁陰 - 潁川郡 潁陰縣은 今 河南省 중부 許昌市. ○濟北
貞王 劉勃(유발) - 濟北國, 治所는 盧縣(노현), 今 山東省 濟南市 長淸區. 泰
山郡을 분리. ○劉愷(유개) - 39권, 〈劉趙淳于江劉周趙列傳〉에 立傳.

[國譯]

劉陶(유도)의 字는 子奇(자기)인데, 일명 偉(위)로 潁川(영천) 潁陰
縣(영음현) 사람이며 濟北 貞王 劉勃(유발)의 후손이다. 유도는 사람
이 너그럽고 小節에 얽매이지 않았다. 같이 교제하는 사람들은 모두
뜻을 같이 하는 사람이었다. 취향이 서로 다르다면 부귀한 사람일지
라도 굳이 어울리려 하지 않았고, 情趣가 비슷하다면 빈천하다 하여
뜻을 바꾸지 않았다. 同宗의 劉愷(유개)는 평소에 덕행으로 알려진

사람인데 유도를 매우 존중하였다.

時大將軍梁冀專朝, 而桓帝無子, 連歲荒饑, 災異數見. 陶時游太學, 乃上疏陳事曰,

「臣聞人非天地無以爲生, 天地非人無以爲靈, 是故帝非人不立, 人非帝不寧. 夫天之與帝, 帝之與人, 猶頭之與足, 相須而行也. 伏惟陛下年隆德茂, 中天稱號, 襲常存之慶, 循不易之制. 目不視鳴條之事, 耳不聞檀車之聲, 天災不有痛於肌膚, 震食不卽損於聖體, 故蔑三光之謬, 輕上天之怒. 伏念高祖之起, 始自布衣, 拾暴秦之敝, 追亡周之鹿, 合散扶傷, 克成帝業. 功旣顯矣, 勤亦至矣. 流福遺祚, 至於陛下. 陛下旣不能增明烈考之軌, 而忽高祖之勤, 妄假利器, 委授國柄, 使群醜刑隸, 芟刈小民, 雕敝諸夏, 虐流遠近, 故天降衆異, 以戒陛下.

陛下不悟, 而競令虎豹窟於麑場, 豺狼乳於春囿. 斯豈唐咨禹,稷, 益典朕虞, 議物賦土蒸民之意哉? 又今牧守長吏, 上下交競, 封豕長蛇, 蠶食天下, 貨殖者爲窮冤之魂, 貧餒者作饑寒之鬼. 高門獲東觀之辜, 豐室羅妖叛之罪, 死者悲於窀穸, 生者戚於朝野, 是愚臣所爲咨嗟長懷歎息者也. 且秦之將亡, 正諫者誅, 諛進者賞, 嘉言結於忠舌, 國命出於讒

□, 擅閻樂於咸陽, 授趙高以車府. 權去己而不知, 威離身而不顧. 古今一揆, 成敗同勢. 願陛下遠覽强秦之傾, 近察哀, 平之變, 得失昭然, 禍福可見.」

| 註釋 | ○鳴條 – 地名. 河東郡 安邑(안읍)의 서쪽. 伊尹(이윤)이 湯王(탕왕)을 도와 桀王(걸왕)을 토벌할 때 鳴條(명조)의 들판에서 싸웠다. ○檻車 – 兵車. ○布衣 – 高祖는 "나는 布衣에 三尺劍으로 天下를 차지하였다."고 말했다. ○追亡周之鹿 – 秦이 놓친 사슴(鹿, 帝位)을 천하가 함께 잡으려 했다. ○利器 – 천자의 권위, 권력. 爵, 祿, 與, 置, 生, 奪, 廢, 誅의 권한. ○刑隸 – 閹人(엄인), 환관. 죄를 지어 궁형을 받은 사람. ○芟刈小民 – 芟刈(삼예)는 풀을 베다. 芟는 풀 벨 예, 제거하다. 刈는 벨 예, 자르다. ○麑場 – 麑는 사슴 새끼(鹿子) 예. ○益典朕虞 – 益은 伯益, 秦과 趙의 조상. 목축과 사냥에 뛰어났고 禹를 도와 治水에 공을 세웠다. 舜은 伯益을 梁에 봉했다. ○封豕長蛇 – 산처럼 큰 돼지와 긴 구렁이. 탐욕이 끝이 없는 악인. ○高門獲東觀之辜 – 高門는 貴戚. 孔子는 魯 司寇가 되어 악행을 일삼은 少正卯(소정묘)을 東觀(동관)에서 처형하였다. ○死者悲於窀穸 – 窀穸(둔석)은 壙中(광중). 棺이 들어갈 자리. 窀穸(둔석)을 긴긴 밤으로 풀이할 수도 있다. ○擅閻樂於咸陽 – 咸陽令 閻樂(염락)은 指鹿爲馬에서 사슴이라고 말한 자들을 잡아 죽였다. 望夷宮에서 二世 황제(胡亥)를 핍박하여 자살하게 강요했다. ○古今一揆 – 一揆는 같은 길. 같은 법칙. 揆는 헤아릴 규. 法. 道.

[國譯]

그때 大將軍 梁冀(양기)가 국정을 장악하였고 桓帝는 아들이 없었으며 해마다 흉년이 들었고 재해와 이변이 자주 나타났다. 劉陶(유도)는 그때 太學에 유학하였는데 국정을 논하는 상서를 올렸다.

「臣이 듣기로, 사람은 天地가 아니면 태어날 수 없고 天地는 인간이 없다면 신령하지 않다고 하였습니다. 그래서 하늘과 황제, 황제와 백성은 머리와 발과 같아 함께 해야만 나아갈 수 있습니다. 臣의 생각으로 폐하께서는 아직 젊으시며 훌륭한 덕을 갖추시어 천자의 칭호에 합당하시고 변함없이 천복을 이어 받으시어 바꿀 수 없는 법제를 준수하고 계십니다. 폐하께서는 눈으로는 전쟁을 보지 않으셨고, 귀로는 兵車의 소리도 듣지 않으셨으며, 天災(천재)가 폐하의 피부를 아프게 찌르지도 아니하였고, 지진이나 일, 월식이 聖體를 손상시키지도 않았기에 폐하께서는 三光(日, 月, 星)의 잘못된 운행을 무시할 수 있었고, 上天의 분노도 輕視하였습니다. 저의 생각으로 高祖께서는 布衣로 홍기하시어 秦 폭정의 종말을 당하여 멸망한 周의 사슴을 쫓아 흩어진 백성을 모으고 다친 자를 부축하여 마침내 帝業을 이룩하셨습니다. 고조의 공로는 참으로 顯赫(현혁)하시나 그만큼 고생을 하셨습니다. 후손에게 복록을 남기시어 마침내 폐하에 이르렀습니다. 폐하께서 선조의 빛나는 업적을 더 빛내지는 못할지언정 고조의 고생을 소홀하게 잊어버리시어 함부로 利器를 남이 행사하게 하거나 국권을 넘겨주어 추악한 무리, 또는 형을 받은 사람(환관)으로 하여금 백성을 베어 다치게 하거나 중국을 피폐하게 하든지, 학정 때문에 백성이 원근으로 흩어지게 한다면 하늘은 여러 가지 이변을 내려 폐하에게 경고하는 것입니다.

폐하께서는 깨닫지 못하시나 호랑이를 몰아 사슴의 마당에 굴을 파게 하고, 승냥이(豺狼)가 봄날 동산에 새끼를 낳게 한 것과 같습니다. 이것이 어찌 唐堯가 禹(우)와 后稷(후직)을 거느리시고, 伯益(백익)이 山에 관한 일을 담당하며, 백성의 뜻에 따라 땅을 나눠준 것과 같겠습니까? 또 지금 지방 수령이나 자사는 상하가 경쟁하듯 큰 돼지나 뱀 같은 욕심으로 천하를 잠식하고 있으며, 貨殖者(상인)는 굶주린 寃鬼(원귀)처럼 되었고 빈한하여 굶주린 백성은 굶주림과 추위에 떠는 귀신이 되었습니다. 벼슬아치들은 孔子가 죽여 버린 少正卯(소정묘)가 되어야 하고, 豐室(富豪)는 반역의 죄를 저지르고 있으며, 死者는 땅속에서 슬피 울고, 산 자는 아침 들판에서 슬픔에 잠겨 있습니다. 바로 이러한 것이 愚臣이 크게 장탄식을 하는 까닭입니다. 그리고 秦이 망하려 할 때 바른 말로 충간하는 자는 죽음을 당했고 아첨하는 자는 상을 받았으며, 바르고 옳은 말은 충신의 혀에 묶여 나오지 않았고, 나라의 운명은 아첨하는 자에 달려 있었으며, 咸陽令 閻樂(염락)은 함양에서 마음대로 살인했고, 趙高(조고)는 車府令이었습니다. (二世 황제는) 권력이 자신에게서 떠난 것도 알지 못했고, 자신에게 아무런 위세도 없는데도 자신을 돌아보지 못했습니다. 이처럼 古今이 하나의 법이며 성패가 다 같았습니다. 폐하께서는 멀게는 강한 秦나라의 멸망을 고찰하시고, 가깝게는 哀帝와 平帝 연간의 변란을 살펴보시면 그 得失이 뚜렷하며 禍福의 원인을 알 수 있을 것입니다.」

原文

「臣又聞危非仁不扶, 亂非智不救, 故武丁得傅說, 以消鼎雉之災, 周宣用申,甫, 以濟夷,厲之荒. 竊見故冀州刺史南陽朱穆, 前烏桓校尉臣同郡李膺, 皆履正清平, 貞高絶俗.

穆前在冀州, 奉憲操平, 摧破姦黨, 掃淸萬里.

膺歷典牧守, 正身率下, 及掌戎馬, 威揚朔北. 斯實中興之良佐, 國家之柱臣也. 宜還本朝, 挾輔王室, 上齊七耀, 下鎭萬國. 臣敢吐不時之義於諱言之朝, 猶冰霜見日, 必至消滅. 臣始悲天下之可悲, 今天下亦悲臣之愚惑也.」

書奏不省.

| 註釋 | ㅇ故武丁得傅說 - 武丁은 殷王 高宗. 高宗은 傅說(부열)을 재상으로 임명하여 殷의 중흥을 이룩하였다. ㅇ鼎雉之災 - 高宗 때 종묘 제사에 꿩(雉)이 鼎耳(정이)에 날아와 울었는데 이를 不吉의 징조로 해석하고 武丁은 더욱 修德하여 나라의 안정을 이룩했다. ㅇ周宣用申,甫 - 周의 중흥을 이룩한 宣王은 申伯(신백)과 仲山甫(중산보)를 등용하였다. ㅇ上齊七耀 - 위로는 七耀(칠요, 日月과 五星)를 고루 빛나게 하다. ㅇ不時之義 - 時宜(시의)에 맞지 않다. ㅇ諱言之朝 - 諱言(휘언)은 忠諫을 거부하다.

[國譯]

「臣이 또 알기로, 위기는 仁政이 아니면 극복할 수 없고 혼란은 智者가 아니면 구원할 수 없다 하였으니, 그래서 (殷) 武丁(高宗)은 傅說(부열)을 등용하여 재앙을 예방하였고, 周 宣王은 申伯(신백)과 仲山甫(중산보)를 등용하였기에 夷王(이왕)과 厲王(여왕)의 재앙을 극복하였습니다. 臣의 견해로는 전임 冀州刺史인 南陽 출신 朱穆(주목)과 前에 烏桓(오환)校尉였던 臣과 同郡인 李膺(이응)은 모두 공정청렴하고 그 지조가 보통 사람과 확연히 다른 사람입니다. 주목은 전에 冀州(기주)자사로 근무하면서, 법에 따라 재직하며 姦黨을 누르고 격파하여 임지 1만 리를 깨끗하게 하였습니다.

　이응은 여러 곳의 지방관을 역임하면서 바른 몸가짐으로 군사업무를 처리하여 북방 일대에 국위를 선양하였습니다. 이들은 모두 中興을 도울 현량한 보좌관이며 나라의 기둥이 된 신하입니다. 의당 조정으로 소환하여 왕실을 지켜 보좌하며, 위로는 七耀(칠요, 日月과 五星)를 고루 빛나게 하고 아래로는 萬國을 진무할 수 있을 것입니다. 臣이 감히 忠諫을 거부하는 조정에 時宜에 맞지 않는 상소를 올리는 것은 마치 얼음이나 서리가 햇볕을 쬐면 녹아 없어지는 것과 같을 것입니다. 臣은 처음으로 온 천하 사람들의 슬픔을 비통해하고 지금의 천하 또한 臣의 어리석음을 슬퍼할 것입니다.」

　상소가 보고되었지만 응답은 없었다.

原文

　時有上書言人以貨輕錢薄, 故致貧困, 宜改鑄大錢. 事下四府群僚及太學能言之士. 陶上議曰,

　「聖王承天制物, 與人行止, 建功則衆悅其事, 興戎而師樂其旅. 是故靈臺有子來之人, 武旅有鳧藻之士, 皆擧合時宜, 動順人道也. 臣伏讀鑄錢之詔, 平輕重之議, 訪覃幽微, 不遺窮賤, 是以藿食之人, 謬延逮及.」

| 註釋 |　○四府 ─ 後漢의 四府는 大將軍府, 太尉府, 司徒府, 司空府의 合稱. 前漢의 四府는 丞相府, 御使府, 車騎將軍, 前將軍府의 합칭. ○靈臺有子來之人 ─ 영대의 축조에 서민들이 기꺼이 동참했다는 뜻. '經始靈台,

經之營之, 不日成之. 經始勿亟, 庶人子來.'《詩 大雅 靈臺》의 구절. ㅇ武旅 - 周 武王의 군사(旅). ㅇ鳧得水藻 - 오리가 수초를 만나다. 기뻐한다는 뜻. ㅇ藿食者 - 藿은 콩잎 곽. 貧者의 음식.

[國譯]

그때 어떤 자가 백성들이 화폐 가치가 경미하다고 생각하여 살림이 빈곤하다면서 화폐의 가치를 높여 大錢을 주조해야 한다고 상서하였다. 이를 四府의 모든 신하와 太學의 能言之士가 논의하라고 명하였다. 이에 劉陶(유도)도 자기 주장을 상서하였다.

「聖王께서는 하늘의 뜻을 받아 만물을 통제하며 백성의 행위를 규제하는데, 어떤 공적을 이룩하면 백성이 그 효과를 즐기고 전쟁으로 군사를 동원하면 백성은 기꺼이 원정에도 참여하게 됩니다. 이처럼 靈臺를 중수하자 이에 참여하는 백성이 있었으며 周 무왕의 군사에는 기뻐 참여하는 군졸이 있었으니 이 모두는 시의에 적합했으며 人道에 순응했기 때문입니다. 臣은 鑄錢에 관련한 조서를 읽고서 (錢幣의) 輕重의 뜻을 평의하고 보이지 않는 심오한 뜻을 찾는 것이 빈곤 미천한 백성을 버리지 않아야 하며 나물을 먹는 백성에게도 나쁜 결과가 없어야 할 것입니다.」

原文

「蓋以爲當今之憂, 不在於貨, 在乎民饑. 夫生養之道, 先食後貨. 是以先王觀象育物, 敬授民時, 使男不逋畝, 女不下機. 故君臣之道行, 王路之敎通. 由是言之, 食者乃有國之所寶, 生民之至貴也. 竊見比年已來, 良苗盡於蝗螟之口, 杼柚空於公私之求, 所急朝夕之餐, 所患靡鹽之事, 豈謂錢貨之厚薄, 銖兩之輕重哉? 就使當今沙礫化爲南金, 瓦石變爲和玉, 使百姓渴無所飮, 饑無所食.

雖皇羲之純德, 唐虞之文明, 猶不能以保蕭牆之內也. 蓋民可百年無貨, 不可一朝有饑, 故食爲至急也. 議者不達農殖之本, 多言鑄冶之便, 或欲因緣行詐, 以賈國利. 國利將盡, 取者爭競, 造鑄之端於是乎生. 蓋萬人鑄之, 一人奪之, 猶不能給, 況今一人鑄之, 則萬人奪之乎? 雖以陰陽爲炭, 萬物爲銅, 役不食之民, 使不饑之士, 猶不能足無猒之求也. 夫欲民殷財阜, 要在止役禁奪, 則百姓不勞而足.

陛下聖德, 愍海內之憂戚, 傷天下之艱難, 欲鑄錢齊貨以救其敝, 此猶養魚沸鼎之中, 棲鳥烈火之上. 水木本魚鳥之所生也, 用之不時, 必至燋爛. 願陛下寬鍥薄之禁, 後冶鑄之議, 聽民庶之謠吟, 問路叟之所憂, 瞰三光之文耀, 視山河之分流. 天下之心, 國家大事, 粲然皆見, 無有遺惑者矣.」

| 註釋 | ○敬授民時 － 백성의 농사철을 지켜주다. ○男不遑畝 － 遑는 달아날 포. 畝는 이랑 무. 경작지. ○杼柚空於公私之求 － 杼柚(저유)는 베틀의 북(杼)과 바디(柚). 베틀에 필요한 소도구. 織物. ○所患靡鹽之事 － 靡鹽는 끝나지 않다. 靡는 없을 미. 아니다. 쓰러질 미. 鹽는 염지 고. 굵은 소금. 단단하지 아니하다. '王事靡鹽 續嗣我日' (나랏일이 끝나지 않아 사역이 계속되다.)《詩經 小雅 杕杜(체두)》. ○沙礫化爲南金 － 沙礫(사력)은

모래와 자갈. 礫은 자갈 력, 조약돌. 南金은 남방에서 산출된 金. ○和玉 －
卞和(변화)의 玉. 卞和가 찾아낸 옥. 無價之寶. ○蕭牆之內 － 蕭牆(소장)은
집안. 내부. ○民殷財阜 － 殷은 성할 은. 많다. 阜는 언덕 부. 커지다, 번성
하다, 많다. ○燋爛 － 燋는 홰 초. 불에 익힐 것을 올려놓는 나무. 爛은 문
드러질 난(란). 불에 데다. ○鍥薄之禁 － 각박하고 엄격한 法禁. 鍥는 새
길 계(刻也). 각박하다, 잔혹하다. ○間路叟之所憂 － 孔子는 길을 가다가
슬피 우는 사람을 만나 왜 우는가를 물었다고 한다.

[國譯]

「대체로 당면한 걱정은 錢幣(전폐)의 가치가 아니라 백성의 굶주
림입니다. 백성을 살리는 길은 먼저 배불리 먹이고 다음에 물자의
유통입니다. 때문에 先王은 天象을 보아 만물을 양육하였으니 백성
의 농사철을 지켜 남자는 경작지에서 떠나지 않게 하고 여인은 베틀
을 버리지 않게 하였습니다. 고로 君臣의 正道가 크게 실행되었고
聖王의 大路에서는 교화가 이루어졌습니다. 이를 다시 말한다면, 식
량이란 나라의 보배이며 백성에게 가장 귀한 것입니다. 臣이 볼 때
최근 몇 년 사이에 농작물은 蝗蟲(메뚜기)가 먹어치웠고 필요한 織
物(직물)은 公私의 용도로 바닥이 났으니, 당장 급한 것은 아침저녁
의 밥이며, 백성의 걱정거리는 끝없는 부역이니, 어찌 錢幣의 대소
나 경중이 문제가 되겠습니까? 지금 당장 모래나 자갈을 南金으로
만들고 깨진 기왓장 조각이 卞和(변화)의 玉으로 변한다 하여도 백
성은 갈증에 마실 물이 없고 굶주려도 먹을 것이 없습니다.

비록 三皇인 虙羲氏(복희씨, 伏羲)의 純德이나 唐虞(堯舜)의 文明
이 있다 하여도 집안의 식구들을 먹여 살릴 수 없을 것입니다. 대체
로 백성은 백 년이 가도 재물을 비축 못할 수도 있다지만 하루라도

굶길 수가 없기에 양식이 가장 소중한 것입니다. 이를 논하는 자들은 농업이 국가의 기본임을 알지 못하고 주전의 편리성을 논하면서 혹 전폐로 속이는 사람이 있다 해도 상업이 나라에도 이롭다는 것을 말하는 사람이 많습니다. 그러나 나라의 이득이 바닥이 난다면 利를 추구하는 자가 서로 경쟁을 하게 되기에 주전의 폐단은 여기에서 발생합니다. 대체로 萬人이 주전을 하더라도 1인이 이를 차지한다면 오히려 공급할 수 없는데 하물며 1인이 주조하여 만인이 다 차지할 수 있겠습니까? 비록 陰陽(日月)이 숯(炭)이고 만물이 銅(구리, 주전의 원료)이며 먹지 못한 백성이나 굶주리지 않은 士人을 사역하여 주전한다 하여도 끝없는 욕구를 다 만족시킬 수는 없을 것입니다. 백성이 증가하고 부유하게 하려면 그 요점은 백성 부역을 중지하고 수탈을 금지하는 것이니, 그러면 백성은 저절로 풍족할 것입니다.

폐하께서는 聖德을 지니시고 백성의 걱정을 연민하시면서 주전과 재화의 고른 유통으로 그 폐단을 바로잡으시려 하시지만 이는 끓는 솥 안에서 고기를 기르고 뜨거운 불꽃 위에 새(鳥) 집을 지으려는 것과 같습니다. 水木은 본래 물고기나 새가 사는 곳이지만 때가 아니라면 틀림없이 불에 타 문드러질 것입니다. 폐하께서는 백성에 대한 각박한 금령을 관대하게 하신 뒤에 주전 논의를 하신다면 백성이 부르는 칭송의 노랫소리를 들을 수 있고, 길 가는 노인의 걱정거리를 물어볼 것이며, 日, 月, 토의 빛나는 모습과 아름다운 山河의 모습을 볼 수 있을 것입니다. 또 천하 백성의 마음이나 國家大事가 뚜렷하게 보일 것이니 어떤 의혹도 없을 것입니다.」

「臣嘗誦《詩》, 至於鴻鴈于野之勞, 哀勤百堵之事, 每喟爾長懷, 中篇而歎. 近聽征夫饑勞之聲, 甚於斯歌. 是以追悟匹婦吟魯之憂, 始於此乎? 見白駒之意, 屏營傍偟, 不能監寐.

伏念當今地廣而不得耕, 民衆而無所食. 群小競進, 秉國之位, 鷹揚天下, 烏鈔求飽, 吞肌及骨, 並噬無猒. 誠恐卒有役夫窮匠, 起於板築之間, 投斤攘臂, 登高遠呼, 使愁怨之民, 向應雲合, 八方分崩, 中夏魚潰. 雖方尺之錢, 何能有救! 其危猶舉函牛之鼎, 絓纖枯之末, 詩人所以眷然顧之, 潛焉出涕者也.

臣東野狂闇, 不達大義, 緣廣及之時, 對過所問, 知必以身脂鼎鑊, 爲天下笑.」

帝竟不鑄錢.

| 註釋 | ○鴻雁于野之勞 −《詩 小雅 鴻鴈》.「鴻鴈於飛, 肅肅其羽. 之子於徵, 劬勞於野. 鴻鴈於飛, 集於中澤. 之子於垣, 百堵皆作.」궁지에 몰린 백성들이 안주할 집을 짓는 심경을 노래했다. 鴻은 큰 기러기. 鴈은 기러기 안. 작은 기러기. ○匹婦吟魯之憂 − 魯 漆(칠) 室邑의 노처녀가 혼기가 되었는데도 시집을 못가고 있었는데, 노처녀가 슬피 우는 것을 보고 이웃 노파가 '자네를 위해 혼처를 주선해 주겠다.'고 말하자, 노처녀는 '그래서 우는 것이 아니라 魯 穆公은 늙었으나 태자가 어리기에 나라가 걱정되어 울고 있다.'고 말했다는 이야기가 《列女傳》에 있다. ○白駒之意 −《詩經 小雅 白駒》.「皎皎白駒, 食我場苗. 縶之維之, 以永今朝.」白駒는 賢人이 탄 흰 망아지. ○役夫窮匠 − 役夫는 陳涉(진섭) 같은 무리. 窮匠은 秦始皇帝

의 능 축조에 동원된 驪山의 죄수. ○函牛之鼎 - 큰 솥(大鼎也). ○絓纖
枯之末 - 絓는 걸릴 괘(掛也). 매어놓다. 纖枯(섬고)는 썩은 가느다란 실.
○潸焉出涕 - 潸은 눈물 흐를 산. 涕는 눈물 체. ○東野狂闇 - 狂闇은 사
리분별을 못하고 어리석다. 闇은 어둘 암, 문 닫을 암.

[國譯]

「臣이 일찍이 《詩經 小雅》를 읽다가, 〈鴻鴈〉편의 '들판에서 고
생한다(于野之勞).' 는 대목에 이르러서는 여러 개의 담을 축조하는
힘든 일을 애달프게 여겨 크게 한숨 쉬며 중간중간에 탄식하였습니
다. 근래에 정벌에 동원되어 굶주리고 지친 사람의 탄식은 이 시가
보다 더합니다. 이에 魯나라 匹婦의 걱정도 이런 데서 시작된 것이
아니겠습니까? 《詩經 小雅》〈白駒〉의 詩意는 방황하고 불안하여
밤에 잠을 못 이루는 뜻입니다.

臣이 생각할 때 지금 땅은 넓으나 경작을 하지 못하고, 백성은 많
으나 식량이 부족합니다. 여러 소인들이 경쟁하듯 국가의 대권을 장
악하려 하고, 천하를 날아다니듯 횡행하면서 까마귀처럼 훔쳐 배불
리 먹고 껍질과 뼈까지 다 씹어 먹어도 만족할 줄을 모릅니다. 참으로
두려운 것은 갑자기 사역 인부나 굶주린 工人들이 현장에서 들고 일
어나 도끼를 집어던지고 주먹을 휘두르며 높은 곳에 올라 멀리보고
부르짖으면 걱정과 원한에 사무친 백성들이 이에 호응하게 된다면 8
방이 분리 붕괴되고 물고기가 내부부터 썩듯 문드러질 것입니다. 그
렇게 되면 비록 한 자(尺)의 큰 돈인들 무슨 소용이 있겠습니까! 그 위
기는 소를 삶는 큰 솥을 들어 썩은 새끼줄에 매어놓은 것과 같은 것이
니 詩人이 이를 돌아보고서는 말없이 눈물을 흘린 것입니다.

臣은 동쪽 시골의 어리석은 백성이라 大義를 알지도 못하면서 여러 의견을 듣는다 하여 묻는 것보다 더 지나친 말을 하였으니 틀림없이 엄한 형벌을 받아 세상 사람들의 웃음거리가 될 것도 알고 있습니다.」

靈帝는 결국 새 화폐를 주조하지는 않았다.

原文

後陶擧孝廉, 除順陽長. 縣多姦猾, 陶到官, 宣募吏民有氣力勇猛, 能以死易生者, 不拘亡命姦臧, 於是剽輕劍客之徒過晏等十餘人, 皆來應募. 陶責其先過, 要以後效, 使各結所厚少年, 得數百人, 皆嚴兵待命. 於是覆案姦軌, 所發若神. 以病免, 吏民思而歌之曰, '邑然不樂, 思我劉君. 何時復來, 安此下民.'

陶明《尙書》,《春秋》, 爲之訓詁. 推三家《尙書》及古文, 是正文字七百餘事, 名曰《中文尙書》.

|註釋| ○順陽 – 南陽郡의 현명. 今 河南省 서남부 南陽市 관할 淅川縣 (석천현). 민호가 1만 호가 안 되는 작은 현은 縣令이 아닌 縣長을 내보냈다. ○過晏(과안) – 過가 성씨, 春秋시대에 過國의 후손. ○三家《尙書》 – 夏侯建(하후건), 夏侯勝(하후승), 歐陽和伯(구양화백)이 전한《尙書》.

[國譯]

뒷날 劉陶(유도)는 孝廉으로 천거되어 (南陽郡) 順陽 縣長이 되었다. 현에는 간악 교활한 무리가 많았는데 유도는 부임하면서 吏民 중에서 힘이 세고 용맹하며 死生을 돌보지 않으며 도망자나 이전에 지은 죄를 불문하고 널리 모집하자 날쌘 검객 過晏(과안) 등 10여 명이 응모하였다. 유도는 이전의 죄를 우선 책망하고 앞으로 공을 세우라고 다짐을 받고서 각자 거느릴 수 있는 소년을 후하게 대접하여 수백 명을 모아 병기를 엄히 단속하며 명을 기다리게 하였다. 그리고서는 그간의 불법자를 조사하여 색출하니 마치 귀신과도 같았다. 유도가 뒷날 병으로 사직하자 吏民들이 그리며 노래를 지어 불렀다.

'마을이 아니 즐겁나니 우리 劉君이 그립네.

언제 다시 돌아와 우리들은 편케 하려나.'

유도는 《尙書》와 《春秋》에도 밝았는데, 이를 訓詁(훈고)하였다. 그리고 三家《尙書》와 고문을 추론하여 文字를 바로잡은 것이 7백여 건이었는데, 이를 《中文尙書》라 하였다.

原文

頃之, 拜侍御史. 靈帝宿聞其名, 數引納之. 時鉅鹿張角偽託大道, 妖惑小民, 陶與奉車都尉樂松, 議郞袁貢連名上疏言之, 曰,

「聖王以天下耳目爲視聽, 故能無不聞見. 今張角支黨不可勝計. 前司徒楊賜奏下詔書, 切勅州郡, 護送流民, 會賜去位, 不復捕錄. 唯會赦令, 而謀不解散. 四方私言, 云角等竊入京師, 覘視朝政, 鳥聲獸心, 私共鳴呼. 州郡忌諱, 不欲

聞之, 但更相告語, 莫肯公文. 宜下明詔, 重募角等, 賞以國土. 有敢迴避, 與之同罪.」

帝殊不悟, 方詔陶次第《春秋》條例. 明年, 張角反亂, 海內鼎沸, 帝思陶言, 封中陵鄕侯, 三遷尙書令. 以所擧將爲尙書, 難與齊列, 乞從宂散, 拜侍中.

以數切諫, 爲權臣所憚, 徙爲京兆尹. 到職, 當出修宮錢直千萬, 陶旣淸貧, 而恥以錢買職, 稱疾不聽政. 帝宿重陶才, 原其罪, 徵拜諫議大夫.

| 註釋 | ○鉅鹿張角 – 鉅鹿郡의 治所는 廮陶縣(영도현), 今 河北省 남부 邢台市 寧晉縣. 張角(?–184년)은, 太平道의 종교 지도자. 張角은 본래 낙방한 秀才였는데 入山採藥다가 南華老仙이라는 老人을 만나 동굴 안에 들어가 天書 3권을 받았고, 그를 읽어 도통했다고 하였다. 장각은 '蒼天已死, 黃天當立. 歲在甲子, 天下大吉' 할 것이라 선동하였다. ○奉車都尉 – 武帝 때 처음 설치. 無 定員. 황제의 거마를 관리. 光祿勳 소속. 질록은 比二千石. ○司徒 楊賜 – 54권,〈楊震列傳〉에 立傳.〈楊賜傳〉의 내용 참고. ○覘視朝政 – 覘은 엿볼 첨(점). ○乞從宂散 – 宂散은 宂職(용직, 冗職) 散官, 실무책임이 없는 명예직. ○修宮錢 – 買官之錢의 이름. 靈帝 때 賣官賣職이 매우 성행했다.

[國譯]

얼마 후, 劉陶(유도)는 侍御史가 되었다. 靈帝는 유도의 명성을 익히 알고 있었기에 자주 불러 만났다. 그때 鉅鹿郡의 張角(장각)은 大道를 사칭하며 백성들을 요언으로 선동하였는데 유도와 奉車都尉

樂松(악송), 議郎 袁貢(원공) 등은 이에 連名으로 上疏하였다.

「聖王은 天下의 耳目으로 보고 들을 수 있어 듣거나 보지 못하는 것이 없습니다. 전임 司徒 楊賜(양사)가 상주하기를, 조서로 각 주군에 지시하여 유민을 본 고향으로 돌려보내어 (장각의 세력을 약화시켜야) 한다고 하였지만 마침 양사가 면직되어 장각을 잡지 못하였습니다. 그 이후로 사면령을 내려도 그들은 모의하며 해산하지 않고 있습니다. 四方에 은밀히 떠도는 말로는 장각 등이 경사에 잠입하여 조정의 정사를 엿본다 하니 새소리나 짐승의 마음이라도 은밀히 다 드러날 것입니다. 그러나 州郡에서는 이를 꺼리며 숨겨 공문으로 보고하지 않고 있습니다. 이에 분명하게 조서를 내려 후한 예로 장각을 초빙하거나 아니면 제후 자리를 걸고 현상금으로 내걸어야 할 것입니다. 만약 이를 회피하는 지방관이 있다면 장각과 같은 죄로 다스려야 합니다.」

영제는 심각성을 깨닫지 못했고 막 조서를 내려 유도에게 《春秋》의 條例를 편찬케 하였다. 다음 해(中平 원년, 서기 184), 張角은 반란을 일으켰고 천하는 물 끓듯 하였는데, 영제는 유도의 상서를 생각하여 유도를 中陵鄕侯에 봉했고, 유도는 3번 승진하여 尙書令이 되었다. 그러나 유도가 천거한 사람이 尙書가 되자 유도는 같은 반열에 있기가 싫어서 한산한 직책을 원하여 유도는 侍中이 되었다.

유도는 여러 번 간절한 상소를 올렸고 이 때문에 권신들은 유도를 싫어하였고 유도는 京兆尹이 되었다. 경조윤에 부임하려면 1千만 전의 修宮錢을 바쳐야 하는데 청빈한 유도는 돈으로 매관하는 것을 부끄럽게 여겨 병을 이유로 부임하지 않았다. 영제는 전부터 유도의 재능을 알고 있었기에 유도의 죄를 용서하며 불러 諫議大夫를 제수하였다.

原文

是時天下日危, 寇賊方熾, 陶憂致崩亂, 復上疏曰,

「臣聞事之急者不能安言, 心之痛者不能緩聲. 竊見天下
前遇張角之亂, 後遭邊章之寇, 每聞羽書告急之聲, 心灼內
熱, 四體驚竦. 今西羌逆類, 私署將帥, 皆多段熲時吏, 曉習
戰陳, 識知山川, 變詐萬端. 臣常懼其輕出河東, 馮翊, 鈔西
軍之後, 東之函谷, 據阨高望. 今果已攻河東, 恐遂轉更豕
突上京. 如是則南道斷絶, 車騎之軍孤立, 關東破膽, 四方
動搖, 威之不來, 叫之不應, 雖有田單, 陳平之策, 計無所用.

臣前驛馬上便宜, 急絶諸郡賦調, 冀尙可安. 事付主者,
留連至今, 莫肯求問. 今三郡之民皆以奔亡, 南出武關, 北
徙壺谷, 冰解風散, 唯恐在後. 今其存者尙十三四, 軍吏士
民悲愁相守, 民有百走退死之心, 而無一前鬪生之計. 西寇
浸前, 去營咫尺, 胡騎分佈, 已至諸陵. 將軍張溫, 天性精勇,
而主者旦夕迫促, 軍無後殿, 假令失利, 其敗不救.

臣自知言數見厭, 而言不自裁者, 以爲國安則臣蒙其慶,
國危則臣亦先亡也. 謹復陳當今要急八事, 乞須臾之閒, 深
垂納省.」

其八事, 大較言天下大亂, 皆由宦官. 宦官事急, 共讒陶

曰, "前張角事發, 詔書示以威恩, 自此以來, 各各改悔. 今者四方安靜, 而陶疾害聖政, 專言妖驅. 州郡不上, 陶何緣知? 疑陶與賊通情." 於是收陶, 下黃門北寺獄, 掠按日急.

陶自知必死, 對使者曰, "朝廷前封臣云何? 今反受邪譖. 恨不與伊‚呂同疇, 而以三仁爲輩." 遂閉氣而死, 天下莫不痛之.

| 註釋 | ○邊章(변장) – 金城郡 사람, 中平 元年에 반기를 들고 護羌校尉 伶徵(영징)과 금성군 태수 陳懿(진의)를 공격 살해하였다. ○段熲(단경) – 65권, 〈皇甫張段列傳〉에 입전. (桓帝) 永壽 2년(서기 156), 太山郡(泰山郡)의 도적 무리 公孫擧(공손거) 등이 靑州, 兗州, 徐州 등 3주를 침략하자 中郎將 段熲(단경)을 보내 토벌 격파하여 죽였다. 이후 護羌校尉, 破羌將軍 등을 역임했다. ○車騎之軍孤立 – 그때 흉노족 北宮伯玉 등이 배반하자 조정에서는 左車騎將軍 皇甫嵩(황보숭)을 보내 토벌케 하였지만 이기지 못했다. ○田單(전단) – 戰國 시대 田齊의 宗室. '火牛陣'으로 燕軍을 격파하고 70여성을 수복했다. ○三郡之民 – 河東郡, 左馮翊, 京兆尹 지역. ○壺谷 – 壺關(호관)의 계곡. 上黨郡 소재. ○黃門北寺獄 – 黃門署에 속한 獄. 和帝 때 처음 설치. 將相大臣의 죄를 조사하기 위한 옥. 漢代에는 옥이 병설된 관청이 많았다. 少府에 속한 若盧獄(약로옥)도 같은 경우이다. ○三仁爲輩 – '微子去之, 箕子爲之奴, 比干諫而死. 子曰 殷有三仁焉.'《論語 微子》.

[國譯]

　　이때 천하는 날로 위급했고 황건적의 무리는 한창 거세었기에 劉陶(유도)는 천하가 붕괴될 것 같아 다시 상소하였다.

「臣이 알기로는, 일이 다급하면 평온하게 이야기 할 수 없고 마음이 심히 괴로운 자는 조용한 목소리로 말할 수 없다고 하였습니다. 臣이 볼 때, 천하는 앞서 張角(장각)의 난을 겪었고 이어 邊章(변장)의 노략질을 당했는데, 매번 羽書가 위급을 알리는 보고를 접할 때마다 마음이 졸이고 열을 받아 사지가 놀라 떨립니다. 이번에 西羌(서강)의 반역자들이 제멋대로 장수를 임명하였는데 많은 자들이 거의 段潁(단경)이 있을 때의 관리들이라서 작전에 익숙하고 산천 지형을 잘 알며 온갖 詐術(사술)에도 능한 자들이었습니다. 臣은 늘 그들(西羌族) 기병이 河東郡과 左馮翊(좌풍익)으로 진출하여 우리의 서쪽 군사의 배후를 노략질한 뒤, 동쪽으로 函谷關으로 나아가 높고 험한 지역에서 내려다볼까 걱정이 되었습니다. 지금 적은 이미 하동군을 공격하고 있는데 나중에 멧돼지처럼 돌격하여 낙양으로 향할까 두렵습니다. 그렇게 되면 南道는 단절되고 車騎의 군사는 孤立되어 關東 지역도 두려워 떨고 四方이 動搖하고 권위로 불러도 오지 않고 명령을 해도 불응할 것이니 비록 田單(전단)이나 陳平(진평) 같은 책모가 있더라도 쓸 데가 없을 것입니다.

臣은 앞서 驛馬를 통해 국익에 도움이 되는 건의를 올리면서 각 군에서 올리는 부세를 중지하여 지방의 평온을 이루고자 하였습니다. 그 건의는 담당자에게 넘어가 아직 그대로 보류되었고 더 이상 묻지도 않습니다. 지금 三郡의 백성조차 모두 도주하여 남쪽으로는 武關(무관) 이남으로 나갔고, 북쪽으로는 壺關(호관)의 계곡으로 피난하였습니다. 얼음이 풀리고 바람에 흩어지듯 도주하며 혹 뒤쳐질까 두려워했습니다. 지금 남아있는 백성은 아직 10의 3, 4정도로 軍吏와 士民이 모두 걱정 속에 지키고는 있지만 백성들은 모두 도망쳐 살고 싶은 생각뿐이고, 단 아무도 나가 싸워 살고자 계획하는 사람이 없습니다. 서쪽 만이들이 침략하며 바로 咫尺(지척) 거리에 군영을 설치하고 흉노기병을 배치하여 이미 (長安의) 여러 皇陵 지역에 이르렀습니다. 장군인 張溫(장온)은 天性이 아주 용맹하나 주관 업무를 밤낮으로 급박하게 재촉하지만 후방 지원부대가 없기에 가령 한번 패전한다면 그들을 구원할 방법이 없습니다.

臣이 건의한 상소가 이미 배척된다는 것을 알면서도 스스로 그만둘 수 없는 것은 나라가 안정된다면 臣도 그 혜택을 받을 수 있기 때문이며 나라가 위태하다면 臣 역시 먼저 망하기 때문입니다. 삼가 다시 당장 시급한 방책 8가지 사실을 진언하오니 잠깐이라도 깊이 생각하여 받아주시기 바랍니다.」

그 八事는 대체로 천하대란의 큰 원인은 宦官에 있다고 하였다. 이에 환관은 다급해져서 함께 유도를 참소하였다.

"전에 張角의 반란이 일어났을 때 詔書로 황제의 위엄과 은의를 베풀었고 그 이후 각각 회개하였습니다. 지금 사방이 안정되었지만 유도는 폐하의 정사를 비방하면서 요상한 말을 퍼트리고 있습니다. 州郡에서 보고가 올라오지 않는데 유도가 어찌 알겠습니까? 아마 유도가 적과 분명히 私通하고 있습니다."

이에 유도를 체포하여 黃門 北寺獄에 가두고 고문과 문초가 나날이 급박해졌다. 유도는 자신이 틀림없이 죽을 것이라 생각하여 使者에게 말했다.

"朝廷에서 앞서 나를 封할 때 무슨 말을 하였던가? 지금 도리어 사악한 참소를 당하였다. 伊尹(이윤), 呂尙(여상)과 같이 짝을 이루지 못하고 (殷)의 三仁과 같은 무리가 되었다."

그리고서는 곡기를 끊고 죽으니 천하에 애통해 하지 않는 사람이 없었다.

陶著書數十萬言, 又作〈七曜論〉,〈匡老子〉,〈反韓非〉,〈復孟軻〉, 及上書言當世便事,條敎,賦,奏,書,記,辯疑, 凡百餘篇.

時司徒東海陳耽, 亦以非罪與陶俱死. 耽以忠正稱, 歷位三司. 光和五年, 詔公卿以謠言擧刺史,二千石爲民蠹害者. 時太尉許馘,司空張濟承望內官, 受取貨賂, 其宦者子弟賓客, 雖貪汚穢濁, 皆不敢問, 而虛劾邊遠小郡淸修有惠化者二十六人.

吏人詣闕陳訴, 耽與議郎曹操上言, "公卿所擧, 率黨其私, 所謂放鴟梟而囚鸞鳳." 其言忠切, 帝以讓馘,濟, 由是諸坐謠言徵者悉拜議郎. 宦官怨之, 遂誣陷耽死獄中.

| 註釋 | ○謠言擧刺史,二千石爲民蠹害者 - 謠는 百姓이 부르는 風謠로 선악을 판가름하여 악한 자를 黜陟(출척)하다. 蠹害(두해)는 좀벌레처럼 해악을 끼치다. 蠹는 좀 두. 좀벌레.

[國譯]

劉陶(유도)는 수십만 자의 저서를 남겼고 그 외에도〈七曜論〉,〈匡

老子〉, 〈反韓非〉, 〈復孟軻〉 및 당시 국익을 위한 上書 외에도 條敎,
賦, 奏, 書, 記, 辯疑(변의) 등 1백여 편이 있었다.

　그때 司徒인 東海郡의 陳耽(진탐)도 비방 죄로 유도와 함께 죽었
다. 진탐도 忠正으로 칭송을 들었는데 三司를 두루 역임하였다. (靈
帝) 光和 5년(서기 182), 조서로 公卿에게 백성의 風謠(풍요)로 자사
나 태수로 백성에게 해악을 끼치는 자를 고발케 하였다. 그 무렵 태
위인 許馘(허역), 司空인 張濟(장제) 등은 환관과 연계되어 뇌물을 받
아 챙기면서 환관의 자제나 빈객들의 탐학이나 부정을 불문에 붙였
지만 반대로 헛소문을 날조하여 변방 먼 곳의 군현에서 청렴하게 근
무하면서 백성에게 혜택을 베푸는 관리 26명을 고발하였다.

　이에 관리들이 궁궐에 모여 억울함을 호소하였는데 진탐과 議郞
인 曹操(조조)가 "公卿이 천거한 자는 모두 그 私黨의 무리이니, 이
는 이른바 올빼미를 풀어주고 난새나 봉황을 가둔 것입니다." 라고
건의하였다. 그 건의가 충성스럽고 간절하여 영제는 허역과 장제를
문책하였고 風謠에 관련하여 징계를 받은 자를 모두 議郞에 제수하
였다. 이에 환관은 진탐을 무고하였고 진탐은 결국 옥사하였다.

❹ 李雲

|原文

　李雲字行祖, 甘陵人也. 性好學, 善陰陽. 初擧孝廉, 再遷
白馬令. 桓帝延熹二年, 誅大將軍梁冀, 而中常侍單超等五

人皆以誅冀功並封列侯, 專權選擧. 又立掖庭民女亳氏爲皇
后, 數月閒, 后家封者四人, 賞賜巨萬. 是時地數震裂, 衆災
頻降. 雲素剛, 憂國將危, 心不能忍, 乃露布上書, 移副三府,
曰,

「臣聞皇后天下母, 德配坤靈, 得其人則五氏來備, 不得其
人則地動搖宮. 比年災異, 可謂多矣, 皇天之戒, 可謂至矣.
高祖受命, 至今三百六十四歲, 君期一週, 當有黃精代見, 姓
陳,項,虞,田,許氏, 不可令此人居太尉,太傅典兵之官.

擧厝至重, 不可不愼. 班功行賞, 宜應其實. 梁冀雖持權
專擅, 虐流天下, 今以罪行誅, 猶召家臣搤殺之耳. 而猥封
謀臣萬戶以上, 高祖聞之, 得無見非? 西北列將, 得無解體?
孔子曰, '帝者, 諦也.' 今官位錯亂, 小人諂進, 財貨公行,
政化日損, 尺一拜用不經御省. 是帝欲不諦乎?」

| 註釋 | ○甘陵 – 淸河國의 治所인 甘陵縣, 今 山東省 직할 臨淸市(河北
省과 접경) 동북. ○白馬 – 東郡의 현명, 今 河南省 동북 安陽市 관할 滑縣
(활현). ○後家封者四人 – 황후의 오빠인 亳康(박강)은 比陽侯가 되었다.
그 외 형제 3인. ○乃露布上書, 移副三府 – 露布는 봉하지 않다. 副本을
三公府에 보내다. ○五氏來備 – 五氏는 자연현상의 雨, 暘(해 돋을 양), 燠
(따뜻할 욱), 風, 寒. 氏는 古字에 是와 通. ○當有黃精代見, 姓陳,項,虞,田,許
氏 – 黃精은 魏氏가 將興한다는 뜻이라는 주석이 있다. 陳, 項, 虞, 田은 모
두 舜의 후손, 舜은 土德이며 역시 황색을 숭상하기 때문에 漢으로서는 기
피의 대상이라는 주석이 있다. ○西北列將 – 列將은 皇甫規(황보규)와 段

頴(단경). ㅇ '帝者, 諦也' – 諦는 살필 체. 사물(업무)을 잘 살펴 알다. ㅇ 尺
一 – 詔策. 길이 1자의 목간을 사용하였다.

[國譯]

　李雲(이운)의 字는 行祖(행조)로, 甘陵縣 사람이다. 천성이 好學하
였고 陰陽學에도 밝았다. 처음에 孝廉으로 천거되었는데 두 번 승진
하여 (東郡의) 白馬 縣令이 되었다. 桓帝 延熹 2年(서기 159), 대장
군 梁冀(양기)를 주살하였는데, 中常侍 單超(선초) 등 5명은 양기를
주살한 공로로 모두 列侯에 책봉되었으며 인재 천거의 전권을 장악
하였다. 또 掖庭의 민간 여인이었던 亳氏(박씨)를 황후로 책립하였
는데, 몇 달 동안에 황후의 일족으로 제후에 봉해진 자가 4명이나
되었고 거만의 상금을 하사하였다. 이때 지진이 여러 차례 있어 땅
이 갈라지는 등 여러 재해가 자주 있었다. 이운은 평소에도 강직했
는데, 나라가 장차 위태로울 것이라 생각하여 그냥 참고 있을 수가
없어 공개 상소하면서 副本을 三公府에도 배부하였다.

　「臣이 알기로, 황후는 천하 백성의 모친이시니 그 덕행은 坤靈(곤
령)과 짝을 이루어야 하니 바로 적임자를 얻었다면 다섯 가지 상서
로운 일이 일어나지만 그렇지 않다면 땅이 흔들린다고 하였습니다.
연이어 재해가 많이 일어나는데, 이는 皇天의 경고이며 이는 아주
중대한 것입니다. 高祖께서 천명을 받으신 이후 지금까지 364년이
고 폐하 즉위도 1년이 지났으니 응당 黃精(魏氏)이 출현할 것이며
陳, 項, 虞, 田, 許氏 등은 太尉나 太傅 또는 군사를 지휘하는 직책에
있을 수 없습니다.

　이런 조치는 매우 엄정한 것이기에 신중하지 않을 수 없습니다.

논공행상에서도 응당 그 실질적 공적을 따져야 합니다. 梁冀(양기)는 권력을 쥐고 멋대로 행사하며 천하에 잔학한 짓을 하여 이제 그 죄에 따라 주살되었다지만 겨우 그 가신을 교살했을 뿐입니다. 그런데도 그 제거의 주모자에게 1만 호 이상 제후로 책봉하였으니, 高祖께서 이를 알게 된다면 화를 내시지 않겠습니까? 西北의 여러 장수는 업무의 요체를 알고 있겠습니까? 孔子는 '帝는 일의 요체를 알고 있는 사람'이라고 하였습니다. 지금 官位가 뒤섞여 소인은 아첨으로 승진하고 뇌물을 터놓고 주고받으며 정치는 날로 나빠지고 있으며 책서로 관직을 임명할 때 황제께서 읽지도 않는다 하니, 이는 황제께서 업무를 잘 살펴 처리하지 않는 것이 아니겠습니까?」

原文

帝得奏震怒, 下有司逮雲, 詔尙書都護劍戟送黃門北寺獄, 使中常侍管霸與御史廷尉雜考之. 時弘農五官掾杜衆傷雲以忠諫獲罪, 上書願與雲同日死. 帝愈怒, 遂並下廷尉. 大鴻臚陳蕃上疏救雲曰,

「李雲所言, 雖不識禁忌, 干上逆旨, 其意歸於忠國而已. 昔高祖忍周昌不諱之諫, 成帝赦朱雲腰領之誅. 今日殺雲, 臣恐剖心之譏復議於世矣. 故敢觸龍鱗, 冒昧以請.」

太常楊秉,洛陽市長沐茂,郎中上官資並上疏請雲. 帝恚甚, 有司奏以爲大不敬. 詔切責蕃,秉, 免歸田里, 茂,資貶秩二等. 時帝在濯龍池, 管霸奏雲等事. 霸詭言曰, "李雲野澤愚

儒, 杜衆郡中小吏, 出於狂戇, 不足加罪." 帝謂霸曰, "帝欲
不諦, 是何等語, 而常侍欲原之邪?" 顧使小黃門可其奏, 雲,
衆皆死獄中. 後冀州刺史賈琮使行部, 過祠雲墓, 刻石表之.

| 註釋 | ○周昌(주창) - 고조 때 周昌(주창)은 御史大夫로 업무 보고하러
내전에 들어갔는데 고조가 戚姬(척희)를 껴안고 있었다. 주창이 돌아 나오
자 고조가 달려와 주창을 억누르고 목에 올라타며 "나는 어떤 主君인가?"
라고 물었다 그러자 주창은 올려다보며 "폐하는 桀紂(걸주)와 같습니다."
라고 대답했다. 고조는 웃으면서 주창을 그냥 내보냈지만 마음속으로 더
욱 어려워하였다. 《漢書》42권, 〈張周趙任申屠傳〉의 〈周昌傳〉. ○朱雲(주
운) - 朱雲은 成帝 때 상서하여 황제를 알현하면서 安昌侯 張禹(장우)를 끌
어내 죽여 버리겠다고 극언을 하자 성제가 대노하였다. 어사가 주운을 끌
어내자 주운은 난간에 매달려 나가려 하지 않아 난간이 부서졌다. 나중에
난간을 고치려 하자 성제는 그냥 두라면서 직언을 하는 신하를 생각하겠
다고 말했다. ○恐剖心之譏復議於世矣 - 剖心(부심)은 심장을 가르다. 比
干(비간)이 죽음을 무릅쓰고 紂王(주왕)에게 충간을 하자, 주왕은 화를 내며
"성인은 심장에 7개 구멍이 있다고 들었다."며 비간의 심장을 갈라 죽였
다. ○故敢觸龍鱗 - 용은 사람이 가까이하면서 순화시킬 수 있다고 한다.
그러나 목구멍(喉) 아래에 逆鱗(역린)이 있는데, 이를 건드리면 사람을 죽
인다고 하였다. 人主도 역린이 있고 이를 건드리면 마찬가지라고 하였다.
○上官資 - 上官은 복성. ○帝恚甚 - 恚는 성낼 에. ○出於狂戇 - 狂戇
(광당)은 사리에 어둡고 어리석다. 戇은 어리석을 당.

[國譯]

환제는 상주문을 보고 진노하면서 有司에게 이운을 체포하라고

명했고, 조서로 尙書都護가 창검을 가지고 李雲(이운)을 黃門 北寺獄에 호송하고, 中常侍 管霸(관패)를 시켜 御史廷尉와 함께 합동으로 심문케 하였다. 그때 弘農郡의 五官掾(오관연)인 杜衆(두중)은 이운이 충간을 하다가 형을 받는 것에 마음이 아파 이운과 함께 같은 날 죽기를 원한다고 상서하였다. 환제는 더욱 진노하면서 모두를 정위에게 이첩했다. 大鴻臚(대홍려)인 陳蕃(진번)이 이운을 구원하려는 상소를 올렸다.

「李雲의 상소가 비록 폐하의 금기를 알지 못하고 윗사람을 범하며 뜻을 어겼지만 그 뜻은 나라에 대한 충성심에 귀결합니다. 옛날 高祖께서는 周昌(주창)의 거리낌 없는 간언을 받아들였고 成帝는 朱雲(주운)의 극형을 용서하셨습니다. 오늘 이운을 죽인다면 臣의 생각에 세상에서 심장을 갈라 죽였다는 비난이 일어날 것입니다. 감히 용의 逆鱗(역린)을 건드리면서 죽음을 무릅쓰고 주청합니다.」

太常인 楊秉(양병), 洛陽市長인 沐茂(목무), 郞中인 上官資(상관자) 등도 모두 이운을 위하여 주청하였다. 환제의 분노가 심해지자 유사가 이들이 모두 大不敬罪에 해당한다고 주청하였다. 환제는 조서를 내려 진번, 양병을 심하게 질책하며 면직시켜 향리로 돌아가게 하였고, 목무와 상관자는 질록을 2등급 삭감하였다.

어느 날 환제가 濯龍池(탁룡지)에 나갔는데 管霸(관패)가 이운 등 여러 사람의 일을 주청하였다. 관패는 무릎을 꿇고 눈치를 보아가며 말했다.

"李雲은 시골의 어리석은 유생이고, 杜衆(두중)은 弘農郡의 小吏라서 모두 사리에 어둡고 어리석어 저지른 짓이니 벌할만한 인물이 못됩니다."

그러자 환제가 관패에게 말했다.

"帝가 살피려 하지 않는다는데 무슨 말이며 中常侍는 그들을 용
서해주기 바라는가?"

환제는 小黃門을 돌아보며 상주를 받아들이라고 하였지만, 이운
과 두중은 모두 옥사하였다. 뒷날 冀州刺史 賈琮(가종)은 관할 지역
을 순시하면서 이운의 묘에 제사를 지내고 돌에 새겨 그 뜻을 표창
하였다.

原文

論曰, 禮有五諫, 諷爲上. 若夫托物見情, 因文載旨, 使言
之者無罪, 聞之者足以自戒, 貴在於意達言從, 理歸乎正.
曷其絞訐摩上, 以衒沽成名哉? <u>李雲草茅之生</u>, 不識失身之
義, 遂乃露布帝者, 班檄三公, 至於誅死而不顧, 斯豈古之狂
也! 夫未信而諫, 則以爲謗己, 故說者識其難焉.

| 註釋 | ○五諫 - 諷諫(재앙의 싹을 보고 넌지시 알림), 順諫(겸양 온순한 언사
의 간언). 窺諫(규간, 주군의 안색을 살펴 간언을 올리되 주군을 거역하지 않음). 指
諫(지간, 구체적 사례를 지적하며 간언을 올림). 陷諫(함간, 나라에 큰 해가 되는 일에
대해 목숨을 버릴 각오로 간언을 올림). ○曷其絞訐摩上 - 曷은 어찌 갈. 絞는
목맬 교, 곧을 교(直也). 訐은 들추어낼 알. 바로잡다(正也). ○以衒沽成名
哉 - 衒沽(현고)는 팔다. 沽는 팔 고. ○草茅之生 - 재야의 신하. 草莽之臣.
도성에 있으면서 벼슬하지 않으면 市井之臣. 庶人은 刺草之臣이라 자칭한
다. ○斯豈古之狂也 - 「子曰, "古者有三疾, 今也或是之亡也. 古之狂也肆,

今之狂也蕩, 古之矜也廉, 今之矜也忿戾, 古之愚也直, 今之愚也詐而已矣."《論語 陽貨》.　○故說者識其難焉 －「子夏曰, "君子信而後勞其民, 未信, 則以爲謗己也. 信而後諫, 未信, 則以爲謗己也."」《論語 子張》.

[國譯]

范曄(범엽)의 史論 : 禮에 五諫(오간)이 있는데 諷諫(풍간)이 제일이라고 했다. 본래 사물에 따라 情意가 생기고 문장에는 뜻이 담겨 있으며, 간언을 올리는 자에게 죄를 줄 수는 없고, 듣는 자는 스스로 경계해야 하며, 뜻을 전달하여 따르게 하되 正에 돌아가게 하는 것이 중요하다. 어찌 강직하고 노골적 언사로 윗사람 비위를 건드려 이름을 얻으려 했는가? 李雲(이운)은 在野의 서생으로 失身의 大義가 무엇인지도 몰랐기에 封하지도 않은 상서를 올렸고, 또 三公府에도 돌렸으며, 죽음에 이르러 자신을 돌아보지 못했으니 어찌 고대의 狂人이 아니겠는가! 신임도 없는데 간언을 올리는 것은 자신을 비방하는 것으로 생각하게 되기에 말을 하려는 자는 그 어려움을 알아야 한다.

❺ 劉瑜

|原文|

劉瑜字季節, 廣陵人也. 高祖父廣陵靖王. 父辯, 清河太守. 瑜少好經學, 尤善圖讖, 天文, 歷箅之術. 州郡禮請不就. 延熹八年, 太尉楊秉擧賢良方正, 及到京師, 上書陳事曰,

「臣瑜自念東國鄙陋, 得以豐沛枝胤, 被蒙復除, 不給卒
伍. 故太尉楊秉知臣竊窺典籍, 猥見顯擧, 誠冀臣愚直, 有
補萬一. 而秉忠謨不遂, 命先朝露.

臣在下土, 聽聞歌謠, 驕臣虐政之事, 遠近呼嗟之音, 竊爲
辛楚, 泣血漣如. 幸得引錄, 備答聖問, 洩寫至情, 不敢庸回.
誠願陛下且以須臾之慮, 覽今往之事, 人何爲咨嗟, 天曷爲
動變.」

| 註釋 | ○劉瑜 – 瑜는 아름다운 옥 유. ○廣陵(광릉) – 군, 현명. 治所
는 廣陵縣, 今 江蘇省 서남부 揚州市. ○枝胤 – 枝胤(지윤)은 支孫. 胤은 이
을 윤. 후손, 혈통. ○命先朝露 – 죽음의 완곡한 표현. ○泣血漣如 – 漣은
잔잔한 물결 연. 눈물을 흘리는 모양. ○不敢庸回 – 거짓을 말하지 않겠
다. 庸은 用也. 回는 간사하다. 사특하다(邪也).

[國譯]

劉瑜(유유)의 字는 季節(계절)인데 廣陵(광릉) 사람이다. 高祖父는
廣陵 靖王이었다. 부친 劉辯(유변)은 淸河 太守였다. 유유는 젊어 經
學을 좋아했고 특히 圖讖(도참), 天文, 歷算(역산)의 학술에 밝았다.
州郡에서 예를 갖춰 초빙했으나 취임하지 않았다. (桓帝) 延熹 8년
(서기 165), 太尉인 楊秉(양병)이 賢良方正한 인재로 천거하자 京師
에 올라와 국정을 논하는 상서를 올렸다.

「臣 瑜(유)는 저 자신 東國의 鄙陋(비루)한 사람이나 豐沛(풍패, 高
祖, 漢 황실)의 후손으로 다시 관직을 제수 받았기에 병졸이 되지는
않았습니다. 故 太尉 楊秉(양병)은 臣이 여러 전적을 조금 읽었다 하

여 제가 외람되이 천거를 받았는데, 臣의 우직함이 만분의 일이라도 도움이 될 것을 기대했을 것입니다. 양병은 충성을 다 바치지 못하고 먼저 작고하였습니다. 臣은 지방에 있으면서 백성의 노래를 듣고 교만한 신하의 虐政(학정)에 원근에서 들리는 탄식은 큰 고통 때문이며 피눈물을 줄줄 흘린다는 사실을 알았습니다.

臣은 다행히 천거를 받았고 聖問에 答書를 올리면서 지극한 情意를 사실대로 말씀드릴 뿐 감히 거짓을 말하지는 못하겠습니다. 폐하께서 잠깐이라도 마음을 쓰시어 지금과 옛일을 열람하시면서 백성이 왜 탄식하고 하늘이 왜 변이를 내리시는가를 생각해 주시길 간절히 원합니다.」

原文

「蓋諸侯之位, 上法四七, 垂文炳耀, 關之盛衰者也. 今中官邪驅, 比肩裂土, 皆競立胤嗣, 繼體傳爵, 或乞子疏屬, 或買兒市道, 殆乖開國承家之義.

古者天子一娶九女, 娣姪有序, 〈河圖〉授嗣, 正在九房. 今女變令色, 充積閨帷, 皆當盛其玩飾冗食空宮, 勞散精神, 生長六疾. 此國之費也, 生之傷也. 且天地之性, 陰陽正紀, 隔絶其道, 則水旱爲並.

《詩》云, '五日爲期, 六日不詹.' 怨曠作歌, <u>仲尼所錄</u>. 況從幼至長, 幽藏歿身. 又常侍, 黃門, 亦廣妻娶. 怨毒之氣, 結成妖眚. 行路之言, 官發略人女, 取而復置, 轉相驚懼. 孰不

悉然, 無緣空生此謗. <u>鄒衍</u>匹夫, <u>杞氏</u>匹婦, 尙有城崩霜隕
之異, 況乃群輩吝怨, 能無感乎!」

| 註釋 | ○四七 - 28宿. 諸侯는 天子를 위해 사방을 지켜주니 하늘의 4
方7宿(星宿)과 같다. ○天子一娶九女 - 諸侯一聘三女. 이는 夏와 殷의 제
도였다. ○娣姪有序 - 처첩에 질서가 있다. 娣는 여동생 제. 妾, 처첩. 姪
은 조카 질. ○生長六疾 - 天에 六氣(陰, 陽, 風, 雨, 晦, 明)가 있고 이 6氣
가 지나치면 六疾을 유발한다고 하였다. 陰이 지나치면 寒疾이 생기고, 陽
淫하면 熱疾이, 風淫하면 末疾이, 雨淫하면 腹疾, 晦淫하면 惑疾, 明淫하면
心疾을 앓게 된다고 하였다. ○《詩》云 - 《詩 小雅 采綠》. ○六日不詹 -
詹은 이를 첨(至也). 돌아오지 않는 남자에 대한 여인의 원망을 의미. ○仲
尼所錄 - 공자의 刪詩(산시)와 編錄. ○鄒衍匹夫 - 鄒衍(추연)은 燕 惠王에
게 충성을 다했지만 모함을 당해 옥에 갇히자 하늘을 보며 통곡하자 5월에
도 서리가 내렸다. 《淮南子》에 수록된 故事. ○杞氏匹婦 - 齊人 杞梁(기
량)은 모친이 살아 있어 전쟁에 나가지 않아 모친의 꾸지람을 들었다. 모친
이 죽자 莒國(거국) 원정에 나가 전사하였는데 그 아내가 남편의 시신을 찾
아 성 아래에서 7일간 통곡하자 성이 무너졌다고 한다. 《說苑》에 있는 이
야기.

[國譯]

「대체로 諸侯의 자리는 하늘의 28宿(수)를 본받은 것이라서 눈부
신 광채를 발하며 盛衰(성쇠)에 관계가 있습니다. 지금 中官(宦官)은
사악하게도 제후가 되어 차지한 식읍이 연접하였고 모두 경쟁적으
로 양자를 들이거나 먼 친척의 자식을 데려오고 또는 자식을 사다가
작위를 계승케 하는데, 이는 제후를 두고 가문을 잇게 하는 본래의

뜻과 크게 어긋나는 일입니다.

古者에 天子는 九女를 거느렸습니다만, 처첩에도 위계질서가 있었고, 〈河圖〉에 후사가 정해지듯 정통은 九房에 있었습니다. 지금 여인의 총애는 미색뿐으로 규방을 가득 채우고 모두가 盛裝에 패물을 차고 너른 궁궐에서 하는 일 없이 지내며 淫樂에 정신을 팔아서 6가지 질병을 앓게 됩니다. 이는 국고의 낭비이며 백성에게 재앙이 됩니다. 그리고 天地의 본성은 陰과 陽이 정도를 지켜야 하는데 그 정도가 막힌다면 水害나 旱害가 닥칠 것입니다. 《詩》에는 '닷새를 기약했으나 엿새에도 오지 않네.' 라고 원망의 노래가 있고 이를 공자가 편집하였습니다. 그런데 어려서부터 성인에 이르도록 깊은 궁궐에 갇혀 살다가 죽게 됩니다. 또 (환관인) 常侍나 黃門들도 많은 처첩을 거느립니다. 이들의 (풀지 못한) 怨毒의 기운이 하나로 뭉쳐 요망한 재앙으로 발생합니다. 길을 가는 사람의 말에 관청에서 백성의 딸을 노략질하고 도망하면 다시 잡아 가둬둔다며 서로 놀라 두려워합니다. 만약 그러하지 않다고 한다면 어찌 공연히 이런 비판이 나오겠습니까? 鄒衍(추연)은 匹夫이고, 杞氏(기씨) 아내는 匹婦이나 그래도 성이 무너지고 서리가 내리는 이변을 불러왔는데, 하물며 그 많은 사람들의 원한이 어찌 하늘에 감응하지 않을 수 있겠습니까?」

原文

「昔秦作阿房, 國多刑人. 今第舍增多, 窮極奇巧, 掘山攻石, 不避時令. 促以嚴刑, 威以正法. 民無罪而覆入之, 民有田而覆奪之. 州郡官府, 各自考事, 姦情賕賂, 皆爲吏餌. 民

悉鬱結, 起入賊黨, 官輒興兵, 誅討其罪. 貧困之民, 或有賣
其首級以要酬賞, 父兄相代殘身, 妻孥相視分裂. 窮之如彼,
伐之如此, 豈不痛哉!

又陛下以北辰之尊, 神器之寶, 而微行近習之家, 私幸宦
者之舍, 賓客市買, 熏灼道路, 因此暴縱, 無所不容. 今三公
在位, 皆博達道藝, 而各正諸己, 莫或匡益者, 非不智也, 畏
死罰也. 惟陛下設置七臣, 以廣諫道, 及開東序金縢史官之
書, 從<u>堯舜禹湯文武</u>致興之道, 遠佞邪之人, 放鄭衛之聲,
則政致和平, 德感祥風矣. 臣悾悾推情, 言不足采, 懼以觸
忤, 徵營懾悸.」

| **註釋** | ○阿房宮 – 六國 통일 후 渭河 남쪽(당시 咸陽 上林苑 內, 今 陝
西省 西安市 서쪽 15km)에 지은 호화 궁전. '房이란 곳에 지은 궁전' 이란
뜻. 唐代 杜牧(두목)의 〈阿房宮賦〉가 있어 더욱 유명. 項羽에 의한 소멸.
○姦情賕賂 – 賕는 뇌물 구. 賂는 뇌물 줄 뇌. ○北辰之尊 – 子曰, "爲政
以德, 譬如北辰, 居其所而衆星共之."《論語 爲政》. ○近習 – 친근하여 임
의로운 사람(親近狎者). ○設置七臣 – 간언을 올릴 수 있는 삼공을 포함
한 7인. ○及開東序金縢史官之書 – 天球와 河圖는 東序에 보관하였다.
옛 교훈과 치적을 살펴보라는 뜻. 金縢은 금속 함 궤에 보관한 서약문 같
은 것. 史官之書는 선대의 역사 기록. ○悾悾推情 – 悾悾(공공)은 아주 정
성된 모양(誠懇之貌), 어리석은 모양. 悾은 어리석을 공, 정성 공. ○徵營
懾悸 – 懾悸(섭계)는 두려워 두근거리다. 懾은 두려울 섭. 悸는 두근거릴
계.

「옛날 秦은 阿房宮을 축조했고 나라에는 刑人이 많았습니다. 지금 각종 건물은 많아졌고 온갖 화려 사치를 다하고 있으며 산을 파고 돌을 캐며 《禮記 月令》의 금기를 지키지도 않습니다. (秦은) 嚴刑으로 공사를 재촉했고 法令으로 위협했습니다. 백성은 죄가 없어도 엎드려 기었고 땅을 빼앗겼습니다. 州郡과 官府에서는 제각각 고문을 자행하였고 불법으로 뇌물을 거래하면서 모두가 관리의 먹이가 되었습니다. 백성은 모두 울분이 쌓이고 쌓여 봉기하여 도적이 되었으며, 관부에서는 군사를 일으켜 백성을 죄인으로 죽였습니다. 빈곤한 백성은 이웃의 首級을 팔아 보상을 받으려 했으며 父兄은 서로 신체를 훼손하였고 처자는 서로 헤어져야만 했습니다. 이처럼 궁색했고 이처럼 쫓기었으니 어찌 통탄하지 않을 수 있었겠습니까!

지금 폐하께서는 북극성처럼 존엄하고 제위에 계시면서 가깝고 친한 사람의 私家에 미행하시거나 환관의 집에도 행차하시며, 빈객과 商人은 대로에서 시끄럽게 행패를 부리며 멋대로 방자하며 못하는 짓이 없습니다. 지금 자리에 있는 三公은 모두가 학문이 깊은 사람으로 각각은 모두 바르지만 조정의 정치를 바로잡으려 하지 않으며 총명하지 않아서가 아니라 죽음이나 처벌을 무서워하는 것입니다. 폐하께서는 간언을 올릴 수 있는 신하를 두고 간언 기회를 넓혀야 하며, 동서 양쪽 건물의 金縢(금등)과 史官의 글을 읽어보시며 堯, 舜, 湯, 文, 武王이 흥성을 이룩한 道를 배우며 아첨하는 소인들을 멀리하고, 또 鄭과 衛의 음악을 방출한다면 정치는 화평을 이루고 상서로운 길조를 불러올 것입니다.

臣은 정성을 다하여 진심을 말씀드리오니 받아들이기 부족하며 폐하의 심기를 건드릴까 걱정이 되며 두렵기만 합니다.」

■原文

於是特詔召瑜問災咎之徵, 指事案經讖以對. 執政者欲令
瑜依違其辭, 而更策以它事. 瑜復悉心以對, 八千餘言, 有
切於前, 帝竟不能用. 拜爲議郞. 及帝崩, 大將軍竇武欲大
誅宦官, 乃引瑜爲侍中, 又以侍中尹勳爲尙書令, 共同謀畫.
及武敗, 瑜,勳並被誅. 事在〈武傳〉.

| 註釋 | ○事在〈武傳〉 - 69권, 〈竇何列傳〉.

[國譯]

　　그러자 桓帝는 특별히 조서로 劉瑜(유유)를 불러 재앙이 조짐에
대하여 물었는데, 물음에 대하여 유유는 경전과 참위설을 근거로 답
변하였다. 그때 집정자들은 유유의 답변이 법을 위반했다면서 다른
일에 대해 물었다. 유유는 정성을 다하여 8천 여 글자의 답변을 올
렸는데 전보다 더 절실하였지만 환제는 끝내 채용하지 못했다.

　　유유는 議郞이 되었다. 환제가 붕어한 뒤에 大將軍 竇武(두무)는
대대적으로 환관을 주살할 계획으로 유유를 승진시켜 侍中에 임용
하고, 또 侍中인 尹勳(윤훈)은 尙書令이 되어 함께 계획을 세웠다. 그
러나 두무가 실패하면서 유유와 윤훈 모두 처형되었는데, 이는 〈竇
武傳〉에 수록했다.

勳字伯元, 河南人. 從祖睦爲太尉, 睦孫頌爲司徒. 勳爲人
剛毅直方. 少時每讀書, 得忠臣義士之事, 未嘗不投書而仰
歎. 自以行不合於當時, 不應州郡公府禮命. 桓帝時, 以有道
徵, 四遷尙書令. 延熹中, 誅大將軍梁冀, 帝召勳部分衆職,
甚有方略, 封宜陽鄕侯. 僕射霍諝, 尙書張敬, 歐陽參, 李偉,
虞放, 周永, 並封亭侯. 勳後再遷至九卿, 以病免, 拜爲侍中.
八年, 中常侍具瑗, 左悺等有罪免, 奪封邑, 因黜勳等爵.

　瑗誅後, 宦官悉焚其上書, 以爲訕言. 子琬, 傳瑗學, 明占
候, 能著災異. 擧方正, 不行.

[國譯]

　尹勳(윤훈)의 字는 伯元(백원)으로 河南 사람이다. 從祖인 尹睦(윤
목)은 太尉였고, 윤목의 손자 尹頌은 司徒였다. 윤훈은 사람됨이 강
인 정직하며 모범적이었다. 젊어 독서할 때마다 忠臣과 義士의 사적
을 읽으면서 책을 덮고 우러러 탄식하지 않은 적이 없었다. 윤훈은
자신의 행실이 당시 기풍과는 다르다 생각하며 주군이나 삼공부의
부름에도 응하지 않았다. 桓帝 때 도덕과 의리의 인재로 천거되어 4

번 승진하여 尙書令이 되었다. 延熹 연간에, 大將軍 梁冀(양기)를 주
살하면서 환제는 윤훈을 불러 여러 직무를 분담케 하였는데 매우 지
략이 있어 나중에 宜陽鄕侯가 되었다. 僕射(복야)인 霍諝(곽서), 尙書
인 張敬(장경), 歐陽參(구양참), 李偉(이위), 虞放(우방), 周永(주영) 등은
모두 亭侯에 봉해졌다. 윤훈은 뒤에 다시 승진하여 九卿의 반열에
올랐다가 병으로 면직했고 다시 侍中이 되었다. (延熹) 8년, 中常侍
具瑗(구원)과 左悺(좌관) 등이 죄를 지어 면직되면서 封邑이 박탈되
었는데 이와 연관하여 윤훈 등의 작위도 폐출되었다.

유유가 주상된 뒤에 宦官은 그의 상서 모두를 불사르며 訛言(와
언)이라고 하였다. 아들 劉琬은 부친의 학문을 계승하여 길흉의 占
卜(점복)에 밝았고 災異에 관하여 저술하였다. 方正한 인재로 천거
되었으나 나아가지 않았다.

❻ 謝弼

|原文|

　謝弼字輔宣, 東郡武陽人也. 中直方正, 爲鄕邑所宗師. 建
寧二年, 詔擧有道之士, 弼與東海陳敦, 玄菟公孫度俱對策,
皆除郎中. 時靑蛇見前殿, 大風拔木, 詔公卿以下陳得失.
　弼上封事曰,
　「臣聞和氣應於有德, 妖異生乎失政. 上天告譴, 則王者思
其愆, 政道或虧, 則姦臣當其罰. 夫蛇者, 陰氣所生, 鱗者,

甲兵之符也.〈鴻範〉傳曰, '厥極弱, 時則有蛇龍之驅.' 又熒惑守亢, 裴回不去, 法有近臣謀亂, 發於左右. 不知陛下所與從容帷幄之內, 親信者爲誰. 宜急斥黜, 以消天戒.

臣又聞 '惟虺惟蛇, 女子之祥.' 伏惟皇太后定策宮闈, 援立聖明, 《書》云, '父子兄弟, 罪不相及.' 竇氏之誅, 豈宜咎延太后? 幽隔空宮, 愁感天心, 如有霧露之疾, 陛下當何面目以見天下? 昔周襄王不能敬事其母, 戎狄遂至交侵. 孝和皇帝不絶竇后之恩, 前世以爲美談. 禮爲人後者爲之子, 今以桓帝爲父, 豈得不以太后爲母哉?〈援神契〉曰, '天子行孝, 四夷和平.' 方今邊境日蹙, 兵革蜂起, 自非孝道, 何以濟之! 願陛下仰慕有虞蒸蒸之化, 俯思〈凱風〉慰母之念.」

| **註釋** | ○東郡 武陽縣 – 武陽縣이 犍爲郡과 泰山郡에도 있어 태산군의 武陽縣은 보통 東武陽이라 통칭한다. 今 山東省 서부 聊城市(요성시) 관할 莘縣(신현), 山東, 河北, 河南 三省의 경계. ○甲兵 – 뱀이나 용의 비늘. ○惟虺惟蛇 – 虺는 살무사 회. 蛇는 뱀 사. 살무사나 뱀은 땅속이나 구덩이에 집을 짓기에 음기이고 여자를 뜻한다. ○如有霧露之疾 – 노숙으로 병사하다. ○蒸蒸之化 – 蒸蒸은 進進. 끊임없이 실행하다. ○〈凱風〉慰母之念 –〈凱風〉은《詩經 邶風(패풍)》의 편명. 凱風은 南風, 薰風.

[國譯]

謝弼(사필)의 字는 輔宣(보선)으로 東郡 武陽縣 사람이다. 中正方直한 사람으로 향읍에서 (儒學) 宗師로 추천되었다. (靈帝) 建寧 2년

(서기 169), 조서에 의거 有道之士로 천거되었는데 東海郡의 陳敦 (진돈), 玄菟郡(현토군)의 公孫度(공손도)와 함께 對策에 의거 郞中을 제수 받았다. 그때 시커먼 뱀이 前殿에 나타났고 大風에 나무가 뽑 히자 조서로 공경 이하 모두가 정사의 득실을 논하게 하였다. 이에 사필도 封事를 올렸다.

「臣이 알기로, 덕을 베풀면 和氣로 감응하고 失政에는 요사한 이 변이 발생한다고 하였습니다. 이는 上天의 견책이기에 王者는 그 허 물을 생각하고 政道가 바르지 않다면 姦臣은 응당 벌을 받아야 할 것입니다. 대체로 뱀이란 陰氣로 태어난 것이고 비늘은 甲兵의 형상 입니다. 〈鴻範〉의 주석에 '만약 극도로 허약하다면 그런 때에 뱀이 나 용이 나타난다.' 고 하였습니다. 또는 熒惑星(형혹성)이 亢星(항성) 자리에 나타나 배회하며 사라지지 않는다면 近臣의 모반이 王者의 측근에서 일어난다고 하였습니다. 폐하께서 궁궐 내에서 가까이 두 고 신임하는 자가 누구인지는 모르겠습니다. 그러나 응당 급히 내쫓 아서 하늘의 견책을 해소해야 합니다.

또 臣이 알기로, '살무사나 뱀은 여자의 재앙을 뜻한다.' 고 하였 습니다. 신의 생각으로 皇太后께서 궁 안에서 정책을 결정하시며 폐 하를 돕고 계시지만 《書》에서는 '父子兄弟는 그 죄가 서로에게 미 치지 않는다.' 고 하였습니다. 寶氏(두씨) 일족의 처형이 어찌 태후까 지 연결되겠습니까? 유심한 空宮에 유폐되어 있어 愁心이 하늘을 감응하였다면 노숙으로 병사하는 일이 있을 수도 있으니 만약 그러 하다면 폐하께서는 무슨 면목으로 천하 백성을 대할 수 있겠습니 까? 옛날 周 襄王(양왕)이 그 모친을 모시지 않자 戎狄이 교대로 침 입하였습니다. 孝和皇帝께서는 寶皇后의 保育之恩을 잊지 않았기에 전대에 미담으로 남았습니다. 禮法에 남의 후사가 되었으면 그 아들이 되어야 한다고 하였으니 지금 桓帝를 부친으로 삼아 그 뒤를 이었으니, 어찌 태후를 모친으로 아니 생각할 수 있겠습니까? 〈援神契(원신계)〉에서는 '天子가 효도를 하면 四夷가 和平하다.'고 하였습니다. 방금에 변경이 날로 긴장하면서 전쟁이 사방에서 일어나니 효도를 행하지 않는다면 어찌 이를 이겨낼 수 있겠습니까! 폐하께서는 有虞(유우, 舜)의 끝없는 효행을 우러러 보고 아래로는 〈凱風〉의 모친을 위로하는 뜻을 본받으시기 바랍니다.」

▌原文

「臣又聞爵賞之設, 必酬庸勳, 開國承家, 小人勿用. 今功臣久外, 未蒙爵秩, 阿母寵私, 乃享大封, 大風雨雹, 亦由於茲. 又故太傅陳蕃, 輔相陛下, 勤身王室, 夙夜匪懈, 而見陷群邪, 一旦誅滅. 其爲酷濫, 駭動天下, 而門生故吏, 並離徙錮. 蕃身已往, 人百何贖! 宜還其家屬, 解除禁網.

夫臺宰重器, 國命所繼. 今之四公, 唯司空劉寵斷斷守善, 餘皆素餐致寇之人, 必有折足覆餗之凶. 可因災異, 並加罷黜. 徵故司空王暢, 長樂少府李膺, 並居政事, 庶災變可消, 國祚惟永. 臣山藪頑闇, 未達國典. 策曰 '無有所隱', 敢不盡愚, 用忘諱忌. 伏惟陛下裁其誅罰.」

左右惡其言, 出爲廣陵府丞. 去官歸家.

中常侍曹節從子紹爲東郡太守, 忿疾於弼, 遂以它罪收考掠按, 死獄中, 時人悼傷焉. 初平二年, 司隷校尉趙謙訟弼忠節, 求報其怨魂, 乃收紹斬之.

| 註釋 | ○小人勿用 -《易 師卦》, 地(☷)水(☵)師, 〈師卦〉의 上六 爻辭. ○四公 - 大將軍(또는 太傅), 太尉, 司徒, 司空. ○斷斷守善 - 斷斷은 성실하고 專一한 모양. ○素餐致寇之人 - 素餐은 덕행도 없이 국록을 받는 것. 小人이 등짐을 지고 수레를 탄다면 도적을 불러들인다고 하였다. 致寇(치구)는 소인이 높은 자리를 차지하면 재앙을 부른다는 뜻. ○折足覆餗之凶 - 鼎足(정족)이 부러지면 솥 안의 음식물이 엎어진다. 그 소임을 감당하지 못하고 결국 재앙을 당한다. 覆은 엎어질 복, 덮을 복. 餗은 죽 속. 鼎안의 음식물. ○王暢(왕창) - 56권, 〈張王種陳列傳〉에 立傳. ○李膺(이응) - 67권, 〈黨錮列傳〉에 立傳.

[國譯]

「또 臣이 알기로, 작위와 상의 하사는 반드시 공훈에 따른 보답이어야 하고 (제후국을) 開國하고 承家하면서 小人을 등용하지 말라고 하였습니다. 지금 공신이 오랫동안 소외되면서 작위나 질록을 받지 못하지만 阿母(乳母, 王聖)는 寵幸에 大封을 누리고 있으니 大風과 雨雹(우박)이 이처럼 심했던 것입니다. 또 前 太傅(태부)인 陳蕃(진번)은 폐하를 보필하였고 부지런히 헌신하며 밤낮으로 게으르지 않았지만 여러 사악한 자의 모함을 받아 하루아침에 처형되었습니다. 그 잔혹한 형벌에 온 천하가 소란하였고 門生과 故吏들은 강제 이주나 금고를 당했으니 사람 1백 명이 속죄한다 하여도 어찌할 수 있겠습니까! 응당 그 가속을 본군으로 돌려보내고 금고의 법망을 풀어주어야 합니다.

대개 재상이라는 큰 그릇은 國命을 이어가는 사람입니다. 지금
四公 중에서 오직 司空인 劉寵(유총)만이 성실하고 한결같이 守善하
지만 나머지는 하는 일 없이 자리나 차지하고 있으니 필히 (솥의) 다
리가 부러져 엎어지는 흉사를 당할 것입니다. (폐하께서는) 이런 재
이를 기회로 삼아 모두 파면 축출해야 합니다. 그리고 전임 司空인
王暢(왕창), 長樂少府인 李膺(이응)이 함께 政事를 담당한다면 이런
재변을 가히 없앨 수 있으며 국운이 오래 융성할 것입니다. 臣은 산
촌에 사는 늙고 우매한 사람이라서 국가 법제도 잘 모릅니다. 다만
策書에 '숨기지 말라'고 하셨기에 저의 우견을 다 말하지 않을 수
없었으며 忌諱(기휘)도 생각 못했습니다. 폐하께서 상황에 따라 벌
을 내려주시기 바랍니다.」

　황제의 측근은 謝弼(사필)의 상서를 미워하여 廣陵府丞(광릉부승)
으로 전출시키자 사필은 사직하고 귀가하였다. 中常侍 曹節(조절)의
조카인 曹紹(조소)가 東郡太守로 부임하였는데 사필에 대한 악감이
있어 사필을 다른 죄로 얽어 체포 고문하였기에 사필은 옥사하였는
데 그때 사람들이 모두 이를 슬퍼하였다.

　(憲帝) 初平 2년, 司隸校尉인 趙謙(조겸)이 사필의 충정을 변하며
그 원혼을 달래주어야 한다고 상주하자 조소를 체포해 참수하였다.

原文

贊曰, 鄧不明辟, 梁不損陵. 慊慊欒,杜, 諷辭以興. 黃寇方
熾, 子奇有識. 武謀允臧, 瑜亦協志. 弼忤宦情, 雲犯時忌.
成仁喪己, 同方殊事.

| **註釋** | ○慊慊 – 여기서는 마음에 차지 아니한 모양. 정성스런 모양.
慊은 정성 겸. 혐의 혐. ○子奇(자기) – 劉陶(유도)의 字. ○成仁喪己 – 殺
身成仁.

[國譯]

贊曰,

鄧太后는 還政하지 않았고 梁태후는 능을 축소하지 않았다.

불만을 가진 欒巴(난파)와 杜根(두근)은 풍간으로 깨우쳤다.

황건적이 한창 흥할 때 劉陶(유도)는 식견이 뛰어났었다.

竇武(두무)가 환관을 제거할 때 劉瑜(유유)도 협력했다.

謝弼(사필)은 환관의 미움으로, 李雲은 逆鱗을 건드렸다.

殺身成仁하였지만 처방은 같았어도 방법은 달랐다.

58 虞傅蓋臧列傳
〔우,부,개,장열전〕

❶ 虞詡

原文

虞詡字升卿, 陳國武平人也. 祖父經, 爲郡縣獄吏, 案法平允, 務存寬恕, 每冬月上其狀, 恒流涕隨之. 嘗稱曰, "東海于公高爲里門, 而其子定國卒至丞相. 吾決獄六十年矣, 雖不及于公, 其庶幾乎! 子孫何必不爲九卿邪?" 故字詡曰升卿.

詡年十二, 能通《尙書》. 早孤, 孝養祖母. 縣擧順孫, 國相奇之, 欲以爲吏. 詡辭曰, "祖母九十, 非詡不養." 相乃止. 後祖母終, 服闋, 辟太尉李脩府, 拜郎中.

| 註釋 | ○陳國武平 – 陳國의 治所는 陳縣, 今 河南省 동부 周口市 관할 淮陽縣. 前 淮陽國. 武平은 今 河南省 동부 직할 자치현인 鹿邑縣. 東쪽으로 安徽省 亳州市(박주시)와 경계. 老子의 고향. 楚의 苦縣. ○其子定國卒至丞相 – 于定國의 字는 曼倩(만천), 東海郡 출신, 그 부친 于公(우공)은 군현의 옥리로 근무하며 공정했기에 백성이 生祠(생사)를 지어 칭송했다. 마을 里門이 붕괴되어 다시 만들 때 우공은 駟馬에 덮개 씌운 수레도 들어올 수 있게 크고 높이 만들라고 하였다. 자신이 평소에 음덕을 많이 쌓았기에 필히 자손이 번영할 것이라고 하였다. 아들 우정국은 丞相이 되었고, 손자 于永은 御史大夫를 역임했다.《漢書》71권,〈雋疏于薛平彭傳〉참고.

[國譯]

虞詡(우후, 詡는 자랑할 후)의 字는 升卿(승경)으로 陳國 武平縣 사람이다. 우후의 祖父인 虞經(우경)은 郡縣의 옥리였는데 법 집행이 공정하면서도 관용에 힘썼는데, 매년 겨울에 죄수의 상황을 보고하며 항상 눈물을 흘렸다. 일찍이 우경이 말했다.

"(前漢의) 于公(우공)이 마을의 里門을 크게 만들라 하였고, 그 아들 于定國(우정국)은 나중에 승상이 되었다. 내가 決獄 60년인데 비록 우공만은 못하지만 거의 비슷할 것이다. 내 자손이 어찌 九卿에도 못 오르겠는가?"

그래서 손자 우후의 字를 升卿(승경)이라고 했다. 우후는 12살에《尙書》에 능통했다. 어려 부친을 잃고 조모를 孝養하였다. 현에서는 順孫이라고 천거하였고 陳國 相이 기특하게 여겨 관리에 임용하려 했 다. 그러자 우후가 사양하며 말했다.

"祖母께서 90이신데 제가 아니면 봉양할 사람이 없습니다."

이에 陳國 相은 그만두었다. 뒷날 조모가 죽고 복상을 마치자 李

脩(이수)의 太尉府에서 초빙하여 郎中을 제수하였다.

　永初四年, 羌胡反亂, 殘破幷,涼, 大將軍鄧騭以軍役方費,
事不相贍, 欲弃涼州, 並力北邊, 乃會公卿集議. 騭曰, “譬
若衣敗, 壞一以相補, 猶有所完. 若不如此, 將兩無所保.”
議者咸同. 詡聞之, 乃說李脩曰,

　“竊聞公卿定策當弃涼州, 求之愚心, 未見其便. 先帝開
拓土字, 勤勞後定, 而今憚小費, 擧而弃之. 涼州旣弃, 卽以
三輔爲塞, 三輔爲塞, 則園陵單外. 此不可之甚者也. 諺曰,
‘關西出將, 關東出相.’ 觀其習兵壯勇, 實過餘州. 今羌胡
所以不敢入據三輔, 爲心腹之害者, 以涼州在後故也. 其土
人所以推鋒執銳, 無反顧之心者, 爲臣屬於漢故也. 若弃其
境域, 徙其人庶, 安土重遷, 必生異志. 如使豪雄相聚, 席捲
而東, 雖賁,育爲卒, 太公爲將, 猶恐不足當御. 議者喩以補
衣猶有所完, 詡恐其疽食侵淫而無限極. 弃之非計.”

　脩曰, “吾意不及此. 微子之言, 幾敗國事. 然則計當安
出?” 詡曰, “今涼土擾動, 人情不安, 竊憂卒然有非常之變.
誠宜令四府九卿, 各辟彼州數人, 其牧守令長子弟皆除爲冗
官, 外以勸厲, 答其功勤, 內以拘致, 防其邪計.”

　脩善其言, 更集四府, 皆從詡議. 於是辟西州豪桀爲掾屬,

拜牧守長吏子弟爲郎, 以安慰之.

| 註釋 |　○幷,涼 − 幷州(병주자사부, 治所는 太原 晉陽縣) 관할 군은 上黨郡, 太原郡, 上郡, 西河郡, 五原郡, 雲中郡, 定襄郡, 雁(鴈)門郡, 朔方郡. 涼州 관할 군은 隴西郡, 漢陽郡, 武都郡, 安定郡, 北地郡, 武威郡, 張掖郡, 酒泉郡, 敦煌郡, 張掖屬國, 張掖居延屬國 등, 말하자면 지금 甘肅省 일대를 포기하겠다는 뜻.　○諺曰, 關西出將, 關東出相 − 諺은 상말 언(諺과 同). 속언, 속담.《漢書》에는 '山東出相, 山西出將.' 秦時의 白起, 王翦(왕전), 漢興 이후 公孫賀, 傅介子(부개자), 李廣(이광), 趙充國(조충국), 辛武賢(신무현)이 모두 관서 출신의 명장이었다. 관동 출신 재상으로는 蕭何(소하), 曹參(조참), 魏相, 丙吉, 韋賢. 韋玄成, 于定國, 平當, 孔光 등이 名相으로 이름이 났었다.　○席捲而東 − 席捲은 자리를 말아 감다. 남긴 여지가 없다. 東은 동쪽으로 향하다. 동사로 쓰였다.　○賁,育爲卒 − 孟賁(맹분)과 夏育(하육), 古代의 용사.　○疽食侵淫 − 疽는 등창 저. 악성 종기(癰瘡也).　○四府 − 太傅(또는 大將軍), 太尉, 司徒, 司空府.　○九卿 − 太常, 光祿, 衛尉, 廷尉, 太僕, 大鴻臚, 宗正, 大司農, 少府 等.　○冗官(용관) − 정원 이외의 관리. 散官.　○牧守 − 州의 牧과 郡의 太守. 州牧은 州의 통치 책임자. 武帝 때 질록 6백석의 자사를 두어 13자사부 관내 군현의 행정을 감독케 하였다. 成帝 때는 자사를 폐하고 질록 2천석의 州牧을 두었다. 후한에서는 광무제 때부터 자사라고 부르다가 靈帝 中平 5년(서기 188)부터는 다시 卿級의 州牧을 보내 軍과 政의 대권을 쥐고 州의 군현을 통치하였다.

[國譯]

　　(安帝) 永初 4년, 강족과 흉노족이 반란을 일으키며 幷州(병주)와 涼州(양주) 일대를 잔악하게 노략질했는데 大將軍 鄧騭(등즐)은 군비

를 다 공급할 수 없다 하여 涼州 지역을 포기하고 북변에만 전력을 다 하겠다 하여 공경들을 모아 의논하였다. 등즐은 "비유하자면 만약 의복이 닳아 떨어졌으면 다른 헌옷으로 보완하여 완전하게 만드는 것이니 그렇지 않으면 옷 두 개를 다 못 입게 된다."고 말했다. 논자들은 모두 이에 찬동하였다. 우후가 이를 알고 바로 李脩(이수)를 설득하였다.

"제가 듣기로 公卿들이 涼州 지역을 포기하겠다는 논의를 했다는데 제 생각으로는 그것이 국익이 되지 않습니다. 先帝께서 영역을 개척하느라 고생을 하고 확정된 것인데, 지금 약간의 비용 때문에 양주 지역 전체를 포기한다면 곧 三輔지역이 邊境이 되며, 삼보지역이 국경처럼 되면 (先帝들의) 園陵이 국경지역에 들어가게 됩니다. 이는 절대로 그럴 수 없는 일입니다. 속언에 '關西에서 장수가 나오고 關東에서 재상이 나온다.' 고 하였습니다. 그 지역 사람의 무예와 용기는 다른 주보다 훨씬 뛰어납니다. 지금 강족과 흉노가 감히 삼보지역에 들어오지 못하고 腹心(복심)의 大患으로 생각하는 것은 자신의 뒤쪽에 涼州가 있기 때문입니다. 양주지역 주민이 병기를 손에 쥐고서도 배반의 뜻이 없는 것은 양주가 漢에 臣屬했기 때문입니다. 만약 양주지역을 포기하고 그 지역 주민을 이주시키면서 그 땅을 포기하라고 한다면 틀림없이 딴마음을 가질 것입니다. 그리하여 그 지역 강호들이 함께 모여 자리를 말아오듯(席卷) 동쪽으로 진격해온다면 비록 孟賁(맹분)과 夏育(하육) 같은 용사가 병졸이고 (병법의 대가) 太公이 장수라 하여도 아마 막을 수가 없을 것입니다. 논의에 참가한 자들이 헌 옷을 기우면 새 옷과 같을 것이라지만 제 생각으로는 악성 종기가 점점 온몸으로 퍼져나갈 것 같으니 양주 포기는 바른 방책이 아닙니다."

그러자 李脩가 말했다. "내가 거기까지는 생각 못했소. 그대가 없었다면 나라 일을 거의 망칠 뻔했소. 그러니 어찌해야 좋겠는가?"

이에 우후가 말했다.

"지금 양주 일대가 동요하고 민심이 불안하니 갑자기 비상사태가 일어날 수도 있습니다. 진심으로 四府와 九卿들이 합심하여 각자 그곳 인사들을 몇 명씩 관직으로 초빙하고 그 지역 자사나 태수의 자제에게 冗官(용관)을 제수하면서 힘써 싸울 것을 권하고 공적을 포상하면서 내부적으로 통제하면 그들의 나쁜 의도를 막을 수 있을 것입니다."

이수는 우후의 건의를 옳다고 생각하면서 다시 四府의 요인을 모아 우후의 건의를 실천하였다. 이에 西州 일대의 호걸을 하급 관리에 임용하고 그곳 자사, 태수나 지방관의 자제를 낭관으로 임용하며 慰撫(위무)하였다.

原文

鄧騭兄弟以詡異其議, 因此不平, 欲以吏法中傷詡. 後朝歌賊寧季等數千人攻殺長吏, 屯聚連年, 州郡不能禁, 乃以詡爲朝歌長. 故舊皆弔詡曰, "得朝歌何衰!" 詡笑曰, "志不求易, 事不避難, 臣之職也. 不遇盤根錯節, 何以別利器乎?" 始到, 謁河內大守馬稜. 稜勉之曰, "君儒者, 當謀謨廟堂, 反在朝歌邪?"

翻曰, "初除之日, 士大夫皆見吊勉. 以翻籌之, 知其無能爲也. 朝歌者, 韓,魏之郊, 背太行, 臨黃河, 去敖倉百里, 而青,冀之人流亡萬數. 賊不知開倉招衆, 劫庫兵, 守城皋, 斷天下右臂, 此不足憂也. 今其衆新盛, 難與爭鋒. 兵不猒權, 願寬假轡策, 勿令有所拘閡而已."

及到官, 設令三科以募求壯士, 自掾史以下各擧所知, 其攻劫者爲上, 傷人偸盜者次之, 帶喪服而不事家業爲下. 收得百餘人, 翻爲饗會, 悉貰其罪, 使入賊中, 誘令劫掠, 乃伏兵以待之, 遂殺賊數百人. 又潛遣貧人能縫者, 傭作賊衣, 以采綖縫其裾爲幟, 有出市里者, 吏輒禽之. 賊由是駭散, 咸稱神明. 遷懷令.

| 註釋 | ○朝歌 – 河內郡의 縣名. 商朝 말기 武乙(무을) 시대의 副都, 今 河南省 북부 鶴壁市 淇縣 朝歌鎭. 商의 중기 盤庚(반경)이 河南 安陽 小屯村 일대로 천도한 이후 멸망할 때까지를 殷(은)이라 한다. ○以翻籌之 – 籌는 저주할 주. 籌(꾀할 주. 계책, 책략)이 되어야 한다는 주석에 따름. ○太行 – 中國 동부의 중요 山脈. 北京市, 河北省, 山西省, 河南省에 이르는 약 400km의 산맥. 山西 고원지대와 華北 平原의 분기점. ○敖倉(오창) – 鴻溝(홍구)와 黃河의 합류 지점인 滎陽城(형양성) 동북 敖山(오산)에 있는 군량 창고. 今 河南省 鄭州市 관할 滎陽市 동북. 楚漢戰 당시는 물론 後漢에서도 중요한 군량 창고였다. ○守城皋 – 城皋는 關名. 黃河 이남 동서 교통의 요지. 滎陽城(형양성) 소재. ○采綖縫其裾爲幟 – 采綖은 색실. 綖은 실(絲) 연. 縫는 꿰맬 봉. 裾는 옷자락 거. 幟는 깃발 치. 표지. ○懷縣(회현) – 河內郡의 치소, 今 河南省 북부 焦作市(초작시) 武陟縣. 河內郡은 대략 今

河南省의 黃河 이북.

[國譯]

鄧騭(등즐) 형제는 虞詡(우후)가 그들 주장을 반대했다 하여 불평하면서 관리이기에 법에 의거 우후를 중상하려고 했다. 뒷날 朝歌縣(조가현)의 도적 무리인 寧季(영계) 등 수천 명이 관장을 죽이며 몇 년 동안 웅거해도 河內郡에서는 이를 진압하지 못했는데 우후를 朝歌(조가) 縣長으로 발령했다. 우후의 우인들이 우후를 위로하였다.

"朝歌가 임지라니 이 얼마나 재수 없나!"

그러자 우후가 웃으며 말했다.

"편한 곳을 원하지도 않지만 난관을 피하지도 않는 것이 신하된 사람의 직분입니다. 아주 뿌리 깊이 얽힌 난제를 만난 것도 아니니 무엇이 이득일지 어찌 알겠습니까?"

우후가 임지에 도착하여 河內大守인 馬稜(마릉)을 찾아뵈었다. 마릉이 우후를 격려하며 말했다. "당신은 儒者이니 조정에서 정사를 논해야 하는데 반대로 조가에 왔소?"

이에 조후가 말했다.

"처음 제수 받는 날 사대부들이 모두 저를 위로하였습니다. 내 생각에 이는 내가 어찌할 수 없을 것이라는 걱정이었습니다. 朝歌란 곳은 (옛날) 韓과 魏의 접경으로 太行山을 등지고 黃河에 면했으며 敖倉(오창)에서 1백 리 정도 떨어진 곳으로 靑州와 冀州 일대의 유민 수만 명이 흘러온 곳입니다. 도적이 오창을 차지하고 그 식량으로 군중을 불러 모아 병기를 접략하고 城皐(성고)를 지키면 천하의 오른쪽 팔을 자르는 것과 같은 줄을 아직 모르고 있으니 걱정할 것이 못됩니다. 지금 그 무리들이 한창 번창하니 정면 대결은 어려울 것입니다. 군사작전은 임시변통도 중요한 만큼 고삐를 늦춰가며 그들을 얽어매지 않게 여유를 좀 주시기 바랍니다."

우후는 조가현에 부임하여 명령을 내려 3개 조항으로 장사들을 모집하면서 掾史(掾吏) 이하 각자가 아는 자를 추천케 하였는데, 남을 때리거나 협박한 자를 상등, 남에게 상해를 입히거나 도적질한 자를 다음, 그리고 服喪 중에도 가업을 돌보지 않은 자를 하등으로 하여 모집케 하였다. 우후는 그런 자 1백여 명을 모아 그들을 위해 잔치를 벌이고 그들의 죄를 모두 사면한 뒤에 적의 지역에 들어가서 그들을 꾀어 노략질을 하거나 병기를 지니고 대기하게 하여 적도 수백 명을 죽였다. 또 가난하지만 바느질을 잘하는 부녀자를 모아 몰래 적진에 들여보내 옷을 짓는 품팔이를 하면서 색실로 옷자락을 꿰매 표시하게 하여 그들이 마을에 내려오면 관리가 보는 대로 잡아들였다. 도적 무리는 이에 놀라 흩어지며 모두 신명하다고 칭송하였다. 우후는 (河內郡) 懷縣(회현) 현령으로 승진했다.

原文

後羌寇武都, 鄧太后以詡有將帥之略, 遷武都太守, 引見嘉德殿, 厚加賞賜. 羌乃率衆數千, 遮詡於陳倉, 崤谷, 詡卽停軍不進, 而宣言上書請兵, 須到當發. 羌聞之, 乃分鈔傍縣, 詡因其兵散, 日夜進道, 兼行百餘里. 令吏士各作兩竈, 日增倍之, 羌不敢逼.

或問曰, "孫臏減竈而君增之. 兵法日行不過三十里, 以戒
不虞, 而今日且二百里. 何也?"

詡曰, "虜衆多, 吾兵少. 徐行則易爲所及, 速進則彼所不
測. 虜見吾竈日增, 必謂郡兵來迎. 衆多行速, 必憚追我. 孫
臏見弱, 吾今示强, 勢有不同故也."

| **註釋** | ○武都郡 – 治所는 下辨縣, 今 甘肅省 남부 隴南市 成縣. ○陳
倉,崤谷 – 陳倉(진창)은 右扶風의 陳倉縣, 今 陝西省 寶鷄市 陳倉區. 당시
關中과 漢中을 연결하는 요충지. 崤谷(효곡)은 陳倉縣의 散關, 散關은 關中
四關의 하나, 漢中 지역에서 關中으로 들어오는 陳倉古道의 관문, 今 陝西
省 寶雞市 서남 大散嶺에 위치. ○兩竈 – 竈는 부엌 조. 군사가 밥을 지은
솥 자리. ○孫臏(손빈) – 孫武(孫子)의 후손. 原名. 生卒年 미상, 戰國 초기
軍事家, 兵家의 대표 인물. 齊軍의 장수. 臏(종지뼈 빈). 臏刑(빈형)을 받았기
에 손빈이라 호칭. 魏 龐涓(방연)과의 전투에서 밥 지은 부엌 자리를 줄여서
방연으로 하여금 '齊의 군사가 겁을 먹고 도주했다.'는 오판을 유도했다.

[國譯]

그 뒤에 羌族(강족)이 武都郡을 노략질하자, 鄧太后는 우후가 장
수의 지략을 가졌다 하여 武都太守로 승진시키고 嘉德殿(가덕전)에
서 불러보며 후한 상을 하사하였다. 강족은 수천 군사로 우후를 陳
倉(진창)의 崤谷(효곡)에서 가로막자, 우후는 즉시 진군을 중지하고
서는 조정에 상서하여 군사를 요청하고 지원 병력이 도착하면 공격
하겠다고 선포하였다. 강족은 이를 듣고 군사를 나눠 주변의 현을
공략했는데, 우후는 적의 병력이 분산된 것을 알고 밤낮으로 행군

속도를 늘려 1백리 씩 행군하였다. 우후는 軍史와 병사에게 각각 2개씩 부엌 자리를 만들게 하였고 날마다 늘려나가자 강족이 감히 추격해오지 못했다.

어떤 사람이 물었다. "孫臏(손빈)은 부엌 자릿수를 줄였지만 당신은 늘렸으며, 병법에 군사는 1일에 불과 30리 밖에 행군하지 못하는데 경계병을 보내지도 않으면서 오늘까지 2백리를 행군한 것은 무슨 까닭입니까?"

그러자 우후가 대답했다. "적의 무리는 많고 우리 군사는 적습니다. 천천히 행군하면 적에게 따라잡히지만 빠르게 행군하면 적이 예측할 수 없습니다. 적이 우리의 부엌 자리가 늘어난 것을 보면 郡의 군사가 와서 합세했다고 믿을 것입니다. 군사도 많고 속도도 빠르다면 적이 우리를 추격하지 못할 것입니다. 손빈은 약한 것처럼 보였지만 우리가 강한척한 것은 軍勢가 같지 않기 때문입니다."

|原文|

既到郡, 兵不滿三千, 而羌衆萬餘, 攻圍赤亭數十日. 詡乃令軍中, 使强弩勿發, 而潛發小弩. 羌以爲矢力弱, 不能至, 並兵急攻. 詡於是使二十强弩共射一人, 發無不中, 羌大震, 退. 詡因出城奮擊, 多所傷殺. 明日悉陳其兵衆, 令從東郭門出, 北郭門入, 貿易衣服, 回轉數周. 羌不知其數, 更相恐動. 詡計賊當退, 乃潛遣五百餘人於淺水設伏, 候其走路. 虜果大奔, 因掩擊, 大破之, 斬獲甚衆, 賊由是敗散, 南

入益州. 詡乃占相地勢, 築營壁百八十所, 招還流亡, 假賑
貧人, 郡遂以安.

| 註釋 | ○貿易衣服 - 무역을 바꾸다. 갈아입다. 貿는 바꿀 무. 易은 바
꿀 역. ○因掩擊 - 상황을 보아(因) 엄습하다. 掩은 가릴 엄. 擊은 칠 격.
○益州(익주) - 益州刺史部의 治所는 廣漢郡 雒縣(낙현)으로, 今 四川省 德
陽市 관할의 廣漢市이다. 益州郡의 治所는 滇池縣(전지현)으로, 今 雲南省
昆明市 관할 晋寧縣이다.

[國譯]
　　虞詡(우후)가 武都郡에 도착했는데, 군사는 모두 3천 명도 안 되었
지만 강족 1만여 명은 관군을 赤亭(적정)이란 곳에서 포위하고 수십
일을 공격하고 있었다. 우후는 군에 명령하여 强弩(강노)를 발사하
지 못하게 하고 숨어서 小弩(소노)만을 쏘게 하였다. 강족은 쇠뇌 화
살의 힘이 약하고 도달하지 않는다 생각하고 모든 군사를 동원하여
급하게 공격하였다. 우후는 이에 강노 20여 개를 한 사람처럼 동시
에 쏘게 하자 모두가 적을 명중하였고 강족은 크게 두려워하며 퇴각
하였다. 우후는 이에 성을 나가 추격하며 많은 적을 죽였다. 다음 날
모든 군사를 집합시켜 동쪽 성문으로 나갔다 북쪽 성문으로 들어오
게 하면서 의복을 바꿔 입혀가며 몇 바퀴를 돌렸다. 강족은 관군의
숫자를 알지 못하여 더 두려워하였다. 우후는 적이 퇴각할 때가 되
었다고 예상하여 몰래 군사 5백여 명을 물이 얕은 곳에 매복 시켜
그 도주로를 감시하게 하였다. 적들이 예상대로 대거 후퇴하자 급습
하여 적을 대파하고 많은 적을 죽이거나 생포하자 도적 무리는 패주

하면서 남쪽 益州(익주) 자사부 지역으로 흩어졌다. 우후는 지세를
보아 보루 180여 개소를 지었으며 흩어진 백성을 불러 모으며 빈민
을 구제하여 무도군은 다시 안정되었다.

原文

　先是運道艱險, 舟車不通, 驢馬負載, 僦五致一. 詡乃自
將吏士, 案行川谷, 自沮至下辯數十里中, 皆燒石翦木, 開漕
船道, 以人僦直雇借傭者, 於是水運通利, 歲省四千餘萬.
詡始到郡, 戶裁盈萬. 及綏聚荒餘, 招還流散, 二三年間, 遂
增至四萬餘戶. 鹽米豐賤, 十倍於前. 坐法免.

| 註釋 |　○僦五致一－5石을 보내면 1석이 도착하다. 僦는 보낼 추. 수
레를 빌려 보내다(賃也).　○自沮至下辯~－沮(저), 下辯(하변) 모두 武都郡
의 현명. 沮縣은 今 陝西省 서남부 漢中市 관할 略陽縣. 陝西 서남부, 嘉陵
江(가릉강) 상류. 下辯은 武都郡의 治所. 今 甘肅省 남부 隴南市 成縣.　○燒
石翦木－돌을 불에 굽고 나무를 자르다. 주석에 의하면, 사람을 시켜 돌을
태우고 물을 부으면 돌이 갈라지고 거기를 끌로 쪼아 돌을 제거했다고 하
였다. 열을 받은 돌에 갑자기 찬물을 뿌리면 온도 차에 의거 돌이 갈라질
수 있다고 생각한다.　○鹽米豐賤－豐은 넉넉해지다. 물자가 풍부하다.
賤은 값이 싸다. 내려가다. 우후가 부임했을 때 곡식 1石이 1천 전, 소금 1
석이 8천 전이었는데, 3년 만에 곡식 1石이 8십 전, 鹽 1石이 4백 전으로
내려갔다는 주석이 있다.

[國譯]

이보다 앞서 군량 운반 도로가 험하여 배와 수레가 다닐 수 없어 나귀에 실어 운반케 했는데 5石을 보내면 1석이 도착할 정도였다. 虞詡(우후)는 직접 군리와 군사를 거느리고 하천을 계곡을 따라 沮縣(저현)에서 치소인 下辯縣(하변현)까지 수십 리를 따라가면서 돌을 불에 굽고 나무를 베어 뱃길을 뚫으면서 인부를 고용하면서 임금을 주었으며, 수운을 가능케 하여 1년에 4천여 만 전을 절약하였다. 우후가 무도군에 처음 부임했을 때 민호는 겨우 1만 호 정도였다. 이에 황야에 흩어진 백성을 모으고 타군의 유민을 다시 불러 모으자 2, 3년 간에 호구가 4만여 호로 증가하였다. 소금과 곡물도 풍족하고 값이 전보다 10분의 1로 내렸다. 나중에 우후는 업무상 잘못으로 면직되었다.

原文

永建元年, 代陳禪爲司隸校尉. 數月間, 奏太傅馮石, 太尉劉熹, 中常侍程璜, 陳秉, 孟生, 李閏等, 百官側目, 號爲苛刻. 三公劾奏詡盛夏多拘繫無辜, 爲吏人患.

詡上書自訟曰, "法禁者俗之堤防, 刑罰者人之銜轡. 今州曰任郡, 郡曰任縣, 更相委遠, 百姓怨窮, 以苟容爲賢, 盡節爲愚. 臣所發擧, 臧罪非一, 二府恐爲臣所奏, 遂加誣罪. 臣將從史魚死, 卽以屍諫耳."

順帝省其章, 乃爲免司空陶敦.

| **註釋** | ○永建元年 – 順帝의 첫 연호. 서기 126 - 131년. ○衛轡 – 衛은 재갈 함. 말의 재갈이나 소의 코뚜레. 轡는 고삐 비. ○屍諫 – 춘추시대 衛大夫 史魚(사어)가 병으로 죽기 전에 아들에게 말했다. "내가 蘧伯玉(거백옥)은 賢人이라고 여러 번 말했지만 등용되지 않았고, 彌子瑕(미자하)는 무능했는데도 물러나게 하지 못했다. 신하된 자가 현인을 등용시키지 못했고 불초한 자를 물러나게 못하였다. 내가 죽더라도 正堂에서 상을 치르기가 부끄러우니 측실에 빈소를 마련토록 하라." 衛君이 문상하며 이유를 묻자 아들은 부친의 말을 그대로 전했다. 이에 衛君은 즉각 거백옥을 등용하여 우대하였고 미자하를 물리치면서 史魚를 正堂에 모셔 상을 치르게 하였다. 이를 屍諫(시간)이라 했다.

[國譯]

(順帝) 永建 원년, 陳禪(진선)의 후임으로 司隸校尉가 되었다. 재직 몇 달간에 太傅 馮石(풍석), 太尉 劉熹(유희), 中常侍 程璜(정황), 陳秉(진병), 孟生(맹생), 李閏(이맹) 등을 고발 상주하자 百官이 질시하며 가혹하다고 비판하였다. 三公이 우후가 한여름에 무고한 백성을 많이 구금하여 백성에 해악을 끼친다고 탄핵 상주하였다. 이에 우후가 상서하여 변명하였다.

"法禁이란 세상의 堤防(제방)이며, 刑罰이란 백성을 제어하는 재갈이며 고삐입니다. 지금 (불법자를) 州에서는 郡에, 군에서는 縣으로 서로 떠넘기니 백성은 원한이 끝이 없으며, 조정에서는 무사히 넘어가는 것을 현명하다고 생각하며 지조를 지키는 것을 어리석다고 생각합니다. 이번에 臣이 적발한 뇌물죄는 하나가 아니며, (太傅와 太尉) 두 부서에서는 臣의 탄핵이 두려워서 무고를 한 것입니다. 臣은 史魚(사어)의 행적을 따라 죽어서라도 屍諫(시간)을 하겠습니다.”

　順帝는 우후의 상주를 읽고서 司空인 陶敦(도돈)을 파면했다.

　時中常侍張防特用權勢, 每請托受取, 詡輒案之, 而屢寢
不報. 詡不勝其憤, 乃自繫廷尉, 奏言曰,

「昔孝安皇帝任用樊豐, 遂交亂嫡統, 幾亡社稷. 今者張防
復弄威柄, 國家之禍將重至矣. 臣不忍與防同朝, 謹自繫以
聞, 無令臣襲楊震之跡.」

　書奏, 防流涕訴帝, 詡坐論輸左校. 防必欲害之, 二日之
中, 傳考四獄. 獄吏勸詡自引, 詡曰, “寧伏歐刀以示遠近.”
宦者孫程,張賢等知詡以忠獲罪, 乃相率奏乞見.

　程曰, “陛下始與臣等造事之時, 常疾姦臣, 知其傾國. 今
者卽位而復自爲, 何以非先帝乎? 司隷校尉虞詡爲陛下盡
忠, 而更被拘繫, 常侍張防臧罪明正, 反構忠良. 今客星守
羽林, 其占宮中有姦臣. 宜急收防送獄, 以塞天變. 下詔出
詡, 還假印綬.”

　時防立在帝後, 程乃叱防曰, “姦臣張防, 何不下殿!” 防不
得已, 趨就東箱. 程曰, “陛下急收防, 無令從阿母求請.” 帝
問諸尙書, 尙書賈朗素與防善, 證詡之罪. 帝疑焉, 謂程曰,
“且出, 吾方思之.” 於是詡子顗與門生百餘人, 擧幡候中常

侍高梵車, 叩頭流血, 訴言枉狀. 梵乃入言之, 防坐徙邊, 賈朗等六人或死或黜, 卽日赦出詡. 程復上書陳詡有大功, 語甚切激. 帝感悟, 復徵拜議郎. 數日, 遷尙書僕射.

| 註釋 | ○楊震(양진) - 鷄肋(계륵) 고사의 주인공인 楊脩(양수)의 高祖父. 樊豐(번풍)의 참소를 받아 자살하였다. 54권, 〈楊震列傳〉에 立傳. ○寧伏歐刀以示遠近 - 歐刀(구도)는 사형집행인의 칼. 歐는 토할 구, 칠 구. 내리치다. ○與臣等造事之時 - 順帝가 太子일 때 (환관) 江京(강경) 등의 모함으로 폐위되어 濟陰王으로 강등되었고 환관, 孫程 등의 옹립으로 즉위할 수 있었다. 孫程은 78권, 〈宦者列傳〉에 입전. ○羽林 - 虛宿, 危宿 남방의 여러 星座를 羽林이라 통칭한다. ○阿母 - 여기서는 順帝의 유모 宋娥(송아). 순제 즉위에 공이 있다 하여 山陽君에 봉해졌다.

[國譯]

그때 中常侍 張防(장방)이 권력을 쥐고 청탁을 받아 뇌물을 거둬들였는데 虞詡(우후)가 여러 번 조사하여 보고하였으나 매번 묵살되어 회답이 없었다. 이에 우후는 분을 참지 못하고 자신이 직접 廷尉獄에 갇히면서 상주하였다.

「예전에 孝安皇帝께서 樊豐(번풍)을 신임하자, 황제의 嫡統을 交亂하여 사직이 거의 망할 뻔하였습니다. 이번에는 張防이 다시 권력으로 농간을 부려 나라에 큰 해악을 끼치고 있습니다. 臣은 장방과 같은 조정에 일할 수 없어 제 자신이 갇혀서 상주하오니 臣이 楊震(양진)의 자취를 밟지 않게 조치해 주십시오.」

상서가 들어가자 장방은 눈물을 흘리면서 順帝에게 하소연하였고, 우후는 (장작대장의) 左校에 소속되어 노역을 하도록 판결 받았다. 장방은 우후를 꼭 해치려고 이틀 동안 4개의 옥을 거치면서 고문을 받게 하였다. 獄吏가 우후에게 自引(自殺)을 권하자 우후가 말했다.

"차라리 처형을 당해 원근의 사람들이 다 볼 수 있게 하겠다."

宦者인 孫程(손정)과 張賢(장현) 등은 우후가 충성을 다하고도 형을 받는 것을 보고 함께 의논하여 알현을 요청하였다. 손정이 순제에게 말했다.

"폐하께서 처음에 저희들과 함께 즉위를 시도할 때, 폐하께서는 늘 간신이 나라를 기울게 한다면서 미워하셨습니다. 지금 즉위하셨다 하여 다시 전철을 밟는다면 어찌 先帝(安帝)를 탓하실 수 있겠습니까? 司隷校尉 우후는 폐하께 충성을 다 하였지만 다시 구금되었고 중상시 장방의 죄는 뚜렷한데도 오히려 충신을 모함하고 있습니다. 지금 客星이 羽林을 침범하고 있는데 그 占은 宮中에 姦臣이 있다는 것입니다. 응당 장방을 잡아 옥에 가두어 天變을 피해야 합니다. 또 우후를 석방하고 인수를 돌려주어야 합니다."

이때 장방은 순제 뒤쪽에 서 있었는데 손정이 "간신 장방은 어찌 전각에서 내려가지 않는가!" 라고 질책하였다. 장방은 부득이 東廂(동상)으로 피했다. 손정이 말했다.

"폐하께서 빨리 장방을 가두라 하여 阿母(宋娥)가 부탁하지 못하게 막아야 합니다."

순제가 여러 尙書에게 물어보았는데 尙書 賈朗(가랑)은 평소에 장방과 친했기에 우후의 죄를 입증했다. 순제는 의심하며 손정에게 "일단 나가고, 내가 더 생각해보겠다."고 말했다. 이에 우후의 아들

虞翮(우의)와 門生 1백여 명은 中常侍 高梵(고범) 수레의 幡旗을 높이 들고 머리를 부딪쳐 피를 흘려가며 억울한 사정을 하소연하였다. 이에 고범이 입궁하여 황제에게 말하자, 장장을 변방으로 이주시켰고 賈朗(가랑) 등 6인은 사형 또는 파면되었으며 우후는 당일 사면을 받아 나왔다. 손정이 다시 우후의 큰 공적을 상서하였는데 언사가 매우 간절하고 격정적이었다. 순제도 느낀 바 있어 우후를 불러 다시 議郎을 제수하였다. 며칠 뒤 우후는 尙書僕射(상서복야)로 승진했다.

原文

是時長吏, 二千石聽百姓謫罰者輸贖, 號爲 '義錢', 托爲貧人儲, 而守令因以聚斂. 詡上疏曰,

「元年以來, 貧百姓章言長吏受取百萬以上者, 匈匈不絶, 謫罰吏人至數千萬, 而三公, 刺史少所擧奏. 尋永平, 章和中, 州郡以走卒錢給貸貧人, 司空劾案, 州及郡縣皆坐免黜. 今宜遵前典, 蠲除權制.」

於是詔書下詡章, 切責州郡. 謫罰輸贖自此而止.

| 註釋 | ○義錢 – 백성이 속죄하려고 내는 금전을 빈민을 위해 쓸 돈이라는 뜻으로 義錢이라 불렀다. 그런 돈으로 縣 官衙의 심부름꾼인 走卒, 손수레(輂)를 끄는 伍伯(오백)과 같은 사람을 고용해야 했으나 임의로 빈민에게 대출하거나 착복하였다.

　이때 長吏나 태수는 죄를 지은 백성이 속전을 내고 형벌을 받지 않도록 허용할 수 있었는데 그 속전을 '義錢'이라 부르면서 빈자를 위해 비축한다는 핑계를 대었고 수령은 이를 근거로 재물을 거둬들였다. 우후가 이를 상소하였다.

　「폐하의 즉위 이래, 가난한 백성들이 말하기를 長吏로 백만 전 이상을 거둬들인 자가 세상의 비난에도 근절되지 않으며 적발된 하급 관리는 많으나 三公府나 자사 등이 적발한 수는 매우 적습니다. 생각해보면 (明帝) 永平 연간이나 (章帝) 章和 연간에 州郡에서 走卒에게 지급할 금전을 빈민에게 대여했었는데 司空府에서 이를 적발 탄핵하여 주나 군현에서는 이와 관련하여 면직되거나 파면되었습니다. 지금 응당 예전의 전례에 따라 군현의 자의적인 처분을 금지시켜야 합니다.」

　이에 조서로 우후의 상서 내용을 하달하며 주군을 문책하자 형벌 대신 속전을 내는 일이 없어졌다.

　先是寧陽主簿詣闕, 訴其縣令之枉, 積六七歲不省. 主簿乃上書曰,

　「臣爲陛下子, 陛下爲臣父. 臣章百上, 終不見省, 臣豈可北詣單于以告怨乎?」

　帝大怒, 持章示尙書, 尙書遂劾以大逆. 諷駁之曰, "主簿

所訟, 乃君父之怨, 百上不達, 是有司之過. 愚惷之人, 不足
多誅." 帝納詡言, 笞之而已.

詡因謂諸尙書曰, "小人有怨, 不遠千里, 斷髮刻肌, 詣闕
告訴, 而不爲理, 豈臣下之義? 君與濁長吏何親, 而與怨人
何仇乎?"

聞者皆慙. 詡又上言, "臺郎顯職, 仕之通階. 今或一郡七
八, 或一州無人. 宜令均平, 以厭天下之望." 及諸奏議, 多
見從用.

| 註釋 | ㅇ寧陽 – 東平國 縣名. 今 山東省 중부 泰安市 관할 寧陽縣.
ㅇ愚惷之人 – 愚者. 惷은 어리석을 준. 蠢과 同. 꿈틀대다. ㅇ臺郎顯職 –
臺郎은 상서. 顯職은 중요한 직책.

[國譯]

이전에 (東平國의) 寧陽縣 主簿(주부)가 궁궐에 와서 그곳 현령의
불법을 고발했지만 6, 7년 동안 회답을 받지 못했다고 하소연 하였
다. 그러면서 상소하기를,

「臣은 폐하의 자식이며, 폐하께서는 臣의 부친이십니다. 신이 상
소를 백 번이나 올렸지만 끝내 회답을 받지 못하였으니 그렇다면 신
이 북쪽으로 가서 흉노 선우에게 원통하다고 말해야 하겠습니까?」

황제가 大怒하면서 상소를 尙書에게 보여주자 尙書는 주부를 대
역죄로 탄핵하였다. 그러자 우후가 반박하며 말했다.

"主簿가 하소연한 것은 君父에 대한 원망이며 백 번을 말했어도

올라가지 않은 것은 有司의 잘못입니다. 어리석은 백성을 크게 나무랄 수 없습니다."

순제도 우후의 말을 받아들여 笞刑으로 끝냈다. 우후는 이에 여러 상서에게 말했다.

"小人이 원통한 일 때문에 천리를 멀다 않고 머리를 자르고 살을 그슬리며 궁궐에 와서 하소연하는데 그것을 처리해주지 않는다면 무엇이 신하의 대의이겠는가? 당신들은 부정한 관리하고만 친하고 원통한 백성하고는 원수가 되려는가?"

이 말을 들은 자는 모두 부끄러워했다. 우후는 또 건의하였다.

"상서는 매우 중요한 직책이며 높이 벼슬하려면 꼭 거쳐야 할 직분입니다. 지금 어떤 군에서는 상서를 역임한 자가 7, 8명이나 되지만 어떤 주에서는 한 사람도 없습니다. 응당 골고루 등용하여 천하 백성의 여망에 부응해야 합니다."

그 밖에 우후의 많은 건의가 채택되었다.

原文

詡好刺擧, 無所回容, 數以此忤權戚, 遂九見譴考, 三遭刑罰, 而剛正之性, 終老不屈. 永和初, 遷尙書令, 以公事去官. 朝廷思其忠, 復徵之, 會卒. 臨終, 謂其子恭曰, "吾事君直道, 行己無愧, 所悔者爲朝歌長時殺賊數百人, 其中何能不有冤者. 自此二十餘年, 家門不增一口, 斯獲罪於天也."

恭有俊才, 官至上黨太守.

| **註釋** | ○無所回容 − 回容은 법을 굽혀 용납하다.

[國譯]

虞詡(우후)는 비판과 적발을 잘했는데 법을 회피하거나 관용이 없었다. 여러 번 권위에 맞섰기에 9번 견책이나 조사를 받았고 형벌을 3번 받았지만 굳고 바른 천성은 늙어도 굽히지 않았다. (順帝) 永和 초에 尙書令이 되었지만 공무로 사직했다. 조정에서는 그의 충성심을 생각하여 다시 불렀지만 그때 죽었다. 임종에 그 아들 恭(공)에게 말했다.

"나는 直道로 事君했기에 내 행실에 부끄러움은 없었지만 다만 후회스러운 것은 내가 朝歌(조가)의 縣長이었을 때 적도 수백 명을 죽였는데 그중에 억울한 자가 어찌 없었겠는가? 그 뒤로 가문에 식구가 한 사람도 늘어나지 않았으니 아마 하늘의 벌은 받은 것이다."

虞恭(우공)도 俊才로 관직은 上黨太守이었다.

❷ 傅燮

原文

傅燮字南容, 北地靈州人也. 本字幼起, 慕南容三復白珪, 乃易字焉. 身長八尺, 有威容. 少師事太尉劉寬. 再舉孝廉. 聞所擧郡將喪, 乃弃官行服. 後爲護軍司馬, 與左中郞將皇甫嵩俱討賊張角.

| 註釋 | ○北地靈州 – 北地郡의 치소는 治所 富平縣, 今 寧夏回族自治區 북부, 黃河 東岸의 吳忠市. 靈州는 縣名. 今 山西省 북부 忻州市 관할 寧武縣. ○南容三復白珪 – 南容은 공자의 제자. 성은 南宮, 이름은 适(괄). 孔子의 조카사위. 「子謂南容, "邦有道, 不廢, 邦無道, 免於刑戮." 以其兄之子妻之.」《論語 公冶長》) '三復白珪' 는 「南容三復白圭, 孔子以其兄之子妻之.」《論語 先進》.《詩 大雅 抑》에 '白珪之玷, 尙可磨也(白珪의 티는 갈면 되지만), 斯言之玷, 不可爲也(말의 잘못을 어찌할 수도 없네).' 라고 하였는데 이 구절을 남용이 하루에 3번씩 반복했다. 이는 아주 신중했다는 뜻. 玷은 이지러질 점. ○劉寬(유관) – 25권,〈卓魯魏劉列傳〉에 立傳. ○皇甫嵩(황보숭) – 71권,〈皇甫嵩朱儁列傳〉에 立傳.

[國譯]

傅燮(부섭)의 字는 南容(남용)으로 北地郡 靈州縣 사람이다. 본래의 字는 幼起(유기)이었으나 南容의 '三復白珪' 를 흠모하여 南容으로 字를 바꾸었다. 부섭은 신장이 8척으로 위용이 있었다. 젊어 太尉인 劉寬(유관)에게 배웠다. 孝廉으로 두 번 천거 받았다. 자신을 천거했던 郡將이 죽었다는 소식을 듣고 관직을 버리고 가서 복상하였다. 뒤에 護軍司馬가 되어 中郞將 皇甫嵩(황보숭)과 함께 황건적 張角을 토벌하였다.

原文

燮素疾中官, 旣行, 因上疏曰,

「臣聞天下之禍, 不由於外, 皆興於內. 是故虞舜升朝, 先

除四凶, 然後用十六相. 明惡人不去, 則善人無由進也. 今
張角起於趙,魏, 黃巾亂於六州. 此皆釁發蕭牆, 而禍延四海
者也. 臣受戎任, 奉辭伐罪, 始到潁川, 戰無不剋. 黃巾雖盛,
不足爲廟堂憂也.

臣之所懼, 在於治水不自其源, 末流彌增其廣耳. 陛下仁
德寬容, 多所不忍, 故閹豎弄權, 忠臣不進. 誠使張角梟夷,
黃巾變服, 臣之所憂, 甫益深耳. 何者? 夫邪正之人不宜共
國, 亦猶冰炭不可同器. 彼知正人之功顯, 而危亡之兆見,
皆將巧辭飾說, 共長虛僞. 夫孝子疑於屢至, 市虎成於三夫.
若不詳察眞僞, 忠臣將復有杜郵之戮矣.

陛下宜思虞舜四罪之擧, 速行讒佞放殛之誅, 則善人思
進, 姦凶自息. 臣聞忠臣之事君, 猶孝子之事父也. 子之事
父, 焉得不盡其情? 使臣身備鈇鉞之戮, 陛下少用其言, 國
之福也.」

書奏, 宦者趙忠見而忿惡. 及破張角, 巒功多當封, 忠訴
譖之, 靈帝猶識巒言, 得不加罪, 竟亦不封, 以爲安定都尉.
以疾免.

| 註釋 | ○先除四凶 – 四凶(四罪)은 共工(공공), 驩兜(환두), 三苗(삼묘),
鯀(곤). ○張角起於趙,魏 – 황건적의 우두머리 張角(장각)은 靈帝 中平 원
년(서기 184, 甲子年)에 鉅鹿郡에서 시작하여 靑州, 徐州, 幽州, 冀州, 荊
州, 揚州, 兗州, 豫州 등 8개 주, 당시 漢의 본토 3분의 2에 해당하는 지역에
서 봉기하였다. 아래에 6州라고 한 것은 최초 봉기 지역을 언급했다. ○梟

夷 － 죄인을 잡아 죽이다. 梟는 올빼미 효. 목을 베어 매달다.　ㅇ甫益深耳
－ 甫는 클 보. 비로소, 처음으로(始也). 많다.　ㅇ冰炭不可同器 － 炭은 불
붙은 숯. 숯불.　ㅇ夫孝子疑於屢至 － 魯의 효자 曾參(증삼)의 어머니도 曾
參(사실은 同名異人)이 살인했다는 말을 연이어 3번이나 듣자 짜던 베틀
의 북(杼)을 버리고 도망갔다는 고사. 곧 계속되는 참언은 누구라도 믿게
된다는 뜻.　ㅇ市虎成於三夫 － 저잣거리에 호랑이가 나타났다는 말을 3인
이나 와서 말하면 믿게 된다는 뜻.　ㅇ杜郵之戮 － 秦 명장 白起(백기)는 應
侯(응후)와 사이가 안 좋았는데 응후의 모함에 의해 昭王은 백기를 사졸로
강등시켜 陰密(음밀)이란 곳으로 보냈다. 백기가 咸陽 서문을 나와 杜郵(두
우)란 곳에 왔을 때 소왕은 백기에게 칼을 보내 자결케 하였다.　ㅇ放殛之
誅 － 殛은 죽일 극(誅 同).　ㅇ趙忠 － 靈帝는 '張常侍(張讓)는 나의 爸爸(파
파, 아버지)이고, 趙常侍(趙忠)은 나의 媽媽(마마, 어머니)'라고 말할 정도로
환관을 존중, 총애하였다.　ㅇ安定都尉 － 安定은 군명. 治所는 臨涇縣, 今
甘肅省 동부 慶陽市 관할 鎭原縣. 安定屬國도 있었다. 都尉는 郡의 군사업
무 담당자.

[國譯]

傅燮(부섭)은 평소에 환관을 미워하였는데 황건적 토벌에 나서면
서 상소하였다.

「臣이 알기로는, 천하의 禍亂은 외부가 아니고 모두 내부에서 일
어납니다. 이 때문에 虞舜(有虞氏, 舜)은 제위에 오른 뒤 먼저 四凶
을 제거한 뒤에 16명의 相을 등용하였습니다. 惡人을 분명히 제거
하지 않으면 善人은 그 때문에 등용되지 않습니다. 지금 張角의 黃
巾賊이 옛 趙와 魏 지역 6개 州에서 일어났습니다. 이는 울타리 안
에서 틈이 벌어져서 사방으로 퍼져나간 것입니다. 臣이 진압의 임무

를 받고 반역 죄인을 토벌하러 潁川郡(영천군)에 도착하였는데 싸워 모두 이겼습니다. 황건적의 기세가 대단하다지만 조정에서 걱정할 정도는 아닙니다.

臣이 걱정하는 것은 治水를 그 근원에서 시작하지 않는다면 하류에서는 아주 넓어진다는 것입니다. 폐하께서는 仁德과 寬容을 베푸시지만 너무 너그럽기에 閹豎(엄수, 환관)가 권력을 마음대로 행사하고 그래서 충신이 조정에 들어오지 못하고 있습니다. 참으로 장각의 목을 매달고 황건 무리를 굴복시키더라도 臣의 걱정은 더욱 많아질 것입니다. 왜 그러하겠습니까? 사악한 사람과 정직한 사람은 국정에 함께 참여할 수 없으니 마치 숯불과 얼음을 한 그릇에 담을 수 없는 것과 같습니다. 사악한 자는 正人의 공이 많다는 사실을 알고 그렇게 되면 자신들이 망할 것이 분명해지기에 교묘한 말과 거짓으로 허위사실을 날조해 냅니다. 孝子에 대한 의심도 여러 번 들으면 믿게 되고 3인이 모두 그렇다면 저잣거리에도 호랑이가 출현합니다. 만약 그 眞僞(진위)를 상세히 살피지 않는다면, 忠臣은 아마 (秦 白起처럼) 杜郵(두우)에서 살육을 당할 것입니다.

폐하께서는 舜이 四罪(四凶)을 제거한 것을 본받으시어, 아첨소인배 처형을 속히 결행하신다면 善人은 등용되고 싶어 하고 흉악한 자는 저절로 없어질 것입니다. 臣이 알기로, 忠臣의 事君은 孝子의 事父와 똑같습니다. 자식이 부모를 섬길 때 어찌 그 진정을 다하지 않겠습니까? 만약 臣이 鈇鉞(부월, 도끼)로 죽임을 당할지라도 폐하께서 저의 건의를 조금이라도 받아들이신다면 나라의 복이 될 것입니다.」

상서가 들어가자 환관인 趙忠(조충)이 읽어보고서는 크게 악심을 품었다. 장각 무리가 격파된 뒤에 부섭의 공이 커 당연히 제후에 봉해져야 했지만 조충은 부섭을 참소하였는데 영제는 부섭의 충언을 생각하여 벌을 주지는 않았지만 끝내 제후로 봉하지도 않고 安定郡 도위에 임명하였다. 부섭은 질병으로 사임했다.

原文

　後拜議郞. 會西羌反, 邊章,韓遂作亂隴右, 徵發天下, 役賦無已. 司徒崔烈以爲宜弃涼州. 詔會公卿百官, 烈堅執先議. 爕厲言曰, "斬司徒, 天下乃安." 尙書郞楊贊奏爕廷辱大臣. 帝以問爕. 爕對曰,

　"昔冒頓至逆也, 樊噲爲上將, 願得十萬衆橫行匈奴中, 憤激思奮, 未失人臣之節, 顧計當從與不耳, 季布猶曰 '噲可斬也'. 今涼州天下要磨, 國家藩衛. 高祖初興, 使酈商別定隴右, 世宗拓境, 列置四郡, 議者以爲斷匈奴右臂. 今牧御失和, 使一州叛逆, 海內爲之騷動, 陛下臥不安寢. 烈爲宰相, 不念爲國思所以弭之之策, 乃欲割弃一方萬里之土, 臣竊惑之. 若使左衽之虜得居此地, 士勁甲堅, 因以爲亂, 此天下之至慮, 社稷之深憂也. 若烈不知之, 是極蔽也, 知而故言, 是不忠也."

　帝從爕議. 由是朝廷重其方格, 每公卿有缺, 爲衆議所歸.

| 註釋 |　○隴右 — 지역 명칭. 隴山의 서쪽 지역이란 뜻. 고대에는 西를

右라고 하였다. 今 甘肅省 서남부 일대 곧 六盤山 서쪽에서 黃河의 동쪽을 지칭. 후한에서 隴縣은 天水郡(漢陽郡)의 현명. 涼州刺史府의 치소. 今 甘肅省 天水市 관할 張家川 回族自治縣. 후한의 행정구역으로서 隴西郡의 치소는 狄道, 今 甘肅省 남부 定西市 관할 臨洮縣. ㅇ昔冒頓至逆也 – 冒頓 (묵독, 묵돌. 묵특, ?-前174)은 흉노 최고 통치자인 單于(선우)의 이름. 冒頓은 (mò dú 墨毒)이라는 音讀에 의거 우리말은 '묵독' 으로 표기한다. 자신의 아버지(頭曼)를 쏴 죽이고 선우의 자리에 올랐다. 漢 고조를 白登山에서 포위하여 곤경에 빠트렸던 인물. 묵독이 呂后에게 오만한 국서를 보냈을 때 여러 장수를 모아 대책을 논의했다. 그때 樊噲(번쾌)는 "10만 군사를 거느리고 흉노 선우의 영역을 橫行하겠다."고 말했고 여러 장수 또한 여후에게 아부하는 뜻으로 맞장구를 쳤다. 그때 中郎將이던 季布(계포)는 "번쾌를 죽여야 합니다. 고조께서도 30만 대군으로 포위당하는 곤욕을 치렀고 그 때 번쾌도 함께 있었습니다. 지금 어찌 10만을 가지고 흉노를 칠 수 있겠습니까!"라고 말했다. ㅇ酈商 – 漢王은 酈商(역상)에게 信成君의 작위를 내리고 장군으로 隴西都尉에 임명하여 隴右 일대를 평정케 하였다. ㅇ列置四郡 – 武帝는 武威, 酒泉, 張掖, 敦煌의 四郡을 설치하였는데 이 지역은 본래 흉노의 오른팔과 같이 중요한 지역이었다. 또 무제가 朝鮮을 정벌하고 樂浪 등 4군을 설치한 것은 흉노의 왼팔을 자른 것이라고 했다. ㅇ左衽 之虜 – 왼쪽 옷섶을 오른쪽 섶 안으로 넣음. 이민족의 옷 입는 방법. 야만인. ㅇ重其方格 – 바른 품덕을 중시하다. 方은 正也. 格은 標準.

[國譯]

뒷날 傅燮(부섭)은 議郎이 되었다. 그때 西羌(서강)이 반역하였고, 邊章(변장), 韓遂(한수) 등이 隴右(隴西)에서 반기를 들자 천하 백성의 물자를 징발하면서 부역 동원이 끝이 없었다. 司徒인 崔烈(최열)

은 涼州(양주) 일대를 포기하는 것이 좋을 것이라는 생각을 했다. 조서로 공경과 백관을 모아서 이를 논의하게 하였는데 최열은 앞서 주장을 견지하였다. 이에 부섭이 큰 소리로 말했다. "司徒를 죽여야만 천하가 안정될 것입니다." 그러자 尙書郎 楊贊(양찬)은 부섭이 조정에서 대신을 모욕했다고 상주했다. 영제가 부섭에게 이유를 묻자, 부섭이 답변하였다.

"옛날 흉노 冒頓單于(묵독선우)가 呂太后를 모욕했을 때, 樊噲(번쾌)는 上將으로 10만 군사를 거느리고 흉노 땅을 橫行하겠다면서 격한 감정으로 분발케 했으며 人臣으로서의 지조를 잃지도 않았으나 방책이 채용될 것인가를 생각지 않은 말이었기에 계포는 '번쾌를 죽여야 합니다.' 라고 말했습니다. 지금 涼州 지역은 천하의 요지이며 나라의 울타리입니다. 高祖께서 건국하시면서 酈商(역상)을 보내 별도로 隴右(농우) 지역을 안정시켰으며 世宗(武帝)께서 국경을 넓혀 그 지역에 처음으로 四郡을 설치하였는데 이를 두고 많은 사람들이 흉노의 오른팔을 잘랐다고 평가했었습니다. 지금 지방관이 백성을 잘 다스리지 못하여 一州가 반역했고 그 때문에 海內가 소란스러워 폐하께서는 편히 쉴 수도 없게 되었습니다. 최열은 재상으로서 나라를 위하여 어떻게 평정할 방책을 생각하지 않고 일만 리 강토를 잘라버리려 하니 臣의 생각으로 도저히 이해할 수가 없습니다. 만약 옷깃을 왼쪽으로 여미는 야만인들이 그 땅을 차지하게 된다면 강한 군사와 무력으로 반란을 계속할 것이니, 이는 천하의 큰 환란이며 사직에 심대한 걱정거리가 될 것입니다. 만약 최열이 이를 몰랐다면 아주 멍청한 소견이며 알고도 고의로 말했다면 이는 不忠입니다."

영제는 부섭의 주장을 따랐다. 이로써 조정에서는 부섭의 올바른 품격을 중시하였고 공경의 자리가 공석일 때마다 부섭은 여러 사람의 추천대상이 되었다.

原文

頃之, 趙忠爲車騎將軍, 詔忠論討黃巾之功, 執金吾甄擧等謂忠曰, "傅南容前在東軍, 有功不侯, 故天下失望. 今將軍親當重任, 宜進賢理屈, 以副衆心." 忠納其言, 遣弟城門校尉延致殷勤. 延謂燮曰, "南容少答我常侍, 萬戶侯不足得也."

燮正色拒之曰, "遇與不遇, 命也, 有功不論, 時也. 傅燮豈求私賞哉!" 忠愈懷恨, 然憚其名, 不敢害. 權貴亦多疾之, 是以不得留, 出爲漢陽太守.

| 註釋 | ○殷勤 − 정이 깊다(慇懃). 간절한 듯(衷情). 관심을 보이다. ○漢陽太守 − 漢陽郡 치소는 冀縣, 今 甘肅省 天水市 관할의 甘谷縣.

[國譯]

얼마 뒤, 趙忠(조충)은 車騎將軍이 되었고 황건적 토벌의 공을 評定하라는 명을 받았는데, 執金吾인 甄擧(견거) 등이 조충에게 말했다.

"傅南容(傅燮)이 앞서 東軍을 거느리고 공을 세웠으나 제후가 되지 못했기에 천하가 실망하였습니다. 이번에 장군께서 친히 중임을 맡았으니 현인을 발굴하고 그간 원망을 풀어주면 백성의 기대에 부응할 수 있습니다."

조충은 그 건의를 수용하고 동생인 城門校尉 趙延(조연)을 보내 뜻을 전했다. 그러면서 조연이 부섭에게 말했다.

"南容께서 나를 常侍로 추천해 준다면 萬戶의 제후는 걱정 없을 것입니다."

그러자 부섭이 정색을 하고 거절하였다.

"높이 등용되느냐 안 되느냐는 命이며, 공을 세웠어도 인정을 못 받는다면 運이요. 나 부섭이 어찌 私的 포상을 받을 수 있겠는가!"

조충은 더욱 악감을 품었지만 부섭의 명성을 꺼려 감히 해칠 수 없었다. 부섭은 다른 權貴들의 질시를 받아 중앙에 근무하지 못하고 漢陽太守로 나갔다.

■原文

初, 郡將范津明知人, 擧爕孝廉. 及津爲漢陽, 與爕交代, 合符而去, 鄕邦榮之. 津字文淵, 南陽人. 爕善恤人, 叛羌懷 其恩化, 並來降附, 乃廣開屯田, 列置四十餘營.

時刺史耿鄙委任治中程球, 球爲通姦利, 士人怨之. 中平 四年, 鄙率六郡兵討金城賊王國, 韓遂等. 爕知鄙失衆, 必 敗, 諫曰,

"使君統政日淺, 人未知敎. 孔子曰, '不敎人戰, 是謂弃 之.' 今率不習之人, 越大隴之阻, 將十擧十危. 而賊聞大軍 將至, 必萬人一心. 邊兵多勇, 其鋒難當, 而新合之衆, 上下

未和, 萬一內變, 雖悔無及. 不若息軍養德, 明賞必罰. 賊得
寬挺, 必謂我怯, 群惡爭勢, 其離可必. 然後率已敎之人, 討
已離之賊, 其功可坐而待也. 今不爲萬全之福, 而就必危之
禍, 竊爲使君不取."

　<u>鄗</u>不從. 行至<u>狄道</u>, 果有反者, 先殺<u>程球</u>, 次害<u>鄗</u>, 賊遂進
圍<u>漢陽</u>. 城中兵少糧盡, <u>燮</u>猶固守.

| 註釋 | ○委任治中程球 － 治中은 刺史의 속관인 治中從事의 약칭. 자
사의 심복. 소속 관리 선임과 문서 담당. 자사가 임명. ○使君 － 漢代 刺史
의 별칭. 황제의 명을 받은 使者. ○不敎人戰, 是謂弃之 － '不敎而殺을 謂
之虐.'《論語 堯曰》의 변형. ○賊得寬挺 － 挺은 너그러울 정(解也), 뽑을
정. ○狄道 － 道는 縣級 행정 단위. 한족과 이민족의 혼합 거주지. 狄道는
隴西郡의 治所, 今 甘肅省 定西市 관할 臨洮縣. 狄은 북방오랑캐 적. 대체
로 흉노를 지칭.

[國譯]

　그전에, 郡將이던 范津(범율)은 사람을 잘 보았는데, 부섭을 효렴
으로 천거했었다. 범율이 한양태수가 되었는데 이번에 부섭과 교대
하면서 부절을 맞춰 확인한 뒤에 떠나가자 그곳 사람들도 영광으로
생각했다. 범율의 字는 文淵(문연)으로 南陽 사람이었다.

　부섭은 백성 구휼에 열심이었는데 배반했던 강족도 그 은덕에 감
화되어 많은 사람이 투항하고 귀부하였고, 부섭은 屯田(둔전)을 확장
하고 40여 군영을 설치하였다.

　그때 涼州刺史인 耿鄗(경비)는 程球(정구)에게 업무를 위임하고 있

었는데 정구는 불법과 부정에 능통하여 士人의 원망을 사고 있었다. (영제) 中平 4년(서기 187), 경비는 산하 6개 군의 군사를 동원하여 金城郡의 도적 무리인 王國(왕국)과 韓遂(한수) 등을 토벌하였다. 부섭은 경비가 민심을 잃어 필패할 것이라 예상하여 경비에게 충고하였다.

"자사께서는 업무를 담당한 지가 日淺하여 백성들이 아직 교화를 모를 것입니다. 孔子도 '백성을 가르치지 않고 싸우게 하는 것은 백성을 버리는 것'이라고 하였습니다. 지금 전투에 서투른 전사를 거느리고 험고한 隴山을 넘어야 하니, 앞으로 열 가지 일에 열 가지 위험이 있을 것입니다. 그리고 대군이 온다는 소식을 들은 적은 틀림없이 모두가 한마음이 될 것입니다. 변방의 적도는 용감하여 그 예봉을 감당하기 쉽지 않을 것이고, 우리의 신병은 상하를 아직 잘 모르기에 만일 내부에서 변란이라도 일어난다면 후회막급일 것입니다. 군사를 쉬게 하면서 덕을 베풀고 신상필벌을 확실히 하는 것이 우선입니다. 적을 느슨하게 대하면 그들은 우리가 겁을 먹었다 생각하며 여러 무리들은 세력을 다투며 틀림없이 분열할 것입니다. 그런 연후에 우리의 훈련된 군사를 거느려 흩어진 적을 토벌한다면 성공을 기대할 수 있습니다. 지금 만전의 대책을 강구하지 않는다면 틀림없이 위기의 환난을 겪을 것인데 자사께서 내 말을 받아들이지 않을까 걱정이 됩니다."

耿鄙(경비)는 부섭의 충고를 따르지 않았다. 행군하여 狄道(적도)에 왔을 때, 예상했던 대로 반역자가 있어 먼저 程球(정구)를 죽이고 다음에 경비를 살해했으며 적도는 진격하여 漢陽郡을 포위하였다. 城中에 군사도 적고 군량이 바닥났지만 부섭은 성을 굳게 지켰다.

時北地胡騎數千隨賊攻郡, 皆夙懷爕恩, 共於城外叩頭, 求送爕歸鄉里. 子幹年十三, 從在官舍. 知爕性剛, 有高義, 恐不能屈志以免, 進諫曰,

"國家昏亂, 遂令大人不容於朝. 今天下已叛, 而兵不足自守, 鄉里羌胡先被恩德, 欲令弃郡而歸, 願必許之. 徐至鄉里, 率厲義徒, 見有道而輔之, 以濟天下."

言未終, 爕慨然而歎, 呼幹小字曰, "別成, 汝知吾必死邪? 蓋'聖達節, 次守節'. 且殷紂之暴, 伯夷不食周粟而死, 仲尼稱其賢. 今朝廷不甚殷紂, 吾德亦豈絶伯夷? 世亂不能養浩然之志, 食祿又欲避其難乎? 吾行何之, 必死於此. 汝有才智, 勉之勉之. 主簿楊會, 吾之程嬰也."

幹哽咽不能復言, 左右皆泣下. 王國使故酒泉太守黃衍說爕曰, "成敗之事, 已可知矣. 先起, 上有霸王之業, 下成伊呂之勳. 天下非復漢有, 府君寧有意爲吾屬師乎?" 爕案劍叱衍曰, "若剖符之臣, 反爲賊說邪!" 遂麾左右進兵, 臨陣戰歿. 諡曰壯節侯.

幹知名, 位至扶風太守.

| 註釋 | ○送爕歸鄉里 – 부섭은 본래 北地郡 출신이라 鄉里라고 말했다. ○'聖達節, 次守節' – '지조를 성취하는 것(達節)이 가장 훌륭하고(聖), 지조를 지키는 것(守節)은 그 다음이고(次), 지조를 잃는 것(失節)이 가장 하등이다.' ○仲尼稱其賢 –「子貢問曰, "伯夷, 叔齊何人也?" 孔子曰,

"古之賢人也."《論語 述而》. ○不能養浩然之志 -「"敢問夫子 惡乎長?"
曰, "我知言, 我善養吾浩然之氣."《孟子, 公孫丑章句 上》. ○程嬰(정영) -
趙武(조무)는 춘추시대 晋의 正卿이다. 유복자로 태어난 조무는 程嬰(정영)
과 公孫杵臼(공손저구)의 도움으로 목숨을 건지고 장성할 수 있었다. ○哽
咽 - 哽은 목멜 경. 咽은 목구멍 인. ○吾屬師乎 - 師는 지도자.

[國譯]

그때 北地郡의 흉노 기병 수천 명이 적도를 따라 漢陽郡을 공격
하였는데, 그들은 일찍이 傅燮(부섭)의 은덕을 입었기에 모두가 성
밖에서 머리를 숙이며 부섭을 향리로 보내주겠다고 말했다. 부섭의
아들 傅幹(부간)은 나이 13살이었는데 부친을 따라 관사에 머물고
있었다. 부간은 부친이 강직하고 높은 의기가 있기에 뜻을 굽혀 위
기를 면하지 못할 줄 예상하고 부친에게 말했다.

"국가가 혼란하여 아버님께서는 조정에서 인정도 못 받으셨습니
다. 지금 천하가 모두 배반하였고 군사가 부족하여 郡을 지킬 수도
없습니다. 고향의 羌胡가 예전 은덕 때문에 여기를 버리고 돌아갈
수 있도록 돕겠다고 하니 꼭 허락해 주십시오. 일단 향리에 돌아간
다음 다시 의리의 무리를 격려하면서 정도로 보필하여 천하를 구제
할 수 있을 것입니다."

부간의 말이 끝나기 전에 부섭은 강개하여 크게 탄식하며 아들의
兒名을 부르며 말했다.

"別成(별성)아, 너는 내가 꼭 죽을 것 같으냐? 대체로 '지조를 성
취하는 것이 가장 훌륭하고, 守節은 그 다음'이라고 한다. 또 殷 紂
王(주왕)의 폭정에, 伯夷(백이)가 周(주)의 곡식을 먹지 않다가 죽은
것에 대하여 공자도 현명하다고 말했다. 지금 朝廷이 殷 주왕만큼

심하지도 않은데, 내가 백이의 지조를 버릴 것 같으냐? 세상이 혼란
하여 浩然之志(호연지지)를 기를 수도 없다면, 國祿을 받으면서 나라
의 환난을 외면할 수 있겠느냐? 내가 어디를 가겠느냐? 꼭 여기서
죽을 것이다. 너는 재주가 있으니 힘쓰고 노력하여라. 主簿(주부)인
楊會(양회)는 나의 程嬰(정영)이다.(너를 지켜줄 것이다)"

부간은 목이 메어 더 이상 말을 할 수 없었고 좌우에서 모두 눈물
을 흘렸다. (반란의 두목) 王國(왕국)은 전직 酒泉太守 黃衍(황연)을
보내 부섭을 설득하였다.

"일의 성패는 이미 판가름 났습니다. 먼저 일어나면 霸王의 대업
을 이루거나 아니면 伊尹이나 呂尙 같은 공신이 될 수 있습니다. 천
하는 이제 다시 漢의 차지가 아니니, 태수께서는 차라리 우리와 지
도자가 되지 않겠습니까?"

그러자 부섭은 칼을 뽑아들고 황연을 꾸짖었다.

"당신은 부절을 나눠 받았던 신하였는데 도리어 적을 위해 나를
설득하려는가!"

부섭은 측근과 함께 군사를 지휘하여 전투 중에 죽었다. 시호는
壯節侯(장절후)였다.

아들 傅幹(부간)도 이름이 났는데 관직은 右扶風 태수였다.

❸ 蓋勳

| 原文 |

蓋勳字元固, 敦煌廣至人也. 家世二千石. 初擧孝廉, 爲

漢陽長史.

時武威太守倚恃權勢, 恣行貪橫, 從事武都蘇正和案致其
罪. 涼州刺史梁鵠畏懼貴戚, 欲殺正和以免其負, 乃訪之於
勳. 勳素與正和有仇, 或勸勳可因此報隙. 勳曰, "不可. 謀
事殺良, 非忠也, 乘人之危, 非仁也." 乃諫鵠曰, "夫繼食鷹
鳶欲其鷙, 鷙而亨之, 將何用哉?" 鵠從其言. 正和喜於得免,
而詣勳求謝. 勳不見, 曰, "吾爲梁使君謀, 不爲蘇正和也."
怨之如初.

| 註釋 | ○敦煌廣至 − 敦煌郡의 치소는 敦煌縣, 今 甘肅省 酒泉市 관할
敦煌市. 甘肅省 서북 끝. 廣至縣은 今 甘肅省 서북부 酒泉市 관할 安西縣.
○長史 − 丞相, 太尉, 公, 將軍, 太守의 속관, 태수의 속관은 군사에 관한 일
담당. 질록 6백석~1천석. ○夫繼食鷹鳶欲其鷙 − 繼는 고삐 설. 잡아매다
(繫也). 묶어놓다. 鷹鳶(응연)은 솔개. 사냥매. 鷙는 맹금 지. 공격하다. 잡
다(執也).

[國譯]

　蓋勳(개훈)의 字는 元固(원고)로 敦煌郡 廣至縣 사람이다. 대대로
이천석 가문이었다. 처음에 효렴으로 천거되어 漢陽郡의 長史가 되
었다. 그때 武威 太守는 권세를 믿고 멋대로 탐학과 불법을 자행하
였는데, 태수의 從事인 武都郡 출신 蘇正和(소정화)는 그 죄상을 고
발하였다. 涼州 자사인 梁鵠(양곡)은 권세가가 두려워 소정화를 죽
여 그 감독 책임을 면하려는 생각을 가지고 개훈을 찾아왔다. 개훈
은 평소에 소정화와 원수 관계였는데, 어떤 사람은 개훈에게 이 기

회를 이용하여 복수하라고 권했다. 그러자 개훈이 말했다.

"안 됩니다. 현량한 사람을 죽이려는 계획은 불충이며 남의 위기를 이용하는 것도 仁義가 아닙니다." 그리고서는 양곡에게 말했다.

"사냥매를 묶어놓고 기르는 것은 사냥을 하려는 뜻인데 삶아 먹는다면 무슨 소용이 있겠습니까?"

양곡은 그 뜻을 따랐다. 소정화는 죽다가 살아났기에 기뻐하며 개훈을 찾아와 사죄하려고 했다. 그러나 개훈은 만나지 않으면서 말했다. "나는 梁태수를 위한 뜻이었지, 소정화를 살리려는 모사가 아니었다." 그러면서 전처럼 원수로 여겼다.

原文

中平元年, 北地羌胡與邊章等寇亂隴右, 刺史左昌因軍興斷盜數千萬. 勳固諫, 昌怒, 乃使勳別屯阿陽以拒賊鋒, 欲因軍事罪之, 而勳數有戰功. 邊章等遂攻金城, 殺郡守陳懿, 勳勸昌救之, 不從. 邊章等進圍昌於冀, 昌懼而召勳. 勳初與從事辛曾, 孔常俱屯阿陽, 及昌檄到, 曾等疑不肯赴. 勳怒曰, "昔莊賈後期, 穰苴奮劍. 今之從事, 豈重於古之監軍哉!" 曾等懼而從之. 勳卽率兵救昌. 到, 乃誚讓章等, 責以背叛之罪. 皆曰, "左使君若早從君言, 以兵臨我, 庶可自改. 今罪已重, 不得降也." 乃解圍而去. 昌坐斷盜徵, 以扶風宋梟代之.

梟患多寇叛, 謂勳曰, "涼州寡於學術, 故屢致反暴. 今欲多寫《孝經》, 令家家習之, 庶或使人知義."

勳諫曰, "昔太公封齊, 崔杼殺君. 伯禽侯魯, 慶父篡位. 此二國豈乏學者? 今不急靜難之術, 遽爲非常之事, 旣足結怨一州, 又當取笑朝廷, 勳不知其可也."

梟不從, 遂奏行之. 果被詔書詰責, 坐以虛慢徵.

時叛羌圍護羌校尉夏育於畜官, 勳與州郡合兵救育, 至狐盤, 爲羌所破. 勳收餘衆百餘人, 爲魚麗之陳. 羌精騎夾攻之急, 士卒多死. 勳被三創, 堅不動, 乃指木表曰, "必屍我於此." 句就種羌滇吾 素爲勳所厚, 乃以兵扞衆曰, "蓋長史賢人, 汝曹殺之者爲負天." 勳仰罵曰, "死反虜, 汝何知? 促來殺我!" 衆相視而驚. 滇吾下馬與勳, 勳不肯上, 遂爲賊所執. 羌戎服其義勇, 不敢加害, 送還漢陽. 後刺史楊雍卽表勳領漢陽太守. 時人饑, 相漁食, 勳調穀稟之, 先出家糧以率衆, 存活者千餘人.

| 註釋 | ○因軍興斷盜數千萬 – 軍興(군흥)은 軍에서 필요한 인력이나 물자를 징발하거나 조달하는 것. 斷은 중간에서 자르다. 착복하다. ○阿陽(아양) – 漢陽郡의 현명. 今 甘肅省 동부 平涼市 관할의 靜寧縣. ○昔莊賈後期, 穰苴奮劍 – 齊 景公 때 燕과 晉이 齊에 침입하자, 景公은 司馬穰苴(사마양저)를 장수로 삼아 방어하게 하면서 寵臣 莊賈(장가)를 시켜 監軍하게 하였다. 장가는 사마양저와 새벽에 회동하기로 약속했는데 장가는 평소에 교만하여 저녁 때 나타났다. 이에 사마양저가 軍正을 불러 물었다. "軍法에 기일을 정하고 늦은 자는 어찌해야 하는가?" 그러자 군정은 '당연히 참

수' 해야 한다고 했다. 사마양저는 장가를 참수하였다. ○伯禽侯魯, 慶父簒位 – 崔杼(최저)는 齊의 大夫. 齊의 莊公이 먼저 최저의 妻와 通情하자 최저가 장공을 시해했다. 慶父(경보)는 魯 莊公의 동생, 莊公의 아들 開(개)가 즉위하니, 이가 愍公(민공)인데 경보는 민공을 습격 살해하였다. ○畜官(축관) – 右扶風의 목축하는 곳. 군마를 기르는 목축장이 곳곳에 있었다. ○魚麗之陳 – ∧형태의 군진. 陳은 陣. 魚麗(어려)는 물고기를 엮다. 잡아매다. 麗는 빛날 려(여). 잡아매다. ○漁食 – 남의 것을 빼앗아 먹다.

[國譯]

　(靈帝) 中平 원년, 北地郡의 강족들이 邊章(변장) 등과 같이 隴右(농우) 일대를 노략질하자 (涼州) 刺史 左昌(좌창)은 군수물자 조달을 핑계로 중간에서 수천만 전을 도둑질했다. 蓋勳(개훈) 등이 계속 간언을 했지만 좌창은 화를 내면서 개훈으로 하여금 별도 부대를 거느리고 阿陽縣(아양현)에 주둔하여 적의 선봉을 막아내게 하여 군사적으로 징벌하려 했지만 개훈은 여러 번 전공을 거두었다. (賊徒) 邊章(변장) 등이 金城郡을 공격하여 군수 陳懿(진의)를 살해하자, 개훈은 좌창에게 금성군을 구원해야 한다고 건의하였으나 좌창은 따르지 않았다. 변장 등이 진격하여 좌창을 冀縣(기현)에서 포위하자, 좌창은 두려워하며 개훈을 불러들였다. 개훈은 그전에 從事인 辛曾(신증), 孔常(공상)과 함께 아양현에 주둔하고 있었는데, 좌창의 격문이 도착하자 신증 등은 의심하며 나아가려 하지 않았다.

　이에 개훈이 화를 내며 말했다.

　"옛날 (齊의) 莊賈(장가)가 시간에 늦자 司馬穰苴(사마양저)는 칼로 참수했다. 지금 종사가 어찌 옛날의 監軍(莊賈)보다 더 높은 사람이겠나!"

신중 등은 두려워 따랐다. 개훈은 즉시 군사를 거느리고 좌창을 구원하러 갔다. 개훈이 도착하여 변장 등의 죄를 따지며 나라를 배반한 죄를 문책하였다. 그러자 모두가 말했다.

"左 자사가 만약 처음부터 당신의 말을 따라 군사를 보내 우리를 지원했다면 우리도 스스로 뉘우쳤을 것입니다. 그러나 지금은 이미 죄가 너무 무거워 투항도 못하겠습니다."

그러면서 포위를 풀고 떠나갔다. 좌창은 부정 착복에 연좌되어 소환 당했고 右扶風 출신의 宋梟(송효)가 涼州 자사가 되었다. 宋梟(송효)는 도적의 배반이 많은 것을 걱정하며 개훈에게 말했다.

"涼州 일대에는 학문을 하는 사람이 적어서 자주 반란이나 폭동이 일어납니다. 지금 《孝經》을 많이 필사하여 집집마다 익히게 하여 백성에게 대의를 깨우쳐야 합니다."

그러자 개훈이 충언을 올렸다.

"옛날에 太公을 齊에 봉했지만 (齊의) 崔杼(최저)는 주군을 시해하였습니다. 또 伯禽(백금)을 魯에 제후로 보냈지만 慶父(경보)는 篡位(찬위)했습니다. 이 두 나라가 어찌 학자가 부족했습니까? 지금 반란 진압 방책으로 시급하지 않은 일을 갑자기 추진한다면 涼州의 비난뿐만 아니라 조정의 비웃음을 살 것이니 저로서는 합당하다고 생각할 수 없습니다."

그러나 송효는 따르지 않고 시행하겠다고 상주하였다. 그러나 예상대로 힐책하는 조서가 내려왔고 부실 태만한 죄로 소환을 당했다.

그때 반란을 일으킨 강족이 護羌校尉 夏育(하육)을 畜官(축관)에서 포위하였는데, 개훈과 주군의 군사가 함께 하육을 구원하여 狐盤(호반)이란 곳에 왔지만 강족에게 다시 격파 당했다. 개훈은 잔여 병력

1백여 명을 거느리고 魚麗(어려)의 陣을 구축하였다. 강족의 정예기병이 맹렬하게 협공하였고 사졸이 많이 죽었다. 개훈도 3군데 상처를 입었지만 끝까지 버티면서 표지가 될 만한 나무를 가르치며 "나를 여기에 묻어다오."라고 말했다. 句就(구취) 부족의 강족인 滇吾(전오)는 평소에 개훈과 안면이 있었는데 병기로 일족의 무리를 막으면서 말했다. "蓋長史(개장사)는 賢人이니 너희들이 죽인다면 하늘의 벌을 받을 것이다."

그러자 개훈이 전오를 바라보며 욕을 하였다.

"反虜 자식아, 네가 나를 어찌 알겠느냐? 빨리 와서 나를 죽여라!"

여러 사람이 모두 놀라 바라보았다. 전오는 말에서 내려 말을 개훈에게 주었으나 개훈은 말을 타려 하지 않았고 결국 강족에게 사로잡혔다. 강족은 개훈의 義勇에 놀라 감히 위해를 가하지 못하고 한양군으로 돌려보냈다. 뒷날 刺史인 楊雍(양옹)은 즉시 표문을 올려 개훈을 임시 漢陽太守로 임명하였다. 그때 백성들은 크게 굶주려 서로 먹을 것을 빼앗아 먹었다. 개훈을 식량을 풀어 구제하면서 집안의 양식을 먼저 내어 모범을 보였는데, 이에 살아난 자가 1천여 명이나 되었다.

原文

後去官, 徵拜討虜校尉. 靈帝召見, 問, "天下何苦而反亂如此? 勳曰, "幸臣子弟擾之." 時宦者上軍校尉蹇碩在坐, 帝顧問碩, 碩懼, 不知所對, 而以此恨勳. 帝又謂勳曰, "吾已陳師於平樂觀, 多出中藏財物以餌士, 何如?" 勳曰, "臣

聞 '先王耀德不觀兵.' 今寇在遠而設近陳, 不足昭果毅, 祇
黷武耳." 帝曰, "善. 恨見君晚, 群臣初無是言也."

| 註釋 | ○蹇碩 – 蹇은 다리를 절 건. 성씨. 《三國演義》에 등장하는 '十
常侍'의 한 사람. ○中藏財物以餌士 – 中藏은 內藏. 궁중 소유의 재물. 餌
는 먹이 이. 먹다. 즐기다. ○祇黷武耳 – 祇는 다만 지. 땅 귀신 기. 黷은
더럽힐 독.

[國譯]

뒤에 사직했다가 부름을 받아 討虜校尉가 되었다. 靈帝가 불러
만나서 물었다. "백성이 얼마나 힘들기에 반란이 어찌 이리 많은
가?" 이에 개훈이 말했다.

"이렇게 된 것은 幸臣(행신) 자제의 농간입니다." 그때 환관인 上
軍校尉 蹇碩(건석)이 그 자리에 있었는데, 영제가 건석을 보고 물었
지만 건석은 두려워하며 어찌 대답할 줄 몰랐으나, 이때부터 건석은
개훈에게 원한을 품었다. 영제가 다시 개훈에게 말했다.

"짐이 平樂觀(평락관)에서 군사를 사열하였는데 궁중 재물을 풀어
군사를 잔치하려는데 어떻겠는가?"

이에 개관이 말했다.

"臣이 알기로는, '先王은 덕을 밝게 내 보일 뿐, 무력을 자랑하지
않는다.' 고 하였습니다. 지금 적은 먼 곳에 있는데 가까운 곳의 군
영에서는 굳세고 과감한 무력의 과시가 아니라, 다만 무력을 남용하
는 것입니다."

영제가 말했다. "옳다. 경을 늦게 만나 한스러우니 여러 신하 중

이런 말은 처음이다."

原文

勳時與宗正劉虞,佐軍校尉袁紹同典禁兵. 勳謂虞,紹曰,
"吾仍見上, 上甚聰明, 但擁蔽於左右耳. 若共並力誅嬖倖,
然後徵拔英俊, 以興漢室, 功遂身退, 豈不快乎!"

虞,紹亦素有謀, 因相連結, 未及發, 而司隷校尉張溫擧勳
爲京兆尹. 帝方欲延接勳, 而蹇碩等心憚之, 並勸從溫奏,
遂拜京兆尹.

時長安令楊黨, 父爲中常侍, 恃勢貪放, 勳案得其臧千餘
萬. 貴戚咸爲之請, 勳不聽, 具以事聞, 並連黨父, 有詔窮案,
威震京師. 時小黃門京兆高望爲尙藥監, 幸於皇太子, 太子
因蹇碩屬望子進爲孝廉, 勳不肯用. 或曰, "皇太子副主, 望
其所愛, 碩帝之寵臣. 而子違之, 所謂三怨成府者也." 勳曰,
"選賢所以報國也. 非賢不擧, 死亦何悔!" 勳雖在外, 每軍
國密事, 帝常手詔問之. 數加賞賜, 甚見親信, 在朝臣右.

| 註釋 | ○典禁兵 – 禁衛(宿衛)의 군사를 통솔하다. ○袁紹(원소, 153 –
202) – 字 本初, 後漢末 割據勢力의 하나. 전성기에 冀州, 幽州, 幷州, 靑州
등을 장악. 한때 가장 강성했으나 官渡之戰에서 曹操(조조)에게 패배 후 곧
울분으로 사망. 사람이 優柔寡斷하고 外寬內忌한 작은 그릇이었다. 74권,
〈袁紹劉表列傳〉에 입전. ○三怨成府者也 – 成府는 成聚(성취), 모이다. 모

여 하나가 되다. 府는 聚(모일 취)의 뜻.

[國譯]

蓋勳(개훈)은 그때 宗正인 劉虞(유우), 佐軍校尉 袁紹(원소)와 함께 禁衛의 군사를 관장하고 있었다. 개훈이 유우와 원소에게 말했다.

"내가 그동안 폐하를 만나보니 매우 총명하시나 다만 측근에 의해 완전 막혀 있습니다. 만약 우리가 힘을 합쳐 아첨하는 소인배를 주살한 뒤에 뛰어난 인재를 뽑아 漢室을 부흥하는 공을 이루고 물러난다면 이 어찌 아름답지 않겠습니까?"

유우와 원소 역시 평소에 그런 뜻이 있어 서로 맺어졌는데 실천하기도 전에 司隸校尉 張溫(장온)이 개훈을 京兆尹으로 천거하였다. 영제가 막 개훈을 불러 만날 때, 환관 건석 등은 마음으로 꺼려하며 애써 장온의 상주를 올리며 권유하자 개훈을 경조윤에 임명하였다.

그때 長安 현령 楊黨(양당)은 그 부친이 中常侍였는데 그 권세를 믿고 탐욕방자하자, 개훈은 이를 조사하여 1천만 전을 착복한 사실을 밝혀냈다. 당시 여러 귀척들이 양당을 위해 선처를 부탁했지만 개훈은 따르지 않았으며 모든 증거를 보고하자 양당의 부친까지 연관이 되었고, 조서로 사안을 철저히 조사하자 그 위세가 경사에 진동하였다.

그때 小黃門인 京兆 사람 高望(고망)은 尙藥監(상약감)으로 황태자의 총애를 받고 있었는데, 태자가 건석을 통하여 고망의 아들 高進(고진)을 효렴으로 천거하게 하였지만 개훈은 수락하지 않았다. 어떤 사람이 말했다.

"皇太子는 副主이시며 고망은 황태자의 총애를 받고 있으며 건석은 황제의 寵臣(총신)입니다. 그런데 당신이 그 뜻을 어긴다면 세 곳에서 원망을 듣게 됩니다."

이에 개훈이 말했다. "賢士를 선발하는 것으로 報國해야 합니다. 현인이 아니라서 천거하지 않는 것이니 죽은들 무슨 후회가 있겠습니까!"

개훈이 비록 지방관이었지만 軍國大事에 관하여 영제는 늘 직접 조서를 써서 보내 개훈에게 물었다. 여러 번 특별한 상을 하사하며 매우 신임하였으니 중앙의 朝臣보다 더 중시하였다.

原文

及帝崩, 董卓廢少帝, 殺何太后, 勳與書曰, 「昔伊尹, 霍光權以立功, 猶可寒心, 足下小醜, 何以終此? 賀者在門, 吊者在廬, 可不愼哉!」

卓得書, 意甚憚之. 徵爲議郎. 時左將軍皇甫嵩精兵三萬屯扶風, 勳密相要結, 將以討卓. 會嵩亦被徵, 勳以衆弱不能獨立, 遂並還京師. 自公卿以下, 莫不卑下於卓, 唯勳長揖爭禮, 見者皆爲失色.

卓問司徒王允曰, "欲得快司隸校尉, 誰可作者?" 允曰, "唯有蓋京兆耳." 卓曰, "此人明智有餘, 然不可假以雄職." 乃以爲越騎校尉. 卓又不欲令久典禁兵, 復出爲潁川太守. 未及至郡, 徵還京師. 時河南尹朱鑴爲卓陳軍事. 卓折鑴曰, "我百戰百勝, 決之於心, 卿勿妄說, 且汚我刀." 勳曰, "昔武丁之明, 猶求箴諫, 況如卿者, 而欲杜人之口乎?" 卓曰, "戲之耳." 勳曰, "不聞怒言可以爲戲?" 卓乃謝鑷.

勳雖强直不屈, 而內厭於卓, 不得意, 疽發背卒, 時年五十一. 遺令勿受卓賻贈. 卓欲外示寬容, 表賜東園祕器贈襚, 送之如禮. 葬於安陵.

子順, 官至永陽太守.

| 註釋 | ○及帝崩, 董卓廢少帝 - 中平 6년(서기 189) 4월, 靈帝가 南宮의 嘉德殿(가덕전)에서 34세로 붕어했다. 皇子인 辯(변)이 17세에 황제로 즉위(少帝, 弘農王으로 강등). 皇弟인 協(협)을 渤海王(발해왕)으로 책봉하였다. ○賀者在門 ~ - 禍福은 언제나 함께 있으며, 어느 문이 禍門이며 福門인줄 알 수 없다는 뜻. ○王允(왕윤) - 董卓을 刺殺하였지만 名士 蔡邕(채옹)도 죽여 민심을 잃었다. 동탁 잔당에게 왕윤은 피살되었고, 關中이 대혼란에 빠짐. 《三國演義》에서는 貂蟬(초선)의 義父, 貂蟬은 呂布와 董卓의 反目을 유발, 呂布가 董卓을 살해. 초선은 소설 속의 가공인물이다. 66권, 〈陳王列傳〉에 입전. ○武丁 - 殷王 高宗. ○猶求箴諫 - 箴諫(잠간)은 훈계하는 충고. 箴은 바늘 잠. 경계하다. ○東園祕器 - 東園은 少府 소속으로 능묘 내의 기물이나 葬具를 만드는 부서. ○安陵 - 前漢 惠帝의 陵. ○永陽 - 獻帝 初平 4년에 漢陽郡을 분할하여 설치한 군, 建安 19년 폐지. 22년 존속, 治所 미상.

[國譯]

영제가 붕어하였고 董卓(동탁)은 少帝(劉辯)을 폐위하였으며 何太后를 살해했는데, 蓋勳(개훈)이 동탁에게 서신을 보내 말했다.

"옛날에 伊尹(이윤)과 霍光(곽광)은 권력을 장악하여 공을 세웠지만 그래도 寒心하다고 하였는데 足下는 변변치 못한 무장으로 어찌 이런 일을 저지르는가? 치하할 사람은 문 밖에 있고 슬퍼할 사람은 방안에 있다는 말도 있으니 조심하지 않을 수 있겠는가!"

동탁은 서신을 받고 마음속으로 매우 싫어했다. 개훈은 다시 부름을 받아 의랑이 되었다. 그때 左將軍 皇甫嵩(황보숭)은 精兵 3만을 거느리고 右扶風에 주둔하고 있었는데 개훈은 몰래 황보숭과 연결하여 동탁을 제거하려고 하였다. 그러나 마침 황보숭이 조정의 부름을 받았고 개훈은 혼자 결행할 수도 없었는데 마침 낙양으로 돌아왔다. 공경 이하 모든 臣僚가 동탁에게 몸을 낮추지 않는 사람이 없었지만 개훈만은 揖(읍)을 하며 대등한 예를 취하니 이를 본 사람들은 놀라 얼굴이 질렸다.

동탁이 司徒 王允(왕윤)에게 물었다. "司隷校尉를 빨리 찾아야 하겠는데 누가 좋을 것 같소?" 왕윤은 "오직 蓋京兆(蓋勳)뿐이요"라고 말했다. 그러자 동탁은 "그 사람은 지혜가 넘치지만 요직을 감당할 수 없을 것이요." 그리고서는 개훈을 越騎校尉에 임명하였다. 동탁은 개훈이 금위병을 오래 지휘하는 것을 싫어하여 곧 潁川 太守로 발령냈다. 그러나 개훈이 영천에 도착하기도 전에 다시 낙양으로 불러들였다.

그때 河南尹인 朱鑴(주이)는 동탁에게 군사 관련 업무를 협의하였다. 그러자 동탁이 주이의 말을 가로막고 말했다. "나는 百戰百勝한 사람이고 이미 마음에 결정하였으니, 경은 쓸데없는 말을 해서 내 칼을 피로 더럽히지 마시오."

그러자 개훈이 말했다. "옛날 (殷) 武丁(무정)의 지혜로도 좋은 충고를 구했는데, 하물며 장군 같은 사람이 남의 입을 막으려 합니까?" 그러자 동탁은 "농담으로 한 말이요."라고 말했다. 개훈은 "화가 난 말로 하는 농담은 들어본 적이 있소?"라고 말했다. 이에 동탁은 주이에게 사과하였다.

개훈이 强直하고 不屈의 기질이었기에 동탁의 미움을 받았으며 동탁을 살해하지 못하고 등창으로 죽으니 나이 51세였다. 개훈은 유언으로 동탁이 보내오는 부의를 받지 말라고 하였다. 동탁이 자신이 너그러운 사람이라는 것을 과시하려고 표문을 올려 東園에서 제조한 관과 장례물품을 하사하며 예를 갖추어 장례를 치르게 하였다. 개훈은 安陵(안릉) 근처에 안장되었다.

아들 蓋順(개순)은 永陽 太守를 역임하였다.

❹ 臧洪

原文

臧洪字子源, 廣陵射陽人也. 父旻, 有幹事才. 熹平元年, 會稽妖賊許昭起兵句章, 自稱大將軍, 立其父生爲越王, 攻破城邑, 衆以萬數. 拜旻揚州刺史. 旻率丹陽太守陳夤擊昭, 破之. 昭遂復更屯結, 大爲人患. 旻等進兵, 連戰三年, 破平之, 獲昭父子, 斬首數千級. 遷旻爲使匈奴中郎將. 洪年十五, 以父功拜童子郎, 知名太學. 洪體貌魁梧, 有異姿. 擧孝廉, 補卽丘長.

| 註釋 | ○廣陵射陽 － 廣陵郡 治所는 廣陵縣, 今 江蘇省 서남부 揚州市. 射陽縣은 今 江蘇省 揚州市 관할 寶應縣. 운하교통의 요지. ○句章(구장) － 縣名. 今 浙江省 북동부 寧波市 관할 餘姚市 부근. ○丹陽太守 陳夤(진인) － 丹陽郡 치소는 宛陵縣, 今 安徽省 동남부 宣城市. 夤은 조심할 인. ○使匈奴中郎將 － 전한 무제 때부터 중랑장을 흉노에 사신으로 보냈는데 이것이 정례가 되어 흉노중랑장이라는 명칭이 사용되었다. 후한에서는 질록 비이천석의 使匈奴中郎將 관직을 설치하여 幷州(병주) 일대의 南匈奴를 관할, 보호케 하였다. 주둔지는 西河郡 美稷縣(今 內蒙古 鄂爾多斯市 관할 準格爾旗 서북)이었다. ○童子郎 － 보통 孝廉으로 천거되면 경학을 시험하고 낭관으로 임용하였다. 나이가 어린 준재를 특별히 童子郎이라 하였다. 汝南의 謝廉(사렴), 河南의 趙建章(조건장) 같은 사람은 12살에 동자낭이 되었다고 한다. ○魁梧(괴오) － 신체가 특별히 壯大하다. 魁는 으뜸 괴. ○卽丘(즉구) － 東海郡(琅邪國)의 현명. 今 山東省 남부의 臨沂市(임기시) 郯城縣 동북.

[國譯]

臧洪(장홍)의 字는 子源(자원), 廣陵郡 射陽縣 사람이다. 부친 臧旻(장민)은 매사에 재능이 많았다. (靈帝) 熹平 원년(서기 172)에 會稽郡(회계군)의 妖賊인 許昭(허소)가 句章縣(구장현)에서 봉기하여 大將軍을 자칭하며 그 부친을 越王으로 내세우고 각지를 공격했는데 무리가 수만 명이었다. 조정에서는 장민을 揚州 자사에 임명했다. 장민은 丹陽太守 陳夤(진인)과 함께 허소를 공격, 격파하였다. 허소는 다시 무리를 이루어 백성들의 걱정거리가 되었다. 이에 장민 등은 3년을 계속 싸워 격파하였고 허소 부자를 생포하고 수천 명을 참수하였다. 조정에서는 장민을 使匈奴中郎將에 임명했다.

장흥은 나이 15살에 부친의 공적에 의거 童子郎이 되었고 太學에서도 이름이 알려졌다. 장흥은 신체도 아주 장대하여 특별한 위용이 있었다. 효렴으로 천거되어 卽丘(즉구)의 縣長에 임명되었다.

原文

中平末, 弃官還家, 太守張超請爲功曹. 時董卓弑帝, 圖危社稷. 洪說超曰,

"明府歷世受恩, 兄弟並據大郡. 今王室將危, 賊臣虎視, 此誠義士效命之秋也. 今郡境尚全, 吏人殷富, 若動枹鼓, 可得二萬人. 以此誅除國賊, 爲天下唱義, 不亦宜乎!"

超然其言, 與洪西至陳留, 見兄邈計事. 邈先謂超曰, "聞弟爲郡, 委政臧洪, 洪者何如人?" 超曰, "臧洪海內奇士, 才略智數不比於超矣." 邈卽引洪與語, 大異之. 乃使詣兗州刺史劉岱, 豫州刺史孔伷, 遂皆相善. 邈旣先有謀約, 會超至, 定議, 乃與諸牧守大會酸棗. 設壇場, 將盟, 旣而更相辭讓, 莫敢先登, 咸共推洪. 洪乃攝衣升壇, 操血而盟曰,

"漢室不幸, 皇綱失統, 賊臣董卓, 乘釁縱害, 禍加至尊, 毒流百姓. 大懼淪喪社稷, 翦覆四海. 兗州刺史岱, 豫州刺史伷, 陳留太守邈, 東郡太守瑁, 廣陵太守超等, 糾合義兵, 並赴國難. 凡我同盟, 齊心一力, 以致臣節, 隕首喪元, 必無二志. 有渝此盟, 俾墜其命, 無克遺育. 皇天后土, 祖宗明靈, 實皆

鑒之."

洪辭氣慷慨, 聞其言者, 無不激揚. 自是之後, 諸軍各懷遲疑, 莫適先進, 遂使糧儲單竭, 兵衆乖散.

| 註釋 | ○功曹 – 功曹는 군 태수나 현령의 보좌관, 군에는 功曹掾과 功曹史를 두었다. 鄕吏 중 首席, 태수 부재 시 직무대행. ○孔伷 – 인명. 伷는 투구 주. 胄와 同. ○酸棗(산조) – 현명. 今 河南省 북부 新鄕市 관할 延津縣. ○隕首喪元 – 隕은 떨어질 운. 元은 머리(頭).

[國譯]

(靈帝) 中平 말년에, (臧洪은) 관직을 버리고 집으로 돌아왔는데 (廣陵郡) 太守 張超(장초)는 장홍을 초청하여 功曹에 임명했다. 그때 董卓은 少帝를 시해했고, 사직을 위태롭게 하였다. 장홍이 장초에게 말했다.

"明府(太守)께서는 여러 대에 皇恩을 입었고 형제가 나란히 大郡을 다스리고 있습니다. 지금 王室이 위태롭고 賊臣은 虎視하고 있으니 지금이야말로 義士가 목숨을 바칠 때입니다. 지금 군내가 평온하고 관리나 백성이 모두 부유하니 만약 북을 울려 모집한다면 2만 군사를 모을 수 있습니다. 이렇게 하여 國賊을 제거하고 천하에 唱義해야지 않겠습니까!"

장초도 그 말을 옳게 여겨 장홍과 함께 서쪽 陳留郡으로 가서 형인 張邈(장막)을 만나 논의하였다. 장막이 먼저 장초에게 말했다. "듣자니, 아우는 군에 있으면서 정사를 臧洪(장홍)에게 위임하고 있다는데 장홍은 어떤 사람인가?"

이에 장초가 말했다.

"장홍은 海內의 奇士이니, 才略과 지혜와 술책이 저에 비할 바가 아닙니다."

장막이 장홍을 만나 같이 이야기를 하고서는 크게 칭송하였다. 그리고서 곧 兗州(연주)자사 劉岱(유대) 豫州자사 孔伷(공주)를 만나게 하여 서로 친하게 되었다. 장막은 이들과 전부터 모의가 있었기에 장초가 모이면서 모여 의논을 하기로 하여 마침내 여러 자사와 태수가 酸棗縣(산조현)에 모였다. 함께 壇을 만들고 맹서를 하는데 여러 번 서로 양보하며 먼저 등단하려 하지 않았는데 모두가 장홍에게 권하였다. 이에 장홍은 옷자락을 여미고 등단하여 피를 바르고 맹서하였다.

"漢室이 不幸하여 皇綱이 통치권을 잃었기에 적신 董卓(동탁)이 이런 틈을 타 만행을 저지르니 그 재앙이 황제에게도 미쳤고 백성에게도 해악을 끼치고 있습니다. 이에 사직을 망치고 천하를 뒤집어 놓을까 큰 걱정입니다. 그래서 兗州刺史 劉岱(유대), 豫州刺史 孔伷(공주), 陳留太守 張邈(장막), 東郡太守 橋瑁(교모), 廣陵太守 張超 등은 의병을 糾合(규합)하여 國難에 대처하겠습니다. 같이 맹서하는 우리 모두는 한마음으로 힘을 모아 신하의 절개를 지키며 목숨을 잃더라도 두 마음이 없을 것입니다. 이 맹서를 버리는 자는 목숨을 버려야 하며 그 후손이 없을 것입니다. 皇天后土와 祖宗의 明靈께서 우리를 지켜보실 것입니다."

장홍의 辭氣가 매우 강개하여 듣는 사람 모두는 격양되지 않는 자가 없었다. 이후로 여러 군사는 서로 회의하며 뒤처지며 앞서 진격하는 자가 없었고 군량의 비축이 먼저 바닥나면서 군사는 모두 뿔

뿔이 흩어졌다.

時討虜校尉公孫瓚與大司馬劉虞有隙, 超乃遣洪詣虞, 共
謀其難. 行至河間而值幽冀交兵, 行塗阻絶, 因寓於袁紹.
紹見洪, 甚奇之, 與結友好, 以洪領靑州刺史. 前刺史焦和
好立虛譽, 能淸談. 時黃巾群盜處處飇起, 而靑部殷實, 軍
革尙衆. 和欲與諸同盟西赴京師, 未及得行, 而賊已屠城邑.
和不理戎警, 但坐列巫史, 禜禱群神. 又恐賊乘凍而過, 命
多作陷冰丸, 以投於河. 衆遂潰散, 和亦病卒. 洪收撫離叛,
百姓復安.

| 註釋 | ○公孫瓚(공손찬, ?-199) - 劉備와 함께 盧植(노식)에게 師事했
었다. 袁紹에게 패망. 73권, 〈劉虞公孫瓚陶謙列傳〉에 입전. ○淸談 -淸
淨無爲의 談論. ○處處飇起 -飇는 폭풍 표. ○坐列巫史, 禜禱群神 -巫는
女巫(여무). 史는 祝史. 禜은 재앙을 막는 제사 영. 자연재해가 없도록 日月
星辰과 산천의 신에게 기도를 올리다. 禱는 求福하는 기도. ○陷冰丸(함빙
환) -얼음을 녹일 수 있다는 丸藥(환약).

[國譯]

그때 討虜校尉인 公孫瓚(공손찬)과 大司馬인 劉虞(유우)는 사이가
나빴는데, 장초는 장홍을 유우에게 보내 공손찬을 칠 방법을 논의하
게 하였다. 장홍이 왔을 때 마침 幽州와 冀州의 군사가 전투 중이라

서 길이 막히자 장홍은 袁紹(원소)에게 의탁하였다. 원소는 장홍은 만난 뒤 매우 특별히 대우하면서 우호관계를 맺고 장홍을 靑州刺史에 임명하였다.

　전임 청주자사 焦和(초화)는 헛 명성을 추구하며 淸談을 좋아하였다. 그때 黃巾의 群盜가 곳곳에서 광풍처럼 일어났는데 靑州 관내는 부유한데다가 군사와 兵器가 많이 있었다. 초화는 동맹을 맺은 세력과 함께 서쪽 낙양으로 진출하려 했으나 출발 전에 이미 황건의 무리에게 성읍을 도륙 당했다. 초화는 그들을 군사적 힘으로 무찌르려하지 않고 다만 남녀 무당(巫祝)을 한 줄로 앉혀놓고 여러 신에게 기도를 올리게 하였다. 또 적병은 강물이 얼었을 때 건너올 것이 두려워 陷冰丸(함빙환)을 많이 만들게 하여 강물에 던졌다. 황건적의 무리도 흩어졌고 초화도 병사했다. 장홍은 흩어졌던 백성을 불러 위무하자 백성들은 다시 안정되었다.

　在事二年, 袁紹憚其能, 徙爲東郡太守, 都東武陽. 時曹操圍張超於雍丘, 甚危急. 超謂軍吏曰, "今日之事, 唯有臧洪必來救我." 或曰, "袁曹方穆, 而洪爲紹所用, 恐不能敗好遠來, 違福取禍." 超曰, "子源天下義士, 終非背本者也, 或見制强力, 不相及耳." 洪始聞超圍, 及徒跣號泣, 並勒所領, 將赴其難. 自以衆弱, 從紹請兵, 而紹竟不聽之, 超城遂陷, 張氏族滅. 洪由是怨紹, 絶不與通. 紹興兵圍之, 歷年不下, 使洪邑人陳琳以書譬洪, 示其禍福, 責以恩義.

| 註釋 |　○東武陽 – 東郡의 武陽縣, 今 山東省 서부 聊城市(요성시) 관할 莘縣(신현), 山東, 河北, 河南 三省의 경계. 東郡 본래 治所는 濮陽縣, 今 河南省 동북 濮陽市(복양시).　○雍丘 – 陳留郡의 현명. 今 河南省 중동부 開封市 관할 杞縣(기현). 杞人憂天(기우)의 본고향.　○陳琳以書譬洪 – 陳琳 (진림, ?-217)은 廣陵(今 江蘇 揚州) 출신, 원소의 막료, 시인, '建安七子'의 한 사람. 진림은 8가지 이유로 장홍에게 투항을 권유하는 서신을 보냈다.

[國譯]

　재임 2년에, 袁紹(원소)는 臧洪(장홍)의 능력을 질시하며 東郡 太守로 전직시켰는데 도성은 東武陽(동무양)이었다. 그 무렵 曹操(조조)는 張超(장초)를 雍丘(옹구)에서 포위하고 심하게 압박하였다. 장초는 그 장교들에게 말했다. "今日의 사태에 오직 장홍만은 틀림없이 구원하러 올 것이다." 그러자 어떤 사람이 말했다.

　"원소와 조조는 지금 잘 지내고 있으며 장홍은 원소에게 등용되었으니 좋은 관계를 깨버리면서 멀리서 구원하러 온다면 이는 복을 차 버리고 재앙을 불러들이는 것입니다."

　그러자 장초가 말했다.

　"子源(臧洪)은 천하의 義士이며 결코 근본을 버릴 사람이 아니다. 혹시 강력하게 견제당한다면 못 올 수도 있을 것이다."

　장초가 포위당한 소식을 처음 들은 장홍은 맨발에 울부짖으며 군사를 거느리고 구원에 나서려 했다. 자신의 군사가 약하기에 원소에게 가서 원병을 요청하였지만 원소는 끝내 수락하지 않았기에, 장초의 옹구성은 함락되었고 장씨 일족은 모두 죽었다. 장홍은 이에 원소를 원망하며 왕래를 끊었다. 그러자 원소는 군사를 일으켜 장홍을 (東武陽에서) 포위 공격하였으나 해를 넘기면서도 함락시키지 못하자, 원소는 장홍의 고향 사람 陳琳(진림)을 시켜 서신을 보내 禍福으로 그 은의를 따져 장홍을 설득케 하였다.

原文

洪答曰,「隔闊相思, 發於寤寐. 相去步武, 而趨舍異規, 其爲悵恨, 胡可勝言! 前日不遺, 比辱雅況, 述敍禍福, 公私切至. 以子之才, 窮該典籍, 豈將闇於大道, 不達余趣哉? 是以損弃翰墨, 一無所酬, 亦冀遙忖褊心, 粗識鄙性. 重獲來命, 援引紛紜, 雖欲無對, 而義篤其言.」

| 註釋 | ○相去步武 – 가까이 떨어져 있다. 武는 반걸음 무, 자취 무. ○比辱雅況 – 연이어 고생하며 챙겨주다. 比는 자주(頻也).

[國譯]

장홍이 이에 답신을 보냈다.

「헤어져 지내며 밤낮으로 그리웠습니다. 멀리 떨어진 것도 아니지만 취향이 다르고 생각도 틀리니 어찌 다 말할 수 있겠소! 前日에 버리지 않고 연이어 보살펴 주시며 화복을 말씀하시니 公私가 매우 주도하십니다. 그대의 재능으로 많은 전적으로 두루 읽었으니 어찌 大道를 모르겠으며 나의 취향을 모르겠습니까? 그래서 종이와 필묵을 버리더라도 답을 하지 않을 수 없으며 나의 치우친 생각과 천박한 지식과 천성을 헤아려 주시기를 멀리서 바랄 뿐입니다. 재차 서신을 받아 분분한 의논이라 답신을 안 하려 하였지만 말씀보다 情意가 넘친다고 생각하였습니다.」

原文

「僕小人也, 本乏志用, 中因行役, 特蒙傾蓋, 恩深分厚, 遂竊大州, 寧樂今日自還接刃乎? 每登城臨兵, 觀主人之旗鼓, 瞻望帳幄, 感故友之周旋, 撫弦搦矢, 不覺涕流之覆面也.

何者? 自以輔佐主人, 無以爲悔, 主人相接, 過絶等倫. 受任之初, 志同大事, 埽淸寇逆, 共尊王室. 豈悟本州被侵, 郡將遘厄, 請師見拒, 辭行被拘, 使洪故君, 遂至淪滅. 區區微節, 無所獲申, 豈得復全交友之道, 重虧忠孝之名乎? 所以忍悲揮戈, 收淚告絶. 若使主人少垂古人忠恕之情, 來者側席, 去者克己, 則僕抗季札之志, 不爲今日之戰矣.」

| 註釋 | ○僕小人也 - 謙辭. 僕은 자신의 비칭. 종 복. 마부. ○中因行役 - 役은 戰役. 싸움. 분쟁. ○特蒙傾蓋 - 傾蓋(경개)는 길을 가다 만나 담소하다. ○觀主人之旗鼓 - 臧洪은 원소 영역의 城에서 항거하고 있기에 원소를 주인이라 하였다. ○撫弦搦矢 - 撫弦은 활을 어루만지다. 搦은 잡다. 쥐다. 억누를 익. 矢는 화살 시. ○來者側席 - 來歸하는 자를 환대하는 뜻에서 자리에서 몸을 기울여 경청하다. ○去者克己 - 去者에 대하여 자신의 책임으로 돌리고 남을 책망하지 않다. ○季札(계찰) - 吳王 壽夢의 막

내아들.

[國譯]

「저는 미천한 사람으로 본디 才智와 능력도 없는데 여행 중 전투를 만났고 우연히 (袁紹를) 상봉하게 되어 많은 은혜와 후대를 받았으며 大州(靑州)를 관장하게 되었는데, 어찌 오늘 이처럼 칼을 겨누며 싸우기를 즐길 리가 있겠습니까? 매번 登城하여 臨兵할 때마다 主人(袁紹)의 깃발과 북을 보거나 멀리 帳幕을 바라볼 때면 전에 나를 위해 마음 써 주던 감상에 젖어 활과 화살을 만지며 나도 모르게 눈물로 얼굴을 적시게 됩니다.

왜 그러하겠습니까? 내가 주군을 보좌하면서 후회할 만한 일이 없었으며 주군도 나를 대하면서 다른 사람들보다 우대해 주었습니다. 임무를 맡았던 초기에는 함께 大事를 논의하며 賊徒를 청소하여 함께 황실을 받들고자 했습니다. 본 靑州가 침략을 당할 줄을 어찌 알았겠으며 태수로서 액운을 당하여 군사 지원을 요청했으나 거절 당했으며 사임하고 떠나려 했지만 뜻대로 되지 않았기에 이 장홍의 故友는 멸망하였습니다. 구구한 여러 사정을 다 말할 수도 없지만 어찌 전처럼 交友之道를 다시 회복할 수 있겠으며, 忠孝의 명분을 거듭 훼손할 수 있겠습니까? 때문에 슬픔을 참고 창을 휘두르고 눈물을 거두며 인연을 단절해야만 했습니다. 만약 주군이 古人처럼 忠恕(충서)의 정을 조금이라도 생각하여 찾아오는 者에게 자리를 당겨 받아주시고 떠나는 자를 책망하지 않는다면 저 같은 사람은 季札의 의기를 높이 사서 오늘의 이 싸움을 더 계속하지 않을 것입니다.」

原文

「昔張景明登壇喢血, 奉辭奔走, 卒使韓牧讓印, 主人得地. 後但以拜章朝主, 賜爵獲傳之故, 不蒙觀過之貸, 而受夷滅之禍. 呂奉先討卓來奔, 請兵不獲, 告去何罪, 復見忻刺.

劉子璜奉使踰時, 辭不獲命, 畏君懷親, 以詐求歸, 可謂有志忠孝, 無損霸道, 亦復殭屍麾下, 不蒙虧除. 慕進者蒙榮, 違意者被戮, 此乃主人之利, 非游士之願也. 是以鑒戒前人, 守死窮城, 亦以君子之違, 不適敵國故也.」

| 註釋 | ○張景明 - 袁紹는 張景明(장경명) 등을 보내 冀州牧인 韓馥(한복)을 설득했고, 한복은 冀州를 원소에게 내주고 양위하였다. ○呂奉先~ - 奉先은 呂布의 字. ○君子之違 - 違는 奔亡(분망). 망명하다.

[國譯]

「옛날에 張景明(장경명)은 登壇하여 喢血(삽혈, 맹서)하고 사명을 받아 사방을 분주히 돌아다녀 결국 韓馥(한복)의 양위를 받아냈고, 主人(袁紹)은 冀州를 차지하였습니다. (장경명은) 뒤에 다만 주군에게 상주하였고 작위를 받아 전했다 하여 과오를 용서받지 못하고 멸문의 화를 당했습니다. 呂奉先(呂布)은 동탁을 토벌하고 쫓겨 (원소에게) 투항하여 군사를 요청하였으나 얻지 못하자 떠나갔는데 무슨 죄가 있다고 척살을 당할 뻔했습니다.

劉子璜(유자황)은 使者의 명을 받고 임무를 완성하지 못하자 폐하께서 친임하신 것을 생각하여 거짓으로 귀부코자 하였으니 충효의 뜻이라 할 수 있으며 霸道(패도)를 훼손시키려는 뜻도 없었으나 (원소의) 휘하에서 죽어나갔으며 용서를 받지 못하였습니다. (袁紹의) 명성을 사모하여 찾아오는 자라면 칭송을 받아야 하고, 뜻을 어기는 자는 죽음을 당해야 한다는 것은 주군(袁紹)의 이익이겠지만 游士의 뜻은 아닙니다. 이 때문에 前人의 행적을 거울삼아 이 작은 성을 끝까지 방어하는 것이니, 이는 군자가 망명하더라도 적국으로는 가지 않는 이치입니다.」

原文

「足下當見久圍不解, 救兵未至, 感婚姻之義, 推平生之好, 以爲屈節而苟生, 勝守義而傾覆也. 昔晏嬰不降志於白刃, 南史不曲筆以求存, 故身傳圖像, 名垂後世. 況僕據金城之固, 驅士人之力, 散三年之畜以爲一年之資, 匡困補乏, 以悅天下, 何圖築室反耕哉?

但懼秋風揚塵, 伯珪馬首南向, 張揚,飛燕旅力作難, 北鄙將告倒懸之急, 股肱奏乞歸之記耳. 主人當鑒戒曹輩, 反旌退師, 何宜久辱盛怒, 暴威於吾城之下哉!」

| 註釋 | ○晏嬰(안영) - 齊 大夫. 崔杼(최저)의 협박에 굴하지 않았다. ○何圖築室反耕哉 - 새 집을 짓고 군사를 해산하여 경작하려 하겠는가? 곧 되돌아갈 뜻이 없다. ○伯珪馬首南向 - 伯珪(백규)는 公孫瓚(공손찬)의 字. ○張揚,飛燕旅力作難 - 張揚, 飛燕은 모두 무장 이름. 旅力은 군사력. ○倒懸之急 - 倒懸(도현)은 거꾸로 매달리다. ○股肱(고굉) - 手足.

[國譯]

「足下께서도 당연히 (원소는) 오래도록 포위를 풀지 않고 우리를 구원병도 없다는 것을 알기에, 婚姻의 대의에 의거 평생의 우호를 고려하여 지조를 굽히고 구차한 삶을 사는 것이 대의를 지키다가 쓰러지는 것보다 낫다고 생각할 것입니다. 옛날에 晏嬰(안영)은 (崔杼가) 위협하는 칼날에도 지조를 굽히지 않았고, 南史(남사)도 曲筆로 살려고 하지 않았기에 그 행적이 그림으로 남았고 후세까지 이름을 전했습니다. 그러므로 이 장홍은 金城 같은 성을 차지하고 관리와 백성을 지휘하며 3년의 비축을 1년에 다 소비하면서 곤핍을 이겨내면 천하 백성과 함께 즐길 수 있거늘 어찌 투항할 리 있겠습니까?

거기다가 秋風에 먼지가 날리면 伯珪(公孫瓚)의 군사가 남향할 것이며, 張揚(장양)과 飛燕(비연)도 무력을 믿고 반기를 들면 북변의 장수들이 위급상황을 알려오고 股肱(手足)의 신하는 돌아가려는 뜻을 상주할 것입니다. 主君(袁紹)께서는 이런 상황을 경계하여 깃발을 돌려 회군할 것이니, 그 분노가 어찌 오래갈 것이며 내 城下에서 무력을 행사하겠습니까!」

原文

「足下讖吾恃黑山以爲救, 獨不念黃巾之合從邪? 昔高祖取彭越於鉅野, 光武創基兆於綠林, 卒能龍飛受命, 中興帝業. 苟可輔主興化, 夫何嫌哉! 況僕親奉璽書, 與之從事!

行矣孔璋! 足下徼利於境外, 臧洪投命於君親, 吾子託身於盟主, 臧洪策名於長安. 子謂余身死而名滅, 僕亦笑子生死而無聞焉. 本同末離, 努力努力, 夫復何言!」

| 註釋 | ○黑山 - 黑山은 黃巾賊 한 무리의 이름. 우두머리는 張牛角. 장우각이 죽은 뒤에도 다른 지도자가 장씨 성을 이어받으며 싸웠다. ○彭越~ - 彭越(팽월)은 鉅野(거야) 일대에 무리를 거느리면서 소속이 없었는데, 漢王은 팽월에게 將軍印을 보내고 그 세력을 흡수하여 濟陰으로 진출하여 楚를 공격케 하였다. ○孔璋 - 陳琳의 字.

[國譯]

　「足下는 내가 (黃巾 일파인) 黑山賊의 구원을 생각하고 있다고 비난하지만 내가 황건적과는 합종하리라고는 어찌 생각 안 합니까? 옛날 高祖께서는 彭越(팽월)의 군사를 鉅野(거야)에서 합병하셨으며, 光武帝는 綠林(녹림)을 바탕으로 군사를 조직하여 용처럼 날아올라 천명을 받고 中興의 帝業을 완성하였습니다. 정말로 주군을 보필하여 교화를 펼 수 있다면 무엇을 꺼려 하겠습니까! 하물며 나는 璽書(새서)를 친히 받았으니 함께 받들 것입니다.

　孔璋(공장, 陳琳)은 마음대로 하시오! 足下는 境外에서 이득을 추구하고, 나 臧洪(장홍)은 주군의 親命에 몸을 바칠 것이며, 당신은 盟主(원소)에게 몸을 기탁할 것이고, 장홍은 長安에 이름을 남길 것입니다. 당신은 나의 몸이 죽으면서 이름도 사라질 것이라 했지만 나 역시 그대의 생사에 아무 관심이 없습니다. 근본은 같다지만 가지는 서로 다른 것이니, 노력하시기 바라며 더 무슨 말을 하겠습니까!」

紹見洪書, 知無降意, 增兵急攻. 城中徹盡, 外無援救, 洪
自度不免, 呼吏士謂曰,

"袁紹無道, 所圖不軌, 且不救洪郡將, 洪於大義, 不得不
死. 念諸君無事, 空與此禍, 可先城未破, 將妻子出."

將吏皆垂泣曰, "明府之於袁氏, 本無怨隙, 今爲郡將之
故, 自致危困, 吏人何忍當捨明府去也?"

初尙掘鼠, 煮筋角, 後無所復食, 主簿啓內廚米三斗, 請稍
爲饘粥, 洪曰, "何能獨甘此邪?" 使爲薄麋, 徧班士衆. 又殺
其愛妾, 以食兵將. 兵將咸流涕, 無能仰視. 男女七八十人
相枕而死, 莫有離叛.

| 註釋 | ○稍爲饘粥 — 稍는 끝 초. 조금. 饘粥(전미)는 진한 죽. 饘은 죽
전. 된죽(麋也).

[國譯]

袁紹(원소)는 臧洪(장홍)의 서신을 읽고 투항의 뜻이 없다 생각하
여 군사를 늘려 강하게 공격하였다. 성 안에 모든 물자가 바닥났고
외부의 지원도 없어 빠져나갈 수 없다고 생각하여 장홍은 관리와 백
성을 불러 말했다.

"원소가 무도하여 반역을 도모하며 나를 박해하니, 나는 大義를
지켜 죽어야만 합니다. 여러분은 이번 일과 무관하니 공연히 화를
당하지 말고 성이 온전할 때 처자를 거느리고 나가시오."

장수와 관리 모두 눈물을 흘리며 말했다.

"태수께서는 袁氏와 본래 원한이 없었지만 지금 태수로 있다 보니 이런 곤경에 처한 것인데 우리가 어찌 明府(太守)를 버리고 떠날 수 있겠습니까?"

처음에는 쥐의 굴을 파내고, 말 안장이 가죽을 구워먹었지만, 더 이상 먹을 것이 없어지자 主簿가 부엌에 알곡 三斗가 있다면서 조금씩 된죽을 쒀 올리겠다고 말했다. 장홍은 "나 혼자 어찌 그 죽을 먹겠느냐?"고 말했다. 그리고는 아주 묽은 죽을 만들어 모두 고루 나눠 먹게 하였다. 또 애첩을 죽여 병사를 먹였다. 장병이 모두 눈물을 흘리며 앞을 보질 못했다. 남녀 7, 80여 명이 서로 기댄 채 죽었으나 배반하고 떠나는 사람은 없었다.

原文

城陷, 生執洪. 紹盛帷幔, 大會諸將見洪. 謂曰, "臧洪何相負若是! 今日服未?" 洪據地瞋目曰, "諸袁事漢, 四世五公, 可謂受恩. 今王室衰弱, 無扶翼之意, 而欲因際會, 觖望非冀, 多殺忠良, 以立姦威. 洪親見將軍呼張陳留爲兄, 則洪府君亦宜爲弟, 而不能同心戮力, 爲國除害, 坐擁兵衆, 觀人屠滅. 惜洪力劣, 不能推刃爲天下報仇, 何謂服乎?" 紹本愛洪, 意欲屈服赦之, 見其辭切, 知終不爲用, 乃命殺焉.

| 註釋 | ○觖望非冀 – 바랄 수 없는 것을 기대하다. 觖는 바랄 기. 들추

어낼 결. 觖望(기망)은 冀望. 冀는 바랄 기.　○推刃 – 부친을 위해 자식이
원수를 갚는 것이 推刃之道(추인지도)이다.

[國譯]

성이 함락되고 장홍은 생포되었다. 원소는 큰 장막을 치고 모든
장수를 모아놓고 장홍을 불렀다. 원소가 말했다. "장홍은 어찌 이리
배신하는가! 오늘도 투항하지 않을 것인가?"

장홍은 손으로 땅을 짚고 노려보면서 말했다.

"袁氏들이 漢을 섬겨 四世에 五公이 나왔으니 큰 은덕을 입은 것
이요. 지금 漢室이 쇠약해졌는데 나라를 도울 마음도 없이 이런 때
에 바랄 수 없는 것을 기대하며 충량한 인재를 많이 죽이면서 간악
한 위세를 자랑하고 있소. 이 장홍은 將軍이 陳留 태수 張邈(장막)을
형이라 부르는 것을 직접 보았으니, 그렇다면 나의 태수 張超(장초)
역시 동생이 되는데 한마음으로 협력하여 반적을 무찌르지 않고 많
은 군사를 거느리고도 다른 사람이(曹操) 성을 도륙하는 것을 보고
만 있었소. 안타깝게도 나 장홍의 군세가 약하여 천하의 원수를 갚
기 위해 칼을 뺄 수 없었던 것이니 어찌 항복하라 하는가?"

원소는 본래 장홍의 능력을 아꼈기에 굴복시켜 용서하려 했지만
그 언사가 절실한 것을 보고 끝내 쓸 수 없다 생각하여 죽이라고 명
했다.

原文

洪邑人陳容, 少爲諸生, 親慕於洪, 隨爲東郡丞. 先城未敗, 洪使歸紹. 時容在坐, 見洪當死, 起謂紹曰, "將軍舉大事, 欲爲天下除暴, 而專先誅忠義, 豈合天意? 臧洪發舉爲郡將, 奈何殺之!"

紹慙, 使人牽出, 謂曰, "汝非臧洪疇, 空復爾爲?" 容顧曰, "夫仁義豈有常所? 蹈之則君子, 背之則小人. 今日寧與臧洪同日死, 不與將軍同日生也." 遂復見殺. 在紹坐者, 無不歎息, 竊相謂曰, "如何一日戮二烈士!"

先是洪遣司馬二人出, 求救於呂布. 比還, 城已陷, 皆赴敵死.

| 註釋 | ○諸生 – 太學의 학생. 前漢에서는 博士弟子, 後漢에서는 諸生또는 太學生이라 불렀다.

[國譯]

臧洪(장홍)의 고향 사람인 陳容(진용)은 젊어 諸生(太學生)으로, 장홍을 흠모하였는데 그때 東郡의 丞(승, 太守의 副職)이었다. 앞서 성이함락되기 전에 장홍은 진용을 원소에게 보냈었다. 진용은 그날 자리에서 장홍이 죽는 것을 보고 일어나 원소에게 말했다.

"將軍은 大事를 꾸며 천하 난폭자를 제거한다면서 오직 忠義의인재를 죽이기만 먼저 하니 어찌 天意에 부합하겠습니까? 장홍의행위는 군 태수로 당연한 것이거늘 왜 죽입니까!"

원소는 부끄러워 사람을 시켜 끌어내게 하며 말했다. "너는 장홍과 같은 부류가 아닌데 공연히 왜 그러는가?" 그러자 진용이 돌아보며 말했다.

"仁義가 어찌 한 곳에만 있겠습니까? 인의를 실천하면 君子이고 등지면 小人입니다. 오늘 차라리 장홍과 같은 날에 죽을지언정 장군과 같은 날 살아있지 않겠습니다."

결국 진용도 죽음을 당했다. 원소와 같이 있던 사람들 중에 탄식하지 않는 사람이 없었고 몰래 서로 말했다.

"어찌 하루에 烈士를 둘이나 죽일 수 있겠나!"

이보다 앞서 장홍은 司馬 2인을 내 보내 呂布(여포)에게 구원을 요청케 했었다. 두 사람이 돌아왔을 때 성은 함락되자 두 사람은 적과 싸우다가 죽었다.

原文

論曰, 雍丘之圍, 臧洪之感憤壯矣! 想其行跣且號, 束甲請擧, 誠足憐也. 夫豪雄之所趣舍, 其與守義之心異乎? 若乃締謀連衡, 懷詐筭以相尙者, 蓋惟利勢所在而已. 況偏城旣危, 曹袁方穆, 洪徒指外敵之衡, 以紓倒縣之會. 忿悁之師, 兵家所忌. 可謂懷哭秦之節, 存荊則未聞也.

| 註釋 | ○以紓倒縣之會 - 紓는 느슨할 서. 倒縣之會은 거꾸로 매달린 위기. 위기상황. 倒縣은 倒懸. ○忿悁之師 - 忿悁(분연)은 분노. 忿은 성낼 분. 悁은 성낼 연. 혼란을 수습하고 포악한 자를 주살하면 義兵이라 하고, 義兵은 王者가 되며 적이 침입하여 부득이 기병하는 것을 應兵이라 하고, 응병은 승리를 거두며 서로 작은 것을 놓고 싸워 그 분노를 참지 못하면 이

는 忿兵(분병)인데 분병은 패하게 되며, 남의 토지나 재물을 얻으려 기병하면, 이를 貪兵(탐병)이라 하는데 탐병은 격파당하며, 나라의 큰 힘과 백성이 많은 것을 믿고 적을 겁주려 일으킨 군사를 驕兵(교병)이라 하는데 교병은 파멸하게 되는데, 5兵은 인간 사이며 또 天道라고 하였다. 《漢書》74권, 〈魏相丙吉傳〉 중 〈魏相傳〉 참고. ㅇ懷哭秦之節 – 吳가 楚軍을 격파하자, 申包胥(신포서)는 秦에 가서 乞師하는데 7일 밤낮을 진의 궁정에서 통곡하였고 결국 秦의 도움으로 楚는 吳를 격파 축출하였다. 臧洪의 守節과 致死는 신포서가 楚를 구한 것만 못하다는 뜻.

[國譯]

范曄(범엽)의 史論 : (陳留郡의) 雍丘城이 (曹操에게) 포위당했을 때 臧洪(장홍)의 격분은 참으로 장했다! 그가 맨발에 울부짖으며 갑옷을 입고 거병하였으니 생각하면 참으로 동정이 간다. 영웅의 취사선택이 대의를 지키는 심경과 다르겠는가? 만약 방책을 따져 連衡(연횡)해야 한다면 마음에 거짓이 있더라도 유리한 형세만을 따라가야 한다. 하물며 조그만 성이 이미 위기에 처했고 曹操와 袁紹가 협력하는 분위기에서 장홍은 외적과 연횡(袁紹의 도움)으로 위기를 타개하고자 하였다. 분노에 의한 군사동원은 兵家에서 꺼리는 것이다. 차라리 秦의 궁전에서 통곡하여 楚를 지킨 것만 못한 것이다.

原文

贊曰, 先零擾疆, 鄧,崔弃涼. 諷,變令圖, 再全金方. 蓋勳抗董, 終然允剛. 洪懷偏節, 力屈志揚.

|**註釋**| ○先零擾疆 − 先零(선련)은 羌族(강족)의 한 갈래. 零은 조용히 내리는 비 령. 부족 이름 련. 羌族(강족)은 羊을 토템으로 숭배하는 '西戎牧羊人.' 본래 지금의 陝西, 甘肅, 靑海省 일대에 거주하던 유목민. 西南夷, 西羌으로 지칭. 그들은 爾瑪(ěrmǎ)라 자칭. 羌(qiāng)은 他稱. 藏族, 彝族(이족), 土家族, 白族 등은 모두 羌族의 갈래이다. 擾는 어지럽힐 요. 疆은 疆域. 영토. ○再全金方 − 金方은 西方, 凉州.

[國譯]

贊曰,

羌族 반기에 鄧騭(등즐)과 崔烈은 涼州를 포기하려 했다.

虞詡(우후), 傅燮(부섭)의 묘계로 다시 서방을 지켜내었다.

蓋勳(개훈)은 동탁에 맞서면서 끝까지 공정하고 강했다.

臧洪(장홍)의 당당한 지조는 힘에 꿇렸지만 칭송받았다.

59 張衡列傳
〔장형열전〕

原文

張衡字平子, 南陽西鄂人也. 世爲著姓. 祖父堪, 蜀郡太守. 衡少善屬文, 游於三輔, 因入京師, 觀太學, 遂通《五經》, 貫六藝. 雖才高於世, 而無驕尙之情. 常從容淡靜, 不好交接俗人. 永元中, 擧孝廉不行, 連辟公府不就. 時天下承平日久, 自王侯以下, 莫不踰侈.

衡乃擬班固〈兩都〉, 作〈二京賦〉, 因以諷諫. 精思傅會, 十年乃成. 文多故不載. 大將軍鄧騭奇其才, 累召不應.

| 註釋 | ○張衡(장형, 78 - 139년) - 후한의 天文學者, 地理學者, 數學者, 發明家, 文學家. 太史令, 侍中, 尙書 역임. 수력으로 움직이는 渾天儀 발명, 지진의 심도와 진앙을 추적할 수 있는 地動儀(지진계), 指南車 발명, 2,500개의 성좌가 들어있는 星圖을 제작. 〈二京賦〉와 〈歸田賦〉, 〈思玄賦〉를 지음.

'漢賦四大家(司馬相如, 揚雄, 班固, 張衡)'의 한 사람. 七言古詩의 형체의
시가 창작. ㅇ西鄂(서악) - 南陽郡의 현명. 今 河南省 南陽市 南召縣. 장형
의 묘와 崔瑗(최원)이 지은 묘비가 남아있다. ㅇ班固〈兩都〉 -〈兩都賦〉,
長安과 洛陽의 지세와 궁궐과 정치와 國勢와 人文을 묘사. 漢賦의 精品,
수작. 張衡의〈二京賦〉, 左思의〈三都賦〉에 영향. 40권,〈班彪列傳〉의 下
〈班固傳〉에 全文 수록, 필자의 번역 참고. 장형의〈二京賦〉는 7,700字의
대작임.

[國譯]

　張衡(장형)의 字는 平子(평자)로 南陽郡 西鄂縣(서악현) 사람이다.
대대로 大姓이었다. 祖父 張堪(장감)은 蜀郡 太守였다. 장형은 젊어
서도 글을 잘 지었고 三輔 일대에 遊學하였고 이어 낙양에 가서 太
學에서 공부하며《五經》에 박통하였고 六藝에도 능했다. 세상의 누
구보다도 재주가 뛰어났지만, 교만하거나 남을 무시하지 않았다. 늘
조용하고 침착하였으며 속인과의 교제를 좋아하지 않았다. (和帝)
永元 연간에(서기 89 - 104), 孝廉으로 천거되었지만 응하지 않았으
며 삼공부의 초빙에도 부임하지 않았다.

　그때는 태평한 시절이 오래 계속되면서 王侯 이하로 사치하지 않
는 사람이 없었다. 장형은 班固의〈兩都賦〉를 모방하여〈二京賦〉
를 지어 諷諫(풍간)하였다. 장형은 정밀한 思考와 文辭를 다듬느라
고 10년 만에 완성이 되었는데 문장이 길어 여기에는 수록하지 않
았다. 大將軍 鄧騭(등즐)이 장형의 재능을 기특하게 여기며 여러 번
초빙했으나 응하지 않았다.

衡善機巧, 尤致思於天文, 陰陽, 歷筭. 常耽好《玄經》, 謂
崔瑗曰, 「吾觀《太玄》, 方知子雲妙極道數, 乃與《五經》相
擬, 非徒傳記之屬, 使人難論陰陽之事. 漢家得天下二百歲
之書也. 復二百歲, 殆將終乎? 所以作者之數, 必顯一世, 常
然之符也. 漢四百歲, 玄其興矣.」

安帝雅聞衡善術學, 公車特徵拜郎中, 再遷爲太史令. 遂
乃硏核陰陽, 妙盡琁機之正, 作渾天儀, 著《靈憲》,《筭罔論》,
言甚詳明. 順帝初, 再轉, 復爲太史令. 衡不慕當世, 所居之
官, 輒積年不徙. 自去史職, 五載復還, 乃設客問, 作〈應間〉
以見其志云,

| 註釋 | ○歷筭 － 曆算. ○《玄經》－ 전한 말기 揚雄(양웅, 前53－서기18)
의《太玄經》, 양웅이《老子道德經》을 본떠 지은 책. 5千餘 字에 傳 12篇.
양웅이 말한 玄은 天이며 道이다. 이를 宓羲氏(伏羲, 복희)는 '易', 老子는
'道', 孔子는 '元', 揚雄은 '玄'이라고 칭했다. ○崔瑗(최원)－崔駰(최인)의
子. 최원은 세속의 지위를 아니 탐해 영욕에서 자유로웠는데 〈七蘇〉라는
명문을 남겼다. 52권,〈崔駰列傳〉立傳. ○子雲 － 揚雄의 字. 蜀郡 成都縣
사람. 前漢 말기의 문인, 철학자.《漢書》87권〈揚雄傳〉(上, 下)에 입전.
○家得天下二百歲~ － 漢初에서 哀帝 때까지가 2백 년이었다. ○太史令 －
太常의 속관, 질록은 6百石. 천문, 역법, 심지어 점술, 擇日도 모두 태사령
의 소관이었다. ○琁機之正 － 琁機는 璇璣(선기). 천체 운행을 관측하는
기구. ○《靈憲》－ 천체 운행에 관한 연구서. ○《~, 筭罔論(산망론)》－ 천지
를 망라하는 算術이란 뜻의 수학책. 罔은 그물 망. ○〈應間(응간)〉－ 間은

사이 간. 빈틈. 떨어지다, 비방하다, 헐뜯다. 여기서는 다른 사람의 비난에 답한다는 뜻. 장형이 5년 만에 다시 태사령이 되자 진취적이지 못하다는 타인의 비난에 자신은 출세 지향적이 아니며 마음의 균형을 잡아 지조를 고치지 않는다는 자신의 심지를 표현한 글.

[國譯]

張衡(장형)은 정교한 장치를 잘 만들었을 뿐더러 天文, 陰陽, 歷算(曆算)도 깊이 연구하였다. 장형은 늘 揚雄의《太玄經》을 탐독하였는데, 崔瑗(최원)에게 서신을 보내 말했다.

「내가《太玄經》을 읽을 때마다 비로소 揚子雲(揚雄)의 극묘한 道數를 알 수 있으니, 이는《五經》과 비슷한 것이나 단순한 해설서가 아니라 나로 하여금 陰陽(음양)에 관한 많은 논란을 생각하게 합니다. 漢이 천하를 차지한 2백 년 이래 가장 훌륭한 책입니다. 그리고도 또 2백 년이 지나면 (漢은) 끝이 날까요? 이 책에서 말한 道數는 틀림없이 (揚雄) 一世에 걸쳐 일어났으니 아마 항구불변의 도리일 것입니다. 漢 4백 년 이후에는 玄의 道가 크게 흥기할 것입니다.」

安帝는 평소에 장형이 術學(算學)에 뛰어나다는 것을 알고 있어 公車令이 특별히 초빙하여 郎中을 제수하였는데, 장형은 두 번 승진하여 太史令이 되었다. 장형은 음양학을 깊이 연구하였고, 천체운행의 미묘한 규칙을 탐구하여 渾天儀(혼천의)를 제작하였으며,《靈憲》,《筭罔論》을 저술하였는데, 서술이 아주 상세하고 명확하였다. 順帝初에 전직하여 다시 太史令이 되었다. 장형은 당세의 고관을 부러워하지 않았으며 몇 년을 근속하고도 담당 직무를 바꾸지 않았다. 태사령을 직분을 떠났다가 5년이 지나 다시 태사령이 되었는데 객인의 질문을 상정하여 그에 답하는 〈應閒(응간)〉을 지어 자신의 의지를 서술하였다. 그 글은 아래와 같다.

*〈應閒〉- 張衡

原文

「有閒余者曰, "蓋聞前哲首務, 務於下學而上達, 佐國理民, 有云爲也. 朝有所聞, 則夕行之. 立功立事, 式昭德音. 是故伊尹思使君爲堯,舜, 而民處唐,虞, 彼豈虛言而已哉, 必旌厥素爾. 咎單,巫咸, 寔守王家, 申伯,樊仲, 實干周邦, 服袞而朝, 介圭作瑞. 厥跡不朽, 垂烈後昆, 不亦丕歟! 且學非以要利, 而富貴萃之. 貴以行令, 富以施惠, 惠施令行, 故《易》稱以 '大業.' 質以文美, 實由華興, 器賴雕飾爲好, 人以興服爲榮. 吾子性德體道, 篤信安仁, 約己博藝, 無堅不鑽, 以思世路, 斯何遠矣! 曩滯日官. 今又原之. 雖老氏曲全, 進道若退, 然行亦以需. 必也學非所用, 術有所仰, 故臨川將濟, 而舟檝不存焉. 徒經思天衢, 內昭獨智, 固合理民之式也? 故嘗見謗於鄙儒. 深厲淺揭, 隨時爲義, 曾何貪於支離, 而習其孤技邪? 參輪可使自轉, 木雕猶能獨飛, 已垂翅而還故棲, 盍亦調其機而鈷諸? 昔有文王, 自求多福. 人生在勤, 不索何獲. 曷若卑體屈己, 美言以相剋? 鳴于喬木, 乃金聲而玉振之. 用後勳, 雪前吝, 婞佷不柔, 以意誰靳也."」

| **註釋** | ○下學而上達 – 아래로는 學人事하고, 위로는 知天命한다는
뜻.「子曰 "不怨天, 不尤人, 下學而上達. 知我者其天乎!"」《論語 憲問》. ○式
昭德音 – 式은 用也. 昭는 明也. 德音은 좋은 평판. 德容. ○旌厥素爾 – 旌
은 밝히다. 분명히 하다(明也). 旌은 깃발 정. 素는 뜻. 의지(志也). ○咎
單,巫咸 – 咎單(구단), 巫咸(무함)은 모두 殷의 賢臣.《尙書 周書 君奭》에 보
인다. ○申伯,樊仲 – 周 宣王을 도와 중흥을 이룩한 卿士. 申伯은 申國의
伯이란 뜻. 樊仲(번중)은 仲山甫. 樊侯(번후). ○服袞而朝, 介圭作瑞 – 服袞
은 冕服(면복). 介圭(개규)는 1척2촌의 큰 홀. ○不亦丕歟 – 丕는 클 비. 歟
는 어조사 여. 의문, 감탄의 뜻을 표현하는 종결어미. ○富貴萃之 – 萃는
모일 췌. ○《易》稱以 '大業' –「盛德大業, 至矣哉! 富有之謂大業, 日新之
謂盛德.」《易 繫辭 上》. ○以思世路, 斯何遠矣 – 장형의 바탕과 원칙은 너
무 교과서적이라서 세속에 적용하기는 어려울 것이라는 뜻. ○日官 – 史
官. 今又原之의 原은 다시 돌아가다. 원위치하다. ○老氏曲全, 進道若退
–「曲則全, 枉則直.」《老子道德經》22장. '進道若退'는 41장. ○然行亦以
需 – 需(수)는 64괘의 하나. 水(☵)天(☰)需,〈需卦〉. 需는 기다릴 수(不進
也). ○徒經思天衢 – 天衢(천구)는 天道. ○支離(지리) – 支離益, 고대의 屠
人(도인), 朱泙曼(주평만)이란 사람은 支離益이란 사람한테서 龍을 도살하
는 방법을 배웠다고 한다. 아주 어렵기만 하고 쓸데없는 기술. 장형이 혼
천의를 발명한 것은 세속인에게는 정말 쓸데없는 기술이었다. 장형의 기
교한 장치 개발을 비웃는 뜻. ○垂翅而還棲 – 날개를 펴고 옛날 살던 곳에
돌아가다. 정형이 다시 태사령이 된 것을 조롱하는 말. ○盍亦調其機而銛
諸 – 盍은 어찌 아니할 합. 何不의 合音. 의문을 표시하는 反語. 銛은 날카
로울 섬(利也). ○自求多福 –「永言配命, 自求多福.」《詩 大雅 文王》. ○雪
前吝 – 吝은 아낄 인(린). 치욕. ○婞佷不柔 – 婞은 강직할 행. ○以意誰

靳也 – 靳은 원망할 근. 부끄러워하다. 원망하다.

[國譯]

「나를 비난하는 사람이 말했다.

"내가 듣기로, 전대의 哲人이 가장 먼저 할 일은 아래로는 人事를 배우고, 위로는 천명을 깨우치어 나라를 보필하고 백성을 다스려 치적이 쌓아야 한다고 했습니다. 아침에 道를 들었다면 저녁에는 실천해야 합니다. 일을 하여 성과를 얻고 그로써 칭송을 들어야 합니다. 그래서 伊尹(이윤)은 主君을 堯나 舜 같은 賢君으로 만들어 백성을 唐(堯)와 虞(舜) 시대처럼 살 수 있게 하려고 노력하였으니, 그것이 어찌 虛言이겠으며 그런 뜻을 분명히 실현하였습니다. (殷의) 咎單(구단)과 巫咸(무함)은 天子의 가산을 관리하였고, (周 宣王의) 申伯(신백)과 樊仲(번중)은 周의 국정을 담당하고 예복을 입고 조정에 나갔으며 大玉을 符信으로 사용했습니다. 그들 不朽(불후)의 업적은 후손들에게 전해졌으니 참으로 훌륭한 것입니다. 또 학문은 이득을 얻는 뜻이 아니지만, (학문을 하면) 부귀는 저절로 따라오는 것입니다. 고귀한 자리에서는 명령을 낼 수 있고, 부유하면 施惠할 수 있으니, 惠施와 令行을 《易》에서도 '大業'이라 하였습니다. 바탕 위에 무늬가 있어야 아름답고, 꽃이 피어야 열매를 맺으며, 器物도 꾸며야 보기 좋고, 사람도 수레에 관복을 입어야 영광이 있습니다. 당신은 德義를 바탕으로 도덕을 遵守(준수)하고 돈독한 신의를 지키며, 행실을 바로 가지며 널리 배웠고, 아무리 강하다 하여 뚫지 못하는 것이 없는 굳은 의지가 있으나 그런 뜻을 가지고 세상을 다스리려 한다면 이는 매우 동떨어진 것입니다. (당신은) 그간 日官(史官)에서 막혀 있었습니다. 그런데 지금 그 자리로 돌아갔습니다. 비록 老氏(老子)가 '굽힐 수 있어야 온전하고(曲全), 전진의 道(進道)는 물러서는 것과 같다고 하였지만, 그러나 승진이 너무 늦었습니다. 그러니 틀림없이 당신의 학문은 쓸모가 없으며, 당신이 믿고 있는 도술이란 것은 강가에서 강을 건너려 하는데, 배와 노(舟檝)가 없는 것과 같습니다. 공연히 天道를 깊이 생각하여 內心으로 지혜가 홀로 명철하지만, 그것이 백성을 다스리는 법식에 합당합니까? 그래서 당신은 그간 비루한 유생(鄙儒)한테도 비웃음을 받았습니다. 깊은 물을 건너려면 옷을 허리 위로 들어야 하고, 얕은 물은 무릎 아래만 걷어 올리는 것처럼 시대상황에 따라 합당한 조치를 취해야 하는데, (당신은) 전부터 支離(지리)한테 龍을 잡는 기술을 배운 것처럼 왜 쓸데없는 기술만을 익히려 했습니까? 3개의 바퀴가 저절로 돌아가고 나무에 새긴 새가 혼자 날아가며 날개를 펴고 전에 살던 곳으로 날아갈 수 있지만, 그런 장치가 왜 날카롭지는 아니한가요? 옛날 文王께서도 스스로 多福을 찾았습니다. 사람이 살면서 부지런하다면 무엇인들 얻지 못하겠습니까? 어찌 몸을 낮추고 자신을 굽히지 못하며, 좋은 말로 자신의 억센 뜻을 어찌 순화하지 못하겠습니까? 높은 나무 위에서 울면 금옥이 울리는 소리처럼 멀리 갑니다. 높이 올라 공을 세워 전날을(낮은 지위 설움) 설욕해야 하나 강직하기만 하고 유순하지 않다면 그런 태도로 누구를 원망하겠습니까?」

原文

「應之曰, 是何觀同而見異也? 君子不患位之不尊, 而患

德之不崇, 不恥祿之不伙, 而恥智之不博. 是故藝可學, 而
行可力也. 天爵高懸, 得之在命, 或不速而自懷, 或羨旃而
不臻, 求之無益, 故智者面而不思. 阽身以徼幸, 固貪夫之
所爲, 未得而豫喪也. 枉尺直尋, 議者譏之, 盈欲虧志, 孰云
非羞? 於心有猜, 則簋飧饌餔猶不屑餐, 爰旌瞀以之. 意之無
疑, 則兼金盈百而不嫌辭, 孟軻以之. 士或解裋褐而襲黼黻,
或委畚築而據文軒者, 度德拜爵, 量績受祿也. 輸力致庸,
受必有階.」

|註釋| ○不恥祿之不伙 – 伙는 불 화. 물건이 성대한 모양. ○天爵高
懸 – 天爵은 仁義忠信하고 樂善不倦하여 받는 작위. ○或不速而自懷 –
부르지 않아도 저절로 오다. 速은 召也. 懷는 來也. ○或羨旃而不臻 – 羨
은 부러워할 선. 旃은 이것. 之와 焉의 合字. 깃발의 범칭. 臻은 이를 진. 모
이다. ○故智者面而不思 – 面은 얼굴을 돌리다(偝也, 버릴 배). ○阽身以
徼幸 – 阽身은 몸을 위태롭게 하다. 阽은 위태롭게 할 염(危也). 떨어질
점. 徼幸은 총애를 얻으려 하다. 徼는 구할 요. ○枉尺直尋 – 한 자(1尺)를
굽혀 7, 8자를 곧게 나아가다. 尋은 한 발. 두 팔을 벌린 거리. 7자 또는 8
자. 尺小尋大. 「枉尺而直尋, 若可爲也.」《孟子 滕文公章句 下》참고. ○孰
云非羞 – 孰은 누구 숙. 羞는 부끄러울 수, 바랄 수. 맛있는 음식. ○簋飧
饌餔猶不屑餐 – 簋는 식기 궤(食器也). 飧은 저녁 밥 손. 간단한 식사. 饌
은 반찬 찬. 餔는 새참 포. 不屑(불설)은 탐탁하기 여기지 않다. 餐은 먹을
찬. ○爰旌瞀以之 – 爰旌瞀(원정무)는 《列子》에 나오는 배고픈 사람. 배가 고
파 쓰러졌는데 지나가는 도적이 음식을 먹여주었다. 몇 순갈을 먹고 눈을
뜬 다음에 누구냐고 물었다. 그 사람이 이름을 말하자 "당신은 도둑이 아

닌가! 나는 그런 밥을 먹을 수 없다." 며 손가락을 목구멍에 넣어 먹은 것을 토하고서 죽었다.   ○孟軻以之 － 孟軻(맹가)는 孟子. 軻(수레 굴대 가)가 이름. 兼金(겸금)은 好金也. 좋은 金의 값은 나쁜 금의 2배라는 뜻. 盈百은 百鎰(백일). 鎰은 20兩. 무게 단위. 「陳臻問曰 前日於齊 王餽兼金一百而不受 於宋餽七十鎰而受~.」《孟子 公孫丑章句 下》참고.   ○解裋褐 － 裋褐(수갈)은 낡은 옷. 裋는 남루한 옷 수. 褐은 삼베옷 갈.   ○委臿築 － 委는 버리다. 臿築은 축성할 때 쓰는 가래(큰 삽). 臿은 가래 삽. 殷의 武丁에 起用된 傅說(부열)의 故事를 말함.

【國譯】

「장형이 대답하였다.

어째서 이처럼 같은 물건을 보고서도 견해가 다를까요? 군자는 낮은 지위가 아니라 덕이 높지 못한 것을 걱정하며, 녹봉이 적은 것을 걱정하지 않고 지혜가 넓지 못한 것을 부끄럽게 여깁니다. 그래서 학문을 하는 것이고 애써 실천하는 것입니다. 仁義忠信에 따른 높은 작위는 천명에 따른 것이고, 혹은 부르지 않아도 오는 것이며, 혹은 작위를 부러워해도 얻지 못하는 것이고, 얻으려 하나 無益하기에 智者는 얼굴을 돌리고 생각하지 않는 것입니다. 자신을 위험에 빠트리며 총애를 구하는 것은 貪夫(탐부)의 행위이니 얻기도 전에 먼저 잃게 됩니다. 1尺을 굽혀 8尺를 얻는 것을 論者들이 비판하고, 욕망을 채우려 心志를 훼손한다면 그 누가 부끄럽지 않겠습니까? 마음에 의심이 간다면 그릇에 담긴 여러 가지 음식도 먹고 싶지 않으니 (굶주린 사람) 爰旌瞀(원정무)가 그러했습니다. 마음에 의심이 없다면 좋은 황금 1百 鎰(일)이라도 사양하지 않으니 孟子가 그러했습니다. 어떤 士人은 남루한 옷을 벗어버리고 黼黻(보불, 예복)을 입었으며, 어떤 사람은 일하던 삽자루를 버리고 화려한 수레를 탔으니 이는 그 德을 헤아려 작위를 내린 것이며 공적에 따라 국록을 받은 것입니다. 역량을 다하고 성과를 거두는 것은 다 그 바탕이 있어야 합니다.」

■原文

「渾元初基, 靈軌未紀, 吉凶紛錯, 人用瞳朦. 黃帝爲斯深慘. 有風后者, 是焉亮之, 察三辰於上, 跡禍福乎下, 經緯歷數, 然後天步有常, 則風后之爲也. 當少昊淸陽之末, 實或亂德, 人神雜擾, 不可方物, 重,黎又相顓頊而申理之, 日月卽次, 則重,黎之爲也. 人各有能, 因藝授任, 鳥師別名, 四叔三正, 官無二業, 事不並濟. 晝長則宵短, 日南則景北. 天且不堪兼, 況以人該之. 夫玄龍, 迎夏則陵雲而奮鱗, 樂時也, 涉冬則淵泥而潛蟠, 避害也. 公旦道行, 故制典禮以尹天下, 懼敎誨之不從, 有人之之理. 仲尼不遇, 故論《六經》以俟來辟, 恥一物之不知, 有事之無範. 所考不齊, 如何可一?」

| 註釋 | ○渾元初基 – 渾元(혼원)은 하늘과 땅. 천지의 광대한 기운. ○瞳朦(동몽) – 흐릿하다. 희미한 모양(朦朧). 똑똑히 알지 못하다(未晤也). ○風后(풍후) – 천문에 밝았던 黃帝의 大臣. 風后는 伏羲氏의 道에 밝아 음양에 관한 이론을 전개하였다. 《漢書 藝文志》 陰陽流에 《風后》13篇이 있다. ○重,黎 – 重(중)은 少昊氏(소호씨)의 子. 黎(려)는 顓頊氏(전욱씨)

의 子. ○四叔三正 - 소호씨의 아들 四叔(사숙 - 重, 該, 修, 熙)이 三正(金正, 木正, 水正)의 관직의 직무를 수행할 수 있다. 《左傳》昭公 29년의 기록. ○日南則景北 - 景은 그림자 영(影 同). 별 경. ○淈泥而潛蟠 - 본래 龍은 春分에 登天했다가 秋分에 강물로 돌아온다고 하였다. 이는 出入에 때가 있다는 뜻이다. 淈은 흐릴 굴. 어지럽히다. 泥는 진흙 니. 潛은 물에 잠길 잠. 蟠은 서릴 반. 몸을 감고 엎드리다. ○公旦道行 - 周公 旦(단). ○以尹 天下 - 尹은 正也. ○以俟來辟 - 俟는 기다릴 사. 辟은 賢君. 辟은 임금 벽. 법.

[國譯]

「천지가 처음 형성되었을 때, 日月의 운행에 관한 記述이 없었으며 그에 따른 吉凶도 서로 뒤섞여서 인간은 우매하고 開化되지도 않았습니다. 黃帝(황제)는 이를 매우 깊이 걱정하였습니다. 風后(풍후)란 자가 있어 이에 밝았는데, 위로는 三辰(삼신, 日, 月, 星)을 관찰하여 아래로 인간의 화복을 추구하였고 歲時와 節侯의 次序를 밝혀서 천체 운행의 일정한 법칙을 서술하였으니 이 모두는 風后가 한 일이었습니다. 少昊(소호, 字 淸陽)의 말기에 天德이 혼란하여 人間과 神이 뒤섞여 혼란하여 선악을 식별할 수가 없었는데, (少昊氏의 아들) 重(중)과 (顓頊氏의 子) 黎(려)가 顓頊氏(전욱씨)를 도와 다스리자 日月이 질서 있게 운행하게 되었으니, 이는 重(중)과 黎(려)의 업적이었습니다. 사람마다 각자 능력이 있어 그 솜씨에 따라 임무를 받았고, 새(鳥) 이름을 관직명으로 정했으며 (소호씨의 후손인) 四叔(사숙)이 三正(삼정)의 업무를 분담하였고, 직책을 구분하여 관직에 따라 임무가 다르기에 이중으로 처리하는 일은 없었습니다. 낮이 길면 밤이 짧았고, 해가 남쪽에 오면 그림자는 북쪽으로 생겼습니다. 이처럼 하늘도 두 가지를 겸하지 않는데 하물며 인간이 겸비할 수 있겠습니까? 玄龍(黑龍)의 예를 들어 말하자면, 여름에는 구름을 뚫고 세차게 날아오르니 한창 전성기이지만, 겨울을 지낼 때는 진흙 속에 들어가 숨어 움츠리고 있으니 이는 재해를 피하는 것입니다. 周公 旦(단)의 道가 시행되고 典禮를 제정하여 천하를 바로 다스렸지만, 가르침을 따르지 않는 자가 있다는 것도 걱정하였습니다. 仲尼(孔子)는 등용되지 못했기에 《六經》을 논술하면서 후대의 聖君을 기다렸으며, 사물의 이치를 不知한다고 또 행실이 모범적이지 못한 것을 부끄럽게 여겼습니다. 생각하는 바가 같지 않거늘 어찌 똑같을 수 있겠습니까?」

原文

「夫戰國交爭, 戎車競驅, 君若綴旒, 人無所麗. 燭武縣縋而秦伯退師, 魯連係箭而聊城弛柝. 從往則合, 橫來則離, 安危無常, 要在說夫. 咸以得人爲梟, 失士爲尤. 故樊噲披帷, 入見高祖, 高祖踞洗, 以對酈生. 當此之會, 乃蠅鳴而鼈應也. 故能同心戮力, 勤恤人隱, 奄受區夏, 遂定帝位, 皆謀臣之由也. 故一介之策, 各有攸建, 子長諜之, 爛然有第. 夫女魃北而應龍翔, 洪鼎聲而軍容息. 溽暑至而鶉火棲, 寒冰沍而黿鼉蟄. 今也, 皇澤宣洽, 海外混同, 萬方億醜, 並質共劑, 若修成之不暇, 尙何功之可立! 立事有三, 言爲下列, 下列且不可庶矣, 奚冀其二哉!」

| 註釋 | ○君若綴旒, 人無所麗 − 旒는 깃발 류. 신하가 드는 물건. 麗는
고울 려. 짝. 붙다. 붙이다(附也). ○燭武縣縋而秦伯退師 − 秦伯이 鄭國을
포위하자 鄭의 大夫인 燭之武(촉지무)는 밧줄을 타고 내려가 秦伯을 설득
하자 秦伯은 그 때문에 군사를 철수했다. ○魯連係箭而聊城弛柝 − 燕將
이 聊城(요성)을 수비하고 있었는데, 齊人 魯仲連(노중련)이 화살에 서신을
매달아 성안으로 쏘았고 燕將은 自殺하였다. 弛柝(이탁)은 순찰 돌며 치는
딱따기(柝 열 탁. 딱따기, 行夜木)를 그만두다. 弛는 늦출 이(廢也). ○安
危無常, 要在說夫 − 蘇秦(소진)은 合縱論, 張儀(장의)는 連橫論(연횡론)을 遊
說하였다. 說夫는 說客. ○咸以得人爲梟, 失士爲尤 − 梟(올빼미 효)는 이기
다(勝也), 六博(육박, 장기)에서 梟를 잡으면 이긴다. 尤는 허물 우. 죄. 더욱
우. ○故樊噲披帷 − 樊噲(번쾌)는 고조와 동서 간이었다. 본래 개백정 출
신. 高帝가 병이 들었을 때 신하도 못 들어오게 하고 환관을 베고 누워있
었다. 번쾌가 휘장을 열고 들어가 눈물을 흘리며 "趙高(조고)의 전례를 모
르십니까?"라고 간언하자 고조는 웃으며 일어났다. ○踞洗, 以對酈生 −
踞는 웅크릴 거. 걸터앉다. 酈生은 前漢의 酈食其(역이기). ○乃黿鳴而鼈
應也 − 큰 자라가 울면 작은 자라도 따라서 운다. 君臣이 상응하다. 黿은
큰 자라 원. 거북이보다 작고 민물에 사는 수륙 동물. 鼈은 자라 별. 자라
울음소리가 어떤지는 잘 모르지만, 장마철에 큰 맹꽁이가 울면 연못의 모
든 맹꽁이가 따라 우는 것은 확실하다. ○勤恤人隱 − 隱은 病也. 고통.
○夫女魃北而應龍翔 − 女魃(여발)은 旱神(한신). 魃은 가물 귀신 발(旱神).
旱魃(한발). 北는 달아날 배(退也). 應龍은 雲雨를 불러오는 용. ○洪鼎聲
而軍容息 − 洪鼎(홍정)은 큰 솥(大鼎). 軍容은 干戈(간과). ○溽暑至而鶉火
棲 − 溽暑(욕서)는 무더위. 鶉火(순화)는 남쪽에 있는 별자리 이름. 鶉은 메
추라기 순. 棲는 숨다(息也). ○寒冰冱而黿鼉蟄 − 黿은 자라 원. 鼉는 악
어 타. 도마뱀. 冱는 찰 호. 얼다(凝也). ○並質共劑 − 質과 劑는 지금의
몫. 자기 지분(今分支契). 並과 共은 교환하다, 교류하다(交通). ○立事有

三 - 立事는 成就. 최상은 立德, 다음은 立功, 그 다음이 立言. 立德한 사람은 黃帝, 堯, 舜과 같은 성인. 立功은 禹(우), 后稷(후직). 立言은 여러 賢人.

[國譯]

「戰國시대에 각국이 다투면서 전쟁이 계속되자 각 군주는 신하에게 잡히고 백성은 의지할 데가 없었습니다. (鄭나라) 燭武(촉무)가 줄을 타고 내려가자 (유세하자) 秦伯(진백)은 군사를 철수하였고, (齊의) 魯仲連이 서신을 매단 화살을 쏘아 보내자 (燕은) 聊城(요성)에서 철수하였습니다. 합종론자는 연합을 이루었고 연횡론자는 이를 분리시켰으니, 安危는 無常하여 說客(세객)에 의해 좌우되던 때도 있었습니다. 대개가 得人하면 승리했고 失士하면 죄를 받았습니다. 그래서 樊噲(번쾌)는 장막을 젖히고 들어가 (병석의) 고조를 뵈었으며 高祖는 걸터앉아 발을 씻으면서 酈生(역생)을 만났습니다. 이때는 큰 자라가 울면 작은 자라도 따라서 울듯 君臣이 상응하였습니다. 그래서 능히 同心協力하였고 백성의 고통을 불쌍히 여겨 걱정하였으며, 諸夏의 땅을 차지하고 제위에 오를 수 있었던 것은 모두 신하의 참모의 계책에서 이루어졌습니다. 그래서 하나의 방책이라도 각자 건의하였으며 子長(司馬遷)은 이를 기록하였는데(史記) 찬란하면서도 체계가 확실하였습니다. 女魃(여발, 旱魃)이 물러나면 應龍(응룡)이 날아오르고, 큰 솥이 소리를 내면 방패와 창이 멈춥니다. 溽暑(욕서, 무더위)가 닥치면 鶉火(순화) 별자리는 보이지 않고, 추위에 얼음이 얼면 자라나 도마뱀은 겨울잠을 잡니다. 지금 황실의 은택은 널리 다 미치고 海外까지도 하나가 되었으며, 만방의 모든 백성도 함께 자기 지분을 가지고 서로 교환할 수 있으니 자기가 이룬 것이 없다면 어디서 무슨 공을 세울 수 있겠습니까? 立事(成就)에 3종류가 있으니 그중에 立言은 하등이지만 우리 같은 사람은 立言도 바랄수 없거늘 어찌 그 위의 2가지(立德, 立功)를 기대하겠습니까!」

原文

「于茲搢紳如雲, 儒士成林, 及津者風攄, 失塗者幽僻, 遭遇難要, 趨偶爲幸. 世易俗異, 事勢舛殊, 不能通其變, 而一度以揆之, 斯契船而求劍, 守株而伺兔也. 冒愧逞願, 必無仁以繼之, 有道者所不履也. 越王句踐事此, 故厥緖不永. 快捷方式邪至, 我不忍以投步, 干進苟容, 我不忍以歛肩. 雖有犀舟勁檝, 猶人涉卬否, 有須者也. 姑亦奉順敦篤, 守以忠信, 得之不休, 不獲不吝. 不見是而不惽, 居下位而不憂, 允上德之常服焉. 方將師天老而友地典, 與之乎高睨而大談, 孔甲且不足慕, 焉稱殷彭及周聃! 與世殊技, 固孤是求. 子憂朱泙曼之無所用, 吾恨輪扁之無所敎也. 子覩木雕獨飛, 愍我垂翅故棲, 吾感去蠅附鷗, 悲爾先笑而後號也.」

| 註釋 | ○于茲搢紳如雲 – 于茲(우자)는 지금. 搢紳(진신)은 士大夫. ○及津者風攄 – 津은 나루터. 나루터 가는 길을 묻다. 진로를 바로 찾다. 攄는 오를 터. 뛰어오르다. 펼 터. 攄得(터득). ○舛殊(천수) – 錯亂(착란). 舛은 어그러질 천. 殊는 죽일 수, 다를 수. 끊어지다. ○契船而求劍 – 契는 새기다(刻也). 刻舟求劍한 사람은 楚人이다. 《呂氏春秋》에 실려 있는 우화.

○守株而伺兎 - 伺는 엿볼 사. 기다리다(待也). 守株待兎(수주대토)하여 다른 사람을 웃게 만든 사람은 宋人이다. ○冒愧逞願(모괴영원) - 치욕을 무릅쓰고 소원을 이루다. ○快捷方式邪至 - 快捷은 빨리 가다. 捷은 이길 첩. 빠르다(疾也). 邪는 간사할 사, 기울 사. 비탈길. ○歙肩 - 歙은 줄일 흡. 움츠리다(斂也) 굽실거리다. 肩은 어깨 견. ○犀舟勁檝(서주경즙) - 犀는 무소뿔 서. 견고하다(堅也). 勁은 굳셀 경. 檝은 노 즙. 배 젓는 도구. ○人涉印否 - 涉은 물을 건너가다. 印은 나 앙(我也). 須는 기다릴 수, 모름지기 수. ○姑亦奉順敦篤 - 姑는 또. 시어머니 고. ○得之不休 - 休는 기뻐할 휴, 좋을 휴(美也). ○不獲不吝 - 吝은 아낄 인(린). 부끄럽게 여기다(恥也). ○不見是而不惛 - 惛은 어리석을 혼. 번민하다(悶也). ○師天老而友地典 - 黃帝(황제)는 風后(풍후)를 上台에, 天老(천로)를 中台에, 五聖(오성)을 下台에 배치하여 이를 三公이라 하였다. 그리고 知天, 規紀, 地典, 力牧, 常先, 封胡, 孔甲 등을 전문 담당자나 장수로 임명하였다. ○高眮而大談 - 高眮는 높이 올라가 바라보다. 眮은 흘겨볼 예. 엿보다. ○孔甲(공갑) - 黃帝의 신하 중 한 사람. 사실 전설 속의 인물. ○殷老彭及周聃! - 殷의 賢人 老彭(노팽)과 周의 老聃(노담, 老子). ○與世殊技 - 技는 기교(巧也). 재능. ○輪扁之無所敎也 - 輪扁(윤편)은 수레바퀴를 잘 만들었다는 匠人. ○去黿附鴟 - 黿는 개구리 와. 鴟는 솔개 치.

[國譯]

「지금 사대부들은 구름같이 많고 儒生은 成林하였으며 앞길을 찾은 자는 바람 따라 떠오르고, 길을 잃은 자는 황야에 묻히니 기회를 잡고 못 잡고는 강요할 수도 없는 것이고 행운은 우연히 만나는 것입니다. 世俗은 계속 바뀌고 달라지며 형세는 뒤틀리니 그 변화에 적응하지 못하는 것은 한 가지 방법만을 고집하며 헤아리기 때문이니, 이는 刻舟求劍(각주구검)이며 守株待兔(수주대토)의 어리석음과 같습니다. 치욕을 무릅쓰고 소원을 이루려면 仁義의 방법으로는 안 되니 이는 도덕을 갖춘 사람이 가는 길이 아닙니다. 越王 句踐(구천)은 이 길을 택했는데, 그래서 그 나라가 오래 가지는 못했습니다. 빨리 가려고 비탈길을 가는 방법을 나는 택할 수가 없고, 승진하고 인정을 받으려고 내가 어깨를 움츠릴 수는 없습니다. 비록 튼튼한 배와 좋은 노가 있어도, 다른 사람이 다 건너가도 내가 안 건너는 것은 기다릴 사람이 있기 때문입니다. 그리고 순리의 道에 따르고 돈독하며 忠信을 지키면서 얻었다 하여 좋아하지 않고, 얻지 못했다 하여 부끄럽게 생각하지 않을 것입니다. 正道를 보지 못했다 하여 번민하지 않고, 下位에 있어도 걱정하지 않으며, 진실 되게 上德을 따라 늘 실천할 것입니다. (黃帝의 신하) 天老(천로)를 본받고 地典(지전)을 벗으로 삼아, 그런 사람들과 함께 높은 곳에 올라가 高談을 나눌 것이며 孔甲(공갑)을 흠모하기에도 부족한 나(我)이니, 어찌 殷의 老彭(노팽)이나 周의 老聃(노담, 노자)를 이야기 하겠습니까! 世人의 재능과 다르기에 나 혼자의 독립을 구하려는 것입니다. 당신은 朱泙漫(주평만)이 배운 기술(龍을 屠殺하는 기술)이 쓸모없다는 것을 걱정하지만, 나는 輪扁(윤편)의 기술을 가르칠 사람이 없는 것을 한으로 여깁니다. 당신은 나무로 만든 새가 저절로 날아가기를 보려하면서, 내가 예전 자리로 되돌아온 것을 안타까워하지만, 내가 개구리의 신세를 떠나 솔개를 따라가려 한다면 당신이 처음에는 웃어주다가 나중에 나를 위하여 통곡할 것이 더 슬플 뿐입니다.」

「斐豹以斃督燔書, 禮至以掖國作銘, 弦高以牛饒退敵, 墨翟以縈帶全城. 貫高以端辭顯義, 蘇武以禿節效貞. 蒲且以飛矰逞巧, 詹何以沉鉤致精, 弈秋以棊局取譽, 王豹以淸謳流聲. 僕進不能參名於二立, 退又不能群彼數子. 愍〈三墳〉之旣頹, 惜〈八索〉之不理. 庶前訓之可鑽, 聊朝隱乎柱史. 且韞櫝以待價, 踵顔氏以行止. 曾不慊夫晉,楚, 敢告誠於知己.」

| 註釋 |　○斃督燔書 - 斃는 넘어질 폐. 죽이다. 督은 督戎(독융), 晉國 백성이 미워했던 사람. 燔은 구울 번. 태우다. 書는 丹書, 죄상을 기록한 문서. 斐豹(비표)는 인명. 살인을 했기에 官奴가 되었다. ○禮至以掖國作銘 - 禮至(예지)는 인명. 衛人이나 邢(형)의 大夫로 재직. 掖은 밀어서 떨어트려 죽이다. 國은 國子(국자), 인명. 邢國의 正卿. 作銘은 글을 새겨놓다. ○弦高以牛饒退敵 - 秦의 군사가 鄭을 滑(활)이란 곳에서 공격할 때 商人 弦高(현고)는 周나라에 장사를 하러 가다가 秦의 군사를 만나자 소 12마리를 사서 秦의 군사를 대접하며 鄭의 군비를 과장 설명하여 秦의 군사가 스스로 물러가게 하였다. ○墨翟以縈帶全城 - 墨翟(묵적)은 墨子. 公輸般(공수반)이 사다리를 만들어 宋의 城을 공격할 때, 墨子는 허리띠를 풀어 성을 에워싸게 하여 공수반의 9차례 공격을 막아내었다. ○貫高以端辭顯義 - 貫高(관고)는 인명, 漢初의 趙相. 端은 端整. 관고는 趙王이 결코 배반하지 않았다며 고조를 설득한 뒤에 자결하였다. 고조는 사위인 조왕 張敖(장오)를 용서하였다. ○蘇武以禿節效貞 - 蘇武(소무)는 匈奴에 오래 억류되어 있으면서도 漢 사신의 부절을 지켜 부절의 장식이 다 떨어져 나가도록 충정을 지켰다. ○蒲且以飛矰逞巧 - 蒲且(포차)는 가벼워 잘 나르는 주살을 만들었다. 矰는 주살 증. 逞은 다할 영(령). 逞巧(영교)는 솜씨를 발휘하다. ○詹

何以沉鉤致精 – 詹何(첨하)는 아주 작은 낚시를 정교하게 만들었다.   ○弈秋(혁추) – 바둑을 잘 두는 秋(추). 弈은 바둑 혁. 도박.   ○王豹以淸謳流聲 – 王豹(왕표)는 인명. 청아한 노래로 이름을 날렸다. 謳는 노래할 구.   ○愍〈三墳〉之旣頹 – 〈三墳〉은 三皇之書.   ○惜〈八索〉之不理 – 〈八索〉은 八卦之說. 張衡은 立德이나 立功은 못하지만 그래도 立言을 이루고 싶다는 뜻을 표현하였다.   ○庶前訓之可鑽 – 庶는 바라다. 前訓은 前代 현인의 가르침. 可鑽은 연찬할 만하다.   ○聊朝隱乎柱史 – 聊는 애오라지 료. 오로지. 그런대로. 朝隱은 조정에서 벼슬을 하다가 은거하다. 柱史는 柱下史, 곧 老子.   ○且韞櫝以待價, 踵顏氏以行止 – 韞櫝(온독)은 함 속에 감추어 두다. 미옥을 감춰두고 팔리기를 기다린다. 「子貢曰, "有美玉於斯, 韞櫝而藏諸? 求善賈而沽諸?" 子曰, "沽之哉! 沽之哉! 我待賈者也."」《論語 子罕》. 踵은 발꿈치 종. 뒤따르다. 顏氏는 顏回. 行止는 나아가거나 멈추다.   ○曾不慊夫晉,楚 – 慊은 마음에 맞을 겸, 정성 겸. 여기서는 부러워하다. 晉, 楚는 晉과 楚의 부유함.

[國譯]

　「斐豹(비표)가 督戎(독융)을 죽이자 (晉에서는) 비표의 罪書를 불태웠고, (邢國의) 禮至(예지)는 國子(국자)를 죽이고 공을 새겼으며, 商人 弦高(현고)는 (秦의 군사에게) 牛 12마리를 대접하여 秦軍을 물러나게 하였고, 적이 사다리로 만들어 (宋의) 성곽을 공격할 때 墨翟(묵적)은 허리띠를 풀어 성을 지켰습니다. (漢楚에 趙王 張敖의 신하인) 貫高(관고)는 단정한 언사로 정의를 지켜냈으며, (武帝 때) 蘇武(소무)는 (흉노에 잡혀있으면서도) 부절이 다 헤질 때까지 충성을 바쳤습니다. 蒲且(포차)는 가벼운 주살을 만들어 솜씨를 발휘하였고, 詹何(첨하)는 아주 작은 낚싯바늘을 정교하게 만들었으며, 弈秋(혁

추)는 바둑을 잘 두어 영예를 누렸고, 王豹(왕표)는 청아한 노래로 이름을 날렸습니다. 저는 나아간다 하여도 立德이나 立功의 경지에 참여할 수도 없고, 물러난다 하여도 앞에 말한 사람과 같은 명성을 얻지도 못할 것입니다. 이미 쇠퇴한 (三皇之書인) 〈三墳〉을 안타깝게 생각하고, 아무도 연구하지 않는 (八卦의 書册인) 〈八索〉을 애석할 뿐입니다. 바라는 것은 전대 현인의 가르침을 따라 실천하는 것인데 오로지 관직에 있다가 은거한 柱下史인 老子를 따르고 싶습니다. 그리고 (美玉을) 함 속에 감춰두고 팔리기를 기다리며 진퇴는 顔回를 따르고 싶습니다. 전부터 부유한 晉과 楚를 부러워하지 않았으며, 知己에게는 진심을 말하고 싶을 뿐입니다.」

‖原文

　陽嘉元年, 復造候風地動儀. 以精銅鑄成, 員徑八尺, 合蓋隆起, 形似酒尊, 飾以篆文山龜鳥獸之形. 中有都柱, 傍行八道, 施關發機. 外有八龍, 首銜銅丸, 下有蟾蜍, 張口承之. 其牙機巧制, 皆隱在尊中, 覆蓋周密無際. 如有地動, 尊則振龍機發吐丸, 而蟾蜍銜之. 振聲激揚, 伺者因此覺知. 雖一龍發機, 而七首不動, 尋其方面, 乃知震之所在. 驗之以事, 合契若神. 自書典所記, 未之有也. 嘗一龍機發而地不覺動, 京師學者咸怪其無徵. 後數日驛至, 果地震隴西, 於是皆服其妙. 自此以後, 乃令史官記地動所從方起.

| 註釋 |　○候風地動儀 – 바람에 의해 움직이는 地動儀(地震計). ○蟾蜍 – 두꺼비. 蟾은 두꺼비 섬. 蜍는 두꺼비 서.

[國譯]

(順帝) 陽嘉 원년(서기 132), 張衡은 바람에 의해 움직이는 地動儀(地震計)를 제조하였다. 이 지진계는 가장 좋은 구리를 녹여 제조하였는데, 원의 지름이 8척이며 뚜껑은 솟아오른 형태이고, 전체적인 모양은 술 항아리와 비슷하였으며, 전각문자와 山과 거북이, 새와 짐승의 모습으로 장식하였다. 속에는 큰 기둥이 있고 옆에는 8갈래의 칸을 나누었는데 바람의 힘으로 기관이 작동하였다. 밖에 있는 8마리의 용머리에는 구리 구슬을 담고 있으며, 그 아래에는 두꺼비가 입을 벌리고 받게 되었다. 그 톱니를 정교하게 만들어 원통 안에 장치하였고 뚜껑도 딱 맞아서 틈새가 없었다. 만약 땅이 움직이면 (지진이 나면) 통이 용을 흔들어서 용의 머리에서 구리 구슬을 뱉고 두꺼비가 받게 되었다. 그 구르는 소리가 크게 들리기에 관찰하는 자가 알 수 있었다. 용 한 마리가 움직이면 다른 7마리는 움직이지 않아 그 방향을 찾아보면 지진이 일어난 곳을 알 수 있었다. 여러 번 실제와 대조하여도 마치 귀신처럼 들어맞았다. 여러 전적에 지진이 기록된 이래로 이런 전례가 없었다. 한 번은 용 한 마리가 작동하였지만 땅이 흔들리는 것을 느끼지 못했는데 낙양의 학자들은 그 징험이 없는 것을 이상하게 생각하였다. 그 며칠 뒤 역마가 도착하였는데 과연 지진이 隴西(농서)에서 있었다. 이후로는 史官이 지진 장소를 기록하였다.

時政事漸損, 權移於下, 衡因上疏陳事曰,

「伏惟陛下宣哲克明, 繼體承天, 中遭傾覆, 龍德泥蟠. 今乘雲高躋, 盤桓天位, 誠所謂將隆大位, 必先倥傯之也. 親履艱難者知下情, 備經險易者達物僞. 故能一貫萬機, 靡所疑惑, 百揆允當, 庶績咸熙. 宜獲福祉神祇, 受譽黎庶. 而陰陽未和, 災眚屢見, 神明幽遠, 冥鑒在茲. 福仁禍淫, 景響而應. 因德降休, 乘失致咎, 天道雖遠, 吉凶可見, 近世鄭, 蔡, 江, 樊, 周廣, 王聖, 皆爲效矣. 故恭儉畏忌, 必蒙祉祚, 奢淫諂慢, 鮮不夷戮, 前事不忘, 後事之師也.

夫情勝其性, 流遯忘反, 豈唯不肖, 中才皆然. 苟非大賢, 不能見得思義, 故積惡成釁, 罪不可解也. 向使能瞻前顧後, 援鏡自戒, 則何陷於凶患乎! 貴寵之臣, 衆所屬仰, 其有愆尤, 上下知之. 襃美譏惡, 有心皆同, 故怨讟溢乎四海, 神明降其禍辟也. 頃年雨常不足, 思求所失, 則〈洪範〉所謂'僭恒陽若'者也. 懼群臣奢侈, 昏踰典式, 自下逼上, 用速咎徵.

又前年京師地震土裂, 裂者威分, 震者人擾也. 君以靜唱, 臣以動和, 威自上出, 不趣於下, 禮之政也. 竊懼聖思厭倦, 制不專己, 恩不忍割, 與衆共威. 威不可分, 德不可共.〈洪範〉曰,'臣有作威作福玉食, 害於而家, 凶於而國.'天鑒孔明, 雖疏不失, 災異示人, 前後數矣, 而未見所革, 以復往悔. 自非聖人, 不能無過.

願陛下思惟所以稽古率舊, 勿令刑德八柄, 不由天子. 若恩從上下, 事依禮制, 禮制修則奢僭息, 事合宜則無凶咎. 然後神望允塞, 灾消不至矣.」

| 註釋 | ○中遭傾覆, 龍德泥蟠 – 傾覆(경복)은 順帝가 太子 시절에 폐위되어 濟陰王으로 강등되었던 일. 蟠은 서릴 반. 아직 승천하지 않은 용을 蟠龍이라 한다. ○必先倥偬之也 – 倥偬(공총)은 곤궁하다. 곧 순제가 폐위되었을 때. 倥은 괴로울 공. 어리석다. 偬은 바쁠 총. ○親履艱難者知下情 – 履는 밟을 이(리) 신발. 겪다. 艱難(간난)은 몹시 어려움. 우리말 '가난'의 어원. ○情勝其性 – 性은 타고난 바탕이고, 情은 천성에 따를 욕망. 천성은 선하고 정욕은 악한 것이라서 情이 강하면 황음에 빠지게 된다. ○怨讟溢乎四海 – 怨은 원망할 원. 讟은 원망할 독. 溢은 넘칠 일. ○僭恒陽若 – 참람한 일이 있으면 오랫동안 비가 안 내린다. 군주의 선악에 따라 日氣나 자연현상이 부응한다는 뜻.《書 周書 洪範》. 僭은 僭越(참월), 恒은 常也. 若은 順也. ○前年京師地震土裂 – 順帝 永建 3년 정월에 京師에서 地震이 있었다. ○刑德八柄 – 八柄(자루 병)은 황제가 신하를 통제할 수 있는 권력의 방편. 곧 작록의 수여나 회수, 관직의 임명이나 파면, 생사여탈의 권력을 지칭함. 爵, 祿, 子, 置, 生, 奪, 廢, 誅.

[國譯]

그때 정치 상황은 점점 나빠져서 천자의 권한을 아래 총신들이 행사하였기에 장형은 상소하여 政事를 진술하였다.

「臣의 생각으로는, 폐하께서는 총명한 지혜를 가지시고 天統을 계승했어야 하지만 중간에 큰 어려움을 겪었으니 天龍이 진흙 속에 움츠린 것 같았습니다. 지금 구름을 타고 높이 오르시어 天位에 등

극하셨으니, 이는 참으로 대위에 오르기 위해 먼저 곤궁을 겪은 것입니다. 친히 간난을 겪은 사람은 백성의 정황을 잘 알고 험한 일을 겪어본 사람은 사물의 진위를 잘 안다고 하였습니다. 그래서 능히 국정전반을 일관되게 추진하시고, 어떤 경우일지라도 의혹을 배제하시며, 모든 정사를 공정당당하게 처리하시어 빛나는 공적을 이룩하실 것입니다. 폐하께서는 응당 하늘과 신령이 내리는 복을 받으시고 백성의 칭송을 들으셔야 합니다. 그러나 지금 음양이 조화를 이루지 못하여 재해를 자주 당하고 천지신명은 멀리 숨어 지금 여러 가지로 경고를 보내고 있습니다. 仁慈한 복과 荒淫(황음)이 따른 재앙은 그림자와 메아리처럼 서로 상응하는 것입니다. 덕에는 아름다운 祥瑞가, 과실에는 재앙을 불러오는 것이니 천도가 비록 멀리 있다하여도 길흉을 볼 수 있으니, 근래에 鄭衆, 蔡倫, 江京, 樊豐(번풍), 周廣, 유모 王聖(왕성) 등의 소행이 이를 실제로 증명하였습니다. 때문에 공손 겸양하고 근신해야만 복을 받을 수 있고, 사치와 음란, 輕慢(경만)할 경우에 죽음을 당하지 않는 경우가 드물며 前事를 잊지말아야 다음 일에 본보기가 될 것입니다.

대체로 감정이 천성보다 지나치면 탐닉하게 되어 정도에 되돌아올 줄을 모르는데, 어찌 불초한 사람이나 중간 정도의 사람만이 그렇겠습니까? 정말 大賢이 아니라면 얻는 것에 思義할 줄을 모르고 心惡이 쌓여 죄를 짓게 되어 벗어나지 못하게 됩니다. 이에 앞뒤를 두루 돌아보며 거울에 비추듯 스스로 조심한다면 어찌 흉악한 일에 빠질 수 있겠습니까! 높이 올라 총애를 받는 신하를 많은 사람들이 우러러 보는데 그런 사람이 잘못을 저지르면 상하 모두가 다 알게 됩니다. 선행을 포상하고 악행을 비판하는 것은 누구나 같은 마음이기에 원한과 비방이 온 천하에 넘치게 되면 하늘의 神明은 재앙과 벌을 내립니다. 근년에 비가 늘 적게 내렸으니 그간의 허물을 되돌아본다면, 이는 〈洪範〉에서 말하는 所謂 '참월하면 늘 陽氣만이 응한다.' 라고 할 수 있습니다. (그래서 음기인 비가 내리지 않는다는 뜻). 혹시라도 많은 신하들이 사치하고 나라의 법식을 초월한다면 아래서부터 위로 올라가기에 나쁜 징조를 불러오게 됩니다.

또 전년에 京師에서 지진이 발생하고 땅이 갈라졌는데, 균열은 권위가 분리되었다는 뜻이며, 지진은 세상이 소란할 것이라는 뜻입니다. 主君이 안정 속에 이끌면 신하는 명에 따라 움직여 화답하며 권위가 주군에서 나오지만 신하의 수중에 집중되지 않는 것이 바로 禮에 바탕을 둔 정치입니다. 臣이 두려운 것은 폐하가 정사에 실증을 가져 폐하께서 모든 결정을 처리하시지 않으며, 은총 때문에 총신을 잘라내지 못하고, 여러 총신이 권력을 나눠 갖는 것입니다. 폐하의 권위는 분할될 수 없고 은택의 하사를 총신과 함께할 수는 없습니다. 그래서 〈洪範〉에서도 '신하가 위세를 부리고 복을 내리며 좋은 음식을 먹는다면 그 해악이 신하 가문에 미치고 흉악이 나라에 닥칠 것이다.' 라고 하였습니다. 上天의 거울은 크게 밝고 비록 소략한 것 같아도 빠트리는 것이 없으며, 재해와 이변을 백성에게 거듭하더라도 개혁하지 않는다면 이전의 후회를 또 반복하게 될 것입니다. 성인이 아니기 때문에 과오가 없을 수는 없습니다.

바라옵건대, 폐하께서는 옛 선인의 행적을 살피고 깊이 생각하시어 형벌과 은택의 8가지 권한이 폐하가 아닌 다른 곳에서 나오게 해서는 안 됩니다. 만약 은덕이 위에서 아래로 오고 정사가 禮制에 의거하면 사치와 참월한 일은 없어질 것이며 모든 일이 합당하다면 재

난도 없을 것입니다. 그렇게 되면 신령의 기대도 충족되어 재해는
소멸되어 일어나지 않을 것입니다.」

初, 光武善讖, 及顯宗,肅宗因祖述焉. 自中興之後, 儒者
爭學圖緯, 兼復附以訞言. 衡以圖緯虛妄, 非聖人之法, 乃
上疏曰,

「臣聞聖人明審律歷以定吉凶, 重之以卜筮, 雜之以九宮,
經天驗道, 本盡於此. 或觀星辰逆順, 寒燠所由, 或察龜策
之占, 巫覡之言, 其所因者, 非一術也. 立言於前, 有徵於後,
故智者貴焉, 謂之讖書. 讖書始出, 蓋知之者寡. 自漢取秦,
用兵力戰, 功成業遂, 可謂大事, 當此之時, 莫或稱讖. 若夏
侯勝,眭孟之徒, 以道術立名, 其所述著, 無讖一言. 劉向父
子領校秘書, 閱定九流, 亦無讖錄. 成,哀之後, 乃始聞之.

《尙書》堯使鮌理洪水, 九載績用不成, 鮌則殛死, 禹乃嗣
興. 而《春秋讖》云 '共工理水.' 凡讖皆云黃帝伐蚩尤, 而
《詩讖》獨以爲 '蚩尤敗, 然後堯受命.'《春秋元命包》中有
公輸班與墨翟, 事見戰國, 非春秋時也. 又言 '別有益州.'
益州之置, 在於漢世. 其名三輔諸陵, 世數可知. 至於圖中
訖於成帝. 一卷之書, 互異數事, 聖人之言, 勢無若是, 殆必
虛僞之徒, 以要世取資. 往者侍中賈逵摘讖互異三十餘事,

諸言讖者皆不能說. 至於王莽篡位, 漢世大禍, 八十篇何爲
不戒? 則知圖讖成於哀平之際也. 且〈河洛〉,《六藝》, 篇錄
已定, 後人皮傳, 無所容簒.

永元中, 淸河宋景遂以歷紀推言水災, 而僞稱洞視玉版.
或者至於弃家業, 入山林. 後皆無效, 而復采前世成事, 以
爲證驗. 至於永建復統, 則不能知. 此皆欺世罔俗, 以昧勢
位, 情僞較然, 莫之糾禁. 且律歷,卦候,九宮,風角, 數有徵
效, 世莫肯學, 而競稱不占之書.

譬猶畫工, 惡圖犬馬而好作鬼魅, 誠以實事難形, 而虛僞
不窮也. 宜收藏圖讖, 一禁絶之, 則朱紫無所眩, 典籍無瑕
玷矣."」

| 註釋 | ○光武善讖 – 광무제가 처음 흥기할 때 李通(이통)은 도참으로
광무제를 설득하였다. 천하를 차지한 광무제는 그런 주장과 사상을 신뢰
하였다. 讖은 길흉화복의 조짐 참(纖微也), 예언 참. 讖書는 예언을 기록한
글(圖讖符命之書), 또는 圖書. 비결 참. ○圖緯 – 河圖와 緯書(위서). 위서
는 經書의 상대적 개념.《六經》의 내용을 길흉화복의 입장에서 해석하거
나 거기에 예언을 첨부한 글. ○雜之以九宮 – 太一은 北辰(북신, 북극성)의
神名. 인간세계의 八卦의 宮이 있고 그 중앙에 北辰이 있는 宮이 있어 이
를 九宮이라고 하였다. ○寒燠所由 – 寒燠은 寒暖(한난), 燠은 따뜻할 욱.
입김 불 오. ○龜策之占 – 불에 구운 龜甲의 龜裂(균열)로 길흉을 판단하는
거북점과 蓍草(시초) 뽑아 길흉을 판단하는 점술. ○巫覡之言 – 降神을 받
은 여자를 巫(무당 무), 남자를 覡(박수 격)이라 한다. ○夏侯勝, 眭孟 – 眭弘
(휴홍, 字는 孟, 眭는 움펑눈 휴, 성씨)는 魯國人. 전한 昭帝 때 明經으로 議郎이

되었다. 夏侯勝(하후승, 字는 長公)은 東平國 사람으로 宣帝 때 太子太傅 역임. ○劉向父子 — 成, 哀帝 때 조서로 劉向(유향)과 아들 劉歆(유흠)을 시켜 궁중에 보관 중인 서적을 校定하게 하였다. 그때 학문을 9개 학파(九流)로 분류하였다. 九流는 儒家, 道家, 陰陽家, 法家, 名家, 墨家, 縱橫家, 雜家, 農家로 《漢書 藝文志》에 있으나 讖說은 없었다. ○鮌則殛死 — 鮌은 큰 물고기 곤. 殛은 죽일 극. ○公輸班與墨翟 — 公輸班(魯班 前 507? — 444년?)은 춘추시대 최고의 기술자. 중국 匠人의 祖師. '孔子門前讀孝經'과 비슷한 뜻으로, '孔夫子面前莫背三字經'이나 '魯班門前弄大斧' 같은 중국 속담이 있다. 墨翟(묵적)은 묵자. 정확한 생년을 알 수 없고 대략 前 479 — 381년 정도로 추정. ○益州之置, 在於漢世 — 武帝 때 처음 益州刺史部를 설치하였다. ○賈逵(가규, 서기 30 — 101년) — 賈誼의 후손. 洛陽 賈氏, 經學者, 天文學者. 36권, 〈鄭范陳賈張列傳〉 立傳. ○八十篇何爲不戒 — '河洛五九 (45편), 六藝四九(36편), 謂八十一篇也.' ○後人皮傅 — 皮傅(피부)는 깊이 알지 못하고 천박한 내용을 牽强附會(견강부회)하다. ○永建復統 — 永建은 順帝 즉위 후 첫 연호. 復統은 황태자에서 폐위되었다가 다시 제위에 오르다. ○卦候, 九宮, 風角 — 卦候은 64괘를 계절에 따라 분류 배분하여 일기를 예언하는 일. 九宮은 길흉을 점치는 일. 風角은 바람 부는 행태에 따라 길흉을 판단하는 일.

[國譯]

그전에, 光武帝도 讖說(참설)을 좋아하였고, 顯宗(明帝)와 肅宗(章帝)도 그 때문에 참설에 대해 祖述하였다. 光武中興 이후 儒者들은 다투어 도참서를 공부하였고 겸해서 妖言(요언)을 더 보태었다. 장형은 도참과 위서가 허망한 것이며 聖人의 법이 아니라고 생각하여 이를 상소하였다.

「臣이 알기로, 聖人은 律歷(율력)을 명확하게 알아 吉凶을 판단하였고, 卜筮(복서, 점)을 중시하였으며, 太一九宮의 술법을 雜用하였는데 天象을 헤아리고 天道(천도)를 실증하려는 일은 여기서부터 시작되었습니다. 或者는 星辰의 逆行과 順行을 관찰하여 寒暖의 이유를 설명하고, 또는 거북이나 시초 막대로 점을 치면서 무당의 말을 인용하기도 하니 결코 한 가지 방법이 아닙니다. (길흉화복을) 미리 예언하고 나중에 나타나는 징후가 있으면 智者들은 이를 중히 여기면서 讖書(참서)라고 하였습니다. 참서가 처음 출현했을 때는 아마식자들이 매우 적었을 것입니다. 漢이 秦을 차지하면서 군사를 동원하고 싸워 성공한 것은 가히 大事라 할 수 있는데, 그 당시에 이를예언한 사람은 아무도 없었습니다. 夏侯勝(하후승)이나 眭弘(휴홍, 孟은 字) 같은 사람이 道術로 立名했지만 그들의 저술에도 참언은 하나도 없었습니다. 劉向(유향) 부자가 궁중 秘書를 校定하면서 학문을九流로 분류하였지만 역시 참서 기록은 없었습니다. 成帝와 哀帝 이후에야 비로소 알려졌습니다.

《尙書》에서는 堯(요가) 鯀(곤)을 시켜 洪水를 다스리게 하였는데 9년의 세월이 지나도 완공되지 못하자, 곤은 처형되었고 禹(우)가 이어 공사를 했습니다. 그런데 《春秋讖》이란 책에서는 '共工(공공)이 홍수를 다스렸다.'고 하였습니다. 모든 참서에서는 黃帝(황제)가 蚩尤(치우)를 정벌하였다고 하였으며, 《詩讖》에서는 다만 '치우가 패망한 이후에 堯가 천명을 받았다.'고 하였습니다. 《春秋元命包》란 책에서는 公輸班(공수반)과 墨翟(묵적)이 戰國시대 사람이고, 春秋 시대가 아니라고 하였습니다. 또 '별도로 益州를 설치했다.'는 말이 있는데 益州의 설치는 漢代의 일입니다. 三輔지역의 여러 황제의 능은 그 연도를 알 수 있는데 모두 成帝로 끝났습니다. 책 한 권의 내용에 서로 다른 여러 가지 내용이 있는데 聖人의 말씀에는 이런 일이 없으니 필히 虛僞의 무리들이 공명이나 이득을 얻으려고 지어낸 것입니다. 그전에 侍中인 賈逵(가규)는 참서의 내용 중 서로 다른 곳 30여 건을 지적하였는데 참서를 믿는 사람 아무도 이를 반박하지 못했습니다. 王莽(왕망)의 篡位(찬위)는 漢世의 큰 환난이었으나 참서 81편에서는 어째서 이를 경계하지 못했겠습니까? 이를 본다면 도참에 관한 서적은 哀平 연간에 성립되었습니다. 또 〈河洛〉(河圖와 洛書),《六藝》의 편록이 이미 형성된 뒤에 후세 사람이 억지로 첨부한 것이라서 다시 고칠 기회가 없었을 것입니다.

(和帝) 永元 연간에, 淸河國의 宋景(송경)은 천문 운행을 참고로 水災를 예언하면서 거짓으로 玉版에 투영된다고 말하였습니다. 그러자 어떤 자는 가산을 다 처분하고 산속에 들어갔습니다. 그 뒤에 아무 일도 없자 다시 옛날에 있었던 일로 증명하였습니다. 순제께서 다시 제위에 오른 일도 알지 못하였습니다. 이상의 모두가 세속 사람을 속이는 사례이니 권세나 지위를 얻으려는 거짓이 확실한데도 이를 아무도 제재하지 않고 있습니다. 그리고 律歷, 卦候, 九宮, 風角의 여러 술수들이 아무 효험도 없으나 아니 배우려는 사람이 없으며 또 점을 치는 책이 아니라고도 말합니다.

이를 그림 그리는 畫工에 비유하자면, 개나 말을 그리는 것보다 귀신이나 도깨비 그리는 것을 좋아하는 것은 사실대로 그리기가 어렵기 때문이며 그런 허위는 사실 끝이 없는 것입니다. 응당 도참에 관한 책을 거두어 보관하고 금지한다면 주황이나 紫色(자색)에 현혹되는 일이 없을 것이며 경전도 더럽혀지지 않을 것입니다.」

　後遷侍中, 帝引在帷幄, 諷議左右. 嘗問衡天下所疾惡者.
宦官懼其毀己, 皆共目之, 衡乃詭對而出. 閹豎恐終爲其患,
遂共讒之. 衡常思圖身之事, 以爲吉凶倚伏, 幽微難明, 乃
作〈思玄賦〉, 以宣寄情志. 其辭曰,

| 註釋 |　○〈思玄賦〉 – 玄은 道이며 德이다. 老子는 '此兩者(有無)는 同
出而異名이나 同謂之玄이라. 玄之又玄은 衆妙之門이다.' 라고 말했다.《老
子道德經》1장. 장형의〈二京賦〉는 班固의〈兩都賦〉를 모방한 작품이고
〈思玄賦〉는 屈原의《離騷》에 이어 그 結構가 비슷하고 辭采를 많이 활용
하였다. 前漢代의 賦가 宮苑의 모습이나 田獵 등 주로 황제의 즐거움을 위
한 작품이었다면〈思玄賦〉는 文辭가 청신 명쾌하고 志士 개인의 眞情과
志向이 그대로 나타나 있다.〈思玄賦〉는 우주와 인간의 심원한 이치를 탐
구하며 인간의 길흉화복은 예측할 수 없으니 성현의 가르침을 성실히 따
라야 한다는 장형의 기본 사상이 잘 반영된 작품이다. 내용은 장형이 지상
의 사방을 유람하고 바다와 지하세계, 그리고 천상과 우주를 마음껏 유람
하고 고향에 돌아와 인의를 따르고 선현을 배우겠다는 장형의 지향을 서
술하였다.〈思玄賦〉는《文選》15권에도 수록.

[國譯]

　張衡은 뒤에 승진하여 侍中이 되었는데, 順帝는 장형을 궁전 안
으로 불러 측근에 대한 평판을 묻기도 하였다. 한 번은 장형에게 천
하에 가장 미워하는 자가 누구냐고 묻기도 하였다. 환관은 장형이
자신들을 비판할까 걱정이 되어 모두가 눈짓을 하였고 장형은 거짓
으로 대답한 뒤에 나왔다. 환관들은 결국 자신들에게 좋지 않을 것

이라 생각하여 장형을 모함하였다. 장형은 늘 자신의 안전을 생각하였고, 길흉은 상호 의존하며 은미한 징조를 밝게 이해하기 어렵다고 생각하여 〈思玄賦〉를 지었고 그 글에 자신의 뜻을 기탁하였다. 그 글에서 장형이 말했다.

＊〈思玄賦〉- 張衡

原文

「仰先哲之玄訓兮, 雖彌高其弗違. 匪仁里其焉宅兮, 匪義多其焉追? 潛服膺以永靚兮, 綿日月而不衰. 伊中情之信脩兮, 慕古人之貞節. 竦余身而順止兮, 遵繩墨而不跌. 志團團以應懸兮, 誠心固其如結. 旟性行以制佩兮, 佩夜光與瓊枝. 纂幽蘭之秋華兮, 又綴之以江蘺. 美襞積以酷裂兮, 允塵邈而難虧. 旣娉麗而鮮雙兮, 非是時之攸珍. 奮余榮而莫見兮, 播餘香而莫聞. 幽獨守此仄陋兮, 敢怠皇而舍勤. 幸二八之遴虞兮, 喜傅說之生殷. 尙前良之遺風兮, 恫後辰而無及. 何孤行之煢煢兮, 孑不群而介立? 感鸞鷖之特棲兮, 悲淑人之稀合.」

| 註釋 | ○玄訓 - 道德之訓. 彌高는 더욱 높아지다. ○匪仁里~ - 匪는 아닐 비(非 同), 대나무 상자 비. 담다. 「里仁爲美, 宅不處仁, 焉得知?」《論語 里仁》. 里와 宅은 살다. ○服膺 - 가슴에 간직하다. 膺은 가슴 응(胸

也). 永覗의 覗은 정숙할 정(靜 同). ○信脩 - 自修하여 善을 행하다. ○竦
余身~ - 竦은 발돋움할 송(企立也). 우뚝 솟다. 공경할 송. ○遵繩墨而不
跌 - 繩墨(승묵)은 먹 줄. 禮法을 의미. 跌은 넘어질 질. 넘어지다(蹉也).
○團團 - 여기서는 마음이 불안한 모양. ○旌性行~ - 旌(깃발 정)은 明也.
○夜光 - 美玉. 瓊枝(경지)는 玉樹. 堅貞을 뜻함. ○纂幽蘭之秋華兮 - 纂
은 모을 찬. 붙들어 매다(繫也). ○江蘺 - 蘺는 천궁 리(이). 香草也. 아름
다운 덕행을 의미. ○美嬰積以酷裂兮 - 嬰積(벽적)은 옷의 주름. 酷裂(혹
열)은 향기가 매우 진하다. ○允塵邈而難虧 - 允은 진실로(信也). 塵은 묵
을 진. 오래되다(久也). 티끌 진. 邈은 멀 막(遠也). 虧(이지러질 휴)는 쉬다
(歇也). 道德이 아름다워 오래도록 쇠퇴하지 않는다는 뜻. ○娧麗 - 娧는
아름다울 과(好也). 鮮은 없다. 드물다. ○攸珍 - 귀하게 여기는 바. 攸는
바 유(所也). 아름다운 덕을 時人은 진귀하게 여기지 않다. ○敢怠皇而舍
勤 - 怠는 게으름 태(惰也). 皇은 겨를 황(暇也). 舍는 버리다(捨也, 廢也).
○幸二八之遌虞兮 - 二八은 八元과 八愷(팔개). 八元은 고대 高辛氏의 才
子 8인. 八愷는 高陽氏의 才子 8인. 遌는 만날 오(遇也). 虞는 虞舜. 傅說
(부열)은 殷의 賢人. ○尙前良~ - 尙은 慕也. ○恫後辰~ - 恫은 상심할 통
(痛也), 辰(신)은 때(時也). ○煢煢(경경) - 煢은 외로울 경. 介立은 우뚝 서
다. 굳게 절개를 지키다. 홀로 서다. ○感鸞鷖之特棲兮 - 鸞(난새 난)은 女
默山에 산다는 오색의 새 이름. 천하가 태평할 때 출현한다. 鷖(예)는 九疑
山에 산다는 五采의 鳥名. 特은 홀로(獨也). ○悲淑人之稀合 - 淑은 착할
숙(善也).

[國譯]

　「先哲의 玄訓을 仰視하면 더욱 위대하여 어길 수 없다.
　仁里가 아니면 살 수 없고 도의가 아니면 어찌 따르겠는가?
　은밀히 가슴에 새겨 고이 간직해 세월 가도 아니 변하리라.

마음을 닦아 선을 실천하고 古人의 貞節을 흠모하노라.

우러러 보며 행실을 따르며 예법 지켜 어기지 않으리라.

불안한 마음 의지할 데 없어도 성심으로 지켜 가리라.

바른 性行을 지켜나가고 夜光珠와 玉樹처럼 변함없으리라.

그윽한 蘭의 가을꽃을 모으고 또 香草로 엮으리라.

아름다운 의상에 진한 향기는 오래도록 변하지 않으리라.

둘도 없는 훌륭한 덕이나 時人이 아까워하지 않도다.

나의 美德을 알아보는 이 없고 美香도 알아보지 못한다.

홀로 이 외진 곳에서 지키나 게으름을 피울 경황이 없도다.

다행히 才子와 함께 舜을 만나고 殷 傅說의 출생을 기뻐했다.

先賢의 유풍을 숭상하고 후세가 못 따라가니 가슴 아프다.

어찌 혼자만 바른 행실로 쓸쓸히 멀리 우뚝 서 있는가?

鸞鷖(난예)처럼 홀로 속세에 못 끼는 善人을 슬퍼하노라.」

原文

「彼無合其何傷兮, 患衆僞之冒眞. 旦獲讁於群弟兮, 啓〈金
縢〉而乃信. 覽蒸民之多僻兮, 畏立辟以危身. 曾煩毒以迷
或兮, 羌孰可與言己? 私湛憂而深懷兮, 思繽紛而不理. 願
竭力以守義兮, 雖貧窮而不改. 執雕虎而試象兮, 阽焦原而
跟止. 庶斯奉以周旋兮, 要旣死而後已. 俗遷渝而事化兮,
泯規矩之圜方. 珍蕭艾於重笥兮, 謂蕙芷之不香. 斥西施而
弗御兮, 羈要褭以服箱. 行陂僻而獲志兮, 循法度而離殃.

惟天地之無窮兮, 何遭遇之無常! 不抑操而苟容兮, 譬臨河
而無航. 欲巧笑以干媚兮, 非余心之所嘗. 襲溫恭之黻衣兮,
披禮義之繡裳. 辮貞亮以爲鞶兮, 雜技藝以爲珩. 昭彩藻與
雕琢兮, 璜聲遠而彌長. 淹棲遲以恣欲兮, 耀靈忽其西藏.
恃己知而華予兮, 鶗鴂鳴而不芳. 冀一年之三秀兮, 遹白露
之爲霜. 時亹亹而代序兮, 疇可與乎比伉? 咨妒嫮之難並
兮, 想依韓以流亡, 恐漸冉而無成兮, 留則蔽而不章.」

| **註釋** | ○旦獲讟於群弟兮 - 旦은 周公. 讟은 원망할 독(謗也). 群弟는
周公의 弟인 管叔, 蔡叔 등 나라에 재앙이 닥치자 成王이 大夫를 시켜〈金
縢之書〉를 열게 하였고 읽어보고서 周公의 충심을 알았다.《尙書 周書 金
縢》참고. ○覽蒸民之多僻兮 - 蒸(찔 증)은 衆也. 僻은 후미질 벽. 사악(邪
也). ○畏立辟~ - 辟은 법 벽(法也). ○曾煩毒~ - 曾은 거듭(重也). ○羌
孰可與言己 - 羌은 發語辭. 종족 이름 강. ○思繽紛~ - 繽紛(빈분)은 어지
러운 모양. ○執雕虎~ - 雕虎는 무늬 있는 호랑이. ○阽焦原而跟止 - 阽
은 임할 염(臨也). 다다르다. 위태로울 점. 떨어지려 하다. 焦原(초원)은 莒
國(거국)의 巨人, 原이 이름. 跟은 발꿈치 근(足踵也). 따르다. 험한 난관을
피하지 않고 인의를 실천하겠다는 뜻. ○俗遷渝~ - 遷渝는 옮겨가고 변
하다. 渝는 달라질 투. ○泯規矩~ - 泯은 망할 민. 멸망하다(滅也). 規矩
(규구)는 원을 그리는 그림쇠(規)와 직각자(矩). 지켜야 할 법도. 행위의 표
준. ○珍蕭艾於重笥兮 - 蕭는 맑은 대 쑥 소(蒿也). 艾는 쑥 애. 笥는 상자
사(篋也). 소인이 높은 자리를 차지한 것을 말함. ○謂蕙芷~~ - 蕙는 향 풀
혜. 芷는 구리때 지. 香草. 蕙芷가 不香하다는 현인을 放棄한다는 뜻. ○斥
西施~ - 斥은 물리칠 척(遠也). 西施(서시)는 越의 美女. ○羈要褭以服箱
- 羈는 굴레 기. 要褭(요뇨)는 고대의 준마 이름. 褭는 좋은 말 이름 요(嫋).

服은 멍에를 메다(駕也). 箱은 수레(車也). 賢人을 등용하지 못한다는 뜻. ○陂僻(피벽) - 옳지 않다. 비뚤어지다. 陂는 비탈 피. 간사하다(不正也). ○離殃(이앙) - 재앙을 당하다. 離는 당하다(被也). ○苟容(구용) - 구차하게 남의 비위를 맞추다. 航은 배(船也). ○襲溫恭之黻衣兮 - 襲은 옷을 껴입다(重也). 받다. 黻은 수놓을 불. 弓을 앞뒤로 배치한 모양의 수. 五色備曰 繡는 수놓을 수. 五色을 갖춤. ○辮貞亮以爲鞶兮 - 辮 땋을 변(交織也). 鞶은 넓고 큰 띠 반. ○雜技藝以爲珩 - 珩은 노리개 형. ○璜聲遠~ - 璜은 서옥 황.(佩玉也) 半璧(반벽). 도덕의 융성을 묘사. ○淹棲遲以恣欲兮 - 淹은 담글 엄. 오래되다(久也). 棲遲(서지)는 놀며 쉬다(游息也). ○耀靈忽~ - 耀靈(요령)은 해(日也). 나이만 헛먹었다는 탄식. ○恃己知而華予兮 - 己知는 본인의 재능을 알다. 華는 영화. 영광. 予는 張衡 자칭. ○鶗鴂鳴而不芳 - 鶗鴂(제결)은 두견이. 뱁새. 鴂은 뱁새 결. 아첨하는 소인배. ○冀一年之三秀兮 - 三秀는 1년에 세 번 꽃을 피운다는 芝草. ○遒白露之爲霜 - 遒는 다가설 주. 촉박하다(迫也). 견고하다. 白露가 서리로 변한다는 賢人이 참소를 당하다. ○時亹亹而代序兮 - 亹亹(미미)는 나아가는 모양(進貌也). 亹는 힘쓸 미. 사계절이 교대하다. ○疇可與乎比伉 - 疇는 밭두둑 주. 무리, 짝. 伉은 짝 항(偶也). ○咨妒嫮之難並兮 - 咨는 탄식할 자(歎也). 妒는 투기할 투(忌也). 嫮는 아름다울 호(美也). ○想依韓以流亡 - 韓은 齊의 仙人인 韓終(한종). ○恐漸冉而無成兮 - 漸은 점차. 점점. 冉은 나아갈 염. 세월이 흘러가다.

[國譯]

「속세에 영합도 못하며 진실이 거짓에 눌림을 걱정하나?
아우들 비방을 받던 周公은 〈金縢〉이 열리자 신뢰를 받았다.
사악한 많은 사람이 보고 법도를 지킨 자신을 해칠까 걱정했다.
거듭 마음고생과 의혹에서 누구와 같이 참뜻을 말하리오!

마음 걱정을 풀고 어지러워 손댈 수 없는 일을 궁리했다.

힘을 다해 대의를 지키고 빈곤에도 아니 변하길 원한다.

호랑이로 코끼리와 겨뤄보고 焦原(초원)를 따라 가리라.

바라나니 예의로 답하고 죽더라도 결심은 불변하리라.

풍속과 세상사도 달라지고 행위의 표준도 없어졌다.

쑥을 貴하다며 상자에 보관하고 香草는 향이 없다 하네.

西施를 멀리 내치고, 준마에 굴레 씌워 수레를 끌게 한다.

부정한 자가 뜻을 얻고 준법자는 재앙을 당한다.

끝없이 넓은 천지에 왜 이리 無常을 겪어야 하는지!

지조 없이 비위 맞추기는 강에 배가 없는 것과 같도다.

눈웃음으로 인정받기는 진심으로 원하는 바가 아니다.

온화 공경의 옷을 입고 수놓은 좋은 예복을 착용한다.

정직, 信義의 큰 띠를 매고 여러 재주로 노리개를 삼다.

밝은 무늬, 다듬은 玉을 차니 패옥소리 널리 울려난다.

오래 쉬며 마음대로 하다 보니 해는 갑자기 서산에 진다.

내 재능이라 자신만만했지만 설친 소인배에 당하기만 했다.

1년에 3번 꽃 필 芝草가 白露가 서리(霜)로 내릴까 두렵다.

세월이 돌아 교대하니 누구와 함께 짝을 이루어야 하나?

질투로 미인과도 함께 못하니 韓終을 따라 떠나고 싶도다.

세월은 가고 성취 없으니 속세에 묻혀 뜻을 펴지도 못한다.」

│原文

「心猶與而狐疑兮, 卽岐址而攄情. 文君爲我端蓍兮, 利飛遁以保名. 歷衆山以周流兮, 翼迅風以揚聲. 二女感於崇岳兮, 或冰折而不營. 天蓋高而爲澤兮, 誰云路之不平! 勔自强而不息兮, 蹈玉階之嶢崢. 懼筮氏之長短兮, 鑽東龜以觀禎. 遇九皋之介鳥兮, 怨素意之不逞. 游塵外而瞥天兮, 據冥翳而哀鳴. 鵰鶚競於貪婪兮, 我修絜以益榮. 子有故於玄鳥兮, 歸母氏而後寧.」

| 註釋 | ○心猶與而狐疑兮 – 猶與(유여)는 猶豫(유예). 狐疑(호의)도 의심하여 결정하지 못하다. ○卽岐址而攄情 – 岐址는 岐山 아래(山足也). 周文王이 터를 잡은 곳. ○文君爲我端蓍兮 – 文君은 文王. 蓍는 시초점 시. 시초를 뽑아 점을 치다. ○歷衆山以周流兮 – 天(☰)山(☶)遯(둔). 〈遯卦(둔괘)〉. 艮(간, ☶)이 山이기에 여러 산이라 하였다. ○翼迅風以揚聲 – 翼은 날개 익. 바람을 타다. 迅風(신풍)은 질풍. ○二女感於崇岳兮 –《易》澤(☱)山(☶)咸(함), 〈咸卦〉의 뜻을 풀이하였다. 咸은 感과 通. 二女는 아래의 陰爻(음효)를 말한 것. 이것이 위에 있는 ☰(이를 崇岳이라 했다)과 交感한다는 설명이다. ○天蓋高而爲澤兮 – 乾(☰)이 바뀌면 兌(태 ☱, 澤)이 된다. 말만하고 실천이 없다는 뜻. ○勔自强而不息兮 – 勔은 힘쓸 면(勉也). 自强不息은 스스로 노력하다. ○蹈玉階之嶢崢 – 乾은 金玉처럼 강하니, 이를 玉階라 하였다. 嶢崢(요쟁)은 높고 험준한 산. 嶢는 높을 요. 崢은 가파를 쟁. ○懼筮氏之長短兮 – 점괘의 결과를 걱정하다. 시초 점괘는 나쁘고 거북점괘는 좋으니 나쁜 것을 버리고 좋은 점괘를 다르겠다는 뜻. ○鑽東龜以觀禎 – 鑽은 거북점을 치려고 거북 등에 구멍을 뚫다. 뚫을 찬. 東龜는 六龜의 하나로 靑色이라고 했다. 禎은 상서로울 정. ○遇九皋之介鳥兮 – 皋은 못 고. 늪. 연못가의 땅. 명령할 호. 九皋는 깊고 멀다는 뜻. 介는 굳셀 개(耿介也). ○怨素意之不逞 – 逞은 즐거울 영(快也). 굳세다. ○游

塵外而瞥天兮 – 塵外(진외)는 인간 세계를 벗어난 곳. 瞥은 언뜻 볼 별.
○冥翳 – 높고 먼 곳(高遠也). 冥은 어둘 명. 翳는 덮을 예. 그늘, 日傘(일
산). ○鶇鶚競於貪婪兮 – 鶇는 수리 조. 鶚는 물수리 악. 모두 맹금류. 여
기서는 아첨하고 모함하는 소인배. 貪婪(탐람)은 욕심이 많다. 貪은 재물을
탐내다. 婪은 탐할 람. 음식에 대한 욕심. ○子有故於玄鳥兮 – 子는 張衡
자신. 有故於玄鳥는 점을 쳐서 鶴兆를 얻었다는 뜻. 자식이 어미에 가서
편안하다. 신하가 현군을 만나 出仕한다는 뜻.

【國譯】

「마음이 유예, 狐疑(호의)하니 岐山(기산) 아래서 뜻을 폈도다.
文王이 나를 위해 점치니 은둔이 性命에 이롭다고 한다.
衆山을 넘어 곳곳에 노닐고 질풍을 타고 이름을 날린다.
二女가 崇岳과 교감하나 얼어 부러지니 영화도 없도다.
上天이 연못으로 변했나니 험한 길이라 누가 불평하나!
애써 自强不息하나니 玉階를 밟고 험준한 산에 오르리라.
점괘의 길흉이 걱정되어 다시 거북점으로 길흉을 본다.
깊은 물 가, 큰 새를 만나서 성취 못한 뜻을 호소하였다.
속세를 벗어나서 하늘을 보고 어두운 곳에서 슬피 운다.
물수리들 욕심을 다투지만 정결한 나는 영광을 누리리라.
내가 점을 쳐 玄鳥를 얻으니 賢君에 出仕하게 되리라.」

■原文

「占旣吉而無悔兮, 簡元辰而俶裝. 旦余沐於淸原兮, 晞余髮於朝陽. 漱飛泉之瀝液兮, 咀石菌之流英. 翾鳥擧而魚躍兮, 將往走乎八荒. 過少皡之窮野兮, 問三丘乎句芒. 何道眞之淳粹兮, 去穢累而票輕. 登蓬萊而容與兮, 鼇雖抃而不傾. 留瀛洲而釆芝兮, 聊且以乎長生. 憑歸雲而遐逝兮, 夕余宿乎扶桑. 噏靑岑之玉醴兮, 餐沆瀣以爲糧. 發昔夢於木禾兮, 穀崐崙之高岡. 朝吾行於湯谷兮, 從伯禹於稽山. 集群神之執玉兮, 疾防風之食言.」

| **註釋** | ○占旣吉而無悔兮 - 悔는 재앙. ○簡元辰而俶裝 - 簡은 선택하다. 元辰은 吉辰. 元은 善, 美好의 뜻. 俶裝은 행장을 준비하다. 俶은 정돈할 숙. ○旦余沐於淸原兮 - 旦은 새벽. 沐는 머리 감다. 淸原은 맑은 샘. ○晞余髮於朝陽 - 晞는 말리다(乾也). 朝陽은 해(日也). 산의 동쪽. ○漱飛泉之瀝液兮 - 漱는 양치할 수. 飛泉은 폭포. 瀝液(역액)은 가는 물줄기(微流也). ○咀石菌之流英 - 咀는 씹을 저(嚼也). 石菌(석균)은 돌 위에 자란 영지. 瑞草. 流英은 떨어진 영지의 꽃. ○翾鳥擧而魚躍兮 - 翾鳥는 빨리 나는 새. 翾은 파득거리며 날 현. ○將往走乎八荒 - 走는 가다. 八荒은 八方의 荒遠地. ○過少皡之窮野兮 - 過는 방문하다. 少皡(소호, 少昊)는 窮桑(궁상)에 살면서 曲阜(곡부)에 도읍하였기에 窮桑帝(궁상제)라고도 칭한다. 張衡의 마음속 여행은 동방으로 먼저 향했다. ○問三丘乎句芒 - 三丘는 東海의 三山. 蓬萊, 方丈, 瀛洲(영주)를 지칭. 句芒(구망)은 東方의 神. ○何道眞之淳粹兮 - 道眞은 道德의 진솔함. 淳粹(순수)는 純粹. ○去穢累而票輕 - 穢累(예루)는 속세의 더러움. 票輕(표경)은 가볍게 날리다(飄逸輕揚). ○留瀛洲而釆芝兮 - 瀛洲山(영주산)에 신선초 영지가 자라는데 그 영지로 술을 담가 마시면 長生할 수 있다. ○憑歸雲而遐逝兮 - 憑은 기댈 빙. 歸雲은 저녁때의 구름. 遐逝(하서)는 멀리가다. ○夕余宿乎扶桑 - 扶桑(부상)은 나

무 이름. 해가 뜨는 곳. ○噏靑岑之玉醴兮 - 噏은 들이쉴 흡. 靑岑(청잠)은
靑山. 玉醴(옥례)는 玉泉. ○餐沆瀣以爲糧 - 沆瀣(항해)는 한밤의 精氣. 沆
은 넓을 항. 瀣는 이슬 기운 해. ○發昔夢於木禾兮 - 發은 깨다. 昔夢은 夕
夢. 木禾는 곤륜산에 자란다는 곡식. ○穀崐崙之高岡 - 穀은 종자를 심다
(種植). 崐崙(곤륜)은 중국 新疆省의 파미르 고원에서 靑海省에 이르는 대
산맥. 신선의 거주지. 西王母의 관할 구역이라고 생각했다. ○朝吾行於湯
谷兮 - 行은 놀다. 湯谷은 해가 뜨는 곳(日所出也). ○從伯禹於稽山 - 伯禹
는 夏의 禹王, 안읍에 도읍. 건국. 동쪽을 순수하다가 會稽山(회계산)에서
죽었다. ○集群神之執玉兮 - 群神은 禹의 여러 신하. 執玉은 회맹에서 사
용하는 비단과 瑞玉. ○疾防風之食言 - 疾은 미워하다. 防風은 고대 부락
의 추장 이름. 食言은 言而不行.

[國譯]

「점괘가 吉하고 無災라 택일하여 여장을 챙긴다.

새벽에 맑은 샘에서 머리를 감고 햇볕에 머리를 말린다.

폭포 물로 양치하고 돌 위에 자란 영지의 꽃을 씹는다.

새가 빨리 날고 고기가 뛰는데, 나는 八方 끝까지 가리라.

少昊氏의 窮野에 들렸다가 句芒에게 三山을 물어본다.

선인의 도는 순수하나니 俗塵을 털고 가볍게 날은다.

蓬萊山에서 편히 즐기니 大龜 위에 있어도 기울지 않는다.

瀛洲山(영주산)에 머물며 영지를 따서 長生不老하고 싶도다.

석양 구름 타고 멀리 가서 나는 밤에 扶桑에서 잤도다.

청산 玉泉을 마시고 밤의 정기를 먹어 양식을 대신한다.

밤에 木禾(목화)를 곤륜산 높은 곳에 심는 꿈을 꾸었다.

아침에 湯谷에서 놀았고 夏禹를 따라 會稽(회계)로 갔다

群仙이 瑞玉을 가지고 모였는데 食言한 防風을 미워했다.」

原文

「指長沙以邪徑兮, 存重華乎南鄰. 哀二妃之未從兮, 翩儐
處彼湘瀕. 流目眺夫衡阿兮, 睹有黎之圮墳. 痛火正之無懷
兮, 托山陂以孤魂. 愁蔚蔚以慕遠兮, 越卬州而愉敖. 躋日
中於昆吾兮, 憩炎天之所陶. 揚芒熛而絳天兮, 水泫沄而湧
濤. 溫風翕其增熱兮, 怒鬱邑其難聊. 顧羈旅而無友兮, 余
安能乎留茲?

顧金天而歎息兮, 吾欲往乎西嬉. 前祝融使舉麾兮, 纚朱
鳥以承旗. 躔建木於廣都兮, 拓若華而躊躇. 超軒轅於西海
兮, 跨汪氏之龍魚. 聞此國之千歲兮, 曾焉足以娛余?」

| 註釋 | ○指長沙以邪徑兮 – 前漢의 長沙國, 후한에서는 郡名. 今 湖南
省 省會. 邪徑은 斜徑. 회계산에서 보면 서남쪽. ○存重華乎南鄰 – 存은
문안하다. 重華는 舜의 이름. ○哀二妃之未從兮 – 二妃는 舜의 妻인 堯의
딸 娥皇(아황)과 女英(여영). 舜이 南巡 중에 죽어서 蒼梧(창오)의 들판에 묻
힐 때 아황과 여영은 따라가지 않았다. ○翩儐處彼湘瀕 – 翩儐(편빈)은 날
아가는 모양. 瀕은 물가 빈(水涯也). 舜이 蒼梧에서 죽은 뒤, 二妃는 長江
과 湘水(상수) 사이에서 죽어 神이 되었는데 백성들은 湘君 또는 湘夫人이
라고 불렀다. ○衡阿 – 오악 중 南嶽인 衡山(형산)의 구비. 기슭. ○黎(려)
– 顓頊(전욱)의 아들 祝融(축융). 高辛氏의 火正인데 衡山에 묻혔다. 圮墳
(비분)의 圮는 무너질 비(毁也). 산사태로 무덤이 쓸려 내려갔다. ○痛火正

之無懷兮 – 無懷는 기탁할 곳이 없다. ○愁蔚蔚以慕遠兮 – 蔚蔚(울울)은 걱정하는 모양. 慕遠은 먼 곳까지 가다. ○越卬州而愉敖 – 越은 넘어가다. 卬州(앙주)는 고대 전설 속 9州의 하나. 중국의 정남쪽에 있다고 하였고 그 땅을 深土(심토)라고 부른다. 愉敖(유오)는 멀리까지 다니며 놀다. 愉는 즐거울 유. 敖는 놀 오. ○躋日中於昆吾兮 – 躋는 오를 제. 日中은 정오. 昆吾(곤오)는 남쪽의 丘名, 해가 日中에 있는 곳. ○憩炎天之所陶 – 憩는 쉴 계. 炎天은 한낮의 햇볕. 陶는 구울 도. 불길(炎熾). ○揚芒熛而絳天兮 – 揚은 放射하다. 芒熛(망표)는 화염. 火光(光芒也). 熛는 화염. 불똥. 絳天(강천)은 하늘에 붉게 되다. 동사로 쓰였다. ○水泫沄而涌濤 – 泫沄(현운)은 물이 비등하는 모양, 물이 세차게 흐르는 모양. 涌濤(용도)는 크게 물결치는 모양. ○溫風翕其增熱兮 – 溫風은 炎風. 翕은 모으다. 합할 흡. ○惄鬱邑其難聊 – 惄은 근심할 녁(역)(思也). 허기지어 출출한 모양. 鬱邑(울읍)은 걱정하는 모양. 難聊(난요)는 의지할 곳이 없다. 聊는 의지할 료(賴也). ○䯁羈旅而無友兮 – 䯁은 혼자 골(獨也). 羈旅(기여)는 나그네. ○顧金天而歎息兮 – 金天氏는 西方之帝인 少皞(소호). ○吾欲往乎西嬉 – 嬉는 즐길 희(戲也). ○前祝融使舉麾兮 – 祝融(축융)은 高辛씨의 火正. 舉麾는 깃발을 휘두르다. 앞길에 서다. ○纚朱鳥以承旗 – 纚(갓끈 리)는 깃대에 매어 달다. 朱鳥는 봉황, 별자리 이름. ○躔建木於廣都兮 – 躔은 밟을 전. 통과하다. 궤도, 建木은 神木. 가지도 없으며, 해가 떠도 그림자가 없으며 신들이 이 나무를 이용하여 오르내린다고 하였다. 廣都는 后稷(후직)이 묻힌 곳. ○拓若華而躊躇 – 拓은 주울 척. 若華는 해가 지는 곳에 자라는 神木인 若木(약목)의 꽃. 躊躇(주저)는 배회하며 나아가지 못하는 모양. ○超軒轅於西海兮 – 超는 지나가다. 軒轅(헌원)은 전설 속의 나라 이름. 그곳 사람들은 人面에 뱀의 몸을 가졌는데 수명이 짧은 사람이 8백 살을 산다고 하였다. 西海는 서쪽. ○跨汪氏之龍魚 – 跨는 타넘을 과. 넘어가다. 汪氏(왕씨) 西海 밖에 있는 나라 이름. 이 나라에는 신선이 타고 다니는 잉어와

비슷한 龍魚가 많다고 하였다.

[國譯]

「서남쪽 長沙로 가서, 그 남쪽에서 重華(舜)을 찾아뵌다.

二妃가 따라가지 못해 슬프고 저 湘水 강가에 나란히 묻혔다.

눈을 돌려 衡山 기슭을 보니 黎(祝融)의 무너진 무덤이 있다.

火正(祝融)이 갈 곳 없어 산기슭에 떠도는 고혼을 슬퍼하노라.

마음이 울적하여 먼 곳 남쪽 卬州(앙주)까지 놀러 다닌다.

日中에 昆吾(곤오)에 올랐다가, 炎天의 불볕에 잠시 쉬었다.

태양의 불꽃에 하늘이 붉고, 물은 세차게 용솟음치며 흐른다.

溫風에 그 열기를 더하고 근심 걱정에 의지할 데가 없다.

혼자 나그네라 벗도 없으니 내 어찌 여기 머물겠는가?

서방 金天을 보고 탄식하며 나는 서쪽에서 즐겨야겠다.

祝融(축융)이 깃발을 들고 앞서가는데 봉황 장식을 매달았다.

廣都에 있는 建木(건목)을 지나 若木의 꽃을 줍고 배회한다.

西海의 軒轅國을 지나고, 龍魚가 많은 汪氏國도 지나갔다.

여기 사람이 천년을 산다 하여 내가 어찌 즐겁겠는가?」

原文

「思九土之殊風兮, 從蓐收而逯徂. 欸神化而蟬蛻兮, 朋精粹而爲徒. 躙白門而東馳兮, 云台行乎中野. 亂弱水之潺湲兮, 逗華陰之湍渚. 號馮夷俾清津兮, 棹龍舟以濟予. 會帝軒之未歸兮, 恨相佯而延佇. 呬河林之蓁蓁兮, 偉〈關雎〉之

戒女. 黃靈詹而訪命兮, 摎天道其焉如. 曰近信而遠疑兮,
六籍闕而不書. 神遌昧其難覆兮, 疇克謨而從諸? 牛哀病而
成虎兮, 雖逢昆其必噬. 鼅令嬖而屍亡兮, 取蜀禪而引世.
死生錯而不齊兮, 雖司命其不晰. 寶號行於代路兮, 後膺祚
而繁廡. 王肆侈於漢庭兮, 卒銜恤而絶緒. 尉尨眉而郎潛兮,
逮三葉而遘武. 董弱冠而司袞兮, 設王隧而弗處. 夫吉凶之
相仍兮, 恒反側而靡所. 穆負天以悅牛兮, 豎亂叔而幽主.
文斷袪而忌伯兮, 閽謁賊而寧後. 通人闇於好惡兮, 豈愛惑
之能剖? 嬴擿讖而戒胡兮, 備諸外而發內. 或輦賄而違車
兮, 孕行産而爲對. 慎, 竈顯於言天兮, 占水火而妄誶. 梁叟
患夫黎丘兮, 丁厥子而事刃, 親所睎而弗識兮, 矧幽冥之可
信. 毋綿攣以涬己兮, 思百憂以自疢. 彼天監之孔明兮, 用
棐忱而佑仁. 湯蠲體以禱祈兮, 蒙厖祉以拯人. 景三慮以營
國兮, 熒惑次於它辰. 魏顆亮以從理兮, 鬼亢回以敝秦. 咎
繇邁而種德兮, 德樹茂乎英, 六. 桑末寄夫根生兮, 卉旣凋而
已毓. 有無言而不讎兮, 又何往而不復? 盍遠迹以飛聲兮,
孰謂時之可蓄?」

| 註釋 | ○九土 – 九州. ○蓐收(욕수) – 西方의 神. 徂는 갈 조(往也). 중
국으로 돌아왔다. ○欻神化而蟬蛻兮 – 欻은 홀연히 홀. 바람이 빠르게 부
는 모양(疾貌也). 蟬은 매미 선. 蛻는 허물 세, 허물 벗을 세(태). ○朋精粹
而爲徒 – 朋은 짝을 하다. 반려로 삼다. 粹는 순수할 수. 아름답다. ○蹶
白門而東馳兮 – 蹶은 넘어질 궐. 지나가다(行處之貌也). 白門은 天地의 끝

에 있는 8개의 門에서 西方의 문. ㅇ云台行乎中野 - 云은 어조사. 台는 나이(我也). 별 태. 中野는 荒野. ㅇ亂弱水之潺湲兮 - 亂은 건너갈 난(란), 다스릴 란. 弱水(약수)는 서방에 있다는 강 이름. 潺湲(잔원)은 물이 흐르다. 潺은 물 흐를 잔. 물이 졸졸 흐르는 소리. 湲은 물 흐를 원. ㅇ逗華陰之湍渚 - 逗는 머무를 두(止也). 華陰은 華山의 北쪽. 湍은 여울 단. 渚는 물가 저. ㅇ號馮夷俾清津兮 - 號는 부르다. 馮夷(풍이)는 황하의 水神인 河伯. 俾는 시키다. 더할 비. 清津은 맑은 물이 흐르는 나루터. ㅇ棹龍舟以濟予 - 棹는 노 도. 배를 젓는 도구. 予는 나 여(我也). ㅇ帝軒 - 黃帝. 황제는 신선이 되어 승천했는데 그 신령은 아직 돌아오지 않았다는 뜻. ㅇ悵相佯而延佇 - 悵은 슬퍼할 창. 相佯은 徜佯(상양). 배회하다. 거닐다. 延佇(연저)는 오랫동안 서있다. 延은 오랠 연, 끌 연. 佇는 우두커니 저. ㅇ呬河林之蓁蓁兮 - 呬는 쉴 희(息也). 蓁蓁(진진)은 무성한 모양. 蓁은 우거질 진. ㅇ偉〈關雎〉之戒女 - 偉는 찬미하다. 〈關雎(관저)〉는《詩經 周南》의 첫 장. 后妃의 덕을 칭송한 詩歌. ㅇ黃靈詹而訪命兮 - 黃靈은 黃帝의 혼령. 詹은 이를 첨. 訪命은 길흉화복의 운명을 묻다. ㅇ撟天道其焉如 - 撟는 求할 규. 찾다. 焉如(언여)는 어떻게 변할 것인가? 如는 往也. ㅇ神遌昧其難覆兮 - 遌는 한 길 규(道也). ㅇ疇克譓而從諸 - 疇는 누구 주(誰也), 무리 주, 밭두둑 주. 克譓(극모)는 상세히 알다. 從諸는 神遌(신규)를 따르다. 이상 4 구는 黃帝의 대답이며 이하 내용의 요지이다. ㅇ牛哀病而成虎兮 - 公牛哀란 사람은 7일간 앓고 나서는 호랑이로 변했는데 그 형이 찾아오자 형을 잡아먹었다고 한다. 昆은 맏이 곤. 兄也. 噬는 씹을 서. 먹다. ㅇ鼈令殪而屍亡兮 - 鼈令(별영)은 신화 속의 人名. 望帝의 뒤를 이어 蜀帝가 되었다. 殪는 죽을 에. ㅇ取蜀禪而引世 - 蜀禪은 蜀의 제위를 물려받다. ㅇ死生錯而不齊兮 - 錯은 뒤섞이다(交錯也). 不齊는 판별하기 어렵다. ㅇ雖司命其不晰 - 司命은 天神. 晰은 밝을 석(明也). ㅇ竇號行於代路兮 - 竇(두)는 孝文帝의 竇皇后. 號는 통곡하다. 呂太后 때 宮人을 각국으로 내보냈는데,

竇姬는 본가가 淸河郡이라서 가까운 趙나라로 가려고 부탁까지 했으나 환관의 착오로 代王에게 보내졌다. 두희는 울면서 환관을 원망하였지만 代國에 가서 代王의 총애를 받아 景帝를 낳았으며 代王이 文帝로 즉위하자 皇后가 되었다. 景帝는 아들 14명을 낳아 그 후손이 번창하였으며 光武帝도 景帝의 후손이었다.　○繁廡(번무) ─ 茂盛(무성)하다. 크게 번창하다.

○王肆侈於漢庭兮 ─ 王은 孝平帝의 王皇后. 王莽(왕망)의 女. 왕망 찬위 후 홀로 지내다가 왕망이 주살되자 불속에 뛰어들어 죽었다.　○尉尨眉而郎潛兮 ─ 尉는 都尉인 顔駟(안사). 尨는 삽살개 방. 뒤섞이다. 漢 武帝가 郎署에서 머리와 눈썹이 모두 하얀 늙은 郎官을 만나 물었다. "언제 낭관이 되었으며 왜 이리 늙었는가?" 그러자 낭관이 말했다. "臣의 이름은 顔駟(안사)인데 文帝 때 낭관이 되었습니다. 文帝는 好文하였지만 臣은 好武하였습니다. 景帝께서는 老人을 좋아하였지만 臣은 그때는 젊은이였습니다. 폐하께서는 젊은이를 좋아하셨지만 저는 이미 늙어버렸습니다. 이 때문에 三代에 걸쳐 불우하였습니다." 그 말을 들은 무제는 안사를 발탁하여 會稽郡 都尉에 임명했다.　○逮三葉而遘武 ─ 三葉은 文, 景, 武帝. 遘는 만날 구(遇也).　○董弱冠而司袞兮 ─ 董은 董賢(동현). 哀帝의 동성애 파트너. 成語 '斷袖之好'의 주인공. 22살에 大司馬가 되었다. 袞은 곤룡포 곤. 三公服也. 哀帝가 죽자 동현은 바로 그날 자살하였고 獄事의 마당에 裸身으로 묻혔다.　○設王隧而弗處 ─ 王隧는 제왕의 무덤. 애제는 동현에게 대 저택을 지어주었고 동현의 무덤을 미리 축조하게 하였다.　○穆負天以悅牛兮 ─ 穆은 魯大夫 叔孫豹(숙손표)의 시호. 牛는 豎牛(수우), 숙손표의 아들. 나중에 부친을 굶겨 죽였다.　○豎亂叔而幽主 ─ 豎는 小臣. 幽는 유폐하다.　○文斷袪而忌伯兮 ─ 文은 晉 文公 重耳. 袪는 소매 거. 忌는 원망하다. 伯은 내시 勃鞮(발제)의 字 伯楚(백초). 백초는 헌공의 명을 받아 重耳를 죽이려 하자 중이는 옷소매를 잘리면서 가까스로 도주했다.　○閹謁賊而寧後 ─ 閹은 내시 엄. 곧 伯楚. 謁은 告하다. 賊은 文公을 죽이려 음모를 꾸민 자. 寧

後는 文公을 편안케 하다. ○通人闇於好惡兮 - 通人은 이치에 통달한 사람. 穆子, 文公 등. ○豈愛惑之能剖 - 剖, 分也. ○嬴摘讖而戒胡兮 - 嬴은 찰 영. 秦나라의 國姓. 摘은 들출 적. 진시황은 '亡秦者胡'라는 참언을 알았고 胡를 흉노로 생각하여 蒙恬(몽염)으로 하여금 長城을 축조하여 외침에 대비하였다. 2세 胡亥(호해)가 환관 趙高(조고)에게 살해되고 秦은 망했다. ○或輦賄而違車兮 - 輦賄는 재물을 운반하다. 輦은 손수레 연. 운반하다. 違는 회피하다(避也). 車는 張車子란 사람. 밤에도 부지런히 일하는 가난한 부부가 있었다. 天帝가 이를 불쌍히 여겨 인간의 운명을 담당하는 司命에게 말했다. "저 사람을 부자가 되게 할 수 없을까?" 그러자 사명이 대답하였다 "가난할 팔자입니다. 張車子의 재물을 잠시 빌려 줄 수는 있습니다." 그리고서는 농부에게 "車子가 출생하면 반드시 갚아야 한다."고 약조하였다. 그 이후 농부는 점차 부유해졌다. 약속한 기한이 되자 부부는 그 재물을 싣고 도주하였다. 그러던 어느 날 같이 유숙했던 어떤 부인이 밤중에 출산하였다. 그 남편에게 이름을 어떻게 지을 것이냐고 물었다. 그 남편은 수레 사이에서 낳았다며 아이 이름을 車子라고 하였다. 이후 가난했던 농부는 다시 극도로 가난해졌다고 한다. 《搜神記》에 실려 있는 이야기이다. ○愼,竈顯於言天兮 - 魯 梓愼(재신), 鄭大夫 裨竈(비조). 顯은 지위가 높음. 言天은 天象을 예언하다. ○梁叟患夫黎丘兮 - 梁叟는 梁國의 老人. 患은 환난을 당하다. 黎丘는 鄕 이름. 여구향의 노인이 시장에 갔다가 취해 돌아오는데 도깨비가 아들의 모습으로 변해 노인을 괴롭혔다. 노인이 술에서 깨서 아들에게 말했다. "내가 네 아비인데 내가 취했다고 네가 길에서 나를 괴롭혔는데 왜 그랬느냐?" 그러자 그 아들이 울면서 말했다. "틀림없이 도깨비의 장난일 것입니다." 다음 날 노인은 시장에 가서 술을 마시고 취했다. 그날 아들은 아버지가 도깨비에게 시달림을 당할까 걱정이 되어 마중을 나왔다. 노인은 아들을 보고 칼로 찔러 죽였다. ○丁厥子而事刃 - 丁은 만나다(當也). 厥子는 그 아들. 厥은 其와 同. 事는 찌르다.

섬기다. 다스리다. ○毋綿蠻以洿己兮 − 毋는 말 무. 하지 말라. 綿蠻(면련)은 牽制(견제)하다. 洿은 끌어올 행(引也), 자연의 기운 행. ○思百憂以自疢 − 疢은 앓다. 열병 진. ○彼天監之孔明兮 − 天監은 上天의 감시. 孔은 아주(甚也). ○用棐忱而佑仁 − 棐는 도울 비(輔也). 忱은 정성 침(誠也). 佑는 도울 우(助也). ○湯蠲體以禱祈兮 − 蠲은 밝을 견. 깨끗하다(絜也). 禱祈는 기도하다. 湯王은 7년 大旱(대한)이 계속되자 몸을 정결히 하고 진심으로 기도하니 하늘이 큰 비를 내렸다. ○蒙厖祉以拯人 − 厖은 클 방(大也). 祉는 복 사(福也). ○景三慮以營國兮 − 景은 宋 景公. 三慮는 세 번의 善言, 경공은 國相과 백성, 풍흉을 걱정하였다. ○熒惑次於它辰 − 熒惑(형혹)은 火星의 다른 이름. 보일 때도 안 보일 때도 있다. 次는 옮겨가다. 它辰은 다른 별. ○魏顆亮以從理兮 − 魏顆(위과)는 魏 武子의 아들. 亮은 밝을 양(량). 진실로(信也). 左傳曰, 晉의 魏顆(위과)는 秦의 군사를 輔氏(보씨)란 곳에서 격파하고 秦의 힘센 장수 杜回(두회)를 생포하였다. 그전에 魏武子에게 아끼는 첩이 있었는데 武子가 병이 들자 아들 위과에게 "이 여인은 다른 데로 출가시켜라."라고 말했다. 병이 위독하자, 다시 "이 여인은 나를 따라 殉葬(순장)시켜라."라고 명했다. 武子가 죽자 魏顆(위과)는 여인을 개가시켰다. 그러면서 "부친께서는 병이 위독해서 정신이 혼미하였을 것이니 나는 온전할 때의 명을 따랐다." 하고 말했다. 輔氏의 싸움터에서 위과는 어떤 노인이 結草하여 杜回를 걸려 넘어지게 하였기에 두회를 생포할 수 있었다. 그날 밤, 꿈에 그 노인이 나타나서 말했다. "나는 당신이 개가시킨 여인의 아버지입니다. 당신께서 내 딸을 살려주었기에 이제 보은했습니다."라고 말했다. ○鬼亢回以敵秦 − 鬼는 혼령. 亢回는 두회를 상대하다. 亢은 오를 항. 필적하다. 목 항. ○咎繇邁而種德兮 − 咎繇(고요)는 皐陶(고요). 咎는 허물 구. 성씨 고. 舜의 臣下로 司法을 담당. 邁는 멀리 갈 매. 힘쓰다, 실천하다, 애쓰다. 種德은 은덕을 베풀다. 種은 布也. 고요가 죽자 六(육) 땅에 장례했다. ○德樹茂乎英,六 − 茂는 후손이 번창하다. 英과 六은 國名. ○桑末寄夫根生兮 – 桑末은 뽕나무 가지. 寄는 의지하다. 夫는 어조사. 根生은 寄生하다. ○卉旣雕而已毓 – 卉는 풀 훼. 草木. 旣凋는 다른 나라들은 이미 망했다는 뜻. 毓은 기를 육. ○有無言而不讎兮 – 착한 말을 하면 틀림없이 보답이 있다. 讎는 원수 수. 짝. 보답. 갚다. 咎繇(고요)가 布德하고 行仁하였기에 그 후손이 복을 받았다는 뜻. ○又何往而不復 – 無往不復. 가지(往) 않았다면 돌아올 수도 없다. 올라가지 않았다면 내려올 수 없다. ○盍遠迹以飛聲兮 – 盍은 덮을 합. 어찌 ~하지 않겠나?(何不也). 遠迹은 遠遊. 飛聲은 칭송이 널리 퍼지다. ○孰謂時之可蓄 – 孰은 누구 숙. 蓄은 쌓다. 여기까지는 黃帝가 張衡에게 들려준 말로 운명은 알 수 없다로 시작하여 인덕을 베풀고 선행을 하라는 뜻으로 끝을 맺었다.

[國譯]

「九州의 풍속을 생각하며 蓐收(욕수)를 따라 돌아왔다.
홀연히 神化하여 구각을 벗고서 순미한 정신을 벗 삼았다.
白門을 통과하여 東으로 달려 나는 황야를 지나왔다.
弱水의 얕은 물을 건너 華山의 북쪽 黃河에 왔다.
馮夷를 나루로 불러 龍舟를 저어 나를 건너 주게 시켰다.
그때 黃帝 혼령이 안 돌아와 슬피 배회하며 오래 기다렸다.
황하의 무성한 숲에 쉬며 〈關雎〉의 여인 훈계를 찬미했다.
黃帝 혼령이 돌아오자 命을 물었고 天道 변화도 탐구했다.
信을 가까이 疑를 멀리하되, 六經에 없으면 기록하지 말고,
神道는 오묘하여 잘 알 수 없으니 누가 이를 알고 따르겠나?
公牛哀는 앓고 나서 호랑이가 되어 형을 만나 잡아먹었다.
鼈令(별영)은 죽어 시신이 없었으나 蜀帝가 되어 다스렸다.

死生은 뒤섞여 알 수 없으니 司命(神)이라도 상세히 모른다.
竇后는 울며 代國에 갔고 뒷날 황후로 그 후손도 번창했다.
王太后는 漢에서 사치했지만 근심 속에 죽어 후손도 없었다.
늙은 도위는 평생 郎官에, 三代를 지나 武帝 때 발탁되었다.
董賢은 弱冠에 大司馬였으나 제 무덤에 묻히지도 못했다.
吉凶禍福은 서로 이어지나니 늘 반복되며 일정하지 않다.
叔孫豹는 아들 牛(우)를 총애했지만 부친을 굶겨 죽였다.
文公은 伯楚를 원망했지만 그는 음모를 알려 文公을 살렸다.
이들은 好惡를 몰랐으니 어찌 애욕과 의혹으로 판단하랴?
진시황은 흉노를 경계했지만 외적이 아닌 내부에서 망했다.
혹자는 재물을 싣고 도주했지만 결국 다시 가난해졌다.
梓愼과 神竈의 天氣 예측이나 水害, 火災 예언은 모두 틀렸다.
梁의 노인은 市場 도깨비에 시달려 아들을 칼로 찔렀는데,
보고도 알지 못했으니 하물며 불확실한 일을 어찌 믿겠는가?
세속 견제를 걱정 말고 온갖 시름에 스스로 번뇌하지 말라.
저 上天의 감시는 아주 밝으니 성심으로 仁德을 보조하라.
湯王은 潔身 기도하여 하늘의 큰 복으로 백성을 구했다.
景公은 三善言으로 걱정하자 熒惑星은 다른 별로 옮겨갔다.
魏顆는 합리적 판단에 따랐고 혼령이 結草報恩했다.
咎繇는 힘써 덕을 베풀었고 후손이 英과 六에서 번창했다.
뽕나무 기생 식물처럼 화훼가 죽어도 그 후손은 번성했다.
無善言이면 보답도 없으며 가지 않으면 돌아올 수도 없다.
無善行이면 어찌 칭송을 하고 누가 영광을 누리겠는가?」

「仰矯首以遙望兮, 魂懰惘而無儔. 偪區中之隘陋兮, 將北度而宣游. 行積冰之磑磑兮, 清泉沍而不流. 寒風淒而永至兮, 拂穹岫之騷騷. 玄武縮於殼中兮, 騰蛇蜿而自紏. 魚矜鱗而幷凌兮, 鳥登木而失條. 坐太陰之屛室兮, 慨含歔而增愁. 怨高陽之相寓兮, 佪顓頊之宅幽. 庸織絡於四裔兮, 斯與彼其何瘳? 望寒門之絶垠兮, 縱余繇乎不周. 迅颲灖其媵我兮, 鶩翩飄而不禁. 趨爹爹之洞穴兮, 摽通淵之砯砯. 經重陰乎寂寞兮, 慜墳羊之潛深.」

| 註釋 | ○仰矯首 – 仰은 위로. 矯首(교수)는 머리를 들다. ○魂懰惘~ – 懰惘(별망)은 失意한 모양. 懰은 악할 별. 조급하다. 惘은 멍할 망. 儔는 짝 주. ○偪區中之隘陋兮 – 偪은 다가올 핍. 가까이 닥치다. 區中은 중국. 隘陋(애루)는 마음이 좁고 비루하다. 先哲의 가르침을 실천하는 賢人을 용납하지 못하다. ○行積冰之磑磑兮 – 積冰은 얼음이 많은 곳. 磑磑(애애)는 높이 쌓은 모양. 磑는 맷돌 애. 쌓다. 皚皚(애애, 눈과 얼음의 모양)과 通. ○清泉沍而不流 – 沍는 찰 호. 막히다(閉也). ○拂穹岫之騷騷 – 拂은 떨칠 불. 불어오다. 穹岫(궁수)는 산봉우리. 騷騷(소소)는 강풍이 부는 소리. ○玄武縮於殼中兮 – 玄武는 龜와 蛇가 얽힌 神獸. 殼은 껍질 각(龜甲也). ○騰蛇蜿而自紏 – 騰蛇(등사)는 용과 비슷한 북방의 짐승 이름. 蜿은 꿈틀거릴 완. 自紏는 꼬여있다. ○魚矜鱗而幷凌兮 – 矜은 불쌍히 여길 긍. 괴로워하다. 幷은 모으다(聚也). 凌은 능가할 능. 얼음(冰也). 부들부들 떨다. ○坐太陰之屛室兮 – 太陰은 북방. 屛室(병실)은 은폐된 거처. ○慨含歔而增愁 – 慨는 분개할 개. 개탄하다. 含歔(함희)는 몰래 한숨짓다. 歔는 흐느낄 희.

○怨高陽之相寓兮 - 怨은 원망하다. 高陽은 古代 五帝의 한 사람인 顓頊(전욱)의 號. 相은 점쳐보다(視也). ○佹顓頊之宅幽 - 佹는 작은 모양 궁. 宅幽는 北方의 거주지. 幽는 北方. ○庸織絡於四裔兮 - 庸은 수고하다. 힘들여 일을 하다(勞也). 織絡(직락)은 사방을 왕래하다. 經緯(경위)는 經絲와 緯絲. 四裔(사예)는 사방의 아주 먼 곳. 裔는 후손 예. 옷자락. ○斯與彼其何瘳 - 斯與彼는 여기와 거기. 積冰과 炎火의 땅, 어디가 더 나은가? 마찬가지이다. 瘳는 병 나을 추(愈也). 이곳은 더 좋을 것이다. ○望寒門之絶垠兮 - 寒門은 北極의 山. 絶垠(절은)은 멀고 먼 변방의 땅. 垠은 땅끝 은. ○縱余轡乎不周 - 縱은 늘어질 종. 놓다. 轡은 고삐 설. 不周는 곤륜산의 서북에 있다는 전설의 산 이름. ○迅飇瀟其勝我兮 - 迅飇(신표)는 아주 빠른 회오리바람. 迅은 빠를 신. 飇는 회오리바람 표. 瀟은 빠를 숙(疾也). 勝은 보낼 잉. ○鶩翩飄而不禁 - 鶩는 달릴 무. 翩飄(편표)는 가볍게 날리는 모양. 翩은 빨리 날 편. 飄는 회오리바람 표. 不禁은 제지할 수 없다. ○趨谽谺之洞穴兮 - 趨는 달릴 추. 谽谺(함하)는 계곡이 깊고 긴 모양, 동굴이 크고 깊은 모양. 谽은 골짜기가 깊을 함. 谺는 골짜기가 휑할 하. 碄音林, 亦深貌也. 旣游四方, 又入地下. ○摽通淵之碄碄 - 摽는 칠 표. 漂(떠돌 표)와 通. 碄은 깊을 림(深貌也). 사방을 둘러보고 이제는 동굴을 통해 지하로 들어감. ○經重陰乎寂寞兮 - 經은 경과하다. 重陰은 땅속(地中也). ○愍墳羊之潛深 - 愍은 걱정할 민(憫과 通). 墳羊은 土怪. 땅속에 산다는 괴물. 魯의 季桓子가 우물을 파다가 흙 항아리 속에 있는 羊과 비슷한 생김새의 벌레를 발견하고 孔子에게 물었더니, 공자는 "이는 땅속의 墳羊이라는 怪物이다."라고 말했다.

[國譯]

「고개들어 먼 데를 보니 마음만 슬프고 벗도 없다.
협애한 중국에 가까이 와서 북쪽 끝까지 유람키로 결심했다.

겹겹 얼음이 쌓였고 물도 얼어 흐르지 않는다.

寒風은 오래도록 차갑게 산에서 소리 내며 불어왔다.

玄武는 龜甲에 움츠렸고 螣蛇(등사)는 꿈틀대며 서렸다.

물고기 비늘은 얼음에 닿고 새는 나뭇가지서 미끄러진다.

북방 은폐된 거처에서 개탄하며 한숨짓고 우수에 잠긴다.

高陽氏(顓頊)의 擇地와 북방의 작은 거처를 원망하도다.

힘들게 사방을 왕래했으니 피차에 무엇이 더 나은가?

땅 끝 북극 산을 바라보며 不周山에서 고삐를 풀어준다.

질풍은 내 걸음을 재촉하여 날리 듯 빨리 달리게 하였다.

깊고 깊은 동굴을 빨리 달려 넓고 깊은 연못에 표류한다.

땅속은 적막한데 깊이 숨은 墳羊을 가련타 생각하다.」

原文

「追慌忽於地底兮, 軼無形而上浮. 出右密之闇野兮, 不識
蹊之所由. 速燭龍令執炬兮, 過鐘山而中休. 瞰瑤溪之赤岸
兮, 吊祖江之見劉. 聘王母於銀臺兮, 羞玉芝以療饑. 戴勝慭
其旣歡兮, 又誚余之行遲. 載太華之玉女兮, 召洛浦之宓妃.
咸姣麗以蠱媚兮, 增嫮眼而蛾眉. 舒妙婧之纖腰兮, 揚雜錯
之袿徽. 離朱脣而微笑兮, 顏的礫以遺光. 獻環琨與璵縭兮,
申厥好以玄黃. 雖色艶而賂美兮, 志浩蕩而不嘉. 雙材悲於
不納兮, 並詠詩而清歌. 歌曰, 天地烟熅, 百卉含蘤. 鳴鶴交
頸, 雎鳩相和. 處子懷春, 精魂回移. 如何淑明, 忘我實多.」

| 註釋 | ○追慌忽~ - 慌忽(황홀)은 형체가 없는 모양(無形貌也). 慌은 어렴풋할 황. ○軼無形~ - 軼은 앞지를 질. 無形은 천지 간에 원기가 혼돈한 상태. ○出右密之闇野兮 - 右는 서쪽. 密(밀)은 山名. 중국 서북쪽의 산. 玄玉이 산출된다고 하였다. 闇野는 산그늘이 진 들판. 闇은 닫힌 문 암. 어렴풋하다. ○不識蹊~ - 蹊은 지름길 혜. 좁은 길. ○速燭龍令執炬兮 - 速은 부르다. 서두르다. 燭龍은 北方의 神名. 人面蛇身에 赤眼, 不食不寢하며 어둠을 밝힌다고 하였다. 炬는 횃불 거. ○過鐘山而中休 - 鐘山은 곤륜산의 別名. ○瞰瑤溪之赤岸兮 - 瞰은 멀리 보다. 내려다 보다. 瑤溪(요계)는 곤륜산 동쪽의 계곡. 赤岸은 瑤溪의 땅 언저리. ○吊祖江之見劉 - 吊은 弔하다. 祖江은 신화 속의 인물. 見劉는 살해되다. 劉는 죽일 류. ○聘王母於銀臺兮 - 聘은 찾아갈 빙. 예방하다. 王母는 西王母. 서왕모는 사람 형상이나 虎齒에 울부짖기를 잘한다고 하였다. 우리가 생각하는 미인의 모습은 아님. 銀臺는 仙人의 거처. ○羞玉芝以療饑 - 羞는 바칠 수(進也). 白芝(백지)는 玉芝. 療饑(요기)는 허기를 채우다. ○戴勝慭其旣歡兮 - 戴勝은 머리에 장식을 하고. 戴는 머리에 일 대. 勝은 首飾. 慭은 억지로 은, 원할 은. 웃는 모양(笑貌也). 發語辭. 發語之音. ○又誚余之行遲 - 誚는 책망하다. 꾸짖을 초. 行遲는 늦게 오다. ○載太華之玉女兮 - 載는 타게 하다. 태우다. 太華는 西嶽인 華山. 玉女는 화산의 神女. 신선의 음료인 玉漿을 관장한다. ○召洛浦之宓妃 - 洛浦는 洛水의 포구. 宓妃(복비)는 洛水의 女神. ○咸姣麗以蠱媚兮 - 姣麗(교려)는 美麗. 好也. 姣는 예쁠 교. 蠱媚(고미)는 아름다운 자태(妖麗也). 蠱는 미혹할 고, 독 고. 蠱惑(고혹). 媚는 아양 떨 미. ○增嫮眼而蛾眉 - 嫮는 아름다울 호(好貌也). 蛾眉(아미)는 여인의 아름다운 눈썹. ○舒妙婧之纖腰兮 - 舒는 자랑하다. 妙婧은 곱고 날씬한(姸婧). 婧은 날씬할 정. 纖腰(섬요)는 가는 허리. ○揚雜錯之袿徽 - 揚은 옷자락이 날리다. 雜錯은 색채가 아름다운 모양. 袿徽(규휘)는 여인의 옷맵시. 袿는 여자 웃옷 규(婦人의 上服), 徽는 아름다울 휘. 衣帶. ○離朱

脣而微笑兮 – 離는 조금 벌리다. 朱脣은 붉은 입술. ○顔的礫以遺光 – 的礫(적력)은 희고 고운 모양, 선명한 모양. 礫은 돌 소리 력. 遺光은 光彩를 발하다. ○獻環琨與璵繂兮 – 環琨(환곤)은 둥근 고리옥(玉珮也). 璵繂(여리)는 玉 장식을 한 비단 띠. ○申厥好以玄黃 – 玄黃은 비단(繒綺也) 玉女와 宓妃(복비) 등이 고리옥과 비단을 서왕모에게 선물했다는 뜻. ○雖色艷而賂美兮 – 色艷(색염)은 姿色이 아주 아름답다. 賂美(뇌미)는 아름다움을 선사하다. ○志浩蕩而不嘉 – 志는 心志. 浩蕩은 廣大한 모양. 不嘉는 뽐내지 않다. ○雙材悲於不納兮 – 雙材는 玉女와 宓妃也. ○並詠詩而淸歌 – 시를 지어 노래하다. ○天地烟熅 – 烟熅(연온)은 천지가 처음 생길 때의 氣. 祥瑞로운 氣. ○百卉含蘤 – 含蘤는 꽃봉오리. 蘤는 꽃 위. 花의 古字. ○處子懷春 – 處子는 처녀. 懷는 생각하다. 이성을 그리다. ○精魂回移 – 精魂은 영혼. 回移는 배회하다. ○如何淑明 – 淑은 善也.

[國譯]

「지하 어둠을 뚫고 혼돈 공간을 지나 땅 위로 솟았다.

서쪽으로 密山과 그늘진 들을 지나 작은 길을 따라간다.

燭龍을 불러 횃불을 밝히고, 곤륜산을 지나 잠깐 쉬었다.

瑤溪 赤岸을 멀리서 보고 祖江(조강)의 죽음을 슬퍼한다.

銀臺로 西王母를 예방하고, 玉芝로 허기진 배를 채웠다.

머리장식에 웃으며 환대하나 이제야 오느냐고 책망했다.

太華山 玉女를 맞이하고 洛水의 宓妃(복비)를 초청하였다.

모두 예쁘고 아름답고 고운 눈에 눈썹이 매혹이었다.

곱고 날씬한 허리에 아름다운 옷자락이 펄럭였다.

붉은 입술 조금 벌려 웃는데 희고 고운 광채가 났다.

고리옥과 玉 띠와 아름다운 비단을 함께 선물했다.

자색이 뛰어나고 마음씨도 넓었지만 뽐내지 않았다.

옥녀와 복비는 피곤하지 않은 듯 시를 지어 노래했다.

노래하기를,

天地에 상서로운 기운, 온갖 꽃이 봉오리 졌네.

鶴은 목을 비비며 울고 비둘기도 서로 노래하네.

處女는 임을 그리니 그 마음 어디에 두어야 하나?

어찌 이리 착하고 고운가? 내 마음 나도 모르네.」

原文

「將答賦而不暇兮, 爰整駕而亟行. 瞻崐崙之巍巍兮, 臨縈河之洋洋. 伏靈龜以負坻兮, 亘螭龍之飛梁. 登閬風之曾城兮, 構不死而爲牀. 屑瑤蘂以爲粻兮, 斟白水以爲漿. 抨巫咸以占夢兮, 迺貞吉之元符. 滋令德於正中兮, 含嘉禾以爲敷. 旣垂穎而顧本兮, 爾要思乎故居. 安和靜而隨時兮, 姑純懿之所廬.」

|註釋| ○將答賦而不暇兮 - 答賦는 二女의 노래에 賦로 화답하다. ○爰整駕而亟行 - 爰은 이에. 整駕는 거마를 준비하다. 亟은 빠를 극. ○巍巍 - 산이 높은 모양. 巍는 산이 높고 클 외. 황하는 곤륜산에서 발원한다. ○臨縈河之洋洋 - 臨은 위에서 밑을 내려다 보다. 縈河는 곤륜산을 감아 도는 황하. ○伏靈龜以負坻兮 - 伏은 순종하다. 靈龜는 神物로 알려졌다. 坻는 모래섬 지. 水中高地. ○亘螭龍之飛梁 - 亘은 걸칠 긍. 가로지르다 (橫貫). 螭龍(이룡)은 無角의 龍. 飛梁은 浮橋. ○登閬風之曾城兮 - 閬風

(낭풍)은 山名. 곤륜산의 중간에 해당하는 부분. 신선의 거처. 曾城(증성)은 곤륜산의 9층 모양의 산 중 가장 높은 부분. 곤륜산은 높이가 1만 1천 리라고 하였다. 증성에는 不死樹가 있다고 한다. ○屑瑤蘂以爲粻兮 - 屑은 가루 설. 가루로 만들다. 瑤蘂(요예)는 玉花. 瑤는 아름다운 옥 요. 蘂는 늘어질 예. 蕊(꽃술 예)와 通. 粻는 말린 밥 후. 미숫가루. ○斛白水以爲漿 - 斛는 퍼낼 구. 물을 뜨다(酌也). 白水는 곤륜산에서 흐르는 물. 白水를 마시면 불사한다고 하였다. 漿은 미음 장. 음료. ○抨巫咸以占夢兮 - 抨은 하여금 평, ~하게 하다(使也). 巫咸(무함)은 神巫의 이름. 이하는 巫咸(무함)이 張衡에게 풀이해준 말. ○迺貞吉之元符 - 迺는 이에 내(乃 同). 貞吉은 지조를 지켜 좋은 일이 있음. 元은 善也. ○滋令德於正中兮 - 滋는 불어날 자. 무성하다. 令德은 善德. 正中은 正中之道. ○含嘉禾以爲敷 - 含은 품다. 嘉禾 아름다운 곡식. 敷는 널리 퍼지다. ○旣垂穎而顧本兮 - 垂穎은 고개 숙인 이삭. 벼 알갱이가 싹이 터서 벼로 성장하여 이삭이 패고 여물어 고개를 숙이는 것은 근본을 생각하는 것이라고 했다(君子不忘本也). 穎은 이삭 영. 本은 禾本. 作物. 곡식. ○安和靜而隨時兮 - 安은 만족하다. 和靜은 溫和 平靜. 隨時는 時俗을 따르다. ○姑純懿之所廬 - 姑는 잠시, 또(且也). 純懿(순의)는 고상한 덕행. 所廬는 살다.

[國譯]

「答賦할 겨를이 없어 곧 행장을 꾸려 서둘러 떠났다.

높고 큰 崑崙山과 곤륜을 감아 도는 洋洋한 河水를 내려 본다.

靈龜를 시켜 모래섬을 지게 하고 螭龍를 걸쳐 浮橋를 만들었다.

閬風(낭풍)의 曾城에 오르고 不死木으로 寢牀을 만들었다.

玉花를 갈아 乾糧을 만들고 白水를 떠서 玉漿을 만들었다.

巫咸을 시켜 해몽을 하니 곧 貞하니 大吉하다고 말했다.

正道로 善德을 행하니 嘉禾가 무성하고 芳香이 난다고 하였다.
이삭은 숙여 근본을 잊지 않으니 옛 고향을 그리는 것이다.
만족과 평정 속에 時俗을 따르면 훌륭한 덕이 완성될 것이다.」

「戒庶寮以夙會兮, 僉恭職而並迓. 豐隆軯其震霆兮, 列
缺曄其照夜. 雲師霮以交集兮, 涷雨沛其灑塗. 轙璊輿而樹
葩兮, 擾應龍以服輅. 百神森其備從兮, 屯騎羅而星布. 振
余袂而就車兮, 修劍揭以低昂. 冠咢咢其映蓋兮, 佩綝纚以
輝煌. 僕夫儼其正策兮, 八乘攄而超驤. 氛旄溶以天旋兮,
蜺旌飄而飛揚. 撫輪軹而還睇兮, 心灼爍其如湯. 羨上都之
赫戲兮, 何迷故而不忘? 左青琱以揵芝兮, 右素威以司鉦.
前長離使拂羽兮, 委水衡乎玄冥. 屬箕伯以函風兮, 激潎冽
而爲清. 曳雲旗之離離兮, 鳴玉鸞之譻譻. 涉清霄而升遐
兮, 浮蔑蒙而上征. 紛翼翼以徐戾兮, 焱回回其揚靈. 叫帝
閽使辟扉兮, 覿天皇于瓊宮. 聆廣樂之九奏兮, 展泄泄以彤
彤. 考理亂於律鈞兮, 意建始而思終. 惟盤逸之無斁兮, 懼
樂往而哀來. 素撫弦而餘音兮, 大容吟曰念哉. 旣防溢而靜
志兮, 迨我暇以翺翔. 出紫宮之肅肅兮, 集大微之閫閶. 命
王良掌策駟兮, 踰高閣之鏘鏘. 建罔車之幙幙兮, 獵青林之
芒芒. 彎威弧之撥剌兮, 射嶓冢之封狼. 觀壁壘於北落兮,

伐河鼓之磅硠. 乘天潢之汎汎兮, 浮雲漢之湯湯. 倚招搖, 攝提以低回劉流兮, 察二紀, 五緯之綢繆遹皇. 偃蹇夭矯媌以連捲兮, 雜沓叢頜颯以方驤. 或汨颲戾沛以罔象兮, 爛漫麗靡蒣以迭邊. 凌驚雷之砿磕兮, 弄狂電之淫裔. 蹴彪澗於宕冥兮, 貫倒景而高厲. 廓蕩蕩其無涯兮, 乃今窮乎天外.」

| 註釋 | ○戒庶寮以夙會兮 — 戒는 명령하다. 庶寮는 衆官. 衆神. 庶는 많은(衆多). 夙은 일찍 숙. ○僉恭職而並迓 — 僉은 다 첨(皆也). 迓는 마중할 아(迎也). ○豐隆軯其震霆兮 — 軯隆은 우레(雷也). 軯은 수레 소리 팽. 천둥소리. 震霆은 벼락(霹靂也). 震은 벼락 진. 霆은 번개 정. 천둥소리. ○列缺曄其照夜 — 列缺(열결)은 번개(電也). 섬광. 曄其(엽기)는 광휘, 찬란한 모양. ○雲師霮以交集兮 — 雲師는 구름의 신. 霮은 구름이 많이 낀 모양 담. ○涷雨沛其灑塗 — 涷雨는 폭우. 涷은 소나기 동. 沛其는 비가 세차게 쏟아지는 모양. 沛는 늪 패. 성한 모양. 灑塗(쇄도)는 길에 뿌리다. ○轙琱輿而樹葩兮 — 轙는 수레 고삐 의. 마부가 준비를 마치고 기다리다. 琱輿는 옥으로 장식한 수레(以玉飾車也). 葩는 옥 다듬을 조. 樹葩는 화려한 수레 덮개. 樹는 세우다. 葩는 꽃 파. 장식. ○擾應龍以服輅 — 擾는 어지러울 요. 유순하다(馴也). 應龍은 날개가 있는 용. ○百神森其備從兮 — 百神은 衆神. 森은 나무 빽빽할 삼. 衆多. 備從은 모두가 따르다. ○屯騎羅而星布 — 屯은 진칠 둔. 모이다(聚也). 星布는 별처럼 널려 있다. ○振余袂~ — 袂는 소매 메. ○修劍揭以低昂 — 修劍은 長劍. 揭는 들어 올릴 게. 低昂(저앙)은 아래위로 흔들리다. ○冠咢咢其映蓋兮 — 咢은 놀랄 악. 관이 높은 모양. 映蓋는 冠과 수레 덮개가 서로 비친다. ○佩綝纚以輝煌 — 佩는 佩玉(패옥). 綝纚(임리)는 아주 성대하게 꾸민 모양. 綝은 盛할 림. 잡아맬 침. 纚는 갓끈 리. 輝煌(휘황)은 빛나는 모양. 눈부시다. ○八乘攄而超驤 — 八乘

은 八龍. 攄는 펼 터. 뛰어오르다(騰也). 超驤(초양)은 내달리다. 驤은 말이
뛰어오를 양. ㅇ氛旄溶以天旋兮 - 氛은 기운 분. 天氣. 旄는 깃대 장식 모.
溶은 질펀히 흐를 용. 깃발이 펄럭이는 모양. 天旋(천선)은 공중에서 회전
하다. ㅇ蜺旌飄而飛揚 - 蜺旌(예정)은 무지개로 만든 깃발. 旌은 깃발 정.
ㅇ撫軨軨而還睨兮 - 撫는 어루만질 무. 軨은 사냥 수레 영(령). 軨는 굴대
지. 還睨(환예)는 돌아보다. ㅇ心灼藥其如湯 - 灼은 사를 작. 藥은 더울
삭. 약 약. 고향땅이 가까우면서 마음이 들뜨다. ㅇ羨上都之赫戲兮 - 羨
은 부러워할 선. 上都는 天上. 上帝의 거처. 赫戲(혁희)는 밝고 성한 모양.
ㅇ何迷故而不忘 - 어찌 옛 고향을 잊지 못하여 미혹하겠는가? 張衡은 사
방과 지하 세계까지 유람하였으니 이제 天上을 유람하겠다는 뜻을 표시.
ㅇ左青珥以揵芝兮 - 青珥(청조)는 푸른 무늬의 龍. 揵은 멜 건, 세울 건. 堅
立하다. 芝는 작은 日傘. ㅇ右素威以司鉦 - 素威는 白虎. 司鉦(사정)은 타
악기인 징(鐃, 징 뇨. 작은 징). ㅇ前長離使拂羽兮 - 長離는 鳳凰. ㅇ委水衡
乎玄冥 - 水衡은 官名. 水衡都尉. 무제 때 설치. 황실 재산 관리. 鑄錢도 담
당. 上林苑 관리 책임. 玄冥(현명)은 水神. ㅇ屬箕伯以函風兮 - 屬은 위촉
하다. 箕伯(기백)은 風師. 函은 含也. 바람을 불게 하다. ㅇ激潒忍而爲清 -
激은 맑을 징(澄也). 潒忍(전연)은 때가 끼어 더러운 모양. 潒은 때가 낄 전.
忍은 때 묻을 연. ㅇ曳雲旗之離離兮 - 曳는 끌 예. 끌어당기다. 離離는 깃
발이 휘날리는 모양. ㅇ鳴玉鸞之譻譻 - 玉鸞(옥란)은 옥으로 장식한 방울.
鸞은 난새 난. 방울(鈴也). 譻은 소리 앵. ㅇ涉清霄而升遐兮 - 清霄(청소)
는 높은 하늘의 얇은 구름. 霄는 雲氣 소. 遐는 멀 하. 멀어지다. ㅇ浮蔑蒙
而上征 - 蔑蒙(멸몽)은 하늘의 游氣. 上征은 위로 올라가다. ㅇ紛翼翼以徐
戾兮 - 紛은 많은 모양. 翼翼(익익)은 나아가는 모양. 徐戾는 천천히 도착
하다. 戾는 이르다(至也). ㅇ焱回回其揚靈 - 焱은 빛나고 성대한 모양. 回
回는 빛이 번쩍거리는 모양. 揚靈은 신령과 함께 놀다. 張衡이 신령과 천
공에서 노는 모양을 서술. ㅇ叫帝閽使辟扉兮 - 閽은 문지기 혼(主門者).

扉는 문짝 비. ○覿天皇于瓊宮 – 覿은 볼 적. 天皇은 天帝. ○聆廣樂之九奏兮 – 聆은 들을 영(령). 廣樂은 天上의 樂曲. 九奏는 악곡의 체제. 九成. ○展洩洩以肜肜 – 展은 참되다. 진실 되다. 洩洩(설설)은 화락한 모양, 바람 부는 대로 따르는 모양, 날아가는 모양. 肜肜(융융)은 融融. 화락한 모양. ○考理亂於律鈞兮 – 考는 고찰하다. 理亂은 治亂. 律은 12律. 鈞은 5종의 樂調. ○意建始而思終 – 建은 立也. 張衡은 九奏之樂을 듣고 政化의 得失을 고찰하고 終始를 사색했다는 뜻. ○惟盤逸之無斁兮 – 惟는 생각하다. 盤逸(반일)은 쾌락과 안일. 盤은 樂也. 逸은 縱也. 無斁(무역)은 만족을 모르다. 斁은 싫어할 역. 싫증나다(厭也). ○懼樂往而哀來 – 樂往은 악곡이 다하다. 기쁨이 끝나다. ○素撫弦而餘音兮 – 素는 素女. 神女의 이름. 撫弦은 琴瑟(금슬)을 연주하다. 餘音은 연주가 끝났어도 그 감흥이 남아있다. ○大容吟曰念哉 – 大容은 黃帝의 樂師. 念은 逸樂을 경계해야 한다고 말하다. ○旣防溢而靜志兮 – 防溢은 과도한 逸樂을 예방하다. 溢은 넘칠 일. 가득 차다. 靜志는 心志를 平靜하다. ○迨我暇以翺翔 – 迨는 미칠 태(及也). 기다리다. 翺翔(고상)은 멀리 날게 하다. ○出紫宮之肅肅兮 – 紫宮은 天帝가 거처하는 星座. 肅肅(소소)는 고요한 모양. 청정 엄정한 모양. 엄숙할 숙. 공경할 소. ○集大微之閬閬 – 太微(태미)는 北斗의 남쪽 星座. 閬閬(낭랑)은 밝고 큰 모양, 또는 높고 험한 모양. 閬은 솟을 대문 랑. ○命王良掌策駟兮 – 王良은 고대의 뛰어난 馬夫(御者). 天馬를 주관한다. 星名. 掌策은 채찍을 잡다. ○踰高閣之鏘鏘 – 踰는 넘어가다. 高閣은 閣道星. 鏘鏘(장장)은 높고 험한 모양. 鏘은 金玉 소리 장. ○建罔車之幕幕兮 – 建은 배치하다. 罔車(망거)는 별 이름. 畢星(필성). 幕幕은 빽빽한 모양, 周密한 모양. ○獵靑林之芒芒 – 靑林은 天苑. 芒芒은 廣大한 모양. ○彎威弧之撥剌兮 – 彎은 활을 당기다. 威弧(위호)는 활 이름. 여기서는 星名. 撥剌(발랄)은 활을 당기는 모양(張弓貌也). ○射嶓冢之封狼 – 嶓冢(파총)은 본래는 陝西省의 山 이름. 封은 大也. 狼(이리 랑)은 星名. ○觀壁壘於北

落兮 - 壁壘(벽루)는 군사의 보루. 여기서는 大星 옆은 小星. 北落은 별 이름. ○伐河鼓之磅硠 - 河鼓는 牽牛 북쪽의 별. 磅硠(방랑)은 북이 울리는 소리. 磅은 돌 떨어지는 소리 방. 硠은 돌이 부딪는 소리 랑. ○乘天潢之汎汎兮 - 天潢(천황)은 王良星 옆의 8星을 지칭. 汎汎(범범)은 泛泛(범범). 떠다니는 모양. ○浮雲漢之湯湯 - 雲漢은 天河. 은하수. 湯湯(상상)은 물이 빨리 유동하는 모양. 湯은 끓인 물 탕. 물이 세차게 흐를 상. ○倚招搖,攝提以低回劉流兮 - 倚는 의지하다. 이용하다. 招搖(초요)는 北斗의 자루 끝 7번째 星. 攝提(섭제)는 大角星의 양측에 있는 星座. 低回(저회)는 배회하다. 劉流(육류)는 에워싸다. 劉은 깎을 류. ○察二紀,五緯之綢繆遹皇 - 二紀는 日月. 五緯는 五星(東方의 歲星, 남방의 熒惑星, 서방의 太白星, 북방의 辰星, 중앙의 鎭星). 綢繆(주무)는 차례로 늘어서다. 遹皇(휼황)은 운행하는 모습. 遹은 좇을 휼. 따라가다. 이에(發語辭). 간사할 휼. ○偃蹇天矯或以連捲兮 - 偃蹇(언건)은 높이 들다. 교만한 모양. 天矯(요교)는 오므렸다 폈다, 屈伸을 마음대로 하는 모양. 婗은 분만할 만(娩也). 文理上 '도약하다' 라는 주석에 따른다. 교태 지을 면. 連捲(연권)은 굴곡진 모양. 이 구절은 우주에서 자유롭게 날고 游泳하는 모양. ○雜沓叢顇颯以方驤 - 雜沓(잡답)은 많은 것이 번잡한 모양. 叢顇(총췌)는 衆多亂雜한 모양. 顇는 야윌 췌. 병들 췌. 颯은 바람소리 삽. 빠른 모양. 方驤(방양)은 분산하여 흩어지는 모양. ○或汨熎戾沛以罔象兮 - 或汨(욱골)은 매우 빠른 모양. 熎戾(요려)도 매우 빠른 모양. 沛(패)도 빨리 달리는 모양. 罔象(망상)은 너무 빨라 형체가 없다. 보이질 않다. ○爛漫麗靡藐以迭逿 - 爛漫(난만)은 흩어진 모양. 麗靡(여미)는 아주 화려한 모양. 藐은 아득할 막. 작을 묘. 업신여기다. 迭逿(질탕)은 서로 뛰어 넘고 앞지르다. 매우 빠르게 왕래하다. ○凌驚雷之硱磕兮 - 凌은 수레를 몰다. 硱磕(강개)는 천둥소리(雷聲也). 硱은 우렛소리 강. 磕는 돌 소리 개. ○弄狂電之淫裔 - 狂電의 狂은 疾也. 淫裔(음예)는 번개가 번쩍거리는 모양. ○踰彪滷於宕冥兮 - 踰는 넘을 유. 彪滷(방

홍)은 天上의 혼돈한 기운. 厖은 두터울 방. 澒은 흘러내리는 모양 홍. 宕冥
(탕명)은 어두운 모양. 宕은 방탕할 탕. 지나치다. 과도하다. 冥은 어두울
명(幽冥也). ○ 貫倒景而高厲 – 貫은 꿰뚫고 나아가다(穿也). 倒景(도영)은
도가에서 말하는 아주 높은 곳. 해와 달보다 높은 곳에 있어 우리와는 그
림자가 반대 방향이다. 高厲(고려)는 높이 날다. 아마 張衡의 상상으로 몇
만 광년의 공간을 날아갔을 것이다. ○ 廓蕩蕩其無涯兮 – 廓蕩蕩(곽탕탕)은
아주 광대한 공간이 텅 빈 모양. 無涯(무애)는 막힘이 없다.

[國譯]

「衆神을 일찍 모이게 하니 모두 맡은 일을 하며 맞이한다.
雷公이 천둥을 치고 번개는 번쩍이며 어둠 속에 빛난다.
雲師는 모든 구름을 불러 소나기를 길에 세차게 퍼붓는다.
玉 장식 덮개 수레가 기다리며 유순한 應龍이 끌게 한다.
百神이 빽빽이 모두 隨從하고 기병과 별처럼 늘어섰다.
나는 옷을 여미고 수레를 탔고 허리엔 장검이 흔들린다.
높은 관이 수레 덮개에 비춰지고 늘어진 패옥이 눈부시다.
마부는 단정히 채찍을 잡았고 八龍은 뛰어오르듯 내달린다.
天氣 깃발은 높이 펄럭이고 무지개 깃발도 바람에 날린다.
수레를 만지며 되돌아보고 마음은 끓는 물처럼 뜨겁다.
上都의 광채를 羨望하니 어찌 옛날을 못 잊고 미혹하겠는가?
左에 청룡의 日傘을 세우고, 右에 白虎를 시켜 징을 친다.
前에 봉황이 길을 인도케 하고, 後에 水神을 水衡에 임명했다.
風師에게 바람을 주관케 하고 먼지를 날려 주변을 청소시켰다.
세운 雲旗는 바람에 펄럭이고 玉 장식 방울도 울린다.
구름 지나 멀리 올라가고 하늘의 기류를 따라 올라간다.

분분히 나아가고 천천히 돌아 번쩍이는 빛에 신령이 움직인다.

天帝 문지기를 시켜 열게 하고 天帝를 瓊宮에서 알현했다.

天樂 廣樂의 九奏를 들으니 참으로 자연스럽고 또 화락하였다.

음률과 樂을 통한 治亂을 고찰했고 得失과 終始를 생각하였다.

쾌락에 만족을 모르면 쾌락 다음의 슬픔을 생각해야 한다.

素女의 琴瑟 연주의 餘音에 大容은 逸樂을 경계했다.

마음을 잡아 가다듬자, 나에게 하늘을 멀리까지 날게 했다.

청정, 엄정한 紫微宮을 나와 밝은 大微星으로 날아갔다.

王良에게 천마를 몰게 하여 높고 험한 高閣星을 넘어갔다.

빽빽한 罔車星을 동원하고 廣大한 靑林(天苑)에서 사냥했다.

威弧의 활을 힘껏 당겨서 幡冢(파총)의 큰 이리(星)를 쏘았다.

北落星 옆 壁壘星을 보고 큰 소리가 나는 河鼓星을 정벌했다.

둥둥 뜬 天潢星을 타고 세차게 흐르는 雲漢을 건너갔다.

招搖(초요)와 攝提(섭제)를 이용하여 주변을 떠돌다가

日月과 五星이 차례대로 운행하는 보습을 관찰하였다.

솟았다 오므리고 뛰고 구부리며 섞여 모였다가 흩어졌다.

너무 빨라 형체를 볼 수 없고 흩어져 빛나며 멀어졌다.

우르릉 천둥소리와 번쩍거리는 번개를 가지고 놀았다.

캄캄한 혼돈 공간을 넘어 그림자가 반대인 곳까지 날았으니

막힌 데 없는 광활한 공간에서 오늘 하늘 밖까지 다 보았다.」

原文

「據開陽而頫眄兮, 臨舊鄉之暗藹. 悲離居之勞心兮, 情悁

悁而思歸. 魂眷眷而屢顧兮, 馬倚輈而俳回. 雖遨遊以偸樂
兮, 豈愁慕之可懷. 出閶闔兮降天塗, 乘飈忽兮馳虛無. 雲
霏霏兮繞余輪, 風眇眇兮震余旟. 繽聯翩兮紛暗曖, 倏眩昦
兮反常閭.」

| 註釋 | ○據開陽而俯盼兮 - 據는 의탁하다. 開陽은 北斗의 제 6星. 頫
盼(부반)은 굽어보다. 頫는 머리 숙일 부. 眺(바라볼 조)와 同. 盼은 곁눈질
할 반, 눈 예쁠 반. ○暗藹 - 요원한 모양. 우거질 애. 어둠침침한 모양(藹
藹). ○情悁悁而思歸 - 悁悁(연연)은 근심하는 모양. 悁은 근심할 연, 성낼
연. ○眷眷而屢顧兮 - 眷眷(권권)은 그리워가며 돌아가려는 모양. 屢顧(누
고)는 자주 돌아보다. ○輈 - 끌 채 주(轅也). 수레. ○雖遨遊以偸樂兮 -
遨遊(오유)는 遠遊. 遨는 놀 오. 偸樂(투락)은 틈을 내서 즐기다. 偸는 훔칠
투, 탐낼 투. ○豈愁慕之可懷 - 愁慕(수모)는 근심. ○閶闔(창합) - 天門.
○乘飈忽兮馳虛無 - 乘은 몰다(駕也). 飈忽(표홀)은 질풍. 馳는 달릴 치. ○雲
霏霏兮繞余輪 - 霏霏(비비)는 구름이 일어나는 모양, 눈이 펄펄 내리는 모
양. 霏는 비나 눈이 올 비. 繞는 두를 요. ○風眇眇兮震余旟 - 眇眇(묘묘)는
바람이 불어 흔들리는 모양. 眇는 애꾸는 묘. 旟는 깃발 여. ○繽聯翩兮紛
暗曖 - 繽은 어지러울 빈. 번잡한 모양. 聯翩(연편)은 연속되는 모양. 暗曖
(암애)는 어둠. ○倏眩昦兮反常閭 - 倏은 갑자기 숙(忽也). 眩昦(현운)은 매
우 빠른 모양. 眩은 아찔할 현. 昦은 눈 어두울 운. 常閭(상려)는 故里.

[國譯]

「開陽星에서 아래를 굽어보니 고향은 요원하도다.

오랫동안 떠난 마음 서글퍼지며 돌아갈 길을 걱정한다.

가고 싶으나 자꾸 돌아보며 수레에 말을 매고도 배회한다.

잠깐 틈을 내어 즐겼지만 어찌 근심이 남아있다고 하겠나?

天門을 나서 天塗를 따라가며, 질풍처럼 몰아 허공을 달렸다.

구름이 일어 수레바퀴에 감기고 바람에 깃발이 펄럭인다.

빠르게 계속 어둠 속을 달려 눈 깜짝할 사이 고향에 돌아왔다.」

原文

「收疇昔之逸豫兮, 卷淫放之遐心. 修初服之娑娑兮, 長余佩之參參. 文章煥以粲爛兮, 美紛紜以從風. 御六藝之珍駕兮, 游道德之平林. 結典籍而爲罟兮, 敺儒,墨而爲禽. 玩陰陽之變化兮, 詠〈雅〉,〈頌〉之徽音. 嘉曾氏之〈歸耕〉兮, 慕歷陵之欽崟. 共夙昔而不貳兮, 居終始之所服也. 夕惕若厲以省諐兮, 懼余身之未勑也. 苟中情之端直兮, 莫吾知而不恧. 墨無爲以凝志兮, 與仁義乎消搖. 不出戶而知天下兮, 何必歷遠以劬勞?」

| 註釋 | ○收疇昔之逸豫兮 - 收 疇昔(주석)은 지난 번. 逸豫는 안락. 謂初游於四方天地之閒以自淫放, 今改悔也. ○卷淫放之遐心 - 卷은 거두다. 그만두다. 앞 句의 收와 같은 뜻. 淫放은 放縱(방종). 遐心(하심)은 멀리 유람할 때의 마음. ○修初服之娑娑兮 - 修는 다스리다. 입다. 娑娑(사사)는 옷이 가벼운 모양. 娑는 춤출 사. 옷이 너울거리는 마음. ○長余佩之參參 - 佩는 패옥. 參參(삼삼)은 길게 늘어진 모양. 빽빽한 모양. ○御六藝之珍駕兮 - 六藝는 禮, 樂, 射, 御, 書, 數. ○游道德之平林 - 平林은 평지의 수풀. 六藝의 숲 안에서만 놀고 탐구하겠다는 뜻. ○結典籍而爲罟兮 - 罟는

그물 고(網也). ○徽音 - 美音. 仁義의 正音. ○嘉曾氏之〈歸耕〉兮 - 〈歸耕〉은 曾子가 공자와 자기 부친을 제대로 봉양하지 못했다는 후회의 뜻으로 읊었다. 그 내용은 '往而不反者年也, 不可得而再事者親也. 歔欷歸耕來日! 安所耕歷山盤乎!' 이다. ○慕歷陵之欽崟 - 歷陵은 歷山 기슭. 舜이 처음에 농사짓던 곳. 欽崟(흠음)은 높고 험한 모양. 崟은 높고 험한 산 음. ○共夙昔而不貳兮 - 共은 (仁義 道德을) 함께하다. 또는 봉행하다(恭). 夙昔은 아침과 저녁. 언제나. ○夕惕若厲以省愆兮 - 惕은 두려울 척. 厲는 숫돌 려, 사나울 려. 禍. 재앙. 위험. 愆은 허물 건. 諐(허물 건)의 古字. ○不恧 - 恧은 부끄러울 뉵. ○墨無爲以凝志兮 - 墨은 묵묵히. 無爲는 道家의 上德. ○不出戶而知天下 - 《老子道德經》 47장.

[國譯]

「그간 안락을 돌이키고 유람의 방종을 바로 잡았다.
　지난 날 가벼운 옷차림과 몸에 찬 긴 패옥도 거두었다.
　의복의 찬란한 수식과 시속에 따른 풍채도 바꾸었다.
　六藝를 최고의 수레로 몰고 육예의 숲에서만 놀리라.
　六經의 典籍이 그물이니, 유가와 묵가는 새(禽)와 같으리라.
　음양의 변화를 읽고 〈雅〉와 〈頌〉의 正音을 읊으리라.
　曾子 〈歸耕〉을 찬미하며 舜이 농사짓던 땅을 흠모한다.
　언제나 인의를 지키고 일상 거처에 늘 실천하리라.
　朝夕으로 잘못을 반성하고 성실치 못했나 두렵도다.
　내가 떳떳 정직하다면 나를 몰라줘도 부끄럽지 않으리라.
　묵묵히 無爲에 마음을 모아 仁義와 함께 消搖(소요)하리라.
　不出戶라도 知天下인데 하필 고생하며 遠方을 탐방해야 하나?」

「系曰, 天長地久歲不留, 俟河之淸祇懷憂. 願得遠度以自娛, 上下無常窮六區. 超踰騰躍絶世俗, 飄颻神擧逞所欲. 天不可階仙夫希, 柏舟悄悄吝不飛. 松, 喬高跱孰能離? 結精遠遊使心攜. 回志揭來從玄謀, 獲我所求夫何思!」

| 註釋 | ○系曰 – 系는 繫也. 賦의 대의를 結尾에 요약한 말. 楚辭에서는 보통 '亂曰'이라 하였다. ○天長地久 –「天長地久. 天地所以能長且久者, 以其不自生, 故能長生. ~」《老子道德經》7章. ○俟河之淸祇懷憂 – 俟는 기다릴 사. 河는 黃河. 祇는 마침 지. 땅 귀신 기. 祇(공경할 지)는 다른 글자임. ○六區 – 四方과 上下. ○飄颻(표요) – 바람에 나부끼다. ○天不可階仙夫希 – 階는 오르다. 계단. 仙夫는 仙人. ○柏舟悄悄吝不飛 – 柏舟(백주)는 《詩經 邶風》의 편명. 여기서는 사람을 나르는 배. 현신이 현군에게 등용됨을 상징. 悄悄(초초)는 근심하는 모양. 吝은 아낄 인. 유감이다. 한탄하다. ○松, 喬高跱孰能離 - 松은 赤松子. 喬는 王子喬(왕자교). 모두 유명한 신선. 赤松子는 神農 시기의 雨師. 水玉을 복용해서 불에 들어가도 타지 않았다. 王子喬는 周 靈王의 太子인 晉(진, 王子晉). 笙(생)을 불어 봉황을 불러 모을 수 있었다. 道士 浮丘公(부구공)과 嵩山(숭산)에서 만나 놀았다. 跱는 머뭇거릴 치. 離는 따라가다(附也). ○回志揭來從玄謀 – 揭來는 가고 오다. 揭는 갈 걸(去也). 玄謀는 玄謀. 심오한 계책. 謀는 꾀 모(謀也).

【國譯】

「맺는 말(系曰),

天長하고 地久하며 세월은 멈추지 않나니

河水가 맑아지기를 기대하며 걱정만 한다.

멀리 유람하고 싶었고 마음껏 즐기었나니

　사방과 天地의 合도 일정한 것은 아니더라.

뛰어 넘나들며 세속과 절연하고 넘고

　표연히 神을 따라 마음껏 유람했었다.

하늘은 오를 수 없고 신선이 된 사람은 희소하니

　승선하지 못하고 초조하나 날아가지는 못한다.

松松子, 王子喬는 높은데 있으니 어찌 따라 가겠나?

　마음 닦아 神游하여 마음이라도 따라가리라.

마음 바꿔 성인의 道를 따라 실천하니

　내가 원하는 바를 얻는다면 무엇을 더 생각하리!」

■ 原文

永和初, 出爲河間相. 時國王驕奢, 不遵典憲, 又多豪右,
共爲不軌. 衡下車, 治威嚴, 整法度, 陰知姦黨名姓, 一時收
禽, 上下肅然, 稱爲政理. 視事三年, 上書乞骸骨, 徵拜尙書.
年六十二, 永和四年卒.

│註釋│ ○河間相 - 河間國 相. 하간국의 治所는 樂成縣, 今 河北省 남
동부의 滄州市 獻縣(헌현). 당시 하간국 왕은 劉政, 55권 〈章帝八王列傳〉
중 〈河間孝王 劉開傳〉 참고. ○一時收禽 - 收禽은 잡아들이다. 禽은 날짐
승 금. 擒과 通.

(順帝) 永和 初에 河間國 相이 되었다. 그때 하간국왕은 교만 사치하며 법도를 따르지 않았고 또 지방 强豪와 함께 불법을 자행했다. 張衡은 부임하면서 위엄을 보이며 법도를 준수하면서 은밀히 姦黨의 姓名을 알아 한꺼번에 잡아들이자 상하 모두 숙연하였고 정치를 잘 한다고 칭송을 들었다. 재직 3년에 은퇴를 상서하자 조정에 들어가 尙書를 제수 받았다. 나이 62세인 永和 4년(서기 139)에 죽었다.

原文

著《周官訓詁》, 崔瑗以爲不能有異於諸儒也. 又欲繼孔子《易》說〈彖〉,〈象〉殘缺者, 竟不能就. 所著詩, 賦, 銘, 七言,《靈憲》,《應間》,《七辯》,《巡誥》,《懸圖》凡三十二篇.

永初中, 謁者僕射劉珍, 校書郎劉騊駼等著作東觀, 撰集《漢記》, 因定漢家禮儀, 上言請衡參論其事, 會並卒. 而衡常歎息, 欲終成之. 及爲侍中, 上疏請得專事東觀, 收撿遺文, 畢力補綴. 又條上司馬遷, 班固所敍與典籍不合者十餘事. 又以爲王莽本傳但應載簒事而已, 至於編年月, 紀災祥, 宜爲元后本紀. 又更始居位, 人無異望, 光武初爲其將, 然後卽眞, 宜以更始之號建於光武之初. 書數上, 竟不聽. 及後之著述, 多不詳典, 時人追恨之.

| 註釋 |　○崔瑗(최원) − 52권, 〈崔駰列傳〉에 附傳.　○《懸圖》− 懸은 玄.
○宜爲元后本紀 − 元后는 元帝의 황후이며 성제의 모친인 王政君. 班固의
《漢書》에는 97권, 〈外戚傳〉(상, 하)에 역대 황후를 입전하였는데 王政君만
은 98권, 〈元后傳〉에 단독 입전하였다. 또 99권은 〈王莽傳〉(상, 중, 하)로
왕망에 대한 상세한 기록을 남겼다. 필자의 원본대조 졸역 《漢書》(全 10
권) 참고.

[國譯]

　張衡은 《周官訓詁》를 저술하였는데 崔瑗(최원)은 다른 어떤 유생
도 이의가 없을 것이라고 말했다. 또 孔子가 저술한 《易經》의 〈象辭〉
와 〈象辭〉의 누락된 부분을 이어 저술하려 했지만 끝내 성취하지 못
했다. 장형의 저술은 詩, 賦, 銘, 七言, 《靈憲》, 《應閒》, 《七辯》, 《巡誥》,
《懸圖》 등 모두 32篇이다.

　(安帝) 永初 연간에, 謁者僕射인 劉珍(유진), 校書郎인 劉騊駼(유도
도) 등이 東觀에서 《漢記》를 찬집하면서 겸하여 漢室의 禮儀를 제정
하려고 장형이 본 업무에 참여하여 論定해야 한다고 상서하였으나
마침 두 사람이 다 죽었다. 이에 장형은 늘 탄식하면서 이를 마무리
하려고 하였다. 그리하여 侍中이 되어 東觀에서 저술에만 전념하면
서 옛 글을 수렴 검색하며 전력을 다하여 마무리 하겠다고 상서하였
다. 또 司馬遷(사마천)과 班固(반고)의 저술 중 전적과 부합되지 않는
10여 가지를 조목별로 상서하였다. 그리고 王莽(왕망)의 열전 중 다
만 연도에 따라 업무만을 서술하였는데, 이를 연월일에 따라 재해와
상서로운 일을 함께 기록하여 元后本紀로 편찬해야 한다고 주장하
였다. 그리고 更始帝가 재위 중 백성들의 특별한 신망은 없었지만

光武도 초기에는 그의 장수였다가 나중에 제위에 올랐으니 응당 更始의 연호를 광무에 앞서 기록해야 한다고 말했다. 장형은 이를 여러 번 상서하였지만 끝내 수용되지 않았다. 그 이후의 저술에서도 이에 관해서는 상세한 기록이 없어 후세 사람들이 아쉬워하였다.

原文

論曰, 崔瑗之稱平子曰 '數術窮天地, 製作侔造化.' 斯致可得而言歟! 推其圍範兩儀, 天地無所蘊其靈, 運情機物, 有生不能參其智. 故知思引淵微, 人之上術. 記曰, '德成而上, 藝成而下.' 量斯思也, 豈夫藝而已哉? 何德之損乎!

| 註釋 | ○崔瑗之稱平子曰 – 崔瑗이 지은 平子(張衡의 字)의 碑文임. ○人之上術 – 서기 2세기에 지진이 일어난 위치와 강도를 알 수 있는 그의 地動儀는 역자의 생각으로도 감탄을 금할 수 없다. 그의 과학과 천문, 문학과 역사 등 다 방면에 걸친 해박한 지식과 기술은 르네상스 시대의 천재만큼 빛났다고 말할 수 있다. ○何德之損乎 – 도덕의 완성과 기예의 완성은 동일한 위업이라는 뜻.

[國譯]

范曄(범엽)의 史論 : 崔瑗(최원)은 平子(張衡)를 "數術는 天地에 다 통했고 그 製作은 (神의) 造化와 같았다."고 칭송하였다. 이는 사실을 그대로 말한 것이리라! 그의 추론 범위는 陰陽의 兩義를 다 포함하였으니 天地의 변화가 모두 그 안에 들어있으며 생각을 기계로 다

작동하게 하였으니 누구도 그의 지혜를 따라갈 수 없었다.

　그러하기에 그의 思考는 아주 심원하고 정밀했으며 인류 최고의 기술이었음을 알 수 있다. 《禮記》에 '도덕의 완성을 상등으로 치고, 技藝의 완성은 그보다 낮다.' 고 하였다. 장형의 思考와 사상이 어찌 기예에만 한정하였는가? 그의 뛰어난 기예가 도덕을 어찌 손상하겠나!

▌原文

　贊曰, 三才理通, 人靈多蔽. 近推形筭, 遠抽深滯. 不有玄慮, 孰能昭晰?

| 註釋 | ○三才 – 天, 地, 人. 사람이 天과 地와 함께 三才에 속한다지만 사람은 그 性靈이 막힌 데가 있기에 천지의 도에 대하여 아는 경우가 많지 않다.　○不有玄慮 – 玄은 深의 뜻.　○孰能昭晰 – 孰은 누구 숙. 昭晰은 밝다. 晰은 밝을 절(晳과 同). 별이 빛날 제. 晳(밝을 석)과 뜻은 비슷하나 다른 글자임.

[國譯]

　贊曰,
　三才의 도리가 상통한다지만 人靈은 막힌 경우가 많다.
　근래에 사물에 대한 추정은 심오한 곳에서 막히게 된다.
　깊은 思慮가 아니라면 누가 이런 이치에 밝겠는가?

60 馬融蔡邕列傳(上)
〔마융, 채옹열전(상)〕

❶ 馬融

原文

馬融字季長, 扶風茂陵人也, 將作大匠嚴之子. 爲人美辭貌, 有俊才. 初, 京兆摯恂以儒術敎授, 隱於南山, 不應徵聘, 名重關西, 融從其遊學, 博通經籍. 恂奇融才, 以女妻之.

永初二年, 大將軍鄧騭聞融名, 召爲舍人, 非其好也, 遂不應命, 客於涼州武都, 漢陽界中. 會羌虜颷起, 邊方擾亂, 米穀踴貴, 自關以西, 道殣相望. 融旣饑困, 乃悔而歎息, 謂其友人曰, "古人有言, '左手據天下之圖, 右手刎其喉, 愚夫不爲.' 所以然者, 生貴於天下也. 今以曲俗咫尺之羞, 滅無貲之軀, 殆非老莊所謂也." 故往應騭召.

| 註釋 | ○馬融(마융, 79-166년) - 字 季長, 右扶風 茂陵縣 출신. 今 陝西省 咸陽市 관할 興平市. 伏波將軍 馬援(마원)의 侄孫(질손), 後漢 經學者. 1천여 제자 중 鄭玄, 盧植(노식)이 유명. 馬融은 미색을 좋아했다고 한다. 여인들 앞에 붉은 휘장을 치고 강학했다 하여 '絳帳敎授'라는 칭호로도 불렸다. ○茂陵 - 茂陵縣(무릉현). 茂陵은 武帝의 능. 현명. 漢 황능 중 규모가 가장 크다. 漢 황제는 재위 중 자신의 능묘를 축조하면서 능 주변에 지방의 富豪를 이주시켰다. 그런 현을 陵縣이라 하고 능현은 太常의 업무 소관이었다. 今 陝西省 咸陽市 관할 興平市 소재. ○以女妻之 - 딸을 마융에게(之) 아내로 삼게 했다. 妻는 동사로 쓰였다. ○羌虜飇起 - 飇는 폭풍표. ○道殣相望 - 殣은 굶어죽을 근(餓死). ○~刎其喉, 愚夫不爲 - 刎은 목을 벨 문. 喉는 목구멍 후. 名分 때문에 죽을 수는 없다는 뜻. 우선은 살고 봐야 한다.

[國譯]

馬融(마융)의 字는 季長(계장)인데, 右扶風 茂陵縣 사람으로 將作大匠인 馬嚴(마엄)의 아들이다. 사람이 준수한 외모의 말솜씨가 좋았으며 재주가 많았다. 그전에 京兆 사람 摯恂(지순)이 남산에 은거하면서 유학을 교수하고 벼슬에 응하지 않아 關中에 명성이 높았는데, 마융이 그를 따라 학문을 배워 여러 경전에 박통하였다. 지순은 마융의 재주를 기특히 여기며 딸을 마융에게 아내로 주었다.

(安帝) 永初 2년(서기 108)에, 대장군 鄧騭(등즐)이 마융의 명성을 듣고 舍人(사인)으로 불렀으나 이는 마융이 원하는 것이 아니라서 끝내 응하지 않았고 涼州의 武都郡과 漢陽郡 일대에 객거하고 있었다. 그 무렵 羌族(강족)이 크게 봉기하여 변방을 노략질하자 곡물가격이 폭등하면서 關西 일대에 굶어 죽은 시신이 널려있었다. 마융도

기아에 허덕이게 되자 후회하고 탄식하며 그 우인에게 말했다.

"옛사람의 말에 '왼손에 천하를 도모하면서 오른손으로 자기 목을 찌르는 짓을 愚夫(우부)도 하지 않는다.'고 하였습니다. 그 까닭은 생명이 세상에 제일 귀하기 때문입니다. 지금 세속에 굴복하는 것은 작은 수치이지만 가치 없는 몸으로 죽는 것도 결코 老子나 莊子의 뜻이 아닐 것입니다."

그리고서는 등즐의 부름에 응했다.

原文

四年, 拜爲校書郎中, 詣東觀典校秘書. 是時鄧太后臨朝, 騭兄弟輔政. 而俗儒世士, 以爲文德可興, 武功宜廢, 遂寢蒐狩之禮, 息戰陳之法, 故猾賊從橫, 乘此無備. 融乃感激, 以爲文武之道, 聖賢不墜, 五才之用, 無或可廢. 元初二年, 上〈廣成頌〉以諷諫. 其辭曰,

| 註釋 | ○寢蒐狩之禮 – 狩獵의 禮도 시행 않다. 寢은 멈추다. 그치다. 蒐狩는 사냥 봄철의 사냥은 蒐(수), 겨울철의 사냥은 狩(수)라고 했다. 황제의 사냥은 군사동원과 훈련의 뜻으로 거행하였다. ○五才 – 金, 木, 水, 火, 土의 인재. 누구도 兵을 폐할 수 없다는 뜻. ○〈廣成頌〉 – 廣成은 본래 苑名. 後漢의 上林苑은 당시 洛陽城의 西郊, 今 河南省 洛陽市 동쪽, 白馬寺 근처에 있었다. 廣成圍는 상림원의 일부로 과수원이라는 주석도 있다. 여기서 사냥 행사를 하였다. 頌은 詩的 文體의 하나(詩經 風, 雅, 頌).《詩經》의 〈周頌〉, 〈魯頌〉, 〈商頌〉은 총 43편이다. 頌은 조상의 聖德과 공적

을 조상신에게 告하며 찬양하는 시가이다. 본 〈廣成頌〉은 그런 뜻으로 지어졌지만 내용상으로는 〈上林賦〉의 亞流이다.

[國譯]

(永初) 4년, 마융은 校書郎中이 되어 東觀에서 궁중 도서 교정을 주관하였다. 이때는 鄧太后(和帝의 和熹鄧皇后)가 임조 청정하고 등즐의 형제가 정사를 보필하고 있었다. 그리고 세속의 儒士들은 文德이 융성하니 武功은 없어도 된다 생각하여 결국 수렵의 예도 행하지 않았고 戰陣의 법도 강습도 폐지하였기에 이런 무방비를 이용하여 교활한 도적이 종횡으로 날뛰었다. 마융은 이를 크게 걱정하여 文武之道는 聖賢도 그만두지 않았으며 五才의 등용은 가끔이라도 폐지한 적이 없었다고 생각하였다. 그래서 元初 2년(서기 115)에 〈廣成頌〉을 올려 이를 諷諫(풍간)하였다. 이는 아래와 같다.

* 〈廣成頌〉 - 馬融

▌原文

「臣聞孔子曰, '奢則不遜, 儉則固.' 奢儉之中, 以禮爲界. 是以〈蟋蟀〉,〈山樞〉之人, 並刺國君, 諷以太康馳驅之節. 夫樂而不荒, 憂而不困, 先王所以平和府藏, 頤養精神, 致之無疆. 故戛擊鳴球, 載於〈虞謨〉,〈吉日〉,〈車攻〉, 序於〈周詩〉. 聖主賢君, 以增盛美, 豈徒爲奢淫而已哉!

伏見元年已來, 遭値厄運, 陛下戒懼災異, 躬自菲薄, 荒弃禁苑, 廢弛樂懸, 勤憂潛思, 十有餘年, 以過禮數. 重以皇太后體唐堯親九族篤睦之德, 陛下履有虞烝烝之孝, 外舍諸家, 每有憂疾, 聖恩普勞, 遣使交錯, 稀有曠絶. 時時寧息, 又無以自娛樂, 殆非所以逢迎太和, 裨助萬福也.

臣愚以爲雖尙頗有蝗蟲, 今年五月以來, 雨露時澍, 祥應將至. 方涉冬節, 農事閒隙, 宜幸廣成, 覽原隰, 觀宿麥, 勸收藏, 因講武校獵, 使寮庶百姓, 復覩羽旄之美, 聞鐘鼓之音, 歡嬉喜樂, 鼓舞疆畔, 以迎和氣, 招致休慶.

小臣螻蟻, 不勝區區. 職在書籍, 謹依舊文, 重述蒐狩之義, 作頌一篇, 並封上. 淺陋鄙薄, 不足觀省.」

| 註釋 | ○奢則不遜, 儉則固 – 固는 고루하다. 막히다. 子曰, "奢則不孫, 儉則固. 與其不孫也, 寧固."《論語 述而》. ○以禮爲界 – 禮를 벗어나느냐, 안 벗어나느냐가 奢와 儉의 기준이 된다는 뜻. ○〈山樞(산우)〉–《詩經 唐風》의 편명. 〈山有樞〉. 樞는 지도리 추. 느릅나무 우. ○太康馳驅之節 – 晉 僖公(희공)의 지나친 일락을 경계해야 한다는 뜻과 晉 昭公이 사냥을 즐기지 않는 것을 풍자한 뜻. 곧 文武之道를 절충해야 한다는 뜻. ○故夏擊鳴球, 載於〈虞謨〉 – 夏은 긴 창 알. 긴 막대. 두드리다. 가볍게 치다. 연주를 그치게 할 때 敔(막을 어, 악기 이름)의 막대를 긁는다. 擊은 柷(목제 타악기 이름 축). 주악의 시작을 알릴 때 사용. 球는 玉磬(옥경). 〈虞謨(우모)〉는《書經 虞書 大虞謨》. ○〈周詩〉–《詩經 小雅》. ○元年 – 安帝 卽位(서기 107년). ○厄運(액운) – 地震, 大水, 雨雹(우박)의 폐해. ○雨露時澍 – 時澍는 때맞춰 내리다. 澍는 단비 주. 비가 내리다.

[國譯]

「臣이 알기로, 孔子는 '사치하면 불손하고 검소하면 고루하다.'고 하였습니다. 사치와 검소의 한계가 바로 禮라 할 수 있습니다. 이에 《詩經 唐風》〈蟋蟀(실솔), 귀뚜라미〉, 〈山樞(산우)〉의 백성(作者)은 모두 國君을 풍자하며 文武의 道를 절충해야 한다고 풍간하였습니다. 대체로 즐기더라도 지나치지 않고 걱정하더라도 궁색해서는 안 될 것이니, 때문에 先王들은 신체의 조화와 정신의 배양을 통하여 장수할 수 있었습니다. 그래서 악기의 시작과 끝이나 玉磬(옥경)을 치는 것이 〈虞護〉에 수록되어 있고, 〈吉日〉과 〈車攻〉의 詩歌가 〈周詩〉에 수록되었습니다. 聖主 賢君은 이런 행사를 통하여 나라의 융성과 미덕을 백성에게 보이는 것이니, 이 어찌 사치이며 淫樂이겠습니까!

臣이 볼 때 즉위 이래로 액운을 연이어 당하자 폐하께서는 재해와 이변을 두려워하시며 자신의 부덕의 소치라 생각하시어 禁苑(금원)을 버려두고 예악도 행하지 않으시며 정사를 부지런히 살피시고 크게 걱정하신 것이 벌써 십여 년이니 禮法보다 너무 지나치십니다. 거기다가 皇太后께서도 唐堯를 본받으시어 九族을 가까이 하시며 돈독한 덕을 베풀어 주시고, 폐하께서는 虞舜의 淳厚한 효행을 실천하시면서 여러 외척의 喪事나 질병에 성은을 베푸시어 사자가 끊이지 않고 길에 왕래하고 있습니다. 폐하께서도 때로는 휴식하셔야 하나 잠깐만이라도 즐길 일이 없으시니, 이는 음양의 조화를 이루어 만복을 맞이하는 방법이라 할 수 없습니다.

臣의 어리석은 생각이지만 그간 황충의 폐해가 있었지만 금년 5월 이래로 비가 때맞춰 내렸고 상서로운 징조도 있었습니다. 이제

막 겨울에 접어들면서 농사일도 한가하니 응당 廣成囿(광성유)에 행
차하시어 농지와 들을 구경하시고 보리농사도 둘러보시며, 백성의
수확을 위로하시고, 겸하여 講武와 사냥을 하시어 臣僚(신료)와 백성
에게 화려하고 아름다움을 보여주며 음악을 듣게 하여 백성을 기쁘
게 하고, 사냥에 참여한 군사를 격려하시어 和氣를 맞이하시며, 겸
해서 즐길 수 있는 기회를 주어야 합니다.

　小臣은 아주 하찮은 몸이고 변변치 못합니다. 서책이나 관리하는
직책이라서 옛 문헌에 의거 사냥의 대의를 서술하며 칭송의 글을 한
편 지어 함께 올립니다. 천박 비루한 글이라서 읽어보기에 부족할
것입니다.」

原文

「臣聞昔命師於鞻囊, 偃伯於靈臺, 或人嘉而稱焉. 彼固未
識夫雷霆之爲天常, 金革之作昏明也. 自黃炎之前, 傳道罔
記, 三五以來, 越可略聞. 且區區之酆郊, 猶廓七十里之囿,
盛春秋之苗.《詩》詠囿草, 樂奏〈騶虞〉.

　是以大漢之初基也, 宅茲天邑, 總風雨之會, 交陰陽之和.
揆厥靈囿, 營於南郊. 徒觀其坰場區宇, 恢胎曠蕩, 藐矗勿
罔, 寥豁鬱決, 騁望千里, 天與地莽. 於是周阹環瀆, 右矕三
塗, 左概嵩嶽, 面據衡陰, 箕背王屋, 浸以波, 溠, 禽以榮,洛.
金山,石林, 殷起乎其中, 峨峨礧礧, 鏘鏘崔崔, 隆穹槃回, 嵎
峗錯崔. 神泉側出, 丹水,涅池, 怪石浮磬, 耀焜於其陂.

其土毛則搢牧薦草, 芳茹甘茶, 茈萁,芸蒩, 昌本,深蒱, 芝
荋,菫,荁, 蘘荷,芋渠, 桂荏,凫葵, 格,菲,菹,于. 其植物則玄林
包竹, 藩陵蔽京, 珍林嘉樹, 建木叢生, 椿,梧,栝,柏,柜,柳,楓,
楊, 豐彤對蔚, 崟頷慘爽. 翕習春風, 含津吐榮, 舖于布灌,
薶扈藹榮, 惡可殫形.」

| 註釋 | ○鞬櫜(건고) – 鞬은 동개 건. 화살통(藏箭). 櫜는 활집 고(藏
弓). ○偃伯於靈臺 – 偃은 쓰러질 언. 쉬다(休也). 伯은 軍事 상황(師節).
○靈臺 – 천문을 보는 臺(望氣之臺). 三雍의 하나. ○金革之作昏明也 –
金革은 병기와 甲胄. 전쟁. 興廢와 存亡과 昏庸과 明賢의 治術이 모두 전
쟁의 사유가 된다. ○自黃炎之前 – 黃炎은 黃帝와 炎帝(神農氏). ○酆 –
周文의 都邑.「文王之囿方七十里」《孟子, 梁惠王章句 下》. 蒐(사냥할 수)는
春獵, 夏曰苗(묘), 秋曰獮(가을 사냥 선), 冬曰狩(수)라고 했다. ○圃草 – 圃
(밭 포)는 圃田(사냥터). ○〈騶虞(추우)〉 – 상상의 동물 이름. 義獸, 白虎에
黑文, 산 생물을 잡아먹지 않는다고 하였다. 여기서는 악곡 이름. 王者의
수렵에 연주하는 악곡. ○天邑 – 洛陽. ○揆厥靈囿 – 揆는 헤아릴 규(度
也). 靈囿는 廣成苑(囿). ○坰場區宇 – 坰은 들 경. 도성에서 멀리 떨어진
교외. 區宇는 지역. 일대. ○藐曼勿罔 – 藐은 아득할 막. 작을 묘. 업신여
기다. 曼은 아득할 형. 시간적, 공간적으로 멀다는 뜻. ○寥豁鬱泱 – 寥는
쓸쓸할 료(요). 豁은 뚫린 골짜기 활. 鬱은 막힐 울. 泱은 끝없을 앙. 탁 트
여 끝없이 넓다(廣大貌) ○周阹環瀆 – 阹는 우리 거. 자연을 이용한 가축
의 울타리. 瀆은 물도랑 독. ○右矕三塗 – 矕은 바라볼 만. 넋 놓고 쳐다보
다. 三塗(삼도)는 산 이름. ○左槪嵩嶽 – 좌측으로는 嵩嶽(숭악)에 이어지
다. 嵩嶽은 오악 중 中嶽인 嵩山(숭산). ○面據衡陰 – 衡陰은 남악인 衡山
(형산)의 북쪽. 낙양에서는 망원경으로 보아도 형산이 보일 수가 없다. 좀

심한 과장이다. ○箕背王屋 - 箕는 키 기. 뒤쪽으로는 키(곡물의 잡티를 날려 보낼 수 있는 농기구) 모양의 王屋山(왕옥산)이 있다. 王屋山은 일명 天壇山. 河南省 서북부, 山西省 남쪽과 접경한 濟源市 서북 40km에 위치. ○夤以榮,洛 - 夤은 멀 인, 조심할 인. ○金山,石林 - 金山은 金門山. 澠池縣(민지현) 남쪽. 石林은 大石山, 一名 萬安山, 河南郡 내. ○峨峨礚礚, 鏘鏘崔崔 - 峨는 높을 아. 礚는 산 높을 애, 맷돌 애. 鏘鏘은 산이 높은 모양. 鏘은 금옥이 울리는 소리 장. 崔는 산 높을 최. ○隆穹槃回, 嵎峗錯崔 - 隆은 클 융. 穹은 하늘 궁. 槃은 쟁반 반. 槃回는 구불구불 이어지다. 嵎는 높고 험할 우. 峗는 산이 높을 위. ○丹水,涅池 - 丹水(단수)와 涅池(열지). 강이름. 涅은 개흙 열(녈). 진흙. 浮磬(부경)은 물 위로 솟은 바위. 그런 돌로 磬을 만들 수 있다. 바위의 질이 단단하다. ○耀焜(요혼) - 빛나는 모양. 焜은 빛날 혼. ○其土毛則榷牧薦草 - 土毛는 풀(草). 榷牧(각목)은 가축을 기르다. ○芳茹甘荼 - 芳茹는 싱싱한 채소. 甘荼(감도)는 씀바귀. 荼는 씀바귀 도(苦菜). ○芘其,芸菔, 昌本,深蒲 - 모두 나물 이름. ○建木叢生 - 建木은 長木. ○豐形對蔚, 崟額槮爽 - 形은 붉을 동. 對蔚은 울창한 숲. 崟은 험준할 음. 額은 이마 액. 槮은 밋밋할 삼. 나무가 쭉쭉 뻗은 모양. 爽은 시원할 상. ○蓲扈蓲熒, 惡可殫形 - 蓲는 푸성귀 요. 扈는 뒤따를 호. 널리 퍼지다. 蓲는 노란 꽃 휴. 熒은 등불 형. 빛나다. 惡는 어찌 오(何也). 殫은 다할 탄. 形은 형용하다.

[國譯]

「臣이 알기로는, 옛날에는 활집을 들고 화살통을 가득 채우는 것으로 군사 출동을 명하고, 靈臺에서 군사 상황의 종료를 보고하였는데, 이를 칭송하는 사람이 많았습니다. 그러나 이는 번개와 천둥이 언제나 하늘에 있는 것처럼 전쟁은 통치술의 우매와 현명에 따라 유발된다는 것을 모르기 때문입니다. 黃帝와 炎帝(神農) 이전부터 典籍에는 기록이 없고 三黃 五帝 이후에는 더욱 전하는 것이 없습니다. 그러나 소소한 (文王의 도읍) 酆(풍)의 교외에도 둘레 70리의 苑囿(원유)가 있어 춘추로 성대한 사냥을 하였습니다. 《詩經》에서도 囿草를 노래했고 〈騶虞(추우)〉의 악곡을 연주하였습니다.

사냥은 大漢의 초기의 바탕이 있었으며 天邑(洛陽)에 도읍하니 風雨가 순조롭고 陰陽의 和合을 이루었습니다. 이를 헤아려 靈囿(廣成囿)를 낙양의 南郊에 만들었습니다. 다만 교외의 그 일대를 보면 마음이 탁 트일 정도로 넓고 아득하며 시야가 막히는 것이 없이 활달하며 천리를 달릴 만큼 하늘과 땅이 끝없이 트여있을 뿐입니다. 이에 주변에 울타리와 개울이 둘러있고, 오른쪽으로는 三塗山(삼도산)이 보이고, 좌측으로는 嵩嶽(嵩山)이 이어지며, 앞쪽으로는 衡山의 북쪽 기슭이, 뒤쪽으로는 키 모양의 王屋山이 있고 波水(파수)와 溠水(자수)가 들을 적시고 滎水(형수)와 洛水(낙수)도 멀리 보입니다. 金門山과 大石山이 그곳에 있는데 산이 높고 또 높으며, 큰 산들이 구불구불 이어졌고 높고 험한 산이 곳곳에 섞여 있습니다. 그런 산에서 神泉이 솟아나서 丹水(단수)와 涅池(열지)로 흘러들어가고, 怪石(괴석)이 물속 곳곳에 있고 또 산비탈에서도 반짝거립니다.

그곳의 풀은 牧草로 무성하고 씀바귀 같은 싱싱한 식물이 있으며, 茈萁(자기), 芸蒩(운조)와 昌本(창본), 深蒲(심포), 그리고 芝荋(지이), 菫(제비꽃 근), 苣(환), 蘘荷(양하), 芋渠(우거) 또 桂荏(계임), 鳧葵(부규), 格(달래, 苦), 韭(부추 구), 蒩(저, 巴苴, 一名 芭蕉), 于(우) 등이 있습니다. 또 그곳에는 울창한 숲에 叢生(총생)하는 대나무나 온 산에 우거진 큰 나무, 도처에 자라는 좋은 목재, 높이 자라는 나무들이 있는데 椿(참죽나무), 梧(벽오동), 栝(괄, 老松), 柏(측백), 柜(고리버들 거), 柳(늘어지며 자라는 버들), 楓(단풍), 楊(냇버들)이 모두 무성하게 우거졌으며 쭉쭉 곧게 자랐습니다. 이런 나무들이 온화한 춘풍에 윤기를 내며 꽃을 피우고 주변에 무성하게 자라나 화려한 모습을 자랑하니 글로 다 표현할 수가 없습니다.」

▌原文

「至於陽月, 陰慝害作, 百草畢落, 林衡戒田, 焚萊柞木. 然後舉天網, 頓八紘, 揫斂九藪之動物, 緢橐四野之飛征. 鳩之乎茲圍之中, 山敦雲移, 群鳴膠膠, 鄙騃噪讙, 子野聽聳, 離朱目眩, 隸首策亂, 陳子籌昏. 於時營圍恢廓, 充斥川谷, 罦罝羅纚, 彌綸坑澤, 皐牢陵山. 校隊案部, 前後有屯, 甲乙相伍, 戊己爲堅.」

▌註釋▏ ○至於陽月 - 陽月은 十月. ○陰慝害作 - 慝은 사특할 특. 陰氣를 지칭. 害作은 百草에 해를 끼친다. 시들게 하다. ○焚萊柞木 - 잡초를 태우고 잡목을 베어내다. 焚은 태울 분. 萊는 거칠어질 래, 잡초 래. 柞木은 나무를 베다. 柞은 벌목할 책. 떡갈나무 작. ○揫斂九藪之動物 - 揫는 모을 추. 모아들이다(聚也). 九藪는 9주의 사냥터. 藪는 물이마른 연못(澤無水曰藪). ○緢橐四野之飛征 - 緢은 얽을 현. 얽어매다. 橐은 전대탁. 주머니. 자루. 飛征은 날거나 달려가다. ○群鳴膠膠, 鄙騃噪讙 - 膠膠는 움직임이 혼란스러운 모양. 膠는 아교 교. 붙이다. 움직일 교. 鄙騃(비애)는 짐승이 빨리 내달리다(獸奮迅貌也). 갇힌 곳에서 벗어나려고 애쓴다

는 뜻. 騃는 어리석을 애, 말이 달릴 애. 噪讙은 떠들썩하다. 噪는 떠들썩할 조. 讙은 시끄러울 환.   O子野聽聳 - 子野는 春秋시대 晉 師廣(사광)의 字. 聽聳(청용)은 듣고 두려워하다.   O離朱目眩 - 離朱(이주)는 눈이 밝은 사람. 目眩은 눈이 어지럽다.   O隸首策亂 - 隸首(예수)는 黃帝 때 셈(계산)이 빠른 사람. 동물이 많아 셀 수가 없다는 뜻.   O陳子籌昏 - 陳子는 陳平. 고조의 策士. 籌昏은 대책을 정할 수 없다.   O罦置羅羉 - 罦는 꿩그물 부. 置(저)는 토끼를 잡는 그물. 羅는 벌릴 라. 늘어놓다. 羉은 멧돼지 그물 란.   O彌綸坑澤 - 彌綸(미륜)은 그물을 널리 설치하다. 坑은 골짜기의 함정, 구덩이.   O甲乙相伍, 戊己爲堅 - 甲乙은 순차에 의거하다. 伍는 伍長. 군사 5인의 책임자. 戊己(무기)는 10干의 한 가운데. 곧 中央 土를 상징. 서역도호 아래 戊己校尉를 지칭. 본래는 屯田 담당관. 爲堅은 중앙에 굳건히 버티다. 중앙에서 전체를 지휘하다.

【國譯】

　「陽月(十月)이 되면, 陰氣가 초목에 해를 끼쳐 百草가 시드는데, 園林을 관리하는 사람이 사냥을 못하게 하고 잡초를 태우고 잡목을 베어냅니다. 그런 연후에 큰 그물을 쳐서 곳곳에 고정시키고서 9州에서 보내온 짐승이나 새(鳥)들을 모아 자루에 묶어 놓거나 사방을 돌아다니게 합니다. 그런 짐승을 원유 곳곳에 산처럼 높이 쌓아놓거나 구름처럼 모아 놓으니 그 울음소리가 크게 울리고 시끄럽게 포효하면서 벗어나려 내달리며 너무 시끄럽기에 子野(자야)가 들어도 놀라고, 離朱(이주)도 눈이 어지러울 것이며, 隸首(예수)가 세어도 셀 수 없으며, 陳平도 어쩔 수가 없을 것입니다. 이때 만든 울타리는 넓고도 튼튼하며 냇물이나 계곡을 메우기도 하고, 꿩, 토끼, 멧돼지 그물을 치고 함정이나 연못을 곳곳에 파 놓으며, 높고 큰 산을 다 덮기도 합니다. 부대를 계획대로 배치하여 전후 곳곳에 주둔시키고 순서대로 줄을 지어 나가며 戊己校尉가 중심에서 지휘합니다.」

原文

「乘輿乃以吉月之陽朔, 登於疏鏤之金路, 六驌驦之玄龍, 建雄虹之旌夏, 揭鳴鳶之修幢. 曳長庚之飛髾, 載日月之太常, 棲招搖與玄弋, 注枉矢於天狼. 羽毛紛其髟鼬, 揚金爕而扞玉瓖. 屯田車於平原, 播同徒於高岡, 旃旝摻其如林, 錯五色以摛光. 清氛埃, 埽野場, 誓六師, 搜儁良. 司徒勒卒, 司馬平行, 車攻馬同, 教達戒通. 伐咎鼓, 撞華鐘, 獵徒縱, 赴榛叢. 徽嫿霍奕, 別騖分奔, 騷擾聿皇, 往來交舛, 紛紛回回, 南北東西. 風行雲轉, 匈磕隱訇, 黃塵勃滃, 闇若霧昏. 日月爲之籠光, 列宿爲之翳昧, 僄狡課才, 勁勇程氣. 狗馬角逐, 鷹鸇競鷙, 驍騎旁佐, 輕車橫厲, 相與陸梁, 聿皇於中原. 絹狷䝞, 鏦特肩, 脰完羝, 撝介鮮, 散毛族, 梏羽群. 然後飛鋋電激, 流矢雨墜, 各指所質, 不期俱殪, 竄伏扔輪, 發作梧轊. 祋殳狂擊, 頭陷顱碎, 獸不得猭, 禽不得瞥. 或夷由未殊, 顛狽頓躓, 蝡蝡蟫蟫, 充衢塞隧, 葩華遍布, 不可勝計.」

| **註釋** | ㅇ乘輿乃以吉月之陽朔 – 乘輿는 수레. 皇帝를 의미. 陽朔은 10월 초하루. ㅇ登於疏鏤之金路 – 登은 타다. 疏鏤(소루)는 무늬를 새긴(雕鏤). 金路는 玉路, 路는 수레(輅와 通). ㅇ六驌驦之玄龍 – 六은 여섯 마리

말. 驌騻(숙상)은 옛 명마의 이름. 驌은 좋은 말 숙. 騻은 좋은 말 이름 상. 玄龍은 검고 큰 말. 玄은 겨울철의 氣運에 상응하고, 북방의 색인 검은 큰 말. 말의 키가 8尺이면 龍이라 불렀다. ㅇ建雄虹之旌夏 – 색채가 선명한 큰 깃발을 꽂다. 旌夏(정하)는 大旌. 旌은 깃발 정. ㅇ揭鳴鳶之修橦 – 揭는 들다(擧也). 鳴鳶는 솔개 그림이 펄럭이는. 橦은 깃대 동. ㅇ曳長庚之飛髾 – 曳는 끌 예. 끌어당기다. 長庚(장경)은 太白星. 飛髾(비소)는 깃발에 꽂은 깃털 장식. ㅇ載日月之太常 – 日月의 太常이 그려진 큰 깃발을 들다. ㅇ招搖,玄弋,天狼 – 招搖(초요), 玄弋(현익), 天狼(천랑)은 모두 星名. ㅇ枉矢(왕시) – 妖星의 이름. ㅇ羽毛紛其髟鼬 – 髟鼬(표유)는 깃털 장식이 날리는 모양. 髟는 머리털이 늘어질 표. 鼬는 족제비 유. ㅇ揚金䪥而扦玉瓖 – 揚은 날리다. 金䪥은 말굴레의 치장. 䪥은 말머리 장식 종. 扦은 꽂을 천. 玉瓖은 玉으로 장식한 말 뱃대. 瓖은 뱃대끈 장식 양. ㅇ旃旝掺其如林 – 旃旝(전괴)는 붉은 기. 掺은 가질 삼. 한 곳에 많이 모여 있는 모습. 森과 同. ㅇ摛光 – 摛는 퍼질 이. 널리 퍼지다. ㅇ清氛埃 – 氛은 기운 분. 埃는 티끌 애. 먼지. ㅇ埽野場 – 埽는 쓸 소. 野場은 풀을 깎아놓은 공터. ㅇ誓六師 – 六軍(全軍)에 명을 내리다. ㅇ搜雋良 – 雋良(준량)은 良馬. ㅇ伐咎鼓 – 伐은 치다. 咎鼓(구고)는 大鼓. ㅇ赴榛叢 – 잡목 숲으로 들어가다. 榛은 덤불 진. 叢은 모일 총. 잡목더미. ㅇ徽嫿霍奕 – 徽는 아름다울 휘. 嫿은 뽐낼 획. 정숙하다. 霍奕(곽혁)은 빨리 달리는 모양. ㅇ騷擾聿皇 – 騷擾(소요). 聿皇(율황)은 가볍고 빠른 모양. 聿은 붓 율. 드디어. 따르다. 빠르다. ㅇ匈磕隱訇 – 匈은 오랑캐 흉. 떠들썩하다. 磕는 돌 소리 개. 隱訇(은굉)은 訇隱(굉은). 큰 소리. 訇은 큰 소리 굉. ㅇ黃塵勃滃 – 黃塵은 흙먼지. 滃은 구름이 필 옹. ㅇ僄狡課才 – 날렵하다. 僄는 가벼울 표. 狡는 빠를 교. 교활하다. ㅇ絹猑蹏 – 絹은 붙잡다. 묶다. 猑蹏(곤제)는 야생말. 猑은 야생말 곤. 蹏는 굽 제. ㅇ鏦特肩 – 鏦은 창 총. 特肩은 세 살 난 짐승(特)의 어깻죽지. 特은 수컷 특. ㅇ脰完羝 – 脰는 목덜미 두. 完羝는 다 자란 숫양. 羝

숫양 저. ○摛介鮮 – 摛는 찢을 휘. 介鮮은 산짐승의 가죽. ○各指所質 – 質은 표적, 과녁. ○發作梧轊 – 發作 梧는 버티다. 반항하다. 맞부딪치다 (支梧). 轊는 차축 짧을 세. 굴대의 끝. ○殳殳狂擊 – 殳는 창 대. 殳는 창 수. ○頭陷顱碎 – 顱는 머리 뼈 노. 두개골. ○獸不得獏 – 獏은 짐승 달아 날 천. ○禽不得瞥 – 瞥은 언뜻 볼 별. ○或夷由未殊 – 夷由(이유)는 걷지 못하다. 未殊는 죽지 못하다. ○顚狽頓躓 – 顚狽(전패)는 엎어지다. 頓躓 (돈지)는 넘어지다. ○蝡蝡蟫蟫 – 蝡蝡은 꿈틀대다. 꿈틀 댈 연. 蟫蟫(심 심)은 벌레가 꿈질대며 움직이다. ○充衢塞隧 – 衢는 네거리 구. 隧는 길 수. 도로. 굴. 웅덩이. ○葩華遍布 – 葩華(파화)는 꽃. 遍布는 널려있다.

[國譯]

「황제께서는 吉祥의 10월 朔日(陽朔)에, 장식을 하고 여섯 마리 의 玄龍이 끄는 玉路을 타시고, 색채가 선명한 큰 깃발을 세웠으며, 솔개가 그려진 깃발이 펄럭이는 깃대를 들게 하고 행차하였습니다. 깃털 장식이 펄럭이는 長庚(太白星)의 깃발도 들고, 日月의 太常이 그려진 큰 깃발을 흔들며, 招搖(초요)와 玄弋(현익)의 별이 그려진 깃 발도 있고, 天狼(천랑)의 별에 枉矢(왕시)가 있는 깃발도 끼어있습니 다. 깃털이 펄럭이며 날리고 말머리 장식과 말 뱃대 끝 장식도 흔들 립니다. 사냥용 수레를 넓은 들에 모아놓았다가 높은 산으로 인마가 이동하며 붉은 깃발이 숲처럼 많이 모여 있고 5색이 뒤섞여 멀리까 지 번쩍거립니다. 시원한 바람 속에 흙먼지가 일어나고, 풀을 깎은 공터를 쓸어낸 뒤 六軍(全軍)에 명을 내리며 좋은 말을 고릅니다. 司徒(사도)가 병졸을 정돈시키고, 司馬가 행렬을 바로 세우며 戰車는 견고하고 軍馬는 가지런히 나아가며 명령은 즉각 전달이 됩니다. 큰 북을 울리고 아름다운 종을 치며 사냥꾼을 풀어 잡목 숲으로 들어가게 합니다. 뽐내듯 빨리 달리고 사방으로 달려 나가며 시끄럽게 내닫고 서로 뒤섞여 내달리면서 무리 지어 오가며 동서남북으로 돌아다닙니다. 바람과 구름처럼 쏠려가고 시끄러운 소리가 진동하며 누런 흙먼지가 구름 피듯 일어나고 짙은 안개에 묻힌 듯 컴컴해집니다. 日月도 그 빛을 잃은 듯, 모든 별이 희미해진 듯, 날쌘 사람은 재능을 뽐내고 힘센 사람은 기운을 자랑합니다. 사냥개와 말이 角逐(각축)하고, 송골매나 새매도 서로 잡으려 다투고, 용감한 기사는 곁에서 거들고, 사냥 수레도 종횡으로 빨리 달리면서 서로 연달아 들판 가운데로 빨리 모여듭니다. 야생말을 생포하고, 수컷의 어깻죽지와 큰 숫양의 목을 창으로 찌르며, 생가죽을 찢고, 새들을 쫓아가며 낚아채기도 합니다. 그런 연후에도 날아가는 긴 창이 번개처럼 스쳐가고 화살이 비 오듯 쏟아지며 모두 사냥감을 공격하는데 모두 다 죽일 생각이 없지만 도망치다가 사냥수레에 밟혀 죽거나 수레바퀴에 부딪쳐 죽기도 합니다. 창으로 마구 찔러 짐승 머리가 꺾이고 두개골이 갈라지면서 짐승은 달아나지 못하고 새들은 앞을 못 보게 됩니다. 혹은 달아나지도 못하고 죽지도 못한 짐승들은 엎어지고 넘어지며, 꿈틀대거나 꿈지럭거리며 길을 막거나 구덩이에 떨어져 꽃처럼 널려 있어 이루 다 셀 수가 없습니다.」

▌原文

「若夫鷙獸毅蟲, 倨牙黔口, 大匈哨後, 緼巡歐紆, 負隅依阻, 莫敢嬰禦. 乃使鄭叔,晉婦之徒, 暌孤刲刺, 裸裎袒裼.

冒桑柘, 槎棘枳, 窮浚谷, 底幽嶰, 暴斥虎, 搏狂兕, 獄狂熊,
抾封狶. 或輕訬趫悍, 廋疏嶁領, 犯歷嵩巒, 陵喬松, 履修槮,
踔躚枝, 杪標端, 尾蒼蜺, 掎玄猨, 木産盡, 寓屬單. 罕罔合
部, 嘗弋同曲, 類行並驅, 星布麗屬, 曹伍相保, 各有分局.
繪沓飛流, 纖羅絡縸, 游雉群驚, 晨鳧輩作, 翬然雲起, 霅爾
電落.」

| 註釋 | ○鷙獸毅蟲 – 사납고 강한 짐승. 鷙는 맹금 지. 수리 같은 날짐
승. ○倨牙黔口 – 倨牙는 톱날 같은 이빨. 倨는 톱 거, 거만할 거. 黔口은
흉측한 입. 黔은 검을 검. ○大匈哨後 – 匈은 胸. 哨는 작다. ○縕巡歐紆
– 縕巡(온순)은 떼 지어 나아가는 모양(並行貌). 歐紆(구우)는 몰려가다.
○莫敢嬰禦 – 에워싸고 맞서는 자가 없다. 禦는 막다(扞也). 쫓기던 짐승
의 저항과 군사의 용맹을 서술. ○鄭叔,晉婦之徒 – 鄭叔은 鄭나라 莊公의
큰동생 太叔 段(태숙 단), 晉婦는 晉人 馮婦(풍부). 맨손으로 호랑이를 때려
잡았다. ○睽孤刲刺 – 睽는 사팔눈 규. 노려보다. 刲는 찌를 규. 刺는 찌
를 자(척). ○裸裎袒裼 – 裸는 벌거숭이 라. 裎은 벌거숭이 정. 袒裼(단석)
은 肉袒(육단). 袒은 웃통 벗을 단. 裼은 웃통 벗을 석. ○冒桑柘 – 冒는 틈
을 노리다. 桑柘는 뽕나무. ○槎棘枳 – 槎는 나무 벨 사. 棘枳(극지)는 가
시나무 덤불. 棘은 대추나무 극. 枳는 탱자나무 지. 아주 크고 억센 가시가
있다. ○窮浚谷 – 浚谷은 깊은 계곡. ○底幽嶰 – 깊은 계곡 아래까지 쫓
아가다. 嶰는 골짜기 해. ○暴斥虎 – 호랑이를 때려잡다. ○搏狂兕 – 搏
은 잡을 박. 狂兕는 외뿔 들소 시. ○獄狂熊 – 獄은 잡아가두다. 狂은 미쳐
날뛰다. ○抾封狶 – 抾은 사로잡을 겁. 劫과 通. 封은 크다(大也). 狶는 멧
돼지 희. ○輕訬趫悍 – 訬는 재빠를 초(輕捷也). 訬는 사뿐히 걸을 교. 悍
사나울 한. ○廋疏嶁領 – 廋는 숨길 수. 찾다. 嶁領는 산봉우리. 嶁는 봉

우리 루(山顛). 領은 嶺. ㅇ犯歷嵩巒 – 巒은 뫼 만. 산이 작으면서도 높은 산. ㅇ陵喬松 – 喬松은 큰 소나무. ㅇ履修橌 – 橌은 느릅나무 만. ㅇ踔巑 枝 – 踔은 뛰어넘을 탁. 巑枝은 긴 나뭇가지. 巑은 길게 뻗은 섬. ㅇ抄標 端 – 抄는 나뭇가지. 끝 초. ㅇ尾蒼蜼 – 蜼는 원숭이 유. 들창코에 꼬리가 긴 원숭이(卬鼻而長尾). ㅇ掎玄猨 – 掎는 끌 기. 猨은 원숭이 원(猿과 通). ㅇ木産盡 – 木産은 숲에 서식하는 종류(巢棲之類). ㅇ寓屬單 – 寓屬은 구 덩이나 굴을 파고 사는 종류. 單은 다할 단. 다 없어지다. ㅇ罕罔合部 – 罕 은 그물(網) 한. 罔은 網. ㅇ罾弋同曲 – 罾은 어망 증. 魚網. 弋은 주살 익. 실을 매어 쏘는 작은 화살. ㅇ矰碆飛流 – 矰은 주살 증(弋矢). 碆는 돌살 촉 파. 실에 돌을 매어 던진다. ㅇ纖羅絡縸 – 纖羅(섬라)는 가는 그물. 縸 은 그물 칠 막. ㅇ游雉群驚 – 雉는 꿩 치. ㅇ晨鳧輩作 – 晨은 새벽 신. 鳧 는 오리 부. ㅇ翬然雲起 – 翬는 훨훨 날 휘. ㅇ霅爾電落 – 霅은 비가 올 삽. 電은 우박 박.

[國譯]

「저 흉맹한 짐승이 검은 입을 벌리고 톱날 같은 이빨에 큰 어깨와 작은 엉덩이로 한꺼번에 돌아서 달려가 험한 지형을 뒤로 하고 으르 렁대자 감히 나서려는 자가 없습니다. 그러자 바로 鄭나라 太叔 段 (태숙 단)과 晉人 馮婦(풍부) 같은 용사들을 보내자 용사는 홀로 노려 보다가 웃통을 벗고 달려들어 짐승을 찔렀습니다. 뽕밭을 살펴보고 가시덤불을 베고 깊은 계곡 끝까지 추격하여 큰 호랑이와 미친 듯 날뛰는 들소를 때려잡고 흉맹한 곰과 산처럼 큰 멧돼지도 잡았습니 다. 또 몸이 날쌔면서 용감한 어떤 자는 산봉우리는 물론 높은 꼭대 기까지 뒤지고 다니면서 큰 나무를 뛰어넘고 우거진 느릅나무를 밟 아 넘어가며 긴 가지를 뛰어 넘고 가지를 꺾어가면서 긴꼬리원숭이와 검은 원숭이를 잡아끌고 오니 숲에 살거나 굴에 사는 종류를 다 잡았습니다. 그물 부대가 합류하고, 어망과 주살도 함께 합쳐 몰아가니, 마치 별처럼 몰이꾼들이 연결되어 요소에 배치되었습니다. 주살과 돌이 날아가고 가는 그물이 연이어 쳐지니 떼 지어 놀던 꿩이 놀라고 숨어있던 오리들이 놀라서 구름처럼 떼 지어 날아오르나 (주살에 맞아) 비나 우박처럼 떨어집니다.」

原文

「爾乃藐觀高蹈, 改乘回轅, 泝恢方, 撫馮夷, 策句芒, 超荒忽, 出重陽, 厲雲漢, 橫天潢. 導鬼區, 逕神場, 詔靈保, 召方相, 驅厲疫, 走蜮祥. 捎罔兩, 拂游光, 枷天狗, 絏墳羊. 然後緩節舒容, 裴回安步, 降集波羅, 川衡澤虞, 矢魚陳罟. 茲飛, 宿沙, 田開, 古蠱, 翬終葵, 揚關斧, 刊重冰, 撥蟄戶, 測潛鱗, 踵介旅. 逆獺湍瀨, 濟薄汾橈, 淪滅潭淵, 左挈夔龍, 右提蛟鼉, 春獻王鮪, 夏薦鼈鼃. 於是流覽徧照, 殫變極態, 上下究竟, 山谷蕭條, 原野嶚愀, 上無飛鳥, 下無走獸. 虞人植旍, 獵者效具, 車弊田罷, 旋入禁囿. 棲遲乎昭明之觀, 休息乎高光之榭, 以臨乎宏池. 鎭以瑤臺, 純以金堤, 樹以蒲柳, 被以綠莎, 瀇濛沆瀁, 錯紾盤委, 天地虹洞, 固無端涯, 大明生東, 月朔西陂. 乃命壺涿, 驅水蟲, 逐罔螭, 滅短狐, 簎鯨, 魧. 然後方餘皇, 連軿舟, 張雲帆, 施蜺幬, 靡颿風, 陵迅流,發棹歌, 縱水謳, 淫魚出, 菶蔡浮, 湘靈下, 漢女游. 水禽鴻鵠, 鴛鴦, 鷗, 鷺, 鶬鴰, 鷁, 鴿, 鸘, 鴈, 鸑鸒, 乃安斯寢, 戢翼其涯. 魴, 鯛, 鱏, 鯿, 鰋, 鯉, 鱣, 魦, 樂我純德, 騰踊相隨, 雖靈沼之白鳥, 孟津之躍魚, 方斯蔑矣. 然猶詠歌於伶簫, 載陳於方策, 豈不哀哉!」

| 註釋 | ○爾乃瞉觀高蹈, 改乘回輮 - 瞉은 멀 막. 改乘回輮은 수렵이 다 끝나고 돌아가다. ○泝怲方, 撫馮夷 - 泝는 거슬러 올라갈 소. 怲는 大也. 馮夷(풍이)는 河伯. ○策句芒, 超荒忽 - 句芒(구망)은 東方의 神. 荒忽(황홀) 은 幽遠하다. ○出重陽 - 重陽은 하늘. ○厲雲漢, 橫天潢 - 雲漢은 은하 수(天河). 天潢은 별. 潢은 웅덩이 황. 물이 깊고 넓은 모양. ○導鬼區 - 귀 신의 세계에 도착하다. ○逕神場 - 逕은 지름길 경. ○詔靈保 - 靈保는 神巫. ○召方相 - 方相은 창과 방패를 들고 隷卒을 거느리고 잡귀를 몰아 내는 신. ○驅厲疫 - 驅는 몰아낼 구. 厲疫은 역병을 일으키는 잡귀. ○走蜮祥 - 走는 쫓아버리다. 蜮祥(역상)은 물여우. ○捎罔兩 - 捎는 없앨 소. 제거하다. 罔兩(망양)은 木石의 괴물. 魍魎(망량)과 同. ○拂游光 - 游光(유 광)은 惡神. 그 형제가 8명이나 된다고 하였다. ○枷天狗 - 枷 天狗는 별 이름. ○繼墳羊 - 繼은 고삐 설. 묶어 매다. 墳羊(분양)의 땅속의 괴물. 생 김새가 羊과 비슷하다. ○降集波簖 - 簖는 禁苑 어. 물고기를 놓아기르는 곳. 일종의 養魚 시설. ○川衡澤虞 - 川衡(천형)과 澤虞(택우)는 禁苑의 漁 場 관리인. ○矢魚陳罟 - 矢魚는 물고기를 늘어놓다. 진열하다. 罟는 물 고기 그물 고. ○茲飛(依飛), 宿沙(宿沙渠子, 善漁者), 田開, 古蠱 - 모두 고 대의 용사 이름. 蠱는 독 고. ○翬終葵 - 翬는 훨훨 날 휘. 揮也. 終葵(종규) 는 몽둥이(椎也). 큰 나무망치. ○揚闞斧 - 揚은 휘두르다. 闞斧는 도끼 이름. ○刊重冰 - 刊은 제거하다. 깎아내다. 깨뜨리다. ○撥蟄戶 - 撥은

다스릴 발. 뒤집다. 蟄은 숨을 칩. ○踵介旅 － 踵은 발꿈치 종. 찾아내다.
介는 비늘을 가진 벌레 종류. 旅는 무리(衆也). ○逆獵湍瀨 － 逆獵은 격류
를 거스르며 물고기를 잡다. 湍瀨(단뢰)는 여울. 湍은 여울 단. 급류. 瀨는
여울 뢰. 급류. ○濟薄汾橈 － 파도가 치고 소용돌이가 치는 물속을 빨리
달려가다. 濟은 빨리 갈 분. 薄은 엷을 박. 汾은 클 분. 橈는 꺾일 요. ○淪
滅潭淵 － 淪滅(윤멸)은 잠수하다. 潭淵(담연)은 깊은 물. ○左挈夔龍, 右提
蛟鼉 － 挈은 손에 들 설. 夔는 외발 기, 조심할 기. 蛟는 교룡 교. 鼉는 악어
타. ○春獻王鮪, 夏薦鼈黿 － 王鮪는 큰 다랑어. 고등어과에 속하는 물고
기. 바다에서 잡는 다랑어는 아님. 薦은 드릴 천. 제사에 올리다. 鼈黿(별
원)은 자라. ○於是流覽徧照 － 流覽은 물을 따라가며 구경하다. ○原野嶕
愀 － 嶕愀는 황량한 모양(蕭條貌). 嶕는 우뚝 솟을 교. 쓸쓸한 모양. 愀는
정색할 초. 근심하다. ○虞人植旍 － 虞人은 상림원에서 일하는 산지기 같
은 사람. 旍은 깃발 정(旌과 通). ○純以金堤 － 純은 緣也. 金堤는 황금 장
식이 있는 둑. ○潢潢沆漭 － 潢은 물이 깊고 넓을 왕. 潢은 물이 넘칠 양.
沆은 넓을 항. 漭은 넓을 망. ○錯紾盤委 － 錯紾은 서로 물려있다. 盤委는
구불구불 이어지다. ○天地虹洞 － 虹洞(홍동)은 서로 이어지다. ○月朔西
陂 － 月朔은 달이 떠 있다. 西陂는 연못의 서쪽. ○乃命壺涿 － 壺涿(호탁)
은 물속 잡귀를 없애는 神. ○逐罔,蝄 － 罔은 망량(魍魎). 蝄는 교룡. ○滅
短狐 － 短狐(단호)는 물여우(蜮, 역). ○籍鯨,鯢 － 籍은 작살 착. 작살로 찌
르다. 鯨은 고래 경. 鯢는 도롱뇽 예. ○方餘皇 － 方은 나란히 저어가다.
餘皇은 吳의 船名. ○連舲舟 － 舲舟는 작은 배. 舲은 작은 배 공. ○施蜺
幬 － 蜺幬(예주)는 무지개 빛깔의 휘장. ○靡颸風 － 颸風은 질풍. 颸는 시
원한 바람 시. ○菁蔡浮 － 菁蔡浮 ○湘靈下, 漢女游 － 湘靈은 舜妃. 湘水
에 익사하여 湘夫人이 되었다. 漢女는 漢水의 女神. ○靈沼之白鳥 －《詩
大雅》에 묘사된 백조. ○孟津之躍魚 － 武王이 孟津(맹진)을 건너 紂王을
정벌하러 갈 때 무왕의 배에 뛰어 올라온 물고기.

[國譯]

「그리고 이어 멀리 바라보며 돌아가는 길에 兵車로 갈아타고 광활한 하늘로 질러가면서 河伯 馮夷(풍이)를 데리고 동방의 神 句芒(구망)이 안내하게 하니, 갑자기 어둠을 뚫고 해가 뜨면서 은하수를 건너 여러 별들 사이를 지나갑니다. 귀신 지역에 이르러 神場을 가로질러서 神巫인 靈保(영보)와 方相(방상)을 불러 疫鬼(역귀)와 물여우를 쫓아버리게 명령합니다. 도깨비 罔兩(망양)을 제거하고, 游光(유광)을 쫓아버리며, 天狗(천구)를 잡아 가두고, 土怪를 묶어놓게 하였습니다. 그런 뒤에 천천히 온화한 기분으로 속세로 돌아와서 하천과 淵澤의 담당자를 불러 어망을 놓으라고 하였습니다. 이에 茲飛(자비, 佽飛)와 宿沙(숙사, 宿沙居子), 그리고 田開(田開疆)와 古蠱(고고, 古冶子) 같은 용사를 보내 긴 몽둥이를 휘두르고 큰 도끼를 가지고 두꺼운 얼음을 깨트려서 물속 굴 안에 숨어있는 물고기나 단단한 껍질을 가진 물속 생물을 잡아오게 하였습니다. 격류를 거스르며 물고기를 잡고 급류를 타고 오르며 깊은 물에 잠수하여 왼손에는 夔龍(기룡)을 오른손에는 악어를 잡아내는데, 봄에는 큰 다랑어를 여름에는 자라를 바치게 합니다. 이어 물을 따라 내려가며 주변 경물이 바뀐 위아래를 두루 구경하는데 山谷은 소슬하고 原野는 황량한데 하늘에는 나는 새도 없고 땅에는 돌아다니는 동물도 없습니다. 虞人(우인)은 돌아다니며 정기를 세우고 사냥꾼은 연모를 챙기고 병거가 멈추고 사냥이 끝났기에 禁苑으로 돌아옵니다. 불빛이 사방을 비추는 궁궐에 늦게 들어 와서 밝은 정자(榭)에서 휴식을 취하고서 다시 넓은 연못으로 갑니다. 아름다운 옥돌 계단에서 보이는 푸른 둑에는 금장식이 있고 버드나무를 심었으며 녹색 풀이 덮였는데 넓고 깊은 연못에서 구불구불 연결된 물길을 따라 흐르는데 물은 천지가 이어진 듯 막히지 않고 흐르며, 연못 동쪽에서는 해가 뜨고 달은 그 서쪽에 보입니다. 이에 壺涿(호탁)을 보내 물속 잡귀를 몰아내고, 물 도깨비인 망량(魍魎)과 교룡(蛧)도 쫓아버리고 물여우도 죽이고 고래와 도롱뇽을 작살로 찌르게 합니다. 그리고서 吳의 배인 餘皇(여황)을 나란히 저어나가고 이어 작은 배가 따라오는데, 모두 구름 같은 돛을 달고 무지개 휘장을 펴고 시원한 바람을 타고 파도를 이기며 나아가자 사공이 뱃노래를 부르면 배에서 따라 부르는데 질풍을 타고 물고기가 머리를 내밀고 거북이도 물에서 나오며 湘靈(湘夫人)이 하강하고 漢水의 女神이 놀러 옵니다. 水禽(수금)인 鴻鵠(홍곡, 큰 기러기), 鴛鴦(원앙), 鷗(갈매기), 鷖(갈매기 예), 鶬鴰(창괄, 왜가리), 鸕(가마우지 로), 鷁(익조), 鷺(해오라기), 鴈(기러기)와 鷿鷈(벽체, 논병아리 체)가 모두 편안히 잠이 들고 물가에 내려와 날개를 접습니다. 그리고 魴(방어), 鱮(서, 연어), 鱏(심, 심어), 鯿(편, 방어), 鰋(언, 메기), 鯉(리, 잉어), 鱨(상, 동자개), 鯋(사, 모래무지) 등이 모두 우리의 純德을 기뻐하며 물위에 뛰어오르며 따라오니, 비록 靈沼(영소)의 白鳥나 孟津의 躍魚라도 이에 비하면 아무것도 아닐 것입니다. 그렇지만 樂人의 洞簫(통소)와 노래가 方策에 실린다면 어찌 슬프지 않겠습니까!」

原文

「於是宗廟旣享, 庖廚旣充, 車徒旣簡, 器械旣攻. 然後擺牲班禽, 淤賜犒功, 群師疊伍, 伯校千重, 山罍常滿, 房俎無空. 酒正案隊, 膳夫巡行, 淸醥車湊, 燔炙騎將, 鼓駭擧爵,鐘鳴旣觴. 若乃〈陽阿〉衰斐之晉制, 闡黽華羽之南音, 所以洞蕩匈臆, 發明耳目, 疏越蘊慉, 駴恫底伏, 鍠鍠鎗鎗, 奏於農郊大路之衢, 與百姓樂之. 是以明德曜乎中夏, 威靈暢乎四荒, 東鄰浮巨海而入享, 西旅越葱領而來王, 南徼因九譯而致貢, 朔狄屬象胥而來同. 蓋安不忘危, 治不忘亂, 道在乎茲, 斯固帝王之所以曜神武而折遐沖者也.」

| 註釋 | ○宗廟旣享, 庖廚旣充 – 天子 田獵의 주 목적은 종묘 제사용 희생물 확보와 천자의 식료품 확보에 있다고 하였다. ○淤賜犒功 – 淤賜(어사)는 음식물을 먹기 싫도록 내리다. 하사품이 많다. 淤는 물릴 어. 싫증나다. 飫(물릴 어)와 同. 막히다. 진흙 어. 犒는 호궤할 호. 군사에게 잔치를 베풀어 위로하다. ○山罍常滿 – 山罍(산뢰)는 山 무늬를 그린 술 독. 罍는 술독 뢰. ○房俎無空 – 房俎(방조)는 다리가 달린 술잔. ○酒正案隊 – 酒正은 술자리 감독관. 中士. ○膳夫巡行 – 膳夫는 음식 공급자. 上士. ○淸醪車湊 – 淸醪는 막걸리. 醪는 막걸리 료. 車湊는 수레로 실어 나르다. 湊는 모일 주. ○燔炙騎將 – 燔炙(번자)는 구운 고기. 騎將은 거마로 운송하다. ○鼓駴擧爵 – 북소리가 진동하자 모두 술잔을 들다. ○鐘鳴旣觴 – 종을 치자 모두 술을 다 마시다. ○〈陽阿〉 – 옛 晉의 악곡. ○衰斐 – 쇠퇴하였지만 화려하다. 斐는 아름다울 비. ○闡黽華羽之南音 – 闡은 열 천. 黽는 비로소. 처음. 개구리 와. 華羽之南音은 浮華한 南國의 악곡. ○洞蕩匈臆 – 가슴에 품었던 울분을 쓸어버리다. 洞蕩(통탕)은 막힘이 없이 쓸어내다. ○疏越蘊慉 – 疏越은 흩어버리다. 蘊慉(온축)은 마음에 쌓이다(積聚). 慉은 맺힐 축. 畜과 通. 기를 휵. ○駴恫底伏 – 駴恫(해통)은 놀라고 상심하다. 底伏(저복)은 막혀 쌓이다(滯伏). ○鍠鍠鎗鎗 – 연주하는 악곡의 소리(鐘鼓之聲). 鍠은 鐘鼓 소리 굉. 鎗은 종소리 쟁. ○農郊 – 田野. ○入享

– 찾아와 助祭하다.　○西旅 – 西戎(서융)의 遠國.　○葱領(총령) – 파미로 고원.　○徼 – 구할 요. 순행하다. 순시하다. 변경의 길.　○朔狄 – 北狄. 朔은 초하루 삭. 북쪽.　○象胥(상서) – 통역관. 夷狄의 언어에 통한 자.

[國譯]

「이에 종묘 제사도 끝났고 주방도 충실해졌으며 兵車와 軍士 점검도 마쳤고 兵器 상태도 확인하였습니다. 이에 희생물과 잡은 날짐승을 모아 놓고 풍성하게 시상하고 노고를 위로하자 여러 부대의 장졸이 1천여 줄로 앉아 잔치하며 山 모양을 새긴 술통이 계속 나오고 다리가 달린 술잔에 술이 넘쳤습니다. 酒正이 대오를 돌아다니고 膳夫(선부)가 음식을 날라오며, 막걸리를 수레로 실어오고, 말이 구운 고기를 실어왔으며, 북소리에 맞춰 잔을 들고 종소리에 술잔을 비웠습니다. 이어 쇠퇴했지만 아름다운 晉의 음악인 〈陽阿〉와 부화한 南國의 악곡이 처음 연주되었는데, 이로써 가슴에 쌓인 울분을 깨끗이 쓸어내고, 귀와 눈이 뜨였으며, 그간의 서럽게 쌓였던 감정을 흩어버리면서 鐘鼓의 음악이 田野의 거리에서 연주되어 백성들도 함께 즐길 수 있었습니다. 그리하여 聖明하신 은덕에 中夏의 백성이 환호하였고, 천자의 위엄과 靈明이 四荒(사황)에 널리 알려지자 동쪽에서는 큰 바다를 건너와 종묘제사에 참여하였으며, 서쪽 여러 민족은 葱領(총령)을 넘어 왕이 입조하였고, 남쪽으로는 여러 번 통역을 거쳐 공물을 보내왔으며, 北狄은 통역관에게 위임하여 입조하였습니다. 대체로 平安할 때 위기를, 治世에 亂世를 잊어서 안 되는 이유가 여기 있으니, 참으로, 帝王의 神武 과시는 이를 통해 遠方의 적을 물리칠 수 있기 때문입니다.」

「方今大漢收功於道德之林, 致獲於仁義之淵, 忽搜狩之
禮, 闕盤虞之佃. 闇昧不覩日月之光, 聾昏不聞雷霆之震,
於今十二年, 爲日久矣. 亦方將刊禁臺之秘藏, 發天府之官
常, 由質要之故業, 率典刑之舊章. 采淸原, 嘉岐陽, 登俊桀,
命賢良, 舉淹滯, 拔幽荒. 察淫侈之華譽, 顧介特之實功, 聘
畎畝之群雅, 宗重淵之潛龍. 乃儲精山藪, 歷思河澤, 目矖
鼎俎, 耳聽康衢, 營傅說於胥靡, 求伊尹於庖廚, 索膠鬲於
魚鹽, 聽寗戚於大車. 俾之昌言而宏議, 軼越三家, 馳騁五
帝, 悉覽休祥, 總括群瑞. 邃棲鳳皇於高梧, 宿麒麟於西園,
納僬僥之珍羽, 受王母之白環. 永逍搖乎宇內, 與二儀乎無
疆, 貳造化於后土, 參神施於昊乾, 超特達而無儔, 煥巍巍而
無原. 豐千億之子孫, 歷萬載而永延. 禮樂旣闋, 北轅反斾,
至自新城, 背伊闕, 反洛京.」

| 註釋 | ○盤虞之佃 – 盤은 소반 반. 즐거움, 즐겁게 놀다(盤遊). 虞는
娛와 同. 佃은 밭갈 전. 사냥. ○官常 – 관리가 직분을 수행하다. ○由質
要之故業 – 由는 用也, 質要는 문서. ○采淸原 – 淸原은 河東郡 聞喜縣 북
쪽의 지명. 춘추시대 晉은 여기에 사냥을 했다. ○嘉岐陽 – 岐陽(기양)은
岐山의 남쪽. 周 成王이 사냥을 한 곳. ○舉淹滯 – 淹滯(엄체)는 오랫동안
승진하지 못한 사람을 승진시키다. ○拔幽荒 – 지방의 才德이 있는 인재
를 발탁하다. ○介特 – 지조가 특별하다. ○聘畎畝之群雅 – 聘은 초빙하
다. 畎畝(견무)는 밭고랑. 농촌. 畎은 밭도랑 견. 畝는 밭이랑 무. 群雅는 〈大

雅〉와 〈小雅〉에 묘사된 것 같은 현인이나 隱者.　O目矔鼎俎 － 矔은 볼 시. 鼎俎(정조)는 요리를 할 솥과 도마. 伊尹을 지칭. 伊尹은 요리사로 湯王을 처음 만났다.　O耳聽康衢 － 康衢(강구, 康은 5거리. 衢는 4거리)는 번화한 거리. 여기서는 寧戚(영척)을 지칭. 영척은 강구에서 소를 먹이면서 수레바퀴를 두드리며 노래를 불렀다.　O營傅說於胥靡 － 營은 종사하다. 傅說(부열)은 노예의 신분으로 築城에 종사하다가 商의 高宗(武丁)의 꿈에 보여 등용되었다. 胥靡(서미)는 노역에 종사하는 죄인.　O求伊尹於庖廚 － 庖는 부엌 포. 廚는 부엌 주.　O索膠鬲於魚鹽 － 魚鹽(어염)을 판매하는 곳에서 膠鬲(교격)을 찾아내다. 膠鬲은 殷朝 紂王의 大臣. 나중에 武王의 신하가 되었다.　O俾之昌言而宏議 － 俾는 더할 비. 昌言은 합당한 말. 宏議(굉의)는 大議.　O軼越三家 － 軼은 넘어서다. 초월하다. 過也. 三家는 三皇.　O棲鳳皇於高梧 － 黃帝 때 東園의 큰 오동나무에 鳳皇이 깃들고 竹實을 먹었다.　O宿麒麟於西園 － 皇帝 시기의 일.　O納僬僥之珍羽 － 堯時에 僬僥氏(초요씨)가 남방 진기한 새의 깃털을 바쳤다.　O受王母之白環 － 서왕모가 찾아와 舜에게 白玉의 고리(環)를 주었다고 한다.　O禮樂旣関 － 関은 문 닫을 결. 그만두다(止也).　O北轅反斾 － 斾는 기 패.　O至自新城 － 新城은 河南尹 소속 현명. 今 河南省 洛陽市 관할 伊川縣. 涿郡의 新城縣은 北新城으로 구분한다.

[國譯]

「방금 大漢은 道德의 융성으로 성공하여 仁義의 실천을 바탕을 갖추었지만 그간 春蒐秋獵의 禮를 행하지 않았고 사냥을 즐기지 못했습니다. 어둠 속에서 日月의 光明을 목도하지 못했고, 귀가 어두워 번개의 천둥소리도 듣지 못한 세월이 지금까지 12년이니 오랜 세월이었습니다. (臣은) 지금 궁궐의 비장 도서를 교정하는 업무를 수행하면서 옛 문서를 관리하고 옛 典章 法度를 따르고 있습니다. (晉) 淸原(청원)에서의 사냥을 본받고 (成王) 岐陽(기양)에서의 사냥을 칭송하며, 俊桀을 등용하고 賢良을 임명하며, 승진이 막혀있는 관리를 승진시키고 지방 有德之士를 발탁해야 합니다. 荒淫(황음)에 사치하면서 헛 명성이나 얻으려는 자를 감찰하고 특출한 실적을 거둔 자를 발탁해야 하며, 농촌의 은거하는 현인을 초빙하고 깊은 연못에 잠긴 潛龍(잠룡)을 존중해야 합니다. 그리하여 온 힘을 기울여 산림에 은거한 은자를 찾고, 산천에서 깊은 사색에 잠긴 사람을 두루 생각해보면, 눈으로는 伊尹(이윤) 같은 인재를 볼 수 있고, 귀로는 甯戚(영척)의 노래를 들을 수 있으며, 죄수 중에서 傅說(부열)을 찾아낼 수 있을 것이니, 부엌에서 伊尹을 그리고 魚鹽을 파는 곳에서 膠鬲(교격)을 등용하고 大車 곁에 있는 甯戚(영척)의 노래를 듣게 됩니다. 그런 사람들로 하여금 하고 싶은 말을 다할 수 있게 한다면 三皇 시대보다도 좋은, 五帝 시대보다도 훨씬 나은 여러 가지 吉祥(길상)을 볼 수 있고 모든 祥瑞를 다 경험할 수 있을 것입니다. 그리하여 높은 오동나무에 봉황이 깃들고, 西園에서는 麒麟(기린)이 잠을 자고, 僬僥(초요)와 찾아와 바치는 진기한 새의 깃을 西王母로부터 白玉環을 받을 것입니다. (그렇게 되면, 폐하께서는) 우주 안에서 영원히 安閒 自得할 수 있고, 天地와 함께 무한 共存하며, 后土와 함께 造化에 동참할 수 있어 그 신묘한 능력은 천지와 같을 것이며, 그 뛰어난 공적은 견줄 바가 없을 것이며, 높고 큰 광채는 다할 날이 없을 것입니다. 또 千億이 넘는 많은 자손들이 萬年이 되도록 영원히 이어질 것입니다. 禮樂이 끝나면서, 御駕는 정기를 세우고 북쪽으로 나아가 (河南郡) 新城縣에 도착했고 거기를 떠나 낙양으로 돌아왔습니다.」

原文

頌奏, 忤鄧氏, 滯於東觀, 十年不得調. 因兄子喪自劾歸. 太后聞之怒, 謂融羞薄詔除, 欲仕州郡, 遂令禁錮之.

太后崩, 安帝親政, 召還郎署, 復在講部. 出爲河間王厩長史. 時車駕東巡岱宗, 融上〈東巡頌〉, 帝奇其文, 召拜郎中. 及北鄕侯卽位, 融移病去, 爲郡功曹.

| 註釋 | ○十年不得調 - 調는 뽑을 조. 뽑혀 승진하다. ○遂令禁錮之 - 마융은 6년간 관리 임용이 금지되었다. ○東巡岱宗 - 岱宗(대종)은 泰山. 安帝 延光 3년(서기 124).

[國譯]

〈廣成頌〉이 상주되었으나, (마융은) 鄧氏 일족의 미움으로 계속 東觀에 근무하며 10년이 넘도록 승진하지 못했다. 마침 조카(兄子)가 죽어 자책하며 귀향하였다. 鄧太后는 이를 알고 마융이 조정의 직분을 부끄럽게 여겨 경시하며 州郡에서 出仕하려 한다고 생각하여, 마융은 결국 금고에 처해졌다.

등태후가 붕어한 뒤에 安帝가 친정하면서 마융은 부름을 받아 낭관이 되었고 다시 경전 강론을 담당하였다. 나중에 河間王의 馬匹 담당 長史가 되었다. 그때 안제가 동쪽으로 태산을 순수하였는데 마융은 〈東巡頌〉을 지어 올렸고, 안제는 그 문장이 뛰어나다 하여 조정으로 불러 郎中을 제수하였다. 그러나 (安帝가 죽고) 北鄕侯(劉懿)가 즉위하면서(少帝, 서기 125년) 마융은 병으로 사임하고 郡의 功曹(공조)가 되었다.

陽嘉二年, 詔擧敦樸, 城門校尉岑起擧融, 徵詣公車, 對
策, 拜議郎. 大將軍梁商表爲從事中郎, 轉武都太守. 時西
羌反叛, 徵西將軍馬賢與護羌校尉胡疇征之, 而稽久不進.
融知其將敗, 上疏乞自效, 曰,

「今雜種諸羌轉相鈔盜, 宜及其未並, 亟遣深入, 破其支
黨, 而馬賢等處處留滯. 羌胡百里望塵, 千里聽聲, 今逃匿
避回, 漏出其後, 則必侵寇三輔, 爲民大害. 臣願請賢所不
可用關東兵五千, 裁假部隊之號, 盡力率屬, 埋根行首, 以
先吏士, 三旬之中, 必克破之. 臣少習學藝, 不更武職, 猥陳
此言, 必受誣罔之辜. 昔毛遂廝養, 爲衆所蚩, 終以一言, 克
定從要. 臣懼賢等專守一城, 言攻於西而羌出於東, 且其將
士必有高克潰叛之變.」

朝廷不能用. 又陳,「星孛參, 畢, 參西方之宿, 畢爲邊兵,
至於分野, 幷州是也. 西戎北狄, 殆將起乎! 宜備二方.」

尋而隴西羌反, 烏桓寇上郡, 皆卒如融言.

| 註釋 | ○武都太守 – 武都郡 治所는 下辨縣, 今 甘肅省 남부 隴南市 成
縣. ○上疏乞自效 – 상소하여 자신의 뜻을 표명하다. 效는 드릴 효, 나타
낼 효. ○埋根(매근) – 不退하다. 埋는 묻을 매. ○毛遂廝養 – 毛遂(모수)는
趙 平原君 趙勝의 식객. 그 문하에 3년을 지냈다. 평원군이 楚와 합종을 맺
으려 할 때 수행원 19명을 골랐지만 1명이 부족했다. 그때 모수는 자신을
일행에 끼워달라고 요청했다(毛遂自薦). 평원군은 모수의 능력을 송곳에

비유하면서 주머니 속에 있는 송곳은 저절로 그 끝을 볼 수 있게 나온다고 하였다. 이에 모수는 주머니에 넣어준다면 끝이 아니라 송곳 자루까지 튀어나올 수 있다(穎脫而出)고 하였다. 다른 19명은 모두 모수를 비웃었다. 평원군은 모수의 활약으로 楚와 합종을 체결했다. 《史記》76권, 〈平原君虞卿列傳〉참고. 廝養(사양)은 賤人. ㅇ上郡 - 治所 膚施縣, 今 陝西省 북부 楡林市(유림시).

[國譯]

(順帝) 陽嘉 2년(서기 133), 조서를 내려 敦厚質朴한 인재를 천거하게 하자, 城門校尉인 쏙起(잠기)가 두융을 천거하였고, 두융은 公車에 나아가 對策에 응하여 議郎을 제수 받았다. 大將軍 梁商(양상)이 表文을 올려 두융은 從事中郎 되었다가 武都太守로 전직하였다. 그때 西羌(서강)이 반기를 들자, 徵西將軍 馬賢(마현)과 護羌校尉 胡疇(호주)가 정벌에 나섰지만 오랫동안 꾸물대며 진격하지 않았다. 이에 마융은 그들이 곧 패전할 것을 예상하고 상소하여 자신의 뜻을 표명하였다.

「지금 雜種인 여러 羌族들이 서로 노략질을 하고 있는데 그들이 하나로 연합되기 전에 빨리 그 땅에 진격하여 그 부족을 격파해야 하는데도 馬賢(마현) 등은 가는 곳마다 머무르며 진격하지 않습니다. 강족들은 백리 떨어진 곳의 출전을 알고 천리 밖의 소문을 듣고 있는데, 지금 그들이 숨어 피하면서 후방으로 빠져나온다면 틀림없이 三輔지역을 침략하여 백성에게 큰 해가 될 것입니다. 臣이 원하는 것은 마현이 關東의 5천 병력을 활용하지 않겠다면 그 부대의 이름을 임시로 사용하며 臣이 盡力하여 통솔 격려하면서 물러나지 않고 부대의 선봉에 나서 한 달 이내로 적을 틀림없이 격파할 수 있을 것입니다. 臣이 젊어 학문을 익혔기에 무관 직무를 경험하지 못했지만, 이는 함부로 하는 말이라고 틀림없이 터무니없는 무고를 받을 것입니다. 그러나 옛날 (趙의) 毛遂(모수)는 관직도 없는 천한 사람이라고 여러 사람의 비웃음을 샀지만 결국 말 한마디로 合縱의 맹약을 체결케 하였습니다. 臣은 馬賢(마현) 등이 오직 성 하나만을 방어하는 동안 강족은 말로는 서쪽에서 성을 공격하면서 실제는 동쪽으로 진출하는 것이며, 또 마현의 장졸이 마치 (鄭의) 高克(고극)처럼 궤멸되거나 반역하는 변괴를 걱정할 뿐입니다.」

朝廷에서는 받아들이질 못했다. 마융은 또 건의하였다.

「孛星(패성)이 參星(삼성)과 畢星(필성) 자리를 침범하는데, 參星은 西方의 별자리이고 畢星(필성)은 변방의 병력을 상징하며 그 분야로는 幷州(병주)에 해당합니다. 西戎과 北狄이 틀림없이 봉기할 것입니다! 필히 서쪽과 북쪽에 대비하여야 합니다.」

얼마 뒤에 隴西 일대의 강족이 반기를 들었고 烏桓(오환)족이 上郡을 노략질하였으니 결국 모두가 두융의 말과 같았다.

原文

三遷, 桓帝時爲南郡太守. 先是融有事忤大將軍梁冀旨, 冀諷有司奏融在郡貪濁, 免官, 髡徙朔方. 自刺不殊, 得赦還, 復拜議郎, 重在東觀著述, 以病去官.

融才高博洽, 爲世通儒, 教養諸生, 常有千數. 涿郡盧植, 北海鄭玄, 皆其徒也. 善鼓琴, 好吹笛, 達生任性, 不拘儒者

之節. 居宇器服, 多存侈飾. 常坐高堂, 施絳紗帳, 前授生徒,
後列女樂, 弟子以次相傳, 鮮有入其室者. 嘗欲訓《左氏春
秋》, 及見賈逵,鄭衆注, 乃曰, "賈君精而不博, 鄭君博而不
精. 旣精旣博, 吾何加焉!" 但著《三傳異同說》. 注《孝經》,
《論語》,《詩》,《易》,《三禮》,《尙書》,《列女傳》,《老子》,《淮南
子》,《離騷》, 所著賦,頌,碑,誄,書,記,表,奏,七言,琴歌,對策,
遺令, 凡二十一篇.

　初, 融懲於鄧氏, 不敢復違忤勢家, 遂爲梁冀草奏李固,
又作大將軍〈西第頌〉, 以此頗爲正直所羞. 年八十八, 延熹
九年卒於家. 遺令薄葬. 族孫曰磾, 獻帝時位至太傅.

| 註釋 |　○南郡 – 治所는 江陵縣, 今 湖北省 남부 荊州市 江陵縣. ○髡
徙朔方 – 髡은 머리 깎을 곤. 형벌의 일종. 徙는 강제로 이주시키다. 朔方
은 군명. 治所는 臨戎縣(임융현), 今 內蒙古自治區 黃河 북안 巴彦淖爾市 서
남부의 磴口縣(등구현). ○涿郡(탁군) 盧植(노식) – 64권, 〈吳延史盧趙列傳〉
에 立傳. ○北海 鄭玄 – 北海國 治所는 劇縣, 今 山東省 중부 濰坊市(유방
시) 관할 昌樂縣. 前漢의 郡. 경학자 鄭玄(정현)은 後漢 말기 난세에 오로지
학문의 등불을 밝히려 애를 썼던 사람이다. 그의 명성은 그가 벼슬길을 기
웃거리지 않았고 학문의 길만을 걸었기에 얻은 명성이니, 그의 경력 자체
가 당시로서는 특이하고 또 어려운 일이었다. 35권, 〈張曹鄭列傳〉立傳.
○居宇器服 – 거처와 가구나 복장. ○賈逵,鄭衆 – 賈逵(가규)는 賈誼의 후
손 36권, 〈鄭范陳賈張列傳〉立傳. 鄭衆은 鄭興(정흥)의 아들. 36권에 입전.
○《三傳異同說》 – 三傳은 春秋三傳.《左氏傳》,《公羊傳》,《穀梁傳》. ○李
固(이고) – 63권, 〈李杜列傳〉에 立傳.

[國譯]

    (馬融은) 3번 자리를 옮겨 桓帝(환제) 때 南郡 太守가 되었다. 이보다 앞서 마융은 업무 때문에 大將軍 梁冀(양기)의 뜻을 거슬렀는데, 양기는 담당자에게 넌지시 일러 마융이 군에서 탐욕과 부정을 자행하였다 상주하게 하였고, 결국 마융은 면직되어 머리를 깎고 朔方郡(삭방군)에 유배되었다. 마융은 스스로 목을 찔러 자결하려 했으나 죽지 않자 사면을 받아 돌아와 다시 議郎에 제수되어 또다시 東觀에서 저술에 종사하다가 병으로 사직하였다.

    두융은 재능이 많고 박학하여 세상에 通儒라 일컬어졌는데 그에게 가르침을 받는 학생이 언제나 1천여 명이나 되었다. 涿郡(탁군)의 盧植(노식), 北海郡의 鄭玄(정현)은 모두 그의 문도였다. 마융은 琴을 잘 연주하였고 피리도 잘 불었으며, 인생 철리를 깨달아 천성에 따라 즐기고 살면서 유생의 節操에 구애받지 않았다. 거처나 기물과 복식에 사치와 장식이 많았다. 늘 높은 당상에 앉아 강론하면서 좌석 가운데 휘장을 치고 앞에는 문도를 앉히고 휘장 뒤에 樂師 여인들을 앉게 하였으며, 제자들은 위계에 따라 후생을 지도하게 하였는데 마융의 거소에 들어와 본 제자가 거의 없었다고 한다. 일찍이 《左氏春秋》를 교육할 때 賈逵(가규)와 鄭衆(정중)의 주석을 읽어보고 말했다.

    "賈君의 주석은 精而不博하고 鄭君은 博而不精하다. 이미 精深하고 廣博하니 내가 무엇을 더 보태겠는가!"

    그리고서 마융은 다만 《三傳異同說》만을 저술하였다. 마융은 《孝經》,《論語》,《詩》,《易》,《三禮》,《尙書》,《列女傳》,《老子》,《淮南子》,《離騷》에 주석을 달았으며, 그가 지은 賦, 頌, 碑, 誄 書, 記, 表,

奏, 七言, 琴歌, 對策, 遺令 등 총 21편이 있다.

　그전에 마융은 鄧氏(鄧太后)에게 징계를 당했기에 권세가의 뜻을 거스르지 못했는데, 다시 梁冀(양기)를 위해 李固(이고)를 규탄하는 글을 써주었고 大將軍의 〈西第頌〉을 지었는데, 이것 때문에 늘 正直한 인사들의 비난을 받았다.

　나이 88세인 (桓帝) 延熹 9년(서기 166)에 집에서 죽었다. 유언으로 薄葬케 하였다. 族孫인 馬日磾(마일제)는 獻帝 때 관직이 太傅였다.

原文

　論曰, 馬融辭命鄧氏, 逡巡隴漢之閒, 將有意於居貞乎? 旣而羞曲士之節, 惜不貲之軀. 終以奢樂恣性, 黨附成譏, 固知識能匡欲者鮮矣. 夫事苦, 則矜全之情薄, 生厚, 故安存之慮深. 登高不懼者, 胥靡之人也. 坐不垂堂者, 千金之子也. 原其大略, 歸於所安而已矣. 物我異觀, 亦更相笑也.

| 註釋 |　○固知識能匡欲者鮮矣 − 識은 性也. 匡은 바로잡을 광(正也). ○胥靡之人也 − 胥는 서로 서(相也). 靡는 없을 미. 따르다(隨也). ○坐不垂堂者 − 千金之子. 부잣집 아들은 스스로 몸조심을 한다. 그래서 앉더라도 위험한 처마 밑이나 바깥 좌석을 피한다. 안전에 대한 염려는 가진 것이 없는 사람과 비교할 수가 없다.

[國譯]

　　范曄(범엽)의 史論 : 馬融(마융)이 鄧氏(등씨)에게 등용되기를 거부하고, 隴西와 漢陽郡 일대에 客居한 것은 당당하게 살려는 뜻이 아니었겠는가? 얼마 뒤에 뜻을 접을 수밖에 없어 士人의 지조를 부끄러워했으니, 재산이 없는 그의 처지가 애석할 뿐이다. 말년에는 자신의 천성대로 사치와 쾌락을 즐겼지만 권세에 아부했다는 비판을 받았으니 지혜와 식견으로 욕망을 바로잡을 수 있는 사람이 많지 않다는 것을 알 수 있다. 만약 생계가 빈궁하다면 명성과 지조를 함께 지키기가 어려우나, 여유가 있다면 안전과 명성을 지키려 깊이 생각했을 것이다. 높은 산에 올라도 아무런 두려움 없다면 가진 것이 별로 없는 사람이다. 앉더라고 지붕 밑을 피하는 자는 천금을 가진 자이다. 이런 큰 이치를 따져본다면 근본 상황에 따라 다를 것이다. 外物이나 자신에 대하여 서로 다른 관점에서 본다면 피차 상대방을 조소할 것이다.

60 馬融蔡邕列傳(下)
〔마융,채옹열전(하)〕

❷蔡邕

原文

蔡邕字伯喈, 陳留圉人也. 六世祖勳, 好黃老, 平帝時爲
郿令. 王莽初, 授以厭戎連率. 勳對印綬仰天歎曰, "吾策名
漢室, 死歸其正. 昔曾子不受季孫之賜, 況可事二姓哉? 遂
攜將家屬, 逃入深山, 與鮑宣,卓茂等同不仕新室. 父稜, 亦
有淸白行, 謚曰貞定公.

| **註釋** | ○蔡邕字伯喈 − 蔡邕(채옹, 133 - 192년). 邕은 화할 옹. 喈는 새
소리 개. 음률에 정통, 박학했음. 名筆로 飛白書의 창시자. 後漢의 유명한
才女 蔡琰(채염, 文姬, 177? - 249?, 음악가이며 여류 시인)의 父. 뒷날 옥사. 蔡琰
(채염)은 84권, 〈列女傳〉에 입전. 그녀의 〈悲憤〉 詩가 전한다. ○陳留圉人

- 陳留郡의 治所는 陳留縣, 今 河南省 동부의 開封市. 圉(마부 어)는 현명. 今 河南省 북부 開封市 관할 通許縣. ㅇ郿令 – 郿는 땅이름 미. 右扶風의 현명, 今 陝西省 서남부 寶雞市 관할 眉縣. ㅇ厭戎連率 – 厭戎(염융)은 隴 西郡의 改名. 왕망은 太守를 連率(연솔)로 명칭을 바꿨다. ㅇ鮑宣,卓茂 – 鮑宣(포선)은 哀帝 때 사람 백성에게 '七亡七死' 의 고통이 있다는 上書를 올려 유명했다. 卓茂(탁무)는 前漢 末 良吏로 유명.

[國譯]

蔡邕(채옹)의 字는 伯喈(백개)로 陳留郡 圉縣(어현) 사람이다. 6世 祖인 蔡勳(채훈)은 黃老 사상을 좋아하였는데 平帝 때 (右扶風의) 郿 縣(미현) 현령이었다. 王莽(왕망) 초기에 채훈은 厭戎(염융) 連率(연솔) 이 되었다. 채훈은 인수를 앞에 놓고 하늘을 우러러 탄식하였다.

"나는 漢室의 책명을 받았는데 죽더라도 漢의 정도로 돌아가야 한다. 옛날 曾子(증자)는 (魯) 季孫氏의 하사품을 받지도 않았는데 하물며 내가 二姓을 섬길 수 있겠는가?"

그리고서는 가속을 데리고 깊은 산속으로 도주했는데 鮑宣(포선) 과 卓茂(탁무) 등도 함께 新(신)에 출사하지 않았다. 부친 蔡稜(채릉) 도 淸白한 행실을 지켰고, 시호는 貞定公(정정공)이었다.

原文

邕性篤孝, 母常滯病三年, 邕自非寒暑節變, 未嘗解襟帶, 不寢寐者七旬. 母卒, 廬於冢側, 動靜以禮. 有菟馴擾其室 傍, 又木生連理, 遠近奇之, 多往觀焉. 與叔父從弟同居, 三世不分財, 鄕黨高其義. 少博學, 師事太傅胡廣. 好辭章,數術,天文, 妙操音律.

桓帝時, 中常侍徐璜,左悺等五侯擅恣, 聞邕善鼓琴, 遂白天子, 勅陳留太守督促發遣. 邕不得已, 行到偃師, 稱疾而歸. 閒居翫古, 不交當世.

感東方朔〈客難〉及楊雄,班固,崔駰之徒設疑以自通, 及斟酌群言, 韙其是而矯其非, 作〈釋誨〉以戒厲云爾.

[國譯]

채옹은 천성이 매우 효성스러웠으니 모친이 3년 동안 늘 여러 병을 앓았는데, 채옹은 추위와 더위가 바뀌는 계절이 아니고서는 옷을 벗을 겨를이 없었으며 70여 일이나 잠을 자질 못했다. 모친이 죽자 무덤 곁에 오두막을 짓는 예법에 따라 복상하였다. 그러는 동안 산토끼가 길들여졌는지 집 옆에 와서 놀았으며, 나무에 連理枝(연리지)

가 자라자 원근의 많은 사람들이 기이하게 생각하며 묘에 와서 구경
하였다. 叔父와 사촌 형제들과 同居하면서 三世에 걸쳐 재산을 분할
하지 않아 鄕黨에서 그 의리를 칭송하였다. 젊어서 博學하였으며 太
傅 胡廣(호광)에게 師事하였다. 辭章, 數術, 天文을 좋아하였고 音律
에도 정통하였다.

桓帝 때, 中常侍 徐璜(서광), 左悺(좌관) 등 五侯가 권력을 농단하
면서 채옹이 鼓琴을 잘 연주한다는 말을 듣고 환제에게 고했는데,
환제는 陳留太守에게 채옹을 보내라고 독촉하였다. 채옹은 부득이
偃師縣(언사현)까지 왔다가 병을 핑계로 되돌아갔다. 채옹은 한거하
며 古 典籍을 완상하면서 세속인과는 교제하지 않았다.

채옹은 東方朔의 〈客難〉 및 楊雄(양웅), 班固(반고), 崔駰(최인) 같
은 사람들이 가상인물과의 대화로 자신의 의지를 서술한 것을 본받
아 여러 학자의 품평을 참고하여 옳은 것을 옳다 하고 잘못된 일은
바로잡아 〈釋誨〉를 지어 자신을 엄히 훈계하였다.

*〈釋誨〉- 蔡邕

┃原文

「有務世公子誨於華顚胡老曰, "蓋聞聖人之大寶曰位, 故
以仁守位, 以財聚人. 然則有位斯貴, 有財斯富, 行義達道,
士之司也. 故伊摯有負鼎之衒, 仲尼設執鞭之言, 寧子有淸
商之歌, 百里有豢牛之事. 夫如是, 則聖哲之通趣, 古人之

明志也.

　夫子生淸穆之世, 稟醇和之靈, 覃思典籍, 韞櫝《六經》, 安貧樂賤, 與世無營, 沈精重淵, 抗志高冥, 包括無外, 綜析無形, 其已久矣. 曾不能拔萃出群, 揚芳飛文, 登天庭, 序彝倫, 埽六合之穢慝, 淸宇宙之埃塵, 連光芒於白日, 屬炎氣於景雲. 時逝歲暮, 默而無聞. 小子惑焉, 是以有云.

　方今聖上寬明, 輔弼賢知, 崇英逸偉, 不墜於地, 德弘者建宰相而裂土, 才羨者荷榮祿而蒙賜. 盍亦回塗要至, 俛仰取容, 輯當世之利, 定不拔之功, 榮家宗於此時, 遺不滅之令蹤? 夫獨未之思邪, 何爲守彼而不通此?」

| 註釋 | ○務世公子誨於華顚胡老 – 務世公子는 세속 일에 열심인 사람. 假想의 公子. 誨는 가르칠 회. 일러주다(敎導). 가르침. 華顚胡老는 머리가 하얗게 센 노인(白首也). 顚은 이마 전(頂也), 엎어질 전. 胡老는 老翁. 元老. ○以仁守位, 以財聚人 – '何以守位? 曰仁. 何以聚人? 曰財'의 변형. ○伊摯有負鼎之衒 – 伊摯(이지)는 伊尹. 摯는 잡을 지. 伊尹의 이름. 負鼎之衒은 요리로 자신을 등용케 하였다. 衒은 팔 현. 돌아다니면서 팔다. ○仲尼設執鞭之言 –「子曰, "富而可求也, 雖執鞭之士, 吾亦爲之. 如不可求, 從吾所好."」《論語 述而》. 執鞭之士는 마부. ○寧子有淸商之歌 – 寧戚(영척)은 齊 桓公을 만나려고 행상이 되어 齊에 가서 저녁에 소를 먹이면서 환공이 오는 것을 보고 구슬픈 노래를 불렀다. 淸商之歌는 슬픈 곡조의 노래. ○百里有豢牛之事 – 百里는 虞의 大夫 百里奚(백리해). 秦에 가서 삼베옷을 입고 소를 키웠다. 나중에 秦 穆公이 이를 알고 등용하였다. 豢은 기를 환(養也). ○韞櫝《六經》 – 韞은 감출 온. 櫝은 함 독. 나무 궤짝. 마

음속에 두루 다 통하다. 공부를 많이 했다.　○拔萃出群 － 拔萃(발췌)는 여럿 속에서 훨씬 뛰어남.　○揚芳飛文 － 芳名과 이름을 날림.　○序彝倫 － 彝倫(이륜)은 常道. 彝는 떳떳할 이.　○六合之穢慝 － 穢는 더러울 예. 慝은 사특할 특.　○才羨者荷榮祿而蒙賜 － 羨은 넘칠 선, 부러워할 선. 蒙賜는 賞賜를 받다.　○盍亦回塗要至 － 盍은 어찌 ~아니할 합. 回塗는 曲塗. 直道로 가서는 목표에 도달할 수 없다는 뜻.　○何爲守彼而不通此 － 彼는 貧賤, 此는 榮祿.

[國譯]

「務世公子가 있어 머리가 하얗게 센 노인(華顚胡老, 老翁)에게 말했다.

"내가 알기로, 聖人의 大寶를 天位라 하는데 이는 仁義로 지킬 수 있고 재물로 인재를 모을 수 있다고 하였습니다. 그러한즉 관직에 나가는 것이 중요하고 재물이 있으면 부유하며, 行義하면서 道를 실천하는 것이 士人의 할 일입니다. 그래서 伊摯(이지, 伊尹)는 솥을 지고 요리사가 되어 자신을 알렸고, 仲尼(중니, 孔子)도 마부라도 되겠다는 말을 하였으며, 寧戚(영척)은 슬픈 노래를 불렀고, 百里奚(백리해)는 소(牛)를 키우는 일을 하였습니다. 이는 곧 옛 聖哲에게도 보통으로 있는 일이며 古人이 자신의 뜻을 알리는 방법이었습니다.

당신은 淸明한 세상에 태어나 醇正和平한 思考에, 典籍을 깊이 연구하여 韞櫝《六經》에 두루 밝으면서도, 安貧 속에 미천한 지위를 달가워하고, 세상살이에 얻으려는 것도 없으며, 마음을 기울여 깊이 생각하여 높고도 심오한 뜻으로 모든 것을 다 수용하며, 형체도 없는 지식만을 추구한지 오래되었습니다. 그렇지만 아직 많은 무리 중에서 뛰어나지도 못했고 이름과 文名을 날리지도 못하며, 조정에 들어가 常道를 바로잡거나 천지 사방의 더러움을 씻어내고, 우주의 지저분한 것을 깨끗이 하며, 白日처럼 빛나지도, 많고도 멋진 구름처럼 피어오르지도 못하고 있습니다. 이제 세월이 흘러 인생 만년이 가까운데도 침묵하며 아직 아무 소문도 없습니다. 나로서는 정말 이해할 수 없어 이를 말씀드립니다.

지금 聖上께서는 관대 명철하시고, 현인이 정사를 보필하며, 뛰어난 영웅은 땅에 결코 추락하지 않고, 큰 덕을 가진 자는 재상이 되어 제후로서 봉토를 받으며, 재능이 뛰어난 자는 영광과 함께 녹봉과 賞賜를 받고 있습니다. 어찌하여 길을 좀 돌아가거나 샛길로 가서라도, 또 좀 굽실거려서 인정을 받아 세상의 이득을 좀 챙기고, 뛰어난 공을 세우지는 못할 지라도 지금 세상에서 가정과 가문의 영광을 이루어 불멸의 자취를 남기려 하지 않습니까? 아직도 이런 일을 전혀 생각하지 않아 빈천하게 살면서 부귀를 모른 척하십니까?」

原文

「胡老憮然而笑曰, "若公子, 所謂覩曖昧之利, 而忘昭晳之害, 專必成之功, 而忽蹉跌之敗者已." 公子謖爾斂袂而興曰, "胡爲其然也?"

胡老曰, "居, 吾將釋汝. 昔自太極, 君臣始基, 有羲皇之洪寧, 唐虞之至時. 三代之隆, 亦有緝熙, 五伯扶微, 勤而撫之. 于斯已降, 天網縱, 人紘弛, 王塗壞, 太極陁, 君臣土崩, 上下瓦解. 於是智者騁詐, 辯者馳說, 武夫奮略, 戰士講銳.

電駭風馳, 霧散雲披, 變詐乖詭, 以合時宜. 或畫一策而綰萬金, 或談崇朝而錫瑞珪. 連衡者六印磊落, 合從者駢組流離. 隆貴翕習, 積富無崖, 據巧蹈機, 以忘其危. 夫華離蔕而萎, 條去幹而枯, 女冶容而淫, 士背道而辜. 人毀其滿, 神疾其邪, 利端始萌, 害漸亦牙. 速速方轂, 夭夭是加, 欲豐其屋, 乃蔀其家. 是故天地否閉, 聖哲潛形, <u>石門守晨</u>, <u>沮</u>,<u>溺耦耕</u>, <u>顔歜抱璞</u>, <u>蘧瑗保生</u>, <u>齊人歸樂</u>, <u>孔子斯徵</u>, <u>雍渠驂乘</u>, 逝而遺輕. 夫豈憨主而背國乎? 道不可以傾也.」

| 註釋 | ○覿曖昧之利 - 覿는 볼 도. 曖昧(애매)는 희미하여 잘 보이지 않다. 曖는 가릴 애. 昧는 어둘 매. 새벽. ○謖然 - 謖은 일어날 속. 옷깃을 여미다. 뛰어날 속. ○居, 吾將釋汝 - 居는 坐也. 釋은 설명하다(解也). ○羲皇之洪寧, 唐虞之至時 - 羲皇은 伏羲(복희). 洪寧은 大寧, 太平. 唐堯와 虞舜. 至時는 聖代. ○太極陁 - 太極은 음양. 陁는 비탈질 타. 조금씩 무너지다(小崩). ○綰萬金 - 綰은 얽어맬 관. ○連衡者六印磊落 - 連衡者(연형자)는 張儀(장의), 合從者는 蘇秦(소진), 磊落(뇌락)은 무더기로 떨어지다. 한꺼번에 받다. ○駢組流離 - 駢은 나란히 할 변(병). 組는 印綬. 流離(유리)는 광채가 나는 모양. ○隆貴翕習 - 隆은 융성. 貴는 고위직. 翕習(흡습)은 위세나 명망이 크게 떨치는 모양. 翕은 합할 흡. ○華離蔕而萎 - 華는 花. 蔕는 꼭지 체. 萎는 시들 위. 마르다. 위축되다. ○速速方轂, 夭夭是加 - 速速은 비루한 모양. 천박한 소인. 轂은 穀, 곧 녹봉. 夭夭는 재난. 재앙. 夭는 젊어 죽을 요. ○欲豐其屋, 乃蔀其家 - 蔀는 덧문 부. 덮이다. 어둡다. ○否閉(비폐) - 막히어 통하지 않다. 否는 막힐 비. 아닐 부. ○石門守晨 - 石門은 魯城의 外門. 守晨(수신)은 晨門. 마을 문지기. 「子路宿於石門. 晨門曰, "奚

自?" 子路曰, "自孔氏." ~ 」《論語 憲問》. ○沮,溺耦耕 - 長沮(장저)와 桀溺
(걸익). 耦耕은 짝이 되어 밭갈이를 하다. 「長沮桀溺耦而耕, 孔子過之, 使子
路問津焉.」《論語 微子》. ○顔歜抱璞 - 顔歜(안촉)은 齊 宣王의 신하. 抱璞
(포박)은 옥돌(璞, 다듬지 않은 玉)을 품다. 知足하다. ○蘧瑗保生 - 蘧瑗(거
원)은 蘧伯玉. 「子曰, "~ 君子哉蘧伯玉! 邦有道, 則仕, 邦無道, 則可卷而懷
之."」《論語 衛靈公》. 保生은 자신의 성명을 보전하다. ○齊人歸樂, 孔子
斯徵 - 「齊人歸女樂, 季桓子受之, 三日不朝, 孔子行.」《論語 微子》. ○雍渠
驂乘 - 雍渠(옹거)는 衛 靈公의 환관.

[國譯]

「老翁(노옹, 胡老)이 점잖게 웃으며 말했다. "젊은 당신의 말은 曖
昧(애매)한 이득만을 보았지 분명한 손해를 생각하지 못한 것이며,
꼭 성공한다고 믿음을 가졌지만 갑자기 발이 걸려 넘어져 실패하는
것이오." 그러나 젊은 公子는 옷깃을 여미고 일어나며 말했다. "어
찌 그렇겠습니까?"

이에 노인이 말했다.

"앉으시게나. 내가 설명해주겠소! 아주 먼 원시의 太極에서 君臣
이 생겼으니, 伏羲氏(복희씨)의 태평세월과 唐堯와 虞舜의 聖代가 있
었소. 三代의 융성에 광채가 났으며 五伯(오패, 五霸)는 미약한 천자
를 도우며 부지런히 천하를 진무하였소. 그 이후로 천자의 綱領이
풀어졌고 백성의 윤리도 타락했으며, 王塗(王道)는 붕괴되었고 음
양의 道 조차도 일부가 붕괴되자, 君臣의 道는 흙처럼 붕괴되었고,
上下의 질서도 瓦解(와해)되었소. 이에 智者는 거짓을 일삼고, 辯者
는 유세에 바빴으며, 武夫는 모략을 생각했고, 戰士는 무예만을 익
혔소. 천둥번개에 놀라고 강풍에 날려가듯, 안개가 흩어지고 구름이

사라지듯, 모두가 아무렇게나 거짓을 말하면서 시대의 변화에 따라 갔소. 혹자는 하나의 방책을 건의하여 萬金을 받았고, 또 어떤 자는 한 번 만나 담론하고 좋은 寶玉을 받았소. 連衡(연횡)을 주장한 자에게 六國의 인수가 무더기로 내려졌고 合從者의 여러 인수가 빛이 났었소. 부귀위용이 혁혁했고 그 재물은 바닥이 날 수가 없었으며, 교묘한 재주와 거짓에 위험조차 망각하고 있었소. 대체로 꽃이 꼭지서 떨어지면 시들고, 가지도 줄기에서 떨어지면 말라버리며, 여자가 얼굴을 꾸미면 음란하고, 士人이 道德을 잊어버리면 죄를 짓는 것이요. 분수에 지나치면 다른 사람이 헐뜯게 되고, 마음이 사악하면 미움을 받으며, 이익의 단서가 싹트면 해악도 점차 發芽하게 되는 법이요. 비천한 자가 높은 지위를 차지하면 재앙도 이와 같으며, 지붕만 크게 하면 집이 덮이게 되는 것이요. 그래서 天地가 막히고 성현은 모습을 감추게 되며 石門(석문)의 문지기가 그러했으며, 長沮(장저)와 桀溺(걸익)은 耦耕(우경)했고, (齊의) 顔斶(안촉)은 抱璞(포박)하듯 知足했으며, 蘧伯玉(거백옥, 蘧瑗)은 자신의 성명을 지켰고, 齊人이 여악을 보내오자 孔子는 이에 魯를 떠났으며, (衛 靈公이) 환관 雍渠(옹거)를 驂乘하게 하자, 孔子는 하찮은 물건을 버리듯 다른 나라로 떠났던 것이요. 그러니 군주가 오만하였기에 나라를 버린 것이 아니겠는가? 이처럼 정도를 버릴 수가 없는 것이요.」

原文

「且我聞之, 日南至則黃鐘應, 融風動而魚上冰, 葹賓統則微陰萌, 蒹葭蒼而白露凝. 寒暑相推, 陰陽代興, 運極則化,理亂相承. 今大漢紹陶唐之洪烈, 盪四海之殘災, 隆隱天之高, 拆絪地之基. 皇道惟融, 帝猷顯丕, 泜泜庶類, 含甘吮滋. 檢六合之群品, 濟之乎雍熙, 群僚恭己於職司, 聖主垂拱乎兩楹. 君臣穆穆, 守之以平, 濟濟多士, 端委縉綎, 鴻漸盈階, 振鷺充庭. 譬猶鐘山之玉, 泗濱之石, 累珪璧不爲之盈, 採浮磬不爲之索.

曩者, 洪源辟而四隩集, 武功定而干戈戢, 獫狁攘而吉甫宴, 城濮捷而晉凱入. 故當其有事也, 則蓑笠並載, 擐甲揚鋒, 不給於務. 當其無事也, 則舒紳緩佩, 鳴玉以步, 綽有餘裕.」

|註釋| ○日南至則黃鐘應－日南至는 冬至. ○融風動而魚上冰－融風(융풍)은 艮風(간풍, 동북풍). ○蕤賓統則微陰萌－蕤賓(유빈)은 5월, 12律의 7번째 소리. 蕤는 드리워질 유. 부드럽다. 微陰(미음)은 처음 싹트는 음기. 萌은 싹 맹. ○蒹葭蒼而白露凝－蒹葭(겸가)는 갈대. 蒹은 갈대 겸. 葭는 갈대 가. 蒼은 우거질 창. 白露凝은 이슬이 서리가 된다. ○大漢紹陶唐之洪烈－陶唐은 堯. 洪烈은 위대한 업적. ○盪四海之殘災－盪은 씻어낼 탕. 제거하다. 殘灾(잔재)는 殘惡. ○拆絪地之基－拆은 터질 탁. 絪은 인끈 환. ○帝猷顯丕－帝猷(제유)는 帝道. 猷는 꾀할 유. 顯丕(현비)는 크고 확실하다. 丕는 클 비. 조(클 비)와 同字. ○泜泜庶類－泜泜(지지)는 가지런한 모양. 整齊. 泜는 붙을 지. 가지런하다. ○含甘吮滋－含은 머금을 함. 吮滋(연자)는 좋은 음식을 빨아먹다. 吮은 빨아먹을 연. 滋는 불을 자. 자양분. ○端委縉綎－端委는 禮衣. 예복. 縉은 꽂을 진. 赤白色. 綎은 띠 술 정. 繫綬. ○鴻漸盈階－君子가 조정에 출사한다는 뜻. ○鐘山之玉 泗濱

之石 – 鐘山의 玉과 泗水 물가의 돌. 훌륭한 인재가 많다는 뜻. ㅇ累珪璧不爲之盈 – 珪璧(규벽)은 圭(홀 규)와 璧玉을 많이 모아도 다 차지 않는다. 조정에 인재가 많이 모였다. ㅇ洪源辟而四隩集 – 辟은 열 벽(闢과 通). 개척하다. 開道하다. 隩는 살다(居也). 물굽이 오, 따뜻할 욱. ㅇ干戈戢 – 干戈는 방패와 창. 전쟁. 戢은 그칠 집. 거둘 즙. ㅇ獫狁攘而吉甫宴 – 獫狁(험윤)은 북방 이민족. 흉노족의 옛 이름. 吉甫(길보)의 원정이 성공하자 천자가 예악을 연주케 하며 잔치를 베풀어 주었다. ㅇ城濮捷而晉凱入 – 楚와 晉이 城濮(성복)에서 싸워 晉이 승리하여 개선하였다. ㅇ蓑笠並載, 擐甲揚鋒 – 蓑는 도롱이 사. 풀을 엮어 만든 雨衣. 이를 어깨에 걸치고 작업을 했다. 笠은 삿갓 립. 햇볕을 막는 작업모. 擐은 입을 환. 鋒은 칼끝 봉. 창. ㅇ綽有餘裕 – 綽은 너그러울 작. 여유가 있다.

[國譯]

「또 내가 알기로는, 동짓날에는 黃鐘이 소리를 내고, (孟春에는) 融風(융풍)이 불고 물고기가 얼음 위로 뛰어오르기도 하며, (仲夏에는) 蕤賓(유빈)이 소리를 내고 처음으로 음기가 발생하며, (가을에는) 蒹葭(겸가, 갈대)가 우거지며 이슬이 서리로 변합니다. 추위와 더위가 서로를 밀어내고 음양이 교대로 흥하여 운수가 극점에 달하면 변화하고 치세와 난세가 서로 이어지는 것이요. 지금 大漢은 堯의 위대한 업적을 계승하여 천하의 殘災(잔재, 殘惡)를 제거하고 상천의 숭고한 뜻을 융성케 하고 大地의 根基를 이어가고 있습니다. 지금 皇道가 뚜렷하고 천자의 도덕도 크게 빛이 나며 만물이 모두 제 모습을 갖추고 좋은 음식을 먹을 수도 있습니다. 六合의 만물을 둘러보면, 모두가 和樂太平하며, 모든 臣僚들은 恭敬으로 직무를 수행하고 있으며, 聖主께서는 大殿의 조정에서 평온하게 통치하고 계십니다. 君臣 상하가 화목하고 태평의 道를 계승하며 많은 인재들이 단정한 예복에 인수를 차고 근무하니 마치 큰 기러기가 땅에 올라온 듯 계단에 가득하고 백로가 王廷을 채운 것과 같습니다. 비유하자면 마치 鐘山의 玉이나 泗水의 돌처럼 훌륭한 인재가 많으며, 珪璧(규벽)을 모아도 다 채울 수 없으며 石磬(석경)을 만들 돌을 채집한다 하여도 다 없어지지 않는 것과 같습니다.

옛날에, 홍수에 잠긴 땅에 물을 빼내 사방의 먼 곳까지 사람이 모여 살게 되었고 武功이 완성되면서 전쟁이 그쳤으며, 獫狁(험윤, 흉노)을 물리치자 吉甫(길보)를 위한 잔치를 베풀었으며 城濮(성복)에서 이긴 뜻은 개선하였습니다. 이를 보면 나라에 큰 일이 있으면 백성은 전투준비를 하여 갑옷에 창을 잡고 쉴 겨를도 없이 싸워야 합니다. 나라가 무사하고 태평하다면 허리띠를 느슨히 매고 패옥을 늘어뜨리며 玉소리를 내면서 천천히 걸으며 여유작작한 것입니다.」

原文

「夫世臣,門子, 摰御之族, 天隆其祜, 主豐其祿. 抱膺從容, 爵位自從, 攝須理鬢, 餘官委貴. 其取進也, 順傾轉圓, 不足以喩其便, 逡巡放屣, 不足以況其易. 夫夫有逸群之才, 人人有優贍之智. 童子不問疑於老成, 矇矇不稽謀於先生. 心恬澹於守高, 意無爲於持盈. 粲乎煌煌, 莫非華榮. 明哲泊焉, 不失所寧. 狂淫振蕩, 乃亂其情. 貪夫殉財, 誇者死權. 瞻仰此事, 體躁心煩. 闇謙盈之效, 迷損益之數. 騁駕駘於修路, 慕駬驥而增驅, 卑俯乎外戚之門, 乞助乎近貴之譽.
榮顯未副, 從而顚踣, 下獲熏胥之辜, 高受滅家之誅.

　前車已覆, 襲軌而騖, 曾不鑒禍, 以知畏懼. 予惟悼哉, 害
其若是! 天高地厚, 局而蹐之. 怨豈在明, 患生不思. 戰戰兢
兢, 必愼厥尤.」

| 註釋 | ○褻御之族 – 褻御는 侍御. 가까이서 버릇없이 모시다. 褻은
설만할 설(褻과 同). ○逡巡放屣 – 逡巡(준순)은 머뭇거리다. 망설이며 나
아가지 않다. 屣는 신발 사. 신. ○騁駑駘於修路 – 騁은 달릴 빙. 駑駘는
둔한 말. 駑는 둔할 노. 駘는 둔마 태. 修路는 길고 긴 길. ○從而顚踣 – 顚
踣(전부)는 넘어지고 엎어지다. ○下獲熏胥之辜 – 서로 따르다가 죄를 받
는다. 獲은 얻을 획. 熏은 연기가 낄 훈. 따라가다. 胥는 서로 돕다. 辜는 허
물 고. ○害其若是 – 害은 어찌 할. 해칠 해. ○局而蹐之 – 局은 굽힐 국.
蹐은 살금살금 걸을 척.

[國譯]
　「대체로 역대 공신이나 門子(門客), 버릇없는 近侍(근시) 등은 하
늘이 그들에게 큰 복을 내렸으며 主上으로부터 많은 녹봉을 받습니
다. 조용히 마음으로 생각하면 작록이 저절로 따라오며 수염을 만지
작거리기만 해도 다른 관직이 저절로 굴러 들어옵니다. 보다 나아가
취하려 하면서 권세에 따라 적당히 굴러도 여러 가지 이득은 말할
것도 없으며 신발을 끌며 멈칫거려도 모든 일이 쉽게 다 풀립니다.
무리마다 특출한 사나이가 있고 사람마다 걱정을 해결하는 지혜가
있습니다. 童子는 어른한테 의심나는 것을 묻지 않고 어리석은 사람

도 선생과 지략을 논의하지도 않습니다. 담백한 마음으로 고상한 뜻을 가지고 있으며 無爲에 뜻을 두고도 가득 차기를 추구합니다. 아주 선명하게 아름다우며 영화가 아닌 것이 없습니다. 명철 담백하면서도 가진 것을 잃지도 않습니다. 마음껏 질탕하게 놀아보는 것은 그 본성을 어지럽힙니다. 욕심 많은 자는 재물 때문에 죽고, 으스대는 자는 권세에 죽게 됩니다. 이런 일을 따라가려 한다면 몸과 마음이 타들어갑니다. 이런 사람들은 겸양과 넘침의 효용을 모르고 손익의 계산에 미혹하게 됩니다. 머나먼 길에 둔한 말을 달리면서 달리는 천리마를 부러워하며 채찍을 휘두르고 외척의 대문 앞에 낮게 바짝 엎드려서 높은 사람의 인정을 애걸합니다. 영광과 顯達(현달)이 아직도 부족하다면서 열심히 따라가다가 엎어지기도 하며, 아래로는 죄인과 가까이 교제했다 하여 연좌되어 벌을 받고 위로는 멸족의 화를 당하기도 합니다.

앞서 간 수레가 엎어졌다면 뒤에 가는 수레가 조심해야 하며, 이전의 재앙을 교훈 삼지 않아도 두려움을 알아야 합니다. 나는 어찌하여 이러해야 하는지 그저 슬플 뿐입니다. 하늘은 높고 땅은 두텁다 하지만 조심에 또 조심해야 합니다. 원한은 잘 아는데서 생기고 환란은 생각하지 못한 곳에서 일어납니다. 戰戰兢兢(전전긍긍)하며 자신의 허물을 조심해야 합니다.」

原文

「且用之則行, 聖訓也, 舍之則藏, 至順也. 夫九河盈溢, 非一臿所防, 帶甲百萬, 非一勇所抗. 今子責匹夫以淸宇宙,庸可以水旱而累堯,湯乎? 懼煙炎之毀燼, 何光芒之敢揚哉!
且夫地將震而樞星直, 井無景則日陰食, 元首寬則望舒朓,
侯王肅則月側匿.

是以君子推微達著, 尋端見緒, 履霜知冰, 踐露知暑. 時
行則行, 時止則止, 消息盈沖, 取諸天紀. 利用遭泰, 可與處
否, 樂天知命, 持神任己. 群車方奔乎險路, 安能與之齊軌?
思危難而自豫, 故在賤而不恥. 方將騁馳乎典籍之崇塗, 休
息乎仁義之淵藪, 盤旋乎周,孔之庭宇, 揖儒,墨而與為友.
舒之足以光四表, 收之則莫能知其所有. 若乃丁千載之運,
應神靈之符, 闓圓闔, 乘天衢, 擁華蓋而奉皇樞, 納玄策於聖
德, 宣太平於中區. 計合謀從, 己之圖也. 勳績不立, 予之辜
也. 龜鳳山翳, 霧露不除, 踴躍草萊, 祇見其愚. 不我知者,
將謂之迂. 修業思眞, 弃此焉如? 靜以俟命, 不斆不渝. '百
歲之後, 歸乎其居.' 幸其獲稱, 天所誘也. 罕漫而已, 非己
咎也.

昔伯翳綜聲於鳥語, 葛盧辯音於鳴牛, 董父受氏於豢龍,
奚仲供德於衡軏. 倕氏興政於巧工, 造父登御於驊騮, 非子
享土於善圉, 狼瞫取右於禽囚. 弓父畢精於筋角, 飲非明勇
於赴流, 壽王創基於格五, 東方要幸於談優. 上官效力於執
蓋, 弘羊據相於運籌. 僕不能參跡於若人, 故抱璞而優遊.」

| 註釋 | ○聖訓 — 子謂顏淵曰,"用之則行, 舍之則藏,唯我與爾有 是夫!"

《論語 述而》. ○夫九河盈溢, 非一凷所防 − 河水의 9갈래 지류. 凷는 흙덩이 괴. ○懼煙炎之毀熸, 何光芒之敢揚哉 − 懼는 두려워할 구. 煙炎은 작고 미세한 불꽃. 熸은 꺼질 잠. ○元首寬則望舒脁 − 望舒는 달. 脁는 그믐달 조. 그믐에는 달이 西쪽에 보이는데, 이를 久脁(구조)라고 한다. 초하루에 달이 東方에 보이는 것을 側匿(측익)이라고 한다. 초하루에는 侯王은 조급하고 그믐에 侯王은 느긋하다고 한다. 《尙書大傳》의 글이라는 주석이 있다. ○消息盈冲 − 盈은 가득 찰 영. 冲은 빌 충. ○闓閶闔 − 闓는 열 개(開 也). 閶은 天門 창. 闔은 문짝 합. ○華蓋 − 黃帝가 만들어 사용했다는 日 傘. 늘 오색 운기가 함께 했다. ○龜鳳 − 賢人. ○霧露 − 어둠. ○不斁不渝 − 斁은 싫어할 역(厭也). 渝는 달라질 투(變也). ○歸乎其居 − 居는 분묘. ○伯翳(백예) − 秦의 선조 伯益(백익). 새의 말을 알아듣는 능력이 있었다. ○葛盧(갈로) − 東夷 介國(개국)의 왕. 소의 울음소리를 듣고 소의 나이를 맞추었다. ○董父(동보) − 龍을 매우 좋아했고, 용에게 심부름을 시켜서 먹고 싶은 것을 구할 수 있었다. 堯를 섬겼고, 董을 姓으로 받았으며, 氏를 豢龍(환룡)이라 하였다. ○奚仲(해중) − 薛(설)의 조상. 수레를 만들어 타고 다녔다. ○倕氏(수씨) − 舜 시대의 기술자(巧人也). ○造父(조보) − 秦의 선조, 周 穆王(목왕)을 위하여 명마 驊騮(화류)를 몰았다. ○非子 − 秦의 先祖, 말을 잘 길렀다. 周 孝王이 땅을 나눠주어 附庸國으로 삼아 秦에 살게 하였다. 圉는 마부 어(養馬人也). ○狼瞫(낭심) − 人名. ○弓父(궁보) − 弓工也. ○佽非(차비) − 莉人. 長江의 蛟龍을 죽였다. ○吾丘壽王 − 字 子贛, 格五(일종의 씨름)를 잘해 무제의 신임을 받았다. 《漢書》64권, 〈嚴朱吾丘主父徐嚴終王賈傳(上, 下)〉立傳. ○東方朔 − 談笑를 잘하는 俳優로 무제의 총애를 받았다. 《漢書》65권, 〈東方朔傳〉에 立傳. ○上官桀(상관걸) − 武帝 때 期門郎으로 무제가 甘泉宮에 행차하였을 때 大風에 수레가 나갈 수 없었지만 상관걸이 수레 덮개를 붙잡아 운행할 수 있었다. ○桑弘羊(상홍양) − 본래 洛陽의 상인 출신. 鹽, 鐵, 酒의 전매와 均輸法을 시행하여 국가 재정의 충실을 기하였다. 국가 재정을 운영하는 大司農 역임.

[國譯]

「그리고 등용되면 行道하는 것은 聖訓이며, 임용되지 않으면 은거하는 것이 순리입니다. 황하의 9개 갈래가 범람하면 흙 한 덩이로 막을 수 없고, 1백만 대군을 용사 혼자서 막을 수 없습니다. 지금 당신은 匹夫에게 우주의 티끌을 치우지 않는다고 책망하는데, 그렇다면 수해나 가뭄이 堯나 舜 때문입니까? 작은 불꽃이 꺼질까 걱정하면서 어찌 큰 횃불을 들 수 있겠습니까! 또 북두칠성 첫째 별(樞星)이 기울지 않으면 지진이 일어나고, 해가 구름에 가려지면 우물에 그림자가 보이지 않으며, 元首(侯王)이 관용하다면 그믐달이 서쪽에 있는 것이며, 侯王이 조급하다면 초승달이 동쪽에 있는 것입니다.

이 때문에 군자는 미세한 것을 추측하여 뚜렷하게 알고 단서를 찾아내고, 서리가 내리면 얼음을 알아야 하고 이슬을 보고서 더위를 알아야 합니다. 갈 때가 되면 가야 하고, 멈춰야 한다면 멈춰야 하고, 죽기와 살기, 그리고 채우고 비우는 것이 天時에 따라야 합니다. 利用하면서 형통하고 함께 하면서도 막히며 樂天과 知命에 정신을 차리면서 의지를 가지고 실천해야 합니다. 많은 수레들이 험한 길을 달려가는데 어찌 모든 수레의 궤도가 같을 수 있겠습니까? 危難(위난)을 생각하여 스스로 예상할 수 있다면 미천한 지위라도 치욕을 당하지 않을 것입니다. 경전에 있는 큰 길을 달려가면서 仁義의 深淵에서 쉴 수 있다면 또 周公과 孔子의 뜰에 머물면서 儒家를 존중하고 묵가와 벗으로 사귀어야 합니다. 뜻을 펴서 발이 닿는 사방의 끝까지 광명을 비추게 하거나 뜻을 감춘다면 내가 무엇을 가졌는지 다른 사람이 알 수 없어야 합니다. 만약 천년에 한 번 만날 수 있는 운이 따르고 신령의 도움이 감응하여 하늘로 통하는 문을 활짝 열고 上天하는 대로를 달리고 (黃帝)의 華蓋(화개)를 받들고 皇帝를 모시면서 성명하신 천자를 위하여 묘책을 건의하여 인간을 위한 태평성대를 이루어야 합니다. 계책이 맞아 성공하는 것은 자신의 포부입니다. 공적을 이룰 수 없다면 나의 허물이 될 것입니다. 현인이 산속에 묻히고 이에 소인은 제거되지 않았는데 잡초 사이에서 뛰어보았자 어리석은 꼴만 보여줄 뿐입니다. 나를 알지 못하는 사람은 내가 사리에 불통한다고 말할 것입니다. 학문을 갈고 닦으며 진리를 思考하였다면 이를 어찌 포기할 수 있겠습니까? 조용히 명운이 따르기를 기다리며 나태하지도 변하지도 않을 것입니다. 백세 이후에는 무덤에 묻힙니다. (小人이) 혹 칭송을 듣는다면, 이는 하늘을 속인 것이며 (현인이) 알려지지 않은 것은 君子의 잘못이 아닙니다.

옛날에 伯翳(백예)는 새(鳥)의 말을 알아들었고, 葛盧(갈로)는 소의 울음소리로 소의 나이를 맞췄으며, 董父(동보)는 (堯에게서) 豢龍(환룡)이라는 성씨를 받았고 奚仲(해중)은 수레를 만들어 덕을 베풀었습니다. 倕氏(수씨)는 기술 방면의 일을 하였고, 造父(조보)는 명마 驊駵(화류)를 몰아 등용되었으며, 非子(비자)는 말을 잘 길러 나라의 땅을 받았고 狼瞫(낭심)은 잡힌 범인의 팔을 잘라 등용되었습니다. 弓父(궁보)는 온 정성을 다하여 활을 만들었으며, 伙非(차비)는 長江의 흐름을 잘 알아 공을 세웠으며, 吾丘壽王(오구수왕)은 格五(격오, 씨름)를 잘해 출세할 수 있었고, 東方朔(동방삭)은 말을 잘하는 배우였습니다. 上官桀(상관걸)은 온 힘을 다하여 수레 덮개를 붙잡고 있었으며, 桑弘羊(상홍양)은 心計에 능했기에 재상으로 국책을 시행하였습니다. 그러나 나는 여러 사람과 같은 족적에 낄 수가 없어 다듬지 않은 옥돌을 껴안고 한가히 노니는 것입니다.」

■原文

「於是公子仰首降階, 忸怩而避. 胡老乃揚衡含笑, 援琴而歌. 歌曰,

‘練余心兮浸太淸, 滌穢濁兮存正靈. 和液暢兮神氣寧, 情志泊兮心亭亭, 嗜欲息兮無由生. 踔宇宙而遺俗兮, 眇翩翩而獨徵.’」

| 註釋 | ○忸怩 – 부끄러운 모양, 수줍은 모양. 忸은 부끄러워할 뉵. 겸연쩍다. 怩는 부끄러워할 니.   ○揚衡 – 衡은 눈퉁이, 눈과 눈썹 사이(眉目之間). 저울 형.   ○太淸 – 天.   ○和液 – 和氣의 靈液.   ○亭亭 – 홀로 우뚝한 모양.   ○踔 – 뛰어넘을 탁(越也).   ○眇翩翩而獨徵 – 眇는 渺(아득할 묘). 翩翩은 가볍게 나는 모양. 徵은 부를 징. 요구하다. 성취하다. 거두다.

[國譯]

이에 務世公子는 고개를 들더니 계단을 내려가면서 부끄러워 피했다. 老翁은 바로 눈가에 웃음을 머금고 琴을 당겨 노래를 불렀다.
「내 마음 가다듬어 하늘에 닿으니
　　더러움을 씻어낸 純正한 영혼이라.
和氣를 높이고 神氣는 평안하나니,
　　담백한 情志여, 홀로 우뚝 선 마음이니

욕심을 잠재워 다시 일어나지 않도다.
宇宙를 뛰어넘어 세속을 버렸나니
아득히 멀리 가뿐히 날아 홀로 거두리라.」

原文

建寧三年, 辟司徒橋玄府, 玄甚敬待之. 出補河平長. 召
拜郞中, 校書東觀. 遷議郞. 邕以經籍去聖久遠, 文字多謬,
俗儒穿鑿, 疑誤後學, 熹平四年, 乃與五官中郞將堂溪典,光
祿大夫楊賜,諫議大夫馬日磾,議郞張馴,韓說,太史令單揚
等, 奏求正定《六經》文字. 靈帝許之, 邕乃自書丹於碑, 使
工鐫刻立於太學門外. 於是後儒晩學, 咸取正焉. 及碑始立,
其觀視及摹寫者, 車乘日千餘兩, 塡塞街陌.

| 註釋 | ○建寧 – 靈帝의 첫 연호. 서기 168 - 171년. ○司徒 橋玄 – 橋
玄(교현)은 삼공의 지위에 올랐는데 젊은 조조를 보고 미래에 천하를 안정
시킬 사람이라고 예언했다. 51권, 〈李陳龐陳橋列傳〉에 立傳. ○堂溪典 –
堂溪가 姓. 潁川郡 사람. 字는 子度. ○使工鐫刻立於太學門外 – 鐫은 새
길 전. 刻은 새길 각. 太學은 洛城 南쪽 開陽門 밖에 있었다. 본래 비문은
모두 46枚였다고 한다.

[國譯]

(靈帝) 建寧 3년(서기 170), (蔡邕은) 橋玄(교현)의 司徒府의 부름
을 받았는데, 교현이 매우 공손하게 상대했었다. 채옹은 河平 縣長

에 임명되었다. 다시 조정에 들어와 郎中이 되었다가 東觀에서 서적을 교정하였다. 議郎으로 승진하였다. 채옹은 여러 경전이 성인의 시대에서 오래 지났기에 문자에 오류가 많고 그 때문에 俗儒의 억지 해석으로 後學을 오도한다고 생각하여 (靈帝) 熹平 4년(서기 175)에 五官中郎將 堂溪典(당계전), 光祿大夫 楊賜(양사), 諫議大夫 馬日磾 (마일제), 議郎 張馴(장순), 韓說(한열), 太史令 單揚(선양) 등과 함께 《六經》의 文字를 바로잡겠다고 상주하였는데 이를 영제가 수락하였다. 그래서 채옹은 직접 비석에 글을 써서 석공을 시켜 글자를 새겨 붉은색을 칠을 한 뒤 太學의 정문 밖에 세웠다.(熹平石經) 이에 後儒나 晩學들이 모두 正文을 배울 수 있었다. 석경이 처음 세워지자, 이를 구경하러 오는 사람과 摹寫(모사, 模寫)하러 오는 자가 많아 수레가 하루에도 1천여 輛(량)이 모여들어 거리를 메웠다.

原文

初, 朝議以州郡相黨, 人情比周, 乃制婚姻之家及兩州人士不得對相監臨. 至是復有三互法, 禁忌轉密, 選用艱難. 幽冀二州, 久缺不補. 邕上疏曰,

「伏見幽,冀舊壤, 鎧馬所出, 比年兵饑, 漸至空耗. 今者百姓虛縣, 萬里蕭條, 闕職經時, 吏人延屬, 而三府選擧, 踰月不定. 臣經怪其事, 而論者云'避三互.'十一州有禁, 當取二州而已. 又二州之士, 或復限以歲月, 狐疑遲淹, 以失事會. 愚以爲三互之禁, 禁之薄者, 今但申以威靈, 明其憲令,

在任之人豈不戒懼, 而當坐設三互, 自生留閡邪?

　昔韓安國起自徒中, 朱買臣出於幽賤, 並以才宜, 還守本邦. 又張敞亡命, 擢授劇州. 豈復顧循三互, 繼以末制乎? 三公明知二州之要, 所宜速定, 當越禁取能, 以救時敝. 而不顧爭臣之義, 苟避輕微之科, 選用稽滯, 以失其人. 臣願陛下上則先帝, 蠲除近禁, 其諸州刺史器用可換者, 無拘日月三互, 以差厥中.」

　書奏不省.

| 註釋 | ○三互法 - 婚姻관계나 幽州와 冀州 출신은 해당 지역의 刺史나 지방관이 될 수 없다는 법. 유주와 기주는 연접했고 습속과 물산이 상당히 비슷하였다. 史弼(사필)이란 사람이 山陽太守로 승진하였는데 그 妻가 山陽郡 鉅野縣 薛氏(설씨)의 딸이라 하여 사필을 다시 靑州 관할 平原國 相으로 발령 내었다. 조선시대에 자신 출신지의 지방관이 될 수 없고, 父子가 같은 부서에 근무할 수 없다는 相避制(상피제)와 같은 취지일 것이다. ○鎧馬 - 鎧는 갑옷 개. 幽州(유주) 일대는 예부터 전쟁이 많아 집집마다 갑옷을 만들어 착용했다고 한다. 따라서 軍馬도 많이 사육했을 것이다. ○韓安國起自徒中 - 韓安國(字 長孺), 경제 때 법에 저촉되어 갇혀 있다가 사면을 받아 梁國 內史가 되었다(질록 二千石). 《漢書》52권, 〈竇田灌韓傳〉에 立傳. 朱買臣(주매신, 字 翁子)은 家貧하여 나무를 하면서도 경문을 외우고 다녔다. 그 아내가 가난을 견디지 못하고 이혼을 요구했다. 주매신은 會稽太守가 되었고 전처를 불러 만났다. '覆水不反' 고사의 주인공. 《漢書》64권, 〈嚴朱吾丘主父徐嚴終王賈傳(上)〉에 立傳. ○張敞(장창) - 京兆尹이었다가 죄에 연좌되어 庶人이 되었으나 冀州에 도적떼가 일어나자 宣

帝가 다시 불러 기주자사로 임용되었다. 아내를 위해 눈썹을 그려준 애처가. 《漢書》76권, 〈趙尹韓張兩王傳〉에 立傳.

[國譯]

　그전에, 조정에서는 州와 郡의 관리가 서로 結黨하거나 人情(習俗)에 따라 모의가 이루어진다고 논의하여 혼인관계나 幽州(유주)와 冀州(기주) 출신은 서로 상대 지역에 지방관이나 자사가 될 수 없었다. 이때 와서는 다시 三互法(삼호법)이 제정되어 금기가 더욱 엄격하여 지방관 임용이 매우 어려웠다. 특히 유주와 기주의 자사가 오랫동안 결원이었는데도 補任되지 않았는데, 이에 채옹이 상서하였다.

　「臣이 생각할 때 幽州와 冀州는 옛 지역이며 鎧甲(개갑)과 軍馬의 산출이 많으나 해마다 병란에 기근이 들어 점차 空地로 변하였습니다. 요즈음 백성이 없는 縣이 속출하며 만 리의 땅이 적막한데다가 관직이 공석이 된 지도 오래되어 관리나 백성이 임용을 기다리지만 三府에서 천거와 임용이 달을 넘기면서도 결정되지 않았습니다. 臣은 이런 일을 볼 때마다 이상히 여기는데, 論者는 '三互法을 피해야 한다.'고 말을 합니다. 11개 주에 모두 나름대로 금지 사항이 있지만 이 삼호법은 유주와 기주에만 해당됩니다. 또 이 2州의 관원들은 거기에 임기 제한도 있어 이런저런 의심으로 지연되며, 적기를 놓치고 있습니다. 臣의 어리석은 생각이지만 三互法의 적용은 그렇게 중요하지 않지만 지금 그 법의 효력이 명시되었기 때문에 임용되는 자가 두려워하니 어찌 지키지 않을 수 없으며 삼호법 저촉을 알면서 스스로 제한받지 않을 수 있겠습니까?

　옛날에 韓安國은 죄수였다가 등용되었으며, 朱買臣(주매신)은 신분이 미천하였지만 재능이 적합하여 본인 출신지의 지방관이 되었습니다. 또 張敞(장창)은 퇴출되었지만 상황이 아주 어려운 州의 자사가 되었습니다. 이런 경우 어찌 三互法이 적용되었으며 또 삼호법이 중요한 제도의 계승이겠습니까? 三公이 유주와 기주의 중요성을 안다면 응당 신속하게 임명하여 제한이나 금지를 초월한 유능한 인재를 뽑아 시폐를 구제해야 합니다. 그리고 간쟁하는 신하의 논의에 제한받을 것이 아니며 경비한 법제 때문에 선발과 임용이 지연되거나 적임자를 놓쳐서도 안 될 것입니다. 臣은 폐하께서 위로는 先帝를 본받고 이전의 禁法을 제거하여 諸州의 刺史로 능력이 있어 교체할만하다면 임기나 三互法에 제한받아 中正을 잃지 않으시기를 바랄뿐입니다.」

상서가 보고되었지만 응답은 없었다.

原文

初, 帝好學, 自造《皇羲篇》五十章, 因引諸生能爲文賦者. 本頗以經學相招, 後諸爲尺牘及工書鳥篆者, 皆加引召, 遂至數十人. 侍中祭酒樂松,賈護, 多引無行趣勢之徒, 並待制鴻都門下, 憙陳方俗閭里小事, 帝甚悅之, 待以不次之位.

又市賈小民, 爲宣陵孝子者, 復數十人, 悉除爲郎中,太子舍人. 時頻有雷霆疾風, 傷樹拔木, 地震,隕雹,蝗蟲之害. 又鮮卑犯境, 役賦及民. 六年七月, 制書引咎, 誥群臣各陳政要所當施行. 邕上封事曰,

| 註釋 | ○尺牘 - 牘은 書板. 길이가 一尺이었다. ○工書鳥篆者 - 본래
〈藝文志〉에서는 書體의 六體로 古文(공자의 집 벽에서 나온 고서의 서체),
奇字(古文의 변형), 篆書(전서, 小篆), 隸書(예서), 繆篆(무전, 문자의 굴곡이 많아
印章의 서체로 주로 사용), 蟲書(충서, 鳥蟲의 형체를 닮은 字體)가 있다고 하였다.
○待制鴻都門下 - 鴻都門 내의 鴻都宮은 본래 後漢의 宮中 藏書 시설이었
는데, 영제 때 여기에 학당을 설치하였고 州郡에서 천거되었거나 三公의
추천으로 입학한 자가 1천여 명이나 되었다. ○宣陵孝子 - 宣陵은 孝桓皇
帝의 능원. 선릉 공사에 금전을 출연한 상인을 선릉효자라 하였다. ○太
子舍人 - 舍人은 왕공이나 귀인의 시종 겸 손님 접대 담당. 太子舍人의 경
우 질록은 二百石.

[國譯]

전에, 靈帝는 好學하여 《皇義篇》 50장을 저술하였으며, 겸하여
태학생 중에서 文賦에 능한 자를 많이 등용하였다. 본래는 經學에
밝은 자를 초치하려 하였지만 나중에는 尺牘(척독, 竹簡)을 쓸 줄 알
고 鳥蟲書(조충서)나 篆書(전서)를 잘 쓰는 자도 모두 불러 수십 명이
나 임용하였다. 侍中祭酒인 樂松(악송)과 賈護(가호) 등 행실이 좋지
않고 권세를 추종하는 자들이 모두 鴻都門(홍도문)에서 制書를 받아
대기하면서 세속 여염의 小事를 보고할 때마다 영제는 매우 좋아하
였으며 이들을 순차를 넘어 임용하였다. 또 시장 商人이나 백성 중
에서 宣陵(선릉) 孝子라 하여 수십 명이 모두 郎中이나 太子舍人에
임명되었다. 이 무렵에 천둥 번개와 폭풍에 나무가 부러지고 뽑히었
으며, 지진, 우박, 蝗蟲(황충)의 폐해가 잇달아 발생하였다. 또 鮮卑
(선비)가 국경을 침범하자 부역 및 백성을 동원하였다. (憙平) 6년 7
월에, 영제는 制書를 내려 不德을 탓하며 모든 신하에게 나라에서 시

행해야 할 정사를 진술토록 명하였다. 이에 채옹은 封事를 올렸다.

*〈封事 七條〉- 蔡邕(채옹)

原文

「臣伏讀聖旨, 雖周成遇風, 訊諸執事, <u>宣王</u>遭旱, 密勿祗畏, 無以或加. 臣聞天降灾異, 緣象而至. 辟歷數發, 殆刑誅繁多之所生也. 風者天之號令, 所以敎人也. 夫昭事上帝, 則自懷多福, 宗廟致敬, 則鬼神以著. 國之大事, 實先祀典, 天子聖躬所當恭事. 臣自在宰府, 及備朱衣, 迎氣五郊, 而車駕稀出. 四時至敬, 屢委有司, 雖有解除, 猶爲疎廢. 故皇天不悅, 顯此諸異.

《鴻範傳》曰, '政悖德隱, 厥風發屋折木.'〈坤〉爲地道, 《易》稱安貞. 陰氣憤盛, 則當靜反動, 法爲下叛. 夫權不在上, 則霄傷物, 政有苛暴, 則虎狼食人, 貪利傷民, 則蝗蟲損稼. 去六月二十八日, <u>太白</u>與月相迫, 兵事惡之. <u>鮮卑</u>犯塞, 所從來遠, 今之出師, 未見其利. 上違天文, 下逆人事. 誠當博覽衆議, 從其安者. 臣不勝憤滿, 謹條宜所施行七事表左.」

│註釋│ ○密勿祗畏 – 勤勞하고 戒懼(계구)하다. ○辟歷數發 – 辟歷은 霹靂(벽력), 벼락과 천둥. 이는 陽氣의 발동이라고 생각하였다. ○及備朱衣 – 宰府는 司徒 橋玄府. 朱衣는 祭官. ○解除 – 사과하다.

[國譯]

「臣은 삼가 聖旨를 읽었는데, 周 成王이 大風을 만났을 때 신하에게 그 원인을 물었고, 宣王(선왕)은 가뭄을 당해 근면하고 경외하였지만, 폐하보다 더 많이 걱정하지는 못했을 것입니다. 臣이 알기로는, 하늘이 내리는 재해와 이변은 징조에 따라 달라집니다. 천둥이 자주 치는 것은 대개 형벌과 처형이 너무 많을 때 일어납니다. 大風은 하늘의 호령이니 이로써 인간을 가르치려는 뜻입니다. 上帝를 잘 섬기면 스스로 많은 복을 받는다고 하였습니다. 宗廟에 공경을 다하면 조상의 신도 감응하십니다. 나라의 大事에 가장 중요한 것은 제사입니다. 天子는 친히 이를 공경으로 실천해야 합니다. 臣은 司徒府에 근무하기에 祭官의 한 사람으로 五郊에 나가 4계절에 맞춰 제사하였지만 폐하께서 행차하신 적은 많지 않았습니다. 四時에 공경을 다해야 하나 여러 번 有司에게 위임하셨으며, 비록 폐하께서 때때로 자책하셨지만 그럴수록 제사의식은 황폐해졌습니다. 그랬기에 皇天은 不悅하며 이런 여러 가지 이변을 내렸을 것입니다.

《鴻範傳》이란 책에는, '정사가 어긋나고 德政이 없으면 大風이 집과 나무를 쓰러트린다.'고 하였습니다. 〈坤〉卦는 地道라고 할 수 있는데, 《易》에서는 〈坤〉은 安靜하고 純正하다고 하였습니다. 陰氣가 한창 성하면 安靜할 땅이 움직이게 되고 常理대로 생각한다면 백성의 반역을 뜻합니다. 대체로 권력이 위에 있지 않으면 우박이 만물을 손상시키며 정사가 가혹하거나 폭정이 행해지면 호랑이가 사람을 잡아먹으며 관리의 탐욕에 백성이 다치게 되면 황충이 농작물을 먹어치웁니다. 지난 6월 28일에 太白星이 달에 아주 가까이 접근하였는데 이는 군사적으로 아주 나쁜 징조입니다. 鮮卑族의 국경 침범은 오래 전부터 있던 일이고 이번에 군사를 출동시키지만 우리에게 유리하지는 않습니다. 위로는 天文의 뜻을 어기고 아래로 人情에 맞지 않은 것입니다. 정말로 많은 사람들의 의견을 널리 들어 가장 타당한 조치를 택해야 할 것입니다. 臣은 울분을 참지 못하고, 삼가 지금 나라에서 시행해야 할 7가지 국사를 아래와 같이 올립니다.」

原文

「一事, 明堂月令, 天子以四立及季夏之節, 迎五帝於郊, 所以導致神氣, 祈福豊年. 淸廟祭祀, 追往孝敬, 養老辟雍, 示人禮化, 皆帝者之大業, 祖宗所祇奉也. 而有司數以蕃國疎喪, 宮內産生, 及吏卒小汚, 屢生忌故.

竊見南郊齋戒, 未嘗有廢, 至於它祀, 輒興異議. 豈南郊卑而它祀尊哉? 孝元皇帝策書曰, '禮之至敬, 莫重於祭, 所以竭心親奉, 以致肅祇者也.' 又元和故事, 復申先典. 前後制書, 推心懇惻. 而近者以來, 更任太史. 忘禮敬之大, 任禁忌之書, 拘信小故, 以虧大典.《禮》, 妻妾産者, 齋則不入側室之門, 無廢祭之文也. 所謂宮中有卒, 三月不祭者, 謂士庶人數堵之室, 共處其中耳, 豈謂皇居之曠, 臣妾之衆哉? 自今齋制宜如故典, 庶答風霆灾妖之異.」

| 註釋 | ○明堂月令 – 天子는 明堂에서 月令에 따라 布政해야 한다. ○四立 – 立春, 立夏, 立秋, 立冬日. 천자는 이날 그 방향의 氣를 받아들이

면서 그 방위의 神을 제사해야 한다. 季夏(6월)의 말일에는 중앙의 神에게 제사를 지냈다. ㅇ小汚 - 病이나 死亡. ㅇ孝元皇帝策書曰 - 前漢 元帝. 재위 前 48 - 33년. ㅇ元和故事 - 元和는 章帝의 연호. 서기 84 - 86년.

[國譯]

「一事는 明堂과 月令의 시행입니다. 天子가 四立에 해당하는 날과 季夏의 절기에 맞춰 교외에 나가 五帝를 제사하는 것은 政事에 천지 간의 영기를 맞이하며 上天의 保佑(보우)와 풍년을 기원하는 뜻입니다. 淸廟(청묘, 祖廟)의 제사는 선조의 공덕을 생각하는 孝敬이며 辟雍(벽옹)에서의 養老 의례는 백성에게 예의와 敎化의 시범인데 이 모두가 황제가 수행할 큰일이며 조상을 지성으로 받드는 길입니다. 그러나 담당 관원은 먼 제후국, 먼 종친의 喪事나 후궁의 출산 및 관리나 사졸의 病死 등을 忌諱(기휘)나 변고라고 핑계를 대었습니다.

臣이 볼 때 南郊의 祭天이나 齋戒(재계)는 아직 폐한 적이 없지만 다른 제사는 그때마다 늘 다른 일이 있었습니다. 이것을 어찌 南郊의 제사를 낮추고(변고를 무시해도 좋고) 다른 제사는 (변고를 무시하면 안 될 정도로) 중시하기 때문이라고 할 수 있겠습니까? 孝元皇帝의 策書에서는 '禮 중 가장 敬重할 것으로는 제사보다 더 중요한 것이 없기에 정성을 다하고 친히 받들어 공경을 다 해야 한다.' 고 하였습니다 또 元和 시대의 前例에서도 옛 제도 준수를 강조하셨습니다. 그간 여러 황제께서 조서를 내려 간절한 심경을 여러 번 표하셨습니다. 그렇지만 근자에는 太史를 자주 경질하였습니다. 그러면서 禮敬의 중요성을 망각하고 이런저런 글의 금기나 작은 변고를 핑계 삼아 큰 행사를 많이 훼손하였습니다. 《禮》에도, 妻妾이 분만하여도 재계 기간 중이라면 側室(측실)의 문으로 출입하지 않으면 그뿐이지 제사를 폐한다는 글은 없습니다. 또 궁중에 갑자기 죽음이 있다 하여 3개월 동안 제사를 지내지 않는 것은 일반 士人이나 庶人이 몇 채의 건물이 연이어 있고 그중에 大家가 있을 경우를 말하는 것이지 어찌 넓고 넓은 황궁과 수많은 臣妾에 해당하겠습니까? 오늘 이후로 齋戒는 옛 전례대로 지켜서 大風이나 천둥 기타 요상한 재해의 이변에 대응하여야 합니다.」

原文

「二事, 臣聞國之將興, 至言數聞, 內知己政, 外見民情. 是故先帝雖有聖明之姿, 而猶廣求得失. 又因災異, 援引幽隱, 重賢良, 方正, 敦樸, 有道之選, 危言極諫, 不絶於朝. 陛下親政以來, 頻年災異, 而未聞特擧博選之旨. 誠當思省述修舊事, 使抱忠之臣展其狂直, 以解《易傳》'政悖德隱'之言.」

註釋 ○至言數聞 – 至言은 아주 高明한 直言. ○危言極諫 – 危言은 고상하면서도 과격한 직언. 極諫(극간)은 죽음을 각오하고 올리는 격렬한 忠諫.

[國譯]

「둘째, 臣이 알기로 나라가 흥성하려면 충언을 자주 받아들여 안으로는 정사의 시비를 알고 밖으로는 民情을 살펴야 합니다. 그래서

先帝께서는 聖明한 자질이 있어도 오히려 정사의 득실을 널리 구하셨습니다. 또 재해나 이변이 있을 때마다 은거한 인재를 등용하면서 賢良과 方正, 敦樸(돈박), 有道한 士人을 뽑아 들였으며 危言(위언)과 極諫이 조정에서 그치지 않았습니다. 폐하의 친정 이래로 해마다 재이가 계속되었지만, 특별한 인재를 등용하거나 널리 천거하게 했다는 말을 들어보지 못했습니다. 진실로 지난 일을 반성하고 옛 제도를 말하게 하고, 충성하는 신하들이 격정적인 직언을 펼 수 있게 하여, '정사가 문란하고 도덕이 무너졌다.'는 《易傳》의 말을 듣지 않아야 합니다.」

原文

「三事, 夫求賢之道, 未必一塗, 或以德顯, 或以言揚. 頃者, 立朝之士, 曾不以忠信見賞, 恒被謗訕之誅, 遂使群下結口, 莫圖正辭. 郎中張文, 前獨盡狂言, 聖聽納受, 以責三司. 臣子曠然, 衆庶解悅. 臣愚以爲宜擢文右職, 以勸忠謇, 宣聲海內, 博開政路.」

| 註釋 | ○右職 – 樞要의 직책. 주요 부서. ○以勸忠謇 – 忠謇은 충직한 건의. 謇은 말 더듬을 건. 바른말을 하는 모양.

[國譯]

「셋째, 求賢의 방법은 한 가지 길은 아니며 때로는 덕행이 뛰어나거나 또는 언론이 우수한 경우도 있습니다. 최근에 조정의 인재 중에는 忠信으로 포상 받은 자는 없고 늘 비방했다고 주살된 경우뿐이었으니, 결국 많은 사람의 입을 봉하게 하여 아무도 바른 말을 하려는 사람이 없습니다. 郎中인 張文(장문)은 앞서 홀로 격렬한 상소를 올렸고 폐하께서는 이를 받아들여서 三司(三公)를 문책하셨습니다. 이에 臣子들은 마음이 통쾌하였고 백성도 기뻐하였습니다. 臣의 愚見이지만 응당 張文을 주요 직책에 임명하여 충직한 신하를 격려하고, 천하에 널리 알려 정치에 대한 언로를 넓혀야 합니다.」

原文

「四事, 夫司隷校尉, 諸州刺史, 所以督察姦枉, 分別白黑者也. 伏見幽州刺史楊憙,益州刺史龐芝,涼州刺史劉虔, 各有奉公疾姦之心, 憙等所糾, 其效尤多. 餘皆枉橈, 不能稱職. 或有抱罪懷瑕, 與下同疾, 綱網弛縱, 莫相擧察, 公府臺閣亦復默然. 五年制書, 議遣八使, 又令三公謠言奏事. 是時奉公者欣然得志, 邪枉者憂悸失色. 未詳斯議, 所因寢息.

昔劉向奏曰, '夫執狐疑之計者, 開群枉之門, 養不斷之慮者, 來讒邪之口.' 今始聞善政, 旋復變易, 足令海內測度朝政. 宜追定八使, 糾擧非法, 更選忠淸, 平章賞罰. 三公歲盡, 差其殿最, 使吏知奉公之福, 營私之禍, 則衆災之原庶可塞矣.」

| 註釋 | ○司隷校尉 — 前漢 武帝 때 京師지역, 곧 三輔(京兆, 右扶風, 左

馮翊)와 三河(河東郡 河南郡, 河內郡) 및 弘農郡 등 7郡의 관리를 규찰하고 범법자를 다스리는 임무를 수행하도록 사예교위를 설치하였는데 13자사부와 같은 기능을 수행했다. 後漢의 司隷校尉는 질록 比이천석, 京師와 三輔의 백관, 외척, 제후, 태수를 규찰하고 1州(三輔 등 7郡)를 직접 감찰하여 그 권세가 당당했다. 建武 元年에 광무제는 御史中丞(어사중승, 최고 감찰관), 司隷校尉(백관 규찰), 尙書令의 三官을 '三獨坐'라 호칭했는데, 이는 조회 시에 전용석에 혼자 앉는다는 뜻이다. 司隷校尉部의 치소는 洛陽. 東京을 司隷라고도 칭했다. 후한에서는 105개 郡을 사예교위부 등 13자사부에 소속시켜 지방을 관할, 통제했다. ○餘皆枉橈 - 枉은 굽힐 왕. 누명. 橈는 꺾일 요(뇨). ○議遣八使 - 順帝가 지방관의 부정을 감독하기 위해 특별히 파견한 사자 8인을 八使라 하였다. 侍中인 杜喬(두교), 光祿大夫인 周擧(주거), 光祿大夫 대행 郭遵(곽준), 馮羨(풍선), 欒巴(난파), 張綱(장강), 周栩(주허), 劉班(유반) 등 8인을 각 州와 郡에 나눠 보내서 風俗을 순찰하며 교화를 널리 펴고 (관리의) 선악을 사실대로 조사하여 부정을 규찰, 탄핵케 하였는데 당시 백성이 이들을 '八駿(8준)이라 부르며 칭송했다. 61권, 〈左周黃列傳〉의 〈周擧傳〉 참고. ○平章賞罰 - 平章은 공명정대하게 처리하다. 平은 和也. 章은 明也. ○差其殿最 - 지방관의 실적 평가의 최하(殿)와 최상(最).

[國譯]

「넷째, 司隷校尉와 각 주의 刺史는 불법과 부정을 감독하고 흑백을 分別하는 직위입니다. 臣이 볼 때 幽州刺史인 楊憙(양희)와 益州刺史인 龐芝(방지), 涼州刺史인 劉虔(유건) 등은 모두 공평하고 불법을 미워하는 마음을 가졌는데 특히 楊憙 등이 규찰한 실적이 매우 우수합니다. 다른 자사들은 모두 위법하거나 지조를 굽혀 소임을 다하지 못했습니다. 혹자는 나쁜 마음을 갖거나 불법을 자행하여 속관과 같은 잘못을 범하고, 기강이 해이하여 규찰을 제대로 하지도 못했으며 삼공부와 尙書臺 역시 그대로 침묵하였습니다. (熹平) 5년에 制書로 八使 파견을 논의하게 하였고, 또 三公으로 하여금 백성들 사이의 謠言(요언)을 상주하라고 하셨습니다. 그때 공정하게 처리하는 자는 기뻐 득의하였지만 사악하고 나쁜 자는 걱정으로 失色하였습니다. 그러나 이런 논의는 상세히 진행되지 않았고 그냥 폐지되었습니다.

옛날 (前漢의) 劉向(유향)은 '마음으로 狐疑(호의)하며 주장이 없는 자는 사악한 죄를 짓는 門이며, 상황을 고려하되 결단하지 못하는 자는 참언을 초래하는 입'이라고 상소하였습니다. 지금 善政을 위한 좋은 의견을 말하다가 다시 바뀐 것은 천하 백성으로 하여금 조정의 정사가 어떤 지를 알려주는 것입니다. 응당 八使을 선정하여 불법과 비리를 규찰하고 충직 청렴한 자를 선발하며 상벌을 공평하게 처리해야 합니다. 三公은 해마다 연말에 그 최고와 최저를 평가하여 관리들로 하여금 공정한 업무처리가 복록이고 私益 추구가 화근이라는 것을 알게 한다면 재해의 근원을 미리 막을 수 있을 것입니다.」

原文

「五事, 臣聞古者取士, 必使諸侯歲貢. 孝武之世, 郡擧孝廉, 又有賢良, 文學之選, 於是名臣輩出, 文武並興. 漢之得人, 數路而已. 夫書畫辭賦, 才之小者, 匡國理政, 未有其能. 陛下卽位之初, 先涉經術, 聽政餘日, 觀省篇章, 聊以游意, 當代博弈, 非以教化取士之本. 而諸生競利, 作者鼎沸.
其高者頗引經訓風喩之言, 下則連偶俗語, 有類俳優, 或竊
成文, 虛冒名氏.

臣每受詔於盛化門, 差次錄第, 其未及者, 亦復隨輩皆見
拜擢. 旣加之恩, 難復收改, 但守奉祿, 於義已弘, 不可復使
理人及仕州郡. 昔孝宣會諸儒於石渠, 章帝集學士於白虎,
通經釋義, 其事優大, 文武之道, 所宜從之. 若乃小能小善,
雖有可觀, 孔子以爲 '致遠則泥', 君子故當志其大者.」

| 註釋 | ○孝廉 − 孝廉(효렴)은 選擧(선거, 인재 선발) 科目의 하나. 孝子와
廉吏. 본래 二科이나 하나처럼 통칭. 전한 武帝 이후 入仕의 正道로 인식되
었다. 후한에서는 인구 20만을 기준으로 효렴 1인을 천거했다. 茂才(무재)도
漢 選擧 과목의 하나, 前漢에서는 秀才, 後漢에서는 光武帝를 諱하여 茂才
로 개칭했다. ○數路 − 孝廉, 賢良, 文學와 같은 예. ○孔子以爲 '致遠則泥'
− 공자의 말이 아니라 子夏의 말이다. 致遠恐泥는 小道에도 볼만한 것이 있
지만 그런 소도는 원대한 뜻을 달성하기에 방해가 될 수 있다는 뜻. 「子夏
曰, "雖小道, 必有可觀者焉, 致遠恐泥, 是以君子不爲也."」《論語 子張》.

[國譯]

「다섯 째, 臣이 알기로 옛날의 取士는 제후가 반드시 해마다 인재
를 천거하였습니다. 孝武帝 치세에는 郡에서 孝廉(효렴)의 인재 외
에 賢良과 文學의 選擧가 있어 명신이 배출되었고 文武가 함께 홍성
하였습니다. 漢의 인재 등용은 이상 몇 가지 길 뿐이었습니다. 書法
이나 繪畫(회화)나 辭賦(사부) 등 재능이 미천한 자는 국정을 보좌하

거나 담당하는데 도움이 되지 않습니다. 폐하 즉위 초에는 먼저 경학을 섭렵하시고 정사를 처리한 여유에 辭章을 읽으시거나 잠시 세상의 局戲(국희) 등에 재미를 느끼셨지만 그것이 교화나 인재 선발의 영역일 수는 없었습니다. 그러나 여러 유생이 유리한 것을 쫓다보니 그런 쪽의 작자들이 끊임없이 나타났습니다. 그중 좀 나은 자는 경전의 뜻이나 諷諭(풍유)의 뜻을 끌어대었고 좀 하등인 자들은 속어로 짝을 맞추니 광대와 유사하고, 또 어떤 자는 이미 지어진 문장을 표절하거나 가짜 이름을 대기도 하였습니다.

臣이 조서를 받고 盛化門(성화문)에 나아가 그런 자의 명단을 순서를 작성하였는데 명단에 오르지 못한 자는 다시 다른 무리를 따라 임용되기도 하였습니다. 기왕 폐하의 은덕을 베풀었기에 다시 회수할 수는 없지만 그래도 봉록을 계속 받을 수 있게 한다면 이미 덕의를 충분히 베풀었으니 다시는 백성을 다스리거나 州郡에 출사하지 않게 해야 합니다. 옛날에 孝宣帝께서는 많은 유생을 石渠閣(석거각)에 모았고, 章帝께서는 學士를 白虎觀(백호관)에 모아 경전의 뜻을 해석토록 하였는데 그 사업은 매우 중요한 일이었습니다. 그리고 文帝와 武帝의 정사도 응당 따라야 합니다. 만약 정사에 중요하지 않은 小能과 小善일지라도 볼만한 것이 있겠지만 孔子께서는 '큰 뜻을 이루기에는 방해가 된다.'고 말하였으니, 군자는 응당 그 뜻이 커야 합니다.」

▌原文

「六事, 墨綬長吏, 職典理人, 皆當以惠利爲績, 日月爲勞.

襃責之科, 所宜分明. 而今在任無復能省, 及其還者, 多召拜議郎,郎中. 若器用優美, 不宜處之冗散. 如有釁故, 自當極其刑誅. 豈有伏罪懼考, 反求遷轉, 更相放效, 臧否無章? 先帝舊典, 未嘗有此. 可皆斷絶, 以核眞僞.」

| **註釋** | ○墨綬長吏 – 질록 6백석, 銅章墨綬. 현령의 질록은 1천석에서 6백석. 縣長의 질록은 5백석 – 3백석. ○不宜處之冗散 – 冗散은 冗官(용관)이나 散職(산직). 실질적 업무가 없는 관직.

[國譯]

「여섯 째, 墨綬(묵수)를 차는 6백석 長吏는 백성을 다스리는 직분이니 백성을 이롭게 해야만 그것이 실적이며 늘 애를 써야 합니다. 이들에 대한 포상이나 문책 조항은 분명해야 합니다. 그러나 지금 재임 중 공과를 살피지 않고 임기를 마친 자는 조정에 들어와 議郎이나 郎中을 제수 받고 있습니다. 만약 그 역량이 우수한 자라면 冗官(용관)이나 散職(산직)에 보낼 수는 없을 것입니다. 또 잘못이 있다면 응당 형벌에 처해야 합니다. 어찌 형벌에 처할 자가 심문이나 고문이 두려워 도리어 다른 직분으로 전직을 원하고 이를 인정해 준다면 포폄의 뜻이 드러날 수 있겠습니까? 先帝의 舊典에도 이런 일은 없었습니다. 이런 운영을 폐지하면서 眞僞를 따져야 합니다.」

原文

「七事, 伏見前一切以宣陵孝子爲太子舍人. 臣聞孝文皇

帝制喪服三十六日, 雖繼體之君, 父子至親, 公卿列臣, 受恩
之重, 皆屈情從制, 不敢踰越. 今虛僞小人, 本非骨肉, 旣無
幸私之恩, 又無祿仕之實, 惻隱思慕, 情何緣生? 而群聚山
陵, 假名稱孝, 行不隱心, 義無所依, 至有姦軌之人, 通容其
中. 桓思皇后祖載之時, 東郡有盜人妻者亡在孝中, 本縣追
捕, 乃伏其辜. 虛僞雜穢, 難得勝言. 又前至得拜, 後輩被遺,
或經年陵次, 以暫歸見漏, 或以人自代, 亦蒙寵榮. 爭訟怨
恨, 凶凶道路. 太子官屬, 宜搜選令德, 豈有但取丘墓凶丑
之人? 其爲不祥, 莫與大焉. 宜遣歸田里, 以明詐僞.」

| **註釋** | ○宣陵孝子 – 宣陵은 孝桓皇帝의 능원. 〈封事七條〉직전의 주
석 참고. ○祖載之時 – 祖는 장례에 앞서 궁정에서 祖祭를 지냄. 載는 운
구를 수레에 싣다.

[國譯]

「일곱 째, 臣이 볼 때 앞서 宣陵孝子 모두를 太子舍人으로 임명하
였습니다. 臣이 알기로, 孝文皇帝께서는 喪服을 36일간 복상하라고
명령하였고 그 뒤를 계승한 주군은 父子의 至親이나 公卿의 여러 신
하, 많은 은택을 입을 자라도 모두 은정을 접고 명에 따랐으며 더 오
래 복상할 수도 없었습니다. 지금 虛僞의 소인들은 본래 골육도 아
니며 아무런 사은을 입은 것도 없고 슬피 사모하지도 않았으니 무슨
연유로 효성이 있을 수 있겠습니까? 그런 자들이 떼를 지어서 효행
이라는 거짓 명분에 측은한 마음도 없는 행위와 내세울 명의도 없었

으며 심지어 범죄를 저지른 자도 그 안에 들어 있었습니다. 桓思(竇)皇后의 祖祭와 운구를 실을 때 東郡에서 남의 처와 사통한 자가 망령되이 그 안에 들어 있어 본 현에서 추적하여 체포하자 그 죄를 자복한 일도 있었습니다. 그런 虛僞와 지저분한 일은 이루 다 말할 수도 없습니다. 또 앞서 태자사인으로 제수 받은 자 이외에 좀 늦은 자는 모두 누락되었으며, 어떤 자는 몇 년 동안 능 주변을 지켰지만, 잠시 본 집에 들른 틈에 명단에서 빠졌으며, 또 어떤 자는 다른 사람 대신 이름을 올려 벼슬을 받기도 하였습니다. 이와 관련하여 소송이 나오고 원한이 도로에 흉흉합니다. 太子의 관속은 응당 선량한 자를 골라야 하거늘, 어찌 이런 능원 주변의 흉악한 자를 고를 수 있겠습니까? 그 상서롭지 못함이 이보다 더 클 수가 없을 것입니다. 그 자들을 모두 고향으로 돌려보내 위선을 밝혀내야 합니다.」

原文

　書奏, 帝乃親迎氣北郊, 及行辟雍之禮. 又詔宣陵孝子爲舍人者, 悉改爲丞尉焉. 光和元年, 遂置鴻都門學, 畫孔子及七十二弟子像. 其諸生皆勅州郡三公擧用辟召, 或出爲刺史, 太守, 入爲尙書, 侍中, 乃有封侯賜爵者, 士君子皆恥與爲列焉.

| 註釋 |　○辟雍之禮 − 明堂과 靈臺, 辟雍(벽옹)을 三雍(삼옹)이라 칭한다. 辟雍(벽옹)은 본래 周代의 중앙교육기관. 太學이 소재한 곳. 전체적으로 둥근 모양(하늘을 상징)을 물(敎化가 물처럼 흘러 널리 퍼지라는 뜻)이

두르고 있는 형상. 제후국의 교육기관이 있는 곳은 泮宮(반궁)이라고 했다. 明堂은 皇帝가 政敎의 大典을 행하는 건물. 朝會, 祭祀, 慶賞, 養老, 敎學 등의 행사를 집행하는 곳. 靈臺는 본래 周 文王 만들었다는 樓臺. 음양과 천문의 변화를 관측하는 곳.

[國譯]

상서가 올라가자 靈帝는 친히 北郊에 나가 氣를 맞이하였고 辟雍 (벽옹)의 예를 거행하였다. 또 조서를 내려 宣陵孝子로 太子舍人이 된 자를 모두 丞尉로 전직시켰다. 光和 원년(서기 178)에 鴻都門學 (홍도문학)을 설치하였는데 孔子 및 72 弟子像을 그려 보관하였다. 그곳의 유생은 모두 칙명에 의거 州郡과 三公의 추천과 초빙을 받았 으며 홍도문학 출신자로 刺史나 太守를 역임하고 조정에 들어와 尙 書나 侍中이 된 자나 봉후로 작위를 받은 자도 있었지만 인격이 고 상한 士君子들은 그런 자들과 같은 반열에 선 것을 치욕으로 생각 하였다.

■原文

時妖異數見, 人相驚擾. 其年七月, 詔召邕與光祿大夫楊 賜,諫議大夫馬日磾,議郎張華,太史令單揚詣金商門, 引入 崇德殿, 使中常侍曹節,王甫就問灾異及消改變故所宜施行. 邕悉心以對, 事在〈五行〉,〈天文志〉.

又特詔問曰, "比災變互生, 未知厥咎, 朝廷焦心, 載懷恐 懼. 每訪群公卿士, 庶聞忠言, 而各存括囊, 莫肯盡心. 以邕

經學深奧, 故密特稽問, 宜披露失得, 指陳政要, 勿有依違, 自生疑諱. 具對經術, 以皁囊封上."邕對曰,

| 註釋 | ○金商門 – 南宮의 서쪽 정문. 남궁에 崇德殿과 太極殿이 있었다. ○括囊(괄랑) – 閉口하고 不言하다. ○皁囊 – 검은 천의 주머니. 皁는 하인 조. 검다. 黑色. 皂는 俗字.

[國譯]

그 무렵 요상한 이변이 자주 발생하여 백성이 놀라고 소란스러웠다. 光和 원년 7월, 조서로 채옹과 光祿大夫 楊賜(양사), 諫議大夫 馬日磾(마일제), 議郞 張華(장화), 太史令 單揚(선양) 등을 金商門으로 崇德殿에 들어오게 하여 中常侍 曹節(조절)과 王甫(왕보)를 시켜 災異(재이)와 재이를 소멸시킬 방법을 묻게 하였다. 채옹은 성심을 다하여 답변하였는데, 이는 〈五行志〉와 〈天文志〉에 수록하였다.

또 靈帝가 특별히 조서를 내려 물었다.

"이런 재변이 계속 이어지나 그 허물이 무엇인지 알 수가 없어 조정에서 걱정하며 걱정 속에 두렵기만 하도다. 늘 삼공이나 여러 경들에 물어 충언을 듣고자 하나 모두가 입을 봉한 듯 성심으로 말하는 자가 없다. 채옹은 경학이 심오하기에 특별히 비밀리에 묻나니, 이것이 누설되어 알려지지 않도록 정사의 득실을 진술하되 의심하거나 지체하지 말라. 경학을 바탕으로 구체적으로 설명하되 검은 주머니에 봉하여 상주토록 하라."

이에 채옹이 상서하였다.

「臣伏惟陛下聖德允明,深悼災咎,褒臣末學,特垂訪及,非臣螻蟻所能堪副.斯誠輸寫肝膽出命之秋,豈可以顧患避害,使陛下不聞至戒哉!臣伏思諸異,皆亡國之怪也.天於大漢,殷勤不已,故屢出袄變,以當譴責,欲令人君感悟,改危即安.今災眚之發,不於它所,遠則門垣,近在寺署,其爲監戒,可謂至切.蜺墮雞化,皆婦人干政之所致也.

前者乳母趙嬈,貴重天下,生則貲藏侔於天府,死則丘墓踰於園陵,兩子受封,兄弟典郡.續以永樂門史霍玉,依阻城社,又爲姦邪.今者道路紛紛,復云有程大人者,察其風聲,將爲國患.宜高爲堤防,明設禁令,深惟趙,霍,以爲至戒.今聖意勤勤,思明邪正.而聞太尉張顥,爲玉所進.光祿勳姓璋,有名貪濁,又長水校尉趙玹,屯騎校尉蓋升,並叨時幸,榮富優足.宜念小人在位之咎,退思引身避賢之福.伏見廷尉郭禧,純厚老成,光祿大夫橋玄,聰達方直,故太尉劉寵,忠實守正,並宜爲謀主,數見訪問.

夫宰相大臣,君之四體,委任責成,優劣已分,不宜聽納小吏,雕琢大臣也.又尙方工技之作,鴻都篇賦之文,可且消息,以示惟憂.《詩》云,'畏天之怒,不敢戲豫.'天戒誠不可戲也.宰府孝廉,士之高選.近者以辟召不愼,切責三公,而今並以小文超取選舉,開請托之門,違明王之典,衆心不厭,莫之敢言.臣願陛下忍而絕之,思惟萬機,以答天望.聖朝既自約損, 左右近臣亦宜從化. 人自抑損, 以塞咎戒, 則天道虧滿, 鬼神福謙矣.

臣以愚贛, 感激忘身, 敢觸忌諱, 手書具對. 夫君臣不密, 上有漏言之戒, 下有失身之禍. 願寢臣表, 無使盡忠之吏, 受怨姦仇.」

章奏, 帝覽而歎息, 因起更衣, 曹節於後竊視之, 悉宣語左右, 事遂漏露. 其爲邕所裁黜者, 皆側目思報.

| 註釋 | ○螻蟻所能堪副 – 螻는 땅강아지 루. 蟻는 개미 의. 堪은 견딜 감. 副는 돕다. 곁에서 따르다. ○趙嬈 – 인명. 嬈는 아리따울 요. ○復云有程大人者 – 程大人(정대인)은 宮中에서 잡일을 하는 程氏 여인. 56권, 〈張王种陳列傳〉의 〈陳球傳〉에 잠깐 보인다. ○姓璋(성장) – 姓이 姓. 璋이 名. ○長水校尉 趙玹 – 長水校尉는 후한의 中央軍인 5교위의 하나. 屯騎校尉(둔기교위) 越騎校尉, 步兵校尉, 射聲校尉가 5교위이다. 장수교위는 흉노족 출신 기병 3천여 명을 통솔. 나머지 교위의 병력은 7백 명. 후한에서의 질록은 比二千石. 교위 아래에 丞과 司馬 등 속관을 두었다. 그 외에 城門校尉(낙양 12개 성문 수비를 담당)가 있었다. 校尉는 장군 아래 직위, 단위 부대를 校라 하고 一校의 지휘관이 교위이다. ○並叩時幸 – 叩는 탐낼 도. ○雕琢(조탁) – 헐뜯고 깎아내려 모함하다. ○尙方 – 少府의 속관, 궁중의 각종 생활용구 공급 담당. ○更衣 – 용변을 보다. 화장실에 가다.

[國譯]

「臣이 생각할 때 폐하께서는 훌륭하신 덕성과 지혜를 가지시고 재해의 허물에 깊이 괴로워하시면서 臣의 미천한 학문을 권장하려는 뜻으로 특별히 자문하셨으니 참으로 미천한 제가 감당하기 어렵습니다. 지금은 臣이 진정 性命을 바쳐야 할 때이니, 어찌 환난을 보고서 모른 척하여 폐하로 하여금 하늘의 훈계를 듣지 못하게 할 수 있겠습니까! 臣의 생각으로 여러 이변은 모두 망국의 괴이한 일입니다. 하늘은 大漢에 내내 간절한 뜻으로 여러 번 요상한 변괴를 내려 견책하였으니 人君이 이를 깨달아 위기를 이겨 안전하게 하려는 뜻이었습니다. 지금껏 일어난 재해나 재앙은 다른 곳이 아니라 멀다하여도 궁궐 담 안이고 가까운 관서에서 일어났으니 그 계시가 참으로 절박하다는 뜻입니다. 무지개가 뿌리를 내리고, 암탉이 수탉이 되는 요상한 일은 모두 여자가 정사에 관여했기 때문입니다.

앞서 乳母인 趙嬈(조요)는 천하의 누구보다도 고귀하여 살아서는 나라보다도 더 부자였고 죽어서는 황실 園陵보다 큰 무덤에 묻혔으며 두 아들은 제후가 되었고 그 형제는 태수였습니다. 이어 永樂門史인 霍玉(곽옥)은 城隍(성황)에 의거하여 간악한 짓을 하였습니다. 지금 길을 가는 사람들은 다시 程大人(정대인) 같은 사람이 나타나 소문을 다 알아듣고 나라에 징벌을 가할 것이라는 말이 분분합니다. 응당 엄히 막아야 하고 禁令을 엄격히 시행하며, 趙嬈(조요)나 霍玉(곽옥)과 같은 폐해를 깊이 생각하여 앞으로 크게 경계해야 할 것입니다. 지금 폐하의 뜻이 지극정성인 만큼 사악과 忠正을 분명히 판별하셔야 합니다. 臣은 곽옥이 太尉 張顥(장호)를 천거했다고 들었습니다. 光祿勳 姓璋(성장)은 탐욕과 부정으로 유명한 사람이며 그리고 長水校尉인 趙玹(조현)과 屯騎校尉 蓋升(개승)은 모두 총행을 받으려 애쓰면서도 아주 부유하고 풍족한 사람들입니다. 소인이 자리를 차지했을 때의 폐해를 생각하시고, 한 발 물러서서 몸을 숨긴

현인의 복록을 생각해 보아야 합니다. 臣이 볼 때 廷尉인 郭禧(곽희)는 순박 돈후하며 나이도 많고 유덕한 사람이고, 光祿大夫 橋玄(교현)은 총명 통달하고 정직하며, 전임 太尉 劉寵(유총)은 忠實하며 정도를 지키니 이런 사람들이 모두 국사를 담당하고 폐하를 자주 뵐 수 있어야 합니다.

대체로 宰相과 大臣은 주군의 수족과 같으니 직분을 맡겨 수행케 하며 우열이 드러난 만큼 小吏들이 불평하며 대신을 비난하지 못하게 해야 합니다. 또 尙方에서 제조하는 정교한 사치품이나 鴻都宮에서의 詩文 편찬 등을 중지시켜 근신해야 합니다. 《詩經》에서도 '하늘의 노여움이 두려워 장난하며 즐기지 못하네.' 라고 하였으니, 하늘의 훈계를 장난처럼 여길 수 없습니다. 宰府의 속관이나 孝廉은 士人 중에서도 선별된 우수자입니다. 近者에는 중앙의 徵召(징소, 부름)가 신중하지 못하여 삼공을 질책하기도 하였습니다만, 지금 저질의 문장으로 등급을 넘어 뽑히면서 청탁의 문을 열어놓았으며 아울러 明王의 典範을 훼손하고 衆心의 기대에도 어긋났는데도 아무도 과감하게 이를 지적하는 사람이 없습니다.

臣은 폐하께서 과감하게 이런 적폐를 없애고 국정을 친람하시며 하늘의 기대에 부응하시길 바랄 뿐입니다. 聖明하신 폐하께서 친히 엄히 다스린다면 측근의 근신 또한 폐하를 따라 변화할 것입니다. 백성도 스스로 자제하며 하늘의 계시를 알고 따르면 天道도 정상으로 운행되고 神鬼도 복을 내릴 것입니다. 臣은 어리석은데다가 감격하여 본분을 잊고 감히 폐하의 忌諱(기휘)를 생각지 못하고 답변의 글을 올립니다. 본래 君臣이 가깝지 않다면 위로는 건의가 누설될 수도 있고 아래서는 생명을 잃는 화를 당할 수도 있습니다. 臣의 표문을 구석으로 치워놓아 충성을 다하려는 신하가 간악한 자의 미움을 받지 않기만을 바랍니다.」

상주가 들어가자 영제는 읽고 나서 탄식하였지만 황제가 화장실에 간 사이에 曹節(조절) 등이 훔쳐 읽고서 내용을 좌우에 말해 전부 누설되었다. 그래서 채옹 때문에 쫓겨난 자들은 모두 질시하며 보복하려 했다.

┃原文┃

初, 邕與司徒劉郃素不相平, 叔父衛尉質 又與將作大匠陽球有隙. 球卽中常侍程璜女夫也, 璜遂使人飛章言邕, 質數以私事請托於郃, 郃不聽, 邕含隱切, 志欲相中. 於是詔下尙書, 召邕詰狀. 邕上書自陳曰

┃註釋┃ ○飛章 – 익명의 투서. ○志欲相中 – 相中은 中傷하다.

[國譯]

그전에 蔡邕(채옹)은 司徒 劉郃(유합)과 평소에 사이가 나빴는데 채옹의 숙부 蔡質(채질)은 또 將作大匠인 陽球(양구)와 틈이 났었다. 양구는 中常侍인 程璜(정황)의 사위였는데, 정황은 사람을 시켜 채옹과 채질이 여러 차례 유합에게 사사로운 청탁을 했지만, 유합이 들어주지 않자 채옹은 원한을 품고 유합을 중상하려 한다는 익명의 투서를 넣게 하였다. 이에 尙書에게 채옹을 불러 사실을 조사하라는 조서를 내렸다.

그러자 채옹은 자신을 변호하는 상서를 올렸다.

原文

「臣被召, 問以大鴻臚劉郃前爲濟陰太守, 臣屬吏張宛長休百日, 郃爲司隷, 又托河內郡吏李奇爲州書佐, 及營護故河南尹羊陟, 侍御史胡母班, 郃不爲用致怨之狀. 臣征營怖悸, 肝膽塗地, 不知死命所在. 竊自尋案, 實屬宛, 奇, 不及陟, 班. 凡休假小吏, 非結恨之本. 與陟姻家, 豈敢申助私黨?

如臣父子欲相傷陷, 當明言臺閣, 具陳恨狀所緣. 內無寸事, 而謗書外發, 宜以臣對與郃參驗. 臣得以學問特蒙襃異, 執事秘館, 操管御前, 姓名貌狀, 微簡聖心. 今年七月, 召詣金商門, 問以灾異, 齎詔申旨, 誘臣使言. 臣實愚戇, 唯識忠盡, 出命忘軀, 不顧後害, 遂譏刺公卿, 內及寵臣.

實欲以上對聖問, 救消災異, 規爲陛下建康寧之計. 陛下不念忠臣直言, 宜加掩蔽, 誹謗卒至, 便用疑怪. 盡心之吏, 豈得容哉? 詔書每下, 百官各上封事, 欲以改政思譴, 除凶致吉, 而言者不蒙延納之福, 旋被陷破之禍. 今皆杜口結舌, 以臣爲戒, 誰敢爲陛下盡忠孝乎? 臣季父質, 連見拔擢, 位在上列. 臣被蒙恩渥, 數見訪逮. 言事者因此欲陷臣父子, 破臣門戶, 非復發糾姦伏, 補益國家者也.

臣年四十有六, 孤特一身, 得託名忠臣, 死有餘榮, 恐陛下

於此不復聞至言矣. 臣之愚冗, 職當咎患, 但前者所對, 質
不及聞, 而衰老白首, 橫見引逮, 隨臣摧沒, 並入坑塭, 誠冤
誠痛. 臣一入牢獄, 當爲楚毒所迫, 趣以飲章, 辭情何緣復
聞? 死期垂至, 冒昧自陳. 願身當辜戮, 勾質不並坐, 則身死
之日, 更生之年也. 惟陛下加餐, 爲萬姓自愛.」

　於是下邕, 質於洛陽獄, 劾以仇怨奉公, 議害大臣, 大不敬,
弃市. 事奏, 中常侍呂强愍邕無罪, 請之, 帝亦更思其章, 有
詔減死一等, 與家屬髡鉗徙朔方, 不得以赦令除. 陽球使客
追路刺邕, 客感其義, 皆莫爲用. 球又賂其部主使加毒害,
所賂者反以其情戒邕, 故每得免焉. 居五原安陽縣.

| 註釋 | ○長休百日 – 漢代 관리의 병가는 최대 1백 일이었다. ○書佐
– 문서를 주관하는 직책. ○操管御前 – 어전에서 作文하다. 管은 붓. ○趣
以飲章 – 趣은 재촉할 촉. 재빨리. 飲은 글을 올린 사람의 이름을 지워 누
구인지 확인할 수 없게 되다. 章은 상주한 글. 表文. ○勾質不並坐 – 勾
는 빌 개(乞也). 質은 숙부 이름. 坐는 연좌되다. ○五原安陽縣 – 五原郡
治所는 九原縣, 今 內蒙古 包頭市(黃河 북안). 安陽縣은 今 內蒙古自治區
서부 巴彦淖爾市 관할 烏拉特前旗 동남. 黃河 북안. 包頭市 서쪽.

[國譯]

　「臣은 소환을 받았습니다만, 大鴻臚인 劉郃(유합)이 예전에 濟陰
太守였을 때, 臣의 屬吏인 張宛(장완)의 1백 일의 장기 휴가를 줄 수
있는가를 물어본 적이 있으며, 유합이 司隷校尉가 되었을 때, 또 河
內 郡吏인 李奇(이기)를 자사의 書佐로 삼아달라고 부탁을 했었으며,

營護(영호)를 담당한 故 河南尹 羊陟(양척)과 侍御史 胡母班(호모반)에 대하여도 유합의 원한을 살만한 일은 없었습니다. 臣은 당황하여 두려우며 肝膽(간뇌)를 땅에 바르더라도 죽고 사는 것이 어디 있는 지 알 수가 없습니다. 臣이 깊이 생각해보면, 모든 사실이 장완과 李嵩에 관한 일이고 양척과 호모반에 관한 일도 아니었습니다. 무릇 하급 소리의 휴가 문제가 원한을 품을 근본일 수 없습니다. 양척과 는 사돈관계이지만 제가 어찌 사적인 朋黨을 만들 수 있겠습니까?

만약 臣의 父子가 유합을 모함해야 한다면 응당 臺閣에 확실하게 말을 하던지, 아니면 원한의 사연을 구체적으로 진술했을 것입니다. 臣이 안으로 아주 작은 일도 없으면서 비방의 글을 외부로 보냈다면 응당 저를 불러 장합과 대질을 시키면 될 것입니다. 臣은 學問으로 폐하의 특별한 인정을 궁중 秘閣(書庫)에서 일을 하면서 어전에서 붓을 잡고 글을 지었기에 저의 이름이나 생김새가 폐하의 기억에도 남아 있을 것입니다. 금년 7월, 부름을 받고 金商門(금상문)에 가서 재이에 관한 질문과 조서에 뜻을 받아 臣의 생각을 상주하였습니다. 臣이 비록 우매하지만 충성을 다해야 하고 명을 받으면 一身을 잊고 후환을 두려워하지 않아야 한다는 것을 알고 있었지만 결국 公卿과 寵臣을 비방했다는 참소를 당했습니다.

실제로 聖問의 재이를 제거하는 방편에 대하여 답변하면서 폐하의 康寧을 위한 계책을 말씀드리려 했었습니다. 폐하께서는 충신의 直言을 생각하시고 살펴 덮어주시지 않는다면 갑자기 비방을 들어오고 의심하게 될 것입니다. 충심을 다하는 관리가 어떻게 포용될 수 있겠습니까? 詔書가 내려올 때마다 백관이 각자 封事를 올려 정령을 바꾸고 잘못을 고치며 포악을 제거하고 吉祥을 불러오려 하지만 건의를 올리는 자는 부름을 받거나 좋은 일도 없으며 도리어 모함에 빠지는 화를 당하게 됩니다. 지금 모두가 입을 막고 말을 않는 것이 신하된 자의 교훈이 되었으니 누가 폐하를 위하여 충효를 다 바치려 하겠습니까? 臣의 季父 質(질)은 연속 승진하여 上卿의 지위에 올랐습니다. 臣은 폐하의 두터운 은총을 입어 여러 번 폐하를 뵈었습니다. 저를 모함한 자는 익명의 투서로 신의 父子를 모함하고 가문을 파괴하려 하지만 결코 어떤 잘못을 고발하고 바로잡아 나라를 보필하려는 자는 아닙니다.

臣의 나이 46세에 이 한 몸은 충신이라는 이름을 얻어 죽는다면 영광이 있을 것이나 폐하께서는 결코 바른 충언을 들으실 수 없을 것입니다. 臣은 어리석고 용렬하지만 직무상 무고를 받았고, 앞서 폐하의 질문에 대한 답변을 숙부 質(질)은 알지도 못하며, 이미 늙은 白首인데 갑자기 체포를 당하고 臣을 따라 꺾이고 몰락하여 나란히 구덩이에 빠져야 하는 것이 참으로 원통할 뿐입니다. 臣이 일단 옥에 들어가면 혹독한 형벌을 받고 臣이 상주한 글을 즉시 매몰될 것이니 억울한 사정을 어찌 다시 말씀드릴 수 있겠습니까? 죽을 때가 곧 닥치기에 무지하여 말씀드립니다. 이 몸이 비록 죄로 받아 죽더라도 숙부에게는 연좌되지 않기를 애걸하오며 이 몸이 죽는 날이 곧 다시 사는 날일 것입니다. 폐하께서는 식사를 챙겨 드시오며 백성을 생각하시어 자애하시길 빕니다.」

이후 채옹과 蔡質은 낙양의 옥에 갇혔고 개인의 원한으로 공무를 처리하며 대신을 모함한 대 불경죄로 탄핵되어 棄市(기시)刑에 처한 다고 판결 받았다. 이런 일이 보고되자 中常侍 呂强(여강)은 채옹이 무죄임을 안타까워하면서 채옹을 위해 재심을 청구하였으며, 영제 역시 채옹의 상주를 생각하여 조서로 사형에서 1등급을 감하여 가솔과 함께 머리를 깎고 朔方郡(삭방군)으로 강제 이주시키면서 일반 사면령으로도 형벌을 면제하지 못하게 하였다. 陽球(양구)는 자객들을 시켜 가는 도중에 채옹을 찔러 죽이게 하였지만, 자객은 채옹의 의기에 감화되어 아무도 양구를 위해 찌르는 자가 없었다. 양구는 다시 삭방군의 사자에게 뇌물을 주어 독살케 하였지만 뇌물을 받은 자가 채옹에게 조심하라고 일러 주었기에 채옹은 화를 면할 수 있었다. 채옹은 五原郡 安陽縣에 거주했다.

■原文

邕前在東觀, 與盧植,韓說等撰補《後漢記》, 會遭事流離, 不及得成, 因上書自陳, 奏其所著十意, 分別首目, 連置章左. 帝嘉其才高, 會明年大赦, 及宥邕還本郡. 邕自徙及歸, 凡九月焉. 將就還路, 五原太守王智餞之. 酒酣, 智起舞屬邕, 邕不爲報. 智者, 中常侍王甫弟也, 素貴驕, 慙於賓客, 訴邕曰, "徒敢輕我!" 邕拂衣而去. 智銜之, 密告邕怨於囚放, 謗訕朝廷. 內寵惡之. 邕慮卒不免, 乃亡命江海, 遠跡吳會. 往來依太山羊氏, 積十二年, 在吳.

| 註釋 | ○其所著十意 - 十意는 十志. 채옹은 〈律歷意第一〉, 〈禮意第二〉, 〈樂意第三〉, 〈郊祀意第四〉, 〈天文意第五〉, 〈車服意第六〉 등을 저술했었다. ○智起舞屬邕 - 屬은 이을 촉. 권하다.

　채옹은 전에 東觀에 근무하면서 盧植(노식)과 韓說(한열) 등과 함께 《後漢記》를 편집했었는데 무고 사건을 당하여 헤어져 완성할 수가 없게 되자 채옹은 상서하여 자신의 뜻을 표명하며 그간 저술한 〈十意〉(十志)를 별도로 편성하여 저술 후면에 배치해 달라고 하였다. 영제는 채옹의 우수한 재능을 높이 평가하면서 그 다음 해에 대사면을 내려 채옹이 본군으로 돌아갈 수 있게 허용하였다. 채옹이 방축 당한 지 총 9개월이었다.

　채옹이 돌아갈 준비를 할 때 五原 太守인 王智(왕지)가 채옹을 전별하였다. 술이 거나하자 왕지는 일어나 춤을 추면서 채옹을 재촉하였으나 채옹은 응답하지 않았다. 왕지란 자는 中常侍인 王甫(왕보)의 동생인데 평소에 난체하고 교만하여 빈객을 무시했었는데 채옹을 헐뜯으며 "죄수가 감히 나를 무시하는가!" 라고 말했다.

　채옹은 분연히 일어나 떠나왔다. 왕지는 앙심을 품었고 비밀리에 채옹이 사면을 받을 때까지도 앙심을 품고 조정을 비방했다고 밀고하였다. 그간 총애를 받는 환관은 모두 채옹을 혐오하였다. 채옹은 결국 죽음을 면할 수 없다고 생각하여 長江 하류로 도망하여 吳땅 會稽郡(회계군) 지역으로 멀리 숨었다. 채옹은 太山 사람 羊氏에 의지하면서 吳에서 12년을 살았다.

原文

　吳人有燒桐以爨者, 邕聞火烈之聲, 知其良木, 因請而裁爲琴, 果有美音, 而其尾猶焦, 故時人名曰 '焦尾琴' 焉. 初,邕在陳留也, 其鄰人有以酒食召邕者, 比往而酒以酣焉. 客有彈琴於屏, 邕至門試潛聽之, 曰, "憘! 以樂召我而有殺心, 何也?" 遂反. 將命者告主人曰, "蔡君向來, 至門而去." 邕素爲邦鄉所宗, 主人遽自追而問其故, 邕具以告, 莫不憮然.

彈琴者曰, "我向鼓弦, 見螳蜋方向鳴蟬, 蟬將去而未飛, 螳蜋爲之一前一卻. 吾心聳然, 惟恐螳蜋之失之也, 此豈爲殺心而形於聲者乎?" 邕莞然而笑曰, "此足以當之矣."

| 註釋 | ○有燒桐以爨者 - 燒는 사를 소. 불태우다. 爨은 불 땔 찬. 밥을 짓다. ○焦尾琴(초미금) - 焦는 그을릴 초. 불에 탄 자국. (참고) 司馬相如의 명금은 '綠綺(녹기)'라고 불렸다. ○憘 - 기뻐할 희. 탄식하는 소리(歎聲也). ○莫不憮然 - 憮는 어루만질 무. 이상히 여기다(怪也). 멍한 모양. ○莞然而笑 - 莞然은 웃는 모양. 莞은 왕골 완. 골풀. 웃다. 왕골은 화문석 같이 돗자리를 만드는 식물. 논에서 키운다.

[國譯]

吳땅에 어떤 사람이 오동나무를 태워 밥을 지을 때, 채옹은 불타는 소리를 듣고 그 오동이 좋은 목재라는 것을 알고 주인에게 얻어 琴(금)을 만들었는데 정말 소리가 좋았다. 그러나 그 끝부분이 불에 탔기에 사람들이 '焦尾琴(초미금)'이라고 불렀다.

그전에 채옹이 陳留縣에 살 때 그 이웃 사람이 술과 음식을 준비하고 채옹을 초청하였고, 여러 사람들이 모여 한창 주흥이 올랐었다. 어떤 객인 한 사람이 병풍 뒤에서 탄금을 하였는데, 채옹이 대문 앞에서 잠시 멈춰 탄금 소리를 듣다가 말했다.

"어허! 絃樂으로 나를 부르고서 殺心이 있으니 왜 그럴까?"

그리고는 되돌아갔다. 그러면서 사람을 보내 주인에게 전했다. "蔡君이 왔다가 문 앞에서 되돌아갔습니다."

채옹은 본래 鄕人의 존경을 받는 사람이라 주인이 서둘러 쫓아와 까닭을 물었고 채옹이 사실대로 말해주자 괴이하게 여기지 않는 사람이 없었다. 그러자 彈琴한 사람이 말했다.

"내가 탄금하려는데 螳蜋(당랑, 사마귀)이 매미를 잡으려고 했는데 매미는 날아가려 하였고 사마귀는 한 발을 앞으로 나갔다가 뒤로 물렸다 했습니다. 나는 마음속으로 놀라면서 혹시 사마귀가 매미를 놓칠까 걱정을 하였지만, 그렇다고 살해할 마음이 탄금소리에 어찌 나타났겠습니까?"

그러자 채옹이 빙그레 웃으며 말했다. "당신 말이 그럴 듯합니다."

原文

中平六年, 靈帝崩, 董卓爲司空, 聞邕名高, 辟之. 稱疾不就. 卓大怒, 詈曰, "我力能族人, 蔡邕遂偃蹇者, 不旋踵矣." 又切勅州郡舉邕詣府, 邕不得已, 到, 署祭酒, 甚見敬重. 舉高第, 補侍御史, 又轉持書御史, 遷尙書. 三日之間, 周歷三臺. 遷巴郡太守, 復留爲侍中.

初平元年, 拜左中郎將, 從獻帝遷都長安, 封高陽鄕侯. 董卓賓客部曲議欲尊卓比太公, 稱尙父. 卓謀之於邕, 邕曰, "太公輔周, 受命翦商, 故特爲其號. 今明公威德, 誠爲巍巍,

然比之尙父, 愚意以爲未可. 宜須關東平定, 車駕還反舊京,
然後議之." 卓從其言.

(初平)二年六月, 地震, 卓以問邕. 邕對曰, "地動者, 陰盛
侵陽, 臣下蹐制之所致也. 前春郊天, 公奉引車駕, 乘金華
靑蓋, 爪畫兩轓, 遠近以爲非宜." 卓於是改乘皂蓋車.

| 註釋 | ㅇ詈曰 − 詈는 꾸짖을 리. 욕을 하다. ㅇ逶倨蹇者 − 倨蹇은 교
만한 모양. 거드럭거리다. 倨은 쓰러질 언. 蹇은 다리를 절 건. ㅇ祭酒 −
博士祭酒, 박사의 대표자. 三公府의 제주는 軍謀祭酒. 참모직. 명예직. 타
인에 대한 존칭. ㅇ持書御史 − 持書侍御史, 司空府의 속관인 侍御史의 우
두머리. 어사(질록 6백석)는 정원 45명. 그중 15명은 어전에서 근무하는
데, 이를 시어사라고 하였다.

[國譯]

中平 6년(서기 189), 靈帝가 붕어하였고, 董卓(동탁)은 司空이 되
었는데 채옹의 높은 명성을 듣고 불렀다. 채옹은 병을 핑계로 응하
지 않았다. 그러자 동탁이 대노하며 욕을 하였다.

"내 권력은 사람을 멸족시킬 수도 있는데 채옹이 아직도 오만무
례하다면 오래 살지 못할 것이다." 그러면서 州郡을 심하게 재촉하
여 채옹을 부르게 하자 채옹은 부득이 낙양에 가서 祭酒에 임명되었
는데, 동탁은 채옹을 매우 존경하며 받들었다. 고과성적이 우수하다
하여 侍御史가 되었다가 다시 持書御史에 임명되었고 尙書로 승진
하였다. 3일 동안에 三臺를 두루 거쳤다. 巴郡太守로 승진했다가 다
시 조정에 들어와 侍中이 되었다.

初平 元年(서기 190)에 左中郎將를 제수 받았고 獻帝의 長安 遷都를 수행하여 高陽鄕侯에 봉해졌다. 동탁의 賓客과 부하들이 동탁을 높여 周의 太公의 업적과 비등하니 尙父(상보)라고 호칭을 사용하려고 하였다. 동탁이 이를 채옹과 상의하였는데, 채옹이 말했다.

"太公이 周를 보좌하며 商(殷)을 정벌하고 천명을 받았기에 특별히 그런 칭호를 받았습니다. 지금 明公의 威德이 진실로 크다 하지만 나의 우견으로는 尙父에 비교하기가 아직은 좀 부족합니다. 응당 관동 지역이 모두 평정되고 황제가 다시 낙양으로 돌아간 다음에 의논하는 것이 좋을 것 같습니다."

동탁은 채옹의 의견을 따랐다.

(初平) 2년 6월, 지진이 나자, 동탁은 이를 채옹에게 물었다. 이에 채옹이 대답했다.

"땅이 움직이는 것은 음기가 성하여 양기를 침범한 것이니 신하가 법제를 넘었기 때문입니다. 지난봄에 天帝께 교제를 지낼 때 公은 어가를 안내하면서 금빛 꽃 장식에 푸른 덮개를 한 수레를 타고 양 옆에 爪形(조형) 무늬가 그려진 깃발을 세웠었는데 원근 사람 모두가 옳지 않다고 말했습니다."

그러자 동탁은 수레 덮개를 검은색으로 바꿨다.

原文

卓重邕才學, 厚相遇待, 每集燕, 輒令邕鼓琴贊事, 邕亦每存匡益. 然卓多自佷用, 邕恨其言少從, 謂從弟谷曰, "董公性剛而遂非, 終難濟也. 吾欲東奔兗州, 若道遠難達, 且遯逃山東以待之, 何如?" 谷曰, "君狀異恒人, 每行觀者盈集.
以此自匿, 不亦難乎?" 邕乃止.

| 註釋 | ○多自忯用 – 제멋대로 날뛰는 일이 많다. 忯은 어길 한. 사리
나 법도를 따르지 않다. 忯은 佷(어길 흔)과 通.

[國譯]

董卓(동탁)은 채옹의 才學을 중시하여 후하게 우대하였으며 연회
를 할 때마다 채옹에게 탄금하게 하고 채옹을 도왔으며, 채옹도 동
탁을 늘 바로잡아주며 도왔다. 그러나 동탁은 자주 제멋대로 행동했
고, 채옹은 자신의 말을 따르지 않는 것을 서운하게 생각하여 從弟
인 蔡谷에게 말했다.

"董公의 성질이 억세고 삐뚤어졌으니 끝내 바로잡아주기도 어렵
다. 나는 동쪽 兗州(연주) 일대로 도망치거나 아니면 길이 멀어 가기
어렵다면 일단 山東 지역에 은거하며 때를 기다리는 것이 어떻겠는
가?"

그러자 채곡이 말했다. "형님은 보통 사람과 모습이 다르기 때문
에 가는 곳마다 사람이 모여듭니다. 이러하니 숨기가 어렵지 않겠습
니까?"

채옹은 결국 포기하였다.

原文

及卓被誅, 邕在司徒王允坐, 殊不意言之而歎, 有動於色.

允勃然叱之曰, "董卓國之大賊, 幾傾漢室. 君爲王臣, 所宜同忿, 而懷其私遇, 以忘大節! 今天誅有罪, 而反相傷痛, 豈不共爲逆哉?" 卽收付廷尉治罪. 邕陳辭謝, 乞黥首刖足, 繼成漢史. 士大夫多矜救之, 不能得.

太尉馬日磾馳往謂允曰, "伯喈曠世逸才, 多識漢事, 當續成後史, 爲一代大典. 且忠孝素著, 而所坐無名, 誅之無乃失人望乎?"

允曰, "昔武帝不殺司馬遷, 使作謗書, 流於後世. 方今國祚中衰, 神器不固, 不可令佞臣執筆在幼主左右. 旣無益聖德, 復使吾黨蒙其訕議."

日磾退而告人曰, "王公其不長世乎? 善人, 國之紀也, 制作, 國之典也. 滅紀廢典, 其能久乎!"

邕遂死獄中. 允悔, 欲止而不及. 時年六十一. 搢紳諸儒莫不流涕. 北海鄭玄聞而歎曰, "漢世之事, 誰與正之!" 兗州, 陳留間皆畫像而頌焉.

其撰集漢事, 未見錄以繼後史. 適作〈靈紀〉及十意, 又補諸列傳四十二篇, 因李傕之亂, 湮沒多不存. 所著詩, 賦, 碑, 誄, 銘, 贊, 連珠, 箴, 吊, 論議, 〈獨斷〉, 〈勸學〉, 〈釋誨〉, 〈敍樂〉, 〈女訓〉, 〈篆勢〉, 祝文, 章表, 書記, 凡百四篇, 傳於世.

| 註釋 | ○董卓被誅 ─ 서기 192년. 司徒 王允의 反間計에 의거 董卓의 大將인 呂布가 동탁을 죽였다. 《三國演義》의 貂蟬(초선)은 가공인물이다.

○ 王允 - 66권, 〈陳王列傳〉에 立傳. ○ 乞黥首刖足 - 乞은 애걸하다. 黥首
는 얼굴에 墨으로 刺字(자자)하다. 刖足(월족)은 발을 자르다. 刖은 발꿈치
를 자를 월. ○ 使作謗書, 流於後世 - 史官의 記事는 善惡을 모두 다 기록
하였다. 사마천의 《史記》 중 漢家의 不善한 사건도 모두 기록하였고 후세
에는 이를 비방이라 생각하였다. 班固(반고)도 "司馬遷의 著書는 一家之言
을 이뤘다. 그가 궁형을 받았기에 微文刺譏(미문자기)로 當世를 貶毀(폄훼)
하였으니 誼士(의사)는 아니다."라고 하였다. ○ 神器不固 - 神器는 帝位.
○ 其能久乎 - 王允은 동탁이 죽은 서기 192년에 동탁의 부장 李傕(이각)에
게 피살, 棄市(기시)되었다. 享年 56세. ○ 連珠 - 文體의 하나. '歷歷如貫
珠' 의 뜻. 假借와 비유의 수법으로 韻을 사용하여 騈偶로 사물을 諷諭한
글. 前漢 揚雄의 〈連珠〉가 최초의 작품. 후한에서 유행.

[國譯]

　董卓이 피살될 때, 채옹은 司徒 王允(왕윤)과 함께 앉아 있었는데,
자신도 모르게 동탁의 죽음을 탄식하며 안색이 변하였다. 그러자 왕
윤은 화를 내며 채옹을 질책하였다.

　"동탁은 큰 逆賊으로 漢室을 거의 전복시킬 뻔했소. 당신은 황제
의 신하로 응당 함께 분노해야 하거늘 그간에 사적인 은덕을 받았다
하여 大節을 잊을 수 있겠는가! 오늘 죄인이 죽었다 하여 도리어 이
를 가슴 아파하니 어찌 동탁과 함께 반역을 했다고 아니 하겠는가?"

　정위는 즉시 채옹을 체포하여 治罪했다. 채옹은 사죄하면서 얼굴
에 刺字(자자)하고 발을 자르더라도 漢史를 완성하겠다고 애걸하였
다. 많은 士大夫들이 채옹을 구원하려 했지만 뜻대로 되지 않았다.
太尉인 馬日磾(마일제)도 달려와 왕윤에게 말했다.

　"伯喈(백개, 蔡邕)는 세상에 보기 어려운 뛰어난 인재로 漢에 관해

많은 것을 알고 있어 응당 후한의 역사를 완성하여 一代의 大典으로 삼아야 합니다. 또 평소에 忠孝가 뚜렷하고 다른 죄명에 걸린 것도 없으니 채옹을 죽인다면 백성의 신망을 잃지 않겠습니까?"

그러자 왕윤이 말했다.

"옛날 武帝가 司馬遷(사마천)을 죽이지 않아 (漢을) 비방하는 史書를 저술하여 후세에 유행케 했습니다. 지금 國祚(국조)가 중간에 쇠약하고 神器(제위)도 불안한데 佞臣(영신)이 幼主의 측근에서 집필하게 할 수는 없습니다. 이미 聖德에 아무런 보탬이 되지 못하는데 우리가 그 사람의 비방을 받을 수는 없습니다."

마일제가 나와서 다른 사람에게 이를 전하며 말했다. "아마 王公(王允)이 오래 살 수 있겠는가? 善人은 나라의 기강이고 저술은 나라의 법과 같다. 기강을 없애고 법을 폐하는 데, 어찌 오래갈 수 있겠는가?"

채옹은 옥중에서 죽었다. 왕윤은 후회하면서 사형을 중지케 하였지만 늦었다. 채옹은 그때 61세였다. 搢紳(진신)이나 유생으로 눈물을 흘리지 않는 자가 없었다. 北海郡의 鄭玄(정현)은 소식을 듣고 탄식하였다. "漢世의 사적을 누가 바로 집필할 수 있겠나!"

兗州(연주)와 陳留郡 일대에서는 모두 초상화를 그려두고 칭송하였다.

채옹이 漢의 事跡(사적)을 편찬하였지만 다른 사람이 이후에 계승하여 완성하지는 못하였다. 채옹은 〈靈帝紀〉와 〈十意〉를 저술하였고, 또 여러 열전 42편을 보완하였지만 李傕(이각)의 난을 겪으면서 인멸되어 거의 남아있지 않았다. 채옹이 지은 詩, 賦, 碑, 誄文(뇌문), 銘, 贊, 連珠(연주), 箴(잠), 吊, 論議와 〈獨斷〉, 〈勸學〉, 〈釋誨〉, 〈敍樂〉,

〈女訓〉, 〈篆勢〉 등의 저술, 그리고 祝文이나 章表, 書記 등 총 104편이
후세에 전한다.

原文

　論曰, 意氣之感, 士所不能忘也. 流極之運, 有生所共深
悲也. 當<u>伯喈</u>抱鉗扭, 徙幽裔, 仰日月而不見照燭, 臨風塵
而不得經過, 其意豈及語平日幸全人哉! 及解刑衣, 竄<u>歐越</u>,
潛舟江壑, 不知其遠, 捷步深林, 尙苦不密, 但願北首舊丘,
歸骸先壟, 又可得乎? <u>董卓</u>一旦入朝, 辟書先下, 分明枉結,
信宿三遷. 匡導旣申, 狂僭屢革, 資〈同人〉之先號, 得北叟
之後福. 屬其慶者, 夫豈無懷? 君子斷刑, 尙或爲之不擧, 況
國憲倉卒, 慮不先圖, 矜情變容, 而罰同邪黨? 執政乃追怨
<u>子長</u>謗書流後, 放此爲戮 未或聞之典刑.

| 註釋 |　○流極之運 − 流極은 방축되다. 유배.　○當伯喈抱鉗扭 − 伯喈
(백개)는 蔡邕의 字. 鉗扭(겸유)는 칼을 씌워 가두다. 鉗은 칼 겸. 扭는 묶을
뉴(유).　○竄歐越 − 竄은 숨을 찬. 歐越은 吳越. 歐는 토할 구, 노래할 구. 본
음 우.　○信宿三遷 − 3日 동안에 3공부의 관직을 다 거치다.　○資〈同人〉之
先號, 得北叟之後福 − 〈同人〉은 괘 이름. 天(☰)火(☲)同人. 先號는 먼저 부
르짖고 울다가 나중에 웃다(先號咷而後笑). 〈同人〉卦 九五의 爻辭.　○得北
叟之後福 − 北叟는 塞上의 노인. 叟는 늙은이 수.《淮南子》에 실린 '塞翁之
馬' 의 이야기.　○屬其慶者, 夫豈無懷 − 慶은 恩遇. 懷는 思也. 은혜를 입었
다면 어찌 그 은혜를 생각하지 않을 수 있겠는가? 채옹이 동탁의 은덕을 받

았기에 동탁을 생각하지 않을 수 있겠는가?

[國譯]

　范曄(범엽)의 史論 : 士人이라면 意氣의 感發이 없을 수 없다. 방축 당할 운명이라면 살아있는 누구에게도 아주 슬픈 일이다. 伯喈(백개, 蔡邕)가 형구를 차고 아주 먼 벽지에 이주되었을 때 日月을 바라보아도 자신을 비추지 않았을 것이고, 바람과 흙먼지를 맞으면서도 피할 수가 없었으니, 그의 심사와 四肢가 어찌 평소에 총애를 받는 사람처럼 편안할 수 있겠는가! 죄수의 신분에서 벗어나 吳越의 땅에 숨었고, 長江 일대에 배를 타고 숨어 다닐 때는 길이 얼마나 먼 가를 알지 못했으며, 深林을 빨리 걸어 다니면서도 산이 그리 험한 줄을 몰랐을 것이나, 다만 마음으로 북쪽 고향을 그리며 先山의 땅에 묻힐 수 있기를 희망했지만 그렇게 되리라고 어찌 생각이나 했겠는가? 董卓이 어느 날 갑자기 조정을 휘어잡고 채옹을 불러들였고, 동탁은 분명히 자신을 낮춰가면서 채옹을 며칠 사이에 3번이나 승진시켰다. (채옹이) 동탁을 바로잡아 이끌어 주었고, 동탁의 참월한 행위를 여러 번 고쳐주었으니, 결국 〈同人卦〉의 먼저는 울었다가 나중에는 北叟(북수, 塞翁)의 복을 받았다. 그런 慶事(은혜)를 받았으니 어찌 생각하지 않을 수 있겠는가? 君子가 형벌을 받았다면 혹 어떤 자는 잔치를 거행하지 않거늘, 하물며 나라의 법도가 비상사태에 직면했을 때 미리 예상하고 도모하지 않았다 하여 또 불쌍한 생각으로 얼굴색이 변했다 하여 (동탁과) 같은 사악한 무리라고 생각하여 처형할 수 있겠는가? 執政者인 王允은 子長(司馬遷)의 誹謗書(《史記》)가 후세에 유행했다 하여 이를 이유로 삼아 (蔡邕을) 살육하였으니, 이후로 (채옹의 처형이) 바른 형 집행이란 평가는 들어보지 못했다.

原文

贊曰, 季長戚氏, 才通情侈. 苑囿典文, 流悅音伎. 邕實慕靜, 心精辭綺. 斥言金商, 南徂北徙. 籍梁懷董, 名澆身毀.

| 註釋 | ○季長 - 馬融의 字. ○才通情侈 - 情侈(정치)는 붉은 휘장을 치고 女樂을 거느렸던 풍류. ○苑囿典文 - 황제의 사냥을 권유한 〈廣成頌〉 같은 名文. ○籍梁懷董 - 馬融이 梁冀(양기)에 의해 등용되고, 蔡邕이 董卓의 은덕을 입었던 일. ○名澆身毀 - 澆는 물댈 요. 엷게 하다. 경박하다. 毀는 헐 훼.

[國譯]

贊曰,
馬融은 외척으로 뛰어난 재주에 풍류를 즐겼다.
고금 典籍을 널리 읽고 악곡과 연주도 좋아했다.
蔡邕은 淸淨에 專一하며 섬세하고 文辭도 뛰어났다.
金商門의 對策으로 남북으로 유배되고 숨어 살았다.
梁冀와 董卓의 은덕에 명성이 깎이고 처형당했다.

61 左周黃列傳
〔좌,주,황열전〕

❶ 左雄

原文

左雄字伯豪, 南陽涅陽人也. 安帝時, 舉孝廉, 稍遷冀州
刺史. 州部多豪族, 好請托, 雄常閉門不與交通. 奏案貪猾
二千石, 無所回忌. 永建初, 公車徵拜議郎. 時順帝新立, 大
臣懈怠, 朝多闕政, 雄數言事, 其辭深切. 尙書僕射虞詡以
雄有忠公節, 上疏薦之曰,

「臣見方今公卿以下, 類多拱默, 以樹恩爲賢, 盡節爲愚,
至相戒曰, '白璧不可爲, 容容多後福.' 伏見議郎左雄, 數
上封事, 至引陛下身遭難戹, 以爲警戒, 實有王臣蹇蹇之節,
周公謨成王之風. 宜擢在喉舌之官, 必有匡弼之益.」

由是拜雄尙書, 再遷尙書令. 上疏陳事曰,

| 註釋 | ○涅陽縣(열양현) - 今 河南省 서남부 鄧州市. 南陽市 남부, 湖北省과 접경. ○白璧不可爲, 容容多後福 - 白璧은 흰 璧玉. 容容은 衆人과 和同하다. ○蹇蹇之節 - 蹇蹇(건건)은 충성을 다하는 모양, 애쓰는 모양. 蹇은 고생할 건, 다리를 절 건. ○謨 - 謀也. ○喉舌之官 - 황제의 뜻을 기록하는 관직. 喉는 목구멍 후. 舌은 혀 설. 喉舌은 주요 정무.

[國譯]

左雄(좌웅)의 字는 伯豪(백호)로 南陽郡 涅陽縣(열양현) 사람이다. 安帝 때 孝廉으로 천거되었고 점차 승진하여 冀州刺史가 되었다. 기주 지역에는 豪族들의 청탁이 많았는데 좌웅은 폐문하고 호족과는 왕래하지 않았다. 좌웅은 탐욕 부정한 태수를 고발하면서 회피하거나 꺼리지 않았다. (順帝) 永建 초에, 公車令이 좌웅을 중앙으로 불러 議郎이 되었다. 그때 順帝가 처음 즉위한 뒤였는데, 대신들은 직무에 게을렀고, 조정의 정사가 잘못된 경우가 많아서 좌웅은 자주 건의하였고 그 언사가 매우 절실하였다. 尙書僕射인 虞詡(우후)는 좌웅이 충직 공평한 지조가 있다 하여 좌웅을 천거하였다.

「臣이 지금의 여러 公卿 이하를 보면 拱手한 채 침묵하며 은덕을 베풀어야 현명하고 충절을 다하면 어리석다고 생각하는 사람이 많아 서로 훈계하기를 '白璧처럼 깨끗할 수야 없고, 잘 어울려야 뒷날 복을 받든다.' 는 말을 하고 있습니다. 臣이 볼 때 議郎 左雄은 여러 번 封事를 올리고 폐하 신변의 난관을 걱정하며 경계하며, 王臣으로 충성을 다하는 지조가 있고, 周公이 成王을 위해 여러 제도를 마련하는 풍모가 있으니, 응당 긴요한 자리에 발탁하신다면 틀림없이 바르게 보필하며 도움이 될 것입니다.」

이에 좌옹에게 尙書를 제수하였고 다시 승진하여 尙書令이 되었다. 좌옹이 정무에 관하여 상소하였다.

原文

「臣聞柔遠和邇, 莫大寧人, 寧人之務, 莫重用賢, 用賢之道, 必存考黜. 是以皐陶對禹, 貴在知人. '安人則惠, 黎民懷之.' 分伯建侯, 代位親民, 民用和穆, 禮讓以興. 故《詩》云, '有渰淒淒, 興雨祁祁. 雨我公田, 遂及我私.' 及幽,厲昏亂, 不自爲政, 襃艷用權, 七子黨進, 賢愚錯緖, 深谷爲陵. 故其詩云, '四國無政, 不用其良.' 又曰, '哀今之人, 胡爲虺蜴? 言人畏吏如虺蜴也. 宗周旣滅, 六國並秦, 坑儒泯典, 刬革五等, 更立郡縣, 縣設令長, 郡置守尉, 什伍相司, 封豕其民.

大漢受命, 雖未復古, 然克愼庶官, 蠲苛救敝, 悅以濟難, 撫而循之. 至於文,景, 天下康乂. 誠由玄靖寬柔, 克愼官人故也. 降及宣帝, 興於仄陋, 綜核名實, 知時所病, 刺史守相, 輒親引見, 考察言行, 信賞必罰. 帝乃歎曰, "民所以安而無怨者, 政平吏良也. 與我共此者, 其唯良二千石乎!" 以爲吏數變易, 則下不安業, 久於其事, 則民服敎化. 其有政理者,輒以璽書勉勵, 增秩賜金, 或爵至關內侯, 公卿缺則以次用之. 是以吏稱其職, 人安其業. 漢世良吏, 於茲爲盛, 故能降來儀之瑞, 建中興之功.」

| 註釋 | ○安人則惠, 黎民懷之 −《尙書 皐陶謨》의 구절. 惠는 愛民也. 黎民은 백성(衆也). ○有渰淒淒 興雨祁祁 − 渰은 비구름이 일어날 엄. 陰雲. 淒淒(처처)는 구름이 피는 모양. 祁祁는 성한 모양. 祁는 성할 기, 많을 기. ○褒艶用權 − 褒艶은 褒姒(포사). 艶은 요염하다. 姒가 姓이고, 褒는 국명. 周 幽王(西周의 끝 왕, 재위 前 782 − 771, 이후 춘추시대의 시작)의 두 번째 왕후. ○四國 − 四方之國. ○虺蜴 − 작은 뱀과 도마뱀. 虺는 살무사 훼. 작은 뱀. 蜴은 도마뱀 척. ○劃革五等 − 劃은 깎을 잔. 폐지하다. 五等은 諸侯. ○什伍相司, 封豕其民 − 商鞅(상앙)의 변법으로 백성을 서로 감시하게 하였고 위반할 경우에 서로 연좌하여 처벌하였다. 封豕는 큰 돼지. 가축. 封은 클 봉. ○天下康乂 − 康乂는 잘 다스려져서 평안하다. 乂는 다스릴 예. 베다. ○降來儀之瑞 − 宣帝의 연호 五鳳(前 57 − 54년)은 鳳皇이 五至했다는 뜻이다.

[國譯]

「臣이 알기로, 遠方을 회유하고 近方과 화목하기로는 사람을 편하게 하는 것보다 더 큰 일이 없으며, 사람은 편안케 하려면 현인 등용이 막중하며, 현인을 등용하려면 상벌을 제대로 시행해야 합니다. 이 때문에 皐陶(고요)는 禹(우)에게 知人이 중요하다고 하였습니다. '민생 안정이 愛民이고 백성은 은덕에 감사한다.' 고 하였습니다. 제후를 분봉하는 것은 제후가 백성을 다스리게 하는 것이니 백성을 화목하게 하고 禮讓의 기풍을 일으켜야 합니다. 그래서《詩 小雅》에서는 '비구름이 몰려오니 많은 비가 오겠네. 公田에 물이 넘치면 나의 私田에도 물이 차겠네.' 라고 하였습니다. 幽王(유왕)과 厲王(여왕)은 재위 중 혼란하고 정사를 돌보지 않아 褒姒(포사)가 권력을 쥐고 그 일족 七子의 무리를 등용하여 賢愚가 뒤섞이며 골짜기와 산등성이가 바뀌었습니다. 그래서 詩에서는 '사방에 바른 정사가 없어 현량한 사람을 등용하지 못하네.' 라고 하였으며, '불쌍한 백성이 도마뱀이 되었는가?' 라고 하여 백성은 관리를 보면 무서워 도망쳤습니다. 周 왕실이 무너진 뒤에 六國은 秦에 병합되었고 (秦은) 유생을 죽이고 법규도 폐지하였으며, 五等 작위도 없애고 郡縣制를 시행하면서 현을 설치하여 현령을 두고 군에는 군수와 군위를 임명하고 백성들은 什長(십장) 伍長을 두어 서로 감시하였으며 백성을 가축처럼 취급하였습니다.

大漢이 受命한 뒤에 완전 復古는 아니지만 그래도 관리 선임에 신중을 기하면서 가혹한 수탈을 없애고 여러 폐단을 바로잡아 위난을 구제하며 백성을 어루만져 따르게 하였습니다. 그리하여 文帝와 景帝 시기에 천하는 평온하고 풍족하였습니다. 이는 백성과 휴식하며 관용과 화평의 정치로 현량한 관리를 선임했기 때문입니다. 宣帝에 이르러 비록 고난을 겪고서 제위에 올랐지만 세상물정을 잘 알고 시대적 병폐를 인식하고 있었으며 자사나 태수나 國相을 불러 만나고 그 언행을 고찰하고 信賞必罰하였습니다. 宣帝는 "백성이 평안하며 원망이 없으려면 정사가 평온하고 관리가 선량해야 한다. 나와 함께 이를 실현할 사람은 선량한 二千石(太守)뿐이다!" 라고 말씀하셨습니다. 선제께서는 관리를 자주 바꾸면 백성은 생업에 안정할 수 없으며 직분을 오래 수행해야만 백성이 따르고 교화된다고 생각하였습니다. 좋은 치적을 낸 관리에게는 국서를 내려 격려하고 질록을 높여주고 상금을 하사하였으며 관내 후의 작위를 주었으며 관리의 경원은 순차에 의거 등용하였습니다. 이 때문에 관원은 자기 소임을 다 하였고 백성은 안심하고 생업에 종사하였습니다. 漢代 良吏는 이 시기에 더욱 많아졌으며 여러 祥瑞가 많이 나타났으며 漢의 중흥을 이룩하였습니다.」

■ 原文

「漢初至今, 三百餘載, 俗浸雕敝, 巧僞滋萌, 下飾其詐, 上肆其殘. 典城百里, 轉動無常, 各懷一切, 莫慮長久. 謂殺害不辜爲威風, 聚斂整辨爲賢能, 以理己安民爲劣弱, 以奉法循理爲不化. 髡鉗之戮, 生於睚眥, 覆屍之禍, 成於喜怒. 視民如寇讎, 稅之如豺虎. 監司項背相望, 與同疾疢, 見非不擧, 聞惡不察, 觀政於亭傳, 責成於朞月, 言善不稱德, 論功不據實, 虛誕者獲譽, 拘檢者離毀. 或因罪而引高, 或色斯以求名. 州宰不覆, 競共辟召, 踴躍升騰, 超等踰匹. 或考奏捕案, 而亡不受罪, 會赦行賂, 復見洗滌. 朱紫同色, 淸濁不分. 故使姦猾枉濫, 輕忽去就, 拜除如流, 缺動百數. 鄕官部吏, 職斯祿薄, 車馬衣服, 一出於民, 廉者取足, 貪者充家, 特選橫調, 紛紛不絶, 送迎煩費, 損政傷民. 和氣未洽, 灾眚不消, 咎皆在此. 今之墨綬, 猶古之諸侯, 拜爵玉庭, 輿服有庸, 而齊於匹豎, 叛命避負, 非所以崇憲明理, 惠育元元也.

臣愚以爲守相長吏, 惠和有顯效者, 可就增秩, 勿使移徙, 非父母喪不得去官. 其不從法禁, 不式王命, 錮之終身, 雖會赦令, 不得齒列. 若被劾奏, 亡不就法者, 徙家邊郡, 以懲其後. 鄉部親民之吏, 皆用儒生淸白任從政者, 寬其負筭, 增其秩祿, 吏職滿歲, 宰府州郡乃得辟擧.

如此, 威福之路塞, 虛僞之端絶, 逢迎之役損, 賦斂之源息. 循理之吏, 得成其化, 率土之民, 各寧其所. 追配文,宣中興之軌, 流光垂祚, 永世不刊.」

| 註釋 | ○稅之如豺虎 – 豺는 승냥이 시. ○項背相望 – 전후로 서로 바라보다. 項은 목. 冠의 뒤쪽. ○與同疾疢 – 재앙과 같다. 疾은 병 질. 疢은 열병 진. ○朞月 – 일 년, 또는 한 달. 朞는 돌 기. 期와 通. ○拘檢者離毀 – 離는 당하다(遭也). ○或色斯以求名 – 죄를 짓고 피신 은거하면서 고상한 명성을 누리다. 色은 얼굴빛을 꾸미다. 위선적인 행동. ○職斯祿薄 – 斯는 낮다(賤也). ○特選橫調 – 調는 뽑히다. 관직에 부름을 받다(徵也). ○墨綬 – 縣令, 또는 縣長. 고대 5爵(公侯伯子南) 중 子男의 國. ○輿服有庸 – 輿服은 수레와 복색. 有庸의 庸은 보통. 상민(常民). ○不得齒列 – 치열은 나란히 서다. 같은 줄에 서다. 혜택이나 대우가 같다. ○寬其負筭 – 負는 제외하다. 면제하다. 筭은 算, 口錢也. 일종의 인두세. ○追配文,宣中興之軌 – 文帝는 앞서 呂后와 呂氏 일족의 난관을 극복하였기에 中興이라 하였다.

[國譯]

「漢의 건국 이후 지금까지 3백여 년에 세속은 점점 나빠졌으며 간교와 위선이 크게 늘어 하급 관리는 거짓을 꾸며대고 높은 자리에서는 잔혹하게 위세를 부리고 있습니다. 1백 리 조그만 군현을 다스리는 자는 轉勤이 무상하면서 각자 편한 것을 따르고 장기적 안목을 가진 자가 없었습니다. 무고한 백성을 죽이는 것이 권위이고, 각종 부세를 모조리 거둬야 유능이며, 자신을 다스리고 백성을 편안케 하는 것은 劣等(열등)한 짓이며, 법과 순리를 따르는 것은 교화가 아니라고 생각하고 있습니다. 형벌이나 살인은 소소한 싸움 때문이며 처형의 禍亂은 喜怒의 감정 때문입니다. 백성을 원수처럼 대하고 마치 승냥이나 호랑이처럼 세금을 착취합니다. 監司는 길에서 서로 볼 정도로 많지만 마치 재앙과 같은 존재라서 비리를 보고도 적발하지 않으며 악행을 알고도 감찰하지 않습니다. 십 리마다 있는 亭이나 傳舍에 앉아 민정을 살폈다 하고 한 달도 안 되어 임무를 다 마쳤다고 하며 선행을 표창하나 덕행을 표창하지 않고 論功하지만 실적이 본래 없으며, 큰소리치는 자가 영광을 차지하고 분수를 지키는 자는 비방을 당합니다. 혹자는 죄를 짓고도 승진하고 또는 도망하여 은거하는 척하여 고상한 명성을 얻기도 합니다. 州 자사들은 이를 밝혀내지 못하고 경쟁하듯 벼슬로 부르면 날뛰듯 차고 오르며 순차를 뛰어넘어 승진합니다. 또는 고발당해 조사 중에 도망하여 형벌을 회피한 뒤에 사면령이 내리면 뇌물을 써서 洗滌(세척)한 듯 깨끗한 양민이 됩니다. 붉은색이나 자주색은 同色이고 淸濁을 구분하지 못합니다. 그리하여 교활하거나 불법을 자행하며, 간다면 가고 오라면 오면서 이런 저런 관직을 받기에 결원이나 부임이 수십, 수백이 됩니다. 지방관아의 관리들은 직위는 낮고 질록이 적다고는 하지만 車馬와 衣服은 보통 백성보다 훨씬 좋아 청렴한 자라도 넉넉하고 탐욕스런 자는 부유합니다. 특별히 선임되거나 갑자기 부름을 받는 일이 이어지면서 보내고 맞이하는 비용으로 정사는 잘못되고 백성은 상처를 받습니다. 和氣는 부족하고 재앙은 사라지지 않으니 그 허물은 이런 이유 때문입니다. 지금 墨綬(묵수)를 찬 현령은 옛날의 제후와 동급이니 왕정에서 작위를 받지만 수레와 복장은 평상적이고 보통 사람과 같은 처지였습니다. 조정의 명을 따르지 않고 책임을 회피한다면 국법을 지키지 않고 백성을 양육하는 도리가 아닙니다.

臣의 어리석은 생각이지만 태수나 國相 같은 長吏로 백성에 베푼 공적이 뚜렷한 자는 질록을 높여주고 다른 직책으로 전근 보내지 않으며 父母喪이 아니라면 관직에서 물러나지 않게 해야 합니다. 그중에서 법금을 지키지 않고 國命을 받들지 않는 자는 종신토록 금고형에 처하여 일반 사면을 행하더라도 혜택에서 제외해야 합니다. 만약 탄핵을 당하거나 도망해서 형벌을 받지 않는다면 그 일족을 변방으로 이주시켜 뒷사람을 징치해야 합니다. 鄉里에서 직접 백성을 상대하는 관리는 모두 유생 중 청렴결백한 자 가운데 업무 능력이 있는 자를 선임하되 부역이나 인두세(口錢)를 면제해주고, 그 질록을 늘려주되 吏職에서 만기를 채우면, 宰府나 州郡의 부름을 응할 수 있게 해야 합니다.

이렇게 되면 사적인 등용의 길이 막히고 허위의 단서가 없어지며 관리의 전송과 영접의 비용이나 착취의 근원을 막을 수 있을 것입니다. 나라의 법도에 따르는 관리는 그 교화를 이룰 수 있고 백성은 각자 있어야 할 곳에서 편안하게 살 수 있을 것입니다. 그리하여 폐하께서 文帝와 宣帝가 이룩한 중흥의 자취를 따를 수 있다면 그 영광과 복이 영원토록 깎여 없어지지 않을 것입니다.」

帝感其言, 申下有司, 考其眞僞, 詳所施行. 雄之所言, 皆明達政體, 而宦豎擅權, 終不能用. 自是選代交互, 令長月易, 迎新送舊, 勞擾無已, 或官寺空曠, 無人案事, 每選部劇, 乃至逃亡.

永建三年, 京師,漢陽地皆震裂, 水泉湧出. 四年, 司,冀復有大水. 雄推較灾異, 以爲下人有逆上之徵, 又上疏言,「宜密爲備, 以俟不虞.」尋而靑,冀,楊州盜賊連發, 數年之間, 海內擾亂. 其後天下大赦, 賊雖頗解, 而官猶無備, 流叛之餘, 數月復起.

雄與僕射郭虔共上疏, 以爲「寇賊連年, 死亡太半, 一人犯法, 舉宗群亡. 宜及其尙微, 開令改悔. 若告黨與者, 聽除其罪, 能誅斬者, 明加其賞.」書奏, 並不省.

| 註釋 | ○每選部劇 – 劇은 업무량이 매우 많다.

[國譯]

順帝는 左雄(좌웅)의 상소에 느낀 바 있어 담당자에게 지시하여 내용의 진위를 검토하여 시행을 고찰하게 하였다. 좌웅의 말은 당시 시폐에 통달한 것이지만 환관들이 정권을 휘두르고 있어 끝내 채용되지 않았다. 이후로도 관리의 교체와 임명과 면직이 수시로 이루어졌고 현령이나 縣長은 한 달 만에도 교체되어 맞이하고 전송하는 고생이 그치지 않았고 때로는 관청이 비어 일을 처리할 사람이 없었으며,

업무량이 많은 부서에서는 부임을 포기하고 도망가는 자도 있었다.

(順帝) 永建 3년(서기 128), 京師와 漢陽郡에서 지진으로 땅이 갈라지고 물이 솟아올랐다. 司隷(사예)자사부와 冀州자사부에서 또 홍수가 났다. 좌웅은 災異의 원인을 추론하여 아랫사람이 윗사람을 거스르는 기미가 있다 하여 「엄히 대비하면서 예측 못한 사태에 대처하여야 한다.」고 상소하였다.

곧이어 靑州, 冀州, 楊州 일대에 연이어 도적떼가 일어나니 수년 동안 천하가 소란하였다. 그 뒤로 천하여 대 사면령을 시행하여 도적떼가 제법 감소하였지만, 나라에서는 여전히 대책이 없어 반적의 잔당들이 몇 달 내에 다시 봉기하였다.

좌웅과 僕射(복야)인 郭虔(곽건)이 함께 「도적떼가 해마다 일어나면 그 태반이 죽는데도 一人이 犯法하면 그 일족이 함께 멸망합니다. 응당 그 기미가 미미할 때 회개하도록 힘써야 합니다. 만약 그런 일당을 고발하는 자가 있다면 그 죄를 사면해주고 그런 자를 죽였으면 후한 상을 내려야 합니다.」라고 상소하였다.

상소가 보고되었지만 둘 다 응답을 받지 못했다.

原文

又上言, "宜崇經術, 繕修太學." 帝從之. 陽嘉元年, 太學新成, 詔試明經者補弟子, 增甲乙之科, 員各十人. 除京師及郡國耆儒年六十以上爲郞, 舍人, 諸王國郞者百三十八人.

雄又上言, 「郡國孝廉, 古之貢士, 出則宰民, 宣協風教.

若其面牆, 則無所施用. 孔子曰 '四十不惑', 《禮》稱 '强仕.' 請自今孝廉年不滿四十, 不得察舉, 皆先詣公府, 諸生試家法, 文吏課箋奏, 副之端門, 練其虛實, 以觀異能, 以美風俗. 有不承科令者, 正其罪法. 若有茂才異行, 自可不拘年齒.」

　帝從之, 於是班下郡國. 明年, 有廣陵孝廉徐淑, 年未及舉, 臺郎疑而詰之. 對曰, "詔書曰 '有如顏回, 子奇, 不拘年齒', 是故本郡以臣充選." 郎不能屈. 雄詰之曰, "昔顏回聞一知十, 孝廉聞一知幾邪?" 淑無以對, 乃譴却郡. 於是濟陰太守胡廣等十餘人皆坐謬舉免黜, 唯汝南陳蕃, 潁川李膺, 下邳陳球等三十餘人得拜郎中. 自是牧守畏栗, 莫敢輕舉. 迄於永熹察選清平, 多得其人.

　雄又奏徵海內名儒爲博士, 使公卿子弟爲諸生. 有志操者, 加其俸祿. 及汝南謝廉, 河南趙建, 年始十二, 各能通經, 雄並奏拜童子郎. 於是負書來學, 雲集京師.

| 註釋 |　○若其面牆 - 面牆(면장)은 견문이 좁음. 앞날을 내다보지 못함.　○四十不惑 - 「子曰, "吾十有五而志于學, 三十而立, 四十而不惑, ~." 《論語 爲政》.　○强仕 - 《禮記 曲禮 上》「四十曰 强而仕」.　○諸生試家法 - 儒生의 자신의 전공, 예를 들면 《詩》, 《書》의 학파에 관한 師傅의 학통을 지켜야 하기에 이를 家法이라 하였다.　○副之端門 - 端門(단문)은 황궁 정남문. 지금 紫禁城에도 단문이 있다. 여기서는 실무자의 뜻으로 쓰였다.　○若顏淵, 子奇 - 顏淵은 孔子의 수제자. 가난으로 머리가 하얗게 변해 29

세에 죽었다. 공자도 수제자 안회의 죽음에 통곡했다. 子奇는 春秋 齊의 유능한 지방관(東阿令), 무기를 녹여 농기구를 만들어 백성에게 분배했고, 창고를 열어 백성을 구휼했다. 子奇가 18세 때의 일이다.

[國譯]

좌웅은 또 "유학을 숭상하고 太學을 重修해야 한다."고 건의하자 順帝가 받아들였다. 陽嘉 원년(서기 132), 太學을 새로 지으면서 조서로 경학에 밝은 자를 시험하여 博士弟子에 보임하였고 甲科와 乙科로 구분하여 제자 정원을 각 10명으로 정했다. 경사와 각 군국의 60세 이상의 늙은 유생 138명에게 낭관과 숨人, 각 제후왕의 낭관을 제수하였다.

좌웅이 또 건의하였다.

「각 郡國에서 천거하는 孝廉은 옛날의 貢士(공사)이며 이들이 조정 밖에서는 백성을 다스리고 교화를 행해야 합니다. 만약 견문이 좁다면 아무 짝에도 쓸모가 없습니다. 孔子는 '四十에 不惑'이라 하였고, 《禮記》에서는 (40세를) '强仕'라고 하였습니다. 지금부터라도 나이 40세가 안 되어 효렴으로 천거되는 자는 관리에 직접 임용될 수 없고 먼저 公府에 가서 儒學의 學統을 시험한 뒤에, 조정의 文吏가 실무능력 평가 결과를 상주하고, 업무 부서에서 虛實을 검토해서 특별한 재능을 관찰하고 학풍을 진작시켜야 합니다. 만약 이런 과정을 따르지 않는다면 바로 의법 조치하여야 합니다. 만약 茂才나 異行이라면 나이에 제한을 받지 않을 수 있습니다.」

順帝가 의견을 받아들여 이를 각 군국에 반포하였다. 다음 해에 廣陵郡의 孝廉 徐淑(서숙)이란 사람이 40세가 안 되어 천거를 받았는데 상서대의 낭관이 이상히 여겨 힐문하였다. 그러자 서숙은 "詔書에 만약 顔回(안회)나 子奇(자기) 같은 능력이라면 나이에 구애되지 않는다고 하였기에 본군에서 저를 천거하였습니다." 상서대의 낭관이 이길 수가 없었다. 이에 좌웅이 서숙에게 따져 물었다.

"옛날에 안회는 聞一知十하였는데 효렴은 하나를 들으면 몇 개를 알 수 있는가?"

그러자 서숙은 대구하지 못했고 견책하여 郡으로 돌려보냈다. 그리고 濟陰太守 胡廣(호광) 등 10여 명이 모두 천거를 잘못하였다하여 파면되었고, 汝南郡의 陳蕃(진번), 潁川郡의 李膺(이응), 下邳國의 陳球(진구) 등 30여 명이 郎中에 임명되었다. 이후로 자사나 태수들이 모두 두려워하며 함부로 천거하는 자가 없었다. 이후 (桓帝) 永熹(영희) 연간까지 인재 천거가 淸平하여 많은 인재를 얻을 수 있었다.

좌웅은 또 海內의 名儒를 초빙하여 博士로 삼고 公卿의 子弟를 諸生으로 삼아야 한다고 상주하였다. 또 志操가 있는 자는 봉록을 늘려 주게 하였다. 또 汝南郡의 謝廉(사렴), 河南의 趙建(조건)은 나이가 겨우 12살이지만 각각 경전에 통달했기에 좌웅은 이 둘을 상주하여 童子郎을 제수 받게 하였다. 이에 책을 짊어지고 求學하려는 자들이 경사로 모여들었다.

初, 帝廢爲濟陰王, 乳母宋娥與黃門孫程等共議立帝. 帝後以娥前有謀, 遂封爲山陽君, 邑五千戶. 又封大將軍梁商

子冀襄邑侯. 雄上封事曰,

「夫裂土封侯, 王制所重. 高皇帝約, 非劉氏不王, 非有功
不侯. 孝安皇帝封江京,王聖等, 遂致地震之異. 永建二年,
封陰謀之功, 又有日食之變. 數術之士, 咸歸咎於封爵. 今
青州饑虛, 盜賊未息, 民有乏絶, 上求稟貸. 陛下乾乾勞思,
以濟民爲務. 宜循古法, 寧靜無爲, 以求天意, 以消災異. 誠
不宜追錄小恩, 虧失大典.」

帝不聽. 雄復諫曰,

| 註釋 | ○帝廢爲濟陰王 – (安帝) 延光 3년(서기 124) 9월. 이어 다음
해 延光 4년 3월에 안제는 32세를 일기로 붕어한다. 이어 少帝 劉懿(유의)
가 즉위하였으나 그 해에 少帝도 죽어 소제의 연호는 없다. 宦官인 王康,
孫程 등 19명이 궁정정변을 일으켜 11세의 濟陰王 劉保를 옹립하니, 곧 순
제이다. 온화하고 유약한 순제의 즉위는 환관의 작품이며 이후 환관과 외
척은 정사에 깊이 관여한다. ○乾乾勞思 – 乾乾은 조심하고 공경하는 모
양. 부지런히 멈추지 않고 계속 나아가는 모양.

[國譯]

　　앞서, 順帝는 (太子에서) 폐위되어 濟陰王이 되었는데, 乳母인 宋
娥(송아)와 黃門(宦官)인 孫程(손정) 등이 함께 의논하여 順帝를 옹립
하였다. 순제는 즉위 뒤에 송아가 사전에 옹립을 도모했다 하여 송
아를 山陽君에 봉하고 식읍은 5천 호로 정했다. 또 大將軍 梁商(양
상)의 아들 梁冀(양기)를 襄邑侯(양읍후)에 봉하였다. 이에 좌웅이 封
事를 올렸다.

「땅을 나눠 제후로 봉하는 것은 중요한 국가 제도입니다. 高皇帝 께서는 劉氏가 아니면 왕이 될 수 없고 유공자가 아니면 제후에 봉 하지 않는다고 약정하였습니다. 孝安皇帝께서 江京(강경)과 (乳母) 王聖(왕성) 등을 封하여 지진 등 재이를 불러왔습니다. (順帝) 永建 2 년(서기 127)에, 음모를 제거한 유공자를 봉했을 때도 또 일식이 일 어났습니다. 재이를 추정하는 術士들은 이 모든 허물을 封爵(봉작) 때문이라고 생각하였습니다. 지금 靑州 일대가 기아에 허덕이고 도 적떼가 평정되지도 않아 백성은 궁핍하여 나라의 구휼만을 바라고 있습니다. 폐하께서는 부지런히 애써 걱정하며 백성 구제에 힘을 쓰 십니다. 응당 古法을 본받아 평안 속에 청정 무위하시며 天意를 따 라 재이를 제거하셔야 합니다. 지나간 옛일의 조그만 고생을 잊지 않는다 하여 국법을 훼손하실 수 없습니다.」

순제는 받아들이지 않았다. 그러자 좌웅은 다시 간쟁하였다.

原文

「臣聞人君莫不好忠正而惡讒諛, 然而歷世之患, 莫不以 忠正得罪, 讒諛蒙幸者, 蓋聽忠難, 從諛易也. 夫刑罪, 人情 之所甚惡, 貴寵, 人情之所甚欲. 是以時俗爲忠者少, 而習 諛者多. 故令人主數聞其美, 稀知其過, 迷而不悟, 至於危 亡.

臣伏見詔書顧念阿母舊德宿恩, 欲特加顯賞. 案尙書故 事, 無乳母爵邑之制, 唯先帝時阿母王聖爲野王君. 聖造生讒賊廢立之禍, 生爲天下所咀嚼, 死爲海內所歡快. 桀,紂貴爲天子, 而庸僕羞與爲比者, 以其無義也. 夷,齊賤爲匹夫, 而王侯爭與爲伍者, 以其有德也. 今阿母躬蹈約儉, 以身率下, 群僚蒸庶, 莫不向風, 而與王聖並同爵號, 懼違本操, 失其常願. 臣愚以爲凡人之心, 理不相遠, 其所不安, 古今一也. 百姓深懲王聖傾覆之禍, 民萌之命, 危於累卵, 常懼時世復有此類. 恍惕之念, 未離於心, 恐懼之言, 未絶乎口.

乞如前議, 歲以千萬給奉阿母, 內足以盡恩愛之歡, 外可不爲吏民所怪. 梁冀之封, 事非機急, 宜過灾戹之運, 然後平議可否.」

會復有地震, 緱氏山崩之異, 雄復上疏諫曰,

「先帝封野王君, 漢陽地震, 今封山陽君而京城復震, 專政在陰, 其灾尤大. 臣前後瞽言封爵至重, 王者可私人以財, 不可以官, 宜還阿母之封, 以塞灾異. 今冀已高讓, 山陽君亦宜崇其本節.」

雄言數切至, 娥亦畏懼辭讓, 而帝戀戀不能已, 卒封之. 後阿母遂以交遘失爵.

| 註釋 | ○恍惕之念 – 恍惕(출척)은 두려워하다. 마음이 편치 않다. 恍은 두려워할 출. 惕은 두려워할 척. 슬프다. ○緱氏(구씨) – 河南尹의 현명. 今 河南省 洛陽市 관할 偃師市(언사시)의 緱氏鎭(구씨진). 緱는 칼자루감을 구. 성씨. ○交遘失爵 – 外人과 私通하여 작위를 잃다. 遘는 만날 구. 남녀가 교접하다.

[國譯]

　「臣이 듣기로는, 忠正을 좋아하고 讒諛(참유)를 미워하지 않는 人君이 없지만 역대의 많은 환난 속에 忠正으로 득죄하지 않은 자가 없고 아첨으로 총애를 받지 않은 자가 없기에, 이를 본다면 충언을 받아들이기는 어렵고 아첨을 따르기는 쉬운 일입니다. 人情은 형벌을 아주 싫어하고 총애를 받는 것은 누구나 원하는 바입니다. 이 때문에 세속에 충성을 바치려는 자는 적고 아첨하려는 자는 많습니다. 이러하기에 帝王은 칭송의 말은 자주 듣고 잘못했다는 말은 듣지 못하기 때문에 혼미하여 깨닫지 못하고 결국 멸망에 이르게 됩니다.

　臣은 폐하께서 옛날 유모의 은덕을 생각하여 특별히 큰 상을 주는 조서를 보았습니다. 《尙書》의 옛 행적을 보아도 乳母에게 爵邑을 내리는 제도는 없으며 다만 先帝(安帝) 때 유모인 王聖(왕성)을 野王君에 봉했습니다. 그러나 王聖은 참언을 믿는 역적의 폐립 음모에 가담하였기에 살아서는 세상 사람들의 큰 미움을 받았고 죽게 되자 세상 사람들이 좋아하였습니다. 옛 (夏의) 桀王과 (殷의) 紂王은 고귀한 天子였지만 보통 백성도 나란히 비교되는 것을 싫어한 것은 그가 옳지 않았기 때문입니다. 伯夷와 叔齊는 보통 백성과 같이 지위도 없었지만 王侯들이 같은 반열에 서려고 한 것은 그들이 덕을 베풀었기 때문입니다. 지금 (폐하의 옛) 유모가(宋娥) 몸소 儉約한 생활을 하고 솔선수범한다면 모든 신하와 백성들이 누구나 닮고 싶어 할 것입니다만 옛 王聖처럼 작호를 내리는 것은 평생의 지조를 버리고 평소에 원하는 것을 잃지 않을까 걱정이 됩니다. 臣은 어리석어 凡人의 생각과 같지만 사리는 상통하고 불안은 고금이 같다고 생각합니다. 지금 백성들은 王聖이 당한 몰락을 경계하고 있으며 백성들의 운명은 마치 累卵의 위기 속에서 다시 그런 일이 벌어질 것을 걱정하고 있습니다. 두려운 마음이 떠나지 않고 걱정하는 말이 입에서 끊이지 않습니다.

臣이 앞서 올린 봉사를 다시 생각해 주시고 해마다 1천만 전을 유모에게 상으로 내린다면 유모도 내심으로 폐하의 은택에 만족할 것이며 밖으로는 관리나 백성의 걱정을 없애줄 것입니다. 또 梁冀(양기)를 제후에 봉하는 것도 시급한 일이 아닌 만큼 일단 재해가 지나간 다음에 그 가부를 논의하시기 바랍니다.」

그때 다시 지진이 일어나고 緱氏(구씨)현에서 산이 붕괴되자 좌웅은 다시 간언의 상소를 올렸다.

「先帝(安帝)께서 (유모 王聖을) 野王君에 봉하자 漢陽郡에서 지진이 일어났습니다. 지금 山陽君을 봉하자 경사에 다시 지진이 일어났으니, 이는 정사를 여인이 담당한 허물이고 그 재이는 더욱 큽니다. 臣은 어리석게도 前後로 封爵은 至重한 일이라서 王者는 사적으로 다른 사람에게 재물은 줄 수 있으나 관작을 내릴 수는 없다고 말하였지만 의당 유모에 대한 봉작을 회수하여 재이를 막아야 합니다. 이번에 梁冀가 봉작을 사양하였으니 山陽君 역시 사양하여 본인의 지조를 높여야 할 것입니다.」

좌웅의 여러 상소가 아주 간절하여 宋娥(송아)도 사양하였는데 순제는 미련을 버리질 못하고 결국 송아를 봉했다. 뒷날 유모는 私通하여 작위를 잃었다.

是時大司農劉據以職事被譴, 召詣尚書, 傳呼促步, 又加以捶撲. 雄上言, "九卿位亞三事, 班在大臣, 行有佩玉之節, 動有庠序之儀. 孝明皇帝始有撲罰, 皆非古典."

帝從而改之, 其後九卿無復捶撲者. 自雄掌納言, 多所匡肅, 每有章表奏議, 臺閣以爲故事. 遷司隷校尉.

初, 雄薦周擧爲尙書, 擧旣稱職, 議者咸稱焉. 及在司隷, 又擧故冀州刺史馮直以爲將帥, 而直嘗坐臧受罪, 擧以此劾奏雄. 雄悅曰, "吾嘗事馮直之父而又與直善, 今宣光以此奏吾, 乃是韓厥之擧也."

由是天下服焉. 明年坐法免. 後復爲尙書. 永和三年卒.

| 註釋 | ○又加以捶撲 – 捶撲(추박)은 종아리를 때리다. 捶는 종아리 칠 추. 撲은 때릴 박. ○九卿位亞三事 – 九卿(太常, 光祿勳, 衛尉, 太僕, 廷尉, 大鴻臚, 宗正, 大司農, 少府)에서 삼공의 지위로 승진할 수 있다. 三事는 三公. ○庠序 – 庠은 周代 鄕의 교육기관. 序는 자연 마을(聚)의 학교. 殷代의 민간 교육기관. ○納言 – 尙書. 황제 명령 출납을 담당.

[國譯]

이때 大司農 劉據(유거)가 업무상 견책을 당하여 尙書에게 불려가게 되었는데 부르러 온 관리가 빨리 가자고 재촉하며 종아리를 때리기도 했다. 이에 좌웅이 건의하였다.

"九卿의 지위는 삼공의 다음이고, 대신의 반열이며, 패옥을 차고 걸어야 하며 그 행실은 법도에 맞아야 합니다. 孝明皇帝께서 처음으로 종아리를 때리는 벌을 시행하셨지만 이는 고대의 법제가 아닙니다."

順帝가 받아들여 개정하였고 그 뒤로 九卿에게 다시는 매를 때리지 않았다. 좌웅이 納言(납언)의 직책을 담당한 뒤로 여러 제도를 고쳤다. 매번 논의를 상주할 때마다 臺閣에서는 이를 전례로 삼았다. 좌웅은 사예교위가 되었다.

그전에 좌웅은 周擧(주거)를 尙書로 천거하였는데 주거는 업무처리를 잘했고 많은 사람들이 적임자라고 칭송하였다. 좌웅이 사예교위로 재직하면서 전임 冀州刺史인 馮直(풍직)을 장수의 재목이라 천거하였는데, 풍직이 뇌물을 받아 처벌되자 주거가 이를 이유로 좌웅을 탄핵하였다. 그러자 좌웅이 기뻐하며 말했다.

"내가 일찍이 풍직의 부친을 섬기면서 풍직과 가까웠는데, 지금 宣光(周擧)이 나를 탄핵하니, 이는 옛날 韓厥(韓 獻子)의 탄핵과도 같다."

이에 천하 사람이 탄복하였다. 좌웅은 다음 해 법을 어겨 면직되었다. 뒤에 다시 尙書가 되었다. 좌웅은 (順帝) 永和 3년(서기 138)에 죽었다.

❷ 周擧

原文

周擧字宣光, 汝南汝陽人, 陳留太守防之子. 防在〈儒林

傳〉. 擧姿貌短陋, 而博學洽聞, 爲儒者所宗, 故京師爲之語曰, '《五經》從橫周宣光.'

延光四年, 辟司徒李郃府. 時宦者孫程等旣立順帝, 誅滅諸閻, 議郞陳禪以爲閻太后與帝無母子恩, 宜徙別館, 絶朝見. 群臣議者咸以爲宜. 擧謂郃曰,

"昔鄭武姜謀殺嚴公, 嚴公誓之黃泉. 秦始皇怨母失行, 久而隔絶, 後感潁考叔,茅焦之言, 循復子道. 書傳美之. 今諸閻新誅, 太后幽在離宮, 若悲愁生疾, 一日不虞, 主上將何以令於天下? 如從禪議, 後世歸咎明公. 宜密表朝廷, 令奉太后, 率屬群臣, 朝觀如舊, 以厭天心, 以答人望."

郃卽上疏陳之. 明年正月, 帝乃朝於東宮, 太后由此以安.

| 註釋 | ○周擧 – 八使의 한 사람. ○汝南郡 汝陽縣 – 今 河南省 동부 周口市 관할의 商水縣. ○潁考叔,茅焦之言 – 潁考叔(영고숙)은 춘추시대 鄭國의 관리. 鄭 莊公의 신임을 받아 潁谷을 봉지로 받았다. 茅焦(모초)는 秦 始皇에게 죽음으로 간언을 올렸다.

[國譯]

周擧(주거)의 字는 宣光(선광)으로 汝南郡 汝陽縣 사람이다. 陳留太守인 周防(주방)의 아들이다. 주방은 〈儒林傳〉에 기록했다. 주거는 키도 작고 추남이었으나 박학하고 견문이 많아 유생들이 스승처럼 따랐기에 경사에서는 '《五經》은 周宣光에게 다 들어있다.' 라는 말이 생겼다.

(安帝) 延光 4년에, 李郃(이합)의 司徒府에 부름을 받아 근무했다. 그때 宦者인 孫程(손정) 등이 順帝를 옹립하였고 閻氏(염씨) 일족을 제거하였는데, 議郞인 陳禪(진선)은 閻太后(安思閻皇后)와 순제는 母子의 은애가 없으니 응당 별관으로 옮겨 거처하게 하고 朝見을 끊어야 한다고 건의하였다. 群臣으로 논의한 자들이 모두 옳다고 생각하였다. 이에 周擧가 李郃에게 말했다.

"옛날 鄭 莊公의 모친 姜氏(강씨)가 嚴 莊公을 모살하려고 하였는데 장공은 황천에서라도 강씨를 보지 않겠다고 서약하였습니다. 秦始皇은 모친의 행실이 나빠 오랫동안 격절하고 지냈지만, 뒷날 潁考叔(영고숙)과 茅焦(모초)의 권고를 받아들여 아들의 도리를 갖추었습니다. 이를 史書에서도 기록 칭찬하였습니다. 지금 염씨들이 모두 주살되었고 태후는 이궁에 사실상 유폐되었는데, 만약 화병으로 병이 나서 갑자기 죽게 된다면 主上은 어찌 천하 백성에게 무슨 말을 할 수 있겠습니까? 만약 陳禪(진선)의 논의에 따른다면 후세에 그 허물이 明公에게도 있을 것입니다. 응당 황제에게 몰래 표문을 올려 태후를 받들고 여러 신하를 거느리고 예전처럼 알현하여 천심과 백성의 기대에 부응하여야 합니다."

이합은 이를 즉시 상소하였다. 다음 해 정월 順帝는 東宮에 가서 태후를 알현하였고 태후는 이후로 안정되었다.

原文

　　後長樂少府朱倀代郃爲司徒, 擧猶爲吏. 時孫程等坐懷表上殿爭功, 帝怒, 悉徙封遠縣, 勅洛陽令促期發遣. 擧說朱倀曰, "朝廷在西鐘下時, 非孫程等豈立? 雖韓,彭,吳,賈之功, 何以加諸! 今忘其大德, 錄其小過, 如道路夭折, 帝有殺功臣之譏. 及今未去, 宜急表之."

倀曰, "今詔怒, 二尙書已奏其事, 吾獨表此, 必致罪譴." 擧曰, "明公年過八十, 位爲台輔, 不於今時竭忠報國, 惜身安寵, 欲以何求? 祿位雖全, 必陷佞邪之譏, 諫而獲罪, 猶有忠貞之名. 若擧言不足采, 請從此辭." 倀乃表諫, 帝果從之.

| 註釋 | ○朝廷在西鐘下時 – 朝廷은 태자에서 폐위된 濟陰王(順帝). 西鐘은 孫程 등이 서편 鐘閣 아래에 모여 궐기하며 제음왕(順帝)을 옹립하였다. ○韓,彭,吳,賈之功 – 韓信(한신), 彭越(팽월)은 고조의 신하. 吳漢(오한), 賈復(가복)은 光武帝의 공신.

[國譯]

그 뒤에 長樂 少府인 朱倀(주창)이 李郃의 후임으로 司徒가 되었고 주거는 여전히 小吏였다. 그때 孫程(손정) 등이 표문을 올리면서 어전에서 공을 다투었는데, 순제가 노하면서 모두를 먼 곳의 현에 封하면서 洛陽令을 시켜 빨리 출발시키라고 지시하였다. 이에 주거가 주창에게 말했다.

"폐하께서 폐위되었을 때 孫程(손정) 등이 아니면 어떻게 즉위했겠습니까? 비록 韓信(한신), 彭越(팽월), 吳漢(오한), 賈復(가복) 등의 공이 있다 하더라도 이보다 더 하지는 못할 것입니다. 지금 큰 은덕을 잊어버리고 작은 잘못을 가지고 멀고 험한 곳으로 보낸다면 폐하는 공신을 죽였다는 비난을 받을 것입니다. 아직 출발하지는 않았으니 응당 급히 표문을 올려야 합니다."

그러자 주창이 말했다. "지금 폐하께서 진노하셨고 이미 두 명의 상서가 그 일을 상주하였는데, 내가 또 표문을 올린다면 틀림없이 견책을 받을 것이다." 이에 주거가 말했다.

"明公은 이미 80이 넘으셨고 台輔가 되셨는데, 지금 竭忠報國하지 않고 몸을 아껴 무엇을 더 얻으려 하십니까? 국록과 지위야 온전하겠지만 아첨한다는 비난을 들을 것이나 간언을 올려 벌을 받는다면 그래도 忠貞의 명분을 얻을 것입니다. 만약 나의 말을 받아들이기 어렵다면 저는 여기서 사임하겠습니다."

주창은 바로 간언을 올렸고 순제는 주창의 말을 받아들였다.

原文

擧後擧茂才, 爲平丘令. 上書言當世得失, 辭甚切正. 尙書郭虔,應賀等見之歎息, 共上疏稱擧忠直, 欲帝置章御坐, 以爲規誡.

擧稍遷幷州刺史. 太原一郡, 舊俗以介子推焚骸, 有龍忌之禁. 至其亡月, 咸言神靈不樂擧火, 由是士民每冬中輒一月寒食, 莫敢煙爨, 老小不堪, 歲多死者. 擧旣到州, 乃作弔書以置子推之廟, 言盛冬去火, 殘損民命, 非賢者之意, 以宣示愚民, 使還溫食. 於是衆惑稍解, 風俗頗革.

註釋

○平丘 - 屬 陳留郡, 今 河南省 북부 新鄕市 관할 封丘縣 동쪽.

황하 북쪽. ○幷州刺史 - 치소는 太原郡 晋陽縣, 今 山西省 太原市 서남.
○介子推(개자추) - 춘추시대 晉國人, 介之推. 晉 文公(重耳)이 귀국하여 논
공행상하면서 개자추를 누락했다. 개자추는 淸白을 표방하며 太原 介山
(錦山)에 모친과 함께 숨었다. 문공이 개자추를 불렀으나 산에서 나오지
않고 산에 불을 놓게 했고 개자추는 불에 타 죽었다. ○有龍忌之禁 - 龍은
동방의 星 이름. 불을 무서워한다는 속설이 있다.

[國譯]

周擧(주거)는 뒷날 茂才(무재)로 천거 받아 (陳留郡) 平丘 縣令이
되었다. 當世의 得失을 상서하였는데 언사가 매우 절실하고 정확하
였다. 尙書 郭虔(곽건)과 應賀(응하) 등은 이를 보고 감탄하며 함께
충직한 신하라 천거하면서 황제가 주거의 상소를 늘 곁에 두고 規誡
(규계)로 삼아야 한다고 말했다.

주거는 점차 승진하여 幷州刺史가 되었다. 太原郡 일대에는, 舊
俗에 介子推(개자추)가 불에 타 죽었다 하여 寒食에 불을 피우지 못
하는 풍속이 전해왔다. 개자추가 죽은 달에는 신령이 불 피우는 것
을 싫어한다 하여 백성이 한 달 동안 찬 음식을 먹고 밥을 짓지 못하
여 견디지 못한 노약자가 죽는 경우가 많았다. 주거가 병주에 부임
하여 조상하는 글을 지어 개자추의 묘당에 안치한 뒤, 한겨울에 불
을 피우지 못하여 백성이 많이 죽는데, 이는 賢者의 뜻이 다르니 우
매한 백성에게 따뜻한 음식을 먹게 해달라고 말하였다. 이후 백성들
은 점차 미혹에서 풀려났고 풍속이 많이 바뀌었다.

轉冀州刺史. 陽嘉三年, 司隸校尉左雄薦舉, 徵拜尙書.
舉與僕射黃瓊同心輔政, 名重朝廷, 左右憚之. 是歲河南,三
輔大旱, 五穀災傷, 天子親自露坐德陽殿東廂請雨, 又下司
隸,河南禱祀河神, 名山,大澤. 詔書以舉才學優深, 特下策問
曰,

「朕以不德, 仰承三統, 夙興夜寐, 思協大中. 頃年以來,
旱災屢應, 稼穡焦枯, 民食睏乏. 五品不訓, 王澤未流, 群司
素餐, 據非其位. 審所貶黜, 變復之徵, 厥效何由? 分別具
對, 勿有所諱.」

| 註釋 | ○黃瓊(황경) – 본권에 입전.   ○仰承三統 – 天統, 地統, 人統.
○思協大中 – 大中(皇極)의 道를 실천하려 하다.   ○五品 – 五常之敎.   ○群
司素餐 – 素餐은 하는 일 없이 국록을 먹다.

[國譯]

周舉(주거)는 冀州刺史로 전직했다. (順帝) 陽嘉 3년(서기 134),
司隸校尉인 左雄(좌웅)이 주거를 천거하여 조정에 들어가 尙書가 되
었다. 주거는 僕射(복야)인 黃瓊(황경)과 同心으로 輔政하여 조정에
서 유명하였고 주위에서 어려워하였다. 이 해에 河南과 三輔지역이
크게 가물어 五穀이 말라죽자, 天子는 친히 德陽殿 東廂 앞에 나와
앉아 비를 내려달라고 빌면서 사예교위와 河南尹에게 河神과 名山,
大澤에 기도를 올리게 하였다. 또 조서를 내려 주거가 才學이 우수

하다 하여 특별히 策問하였다.

　「朕이 不德한데도 三統을 이어받았기에, 아침 일찍부터 밤늦게까지 大中(皇極)의 道를 실천하고자 한다. 지난해부터 旱害(한해)가 자주 닥쳐 농작물이 타 죽어 백성의 먹을 것이 매우 부족하다. 五常之敎가 실천되지 못하고 王澤이 아래에 미치지 못하며, 많은 신료가 하는 일 없이 국록을 받으며 소임을 다하지 못하고 있다. 모두 폐출할 것을 깊이 생각 중이나 천심을 바꾸게 하여 재앙을 없앨 방략은 무엇이겠는가? 조목조목 구체적으로 답하되 숨기지 말라.」

▌原文

　擧對曰,

　「臣聞《易》稱 '天尊地卑, 乾坤以定.' 二儀交構, 乃生萬物, 萬物之中, 以人爲貴. 故聖人養之以君, 成之以化, 順四節之宜, 適陰陽之和, 使男女婚娶不過其時. 包之以仁恩, 導之以德敎, 示之以灾異, 訓之以嘉祥. 此先聖承乾養物之始也. 夫陰陽閉隔, 則二氣否塞, 二氣否塞, 則人物不昌. 人物不昌, 則風雨不時, 風雨不時, 則水旱成灾. 陛下處唐虞之位, 未行堯舜之政, 近廢文帝,光武之法, 而循亡秦奢侈之欲, 內積怨女, 外有曠夫. 今皇嗣不興, 東宮未立, 傷和逆理, 斷絶人倫之所致也. 非但陛下行此而已, 豎宦之人, 亦復虛以形勢, 威侮良家, 取女閉之, 至有白首殁無配偶, 逆於天心.

　昔武王入殷, 出傾宮之女, 成湯遭灾, 以六事克己. 魯僖遇旱, 而自責祈雨, 皆以精誠轉禍爲福. 自枯旱以來, 彌歷年歲, 未聞陛下改過之效, 徒勞至尊暴露風塵, 誠無益也. 又下州郡祈神致請. 昔齊有大旱, 景公欲祀河伯, 晏子諫曰, "不可. 夫河伯以水爲城國, 魚鼈爲民庶. 水盡魚枯, 豈不欲雨? 自是不能致也." 陛下所行, 但務其華, 不尋其實, 猶緣木希魚, 却行求前. 誠宜推信革政, 崇道變惑, 出後宮不御之女, 理天下冤枉之獄, 除太官重膳之費. 夫五品不訓, 責在司徒, 有非其位, 宜急黜斥. 臣自藩外擢典納言, 學薄智淺, 不足以對.《易傳》曰, '陽感天, 不旋日.' 惟陛下留神裁察.」

| 註釋 | ○六事克己 - 湯王은 桀王을 벌한 뒤 七年 大旱을 당하자, 산천에 기도하며 6가지로 반성하였다. '政事에 절도가 없었는가? 백성을 함부로 부렸는가? 구차한 행동을 하였는가? 참소하는 자가 번창하였는가? 宮室이 화려하지 않은가? 여인의 말을 따랐는가? 어찌 이리 비가 내리지 않는가!' ○猶緣木希魚 - 緣木求魚(연목구어). 緣은 잡고 올라가다. 가장자리 연. 인연. ○却行求前 - 却行은 뒷걸음질하다. ○不旋日 - 旋日(선일)은 하루가 지나가다. 하루 걸리다.

[國譯]

주거가 應對하였다.

「臣이 알기로,《易經》에서도 '天尊하고 地卑하니 乾坤(건곤, 하늘과 땅)이 정해져 있다.'고 하였습니다. 二儀(陰陽, 日月)이 함께 작용하여 만물을 낳고, 만물 중에 사람이 가장 고귀합니다. 그래서 聖人을 君王으로 삼아 백성을 교화하고 사계절에 적용하며 음양의 조화를 따르게 하였으니, 남녀로 하여금 함께 혼인하여 적절한 시기를 넘기기 않게 하였습니다. 그리고 仁義로 백성을 지켜주고 은덕과 교화로 이끌면서 災異를 내려 경고하고 祥瑞를 내려 훈도하였습니다. 이는 先聖이 천도를 받아 만물을 양육하는 시초입니다. 그러나 음양이 격리되면, 곧 二氣가 막혀 버리면 인간은 昌盛할 수가 없습니다. 人物이 창성하지 못하면 風雨가 때를 맞추지 못하고 풍우가 때를 맞추지 못하면 水害와 旱害가 재앙이 되는 것입니다. 폐하께서는 唐虞(堯舜)의 위치에 계시지만 堯舜의 정사를 펴지 못하셨으니, 가깝게는 文帝와 光武帝의 법을 따르지 못하셨고, 亡秦의 사치의 욕구를 따르려 하시니, 안으로는 원한을 품은 여인이 쌓이고 밖으로는 홀아비가 생기는 것입니다. 지금 폐하의 후사가 많지 않고 東宮도 책봉되지 않았으니, 이는 人和를 상하게 하고 순리를 거역하며 인륜을 단절했기 때문입니다. 비단 폐하만이 그런 것이 아니라 환관들까지 마찬가지로 허영에 가득 차고 위세로 良家를 무시하면서 여자를 잡아다가 가둬두니, 늙도록 배우자가 없는 사람이 많아 天心을 거역하고 있습니다.

옛날에 (周) 武王은 殷을 정벌하면서 궁 안의 여인을 모두 다 내보냈으며, 商의 湯王은 재앙을 당하자 六事로 克己하였습니다. 魯의 僖公(희공)은 가뭄을 당하자 자책하며 비를 내려달라고 빌었습니다. 이 모두가 정성으로 빌었기에 轉禍爲福이 되었습니다. 그러나 가뭄이 든 이래로 몇 년이 지나도록 폐하께서 잘못을 고치려는 노력을 하셨다는 말을 듣지 못했으니 至尊인 폐하께서 노숙하며 風塵(풍진)을 무릅쓰고 기도하여도, 또 州郡에서 신에게 기도를 올리게 하여도 아무 효험이 없을 것입니다. 옛날 齊에 큰 가뭄이 들자 景公이 河伯

에게 기도를 올리려 하자 晏子(안자)가 간언을 올렸습니다. "안됩니다. 河伯은 물로 자신의 나라를 지키고 있으며 물고기나 거북은 그 백성입니다. 물이 다 마르면 물고기가 말라 죽게 되는데, 어찌 비를 우리에게 주려고 하겠습니까? 이 때문에 비가 내리지 않을 것입니다." 폐하께서 하시는 일은 그 겉만 꾸미는 것이고 내실이 없으니 이는 나무에 올라 물고기를 잡으려는 것이며 뒷걸음치며 앞사람을 따라가려는 것과 같습니다. 진심으로 성심을 보여 정사를 개혁하고 大德을 숭상하고 미신을 깨우치려 하신다면 먼저 후궁의 거느리지 않는 여인들을 내보내시고 천하의 억울한 형벌이 없는가를 살피시며 太官令(황제 식사 담당관)의 음식 비용을 줄여야 할 것입니다. 그리고 五敎가 실행되지 않는다면 그 책임은 司徒에 있으며, 그 직임을 제대로 수행하지 못한다면 응당 서둘러 폐출해야 합니다. 臣은 지방관에서 발탁되어 納言(尙書)이 되었고, 학문도 없고 지혜도 천박하여 응대에 많이 부족할 것입니다. 《易傳》에 '陽氣가 感天한다면, 하루도 경과하지 않을 수 있다.' 고 하였으니, 폐하께서는 정신을 집중하여 살펴주시길 바랍니다.」

原文

因召見擧及尙書令成翊世,僕射黃瓊, 問以得失. 擧等並對以爲宜愼官人, 去斥貪汚, 離遠佞邪, 循文帝之儉, 尊孝明之敎, 則時雨必應. 帝曰, "百官貪汚佞邪者爲誰乎?" 擧獨對曰, "臣從下州, 超備機密, 不足以別群臣. 然公卿大臣

數有直言者, 忠貞也, 阿諛苟容者, 佞邪也. 司徒視事六年,
未聞有忠言異謀, 愚心在此." 其後以事免司徒劉崎, 遷舉司
隸校尉.

| 註釋 | ○阿諛苟容者 – 阿는 아첨. 諛는 아첨할 유. 苟容(구용)은 구차
하게 남의 비위를 맞추다.

[國譯]

이에 順帝는 周擧(주거)와 尙書令 成翊世(성익세), 僕射(복야)인 黃
瓊(황경)을 함께 불러 정사의 得失을 물었다. 주거 등은 모두 관리 선
발에 신중을 기할 것과 탐관오리의 퇴출, 아첨하는 소인배를 멀리할
것, 그리고 文帝의 검약과 孝明帝의 교화를 준수하면 틀림없이 비가
내려 감응할 것이라고 말했다. 그러자 순제가 물었다. "百官 중에
탐관오리와 아부하며 사악한 자는 누구인가?" 이에 주거가 혼자 대
답하였다.

"臣은 지방 자사에서 국가 기밀을 담당하게 되었기에 많은 신하
의 우열을 판별할 수 없습니다. 그러나 公卿大臣 중 직언을 많이 올
리면 忠貞한 사람이고, 아첨하면서 비위나 맞추는 사람이 아첨하고
사악한 자입니다. 지금 司徒는 업무 담당 6년 동안에 忠言이나 특별
한 건의가 없으니 제가 볼 때 그런 사람입니다."

그 뒤에 다른 일로 司徒 劉崎(유기)는 면직되었고 주거는 司隸校
尉가 되었다.

永和元年, 灾異數見, 省內惡之, 詔召公,卿,中二千石,尙
書詣顯親殿, 問曰, "言事者多云, 昔周公攝天子事, 及薨,
成王欲以公禮葬之, 天爲動變. 及更葬以天子之禮, 卽有反
風之應. 北鄉侯親爲天子而葬以王禮, 故數有灾異, 宜加尊
諡, 列於昭穆."

群臣議者多謂宜如詔旨, 舉獨對曰, "昔周公有請命之應,
隆太平之功, 故皇天動威, 以章聖德. 北鄉侯本非正統, 姦
臣所立, 立不踰歲, 年號未改, 皇天不佑, 大命夭昏.《春秋》
王子猛不稱崩, 魯子野不書葬. 今北鄉侯無它功德, 以王禮
葬之, 於事已崇, 不宜稱諡. 灾眚之來, 弗由此也."

於是司徒黃尙,太常桓焉等七十人同舉議, 帝從之. 尙字
伯河, 南郡人也, 少歷顯位, 亦以政事稱.

| 註釋 | ○卽有反風之應 – 周公 죽자 成王이 公侯의 예로 장례하려 하
자, 벼락이 치며 큰 비가 내려 곡식이 쓰러지고 나무가 뽑혔다. 성왕이 金
縢(금등)의 책문에 감동하여 王禮로 장례하자, 반대 방향이 바람이 불어 쓰
러진 곡식을 다 일으켜 세웠다고 한다. ○大命夭昏 – 夭는 일찍 죽을 요
(短折), 昏은 어두울 혼, 어려서 죽을 혼. 태어난 지 3달이 지나야 이름을
짓는데, 3달 전에 죽어 이름을 짓지 못함. ○王子猛 – 周 景王의 子. 子野
는 魯 襄公의 아들.

[國譯]

(順帝) 永和 원년(서기 136), 灾異가 여러 차례 발생하여 조정이 모두 걱정하였는데 조서로 三公과 九卿, 그리고 中二千石의 고급 신하와 尙書 등을 顯親殿(현친전)에 소집하여 물었다.

"옛날 周公(주공)이 天子事를 섭정하다가 죽었는데, 成王이 公侯의 禮로 장례하려 하자 하늘에 이상이 나타났었다. 이에 天子의 禮로 장례하자 上天이 곧 반대쪽 바람이 불어 감응하였다. 北鄕侯(劉懿, 少帝)는 天子였는데 王禮로 장례하였기에 재이가 자주 발생하니 응당 시호를 올리고 종묘 昭穆의 자리에 모셔야 한다고 여러 사람이 말을 하였다."

群臣으로 논의에 참여한 자들은 대개 황상의 뜻에 따랐는데 주거가 혼자 말했다.

"옛날 周公은 成王의 윤허를 받고 천하를 다스려 周 왕실을 흥륭케 하고 태평을 이룩하였기에 황천이 감응하여 위엄을 보여서 周公의 성덕을 드러나게 한 것입니다. 그러나 北鄕侯는 본래 正統이 아니었고 간신에 의거 옹립되었으며, 한 해를 넘기지도 못해 연호를 바꾸지도 못했으며 皇天의 도움도 없어 수명이 짧아서 일찍 죽었습니다. 《春秋》에서도 (周) 王子猛(왕자맹)은 (즉위하지 못했기에) 崩(붕)이라고 하지 않았으며, 魯 子野는 (군왕이 되지 않았기에) 죽었어도 葬禮에 대해 기록하지 않았습니다. 지금 北鄕侯는 아무 공덕도 없으니 王禮로 장례하는 것만으로도 이미 존중한 것이며 시호를 올리는 것은 옳지 않습니다. 재해의 이유는 이 때문이 아닙니다."

그러자 司徒인 黃尙(황상), 太常인 桓焉(환언) 등 70명이 주거의 주장에 동의하였다.

黃尙(황상)의 자는 伯河(백하)인데, 南郡 사람으로 젊어 중요 관직을 역임하였고 政事에 칭송을 들었다.

原文

舉出爲蜀郡太守, 坐事免. 大將軍梁商表爲從事中郎, 甚敬重焉. 六年三月上巳日, 商大會賓客, 燕於洛水, 舉時稱疾不往. 商與親暱酣飮極歡, 及酒闌倡罷, 繼以〈薤露〉之歌, 坐中聞者, 皆爲掩涕. 太僕張種時亦在焉, 會還, 以事告舉. 舉歎曰, "此所謂哀樂失時, 非其所也. 殃將及乎!" 商至秋果薨. 商疾篤, 帝親臨幸, 問以遺言. 對曰, "人之將死, 其言也善. 臣從事中郎周舉, 淸高忠正, 可重任也." 由是拜舉諫議大夫.

| 註釋 | ○大將軍 梁商(양상) − 34권, 〈梁統列傳〉에 입전. 梁商(양상)의 딸 瑩(영)이 桓帝의 梁皇后. 梁太后 부친 梁商이 죽자 아들 梁冀(양기)가 대장군이 되었고, 質帝를 독살하고(서기 146년) 桓帝를 옹립했다. ○親暱酣飮極歡 − 親暱(친일)은 가까운 벗. 暱은 친할 닐(일). 酣은 술 즐길 감. ○〈薤露(해로)〉 − 輓歌. 그 노래는 "염교 위의 이슬은 어찌 이리 빨리 마르는가!(露上露何易落) 이슬은 말라도 내일 다시 내리는데(露晞明朝還復落), 사람 죽어 한번 가면 언제 돌아오는가?(人死一去何時歸)

[國譯]

周舉(주거)는 蜀郡太守가 되었는데 업무상 과오로 면직되었다. 大

將軍 梁商(양상)이 表文을 올려 주거를 從事中郞에 임명하였고 아주 공경하고 중시하였다. (順帝) 永和 6年(서기 141) 3월 上巳日(상사일)에 양상은 빈객을 많이 초청하여 洛水(낙수)에 잔치를 벌였는데, 주거는 병이 나서 참석하지 않았다. 양상과 가까운 벗들은 술에 취해 아주 즐거워했는데 술자리가 무르익어 가무도 끝이 나자, 양상이 이어서 輓歌(만가)인 〈薤露(해로)〉의 노래를 부르자 참석자들은 모두 눈물을 훔쳤다. 太僕인 張種(장종)은 그때 그 자리에 있었는데 돌아와 주거에게 이야기를 해 주었다. 그러자 주거가 탄식하며 말했다. "이는 슬픔과 기쁨이 제때를 잃은 것이니 울어야 할 때가 아니었습니다. 재앙이 곧 닥칠 것입니다!"

양상은 가을이 되자 죽었다. 양상의 병이 위독할 때 순제가 양상을 친히 문병하면서 유언을 물었다. 그러자 양상이 대답하였다.

"사람이 죽을 때가 되면 그 말이 착하다고 하였습니다. 臣의 從事中郞인 周擧(주거)는 사람이 淸正하며 충성을 다하니 중임을 맡길 만합니다."

이에 주거는 諫議大夫로 발탁되었다.

原文

時連有灾異, 帝思商言, 召擧於顯親殿, 問以變告. 擧對曰, "陛下初立, 遵修舊典, 興化致政, 遠近肅然. 頃年以來, 稍違於前, 朝多寵幸, 祿不序德. 觀天察人, 準今方古, 誠可危懼. 《書》曰, '僭恒暘若.' 夫僭差無度, 則言不從而下不正. 陽無以制, 則上擾下竭. 宜密嚴勅州郡, 察强宗大姦, 以時禽討."

其後江淮猾賊周生,徐鳳等處處並起, 如舉所陳.

| 註釋 | ○《書》曰 -《尙書 周書 洪範》의 구절. 僭恒暘若은 主君의 행실이 분수에 어긋나면 항상 해가 뜨겁다. 僭은 僭差(참차), 어긋나다. 분수에 맞지 않다. 暘은 밝을 양. 하늘이 맑다. 말리다.

【國譯】

그때 재이가 연이어 발생하자, 순제는 梁商(양상)의 말을 생각하여 周擧(주거)를 顯親殿으로 불러 變異(변이)와 재앙에 대하여 물었다. 이에 주거가 말했다.

"폐하께서 처음 즉위하시고는 옛 법제를 따르시고 백성을 교화하시며 정사를 이끌어주셨기에 원근이 모두 조용하였습니다. 근년에 점차 이전과 다르게 조정에 寵臣(총신)이 늘어나며 유덕자에게 봉록을 베풀지 않으셨습니다. 하늘과 백성의 뜻을 살펴 현실을 옛 교훈에 비교하면 참으로 걱정이 됩니다.《書經》에서도 '主君의 행실이 분수에 어긋나면 항상 해가 뜨겁다.'고 하였으니, 분수에 어긋나면 명을 따르지 않고 부정을 저지릅니다. 그래서 正氣가 발휘되지 못해 위에서는 소란하고 아래서는 탈진하게 됩니다. 응당 엄밀하게 州郡의 행정과 힘센 부류의 불법을 단속하여 가끔 포획하거나 토벌하여야 합니다."

그 뒤로 長江과 淮水(회수) 일대에 교활한 도적 무리 周生(주생)과 徐鳳(서봉) 등이 곳곳에서 봉기하니 주거가 예상한 그대로였다.

時詔遣八使巡行風俗, 皆選素有威名者. 乃拜<u>舉</u>爲侍中,
<u>舉</u>侍中<u>杜喬</u>,守光祿大夫<u>周栩</u>,前青州刺史<u>馮羨</u>,尙書<u>欒巴</u>,侍
御史<u>張綱</u>,兗州刺史<u>郭遵</u>,太尉長史<u>劉班</u>並守光祿大夫, 分行
天下. 其刺史,二千石有臧罪顯明者, 驛馬上之, 墨綬以下,
便輒收擧. 其有淸忠惠利, 爲百姓所安, 宜表異者, 皆以狀
上. 於是八使同時俱拜, 天下號曰'八俊.'<u>舉</u>於是劾奏貪猾,
表薦公淸, 朝廷稱之. 遷河內太守, 徵爲大鴻臚.

| 註釋 | ○大鴻臚(대홍려) − 大鴻臚(대홍려, 典客)는 漢 9卿의 하나. 질록
中二千石. 諸王의 入朝 時 접대와 諸侯의 封爵에 대한 업무, 歸義하는 蠻
夷(만이, 소수민족)와 관련한 업무도 담당.

[國譯]

그때 조서로 8명의 使者를 지방에 보내 행정을 감독하고 풍속을
살펴보게 하였는데 평소에 엄격한 威名이 있는 사람들이었다. 주거
를 侍中에 임명하여 사자로 발탁하였으며, 侍中인 杜喬(두교), 光祿
大夫 대행인 周栩(주허), 이전 靑州刺史였던 馮羨(풍선), 尙書인 欒巴
(난파), 侍御史인 張綱(장강), 兗州刺史(연주자사)인 郭遵(곽준), 太尉府
長史인 劉班(유반)은 光祿大夫를 대행케 하며 (8명을) 전국에 나눠
파견하였다. 그리하여 자사나 태수로 뇌물죄가 뚜렷한 경우에는 驛
馬를 보내 보고하였고, 墨綬(묵수) 이하는(縣令 級) 바로 인수를 회수
하고 고발할 수 있게 하였다. 또 청렴 충직하고 백성에게 혜택을 베
풀어 백성을 평안케 한 공적이 뚜렷한 자는 치적을 보고하였다. 이

에 8使를 동시에 임명하여 파견하자, 백성은 이들을 '八俊(팔준)'이라고 불렀다. 주거는 탐학하고 불법을 자행한 자를 탄핵하고 공평청렴한 자를 천거하여 표창하니 조정에서 칭송하였다. 주거는 河內太守로 승진했다가 조정에 들어와 大鴻臚(대홍려)가 되었다.

原文

及梁太后臨朝, 詔以殤帝幼崩, 廟次宜在順帝下. 太常馬訪奏宜如詔書, 諫議大夫呂勃以爲應依昭穆之序, 先殤帝, 後順帝. 詔下公卿. 擧議曰,

"《春秋》魯閔公無子, 庶兄僖公代立, 其子文公遂躋僖於閔上. 孔子譏之, 書曰, '有事於太廟, 躋僖公.'《傳》曰, '逆祀也.' 及定公正其序, 經曰 '從祀先公', 爲萬世法也. 今殤帝在先, 於秩爲父, 順帝在後, 於親爲子, 先後之義不可改, 昭穆之序不可亂. 呂勃議是也."

太后下詔從之. 遷光祿勳, 會遭母憂去職, 後拜光祿大夫.

| 註釋 | ○梁太后臨朝 – 順烈梁皇后. (順帝) 建康(건강) 원년(서기 144)에 황제가 붕어했다. 황후에 아들이 없어 美人 虞氏(우씨)의 아들 炳(병)을 옹립하니, 이가 沖帝(충제)이다. 황후를 높여 皇太后라 하였고 태후가 臨朝하였다. 沖帝가 곧 붕어하자, 다시 質帝(질제)를 옹립하고 여전히 정권을 장악하였다. 양태후 오빠인 대장군 梁冀(양기)는 質帝를 독살하였고 권력을 휘두르고 포악했으며, 충량한 인재를 기피하고 죽였으며, 자주 사악한 말로 태후를 오도하였으며, 桓帝(환제)를 옹립한 뒤에 태위 李固(이고)를 주

살하였다. ○遂躋僖於閔上 - 躋는 올릴 제.

[國譯]

(順帝 붕어 후에), 梁太后(順烈梁皇后)가 臨朝하면서 조서로 殤帝
(상제)가 어려 죽었으나(서기 106년) 종묘 차서에서는 응당 順帝 다
음이어야 한다고 말했다. 太常인 馬訪(마방)이 태후의 조서대로 시
행하겠다고 하자, 諫議大夫인 呂勃(여발)이 左昭右穆(좌소우목)의 규
정에 의거 殤帝를 앞에 順帝를 뒤에 모셔야 한다고 주장하였다. 조
서를 내려 이를 논의하게 하였다. 주거가 논의하며 말했다.

"《春秋》에 魯 閔公(민공)이 無子하여 庶兄인 僖公(희공)이 대를 이
어 즉위하였는데, 뒷날 희공의 아들 文公(문공)이 희공을 민공 위에
올렸습니다. 孔子가 이를 비판하면서 '太廟에 제사하면서 僖公의
神位를 앞에 놓았다.'라고 기록했습니다. 이를《左氏傳》에서는 '逆
祀(역사)'라고 하였는데, 다음 定公(정공) 때 가서야 그 순서를 바로
잡았습니다. 이를《春秋》에서는 '순차에 의거 先公을 제사하였다.'
고 하였으니, 이는 萬世의 正法입니다. 지금 殤帝가 앞에 있는 것은
순서상 父가 되는 것이고, 順帝가 뒤에 있는 것은 親族으로는 자식
입니다. 선후의 大義는 바꿀 수 없는 것이며 昭穆의 순서 또한 바꿀
수 없는 것이니 呂勃의 주장이 맞습니다."

梁太后는 조서를 내려 받아들였다. 주거는 光祿勳으로 승진하였
는데 마침 모친상을 당하여 사직하였다. 나중에 光祿大夫에 임명되
었다.

建和三年卒. 朝廷以擧淸公亮直, 方欲以爲宰相, 深痛惜
之. 乃詔告光祿勳,汝南太守曰,

「昔在前世, 求賢如渴, 封墓軾閭, 以光賢哲. 故公叔見誄,
翁歸蒙述, 所以昭忠厲俗, 作範後昆. 故光祿大夫周擧, 性
侔夷,魚, 忠踰隨,管, 前授牧守, 及還納言, 出入京輦, 有欽
哉之績, 在禁闈有密靜之風. 予錄乃勳, 用登九列. 方欲式
序百官, 亮協三事, 不永夙終, 用乖遠圖. 朝廷愍悼, 良爲愴
然.《詩》不云乎, '肇敏戎功, 用錫爾祉.' 其令將大夫以下
到喪發日復會吊. 加賜錢十萬, 以旌委蛇素絲之節焉.」

子勰.

| 註釋 | ○公叔見誄,翁歸蒙述－公叔은 衛의 公叔文子. 그가 죽자 衛에
서는 '貞惠文子'라 시호를 내렸다. 誄는 誄詞 뇌. 죽은 사람의 생전 공적
을 칭송하는 글. 祭文. 翁歸는 前漢의 尹翁歸. 元康 4년(前 62)에 죽었을
때 宣帝는 조서를 내려 표창하고 아들에게 황금 1백 근을 하사하였다.
○性侔夷,魚－侔는 가지런할 모. 夷, 魚는 伯夷와 史魚(사어). ○忠踰隨,管
－踰는 넘을 유. 이기다. 隨會(수회)는 春秋 晉國의 장수. 隨는 封地의 지
명. 士氏, 名會. ○出入京輦, 有欽哉之績－京輦(경련)은 京師와 同. 欽哉는
부러워하다. 欽은 공경할 흠. ○用乖遠圖－用은 써 용. 以와 같음. 乖는
어그러질 괴. 서로 맞지 않다. ○《詩》不云乎－《詩 大雅 江漢》. 肇敏戎功
의 肇는 지모(謀也). 비로소 조. 敏은 민첩하다. 戎은 오랑캐 융, 병기 융.
여기서는 너 융(汝也). 用錫爾祉의 錫은 주다(賜也). 祉는 福也. ○以旌委
蛇素絲之節焉－《詩經 召南 羔羊》의 '羔羊之皮, 素絲五紽' 구절. 旌은 기

정. 표창하다. 委蛇(위이)는 구불구불 가다. 委는 굽을 위. 구불구불 갈 위
(逶). 蛇는 뱀 사. 구불구불 갈 이.

[國譯]

周擧(주거)는 (桓帝) 建和 3년(서기 149)에 죽었다. 조정에서는 주
거가 淸正公平하며 기개가 있고 忠直하여 宰相으로 임용하려 했기
에 그 죽음을 몹시 애석하게 여겼다. 이에 조서로 光祿勳과 汝南太
守에게 명령하였다.

「역사상 前世의 군주는 求賢에 목말라 하였기에 死者의 무덤을
표시하고 賢士의 마을에도 공경의 뜻을 표하여 賢哲을 빛내었다. 그
래서 公叔文子는 시호를 받았고, (前漢) 尹翁歸(윤옹귀)는 평생의 공
적을 칭송받았으니, 이는 충성을 표창하여 시속을 바로잡고 후손에
게 모범을 보이려는 뜻이다. 故 光祿大夫 周擧(주거)는 천성이 伯夷
및 史魚(사어)와 같고, 忠誠心은 隨會(수회)나 管仲보다 더 뛰어났으
며, 전임 자사와 태수였고 조정의 納言(상서)를 역임하였으며, 京輦
(경련, 京師)에 출입하며 남들이 찬미할만한 치적을 쌓았고, 궁중의
여러 논의에서 치밀하고 차분한 모습을 보여주었다. 짐은 그 공훈을
기록하며 九卿의 반열에 등용했었다. 그로 하여금 백관의 모범으로
삼고 거느리게 하여 삼공의 직무를 수행케 하려 했으나 수명이 길지
못하여 일찍 죽으니 짐의 훗날 계획이 어긋났도다. 朝廷은 그 죽음
을 애도하며, 진실로 슬프도다. 《詩》에도 있지 않은가? '지모가 빠
른 너의 공적 있어 하늘이 큰 복을 내릴 것이라.' 고 하였다. 大夫 이
하 모두 문상하고 운구가 나가는 날 다시 모여 弔喪(조상)토록 하라.
그리고 10만 전을 부의금으로 하사하고 변함없이 청렴 충직한 그의

지조를 표창하노라.」

　아들은 勰(협)이다.

❸ 周勰

原文

　勰字巨勝, 少尚玄虛, 以父任爲郎, 自免歸家. 父故吏河南召夔爲郡將, 卑身降禮, 致敬於勰. 勰恥交報之, 因杜門自絶. 後太守擧孝廉, 復以疾去. 時梁冀貴盛, 被其徵命者, 莫敢不應, 唯勰前後三辟, 竟不能屈. 後擧賢良方正, 不應. 又公車徵, 玄纁備禮, 固辭廢疾. 常隱處竄身, 慕老聃淸靜, 杜絶人事, 巷生荊棘, 十有餘歲. 至延熹二年, 乃開門延賓, 游談宴樂, 及秋而梁冀誅, 年終而勰卒, 時年五十. 蔡邕以爲知命. 自勰曾祖父揚至勰孫恂, 六世一身, 皆知名云.

|註釋|　○周勰 - 勰은 뜻 맞을 협. ○玄虛(현허) - 玄妙(현묘)와 虛無. 老莊사상. ○玄纁(현훈) - 재야 은자를 초빙할 때 보내는 예물. 검은 비단과 분홍 비단. 玄은 검은색 비단, 纁은 분홍빛 훈. 붉은 비단. ○老聃(노담) - 老子. 姓李, 名耳, 字 伯陽 또는 聃(귀 바퀴 없을 담). 춘추시대 楚國 苦縣(고현) 厲鄕 曲仁里 출생. 今 河南省 중동부 직할현인 鹿邑縣, 安徽省 亳州市와 접경.

[國譯]

周勰(주협)의 字는 巨勝(거승)으로 젊어서도 玄虛(현허)의 학문을 좋아하였는데, 부친의 관직으로 낭관이 되었지만 스스로 사임하고 귀가하였다. 父親 周擧(주거)의 故吏이었던 河南의 召夔(소기)가 郡將이 되어 몸을 낮추고 예를 갖춰 주협을 공경하였지만 주협은 그런 교제를 부끄러워 생각하여 杜門(두문)하여 自絶(자절)하였다. 뒷날 太守가 효렴으로 천거하였지만 다시 병이라 핑계 대고 떠나왔다. 그 무렵 梁冀(양기)가 권력을 잡고 있어 그 명을 받고 감히 불응하는 자가 없었지만 오직 주협만은 3번이나 부름을 받았지만 끝내 지조를 굽히지 않았다. 뒤에 賢良方正한 인재로 천거되었지만 역시 응하지 않았다. 또 公車令이 초빙하며 검은 비단 등 예를 갖추었지만 굳이 사양하며 廢疾(폐질)이라고 핑계 대었다. 늘 인적 없는 곳에 숨어 지내면서 老聃(노담, 老子)의 淸靜을 흠모하며 10여 년간 속세와 두절하여 골목에 가시나무가 자랄 정도였다. (桓帝) 延熹 2년(서기 159)에서야 開門하고 손님을 맞이하면서 손님과 담소를 즐겼는데 그해 가을에 梁冀(양기)가 주살되었고, 연말에는 주협도 죽으니 時年 50이었다. 蔡邕(채옹)은 주협이 知命한 사람이라고 생각하였다. 주협의 증조부 周揚(주양)부터 주협의 손자 周恂(주순)까지 6세가 獨子로 이어졌지만 모두 유명 인사였다.

❹ 黃瓊

原文

黃瓊字世英, 江夏安陸人, 魏郡太守香之子也. 香在〈文苑傳〉. 瓊初以父任爲太子舍人, 辭病不就. 遭父憂, 服闋, 五府俱辟, 連年不應.

永建中, 公卿多薦瓊者, 於是與會稽賀純,廣漢楊厚俱公車徵. 瓊至綸氏, 稱疾不進. 有司劾不敬, 詔下縣以禮慰遣, 瓊不得已. 先是徵聘處士多不稱望, 李固素慕於瓊, 乃以書逆遺之曰,

「聞已度伊,洛, 近在萬歲亭, 豈卽事有漸, 將順王命乎? 蓋君子謂伯夷隘, 柳下惠不恭, 故傳曰'不夷不惠, 可否之閒.' 蓋聖賢居身之所珍也. 誠遂欲枕山棲谷, 擬跡巢,由, 斯則可矣. 若當輔政濟民, 今其時也. 自生民以來, 善政少而亂俗多, 必待堯舜之君, 此爲志士終無時矣. 常聞語曰,'嶢嶢者易缺, 皦皦者易污.'〈陽春〉之曲, 和者必寡, 盛名之下, 其實難副. 近魯陽樊君被徵初至, 朝廷設壇席, 猶待神明. 雖無大異, 而言行所守無缺. 而毀謗布流, 應時折減者, 豈非觀聽望深, 聲名太盛乎? 自頃徵聘之士, 胡元安,薛孟嘗, 朱仲昭,顧季鴻等, 其功業皆無所採, 是故俗論皆言處士純盜虛聲. 願先生弘此遠謨, 令衆人歎服, 一雪此言耳.」

瓊至, 卽拜議郞, 稍遷尙書僕射.

| 註釋 | ○安陸縣 – 今 湖北省 중부 孝感市 관할 安陸市. ○綸氏縣(윤씨현) – 今 河南省 鄭州市 관할 登封市 서남. 後漢에서는 輪氏縣. ○李固(이고) – 63권, 〈李杜列傳〉에 立傳. 質帝 때 太尉 역임. 桓帝 때 옥사. ○萬歲亭 – 綸氏縣(윤씨현)의 亭. 武帝가 嵩山에 올랐을 때 만세 소리가 3번이나 울렸다고 한다. ○不夷不惠, 可否之閒 – 「子曰, "不降其志, 不辱其身, 伯夷叔齊與!" 謂柳下惠少連, "降志辱身矣, ~ 我則異於是, 無可無不可."」《論語 微子》. 공자는 백이의 청렴도 유하혜의 굽힘도 아닌 자신의 中庸之道를 지켜나가겠다는 뜻. ○嶢嶢者易缺, 皦皦者易汚 – 嶢嶢(요요)는 산이 높은 모양. 易缺은 쉽게 무너지다. 皦皦(교교)는 희고 깨끗한 모양. ○〈陽春〉之曲 – 곡조 이름. 보통 노래를 따라 부르는 사람이 수천 명이지만 〈陽春白雪〉의 곡조는 너무 높은 음이라서 그 곡을 따라 부르는 사람은 불과 수백 명뿐이다. ○樊君 – 樊英(번영). 82권, 〈方術列傳〉(上)에 立傳.

[國譯]

黃瓊(황경)의 字는 世英(세영)인데, 江夏郡 安陸縣 사람으로 魏郡 太守였던 黃香(황향)의 아들이다. 황향은 〈文苑列傳〉(上)에 입전했다. 황경은 처음에 부친의 보증으로 太子舍人이 되었으나 병으로 사임하고 근무하지 않았다. 부친상을 당했고 복상을 마치자 五府에서 모두 초빙하였으나 해마다 불응하였다.

(順帝) 永建 연간에, 황경을 천거하는 公卿이 많았는데 이어 會稽郡의 賀純(하순), 廣漢郡의 楊厚(양후)와 함께 공거령의 부름을 받았다. 황경은 (洛陽 가까운) 綸氏縣(윤씨현)까지 와서 병을 핑계로 더 가지 않았다. 그러자 有司가 不敬하다고 탄핵하였으나 조서로 현에서 위로 인사를 하라고 지시하자 상경하지 않을 수 없었다. 이에 앞서 부름에 응한 많은 處士들이 기대에 미치지 못하자 李固(이고)는

평소에 황경을 흠모하였기에 영접하는 서신을 보내 말했다.

「이미 伊水와 洛水를 지나 萬歲亭에 가까이 왔다는 말을 들었는데, 이는 일을 당하여 빨리 나아가 왕명에 순응하려는 뜻이 아니겠습니까? 옛 군자가 보통 하는 말이 伯夷(백이)는 너무 편협하고 柳下惠(유하혜)는 너무 형편에 따라 행동한다고 하였는데,《論語》에서는 '백이도 유하혜도 아닌, 可한 것도 없고 不可도 없다.' 고 하였습니다. 대체로 성현은 자신의 처신에 보배처럼 지켜야 할 것이 있습니다. 정말로 산속 골짜기에 들어가 巢父(소보)나 許由(허유)처럼 살겠다면 그것도 괜찮을 것입니다. 만약 정사를 보필하며 백성을 제도하겠다면 지금이야말로 그러한 때입니다. 인간이 태어난 이후로 善政은 적고 난세는 많았기에 언제나 요순과 같은 賢君을 기다렸으나 사실 그런 때만 기다리겠다면 志士에게 기회는 영영 오지 않을 것입니다. 늘 듣는 이야기이지만 '높고 높은 것은 쉽게 허물어지고 희고 깨끗하면 쉽게 더러워진다.' 고 하였습니다. 〈陽春〉之曲은 (음이 너무 높아서) 따라 부를 수 있는 사람이 매우 적으며 훌륭한 명성을 누리는 사람과는 짝하기가 매우 어려운 것입니다. 근래에 魯陽 사람 樊英(번영)이란 사람은 처음에 부름을 받아 도착했는데 조정에서 자리를 깔아주면서 神明을 모시듯 하였습니다. 비록 특별한 異行은 없었지만 그렇다고 언행에 결함이 있는 것도 아니었습니다. 그러나 헐뜯는 말이 널리 퍼지면서 명성은 급속도로 떨어져 버렸습니다. 이는 그에 대한 기대가 너무 컸으며, 그 명성이 너무 높았기 때문이 아니겠습니까? 요즈음 나라에서 徵召한 사람을 볼 때 예를 들어 胡元安(호원안), 薛孟嘗(설맹상), 朱仲昭(주중소), 顧季鴻(고계홍) 등은 그 功業이 볼만한 것이 하나도 없기에 俗論에서는 處士란 모두 순전히 헛 명성만 누리는 사람이라고 말하고 있습니다. 선생께서는 원대한 뜻을 실천하시어 衆人을 歎服하게 하여 이런 말을 깨끗하게 씻어 내주기 바랍니다.」

황경이 도착하자, 곧 議郎을 제수 받았다. 황경은 점차 승진하여 尙書僕射(상서복야)가 되었다.

原文

初, 瓊隨父在臺閣, 習見故事. 及後居職, 達練官曹, 爭議朝堂, 莫能抗奪. 時連有灾異, 瓊上疏順帝曰,

「間者以來, 卦位錯謬, 寒燠相干, 蒙氣數興, 日闇月散. 原之天意, 殆不虛然. 陛下宜開石室, 案〈河洛〉, 外命史官, 悉條上永建以前至漢初灾異, 與永建以後訖於今日, 孰爲多少. 又使近臣儒者參考政事, 數見公卿, 察問得失. 諸無功德者, 宜皆斥黜. 臣前頗陳灾眚, 並薦光祿大夫樊英, 太中大夫薛包及會稽賀純, 廣漢楊厚, 未蒙御省. 伏見處士巴郡黃錯, 漢陽任棠, 年皆耆耋, 有作者七人之志. 宜更見引致, 助崇大化.」

於是有詔公車徵錯等.

| 註釋 | ○卦位錯謬 - 歲時가 정확하지 않다. ○蒙氣數興 - 蒙은 음기가 진하다. 蒙은 어둘 몽. ○日闇月散 - 闇은 어둘 암. 닫힌 문 암. 散은 밝지 않다(不精明). ○石室 - 藏書之府. 河洛은 圖書의 글. ○年皆耆耋 -

耆耋(기질)은 70세 전후의 늙은이. 사실 당시에 70이나 80세 노인의 연령 구분이 아무런 의미가 없는 시대였다. 耆는 늙은이 기(6, 70노인). 耋은 늙은이 질, 60세 또는 70, 90세의 노인. ○七人之志 —「逸民, 伯夷, 叔齊, 虞仲, 夷逸, 朱張, 柳下惠, 少連.」《論語 微子》, 여기에 나오는 7인. 공자는 이들과 비교하여 자신은 '無可無不可'라고 하였다.

[國譯]

그전에 黃瓊(황경)은 부친을 따라 臺閣에 가서 일하는 과정을 익혔었다. 뒷날 본인이 거기서 일하게 되자 부서의 업무에 능숙하였고, 조정에서 업무를 논의하면서 그를 논리적으로 이길 사람이 없었다. 그때 연이어 재이가 발생하자 황경은 順帝에게 상소하였다.

「최근 몇 년 사이에 太歲數가 정확하지 않고. 추위와 온난이 계절에 맞지 않으며, 陰氣가 짙게 깔리고, 일월도 그 빛이 밝지 않습니다. 天意를 따져본다면 까닭 없이 이런 적이 없었습니다. 폐하께서는 응당 藏書가 있는 石室을 열어 〈河圖〉나 〈洛書〉 등 도서를 살펴보시고, 史官에게 명하여 永建 以前(순제의 즉위, 서기 126년 이전)부터 漢 초기까지의 災異를 모두 조사하여 永建 이후 오늘까지의 재이와 어느 쪽이 많은가를 비교하게 하십시오. 또 近臣과 儒者에게 政事 논의에 자주 등장하는 公卿과 정사의 득실을 논한 實例를 조사하게 하십시오. 그리하여 아무런 실적이 없는 자는 모두 내쫓아야 합니다. 臣은 전에도 재해의 원인을 여러 번 진술하였으나 함께 천거를 받았던 光祿大夫 樊英(번영), 太中大夫 薛包(설포) 및 會稽郡의 賀純(하순), 廣漢郡의 楊厚(양후)와 함께 폐하에게 불려가 말씀을 올린 적도 없습니다. 臣이 볼 때 處士인 巴郡의 黃錯(황조), 漢陽郡의

任棠(임당) 등은 모두 6, 70의 노인이지만, 作者 7인의 뜻을 가지고 있는 사람입니다. 응당 불러 관직에 임용하여 폐하의 교화를 돕게 해야 합니다.」

이에 조서를 내려 공거령에서 황조 등을 초치하였다.

原文

三年, 大旱, 瓊復上疏曰,

「昔魯僖遇旱, 以六事自讓, 躬節儉, 閉女謁, 放讒佞者十三人, 誅稅民受貨者九人, 退舍南郊, 天立大雨. 今亦宜顧省政事, 有所損闕, 務存質儉, 以易民聽. 尙方御府, 息除煩費. 明勅近臣, 使遵法度, 如有不移, 示以好惡. 數見公卿, 引納儒士, 訪以政化, 使陳得失. 又囚徒尙積, 多致死亡, 亦足以感傷和氣, 招降災旱. 若改轍從善, 擇用嘉謀, 則災消福至矣.」

書奏, 引見德陽殿, 使中常侍以瓊奏書屬主者施行.

| 註釋 |　○天立大雨 - 立은 곧, 즉시.

[國譯]

(順帝 永建) 3년, 날이 크게 가물자 黃瓊(황경)은 다시 상소하였다.

「옛날 魯 僖公(희공)은 날이 가물자 6가지를 자책하며 절약을 실천하고 女樂을 폐지하였으며, 아첨하는 자 13명을 방출하고 백성에게 부당한 세금과 재물을 걷은 9명을 죽였으며, 南郊에서 밤을 새워 제천하자 하늘에서 바로 큰 비를 내렸습니다. 지금이야말로 잘못된 정사를 반성하고 질박 검소한 생활을 실천하며 일신하여 백성의 소리를 들어야 합니다. 尙方이나 궁궐의 사치를 금하고 비용을 줄여야 합니다. 近臣에게 법도를 준수하라고 엄히 명하여 실천하지 않는 자를 처벌하여야 합니다. 公卿을 자주 불러 만나보시고 유생을 초치하여 자문을 구하며 정사의 득실을 들으셔야 합니다. 또 옥중의 많은 죄수가 죽으면서 원한이 和氣를 손상하여 재이와 가뭄을 초래합니다. 이러한 폐단을 고치고 선행을 따르고 바른 정사를 편다면 재해는 사라지고 복이 찾아올 것입니다.」

상서가 보고되자 황경을 德陽殿으로 불러 만났고 中常侍를 시켜 상소 내용을 담당자가 분담하여 시행케 하였다.

原文

自帝卽位以後, 不行籍田之禮. 瓊以國之大典不宜久廢, 上疏奏曰,

「自古聖帝哲王, 莫不敬恭明祀, 增致福祥, 故必躬郊廟之禮, 親籍田之勤, 以先群萌, 率勸農功. 昔周宣王不籍千畝, 虢文公以爲大譏, 卒有姜戎之難, 終損中興之名. 竊見陛下邁稽古之鴻業, 體虔肅以應天, 順時奉元, 懷柔百神, 朝夕觸塵埃於道路, 晝暮聆庶政以恤人. 雖《詩》詠成湯之不怠遑,

《書》美文王之不暇食, 誠不能加. 今廟祀適闋, 而祈穀絜齋
之事, 近在明日.

臣恐左右之心, 不欲屢動聖躬, 以爲親耕之禮, 可得而廢.
臣聞先王制典, 籍田有日, 司徒咸戒, 司空除壇. 先時五日,
有協風之應, 王卽齋宮, 饗醴載未, 誠重之也. 自癸巳以來,
仍西北風, 甘澤不集, 寒涼尙結. 迎春東郊, 旣不躬親, 先農
之禮, 所宜自勉, 以逆和氣, 以致時風.《易》曰, ‘君子自强
不息’ 斯其道也.」

書奏, 帝從之.

| 註釋 | ○籍田之禮 – 제왕이 종묘제사를 위해 親耕하는 禮. 백성의 농
경을 장려하는 의례. ○終損中興之名 – 제왕의 농사 시범은 종묘에 바칠 곡
식을 얻는다는 의미도 있는데, 이를 행하지 않아 姜戎(강융)의 침입을 받았
다. 姜戎은 서주시대 지금의 陝西省 서남부 일대에 거주하던 소수 민족.
○《詩》詠成湯之不怠遑 –《詩 商頌 殷武》에 ‘不僭不濫, 不敢怠遑 지나치거
나 함부로 벌하지 않으시고 조금도 게을리하지 않으시니’ 라고 하여 商 湯
王을 칭송하였다. ○《書》美文王之不暇食 –《尙書 周書 無逸》에 ‘文王至
於日中昃, 不遑暇食’ 라 하여 文王이 식사를 할 겨를도 없다고 칭송하였다.
○君子自强不息 –「天行健, 君子以自强不息」(천체의 운행은 건실하니 군
자는 쉬지 않고 스스로 강해진다.)《易 乾卦 象辭》

[國譯]
順帝 즉위 이후 籍田禮를 행하지 않았다. 황경은 나라의 중요한
의식을 오랫동안 폐할 수 없다고 생각하여 이를 상소하였다.

「예로부터 聖明한 帝王은 恭敬으로 제사를 지내 복을 불러오거나 받지 않은 분이 없었기에, 필히 몸소 郊廟之禮를 행하고 친히 적전을 경작하여 백성에게 모범을 보이고 농사를 장려하였습니다. 옛날 周 宣王이 籍田하지 않자 虢國(괵국) 文公은 이를 크게 비난하였는데, 宣王은 결국 姜戎(강융)의 침입을 겪었고 中興을 이뤘다는 명성도 손상되었습니다. 臣이 볼 때 폐하께서는 예로부터 내려온 鴻業(대업)을 계승하시고 경건하게 上天의 뜻을 몸소 받드시며, 四時에 맞춰 백성을 위하시고 百神을 공경하시며, 朝夕으로 먼지가 나는 길에 나가 백성을 살펴보시고, 밤낮으로 庶政을 챙기시며 백성을 불쌍히 여겨 慰撫(위무)하십니다. 비록 《詩經》의 湯王처럼 부지런하시고, 《尙書》에서 식사를 할 겨를도 없었다는 文王일지라도 폐하보다 더하지는 못했을 것입니다. 지금 廟祀는 아직 거행하지 않았고 풍년을 비는 제사를 지낼 날이 가까웠습니다.

臣의 생각에는 측근 신하의 속마음에 어가가 행차하여 시행하는 친경의 예를 싫어하여 이런 예를 폐지하지 않을까 걱정이 됩니다. 臣이 알기로, 先王의 制典에 籍田하는 날이 정해지면 司徒는 경계를 책임지고 司空은 제단을 청소해야 합니다. 시행 5일 전에 온화한 바람이 불면 제왕은 齋宮에 나아가 제사용 술과 농기구를 준비한다 하였으니, 이는 행사가 중요하다는 뜻입니다. 지난 癸巳日(계사일) 이래로 계속 서북풍이 불며 비가 내리지 않고 여전히 날이 차갑습니다. 東郊에 나가 迎春하면서도 그동안 몸소 先農의 禮를 행하지 않으셨지만, 이번에는 시행하시면서 和氣를 맞이하시고 알맞은 춘풍을 받아오셔야 합니다. 《易》에서도 '君子는 自强不息이라.' 하셨으니, 바로 이를 말한 것입니다.」

상서가 올라가자 순제는 받아들여 시행하였다.

■原文

頃之, 遷尙書令. 瓊以前左雄所上孝廉之選, 專用儒學文
吏, 於取士之義, 猶有所遺, 乃奏增孝悌及能從政者爲四科,
事竟施行. 又雄前議擧吏先試之於公府, 又覆之於端門, 後
尙書張盛奏除此科. 瓊復上言, "覆試之作, 將以澄洗淸濁,
覆實虛濫, 不宜改革."

帝乃止. 出爲魏郡太守, 稍遷太常. 和平中, 以選入侍講
禁中.

元嘉元年, 遷司空. 桓帝欲襃崇大將軍梁冀, 使中朝二千
石以上會議其禮. 特進胡廣, 太常羊溥, 司隷校尉祝恬, 太中
大夫邊韶等, 咸稱冀之勳德, 其制度賽賞, 以宜比周公, 錫之
山川,土田,附庸. 瓊獨建議曰, "冀前以親迎之勞, 增邑三千,
又其子胤亦加封賞. 昔周公輔相成王, 制禮作樂, 化致太平,
是以大啓土宇, 開地七百. 今諸侯以戶邑爲制, 不以里數爲
限. 蕭何識高祖於泗水, 霍光定傾危以興國, 皆益戶增封,
以顯其功. 冀可比鄧禹, 合食四縣, 賞賜之差, 同於霍光, 使
天下知賞必當功, 爵不越德."

朝廷從之. 冀意以爲恨. 會以地動策免. 復爲太僕.

| 註釋 |　○特進胡廣 – 特進은 官職名. 列侯나 侯王, 공덕이 혁혁하거나 공로가 큰 원로 신하에게 내려주는 관직명. 三公의 바로 아래에 해당. 황제가 내리는 은총의 하나.　○山川,土田,附庸 –《詩 魯頌》의 인용. 附庸은 屬國, 城邑.　○蕭何 – 高祖가 泗上亭長일 때부터 蕭何가 도와주었기에 뒷날 相國이 되었고 5천 호를 더 늘려주었다.　○霍光 – 昌邑王을 폐하고 宣帝를 옹립한 공으로 식읍은 1만 7천 호였다.

[國譯]

　얼마 후 황경은 尙書令으로 승진했다. 황경은 앞서 左雄(좌웅)의 천거를 받아 孝廉(효렴) 과목에서 뽑혀 儒學의 文吏를 전담하였는데, 取士의 영역에 빠진 것이 있다 하여 孝悌(효제)와 從政(종정)의 과목을 늘려 四科로 선발해야 한다고 건의하여 결국 시행되었다. 또 좌웅은 앞서 관리 선임에 公府의 시험 외에 端門(단문)의 시험을 거치게 하여 시행되었는데 뒤에 尙書 張盛(장성)의 건의로 단문에서의 복시는 폐지했었다. 그러나 황경은 이를 다시 건의하여 "覆試(복시, 複試)는 선발된 자의 淸濁을 다시 씻어보는 것으로 인재의 허실을 검증하는 것이니 없애서는 안 됩니다."라고 건의하였다.

　순제는 곧 현행 제도를 중지케 하였다.

　황경은 魏郡太守로 나갔다가 점차 승진하여 太常이 되었다. (桓帝) 和平 中에(서기 150) 뽑혀 들어가 궁중에서 侍講하였다. 元嘉 원년(서기 151)에 司空이 되었다. 환제는 대장군 梁冀(양기)를 크게 포상하려고 中朝의 이천석 이상 고급 관원을 모아 그 의례를 논의하게 하였다. 特進인 胡廣(호광), 太常인 羊溥(양부), 司隸校尉 祝恬(축염), 太中大夫인 邊韶(변소) 등은 모두 양기의 공훈을 칭찬하면서 시상하는 의례가 응당 周公과 같이 山川과 土田과 附庸(屬國, 城邑)을 주어야 한다고 말했다. 이에 황경이 혼자 건의하였다.

"梁冀(양기)는 앞서 폐하를 親迎한 노고로 식읍 3천 호를 더 받았고 아들 梁胤(양윤)도 추가로 상을 더 받았습니다. 옛날 周公은 成王을 보필하면서 制禮 作樂하였고 太平을 이루었기에 魯에 개국케 하며 사방(둘레) 7백 리의 땅을 하사하였습니다. 지금 우리의 제도는 戶邑이 표준이지 里數로 봉하지 않습니다. 蕭何(소하)는 高祖를 泗水(사수)에서 만나 공을 세웠고, 霍光(곽광)은 기울어가는 형세를 안정시켜 興國하였는데 모두 호구 수로 增封하여 그 공을 표창하였습니다. 양기는 (光武帝의 공신) 鄧禹(등우)와 공적이 비슷하고 (등우는) 4개 현을 식읍으로 받았으며, 賞賜의 차액은 霍光과 비슷하게 하여 천하 백성으로 하여금 공적에 합당한 상을 받았다는 것을 알게 하여야 하나 상이 그 공덕보다 넘어설 수는 없습니다."

조정은 황경의 말을 따랐다. 그러나 양기는 이를 한스럽게 여겼다. 마침 지진이 나자 황경은 책서로 면직되었다. 황경은 다시 太僕이 되었다.

原文

永興元年, 遷司徒, 轉太尉. 梁冀前後所託辟召, 一無所用. 雖有善人而爲冀所飾擧者, 亦不加命. 延熹元年, 以日食免. 復爲大司農. 明年, 梁冀被誅, 太尉胡廣, 司徒韓演, 司空孫朗皆坐阿附免廢, 復拜瓊爲太尉. 以師傅之恩, 而不阿梁氏, 乃封爲邟鄕侯, 邑千戶. 瓊辭疾讓封六七上, 言旨懇恻, 乃許之. <u>梁冀</u>既誅, <u>瓊</u>首居公位, 擧奏州郡素行貪汚至死徙者十餘人, 海內由是翕然望之. 尋而五侯擅權, 傾動內外, 自度力不能匡, 乃稱疾不起. 四年, 以寇賊免. 其年復爲司空. 秋, 以地震免.

| 註釋 | ○郎鄉侯(항향후) – 郎은 鄉名. 潁川郡 관할, 今 河南省 중서부 平頂山市 서북의 직할 縣級시인 汝州市에 해당. 列侯는 都亭侯와 亭侯, 都鄉侯, 鄉侯로 구분된다.   ○五侯 – 梁冀를 제거하는 공을 세후 환관 5인. 中常侍인 單超(선초), 徐璜(서황), 具瑗(구원), 左悺(좌관), 唐衡(당형) 등은 모두 縣侯에 피봉 되었다.

[國譯]

(桓帝) 永興 원년(서기 153), 司徒로 승진했다가 太尉가 되었다. 梁冀가 전후에 초빙한 인재는 하나같이 쓸모가 없었다. 비록 善人이 있었지만 양기의 장식용이었을 뿐 양기조차 임명하려 하지 않았다. 延熹 원년(서기 158), 日食으로 면직되었다. 다시 大司農이 되었다. 다음 해에 양기가 주살되면서 太尉 胡廣(호광), 司徒 韓演(한연), 司空 孫朗(손랑) 등이 모두 아부한 죄로 파직되었고, 황경은 다시 태위에 제수되었다. 황경은 사부의 은덕이 있고 梁氏 일족에게 아부하지 않았기에, 곧 郎鄉侯(항향후)에 봉해졌고 식읍은 1천 호였다. 황경은 질병이라 사양하면서 작위를 6, 7번이나 사양하였는데 그 언사가 매우 간절하고 측은하여 황제가 수락하였다. 양기가 처형된 뒤에 황경은 수석 公位에 올랐는데, 州郡에서 평소에 탐욕과 부정을 저지른 자로 황경이 고발하여 사형이나 유배된 자가 10여 명이나 되었기에 천하

는 조정에 기대를 갖게 되었다. 그러나 곧 (양기를 제거하여 피봉된 중상시) 五侯가 권력을 잡자 내외가 크게 동요하였는데, 황경은 이를 도저히 바로잡을 수 없다 생각하여 질병을 핑계로 조정에 출근하지 않았다. 4년에 도적떼가 백성을 약탈하여 면직되었다. 그 해에 다시 司空이 되었다. 가을에 지진이 일어나자 면직되었다.

■原文

七年, 疾篤, 上疏諫曰,

「臣聞天者務剛其氣, 君者務彊其政. 是以王者處高自持, 不可不安, 履危任力, 不可不據. 夫自持不安則顚, 任力不據則危. 故聖人升高據上, 則以德義爲首, 涉危蹈傾, 則以賢者爲力. 唐堯以德化爲冠冕, 以稷, 契爲筋力. 高而益崇, 動而愈據, 此先聖所以長守萬國, 保其社稷者也.

昔高皇帝應天順民, 奮劍而王, 埽除秦, 項, 革命創制, 降德流祚. 至於哀, 平, 而帝道不綱, 秕政日亂, 遂使姦佞擅朝, 外戚專恣. 所冠不以仁義爲冕, 所蹈不以賢佐爲力, 終至顚蹶, 滅絶漢祚. 天維陵弛, 民鬼慘愴, 賴皇乾命, 炎德復輝.

光武以聖武天挺, 繼統興業, 創基冰泮之上, 立足枳棘之林. 擢賢於衆愚之中, 畫功於無形之世. 崇禮義於交爭, 循道化於亂離. 是自歷高而不傾, 任力危而不跌, 興復洪祚, 開建中興, 光被八極, 垂名無窮. 至於中葉, 盛業漸衰.

陛下初從藩國, 爰升帝位, 天下拭目, 謂見太平. 而即位以來, 未有勝政. 諸梁秉權, 豎宦充朝, 重封累職, 傾動朝廷, 卿校牧守之選, 皆出其門, 羽毛齒革, 明珠南金之寶, 殷滿其室, 富擬王府, 勢回天地. 言之者必族, 附之者必榮. 忠臣懼死而杜口, 萬夫怖禍而木舌, 塞陛下耳目之明, 更為聾瞽之主.

故太尉李固, 杜喬, 忠以直言, 德以輔政, 念國亡身, 隕歿為報, 而坐陳國議, 遂見殘滅. 賢愚切痛, 海內傷懼. 又前白馬令李雲, 指言宦官罪穢宜誅, 皆因衆人之心, 以救積薪之敝. 弘農杜衆, 知雲所言宜行, 懼雲以忠獲罪, 故上書陳理之, 乞同日而死, 所以感悟國家, 庶雲獲免. 而雲既不幸, 衆又並坐, 天下尤痛, 益以怨結, 故朝野之人, 以忠為諱.

昔趙殺鳴犢, 孔子臨河而反. 夫覆巢破卵, 則鳳皇不翔, 剖牲夭胎, 則麒麟不臻. 誠物類相感, 理使其然. 尚書周永, 昔為沛令, 素事梁冀, 幸其威勢, 坐事當罪, 越拜令職. 見冀將衰, 乃陽毀示忠, 遂因姦計, 亦取封侯. 又黃門協邪, 群輩相黨, 自冀興盛, 腹背相親, 朝夕圖謀, 共構姦軌. 臨冀當誅, 無可設巧, 復記其惡, 以要爵賞. 陛下不加清澄, 審別真偽, 復與忠臣並時顯封, 使朱紫共色, 粉墨雜糅, 所謂抵金玉於沙礫, 碎珪璧於泥塗. 四方聞之, 莫不憤歎.

昔曾子大孝, 慈母投杼, 伯奇至賢, 終於流放. 夫讒諛所舉, 無高而不可升, 阿黨相抑, 無深而不可淪. 可不察歟? 臣至頑駑, 世荷國恩, 身輕位重, 勤不補過, 然懼於永歿, 負釁益深. 敢以垂絶之日, 陳不諱之言, 庶有萬分, 無恨三泉.」

其年卒, 時年七十九. 贈車騎將軍, 諡曰忠侯. 孫琬.

| 註釋 | ○秕政日亂 – 秕政은 惡政. 秕는 쭉정이 벼 비. ○終至顛蹶 – 顛蹶(전궐)은 넘어지다. ○創基冰泮~ – 冰泮은 위험한 함정. 녹고 있는 얼음. 泮은 얼음 녹을 반. 泮水 반. ○立足枳棘之林 – 枳棘之林은 가시덤불. 艱難. 枳는 탱자나무 지. 棘은 대추나무 가시 극. ○殷滿其室 – 집안을 가득 채우다. 殷은 담다. 채우다(盛也). ○木舌 – 木舌은 목탁. 말을 하지 못하다. ○白馬令李雲 – 白馬는 東郡의 현명. 今 河南省 북단 安陽市 관할 滑縣(활현). 李雲은 단 한 번의 상소로 桓帝의 미움을 받아 옥사하였다. 언사의 수준과 방법을 고려하지 않는 간쟁은 위험하다. 신뢰가 없는 관계에서 간언이나 충고는 비방이 된다. 57권, 〈杜欒劉李劉謝列傳〉에 立傳. ○趙殺鳴犢 – 孔子가 서쪽으로 가서 趙簡子(조간자)를 만나려 했는데 黃河에 이르러 竇鳴犢(두명독)과 舜華(순화)가 죽음을 당했다는 소식을 듣고 자신이 황하를 건너지 못한 것이 운명이라고 탄식하였다. 이는 조간자가 나중에 자신이 집권했을 때 방해가 될 것이라고 예상하고 미리 두 사람을 죽인 것이다. ○三泉 – 九泉.

[國譯]

(桓帝 延熹) 7년(서기 164), 병이 위독하자 간언을 상소하였다.

「臣이 알기로, 上天은 굳센 陽氣를 가지려 하고 君王은 강력한 정권을 세우려 합니다. 이 때문에 王者는 높은 곳에서 권력을 행사하기에 안정하지 않으면 안 되고 위험에 대처해야 하니 강력한 힘을 가지지 않을 수 없습니다. 대체로 가진 것이 불안하면 뒤엎어지고, 강력한 힘에 의지할 수 없다면 위기에 처하게 됩니다. 그래서 聖人

은 높은 곳에 올라 차지하더라도 德義를 첫째로 삼아야 하고, 위험을 이겨내야 하기에 賢者를 자신의 힘으로 만들어 의지해야 합니다. 唐堯는 德化를 우선하면서 后稷(후직)과 契(설)의 능력을 힘으로 삼았습니다. 그러면서 더욱더 높이 오르고 움직여 나아가 더욱 견고했는데, 이는 先聖이 萬國을 오래 지켜나가고 사직을 보존할 방책입니다.

옛날에 高皇帝께서는 應天順民하면서 무력으로 王者가 되어 秦과 項羽를 제거하고 역성혁명에 성공하였고 그 복록을 후세에 전했습니다. 그러다가 哀帝와 平帝에 이르러서는 帝王의 道가 확립되지 못하고 악정은 날마다 더 혼란해져서 결국 간악한 무리가 조정을 흔들고 외척이 멋대로 날뛰게 되었습니다. 仁義를 첫째로 내세우지 못했고 賢才의 도움을 힘으로 삼지 못하였기에 결국은 쓰러졌고 漢室은 멸망하였습니다. 천지는 붕괴되었고 민생은 도탄에 빠졌지만 皇天을 따르는 천명과 炎德(火德)은 다시 빛났습니다.

光武帝께서는 하늘로부터 받은 聖武를 바탕으로 天統을 이어 興業하셨고, 위험한 기반에서 기초를 세우고 艱難(간난)의 역경을 이겨내셨습니다. 그리고서는 衆愚의 무리 속에서 賢才를 발탁하셨으며 혼란한 세상을 안정시켜 공덕을 완성하셨습니다. 여러 세력의 다툼 속에서도 예의 도덕을 높이셨고 난잡한 형세에서도 교화를 추진하셨습니다. 이로써 스스로 높이 오르셨지만 기울지 않았으며, 무력에 의지하였지만 넘어지지 않았고, 한실을 다시 재건하는 큰 공을 이루셨고 그 광명은 8방의 끝까지 퍼졌으며 영원히 美名을 전할 수 있었습니다. 그 뒤 中葉에 이르러 盛業은 점차 쇠약해졌습니다.

폐하께서는 藩國에 계시다가 帝位에 오르셨는데 천하 모두가 눈을 비비면서 폐하께서 태평을 이룩하실 것이라 기대하였습니다. 그러나 즉위 이래로 훌륭한 치적이 없었습니다. 梁氏 일족이 권력을 잡았고 환관이 조정에 가득했고 작위와 직분을 나눠 가지며 조정의 정사를 기울게 하였으며, 九卿과 校尉, 자사와 태수의 선발이 모두 그 문하에서 이루어졌고, 각종 진기한 물건이나 明珠나 南金의 보물이 그들 집안에 가득차서 나라보다도 더 부유했으며, 그 권세는 하늘과 땅을 휘두를 정도였습니다. 이를 지적하는 자는 틀림없이 죽었고 아부하는 자는 영광을 누렸습니다. 忠臣은 죽음이 두려워 입을 다물었고 만백성은 화가 두려워 말을 할 수 없었습니다. (이들 환관은) 폐하의 총명한 耳目을 가로막아 장님과 벙어리로 만들었습니다.

故 太尉 李固(이고)와 杜喬(두교)는 충성으로 直言하고 德義로 정사를 보필하면서 나라를 위해 몸 바치고 죽더라도 폐하에 보답하려 했지만 국사를 의논하는 과정에서 참화를 당했습니다. 온 나라의 현인이나 우매한 자라도 모두가 가슴 아파했고 천하가 애통하였습니다. 또 전임 白馬 縣令 李雲(이운)은 환관의 죄악과 부패는 응당 주살해야 한다고 지적했는데, 이는 衆人之心에 바탕을 두고 곧 닥쳐올 위기를 바로잡으려 했던 것입니다. 弘農郡의 杜衆(두중)은 李雲(이운)의 평소 말과 뜻을 알고 있어 이운이 충성을 다하려다가 벌을 받게 될 것을 두려워하여 이를 상서하였고 한 날에 같이 죽겠다면서 폐하를 깨우쳐서 이운을 살리려 하였습니다. 그러나 이운은 죄도 없이 죽었고 두중 역시 연좌되니 천하가 더욱 비통하였고, 원성만 더욱 높아지면서 조정이나 在野 인사는 충성을 꺼리게 되었습니다.

옛날에 趙簡子가 현인 竇鳴犢(두명독)을 죽이자, 孔子는 黃河까지 갔다가 수레를 돌렸습니다. 대체로 둥지가 엎어지면 둥지 안의 알이

깨지니 봉황이 모여들지 않고, 희생의 배를 갈라 새끼를 꺼내 죽이면 麒麟(기린)도 오지 않는 것입니다. 이처럼 만물이 서로 감응하는 것은 이치가 그렇게 되어 있기 때문입니다. 尙書인 周永(주영)은 예전에 沛縣(패현) 현령으로 평소에 梁冀(양기)를 따라 그 위세의 덕을 입었기에 당연히 벌을 받아야 했지만 더 좋은 자리로 승진하였습니다. 그는 양기가 몰락할 것을 예상하고 거짓으로 충성하지 않는 척하며 간계를 썼기에 제후가 될 수 있었습니다. 또 간악한 黃門들은 서로 무리와 당을 만들어 梁冀를 끼고 홍성하였고, 서로 친한 관계를 배신하면서도 조석으로 도모하여 함께 나쁜 짓을 다 했었습니다. 그러다가 양기가 주살될 즈음에 어찌 할 방도가 없자 양기의 비리를 적어 바쳐서 작위와 상금을 받았습니다. 그러나 폐하께서는 이를 싹 쓸어내거나 眞僞를 상세히 살피지 않으셨기에, 또다시 충신과 함께 높은 작위를 내리셨으니 결국 붉은색이나 자주색, 흑백을 모두 같은 색이라 생각한 것이니, 이는 金玉과 자갈을 뒤섞어 놓은 것이며 좋은 옥을 박살내어 진흙에 던져버린 것입니다. 지금 천하 사방에서 이를 알고 분통해하지 않는 사람이 없습니다.

옛날 曾子는 大孝였지만, (증자가 살인했다는 말을 3번 듣고) 慈母는 베틀의 북을 던졌으며, 伯奇(백기)는 매우 현명했지만 끝내 방출되었습니다. 대체로 아첨하는 소인들이 천거하는 사람은 어떻게든 못 올라가는 자리가 없지만 결국 같은 무리들이 서로 잡아끌어 내리기에 더 들어갈 수 없는 밑바닥에 처박히게 됩니다. 그러니 이를 살피지 않을 수 있겠습니까? 臣은 매우 어리석고 둔한데도 대대로 國恩을 입었으며, 몸은 미천하나 지위는 높아 부지런히 애써도 過失을 보완하지 못하여 죽은 뒤라도 죄가 더 많아질까 두렵기만 합니다. 감히 눈 감을 날을 앞에 두고 忌諱(기휘)도 생각하지 않고 진술하였지만 만분의 일이라도 과오를 보완할 수 있다면 九泉에 들어서라도 한이 없을 것입니다.」

황경은 그해에 죽었는데, 時年 79세였다. 車騎將軍을 추증했고 시호는 忠侯(충후)였다. 그 손자가 黃琬(황완)이다.

❺ 黃琬

█ 原文

琬字子琰. 少失父. 早而辯慧. 祖父瓊, 初爲魏郡太守, 建和元年正月日食, 京師不見而瓊以狀聞. 太后詔問所食多少, 瓊思其對而未知所況. 琬年七歲, 在傍, 曰, "何不言日食之餘, 如月之初?" 瓊大驚, 卽以其言應詔, 而深奇愛之. 後瓊爲司徒, 琬以公孫拜童子郎, 辭病不就, 知名京師.

時司空盛允有疾, 瓊遣琬候問, 會江夏上蠻賊事副府. 允發書視畢, 微戱琬曰, "江夏大邦, 而蠻多士少." 琬奉手對曰, "蠻夷猾夏, 責在司空." 因拂衣辭去. 允甚奇之.

| 註釋 | ○黃琬 – 琬은 홀 완. 아름다운 玉. ○副府 – 副本이 公府에서 보내왔다는 뜻. ○蠻夷猾夏 – 猾은 어지럽히다. 교활할 활. 夏는 華夏. 중국 본토.

黃琬(황완)의 字는 子琰(자담)이다. 어려서 부친이 죽었다. 일찍부터 지혜가 총명했다. 조부인 黃瓊(황경)이 魏郡 태수이던 (桓帝) 建和 원년(서기 147) 정월에 日食이 있었는데, 京師에서는 볼 수가 없어서 황경이 상황을 보고해야 했다. 태후는 조서를 내려 해가 얼마만큼(분량) 먹혔는가를 물었고, 황경은 구체적 상황을 어떻게 보고해야 할지 생각 중이었다. 그때 황완은 7살이었는데 곁에 있다가 말했다. "일식의 남은 부분이 꼭 초승달과 같았다고 말씀드리면 어떻겠습니까?" 황경이 크게 놀라며 곧바로 그렇게 보고를 올렸고 매우 기특해하며 아꼈다. 뒷날 황경은 司徒가 되었고 황완은 삼공의 손자로 童子郞을 제수 받았지만 병이라 사양하며 취임하지 않았지만 그이름은 경사에 알려졌다.

그때 司空인 盛允(성윤)이 병석에 있어, 황경은 황완을 보내 문병케 하였는데, 마침 江夏郡에서 보고한 蠻夷(만이)의 노략질 상황에 대한 문서 사본을 사공부에서 보내왔다. 성윤이 보고서를 개봉해 읽어보고서는 약간 빙그레 웃으면서 황완에게 말했다. "江夏는 큰 군인데 蠻人은 많으나 사대부는 많지 않도다." 라고 말했다. 그러자 황완은 손을 맞잡고 "만이가 華夏를 범하였으니 그 책임은 司空에게 있습니다." 라고 말했다. 그러고서는 일어나 나왔는데, 성윤은 황완의 응답을 매우 기특하게 여겼다.

原文

稍遷五官中郞將. 時陳蕃爲光祿勳, 深相敬待, 數與議事.

舊制, 光祿擧三署郎, 以高功久次才德尤異者爲茂才四行.
時權富子弟多以人事得擧, 而貧約守志者以窮退見遺, 京師
爲之謠曰, '欲得不能, 光祿茂才.' 於是琬, 蕃同心, 顯用志
士, 平原劉醇, 河東朱山, 蜀郡殷參等並以才行蒙擧. 蕃, 琬遂
爲權富郎所見中傷, 事下御史中丞王暢, 侍御史刁韙. 韙, 暢
素重蕃, 琬, 不擧其事, 而左右復陷以朋黨. 暢坐左轉議郎而
免蕃官, 琬, 韙俱禁錮.

　韙字子榮, 彭城人. 後陳蕃被徵, 而言事者多訟韙, 復拜
議郎, 遷尙書. 在朝有鯁直節, 出爲魯, 東海二郡相. 性抗厲,
有明略, 所在稱神. 常以法度自整, 家人莫見惰容焉.

| 註釋 |　○五官中郎將 － 光祿勳(中二千石, 皇帝宿衛, 宮殿門戶 경비 총
책)의 속관, 질록 比二千石의 五官中郎將, 左, 右中郎將, 虎賁中郎將. 羽林
中郎將 등을 두었다. 五官中郎將의 속관으로는 五官中郎(比6백석). 五官
侍郎(比4백석), 五官郎中(比3백석) 등이 있었는데 정원은 없고, 황제 호위
와 궁궐 경비를 담당하였다.　○陳蕃 － 뒷날 太尉와 太傅 역임. 66권, 〈陳
王列傳〉에 입전.　○三署郎 － 三署는 光祿勳의 속관 중 五官中郎將(中郎
三將의 우두머리), 右, 左中郎將(궁전 숙위)을 말함. 郡國에서 孝廉으로 추
천된 자는 처음에 三署의 낭관에 補任, 낭관은 中郎, 議郎, 侍郎, 郎中으로
구분, 無 定員.　○久次 － 官次에 久居하다. 장기 근속하다.　○茂才四行 －
茂才는 漢 選擧(선거, 인재 등용) 과목의 하나, 전한에서는 秀才, 後漢에서
는 光武帝를 諱하여 茂才로 개칭. 四行은 4가지의 인재 천거 영역, 곧 質朴
(質樸), 敦厚, 遜讓, 行義 또는 節儉.　○刁韙(조위) － 人名. 刁는 바랄 조. 刁
斗(조두). 낮에는 취사용 솥. 밤에는 이를 치며 경계를 선다. 성씨. 韙는 바

를 위. ○禁錮(금고) - 묶여 가두는 것이 아니다. 관직에 임용될 수 없는 제한. ○有鯁直節 - 鯁直은 강하고 바르다. 鯁은 생선뼈 경.

[國譯]

  (황완은) 차츰 승진하여 五官中郞將이 되었다. 그때 陳蕃(진번)은 光祿勳이었는데 서로 매우 공경하고 국사를 자주 의론하였다. 그때 제도에 의하면 광록훈은 三署의 낭관을 추천할 수 있었는데, 공적이 뚜렷하고 오래 재직하였으며 才德이 남다른 자는 茂才 四行으로 천거할 수 있었다. 그래서 권세가 있고 부유한 子弟는 이를 통하여 천거를 받았지만, 빈한하고 지조를 지키는 자는 가난 때문에 버려지는 자가 많았기에 경사에는 이를 풍자하여 '무능한 자를 찾으려면 光祿勳의 茂才가 있다.' 라는 말이 있었다. 이에 황완과 진번은 한마음이 되어 志士를 높이 등용하였으니 平原의 劉醇(유순), 河東의 朱山(주산), 蜀郡의 殷參(은참) 등이 모두 才行이 뛰어나 천거를 받았다.

  그러나 진번과 황완은 결국 권세 있고 부유한 낭관들의 中傷을 받아 업무관계로 御史中丞 王暢(왕창)과 侍御史 刁韙(조위)에게 넘겨졌다. 왕창과 조위는 평소에 진번과 황완을 중히 여겼기에 사건을 고발하지 않았는데 황제 측근에서 다시 朋黨(붕당)이라고 모함하였다. 왕창은 이와 연좌되어 議郞으로 좌천되었고, 진번은 면직되었으며, 황완과 조위는 禁錮(금고)를 당했다.

  刁韙(조위)의 字는 子榮(자영)으로 彭城(팽성) 사람이다. 뒷날 陳蕃의 부름을 받았는데 많은 사람이 조위를 위해 변호하여 다시 議郞이 되었다가 尙書로 승진하였다. 조정에서 鯁直(경직)한 지조를 지켰고 魯와 東海國의 相을 역임하였다. 강직한 성격에 명철한 膽略(담략)

이 있어 임지에서 神明하다는 칭송을 들었다. 늘 법도를 지키며 행실도 엄숙하여 집안사람이라도 그의 흐트러진 모습을 볼 수 없었다고 한다.

琬被廢弃幾二十年. 至光和末, 太尉楊賜上書薦琬有撥亂之才, 由是徵拜議郎, 擢爲靑州刺史, 遷侍中. 中平初, 出爲右扶風, 徵拜將作大匠, 少府, 太僕. 又爲豫州牧. 時寇賊陸梁, 州境彫殘, 琬討擊平之, 威聲大震. 政績爲天下表, 封關內侯.

及董卓秉政, 以琬名臣, 徵爲司徒, 遷太尉, 更封陽泉鄕侯. 卓議遷都長安, 琬與司徒楊彪同諫不從. 琬退而駁議之曰,

「昔周公營洛邑以寧姬, 光武卜東都以隆漢, 天之所啓, 神之所安. 大業旣定, 豈宜妄有遷動, 以虧四海之望?」

時人懼卓暴怒, 琬必及害, 固諫之. 琬對曰, "昔白公作亂於楚, 屈廬冒刃而前, 崔杼弑君於齊, 晏嬰不懼其盟. 吾雖不德, 誠慕古人之節."

琬竟坐免. 卓猶敬其名德舊族, 不敢害. 後與楊彪同拜光祿大夫, 及徙西都, 轉司隷校尉, 與司徒王允同謀誅卓. 及卓將李傕, 郭汜攻破長安, 遂收琬下獄死, 時年五十二.

|註釋| ○廢弃 - 廢棄(폐기). 弃는 버릴 기. 棄의 古字. ○白公 - 白公
勝. 楚 惠王을 죽이려 하자 혜왕은 망명하였고 令尹(楚의 승상)은 살해되
었다. 백공승이 屈廬(굴려)를 협박하며 따르라 하였으나 굴려는 끝까지 논
쟁하며 따르지 않다가 피살되었다. ○不懼其盟 - 晏嬰(안영, 晏子)이 齊 대
부 崔杼(최저)에게 동맹을 강요당하는 협박을 받았는데 갈고리 창이 안영
의 목을 겨누어도 굴복하지 않았다.

[國譯]

黃琬(황완)은 거의 20년간 廢棄되었다. (靈帝) 光和 말년(서기
183)에, 太尉 楊賜(양사)가 上書하여 황완이 혼란을 수습할 인재라고
천거하였고, 이에 조정에 불려 들어가 議郎을 제수 받았고 이어 靑
州刺史로 발탁되었다가 侍中으로 승진하였다. (靈帝) 中平 初에, 右
扶風으로 전출되었다가 조정에 들어와 將作大匠과 少府, 太僕 등을
역임하였다. 다시 豫州牧이 되었다. 그때 황건적 무리의 陸梁(육량)
은 예주 관내에서 잔당을 이끌고 노략질을 하였는데, 황완이 토벌하
여 평정하자 威聲이 大震하였다. 또 치적이 천하의 모범이 되어 關
內侯에 봉해졌다.

董卓(동탁)이 정권을 쥔 뒤에 황완이 名臣이라 하여 조정에 불려
들어가 司徒가 되었다가 太尉로 승진하였으며, 다시 陽泉鄕侯에 봉
해졌다. 동탁이 長安 천도를 논의할 때, 황완과 司徒 楊彪(양표)는 함
께 반대하며 따르지 않았다. 황왕은 退朝하여 천도를 반박하며 말했
다.

「옛날 周公이 洛邑(副都)을 운영하며 姬姓(희성, 周 國姓)을 안정시
켰으며, 光武帝는 東都를 택하여 漢을 융성케 하였으니 이는 하늘이

열어준 곳이며 天神도 평안한 곳입니다. 大業이 이미 정해졌거늘, 어찌 함부로 옮겨서 천하의 소망을 져버릴 수 있겠습니까?」

그때 사람들은 동탁이 포악하여 황완이 틀림없이 화를 당할 것이라며 황완을 강하게 말렸다. 이에 황완이 대답하였다.

"옛날 白公(백공)이 楚에서 난을 일으켰을 때 屈廬(굴려)는 칼을 무서워하지 않고 따졌으며, 崔杼(최저)가 齊에서 주군을 시해하자 晏嬰(안영, 晏子)은 그 협박을 두려워하지 않았습니다. 내가 비록 不德하지만 그래도 古人의 지조를 흠모하는 사람입니다."

황완은 결국 면직되었다. 동탁은 황완이 옛 名門으로 명망이 있기에 황완을 여전히 공경하며 감히 해치지 못하였다. 뒷날 楊彪(양표)와 함께 光祿大夫를 제수 받았고, 西都(長安)로 천도한 뒤에는 司隸校尉가 되었다가 司徒 王允(왕윤)과 함께 동탁을 죽일 계획에 동참하였다. 나중에 동탁의 부장 李傕(이각)과 郭汜(각사)가 장안을 공격하여 차지하자 황완은 잡혀 하옥되었다가 죽었는데, 그때 52세였다.

原文

論曰, 古者諸侯歲貢士, 進賢受上賞, 非賢貶爵土. 升之司馬, 辯論其才, 論定然後官之, 任官然後祿之. 故王者得其人, 進仕勸其行, 經邦弘務, 所由久矣. 漢初詔舉賢良,方正, 州郡察孝廉,秀才, 斯亦貢士之方也.

中興以後, 復增敦樸,有道,賢能,直言,獨行,高節,質直,淸白,敦厚之屬. 榮路旣廣, 觖望難裁, 自是竊名僞服, 浸以流競. 權門貴仕, 請謁繁興. 自左雄任事, 限年試才, 雖頗有不密, 固亦因識時宜. 而黃瓊,胡廣,張衡,崔瑗之徒, 泥滯舊方, 互相詭駮, 循名者屈其短, 算實者挺其效. 故雄在尚書, 天下不敢妄選, 十餘年閒, 稱爲得人, 斯亦效實之徵乎?

順帝始以童弱反政, 而號令自出, 知能任使, 故士得用情, 天下喁喁仰其風采. 遂乃備玄纁玉帛, 以聘南陽樊英, 天子降寢殿, 設壇席, 尚書奉引, 延問失得. 急登賢之舉, 虛降己之禮, 於是處士鄙生, 忘其拘儒, 拂巾衽褐, 以企旌車之招矣. 至乃英能承風, 俊乂咸事, 若李固,周舉之淵謨弘深, 左雄,黃瓊之政事貞固, 桓焉,楊厚以儒學進, 崔瑗,馬融以文章顯, 吳佑,蘇章,種暠,欒巴牧民之良幹, 龐參,虞詡將帥之宏規, 王龔,張皓虛心以推士, 張綱,杜喬直道以糾違, 郎顗陰陽詳密, 張衡機術特妙, 東京之士, 於茲盛焉. 向使廟堂納其高謀, 強場宣其智力, 帷幄容其謇辭, 舉厝稟其成式, 則武,宣之軌, 豈其遠而?《詩》云,'靡不有初, 鮮克有終.' 可爲恨哉!

及孝桓之時, 碩德繼興, 陳蕃,楊秉處稱賢宰, 皇甫,張,段出號名將, 王暢,李膺彌縫袞闕, 朱穆,劉陶獻替匡時, 郭有道獎鑒人倫, 陳仲弓弘道下邑. 其餘宏儒遠智, 高心絜行, 激揚風流者, 不可勝言. 而斯道莫振, 文武陵隊, 在朝者以正議嬰戮, 謝事者以黨錮致災. 往車雖折, 而來軫方遒. 所以傾而未顚, 決而未潰, 豈非仁人君子心力之爲乎? 嗚呼!

| 註釋 | ○喁喁仰其風采 - 喁喁(옹옹)은 윗사람의 덕을 기리고 우러러 따르는 모양, 입을 위로 쳐들고 몹시 바라는 모양. 喁은 숨 쉴 옹. 우러러 따르다. ○忘其拘儒 - 拘儒는 편협하다(褊狹). ○俊乂咸事 - 俊乂(준예)는 재주와 슬기가 뛰어난 사람. ○豈其遠而 - 而는 句末語助辭. 用例. "~豈不爾思, 室是遠而."(어찌 생각 아니 하리오? 집이 멀기만 하다). ○《詩》云, '靡不有初, 鮮克有終.' -《詩 大雅 蕩》. 鮮克有終은 有終의 美를 거둔 것은 많지 않다. ○碩德繼興 - 碩德은 大德. 碩은 大也. ○彌縫袞闕 - 彌縫(미봉)은 補合(보합)하다. 袞闕(곤궐)은 天子의 잘못. 袞職有闕(君王의 부족한 부분). ○來軫方遒 - 軫은 수레의 뒷턱나무 진. 수레. 遒는 다가설 주. 견고하다. 세다. 씩씩하다.

【國譯】

范曄(범엽)의 史論 : 옛날에 諸侯는 해마다 인재를 천거하였고, 賢才를 천거하면 상을 내렸으나 현재가 아니면 작위와 봉토를 삭감 당하였다. 司馬門에서 추천된 인재를 평가하고, 평가가 끝난 뒤에 관리의 신분을 얻고 임관된 이후에야 녹봉을 받았다. 그리하여 王者는 적임자를 얻을 수 있었고, 出仕한 자는 스스로 행실을 바로 가지며 맡은 지역을 다스리거나 업무를 수행하였는데, 이는 오래된 관행이었다. 漢 초기에도 조서로 賢良하고 方正한 인재를 천거케 하였으며, 각 州郡에서는 孝廉, 秀才를 관찰하여 천거하였으니 이 또한 인재 천거의 한 방편이었다.

(後漢의) 中興 이후로 인재 천거 영역이 敦樸(돈박), 有道, 賢能, 直言, 獨行, 高節, 質直, 淸白, 敦厚(돈후) 등으로 확대되었다. 이렇게 출사할 경로가 넓어지면서 사람들의 욕망도 적절한 제재가 어려워졌으며 이로부터 명성을 도둑질하거나 거짓을 꾸미는 자가 점점 늘어

경쟁하게 되었다. 그러면서 權門 豪族의 여러 가지 청탁도 크게 많아졌다. 左雄(좌웅)이 업무를 주관하면서 천거 받을 수 있는 연령을 제한하고 그 재능을 시험 치르게 한 것은 그 제도가 완벽하지는 못했더라도 時宜(시의)에 따른 조치였다. 黃瓊(황경), 胡廣(호광), 張衡(장형), 崔瑗(최원) 같은 사람들은 예전의 제도에 얽매어 정체된 채로 서로 반박하였는데 명의를 중시하는 자는 그 단점을 제시하고, 실질을 추구하는 자는 그 효율성을 강조하였다. 그래도 좌웅이 尙書로 있는 10여 년 동안은 함부로 인재를 천거하거나 뽑지 못하여 적임자를 구할 수 있었으니, 이 또한 효율적인 인재 초빙이 아니겠는가?

順帝는 어린 나이에 즉위하여 직접 호령하면서 그 권한을 측근에 넘겨주지 않았으니 인재를 뽑아 使者로 지방에 보냈고, 사자는 지방의 實情을 황제에 전할 수 있었기에 천하는 기꺼이 좋아하며 그들의 풍채를 우러러 보았다. 그리고 나중에는 옥이나 검은 비단과 같은 예물을 보내며 南陽郡의 樊英(번영) 같은 사람을 특별 초빙하였고, 天子는 寢殿에서 내려와 자리를 마련해 주고 尙書가 안내하였으며, 정사의 득실을 물었다. 조정은 인재 등용에 다급하였고, 皇上도 겸양을 보이며 인재를 예우하니, 處士나 보통의 유생도 고루함을 버리고 의관을 차려 입고서 준비하며 정기를 펄럭이는 수레가 와서 불러주기를 기대하였다. 英傑하고 유능한 인재는 바람을 타고 등용되었고, 뛰어난 인재는 모두 등용되었으니, 李固(이고)나 周擧(주거) 같은 사람은 지혜나 局量이 크고 깊었고, 左雄(좌웅)과 黃瓊(황경)은 그 政事가 옳고도 堅定하였으며, 桓焉(환언)과 楊厚(양후)는 유학으로 출세하였고, 崔瑗(최원)과 馬融(마융)은 文章에 걸출하였으며, 吳佑(오우)와 蘇章(소장), 種暠(종호), 欒巴(난파)는 牧民官으로 유능하였고,

龐參(방참)과 虞詡(우후)는 장수로서 지모가 뛰어났으며, 王龔(왕공)
과 張皓(장호)는 虛心으로 대우하고 實心으로 인재를 천거하였고, 張
綱(장강)과 杜喬(두교)는 直道로 잘못을 바로잡았으며, 郎顗(낭의)는
陰陽學에 정통하였고, 張衡(장형)은 제작기술이 아주 절묘하였으니
東京(後漢)의 인재는 이때 크게 융성하였다. 그 시기에 조정에서 이
런 인재들의 高遠한 정견을 받아들이고 그들의 능력을 발휘할 수 있
게 하며, 궁중에서 이들의 충언을 받아들여 그에 따른 알맞은 조취
를 취했더라면 (前漢의) 武帝나 宣帝의 치적이 어찌 멀다 할 수 있었
겠는가?《詩》에서도 '시작이 없는 것은 없지만 有終의 미를 거둔 것
은 드물다.'라고 하였으니 참으로 안타까웠다!

　孝桓帝 재위 중에도 뛰어난 능력을 가진 자가 이어졌으니 陳蕃(진
번)과 楊秉(양병)은 직무 면에 뛰어난 제상이었고, 皇甫規(황보규), 張
顥(장호), 段熲(단경)은 名將의 반열에 들 수 있었으며, 王暢(왕창)과
李膺(이응)은 조정의 단점을 보완할 수 있었고, 朱穆(주목)과 劉陶(유
도)는 時政의 오류를 바로잡아주었으며, 郭有道(곽유도)는 人倫의 본
보기가 되었고, 陳仲弓(진중궁)은 지방에서 大道를 크게 넓혔다. 그
외에도 큰 뜻을 품은 大儒와 고결한 心志와 行實로 바른 기풍을 진
작시킨 자들은 이루 다 말할 수도 없이 많았다. 그러나 大道가 떨치
지 못하고 文武의 道도 무너지면서 조정에서 정의를 말하고 실천하
는 자들이 해악을 당하였으며, 閉門하고 은거한 자들마저 黨錮(당고)
로 몰려 화를 입었다. 앞서 갔던 수레가 전복되었다면 뒤에 오는 수
레는 기다리게 된다. 때문에 기울었지만 아직 엎어지지 않았고, 둑
이 터졌지만 붕괴되지 않았으니 仁人君子의 마음이 어찌 애쓰지 않
을 수 있겠는가? 슬플 뿐이로다!